Die Literatur der DDR

Herausgegeben von Hans-Jürgen Schmitt

Deutscher
Taschenbuch
Verlag

Bereits erschienen:
Band 3: Deutsche Aufklärung
bis zur Französischen Revolution
1680–1789
Herausgegeben von Rolf Grimminger
Zwei Teilbände (4345)

Mai 1983
Deutscher Taschenbuch Verlag GmbH & Co. KG,
München
© 1983 Carl Hanser Verlag München Wien
Umschlaggestaltung: Celestino Piatti
Printed in Germany
ISBN 3-446-12786-0 (Hanser)
ISBN 3-423-04353-9 (dtv)

›Hansers Sozialgeschichte der deutschen Literatur‹ schlägt einen neuen Weg der Literaturgeschichtsschreibung ein, sie stellt Literatur nicht mehr in einen scheinbar freien geistesgeschichtlichen Raum, sondern bezieht sie unmittelbar auf ihre sozialhistorische Entstehung und Wirkung.

Die Gliederung richtet sich nach den politischen und kulturgeschichtlichen Daten, die für die Entwicklung der bürgerlichen Gesellschaft bestimmend wurden. Die Institutionen der Öffentlichkeit – der literarische Markt, die Bildungsinstitutionen und Medien – wie auch die Literatur der Alltagswelt werden dabei besonders berücksichtigt.

Die ersten Teile jedes Bandes behandeln politische, ökonomische und gesellschaftliche Verhältnisse, soziale Mentalität und literarische Kultur der jeweiligen Epoche. In den folgenden Teilen werden literarische Gattungen, aber auch einzelne Autoren und Werke sowie gesamteuropäische Konstellationen der Literatur im sozialen Wandel untersucht.

Keine andere Epoche deutscher Literatur ist mit dem kulturpolitischen Programm einer Partei in so enger Verbindung zu sehen wie die Literatur der DDR. Dieser Band untersucht ihre Entstehungsbedingungen, ihre Formen und ihre Wirkung, analysiert die neue Rolle des Schriftstellers, die Wechselbeziehungen zwischen Literatur und Publikum, behandelt neben der sogenannten Höhenkammliteratur auch Trivialformen und beschreibt die jüngsten literarischen Entwicklungen. In zwölf Beiträgen wird die literarische Praxis zur realen Geschichte in Beziehung gesetzt, wird die gesellschaftliche Wechselwirkung von Poesie und Politik, von Literatur und ihrer Rezeption aufgezeigt. Indirekt und in Umrissen wird dabei auch eine politische Geschichte der DDR als Teil deutscher Geschichte erkennbar.

Hansers Sozialgeschichte
der deutschen Literatur
vom 16. Jahrhundert bis zur Gegenwart

Herausgegeben von Rolf Grimminger

Band 11

Inhalt

Vorbemerkung 7

Einleitung

Hans-Jürgen Schmitt
Von den ›Mutmaßungen‹ zu den ›Neuen Leiden‹.
Zur Wirkungsgeschichte der DDR-Literatur 15

Erster Teil
Literatur und Politik im Sozialismus

Hans-Jürgen Schmitt
Literaturbetrieb als Staatsmonopol 45
Karl Robert Mandelkow
Die literarische und kulturpolitische Bedeutung des Erbes . . 78
Peter Lübbe
›Real existierender Sozialismus‹ in der DDR 120

Zweiter Teil
Gattungen, Publikum und Institutionen

Otto F. Riewoldt
Theaterarbeit. Über den Wirkungszusammenhang von
Bühne, Dramatik, Kulturpolitik und Publikum 133
Hans Drawe
Literatur im Film 187
Manfred Jäger
Die Legitimierung der Unterhaltungsliteratur 229
Harald Hartung
Die ästhetische und soziale Kritik der Lyrik 261
Hans-Jürgen Schmitt
Die journalistische Bedeutung neuerer Erzählformen 304

Dritter Teil
Phasen der Literaturentwicklung

Bernhard Greiner
Im Zeichen des Aufbruchs: die Literatur der fünfziger Jahre . 337
Heinz Hillmann
Subjektivität in der Prosa 385
Heinrich Küntzel
Der Faschismus: seine Theorie, seine Darstellung in der
Literatur 435

Anhang

Anmerkungen 471
Bibliographie 509
Register 531
Inhaltsverzeichnis 579

Vorbemerkung

›Sozialgeschichte‹ wird hier nicht als Begriff für eine Sektorwissenschaft, sondern in ihrer umfassenden Bedeutung verstanden. Sie schließt also mit der Geschichte gesellschaftlichen Handelns auch politische, Wirtschafts- und Bewußtseinsgeschichte so weit ein, als dies für ein *angemessenes* Verständnis von Literatur erforderlich ist. Denn selbst literarische Kunstwerke oder philosophische Literatur können ohne Kenntnis jener sozialen Wirklichkeit, die sie in ihren Sprachformen stets schon zu Sinnzusammenhängen verarbeitet haben, nur unzureichend oder gar falsch verstanden werden. Insofern ist nicht nur pragmatische oder rein ›unterhaltsame‹, sondern auch die sogenannte Höhenkammliteratur unmittelbar auf die historisch bestehenden Möglichkeiten des Bewußtseins und Handelns in der Gesellschaft bezogen.

Zugleich aber sind literarische Texte nie schlechterdings damit identisch, und gerade die ›hohe‹ Literatur weicht wegen ihrer ästhetisch und philosophisch besonderen Qualität sowohl von den Bestimmungen sozialer Praxis als auch vom Bewußtsein, das dieser zugeordnet zu sein pflegt, meist erheblich ab. Insofern verhält sie sich auch negativ dazu. Solche Übereinstimmungen und Differenzen zwischen der Literatur und der Lebenspraxis einer Gesellschaft sind für jeden Leser wichtig und daher selbst als soziale Tatsache zu bewerten: Sie steuern seinen Willen zur Lektüre, zur Teilhabe an der literarischen Kommunikation.

Die ›Sozialgeschichte der deutschen Literatur‹ verfolgt das Ziel, Literaturgeschichte gerade in ihrer mehrdeutigen Beziehung zur historischen Lebenspraxis zu erschließen. Dies verbietet es, die besondere Qualität literarisch artikulierter Sinnzusammenhänge auf das Schema starr vorgegebener Wissenschaftssysteme oder Schulen – etwa der ›Widerspiegelung‹ oder der empirischen Literatursoziologie – zu reduzieren. Literatur soll und muß gerade unter sozialgeschichtlichen Voraussetzungen jederzeit als *Literatur* interpretiert, in der Eigenart ihres unmittelbar an Sprache und künstlerische Ausdrucksformen gebundenen Bewußtseins beschrieben werden. Davon abzusehen hieße im übrigen, mit der Literaturwissenschaft als relativ eigenständiger Disziplin auch jene kritische Vermittlung von literarischer Kultur zu zerstören, die ihre erste und wichtigste Aufgabe ist. ›Kritik‹ aber bedeutet hier, die Praxis und die literarische Verständigung in einer Gesellschaft sowohl in ihrem Zusammenhang als auch in ihrer – kulturbestimmenden – Differenz erkennen und beurteilen zu können.

Dem skizzierten Programm folgt die Gliederung der einzelnen Bände. Einleitende Teile behandeln politische, ökonomische und gesellschaftliche Verhältnisse, soziale Mentalität und literarische Kultur einer Epoche in ihrem Zusammenhang. Die Institutionen der Öffentlichkeit – so der literarische Markt, die Bildungsinstitutionen und Medien – spielen dabei eine besondere Rolle. Sie sind der Literatur nicht äußerlich, sondern prägen ihre Qualität und ihren Umfang sowie die Art ihrer Rezeption in jeder Epoche entscheidend. Die sozialgeschichtlichen Voraussetzungen von Produktion, Rezeption und späterer wissenschaftlicher Aufarbeitung literarischer Texte werden – im Unterschied zu beliebigen ›Vorurteilen‹ – wissenschaftlich begründet, also nicht nur aus der Literatur erschlossen, sondern unmißverständlich auch aus der historischen Wirklichkeit abgeleitet. Soweit die einleitenden Teile. Die weiteren orientieren sich an den vorausgehenden Abschnitten, bleiben jedoch speziell der Untersuchung literarischer Gattungen, einzelner Autoren und Werke sowie gesamteuropäischer Konstellationen der Literatur selbst vorbehalten.

Erst der Gesamtzusammenhang – signalisiert auch durch zahlreiche Querverweise – ermöglicht eine begründete ›Sozialgeschichte der Literatur‹. Er besteht in der Einheit der beiden Teile, die sowohl vom Verstehen und Bewältigen der stets problematischen historischen Wirklichkeit durch Literatur als auch von dieser Wirklichkeit selbst handeln. Literaturgeschichte wird also nicht an Sozialgeschichte angehängt, und Sozialgeschichte wird nicht nach der beliebten Metapher des ›Hintergrunds‹ der Interpretation von Literatur ferngehalten. Daß gleichwohl zwei voneinander unterscheidbare Teile vorhanden sind, ergibt sich aus dem Erkenntnisinteresse und den Darstellungszwängen sozialgeschichtlich betriebener Literaturgeschichtsschreibung selbst. Sie läßt sich nämlich weder in den bloßen Kategorien zum histori-

schen Gesamtprozeß noch im puren Material der literarischen
Werke allein betreiben. Sie braucht jene notwendige Verbindung
zwischen beiden, die in der Gliederung abgebildet ist.

Das unter den Herausgebern und Autoren während zahlreicher
Kolloquien vielfach diskutierte und auch in der Zukunft noch kritisch aufzugreifende Konzept dient als heuristische Vorgabe an
eine Systematik, die sowohl individuelle Schreib- und Erkenntnis-
interessen der einzelnen Autoren als auch historisch bedingte Veränderungen in den verschiedenen Bänden zuläßt. Jedes Kapitel
und jeder Band steht für sich im Rahmen eines Gesamtkonzepts,
das die Aufgabe hat, die von einem Handbuch zu Recht geforderte
Einheit des Verschiedenen zu wahren. Ihr dient auch die durchge-
hende Herausgeber- und Redaktionsarbeit. Sie sorgt in Absprache
mit den Autoren nicht zuletzt für die Lesbarkeit der Bände und
also für eine so wenig wie möglich von akademischen Sprachkon-
ventionen verstellte Schreibweise. Gegenbeispiele einer schlechten
wissenschaftlichen Fachsprache, die hermetische Begriffe meist
aus dem lateinischen Wörterbuch häuft und einer Grammatik das
Wort redet, die den Gepflogenheiten des Amtsstils mindestens
ähnelt, zeigt die Geschichte leider auch der Literaturwissenschaft
in den letzten Jahren ohnehin genug.

Die ›Sozialgeschichte der deutschen Literatur‹ beginnt mit dem
allmählichen Entstehen der bürgerlichen Gesellschaft der Neuzeit
im 16. Jahrhundert. Die Gesamtgliederung richtet sich nach den
politischen und kulturgeschichtlichen Daten, die für die Entwicklung dieser Gesellschaft und ihrer ›Epochen‹ bestimmend sind. Als
›Epochen‹ gelten historische Perioden, in denen ungleichzeitig entstandene Kräfte einander beeinflussen, Vergangenes nachwirkt,
Zukünftiges sich schon ankündigt und allein die bestimmte Einheit solcher Spannungen und Widersprüche für historisch erkenn-
bare Abgrenzungen sorgt, die freilich nie absolut gültig sind.
Geschichte ist kontinuierlich und diskontinuierlich zugleich, fort-
laufend nur im Wandel und den Brüchen ihrer Traditionen.

★

Beschreibt die Sozialgeschichte der DDR-Literatur Literatur als Beleg für eine gesellschaftliche Entwicklung? Liefert sie den Nachweis für den Bewußtseinsstand der Schriftsteller? Geht es um das Soziale der Form? Den ›Triumph des Realismus‹? Und was ist das Neue, andere dieser Literatur, verfolgt man ihre unterschiedlichen Entwicklungslinien? – Fragen, die im Zentrum dieses Bandes stehen, aber nicht isoliert beantwortet werden.

Als »großen Flug der Phantasie« stellten sich noch Alexander Fadejew und viele andere Schriftsteller auf dem Ersten Allunionskongreß der Sowjetschriftsteller 1934 den ›sozialistischen Realismus‹ vor. Er ist jedoch eine kulturpolitische Metapher geblieben, hinter der sich ebensoviele Wünsche wie Ängste verbargen. Nicht der Weg zu einer allgemeinverbindlichen Schreibmethode ist da gewiesen worden, sondern eher ein kulturpolitisches Erziehungsprogramm, das schriftstellerische Positionen, affirmative wie analytische, beeinflußt und literarische wie triviale Formen geprägt hat. Das läßt uns von der Besonderheit einer deutschen Literatur nach 1945 bzw. seit 1949 sprechen. Keine andere Epoche deutscher Literatur ist mit dem kulturpolitischen Programm einer Partei in einer so ambivalenten Verbindung zu sehen, wie die *Literatur der DDR*. Von ihren Entstehungsbedingungen, ihren Formen, ihrer Wirkung ist in diesem Band die Rede, von der neuen Rolle des Schriftstellers, von der Wechselbeziehung von Literatur und Publikum, von Trivialformen wie von jüngsten literarischen Entwicklungen.

Im Gegensatz zu anderen Epochen stellt sich nicht die Schwierigkeit, ein sozialgeschichtliches Modell erst herausfinden zu müssen, in dem dann der Wirkungszusammenhang der Literatur begründet werden kann; es gibt vielmehr programmatische Vorgaben der Kulturpolitik, die Institutionen geprägt und Schreibprozesse beeinflußt haben. Dennoch wäre es falsch zu glauben, der Zusammenhang von Literatur und Gesellschaft in der DDR ließe sich wie eine knarrende Mechanik aufspüren. So einfach greifen kulturpolitische Postulate und literarische Praxis nicht ineinander. Entstehung und Geschichte der Literatur lassen sich nicht durch einfache Verknüpfung mit einer ideologischen Periodisierung erschließen.

Versucht wird, Poesie und Politik, Literatur und ihre Produktion aufeinander bezogen zu sehen. In Umrissen wird eine politische Geschichte der DDR als Teil deutscher Geschichte erkennbar.

★

Herausgeber und Verlag danken Doris Richter-Schmitt für die Erstellung der Register, Andreas Hamburger für die Einrichtung der Anmerkungen und die Zusammenstellung der Bibliographie.

Seit 1976 hat Hans-Joachim Simm bei der Konzeption dieser Literaturgeschichte redaktionell und beratend mitgewirkt.

Hans-Jürgen Schmitt

Einleitung

Hans-Jürgen Schmitt

Von den ›Mutmaßungen‹ zu den ›Neuen Leiden‹ Zur Wirkungsgeschichte der DDR-Literatur

Kurt Batt, dem Freund und Förderer in Erinnerung

I Die Öffentlichkeit der DDR-Literatur in der Bundesrepublik

1. Die Vereinnahmung

»Wurde der bürgerliche Mythos vom Autor als ›Quelle der Wahrheit‹, als ›Sachwalter des Menschlichen‹ je ernsthaft in Frage gestellt?«[1] – das möchte die Zeitschrift ›alternative‹ im April 1977 durch die Befragung ehemaliger DDR-Schriftsteller wissen. Gegen diese Frage läßt sich einwenden, ob die beiden einander so fernen politischen Systeme und ihre deshalb so unterschiedliche Wertschätzung der Literatur nicht dazu geführt haben, DDR-Autoren zu Verkündern der Wahrheit erst eigentlich zu machen? Je mehr die Kulturpolitik der DDR die Literaturproduktion durch neue Verkehrs- und Organisationsformen [→ 45, 52 ff.] zu vergesellschaften versuchte, desto augenfälliger war die Literatur der DDR aus bundesrepublikanischer Sicht mit der Aura eines verfehlten Sozialismus behaftet, von Repressionen bedroht, mit der Unwahrheit ständig konfrontiert. Die DDR-Literatur war dann wegen des oktroyierten Sozialismus entweder keine Literatur oder sie war eine Literatur *gegen* den Sozialismus. Oppositionelle Haltung ergab sich kaum aus einem simplen Mechanismus – das belegen die einzelnen Schriftstellerviten genauer –, die schrieb dann meist die kulturpolitische Reaktion erst hoch und verwies so aufmerksame Beobachter auf die Widrigkeiten im Sozialismus. Anfangs, als alle noch ein gemeinsames Ziel hatten, konnten auch die Schriftsteller leichter das Gewissen der Partei zu ihrer Angelegenheit machen. Ein Zeugnis dafür: die Anthologie ›Menschen und Werke. Vom Wachsen und Werden des neuen Lebens in der DDR‹ (1952), darin waren Abusch, Brecht, Huchel, Kunert, Kuba, Becher und viele andere der jungen und der älteren Generation vertreten. Später, als sozialistische ›Prognostik‹ weder dem Wachstum der Produktivkräfte noch dem Bild vom ›neuen‹ Menschen entsprach, wurde bei nicht wenigen Autoren ein Schriftstellerbewußtsein immer stärker spürbar – marxistisch unterkellert bei Volker Braun und Heiner Müller, humanistisch-sozialistisch bei Christa Wolf und Günter de Bruyn, existentiell bei Günter Kunert und Reiner Kunze. Gerade Kunert machte im Jahr nach Biermanns Ausbürgerung auf die heillose Situation aufmerksam, die die Verlagerung der DDR-Literatur von Ost nach West beschleunigte: Die Verdrängung der Realität aus dem allgemeinen Bewußtsein stieß immer mehr auf ein progressives literarisches Bewußtsein, das die Wirklichkeit, so wie sie erfahren wurde, nicht tabuisiert sehen wollte. Kunert nennt das Parteibewußtsein ›affirmativ‹ und ›funktional‹, das Bewußtsein der Schriftsteller »existentiell und kritisch«[2]. Damit kommt den DDR-Autoren zweifellos eine Sonderrolle zu, die durch die westliche Literaturproduktion und -rezeption noch verstärkt wird.

Der bürgerliche Literaturbetrieb, die Verbindung von Kapital und Kultur, nimmt wegen seiner umsatzbedingten massiven Titelproduktion von den individuellen Schicksalen der Bücher wenig Notiz; eine Handvoll Namen sorgt marktbeherrschend für eine scheinbar lebhafte Warenzirkulation. Das gilt nicht ganz für die in der Bundesrepublik beachteten DDR-Autoren; der einzelne wird entweder mit dem Stigma des vom System Gepeinigten wahrgenommen oder unserem bürgerlichen Wertsystem einverleibt. So wird das einzelne Werk nur in einem antagonistischen Zusammenhang bewertet: die ›künstlerische‹ oder die ›existentielle‹ Freiheit *gegen* Parteidisziplin, Individuum *und* Gesellschaft, Außenseitertum *gegen* Kollektivismus. Da schlägt sich unser Interesse an Literatur in heftiger Beteiligung nieder, in Vorabdrucken oder Textauszügen an hervorragender Stelle, in Interviews in den Massenmedien, in Magazinberichten von ›Stern‹ und ›Spiegel‹. Die Literatur gilt wieder etwas, die DDR-Literatur. An den selbstbewußten DDR-Autor wird eine unangemessene Erwartung geknüpft; er muß stellvertretend den Beweis für die schlechte Verfassung des Sozialismus antreten. Die Klagen über solche Zumutung reichen von Uwe Johnson bis Ulrich Plenzdorf.

2. Die neue Präsenz

Daß in den sechziger Jahren die Lyrik Johannes Bobrowskis, ein Roman von Fritz Rudolf Fries, Texte von Biermann durch ihre Erstveröffentlichung in der Bundesrepublik als DDR-Autoren in ihrem Lande erst nachträglich zur Kenntnis genommen wurden, war kein Anzeichen dafür, daß eine breite neue Literaturentwicklung in der DDR noch nicht akzeptiert werden konnte, es hing vielmehr mit dem literarischen Temperament einzelner zusammen, das an anderen als in der DDR zur Verfügung stehenden Traditionen sich entzündet hatte. Ein Jahrzehnt später, nach Biermanns Ausbürgerung, findet jedoch ein Großteil der DDR-Literatur nur in der Bundesrepublik eine Öffentlichkeit. Briefwechsel und Diskussionen in westdeutschen Zeitungen, Vorabdrucke, Anthologien und mehr und mehr einzelne Werke rücken oft in den Mittelpunkt des Literaturbetriebs. Man nimmt es als Selbstverständlichkeit, wenn etwa 1979 im Feuilleton der ›Frankfurter Allgemeinen‹ zum ersten Mal dem westdeutschen Leser der DDR-Dramatiker Stefan Schütz vorgestellt wird: ›Der Dramatiker ohne Theater‹ (Nr. 92, 20. 4. 1979), wenn ebendort Franz Fühmann sich an der Serie ›Meine Schulzeit im Dritten Reich‹ beteiligt (Nr. 169, 25. 6. 1981) oder wenn die Wochenendbeilage der ›Süddeutschen Zeitung‹ mit einem szenischen Text von Peter Hacks, ›Cosima von Bülow. Ein Auftritt‹ (Nr. 168, 25./26. 7. 1981), aufgemacht wird. Und Günter Kunert ist uns nicht nur durch seine Bücher bekannt geworden, sondern auch durch viele Texte, Gedichte, Rezensionen in der ›Frankfurter Rundschau‹, der ›FAZ‹ und der ›Zeit‹ – als er noch in der DDR lebte. Von Rolf Schneider sagte die ›FAZ‹ (G. Rühle, Nr. 209, 10. 8. 1981) gar, er sei »der größte bekannte Schlecker an westlichen Honigtöpfen«, weil er die westdeutschen Blätter mit seinen journalistischen Beiträgen regelmäßig beliefert.

Überhaupt erst entdeckt und bekannt gemacht wurden zahlreiche Autoren im Hessischen Rundfunk durch Karl Corinos DDR-Magazin ›Transit‹. Auch Verfilmungen wichtiger literarischer Werke finden nur im Westfernsehen statt; so u. a. die von Plenzdorfs Stück ›Die neuen Leiden des jungen W.‹, von Loests Roman ›Es geht seinen Gang oder Mühen in unserer Ebene‹ oder von

Martin Stades Roman ›Der König und sein Narr‹. An solchen Ver-
mittlungen und Interpretationen durch Funk und Film konnte
man allerdings erkennen, daß die »stärkste gesellschaftliche Wirkung« bei uns nicht mehr mit der Intensität an die »Bewußtseins-
inhalte gebunden«[3] war, wie das für die Wirkung dieser Texte in
der DDR galt. Bei einem Werk, das sich auf dem ›freien‹ Markt
Geltung verschaffen muß, verlagert sich das Interesse zwangsläufig auf andere Bedeutungsebenen; wenn sich der DDR-Autor z. B.
im Namen der Freiheit des Individuums äußert, wird die Abgrenzung zur ›sozialistischen‹, kollektiv bestimmten Wertsphäre bei
der westlichen Vermittlung durch die Medien mitgedacht. Der
persönlichen oder der künstlerischen Freiheit wird dann bei diesem Vorgang eine überragende Bedeutung zugesprochen, die im
Westen durch Konkurrenzdruck und Massenproduktion auf andere Weise problematisch wird. Joachim Seyppels Reaktionen auf
Jurek Beckers Austritt aus dem Schriftstellerverband und andere
massive Auslassungen über kulturpolitische Maßnahmen der DDR
sind z. B. ein solcher Anlaß gewesen, für das künstlerische Subjekt
(und damit übergeordnet auch für die individuelle Freiheit) die alten Rechte einzuklagen. (›Austritt Jurek Becker, Bezirksverband
Berlin. Offener Brief an einen Kollegen‹ in der ›FR‹ vom 19.7.
1977; Antwort Kunerts in der ›Zeit‹ vom 5. 8. 1977; Seyppels Antwort darauf in der ›FR‹ vom 11.8. 1977; ›Eilbrief an Sarah
Kirsch‹, nachgeschickt von Joachim Seyppel im ›Tagesspiegel‹
vom 28. 8. 1977; ›Ist Literatur Hochverrat? Eine Abrechnung mit
dem [Nicht]-Schriftstellerverband der DDR‹ in der ›Zeit‹ vom 1. 6.
1979 und ›Ich brauche frische Luft‹: »Joachim Seyppel schildert,
wie man in der DDR als verfemter Schriftsteller lebt. Vor fünf
Wochen wurde er mit acht Kollegen aus dem Schriftstellerverband
ausgeschlossen und als ›kaputte Type‹ beschimpft«, so stand es im
›Stern‹ vom 12.7. 1979.) Gewiß, so ernsthaft sich Seyppel als In-
formant über den widrigen Umgang mit Schriftstellern äußert, er
kann nicht verhindern, daß sein bürgerliches Demokratieverständnis (das ihm Kunert bestätigte) eingepaßt wird in die Henker-
Opfer-Tendenz, mit der wir viele DDR-Phänomene zu interpretie-
ren versuchen. Und somit liefert Seyppel auch marktgerechte
Informationen, die seiner Person nun eine größere öffentliche

Bedeutung verleihen, als sie bisher seinen Büchern in der Bundesrepublik zuteil wurde.

3. Der Autor ist die Botschaft

Das neu gewonnene Selbstbewußtsein des DDR-Autors einerseits, die politischen und die Markt-Interessen hierzulande andererseits fordern gelegentlich auch die Selbstinszenierung des Autors heraus. Die Interviews von Thomas Brasch waren so als eine Geste der Verweigerung zu verstehen; denn er wollte sich gegen jede Vereinnahmung zur Wehr setzen. Jedoch konnte man auch sein schroffes Rede-und-Antwort-Stehen als begleitende Öffentlichkeitsstrategie zu den mit Halbjahresabstand in zwei Verlagen (Rotbuch und Suhrkamp) erscheinenden ersten beiden Büchern lesen. (»Ich stehe für niemand anders als für mich«, erklärte er dem ›Spiegel‹ am 3. 1. 1977, »Für jeden Autor ist die Welt anders« der ›Zeit‹ am 22. 7. 1977 und der ›Frankfurter Rundschau‹: »Es stimmt nicht, daß man sehr schnell untergeht« am 24. 8. 1977.) Rolf Schneider ließ seinem Roman ›November‹ eine Broschüre beilegen mit eigenen und fremden Stellungnahmen zu den Begleitumständen, die seinen Roman zum Politikum machen sollten. Ein Artikel in der ›Zeit‹ am 23. 2. 1979 war als flankierende Maßnahme gedacht: ›Die DDR-Literatur im Hagel. Rolf Schneider zieht Bilanz auf dem Höhepunkt seiner Auseinandersetzung mit der SED-Kulturbürokratie.‹ Jurek Becker bekannte in zwei ›Spiegel‹-Interviews »Ich glaube, ich war ein guter Genosse« (Nr. 30, 1977) und »Ja, wenn Stalin ein großer Mann war ...« (Nr. 10, 1980). Autor und Botschaft sind *eine* Stimme, weil der Konflikt des Schriftstellers mit dem Staat kein Separatkrieg ist, sondern weil die Biermann-Affäre, das Verhältnis von Schriftsteller und Staat oder Schriftsteller und Partei sowie Beckers persönliche Wandlung mit einem allgemeinen, alle betreffenden Konflikt zusammenhängen: Der Staat betreibt nämlich seinen Selbstschutz, den er nach Becker als »höchstes Gut« erachtet, auf Kosten des einzelnen.

Die im Sozialismus offensichtlich viel genauer erkennbaren Verletzungen des einzelnen machen nun den, der die Nachricht darüber in welchen Metaphern und Verwandlungen auch immer mitteilt, zur Instanz der Wahrheit, zum wichtigen Zeugen, mit dem sich Gegenpositionen aufstellen lassen, ohne daß die westliche Position, die bundesrepublikanische, jeweils eigens begründet werden muß. Die Hölle, das sind immer die anderen, meinte bekanntlich Sartre; wenn sie es tatsächlich sind, dann deshalb, weil wir in dialektischen Prozessen, die unsere eigenen Beschädigungen mit aufdecken, nicht zu denken bereit sind. Was für den Osten und seine Feindbilder West genauso gilt.

Die Bedeutung des DDR-Schriftstellers in der Bundesrepublik hat also mit der schwierigen Unterscheidung von Ideologie und Wahrheit zu tun. Geschichtlich betrachtet war es nicht von Anfang an so.

II Zögernder Nachwuchs – zaghafte Rezeption

1. Literarische Anerkennung durch engagiertes Schreiben

Mit einem gewaltigen Schub in den siebziger Jahren wurden mehr als je zuvor belletristische Werke aus der DDR in der Bundesrepublik veröffentlicht, teils als Lizenzausgaben übernommen von den Verlagen Aufbau, Hinstorff, Neues Leben und vom Mitteldeutschen Verlag, teils als Originalausgaben mit Genehmigung des Büros für Urheberrechte (z. B. die Bücher von Kunze) oder auch unter Umgehung sämtlicher Instanzen, wenn nach dreimaligem Anbieten eines Manuskripts kein anderer Weg als der zu bundesrepublikanischen Verlagen offenblieb. Manche dieser Bücher hatten – nach 1976 – die Übersiedlung des Autors zur Folge, was hieß: entweder Ausbürgerung und Aberkennung der DDR-Staatsbürgerschaft oder Ausreise mit Visum, das pro forma eine Rückkehr gestattet hätte.

Der weltweiten diplomatischen Anerkennung der DDR, ausgelöst durch Willy Brandts neue Ostpolitik, folgte ein neues Interesse an der DDR-Literatur auf dem Fuße, ablesbar an zahlreichen neuen DDR-Anthologien. Solche Sammlungen hießen in den fünfziger und sechziger Jahren noch ›Auch dort erzählt Deutschland‹, ›Deutsche Lyrik auf der anderen Seite‹, ›Nachrichten aus Deutschland‹; schamvoll wurde auch hier noch die westliche Leser inkriminierende Abkürzung ›DDR‹ ausgespart. Das sollte sich ab 1971 ändern.[4] Aber es änderte sich ja auch die Literatur, was Folgen für die kritische Rezeption in der Bundesrepublik hatte: Einige Literaturkritiker, Lektoren und Redakteure, darunter wohl nicht zufällig ehemalige DDR-Bürger, die freilich von ihren persönlichen Verletzungen nicht abzusehen vermochten, setzten sich für eine breitere Aufnahme einer neuen Entwicklung ein, in deren Verlauf die parteiliche Repräsentanz überwunden wurde: Man verstand sich nicht mehr als Sprachrohr der Partei (das galt aber längst nicht für alle Schreibenden). Jetzt mußten sich viele Schriftsteller erst einmal in einem mühevollen Prozeß der Selbstfindung Klarheit über ihren ästhetischen und gesellschaftlichen Standort verschaffen. Diese neue Haltung hatte man von seiten der Kulturbehörde nicht vorausgesehen, sie war vielmehr das unerwünschte Resultat eines langandauernden Erziehungsprozesses. Der Autor sollte sich ja als gesellschaftliches Wesen verstehen und angesichts der bevorstehenden kollektiven Lösungen, die die neue Wirklichkeit einzuklagen schien, sein unbedeutendes Ich, sein künstlerisches Subjekt, ohne Weheklage kleinhalten. Daß daraus nicht viel geworden ist, lastet Thomas Brasch der »apodiktischen Form«[5] an, mit der zum Beispiel der ›Bitterfelder Weg‹ durchgesetzt wurde. Das Schreiben für einen offiziellen Leser, für ein Publikum, das sich an den vorausgreifenden großen Taten aufbauen sollte, verlagerte sich mehr und mehr auf ein engagiertes Schreiben für Leser, die sich in der sozialistischen Gesellschaft persönlich angesprochen sehen wollten.

Eine Literatur, ohne Vorbehalte und ohne Rückversicherung unter gänzlich anderen gesellschaftlichen Voraussetzungen geschrieben, mußte auch eine starke Ausstrahlung auf bundesrepublikanische Leser haben. Günter Kunert stellte zu Recht fest:

Unabhängig von der Tatsache, daß es konträre gesellschaftliche Systeme sind, sind es doch Industriegesellschaften, also Gesellschaften mit ähnlichen oder gleichen Deformationen. Ungern erinnere ich an die Stichwor-

te ›Entfremdung‹ und ›Verdinglichung‹. Das Individuum sieht sich in eine
gesellschaftliche Maschinerie hineingezogen, die immer übermächtiger
wird und die sich global ausbreitet.

Daß dies psychische Folgen hat, von denen auch ich mich verkrüppelt
weiß und die direkt oder indirekt in meinen Texten vorhanden sind – das
begreifen die Leser überall.[6]

2. ›Vom schweren Anfang‹ der fünfziger Jahre

Zunächst waren die in die DDR gegangenen Exilschriftsteller für
die junge Schriftstellergeneration oft schier erdrückende Vorbil-
der; sie kamen aus der Leidenszeit des Exils mit Erfahrungen in die
DDR, die nicht voraussetzungslos an die junge Generation weiter-
gereicht werden konnten. Neben Autoren wie Brecht, Becher,
Arnold Zweig, Anna Seghers, Friedrich Wolf, Hermlin, Ludwig
Turek, Claudius, Marchwitza und Bredel spielte die alte Garde der
Parteischriftsteller um Abusch, Gotsche, Max Walter Schulz die
Rolle der Verhinderer, weil sie ihr nach Feierabend Geschriebenes
als Muster für eine sozialistisch zu nennende Literatur durchzu-
setzen versuchte[7].

Schließlich wurde dieser zögernde Nachwuchs, der die Nazizeit
noch kennengelernt hatte und sich nun in Stalinhuldigung [→
435 ff.] erging, vom Abbau des Personenkults getroffen. Als man
endlich begriff, daß die stalinistische Parteiorganisation für eine
Industriegesellschaft, wie sie die DDR anstrebte, nicht geeignet war
(Hartmut Lange)[8] und nach Chruschtschows Geheimrede nach
dem XX. Parteitag 1956 einen kulturpolitischen Kurswechsel erhoffte, war der Eklat mit der Partei da. Prozesse brachten Wolfgang Harich, Erich Loest und viele andere in die Gefängnisse, wieder andere entzogen sich durch Flucht in den Westen einer drako-
nischen Abrechnung durch die Staatsmacht. Zwischen 1956 und
1961 waren das: Gerhard Zwerenz, Martin Gregor-Dellin, Peter
Jokostra, Heinar Kipphardt, Uwe Johnson, Ulf Miehe, Jochen
Ziem, Helga M. Novak; nach 1961 Christa Reinig, Hartmut Lange, Horst Bienek – um nur die heute bekanntesten Namen zu nennen. Mit ihnen, hätten sie in der DDR publizieren können, setzte
die neue DDR-Literatur ein. Mit ›Mutmaßungen über Jakob‹

(1959) und ›Das dritte Buch über Achim‹ (1961) von Uwe Johnson oder auch mit Zwerenz' ›Aufs Rad geflochten‹ (1959) wird der literarische Beginn der jungen DDR-Generation in die Bundesrepublik verlegt. Es sind in der Tat die ersten Werke der jungen DDR-Schriftstellergeneration, die die Fesseln des Dogmatismus abgestreift hat. Da diese Bücher aber in der Bundesrepublik erschienen sind, werden sie mehr oder weniger als Literatur dieses Landes angenommen.

Zwerenz, an die Situation von damals denkend und die Krise nach Biermann im Blick, formuliert die Lage treffend so:

Wir sind da zu früh gekommen, es gibt ja immer das tragische Schicksal zu frühgekommener Revolutionäre, nein, das ist etwas zu hoch gegriffen im Ausdruck: der zu früh gekommenen Schriftsteller. Und wir haben damals die Repressionswut der Partei zu spüren gekriegt. Mit der entsprechenden Verspätung, die im Sozialismus offensichtlich eingebaut ist: daß alles ungefähr ein paar Jahrzehnte, nachdem es eigentlich fällig ist, erst akzeptiert werden kann, weil soviel bürokratischer Mist davor aufgehäuft worden ist – mit der entsprechenden Verspätung hat sich das in der Literatur der DDR jetzt tatsächlich durchgesetzt. Die kommen jetzt dort an, wo sie, wenn sie marxistisch gedacht hätten, Mitte der fünfziger Jahre schon hätten sein können. Und weil wir da damals schon waren, haben wir Prügel bezogen.[9]

Andere, vor allem die ehemaligen proletarisch-revolutionären Autoren, versuchten den kulturpolitischen Forderungen nachzukommen, indem sie ›Schrittmacherromane‹ (Baustellen-, Betriebs- und Bodenreform-Romane) schrieben. Die stachelten aber nicht gerade die Neugier westlicher Leser an, zumal da sie größtenteils unbeholfen und spröde erzählt waren. Der Damnitz Verlag in München mit seiner ›Kleinen Arbeiterbibliothek‹ und der Röderberg Verlag in Frankfurt mit seiner Taschenbuchreihe verlegten seit den siebziger Jahren nicht nur die meisten Aufbauromane, darunter einige wirklich wichtige wie ›Beschreibung eines Sommers‹ von Karl-Heinz Jakobs und ›Spur der Steine‹ von Erik Neutsch, sondern auch einen Großteil der Parteiliteratur (u.a. Gotsch, Max Walter Schulz). Vom bürgerlichen Literaturbetrieb wurden diese Serien und Publikationen kaum wahrgenommen.

3. Die zaghafte Rezeption der sechziger Jahre

Waren schon Themen und Schreibweisen der meisten Werke der
fünfziger und frühen sechziger Jahre nicht für die Leser in der
Bundesrepublik geeignet, so ließ auch die völlig andere literarische
Geschmacksbildung nach 1945 eine breite Aufnahme der DDR-
Literatur hier nicht zu. Es wuchs das Interesse an den durch den
Nationalsozialismus verbannten und verbrannten Werken, an
Kafka, Döblin, am Expressionismus; der wachsende Ruhm Gottfried Benns in dieser Zeit, der zunehmende Einfluß der Gruppe 47,
der immer mehr auch in Deutschland nachhaltig wirkende französische Existentialismus Sartres und Camus' und bis in die deutsche
Umgangssprache hinein *last not least* die spürbare gewaltige kulturelle Öffnung Amerikas, die uns eine Fülle realistischer Literatur
bescherte von Hemingway, Faulkner, Miller, Heller, Selby und
vielen anderen. Da galt kaum ein Blick der DDR-Literatur. Und so
verwundert es auch nicht, daß trotz der intensiven Diskussion um
Christa Wolfs Roman ›Der geteilte Himmel‹, nur ein kleiner Berliner Verlag (Gebrüder Weiss) das Buch 1963 ohne viel Aufhebens
herausbrachte. Erst als das Interesse an der DDR-Literatur vehe-
ment zunahm, interessierten sich nacheinander zwei Taschenbuch-
verlage dafür: 1968, also immerhin fünf Jahre nach der Hard-
cover-Buchausgabe, kam es im Rowohlt Taschenbuch Verlag heraus, 1973 noch einmal beim Deutschen Taschenbuch Verlag in
München.

Fast hätte der erste junge Autor der neueren DDR-Literatur in
der Bundesrepublik Erwin Strittmatter geheißen. Der S. Fischer
Verlag hatte den ersten Teil der Trilogie des ›Wundertäters‹ (1957)
als Lizenz von Aufbau im Jahr 1961 erworben, den Roman aber
nach dem 13. August 1961 als Reaktion auf den Mauerbau ein-
stampfen lassen. Ein politisch völlig ›unanstößiges‹ Buch geriet so
zwischen die Fronten des Kalten Krieges. Zu gleicher Zeit etwa
paßte der Lyriker Johannes Bobrowski nicht in die kulturpolitische Landschaft der DDR. Seine ersten Gedichte erschienen in der
Bundesrepublik; bei der Deutschen Verlagsanstalt kamen die beiden Lyrikbände ›Sarmatische Zeit‹ (1961) und ›Schattenland Ströme‹ (1962) heraus. Ebenfalls nur in der Bundesrepublik erschienen

von Fritz Rudolf Fries ›Der Weg nach Oobliadooh‹ (1966), von
Rolf Schneider ›Brücken und Gitter‹ (1966), von Wolf Biermann
›Die Drahtharfe‹ (1965 1.–4. Tausend bei Wagenbach) und ›Mit
Marx und Engelszungen‹ (1968; sofort 1.–20. Tausend bei Wagenbach), von Reiner Kunze ›Sensible Wege‹ (1969) sowie eine er-
staunliche Anzahl von Kunerts Werken im Carl Hanser Verlag:
›Erinnerung an einen Planeten. Gedichte aus fünfzehn Jahren‹,
1963 (Auswahl aus den in der DDR publizierten Gedichtbänden
und neue Gedichte); ›Tagträume. Prosa‹ (1964); ›Verkündigungen
des Wetters. Gedichte‹ (1966); ›Im Namen der Hüte. Roman‹
(1967, 1976 bei Eulenspiegel, Berlin DDR); ›Die Beerdigung findet
in aller Stille statt. Erzählungen‹ (1968).

Gering ist die Zahl von gewichtigen Büchern, die zugleich in
beiden deutschen Staaten erschienen: ›Das Judenauto. Novellen‹
von Franz Fühmann (1962 erschienen bei Diogenes in Zürich),
›Der geteilte Himmel‹ von Christa Wolf (1963), ›Levins Mühle‹,
der Roman von Bobrowski (1964) sowie weitere Titel von ihm bei
Wagenbach: ›Mäusefest‹ und andere Erzählungen‹ (1965) und
›Wetterzeichen‹. Gedichte 1967; von Hermann Kant ›Die Aula‹
(1965/1966), von Sarah Kirsch ›Landaufenthalt‹ (1967/1969);
›Nachdenken über Christa T.‹ (1968/1969) von Christa Wolf und
›Buridans Esel‹ von Günter de Bruyn (1968/1969).

Das sind zwar nicht viele Autoren – verglichen mit der Publikationswelle der siebziger Jahre –, aber es sind durchwegs bedeutende literarische Werke, die Vorstellung und Begriff einer DDR-
Literatur langsam ins westdeutsche Blickfeld zu rücken beginnen.

III Wer verlegt welche Autoren?

1. Die deutschsprachigen Verlage und ihre Autoren

Fast ausschließlich konzentriert sich das Interesse westdeutscher
Verlage auf den Teil der DDR-Literatur, der zwar spätbürgerlich
traditionell in der Form, jedoch von erstaunlicher Aussagekraft ist.
Es sind Verlage, die schon immer deutsche Literatur verlegen, darunter vor allem Luchterhand, Suhrkamp, Rowohlt, S. Fischer so-

wie die durch ihren Standort dafür offenbar prädestinierten Verlage Wagenbach und Rotbuch in Berlin. Neben diesen sechs Verlagen, die DDR-Literatur als Schwerpunkt ihres Programms erkennen lassen, gibt es weitere zehn Verlage, die mindestens drei
Autoren oder das Werk eines Autors* verlegt haben[10].

Autorenedition/Bertelsmann: das Werk von Stefan Heym sowie
    zwei von ihm herausgegebene Anthologien; Joachim Walther
    (Autorenedition/Athenäum)
Benziger: Helga Schütz, Klaus Schlesinger (→ S. Fischer), Christine
    Wolter
Claassen: das Werk von Peter Hacks; Karl-Heinz Jakobs; Erich
    Arendt
S. Fischer: Peter Huchel (→ Piper → Suhrkamp), Johannes Bo-
    browski (→ Wagenbach); G. u. H. Braun, Klaus Schlesinger;
    Günter de Bruyn, Karl-Heinz Jakobs (→ Claassen), Reiner
    Kunze, Wolfgang Hilbig; Gert Neumann, Monika Maron;
    Städte und Stationen (Anthologie); im Taschenbuch: Erwin
    Strittmatter, Werner Heiduczek sowie drei Anthologien
Hanser: das Werk von Günter Kunert; Bernd Jentzsch, Stephan
    Hermlin, Irmtraud Morgner
Hoffmann und Campe: Erich Loest, Franz Fühmann, Dieter Eue,
    Christoph Hein sowie eine Anthologie
Kindler: Heym (→ Bertelsmann), de Bruyn (→ S. Fischer), Brigitte
    Reimann
Langewiesche-Brandt: das Werk von Sarah Kirsch (→ Deutsche
    Verlagsanstalt)
Luchterhand: das Werk von Anna Seghers, Christa Wolf und Her-
    mann Kant; Irmtraud Morgner, Gerti Tetzner, Jurek Becker
    (→ Suhrkamp), Franz Fühmann (→ Suhrkamp), Rolf Schneider
    (→ Knaus), u. a., vier Anthologien
Rowohlt: Erich Arendt (→ Claassen), Hans Joachim Schädlich,
    Kurt Bartsch, Frank-Wolf Matthies, Reiner Kunze (→ S.
    Fischer), Rainer Kirsch, im Taschenbuch: Jürgen Fuchs, Bettina
    Wegner; eine Anthologie

---

* → bedeutet zu diesem Verlag übergewechselt

Rotbuch: das Werk von Heiner Müller; Karl Mickel, Paul Gratzik, Stefan Schütz, Erich Köhler (→ Suhrkamp), Thomas Brasch (→ Suhrkamp)

Suhrkamp: Volker Braun, Ulrich Plenzdorf, Fritz Rudolf Fries, Peter Huchel, Manfred Jendryschik, Erich Köhler, Jurek Becker, Peter Hacks (→ Claassen), Franz Fühmann (→ Hoffmann und Campe)

Wagenbach: Bobrowski, das Werk von Biermann (→ Kiepenheuer & Witsch), Stephan Hermlin, Adolf Endler, Elke Erb

Vor allem durch persönliche Begegnungen mit Autoren und Lektoren konnten sich nach und nach dauerhafte verlegerische Aktivitäten entfalten. Hier ist die Pionierarbeit von Elisabeth Borchers zu nennen, die schon Mitte der sechziger Jahre von Berlin aus die neueren Entwicklungen und Wandlungen der DDR-Literatur für den Luchterhand Verlag aufmerksam verfolgte. Sie hat seit vielen Jahren eine sehr persönliche Beziehung zu Anna Seghers; sie lernte Christa Wolf bei einer Lesung kennen und setzte später – gegen die Vorbehalte des Verlags – bei Luchterhand ›Nachdenken über Christa T.‹ durch. 1972 kam Hermann Kant mit dem ›Impressum‹ dazu; Jurek Becker, Franz Fühmann und andere wichtige Autoren folgten.

Die freundschaftlichen Verbindungen zwischen DDR-Autoren und westdeutschen Verlegern, Literaturredakteuren (wie zum Beispiel zu Karl Corino vom Hessischen Rundfunk, zu Klaus Sauer vom Deutschlandfunk, zu Konrad Franke vom Bayerischen Rundfunk und zu manchen anderen) und Literaturkritikern wuchsen in dem Maße, da die eigenen Verlagsleute und Kulturfunktionäre sich aus politischen Zwängen heraus rigide verhielten und kaum noch freundschaftliche Förderer und Vermittler genannt werden konnten.

Mehr als sechzig Autoren sind mit weit über hundert Titeln zwischen 1970 und 1981 verlegt worden; hinzu kommt noch ein gutes Dutzend Anthologien – eine erstaunlich hohe Zahl, bedenkt man, daß die Auswahl ja vom bürgerlichen Literaturverständnis [→ 49] und mit der Hoffnung auf Erfolg geleitet war.

2. Die ›erfolgreichen‹ Autoren

Wie erfolgreich waren sie? Und warum? Denn daß nur wenigen Büchern, wenigen Autoren ein wirklicher Durchbruch gelang, steht außer Frage. Christa Wolfs ›Nachdenken über Christa T.‹ (1969) machte wohl zum ersten Mal eine breitere, sonst noch nicht an der DDR und ihrer Literatur interessierte Leserschicht auf diese aufmerksam. Davon wird gleich noch zu reden sein. Hermann Kant wurde zumindest mit seinem ersten Roman ›Die Aula‹ allmählich zu einem erfolgreichen ›Westautor‹; denn obwohl schon 1966 bei Rütten & Loening in München als DDR-Lizenz des gleichnamigen Verlags verlegt, hatte der Roman erst in der Taschenbuchausgabe bei Fischer seit 1968 ein nachhaltiges Echo. Wenn seither bis 1981 157 000 Exemplare verkauft worden sind, so läßt sich das mit dem offenbar für Schüler und Studierende eingängigen Romansujet ›Schule in der DDR‹ erklären, das obendrein in einer für Lernende billigen Ausgabe erhältlich ist. Die bei dieser Art Rezeption mitspielende Zurücknahme der ideologischen und historischen Komponente des Romans läßt diesen nun als einen aktuellen Bericht über die heutige DDR leicht konsumierbar werden. Vergessen wird dabei, daß das Buch inzwischen vor über 15 Jahren geschrieben wurde und sein Stoff fast dreißig Jahre alt ist.

Ebenfalls ein großer Taschenbucherfolg wurde die Nummer 1 der Sammlung Luchterhand: ›Jakob der Lügner‹ (1970) ist die von Jurek Becker souverän erzählte Strategie des Überlebens: Das Elementarste des Erzählers, das Erfinden und Phantasieren, wird in der Gestalt Jakobs existentiell thematisiert. Der Erfolg des schwierigen Prosabandes ›Versuchte Nähe‹ (1977) von Hans Joachim Schädlich ist in erster Linie auf seinen Promotor Günter Grass zurückzuführen. Dieser entwarf nicht nur den Schutzumschlag, sondern warb landauf, landab bei eigenen Lesungen mit der Rezitation eines Textes von Schädlich für den von ihm so hochgeschätzten Autor. Schädlichs Sprachverfahren stieß bei der Kritik ebenso auf Anerkennung wie die moderne Erzählweise in Thomas Braschs Prosaband ›Vor den Vätern sterben die Söhne‹ (1977) in der billigen Serie der Rotbuch-Broschüren. Auch Mißverständnisse können dem Erfolg dienen: Irmtraud Morgners dickleibiger Roman ›Leben und Abenteuer der Troubadora Beatriz‹ (1975) geriet wegen einiger Passagen über die Frau in der DDR in den Sog neu erwachten Interesses an einer ›Frauenliteratur‹.

Daß die Werke von Sarah Kirsch, Günter Kunert und Stefan Heym – letzterer als gesamtdeutscher Unterhaltungsautor von Rang – ein großes Echo in der Bundesrepublik haben, hängt mit dem politischen Kraftfeld Ost-West und der sich darin besonders entfaltenden persönlichen Ausstrahlungskraft dieser Schriftsteller zusammen. Dies gilt nicht zuletzt auch für Wolf Biermann, dessen überragende Wirkung freilich nicht ohne Fernsehen und Schallplatte zu denken wäre. Darum läßt sich der Erfolg des Liedermachers schlecht mit den hier genannten Autoren vergleichen.

IV Verzögerte und spontane Aufnahme der Literatur: Vergleich zwischen DDR und Bundesrepublik

Gegen »anerfundene politische Absichten«[11] hatte sich Anfang der sechziger Jahre Uwe Johnson zur Wehr setzen müssen. Und Thomas Brasch antwortet auf die Frage, wie sein Buch ›Vor den Vätern sterben die Söhne‹ in der Bundesrepublik eingeordnet wurde:

Das wird natürlich von allen Kritikern ideologisch angegangen ⟨. . .⟩ es gibt so ein Image: der Außenseiter aus der DDR. Das ist das, was sich diese Gesellschaft machen will, weil sie auf Individuen nicht einzugehen vermag.[12]

Ein harter, teilweise berechtigter Vorwurf, ist doch die Vermittlung von DDR-Literatur hierzulande auch Teil der ideologischen Auseinandersetzung zwischen Ost und West. Die Rezeption der Literatur durch die Medien (Funk, Fernsehen, Feuilletons, Magazine) wird zwar nicht überall, aber doch oft zum ideologischen Nebenschauplatz, auf dem der Zusammenstoß zweier unterschiedlicher Wertsysteme stattfindet. Dabei geschieht es nicht selten, daß wir uns gegenseitig unsere Feindbilder bestätigen. Und wird das Erscheinen eines Werkes in der DDR verzögert, oder erscheint es gar nicht, so kann es mit besonders spontaner Aufmerksamkeit in der Bundesrepublik rechnen. Ein geradezu klassisches Beispiel lieferte dazu die Rezeption von Christa Wolfs drittem Buch ›Nachdenken über Christa T.‹; der Krieg der Kritiker in der Bundesrepublik erzwang zumindest eine halböffentliche Diskussion in der DDR.

1. Die Rezeption von ›Nachdenken über Christa T.‹ [→ 413 ff.]

Ende 1968 wurde das Buch ausgedruckt, und zwar in einer Auflage von 20 000 Exemplaren; davon kaufte der Luchterhand Verlag 5 000 (ein sogenanntes Lizenz- und Mitdruck-Geschäft) und versah den Roman nur mit einem eigens hergestellten Schutzumschlag. Die 15 000 verbliebenen Exemplare kamen Anfang 1969 in den Buchhandel (so erklären sich die unterschiedlichen Angaben für das Erscheinungsjahr 1968 und 1969), wurden aber dort zu einem erheblichen Teil an bevorzugte Personen (u. a. an Kulturfunktionäre) abgegeben, so daß das Buch den eigentlichen Buchkäufer, also den wirklich begierigen Leser, nur in begrenzter Stückzahl erreichte. Nach einer mündlichen Auskunft von Christa Wolf erklären sich damit die vielen Gerüchte und die Vermutungen westlicherseits, wonach das Buch nur in fünfhundert oder ein paar tausend Exemplaren gedruckt worden sein sollte. Eine größere Verbreitung war erst fünf Jahre später möglich (1973), erst dann wurde die zweite Auflage gedruckt. (Die westdeutsche Gesamtauflage einschließlich der Buchclubausgaben lag nach einer Mitteilung des Luchterhand Verlags 1981 bei 180 000.)

Die Aufnahme dieses für die neuere DDR-Literatur bahnbrechenden Werkes ist inzwischen dokumentiert (mit fehlerhaften Zahlenangaben) und kommentiert worden[13] – jedoch nicht als ein wechselseitiger Ost-West-Vorgang, der Exemplarisches über unser beider Verhältnis zu Literatur und Ideologie aussagt. Denn kein in der DDR bis zu diesem Zeitpunkt erschienenes Werk hatte so bedingungslos die bis dahin geforderte repräsentative Bedeutung für die allgemeine Sache der Partei aufgehoben. Der schwierige Weg der Christa T., zu sich selbst zu kommen, erwies sich als ein komplexes, ja sogar sehr heikles Thema. Da fragt jemand plötzlich, wer bin ich eigentlich und wie soll ich in der Gesellschaft leben. Das wird unter anderem an Schreibproblemen der Christa T., die eigentlich Schriftstellerprobleme sind, eindrucksvoll deutlich. Sie berühren zentral die Wirklichkeit einer Gesellschaft, die sich gerade anschickte, durch kybernetische Arbeitsprozeßsteuerungen die Entfremdung eher noch zu verstärken als zu mildern[14]. Bezweifelt wird dadurch auch Ulbrichts Beschwörungen von einer ›harmonischen Menschengemeinschaft‹ in der DDR. Die Erwartungen der Ideologen mußten also enttäuscht werden. Die Irritation, ja der Schock müssen doppelt groß gewesen sein, weil man glauben durfte, daß eine bisher, trotz mancher vorangegangener Diskussionen – etwa um den ›Geteilten Himmel‹ –, noch in den sozialistischen Kreislauf eingebettete Autorin den ideologischen Rahmen nicht durchbrechen würde. Ein Trugschluß, der einmal mehr bewies, daß die Rezeptionserwartungen nie vorab von seiten des Verlagsapparates und der Kulturbehörde, die das Buch ja schließlich unbeanstandet genehmigten, berechnet werden kann.

Weil nun das Buch, wie oben beschrieben, nur eine Halböffentlichkeit in der DDR erreichte, wurden westdeutsche Kritiker sofort mißtrauisch: Warum wird das neue Buch von Christa Wolf zwar in Auszügen in ›Sinn und Form‹ und im ›Sonntag‹ 1968 vorabgedruckt, dann rezensiert von H. Kähler in ›Sinn und Form‹ (Heft 1, 1969) und von H. Haase in der ›Neuen Deutschen Literatur‹ (Heft 4, 1969), aber es ist im Buchhandel dann nicht zu haben? So der Tenor. Auch fällt den westdeutschen Rezensenten auf, daß beide DDR-Kritiker ihre Enttäuschung über die Gesellschaftskritik von Christa Wolf nicht verbergen können. Person und Werk werden dabei nicht getrennt, sie werden als politische Instanz angesprochen, die keine sozialistische Hilfestellung leiste. Der Angriff im ›Neuen Deutschland‹ vom 1.5. 1969 und die darauffolgende Selbstkritik des Mannes, der Christa Wolf verlegte (ebendort am 14.5. 1969) bieten nun das Buch der bundesrepublikanischen Literaturszene – unfreiwillig – als politischen Fall an[15].

Schon am nächsten Tag (15.5.) reagiert die ›FAZ‹ auf die »Selbstkritik des Verlegers«; am 23.5. folgt in der ›Zeit‹ M. Reich-Ranicki mit dem als Resümee gemeinten Satz seiner Rezension: »Sagen wir klar. Christa T. stirbt an Leukämie, aber sie leidet an der DDR.« Und R. Michaelis in der ›FAZ‹-Rezension, die, unüblich genug, mit einer redaktionellen Vorbemerkung versehen ist (am 28.5.): »Es stellt die Wahrheitsfrage – und ein Gesellschaftssystem auf die Probe.« Kurz darauf, auf dem VI. Schriftstellerkongreß vom 28. 5.–30. 5. in Ost-Berlin, nimmt Max Walter Schulz die ideologische Offensive zum Anlaß eines heftigen Ausfalls gegen Christa Wolf (der ihm höheren Orts nachträglich ins Manuskript diktiert worden sein soll): Wie nach dem 11. Plenum von 1965, als H. Sakowski Biermann vorhielt, seine in West-Berlin erschienene ›Drahtharfe‹ lasse sich gegen die DDR »verwenden« (vgl. ›Neue Deutsche Literatur‹, 2, 1966), wird auch jetzt nicht über die Relevanz eines literarischen Textes diskutiert, der möglicherweise ein wichtiges Stück autarker Wirklichkeit darstellt, sondern die Bewertung wird von den Reaktionen des ›Klassengegners‹ abhängig gemacht, und so braucht eine fruchtbare Diskussion über ästhetische und gesellschaftliche Fragen gar nicht erst stattzufinden. Schulz' Verdikt spitzt sich auf die ›Innerlichkeitsproblematik‹ der Christa T. zu, von der es ja nie zu einer sozialistischen Verbindlichkeit kommen könne. Den »eigenbrötlerischen Individualismus« aber lobt die Westpresse, voran G. Zehm in ›Die Welt‹, den Gegensatz zwischen »Individuum und Gesellschaft« (R. Michaelis in der ›FAZ‹), »Außenseitertum«, »Rückzug« aus der Gesellschaft; ja sogar »die Geschichte eines Selbstmords« liest F. J. Raddatz heraus. Trotz allem, das Buch sei »sozialistisch« (Raddatz), es dürfe nicht als »Waffe gegen eine Staatsform mißbraucht werden, zu der sich Christa Wolf mit gleicher Entschiedenheit bekennt wie Christa T.« (Michaelis). Das sind Feststellungen, die in der Kritik nicht begründet werden. Daß das Nachdenken darüber, wie man angesichts einer unzulänglichen Daseinsverfassung überhaupt *man selbst werden kann*, die subjektive wie historische Antwort ist, die die Autorin auf die für jedermann spürbare Entfremdung gibt – das wird nicht herausgestellt. Die Ost-West-Kampagne konzentriert sich darauf, daß der Osten nicht die Entschiedenheit von Fragen durch eine Persönlichkeit gebrauchen kann, die der Westen als Bestätigung der Unfähigkeit kollektiven Denkens registriert (und damit des ganzen Systems). Teilwahrheiten? Ja, – das ganze des Systems wird damit nicht erfaßt. Und schon gar nicht die Essenz von Christa Wolfs Buch. Gut zwei Monate Ost-West-Streit (von Ende März 1969 bis Anfang Juni 69) haben dafür gesorgt, daß das Buch im Westen zum Bestseller wurde, die offizielle DDR-Literaturgeschichte aber für alle Zeiten festschrieb, eine Vorbildfigur sei Christa T. nie und nimmer.

2. Die Rezeption von ›Die neuen Leiden des jungen W.‹

Auch Edgar Wibeau wird von den Kulturpolitikern nicht gerade als nachahmenswertes Vorbild empfunden. Bereits 1968 hatte Plenzdorf den Text geschrieben, aber niemand hatte sich in den darauffolgenden Jahren getraut, den Text herauszubringen.

»Jeans sind eine Einstellung und keine Hosen.« Dem Satz Wibeaus gab die westdeutsche Kritik mehr (ideologische) Bedeutung als ihm aus der Situation, aus der er gesprochen war, zukam. Gleichwohl las die Kritik: »〈...〉 doch stets zwischen den Zeilen gegenwärtig – die Abkürzung SED.«[16] Zum ideologischen Schlagabtausch wie bei Christa T. kam es aber nicht, dazu war der Text nicht politisch brisant genug (aus westlicher Sicht: »ein realer DDR-Musterknabe«[17] hieß es, oder: »Beschwörend fällt der Autor seinem Helden ins Wort«[18]), und die öffentlichen Reaktionen waren während des neuen kulturpolitischen Kurses um 1973 freundlicher und verbindlicher auf den Text unmittelbarer eingehend als bei Auseinandersetzungen zuvor. Zwar gab es hinter den Kulissen manche Vorstöße, um den Text nachträglich zu verbieten, so durch den damaligen Bezirkssekretär von Rostock, Harry Tisch, und den Kulturattaché der sowjetischen Botschaft, der dem Hinstorff Verlag die positiven Helden aus Sowjetromanen als Vorbilder empfahl – aber die Verlagsleitung unter Konrad Reich und Kurt Batt verhielt sich klug; die öffentliche Kritik und die ›Sinn und Form‹-Diskussion taten ein übriges, um Plenzdorfs Stück nicht zum politischen Fall hochzuspielen, was bedeutet hätte: am Zuschauer und Leser vorbeizureden. Denn rasch zeigte es sich, daß die Ausstrahlung des jugendlichen Helden dazu führte, daß Edgar Wibeau nicht nur in der DDR zur Projektionsfigur der Jugend wurde. Der Suhrkamp Verlag legte zunächst nur 5 000 Exemplare auf; drei Jahre später (1976) erreichte diese Ausgabe 100 000 Auflage; nun folgten 40 000 als billiges Taschenbuch, das 1981 im 575.Tausend war. In absoluten Zahlen bewertet: der größte Erfolg, den je ein Prosatext bzw. ein Stück aus der DDR erreicht

hatte – dank auch der zahlreichen westdeutschen Aufführungen
(Es lag zwei Jahre an der Spitze der deutschen Spielpläne).

Die ›Sinn und Form‹-Diskussion benennt die Ursachen dieses
stürmischen Siegeszugs richtig (freilich ohne die hier getroffenen
Schlußfolgerungen): Schock beim staatstragenden Leser und en-
thusiastische Zustimmung bei der Jugend. Der Erfolg setzt allerdings mit der Dramatisierung von der Bühne des Landestheaters in
Halle ein. An dem gewaltigen Echo ist nicht vorbeizureden. Der
DDR-Theaterkritiker Ernst Schumacher stellt fest: »〈. . .〉 daß sich
hier ein junger Mensch von hier und heute in der Sprache der heutigen jungen Generation artikuliert«, sei das eigentlich Neue.

Diese vornehmlich jungen Zuschauer hat ungleich mehr interessiert,
wie sich Edgar über blue jeans und über die Beziehung zum anderen Ge-
schlecht und über seinen Lehrmeister, seine Mutter und seine Kollegen
von der Malerbrigade ausläßt, als seine Kommentare zum ›Werther‹.[19]

Wiederum stoßen solche Informationen, leidenschaftlich von
einem jungen Menschen vorgebracht, in ein Informationsvakuum.
So liegt der Haupteffekt, wie Wolfgang Kohlhaase bemerkt, im
»gesellschaftlichen Bereich«[20]. Plenzdorfs Stück treffe auf ein lange nicht befriedigtes Bedürfnis, es sei nicht nur ein literarischer,
sondern ein öffentlicher Erfolg; die Geschichte gehe auf »schwierige moralische Fragen ein«[21]. Es ist erstaunlich, wie in dieser Diskussion die Wirkung des Textes auf Jugendliche zum objektiven
Maßstab der Anerkennung gemacht wird. Damit kann der normative Begriff des Typischen im sozialistischen Realismus zurückgenommen werden, den der DDR-Staranwalt Kaul noch für alle parteilichen Leser beansprucht. Gerade an die Stelle des Typischen,
des Parteilich-Repräsentativen, tritt die eindringliche Stimme der
Jugendlichen. Weil es Plenzdorf zu zeigen gelingt, wie der Jugendliche fühlt und denkt, wie er sich ausdrückt mittels eines sozial nur
schwer festlegbaren Jargons, vermag er auch eine sprachlose, aber
ähnlich fühlende Jugend in der Bundesrepublik anzusprechen.
Und es scheint ferner, wie der Turiner Germanist Cesare Cases in
seiner Analyse von Plenzdorfs Text bemerkt, vor allem das »Pathos
des Einzelnen«[22] zu sein; der einzelne also, der sich noch trotz aller
Widrigkeiten durchzusetzen vermag – dieser Glaube an das Indivi-

duum ist noch in der DDR wie auch in der Bundesrepublik vorhanden. Es ist nicht der neue ›sozialistische‹ Mensch, sondern, wie Cases bemerkt: »Dieser Glaube an die Güte des Individuums und seiner Leistung scheint noch in manchem DDR-Bürger zu stecken, trotz oder wegen des offiziellen Citoyen-Ideals.«[23]

3. Ausgelagerte Literatur: Biermann und Kunze

Stephan Hermlin und Erich Honecker, die immer in freundschaftlicher Verbindung standen, haben ihre unterschiedliche Einschätzung Biermanns beibehalten: Hermlin hatte Biermann 1963 »großes Talent« bescheinigt und wollte sich um ihn kümmern, wenn die Partei es wünsche, Honecker meinte 1965, Biermann verrate mit seinen Liedern und Gedichten sozialistische Grundpositionen. 1976 hat Honecker Biermann ausbürgern lassen. Daraufhin hatte zunächst Hermlin die Initiative ergriffen und gemeinsam mit einem Dutzend Schriftstellerkollegen die Partei gebeten, die »getroffene Maßnahme« noch einmal zu überdenken. Dies führte zu einer unerwarteten Solidarisierung mit unabsehbaren Folgen, dokumentiert in ›Exil‹ (1977) von P. Roos, minutiös festgehalten fünf Jahre später im ›Spiegel‹ (Nr. 48, 23. 11. 81) von einem damals Beteiligten: von Karl-Heinz Jakobs.

Biermanns Kölner Auftritt am 13. November 1976 und dessen Wiedergabe im Fernsehen, das weit in die DDR hineinwirkte, hatte die SED nur zum Vorwand für die Ausbürgerung genommen. Eine schärfere kulturpolitische Gangart war seit längerem zu verspüren. Entscheidend aber war wohl die zunehmende Unruhe in fast allen Ostblockländern, die Proteste von Intellektuellen in der UdSSR, die Arbeiterrevolten in Polen, die nachdrückliche Berufung der Bürger in der Tschechoslowakei auf die Menschenrechte und auf die Schlußakte von Helsinki, die auch immer mehr DDR-Bürger gegenüber ihren Behörden geltend machten, um freizügiger reisen oder gar ausreisen zu können. Zugegeben wurde auch von offizieller Seite, daß die Beschwerden der Bürger der DDR über bürokratische Mißstände und Herzlosigkeiten zunahmen. In diese angespannte Situation platzte Biermanns erster Auftritt nach elf Jahren in der evangelischen Nikolaikirche in Prenzlau im Bezirk Neubrandenburg. Das Echo war gewaltig. Und es verwunderte nicht, daß Flugblattaktionen und Mauerbeschriftungen in jener Stadt als Reaktion auf Biermanns Ausbürgerung mit zahlreichen Verhaftungen geahndet wurden.

Der gefährlichste Feind für die Partei ist immer der Kritiker von links, der Kommunist, der Opponent in den eigenen Reihen. Er ist es vor allem dann, wenn die propagierte Ideologie jegliche Attraktivität verloren hat. Biermanns Wirkung auf viele junge Menschen wurde deshalb von der SED als weitaus gefährlicher eingeschätzt als jene des sich auf Camus und den französischen Existentialismus berufenden Reiner Kunze, von dessen Texten sich freilich ebenfalls nicht wenige Jugendliche in ihrer Haltung zum Staat bestätigt sahen. Nur: Kunze bot keine Alternative an, während Biermann − so stand es im ›Neuen Deutschland‹ zu lesen − einen anderen Weg gehe. Kunze konnte man in der DDR leichter als »Dichter des Absurden« oder gar als Eigenbrötler abtun. In ihrem literarischen und ideologischen Stellenwert sind beide Schriftsteller in der Tat völlig verschieden zu bewerten; nur in der Bundesrepublik wurden sie auf gleiche politische Fallhöhe gebracht.

»Wie einer dazu kommt, solchen Weg anzutreten«,[24] fragt der Schriftstellerkollege Rolf Schneider anläßlich seiner Besprechung von Kunzes ›Die wunderbaren Jahre‹. Weiß er es nicht? Die Wandlung vom enthusiastischen Befürworter des neuen Anfangs, also die Entwicklung vom Stalin-Verehrer zum kritischen Lyriker ist ja kein auf Kunze beschränkter Vorgang. Bis zuletzt galt für Kunze: »Ich gehöre hierher in dieses Land, in diese Gesellschaft. Im Gedicht ist der Dichter den anderen Menschen am nächsten. Ich möchte vor allem hier den anderen Menschen am nächsten sein.«[25] Noch 1968 war in der Reihe ›Poesiealbum‹ (Nr. 11) im Verlag Neues Leben Lyrik von Kunze auf zwei Bogen erschienen. Als Kunze sich jedoch im August 1968 mit seinen Freunden in der Tschechoslowakei solidarisierte, fingen für den Autor die Schwierigkeiten an. Bei Rowohlt in Reinbek und nicht in der DDR erschien der dem »tschechischen, dem slowakischen Volk« gewidmete Lyrikband ›Sensible Wege‹ (1969). Der Band erschien zwar mit Genehmigung des Büros für Urheberrechte, aber acht Gedichte hatten dem Büro dann doch nicht vorgelegen. Dieser ›Verstoß‹

gibt nun den, vordergründigen, Anlaß, den Konflikt zwischen Behörde und unbotmäßigem Autor offen ausbrechen zu lassen. Max Walter Schulz, der schon Christa Wolf abgekanzelt hatte, greift auf dem VI. Schriftstellerkongreß (28.–30. Mai 1969) Kunze an: »Es ist alles in allem, trotz zwei Feigenblättern, der nackte, vergnatzte, bei aller Sensibilität aktionslüsterne Individualismus ⟨. . .⟩«[26] Durch dieses Verdikt wird er als Schriftsteller in der DDR persona non grata und in der Bundesrepublik bald zur politischen Gegenfigur stilisiert. 1970 erscheint ›Der Löwe Leopold‹, 1972 der Lyrikband ›Zimmerlautstärke‹ (in der Reihe Fischer), von dem in kurzer Zeit 4 000 Exemplare verkauft werden. Doch Kunze ist in der DDR nicht vergessen: Im Aufwind der neuen Kulturpolitik unter Honecker versucht man, den ›abtrünnigen‹ Autor wieder in Gnaden aufzunehmen. 1973 erscheint bei Reclam in Leipzig die Lyrikauswahl ›brief mit blauem siegel‹, in der auch Gedichte aus den in der Bundesrepublik erschienenen Bänden enthalten sind. Und 1976 wird sogar ›Der Löwe Leopold‹ in 15 000 Exemplaren aufgelegt; aber da bringt S. Fischer ›Die wunderbaren Jahre‹ heraus (erstaunlicherweise mit Genehmigung des Büros für Urheberrechte in Ost-Berlin); daraufhin wird der Band eingestampft. Nun gibt es kein Zurück mehr in die kulturpolitische Landschaft der DDR. Kunzes offene Spruchgedichte, epigrammatisch pointiert, nahmen Haltung und Verfahren der ›Wunderbaren Jahre‹ vorweg. Der Band entstand aus Kunzes Erschütterung über den Umgang der Staatsmacht mit jungen Menschen – das ist zumindest der Kern des Bandes, der insgesamt eine weitreichende und langandauernde Wirkung hervorrief, begünstigt durch Zeit und Umstände der Rezeption dieser Jahre. Die meisten Texte berichten über die Reaktion Jugendlicher auf die amtlichen Feindbilder, und sie bestätigen zugleich unser Feindbild von der DDR und damit eine Erwartungshaltung, die ins Klima von 1976 und der folgenden Jahre zu passen schien. Durch den unterdrückten einzelnen, auf dessen Seite Kunze steht, wird dem Leser auch die Inhumanität des ganzen Systems deutlich, und zwar so, als gäbe es einzelne der beschriebenen Deformationen nicht auch bei uns. Der appellative Charakter der Texte engagiert den Leser für die Verteidigung der Menschenwürde. Das Einverständnis Bölls mit dieser moralisch

aufrichtigen Empörung legt dann die Richtung fest, in der die ein-
hellige Annahme des Buches erfolgen wird (vgl. ›Die Zeit‹, Nr. 39
vom 17. 9. 1976). So schreibt die ›Stuttgarter Zeitung‹, sich auf
eine Pressekonferenz bei S. Fischer berufend, am 15. 9. 1976: »Ein
neuer Fall Solschenizyn, jetzt auf deutsch-deutschem Boden? ⟨. . .⟩
Aber es geht nicht um Stil, es geht um Wirklichkeit. Heinrich Böll
hat Kunzes Buch schon gelesen und war bestürzt.« Dieses Bekenntnis beförderte die Wirkung des Buches, die der S. Fischer Verlag zu
ahnen schien, als er Böll das Manuskript übergab, den Band nicht
im Verlagskatalog ankündigte, sondern ihn zum Zeitpunkt des
Erscheinens auf einer Pressekonferenz vorstellte. Volker Hage
schrieb darüber am 2. 9. 1976 in der ›FAZ‹: »Gitarrespiel auf dem
Alexanderplatz. Geheimnis gelüftet. Das neue Buch des DDR-
Autors Reiner Kunze vorgestellt.«

Die Erstauflage im August 1976 betrug 8 000 Exemplare. 1981,
also nach fünf Jahren, erreichte die Buchausgabe 198 000 Exemplare; im September 1978 wurde eine Taschenbuchausgabe mit
30 000 Exemplaren aufgelegt, die 1981 bei 270 000 verkauften Exemplaren angelangt war. In dieser kurzen Zeitspanne sind noch nie
so viele Exemplare von einem Prosabuch aus der DDR verkauft
worden, was Kunze zurückhaltend im ›Stern‹ (Nr. 39, 1981) kom-
mentierte:»Dieser Erfolg war mir nicht gemäß.« Der schmale, rasch
lesbare Band, der zu einem erschwinglichen Preis zu haben ist
(18 Mark), sowie die nachfolgende Taschenbuchausgabe haben mit
dazu geführt, daß Kunzes Texte in Schulen und Seminaren als Lehrbeispiel ›DDR‹ begriffen und aufgenommen werden konnten, ja daß
womöglich dann abgelöst von der DDR-Problematik auch neue
Identifikationsmuster von jugendlichen Lesern erkannt wurden.

Publikum und Kritik schienen sich in der Aufnahme dieses
DDR-Buches einig zu sein, auch wenn eine später durch die schwache Verfilmung (Kunze führte selbst Regie) gereizte Kritik (W.
Donner im ›Spiegel‹ Nr. 7, 1980) das pauschale Lob revidierte:
»Der Film ›Die wunderbaren Jahre‹ liefert Emotionen statt Argumente, er denunziert und agitiert und paßt somit fatal zur neuesten Stimmung im Westen. Fanal zu einem neuen deutsch-
deutschen Kalten Krieg?«

4. Phasen und Faktoren der Erfolge. Ein Resümee

Die auffälligen Erfolge der DDR-Literatur in der Bundesrepublik kamen meist durch mehrere ineinandergreifende Phasen und Faktoren zustande:

1. Die bundesrepublikanischen Medien werden dadurch aufmerksam gemacht, daß ein Werk die Rezeptionserwartung in der DDR-Öffentlichkeit nicht erfüllt (Verlag und Ministerium haben sich in der erhofften Reaktion geirrt). Das Werk wird zum politischen Fall,

— eine breitere (meist aber doch nur halböffentliche) Diskussion in der DDR wird daraufhin von den bundesrepublikanischen Medien erzwungen (z.B. bei ›Christa T.‹),

— ein Werk wird aus der DDR hinausgedrängt (z.B. Biermanns ›Drahtharfe‹, Kunzes ›Sensible Wege‹ oder ›Die wunderbaren Jahre‹),

— ein Autor muß die DDR verlassen (z.B. Brasch, Schädlich, Eue).

2. Die politisch-ideologische Auseinandersetzung (erst in zweiter Linie setzt eine adäquate literarische bzw. ästhetische Bewertung ein) gerät zur unfreiwilligen Werbestrategie (worüber sich die Verlage freuen).

3. Je weiter das einzelne Werk für den Leser aus dem aktuellen politischen Zusammenhang herausgerückt werden kann, desto mehr scheinen die Leser — vor allem die jugendlichen Leser der ›Aula‹, der ›Neuen Leiden‹, der ›Wunderbaren Jahre‹ — Lebensprobleme zu erkennen, die auch ihre Erfahrungswelt berühren. Eigene Beobachtungen bei Lesungen sowie persönliche Befragung von Lesern haben immer wieder bestätigt: Der ›Normal‹-Leser der Bundesrepublik, der womöglich ohnehin wenig über die DDR weiß, liest nicht — wie der Rezensent — ideologisch und orientiert sich nicht am geopolitischen Muster oder Raster des DDR-Werkes.

4. Schließlich spielt offenbar auch ein niedriger Ladenpreis für den großen Verkaufserfolg eine Rolle. Die erfolgreichen DDR-Bücher lagen alle, zum Teil erheblich, unter 20 Mark. Das war möglich, weil die meisten Texte nicht sehr umfangreich waren,

man sie in Broschuren oder Taschenbuchserien edierte. So wurden sie als Schul- und Seminarlektüre leicht erschwinglich.

V Ausblick

Ein Strom neuer DDR-Literatur scheint angesichts auch der polnischen Situation Anfang der achtziger Jahre nicht mehr in die DDR-Kulturpolitik integrierbar. So daß immer mehr zuzutreffen scheint, was Rolf Schneider einmal zugespitzt formulierte: »Es gibt nur eine deutsche Literatur: die westdeutsche. Manche Autoren leben in der DDR.«[27]

Seit 1977 sind aus der DDR ausgereist: Reiner Kunze, Jurek Becker, Bernd Jentzsch, Sarah Kirsch, Günter Kunert, Klaus Poche, Joachim Seyppel, Klaus Schlesinger, Stefan Schütz, Kurt Bartsch, Erich Loest, Karl-Heinz Jakobs; ferner Thomas Brasch, Hans-Joachim Schädlich, Jürgen Fuchs, Frank-Wolf Matthies, Dieter Eue, deren erste Bücher Erstveröffentlichungen in der Bundesrepublik wurden. Das sind 18 Autoren. Rolf Schneider, Heiner Müller und Stefan Heym veröffentlichten einige ihrer Werke nur in der Bundesrepublik. Mit Wohnort in der DDR, sind fünf Autoren zu nennen, die bislang nur in der Bundesrepublik veröffentlichten: Wolfgang Hilbig, Gert Neumann, Monika Maron, Lutz Rathenow, Bettina Wegner. Zählt man noch einige junge Autoren hinzu, die seit mehreren Jahren in der Bundesrepublik leben und hier nach und nach Bücher mit ihren Erfahrungen aus der DDR veröffentlicht haben (u.a. Gerald K. Zschorsch, Ulrich Schacht, Einar Schleef, Wolf Deinert), so wird ein interessanter und wichtiger Teil der DDR-Literatur von mehr als dreißig Autoren hier präsentiert. Klaus Höpcke hielt nun der Behauptung, die DDR-Literatur befinde sich in einer Phase der ›Ausblutung‹ eine Aufzählung von 96 Autoren entgegen, die weiterhin in der DDR publizierten. Gut dreißig davon könnte man als Schriftsteller bezeichnen, die auch in der Bundesrepublik verlegt werden oder zumindest bekannt sind, darunter die literarische Prominenz von Anna Seghers über Christa Wolf, Franz Fühmann, Ulrich Plenzdorf, Volker Braun, Karl Mickel, Günter de Bruyn, Helga Schütz bis Peter Hacks und Hermann Kant.

Prominente Autoren werden auch in Zukunft, wenn auch unter Schwierigkeiten, in der DDR publizieren können, sie haben schließlich im Gegensatz zur noch jungen Schriftstellergeneration eine Geschichte vorzuweisen, die bestimmt war vom schwierigen Versuch, ein sozialistischer Schriftsteller zu werden. Die Stimme der Ungeduld heute ist dagegen chancenlos. Die junge Generation ist desillusioniert, und versucht ein junger Autor sich Gehör zu verschaffen, trifft er mit seinen Problemen – die ja nie seine allein sind – nur auf Unverständnis. Staat und Kulturbehörde finden keine Sprache, in der man mit den Autoren über ihre Belange reden könnte.

Sollte wirklich mit Beginn der achtziger Jahre eine ganze Generation nicht nur junger Schriftsteller geistig und physisch keine Heimat mehr in der Deutschen Demokratischen Republik haben, so fände DDR-Literatur vorwiegend in der Bundesrepublik statt. Das aber war nie die literarische Intention von Brecht, Becher, Friedrich Wolf, Anna Seghers, Willi Bredel, die sich ›sozialistisch‹ nannte, und es ist schon gar nicht im Interesse so bewußt Antworten suchender Leser, wie es die Bürger der DDR sind.

Erster Teil
Literatur und Politik im Sozialismus

Hans-Jürgen Schmitt

Literaturbetrieb als Staatsmonopol

Wie die Literaturbürokratie agiert

Eine Postkarte mit einem Eisberg in tiefblauem Gewässer verschickte Ende 1976 der Heidelberger Graphiker Klaus Staeck; der Text lautete: »November 1976: Blick auf das Kultusministerium der DDR (Außenstelle Literatur).«[1] Auf der Rückseite der Karte, kleingedruckt: »Der nächste Sommer kommt bestimmt.« Der Satz entpuppte sich als Wunschdenken: Der Sommer blieb aus; denn Parteiverfahren und Sanktionen gegen eine Anzahl von Schriftstellern, die sich gegen die Ausbürgerung Wolf Biermanns gewandt hatten – eine bis dahin nie dagewesene Reaktion, von der die SED-Führung überrascht wurde – waren bereits Anzeichen einer neuen Eiszeit der DDR-Kulturpolitik. Die bald darauf einsetzende Auswanderung, von Thomas Brasch über Sarah Kirsch bis zum populärsten Filmschauspieler der DDR, Manfred Krug, ist breit kommentiert worden[2]. Unterhalb der Wasseroberfläche, in Staecks Tiefblau, hatte sich im literarisch-politischen Kräftespiel folgendes zugetragen: Nach der Ablösung Ulbrichts durch Honecker schien dessen Führung einzusehen, daß der schon länger andauernde Prozeß künstlerischer Selbstbefreiung vorläufig nicht mehr ganz so rüde abzublocken war. Man war klug beraten, die Schleusen nach dem VIII. Parteitag 1971 ein wenig zu öffnen, in der Annahme, daß die unter Ulbricht – besonders in der Folge des 11. Plenums von 1965 – wieder streng in die Pflicht genommenen Schriftsteller[3] sich um so loyaler der neuen Führung anschlossen. Zentralistische Bürokratie und ästhetisch-moralische Autonomie gehen jedoch schlecht zusammen. Die Parteiführung hatte die Schriftsteller wieder einmal unterschätzt. Wenngleich viele interessante Bücher erschienen, stellte sich im Verlauf der siebziger Jahre mehr und mehr heraus, daß die Kulturbürokratie bald an ihre ›natürliche‹ Grenze stieß. Die erste Folge: Die Verlagszensur wird wieder verschärft. Druckgenehmigungen durchs Ministerium für Kultur

werden verweigert. Die zweite Folge: Immer mehr abgelehnte Bücher werden in bundesdeutschen und Westberliner Verlagen publiziert. Die dritte Folge: Die Umgehung des Büros für Urheberrechte
in Ost-Berlin (das allein berechtigt ist, den Lizenzverkehr mit dem
Ausland vertraglich zu genehmigen) – in der Vergangenheit oft
von Autoren praktiziert – wird 1979 zum ersten Mal strafrecht-
lich (bei Stefan Heym und Robert Havemann) verfolgt, und zwar
als Devisenvergehen. Die vierte Folge: Gegen Heyms Verurteilung
wenden sich mehrere Schriftsteller in einem Brief an Honecker,
der unbeantwortet bleibt und dessen Vorhandensein daraufhin
über Westmedien bekannt wird. Die fünfte Folge: Mit Hilfe von
Hermann Kant, dem Präsidenten des Schriftstellerverbandes, werden nun diese unbotmäßigen Mitglieder aus dem Verband ausgeschlossen. Die sechste Folge: Im dritten Strafrechtsänderungsgesetz der DDR, das am 1. August 1979 in Kraft trat, kann mit Freiheitsstrafe bis zu fünf Jahren bestraft werden, »wer Schriften, Manuskripte oder andere Materialien, die geeignet sind, den Interessen der DDR zu schaden, unter Umgehung der Rechtsvorschriften
an Organisationen, Einrichtungen oder Personen im Ausland über-
gibt oder übergeben läßt«[4].

Dieser knappe Überblick über die verschärfte kulturpolitische
Entwicklung am Ende der siebziger Jahre enthüllt bereits ein cha-
rakteristisches Erscheinungsbild des staatlich organisierten Literaturbetriebs: Er agiert und reagiert auf Literatur mit seinem zentralistisch strukturierten Apparat nicht nur zu diesem Zeitpunkt,
sondern mehr oder weniger immer mit kulturpolitischen Forderungen – was von nicht wenigen als repressiv empfunden wurde.
Eine lange Liste von emigrierten Schriftstellern von Theodor Plivier und Uwe Johnson bis Gerhard Zwerenz in den fünfziger Jahren, von Heinar Kipphardt über Hartmut Lange bis Christa Reinig
in den sechziger Jahren und von Peter Huchel bis Wolf Biermann
und der Auswanderungswelle [→ 35, 40] danach in den siebziger
Jahren belegt das am sichtbarsten und schmerzlichsten. Wenn kulturpolitische Postulate und literarische Produktion in der DDR
aber auch in einem vom Staat gar nicht so beabsichtigten produktiven Zusammenhang stehen können, liegt das in der gesellschaftlichen Situation begründet, in der sich die Schriftsteller von An-

fang an befanden: Die Partei- und Staatsbürokratie fördert und steuert in einem Ausmaß die Produktionsbedingungen der Schriftsteller bis in die Schreibprozesse hinein, wie es seit Bestehen einer deutschen Literatur noch nie der Fall war. Das macht es erforderlich – will man den Schriftstellern und ihren Werken gerecht werden –, das eigentümliche Betriebsklima, in dem diese Literatur entsteht, zu beschreiben und zu bewerten.

I Die neue Rolle des Autors

1. Erziehung durch Literatur

Zwischen den Forderungen der Parteiführung und den alltäglichen Bedürfnissen der Menschen klaffen oft nicht zu überbrückende Abgründe, die vor allem mit den Auswirkungen der deutschen Teilung auf die Bürger der Deutschen Demokratischen Republik erklärt werden können. Geschichte oder auch das schon Erreichte sind jedoch für DDR-Bürger kein Wechsel auf eine ferne, verheißungsvollere Zukunft, die sie zu beschwichtigen vermöchten. Das weiß auch die SED-Führung, und deshalb fordert und mahnt sie immer wieder, die Schriftsteller hätten sich ihr anzuvertrauen. Für sie bemißt sich die Nützlichkeit eines Autors nicht daran, wie er mit den inneren Widersprüchen der Gesellschaft literarisch zu Rande kommt, sondern daran, ob er die kulturpolitischen Postulate einzulösen bereit ist: anfangs durch Darstellung des sozialistischen Aufbaus und des sozialistischen Menschenbilds, durch unmittelbare Beziehung zu sozialistischen Brigaden, heute mehr durch »Herausbildung und Wahrnehmung persönlicher Verantwortung als Wesenszug des sozialistischen Persönlichkeitsideals«[5] (Klaus Höpcke), den Werktätigen müsse »unser historisch begründeter Optimismus als Lebenshaltung und Lebensgefühl«[6] (Konrad Naumann) vermittelt werden. Die Kulturpolitiker möchten den Schriftstellern immer wieder die Rolle eines Grundlagenfestigers und optimistischen Lebenshelfers der Partei zuweisen.

Erziehung also durch Literatur? Weil ein sozialistischer Gemeinsinn sich bis heute nicht in den Köpfen der Menschen breitgemacht hat? Als der große sozialrevolutionäre irische Erzähler Liam

O'Flaherty 1930 die Sowjetunion bereiste, versuchte er sich vor den üblichen Besichtigungen der sozialistischen Aufbauarbeit zu drücken. Soziale Tätigkeiten, die sich »mit der Vertilgung menschlicher Sünden und sozialer Anarchie« befaßten, seien der Schriftstellerei abträglich, meinte er. Schließlich habe gerade die »menschliche Sündhaftigkeit« den Stoff für die gesamte große Weltliteratur geliefert, »von der Ilias bis zu Macbeth und den Brüdern Karamasoff«. O'Flaherty wußte, wovon er sprach: »Ich bin Schriftsteller und muß von meiner Arbeit leben.«[7] Auf dem 11. Plenum des Zentralkomitees der SED im Dezember 1965 verteidigte Christa Wolf, Kandidat des ZK, ihren jungen Kollegen Werner Bräunig mit dem entschiedenen Bekenntnis, »⟨. . .⟩ daß die Kunst sowieso von Sonderfällen ausgeht und daß Kunst nach wie vor nicht darauf verzichten kann, subjektiv zu sein, das heißt, die Handschrift, die Sprache, die Gedankenwelt des Künstlers wiederzugeben«[8].

Was für Schriftsteller, ob O'Flaherty oder Christa Wolf, selbstverständlich scheint, war es für die Parteiführung nie. Die Verteidigerin einer realistischen Prosa wurde 1967 von der Liste der Kandidaten gestrichen, Bräunigs Roman wurde nie veröffentlicht und nur in einigen Abschnitten durch einen Abdruck in der ›Neuen Deutschen Literatur‹ (H. 10, 1965) bekannt. Der Autor erholte sich nicht mehr von dieser Auseinandersetzung mit der Partei, er wurde zum Trinker und starb 1976 im Alter von zweiundvierzig Jahren.

»Die herrschende Klasse war nicht mehr Gegner der realistischen Literatur«[9] – stellt die ›Geschichte der Literatur der Deutschen Demokratischen Republik‹ (1976) fest. Aus den Realismusdebatten der dreißiger Jahre in Moskau[10], dem 1. Allunionskongreß der Sowjetschriftsteller und der Expressionismusdebatte hat die Partei freilich nur die dogmatische Seite übernommen und darüber das Erbe der Revolution, nämlich das, was in den zwanziger Jahren in der russischen Literatur gärte und brodelte, verdrängt. Statt dessen wurde im Zeichen des Kampfes gegen ›Formalismus und Dekadenz‹ versucht, die künstlerische und moralische Verantwortung von einzelnen durch eine kollektive zu ersetzen. Zur Begründung mißdeutet die Kulturbürokratie auch heute noch Lenins Aufsatz von 1905 (!) ›Parteiorganisation und Parteiliteratur‹, eine Abhandlung, die unter anderen geschichtlichen Voraussetzungen und ohne direkten Bezug auf die Belletristik geschrieben wurde.

Daß die Bekämpfung autorenbezogener Standpunkte bis heute, trotz gelegentlicher gegenteiliger Beteuerungen, wesentliche Aufgabe der Kulturpolitik geblieben ist, hat zwei Gründe: Die SED braucht nach wie vor die Kulturpolitik als innenpolitisches Instrument für ihre wenig volksnahe Politik; daraus ergibt sich, daß ihr Legitimationsbedürfnis eine ständige Selbstdarstellung erfordert. Das sozialistische Konzept, die Künste stärker *innerhalb* der Gesellschaft wirken zu lassen und auch die Literatur zum Besitz aller zu machen, hat die SED dadurch selbst wieder zurückgenommen. Zwischen Literatur und Gesellschaft ergibt sich keine sinnvolle Wechselwirkung, wenn die Unproduktiven (die Funktionäre) aus Angst vor den Produktiven (den Schriftstellern) deren Unterwerfung verlangen.

Als Franz Fühmanns Barlach-Film Mitte der sechziger Jahre unter der Regie des ehrgeizigen Ralf Kirsten (er ist heute Regisseur der leichten Muse) aufgeführt werden sollte, wurde er sofort mit der Begründung abgesetzt, der Film wolle in der »Maske des Antifaschismus« auf ein gespanntes Verhältnis von Künstler und Staat in der DDR aufmerksam machen.

2. Wer ist ein Schriftsteller und was macht den Schriftsteller aus?

Viele Autoren, vor allem unter den in der DDR aufgewachsenen, haben eine Berufsausbildung durchlaufen, ein Fachstudium absolviert und einen Beruf ausgeübt – bevor sie sich der literarischen Zunft verschrieben. Das ›Lexikon deutschsprachiger Schriftsteller‹[11], vom Bibliographischen Institut in Leipzig erstellt, gibt genügend Belege dafür: Volker Braun war nach dem Abitur zunächst Druckereiarbeiter, dann Tiefbauarbeiter im Kombinat ›Schwarze Pumpe‹; nach einer Ausbildung als Maschinist für Tagebaugroßgeräte war er im Tagebau tätig – erst danach studierte er Philologie in Leipzig. Karl-Heinz Jakobs verdingte sich in verschiedenen

Gelegenheitsberufen, begann dann eine Lehre als Maurer und belegte Abendkurse auf einer Ingenieurschule; er war Bautechniker, Journalist, Wirtschaftsfunktionär. Sarah Kirsch kam erst nach einem abgeschlossenen Biologiestudium mit Lyrik in Berührung. Klaus Schlesinger war Chemielaborant, Helga Schütz zunächst Gärtnerin. Martin Stade war Rundfunkmechaniker, Dreher und Kranführer. Nicht nur der anfänglich große Mangel an Fachkräften mag zu solchen ›Umwegen‹ geführt haben, sondern auch die Auffassung, daß schriftstellerische Tätigkeit von der praktischen Seite des Lebens profitieren könne.

Fundierte Berufsausbildung, der kulturpolitische Auftrag sowie der langwierige, oft steinige Weg bis zur Publikation machen das Schreiben zu einer peniblen Angelegenheit, zu einer Nervensache, die langen Atem und persönliches Risiko erfordert, wie zum Beispiel aus folgendem Brief eines Autors hervorgeht: »⟨. . .⟩ In nächster Nähe um mich ist alles ruhig, ich schreibe fleißig, halte meinen Kurs, lasse mich in keinem Satz beeindrucken. In den nächsten Monaten muß ich keine Entscheidung fällen, das beruhigt ⟨. . .⟩ Bis Jahresende bin ich fertig, hoffe ich ⟨. . .⟩ Bis dahin möchte ich nicht in der Schußlinie sein ⟨. . .⟩ Um uns herum wird aufgeregt und viel gequatscht. Ich möchte arbeiten ⟨. . .⟩ Ich kann ein halbes Jahr Krach vermeiden, möchte es; die Nervchen sind nicht mehr die besten.«[12]

Schriftstellerische Tätigkeit wird von sehr vielen als Berufung, nicht als Job empfunden. Bei den Parteihagiographen fällt die existentielle Notwendigkeit jedoch weg. Diese Autoren brauchen nach Max Walter Schulz ein Amt »wenigstens zeitweise ⟨. . .⟩ Der Schriftsteller, wenn er vor diesen unseren Leuten in persona auftritt, mit unseren Leuten spricht, aber nicht reden kann über das Große, das ihn bewegt, nicht reden kann – ich sage das ganz betont – als Staatsfunktionär, der wird nicht ganz für voll genommen«.[13] Hochgeschätzt durch die Partei sind die Literaten nicht ihrer Literatur wegen, sondern wegen ihrer politischen Dienste; sie machen sie zu Privilegierten der Gesellschaft. Je nach dem, ob die parteiergebene Haltung oder die ästhetische Konzeption für einen Schriftsteller wichtiger ist, lassen sich drei Gruppen von Autoren benennen, wovon nur die erste sich als Gruppe versteht:

1. »Zuerst sind wir Genossen, dann sind wir Künstler«,[14] stellte Helmut Sakowski fest. Diese Autoren haben zu allen Zeiten die »führende Rolle der Partei« widerspruchslos anerkannt; die Partei-ideologie ersetzt ihnen weitgehend das Schriftstellerbewußtsein, weil sie Repräsentanten eines Vollzugs sind, die aus der Sicht von Leitungsfunktionären die Merkmale des Obrigkeitsstaates beschreiben. Ihre Themen liefern Partei- und Kongreßbeschlüsse, ihre Helden sind – laut Volker Braun – »ruhige Beamte«[15]. Ein Staatsautor wie Erik Neutsch, der immer wieder interessante Stoffe in belletristische Form kleidet, meinte gar: »Wir gestalten Revolutionäre, fühlen uns nicht nur zu ihnen hingezogen, sondern empfinden uns mit Fug und Recht oft genug selbst als solche.«[16] Wie ein von seinen Eltern abhängiger Sohn begründet Neutsch seine Schriftstellerexistenz mit dem Satz: »Ich habe diesem Staat alles zu verdanken.« Günter Görlich pocht auf sein literarisches Talent gerade wegen seiner »außerliterarischen Mitarbeit an dieser Gesellschaft«, weil er Bezirksvorsitzender des Schriftstellerverbandes Berlin und ZK-Mitglied ist. Er bekannte: »Ich bin in der Lage, komplizierte Erscheinungen rascher zu durchschauen, kann sie genauer einordnen.«[17]

2. »⟨. . .⟩ hier wird schon noch geredet werden.« Der letzte Satz aus Hermann Kants Roman ›Die Aula‹, nach Hermann Kähler »eine Laudatio auf die DDR«[18], bleibt Konzept und uneingelöstes Versprechen für alle die Autoren, die sich mittels ihrer Darstellungstechnik, zum Beispiel durch Rhetorik, durch klassizistische Adaptionen oder durch phantastisches, freischwebendes Erzählen, an einer widerborstigen Wirklichkeit vorbeimogeln und dabei auch SED-Ideologien festschreiben.

3. »Woher die Unterstellung, kritische Dichtung laufe der Politik zuwider, wenn die Politik realistisch ist?«[18] – so Volker Braun, der dialektische Poet. Er und andere seiner Schriftstellerkollegen gehen von einem sozialistischen Selbstverständnis aus, sie betrachten Schreiben als künstlerisches Ausdrucksmittel, das Formen von sozial-ästhetischer Relevanz bildet. Menschen werden nicht mehr als Objekte der Parteimoral, sondern als Subjekte der Geschichte geschildert.

Wer schnell zu Anerkennung, Ruhm und Geld kommen will, wird sich der ersten oder zweiten Gruppe, dem ›sozialistischen‹ Establishment zugehörig fühlen; wer ein Risiko in Kauf nimmt als handelndes künstlerisches Subjekt, der dritten Gruppe. Es gab Zeiten, in den fünfziger und sechziger Jahren, in denen die Gegensätze unter den Autoren weitaus geringer waren als heute; im Glauben an die gemeinsame Sache nahm man gemeinsam manche Widrigkeiten in Kauf [→ 15 f.].

Inzwischen darf Dieter Noll im ›Neuen Deutschland‹ (22. 5. 1979) in einem Brief an Honecker die Schriftstellerkollegen »aufrichtig« in »kaputte Typen wie die Heym, Seyppel oder Schneider ⟨. . .⟩« einteilen und in eine *repräsentative Mehrheit*, der er sich zuzählt.

3. Die ›Organisiertheit‹ der Schriftsteller, ihre Institutionen, ihre Zeitschriften und Verlage

Der Schriftstellerverband

Nicht wenige Exilschriftsteller hatten bei der Gründung der DDR geglaubt, es ließe sich ein literarisches Klima schaffen, ähnlich dem der linken Kulturszene in der Weimarer Republik. Der ›Kulturbund zur demokratischen Erneuerung Deutschlands‹, der 1945 gegründet wurde, schien kurze Zeit den Vorstellungen der Schriftsteller in Ost und West nahe zu kommen. Wie im Exil, wo man in den dreißiger Jahren im Zeichen einer ›Volksfrontliteratur‹ alle fortschrittlichen Künstler gegen den Faschismus zu vereinen trachtete, wollte man jetzt eine neue gemeinsame Plattform errichten. Unter seinem ersten Vorsitzenden Johannes R. Becher wurde der ›Kulturbund‹ bald ein Instrument der sowjetischen und ostzonalen Administration, die ihre Aufgabe vornehmlich darin sah, die Schriftsteller in die eigene kulturpolitische Strategie einzubinden. Viele liberale Autoren traten deshalb bald wieder aus. Und es war nur ein weiterer Schritt auf dem Weg zur »Organisiertheit«[20] der Schriftsteller, daß nun der DSV, der Deutsche Schriftstellerverband in der DDR, 1952 als selbständige Organisation gegründet wurde. Die Mitgliedschaft in diesem Verband ist, nach den Worten seines derzeitigen Präsidenten Hermann Kant, »eine Angelegenheit der politischen Gemeinsamkeit«[21]. Die Statuten des Verbandes fordern nämlich von den Mitgliedern, sich zum Wohle der DDR einzusetzen, die führende Rolle der Partei anzuerkennen und sich der Methode des sozialistischen Realismus zu verpflichten. Ein solcher Verband kann freilich noch nicht einmal als gewerkschaftlicher Interessenverband funktionieren, sondern nur nach dem Loyalitätsprinzip; er ist ein Privilegienverband, nach Meinung Joachim Seyppels eine »Ständeorganisation feudaler Natur«[22].

Das war in den fünfziger Jahren noch anders, als neben Anna Seghers, der ersten Präsidentin, noch Bertolt Brecht, Stephan Hermlin, Stefan Heym und andere bedeutende Schriftsteller zum Vorstand gehörten. Es bestand noch aus der Zeit des Exils der gemeinsame Wille, sich über Literatur als einer Angelegenheit für die ganze Gesellschaft zu verständigen. Seit 1973 sind immer mehr Nichtschriftsteller, Verlagsfunktionäre, Lektoren, Redakteure, Professoren aufgenommen worden, Mitglieder also, die bereits in Staatsdiensten stehen. Der Verband hat über achthundert Mitglieder, davon allein mehr als vierhundert im Berliner Bezirksverband. Die Mehrheit, auf die sich die Partei immer gerne beruft, ist demnach nur per Mitgliedschaft ›Schriftsteller‹, aber Nutznießer sämtlicher Privilegien. Denn wer sich loyal verhält, kann mit Darlehen und Stipendien rechnen, dem wird auch rascher eine Reise ins Ausland bewilligt (ein Dienstpaß wird ihm dann vom Ministerium ausgehändigt); auch auf eine gute Wohnung wird er nicht so lange wie ein Normalbürger warten müssen. Besonders wohlhabenden und verdienstvollen Mitgliedern wird auch ein Westauto besorgt. Einen Teil der Altersversorgung trägt der Verband, der auch ›unter Umständen‹ eine Altersrente auszahlen kann. Bei Unbotmäßigkeit aber fallen alle diese Vergünstigungen weg, droht schließlich auch der Ausschluß aus dem Verband, der nicht nur durch seine Statuten seinen eindeutig disziplinierenden Auftrag unter Beweis stellt. So hat die SED-Parteiorganisation des Schriftstellerverbandes ihre Mitglieder wegen deren solidarischen Eintretens für Biermann unterschiedlich gemaßregelt [→ 54, 18] – um die Autoren untereinander zu verunsichern und zu spalten: Partei-ausschluß (noch nicht identisch mit Verbandsausschluß) für Jurek Becker (der aber zunächst ein Zweijahresvisum, später ein Zehn-jahresvisum für den Westen erhielt), für Gerhard Wolf; das Ver-fahren gegen Christa Wolf und gegen Günter Kunert wurde we-gen Krankheit ausgesetzt und auch nicht wieder aufgerollt; Karl-Heinz Jakobs wurde ausgeschlossen, Sarah Kirsch aus der Mit-gliederliste der SED gestrichen. Stephan Hermlin erhielt eine strenge, Volker Braun eine einfache Rüge. Im Juni 1979 wurden Stefan Heym, Rolf Schneider, Hans-Joachim Seyppel, Karl-Heinz Jakobs, Klaus Schlesinger, Klaus Poche, Kurt Bartsch, Adolf End-ler und Dieter Schubert aus dem Verband ausgeschlossen, weil sie nach Meinung von Hermann Kant und der Mehrheit »vom Aus-land her ⟨. . .⟩ und in verleumderischer Weise ⟨. . .⟩«[23] gegen die DDR aufgetreten seien; nur Loests Leipziger Bezirksverband stimmte zunächst nicht für dessen Ausschluß. Der Ausschluß aus dem Verband ist aber noch nie einem Berufsverbot gleichgekom-men. Man versucht u. a., den Autoren mit reduzierten Nachaufla-gen die materielle Lebensbasis zu schmälern, ihre Werke in gerin-gerer Verbreitung auf den Buchmarkt zu bringen und sie nirgends anzuzeigen bzw. sie nicht zu rezensieren. Wurden sie bisher in Par-teiverlagen verlegt, so werden sie jetzt in kleinere Verlage abge-schoben, deren politisches Image nicht durch eine Parteiorganisa-tion vorgeprägt ist. So wurde Loest vom Verlag Neues Leben, dem Verlag der FDJ, zu Neues Berlin verpflanzt; Dieter Schubert von Neues Leben zu VEB Hinstorff.

Aktivs, ›Arbeitsgemeinschaft Junger Autoren‹, Zirkel
Schreibender Schüler, Arbeiter usw.; die Zeitschriften
›Neue Deutsche Literatur‹, ›Temperamente‹; das ›Poesiealbum‹;
die Situation junger Autoren

Was kann der Schriftstellerverband mit so eindeutig reglementie-renden Funktionen überhaupt fördern? Literatur im Verband fin-det kaum statt; es gibt die ›Aktivs‹, in denen Fachwissenschaftler in den Sektionen Lyrik, Epik, Dramatik und Literaturkritik mit Autoren diskutieren. Da aber die Literaturwissenschaft wie alle

Geisteswissenschaften in der DDR eine »Leitungswissenschaft« ist, können die Fachreferenten nur ihr Parteileitungswasser von einer Form in die andere gießen. In der ›Arbeitsgemeinschaft Junger Autoren‹ (die jetzt nicht mehr besteht) waren bis 1973 die Nachwuchsautoren des jeweiligen Bezirksverbandes als Kandidaten des Verbandes zusammengefaßt. Um sie kümmerte sich ein Verbandsfunktionär, der auch zum literarischen Zirkelleiter ernannt wurde; er begutachtete ihre Schreibversuche nur nach dem ideologischen Gehalt.

Die ›Neue Deutsche Literatur‹, das Organ des Verbandes, soll sich besonders um den literarischen Nachwuchs bemühen. Die Ernte aber, die dort monatlich von Literaturfunktionären eingebracht wird, ist kärglich. Hin und wieder erhält ein Lyriker eine Chance im ›Poesiealbum‹, das von Bernd Jentzsch begründet und bis zu seinem Weggang geleitet wurde; es brachte auf zwei Bogen monatlich überwiegend berühmte Autoren der Weltliteratur, die für neunzig Pfennige über Kioske und Postabonnements in großen Auflagen an die Leser kamen. Die Zeitschrift ›Temperamente. Blätter für Junge Literatur‹, 1976 beim Verlag Neues Leben gegründet, verdient diesen Namen schon nicht mehr: mehrmaliges Auswechseln der Chefredaktion; Hefte, in denen zwei Drittel der Texte von längst verstorbenen sowjetischen Autoren stammen und das Durchschnittsalter der DDR-Autoren bei über vierzig liegt, haben die Frische des Anfangs verscheucht. Die Möglichkeit, einen Text irgendwo abdrucken zu lassen, besteht kaum, schon gar nicht für jüngere und noch wenig bekannte Autoren. Das bestätigt Joachim Nowotny in Heft 4, 1979 der ›Neuen Deutschen Literatur‹: »Die Tagespresse druckt kaum noch Geschichten, sie muß erst aufgefordert werden dazu, die Wochen- und Monatsblätter greifen mutig zu sicheren Vorabdrucken. Die speziellen Literaturzeitschriften tun ihre Pflicht. Besonderen Enthusiasmus insgesamt kann ich nicht feststellen . . .«

Der Bitterfelder Weg

Staatliche Organisation und Anleitung bewirken noch keine neue Literatur. Auch das Programm des ›Bitterfelder Wegs‹, von Ulbricht, Alfred Kurella und der Autorenversammlung des Mitteldeutschen Verlags im Kulturpalast des Elektrochemischen Kombinats in Bitterfeld mit viel Propaganda 1959 aus der Taufe gehoben, erwies sich als Sackgasse. Zur innigen, wie selbstverständlichen Zusammenarbeit zwischen Berufsliteraten und Laien (Werktätigen) kam es ebensowenig wie zur geforderten Erstürmung der »Höhen der Kultur« durch die Arbeiter. Volker Braun stellte später ernüchternd in einer Fußnote fest:»Die Stadt Bitterfeld, wo das Programm zur Vereinigung von Künstlern und Arbeitern beschlossen wurde, ist noch immer grau und unwohnlich geblieben.«[24] Dennoch hat diese Bewegung eine Phase der Literatur beeinflußt: Dem Mitteldeutschen Verlag in Halle gebührt nämlich das Verdienst, als Verlag des Bitterfelder Wegs neben viel sozialistischer Propagandaliteratur, die rasch wieder Makulatur wurde, Autoren entdeckt und gefördert zu haben, die wenigstens im Ansatz den Versuch unternommen haben, Leben und Arbeit literarisch darzustellen, z. B. Erik Neutsch, Joachim Nowotny, Christa Wolf, Werner Bräunig, Günter de Bruyn. Hinzu kamen im Verlauf der Jahre Erzähler wie Fritz Rudolf Fries und Gerti Tetzner, Lyriker wie Reiner Kunze, Adolf Endler, Volker Braun, Michael Franz, Bernd Jentzsch, Hanns Cibulka.

Literaturinstitut Johannes R. Becher

Ein anderes Literaturunternehmen, auf Betreiben Alfred Kurellas 1955 in Leipzig gegründet, ist das Literaturinstitut Johannes R. Becher. Becher hatte sich zu Lebzeiten dagegen zur Wehr gesetzt, weil er von einem Nürnberger Trichter für Literatur nichts hielt. Erfolgreiche, aus Zirkeln hervorgegangene Arbeiterschriftsteller wie bereits arrivierte Berufsschriftsteller können hier ein dreijähriges Studium oder Einjahreslehrgänge in marxistischer Philosophie, Literaturgeschichte und Ästhetik absolvieren sowie Übungen in der Praxis des Schreibens besuchen. Wenn auch fast alle heute bekannten Schriftsteller auf dem Institut waren, ›dichten‹ hat dort sicherlich keiner gelernt, aber gute Lehrer konnten manchen Autoren aus ihrem Erfahrungsschatz Wichtiges vermitteln. So berichtet Erich Loest, Kurella (einer der Hauptverantwortlichen dafür, daß Loest 1956 zu sieben Jahren Zuchthaus verurteilt wurde) habe damals als erster Direktor für die junge Generation »eine Tür aufgestoßen«[25]. Sarah Kirsch bezeichnet den Lyriker Georg Maurer, der am Institut lehrte, als »für uns alle sehr wichtig«[26]; man sei sogar nach Beendigung des Studiums immer noch hingefahren. Jetzt fahre keiner mehr gerne hin. Unter dem Direktor Max Walter Schulz hat sich vieles geändert. Martin Stade schildert in seiner Erzählung ›Exmatrikulation 68‹ den Hinauswurf aus dem Institut. Eine jüngere Schriftstellergeneration hatte am Ende der sechziger Jahre gegen die Reglementierung eines institutionalisierten Kulturbetriebs aufbegehrt. »Wir sind nicht Staub im Wind«, hatte Stade den Romantitel seines Institutsdirektors auf die Situation seiner Generation umgemünzt — zu einem Zeitpunkt, als Wolf Biermann sich schon längst nicht mehr in die DDR-Kulturpolitik integrieren ließ, aber viele Autoren versuchten, ihre Kritik literarisch weiter zu verschärfen.

II Lebens- und Schaffensbedingungen

1. Wohnort: Berlin

Das geteilte Berlin ist für die Schriftsteller der DDR eine Wunde aus Vergangenheit und Gegenwart, Sinnbild zweier Gesellschaften. In dieser Stadt muß man mit einem doppelten Bewußtsein leben, mit dem gescheiterten Aufstand von 1953 und der Mauer von 1961, mit den vielen Besuchern aus dem Westen, mit zwei Währungen, den Intershops und den westlichen Sendern. Die Absurdität eines geteilten Landes erscheint in Berlin noch deutlicher. Schauplatz jüngster Geschichte oder Alptraum der Gegenwart ist Berlin in vielen Erzählungen und Romanen: Christa Wolf, ›Der geteilte Himmel‹, ›Unter den Linden‹; Stefan Heym, ›5 Tage im Juni‹. In der Erzählung von Klaus Schlesinger ›Die Spaltung des

Erwin Racholl‹ träumt ein Funktionär seinen ›Berliner Traum‹ (so
der Titel des Bandes), den jeder Ostberliner einmal geträumt hat:
Er sei in West-Berlin.

Man lebt als Schriftsteller in oder nahe der Metropole. Das zentralistisch regierte Land hat auch seinen kulturellen Mittelpunkt
in Berlin; fast alle kulturpolitischen Institutionen sowie viele Verlage und Zeitschriften haben dort ihren Standort. Berlin war nach
dem Krieg für viele zurückkehrende Emigranten die politische wie
kulturelle Stadt, an die sie neue Hoffnungen knüpften.

Gelegentlich gelingt es dem einen oder anderen, der noch unbe-
kannt ist, in einem Altbau ohne staatliche Zuzugsgenehmigung zu
leben. Es sind Behausungen — meist in heruntergekommenen Vier-
teln —, die in ihrer Unordnung Ausdruck anarchistischen Vergnü-
gens sind oder auch wie ein Protest gegen die preußisch-soziali-
stische Ordnung des Alltags wirken. Viele ziehen, um Zeit zum
Schreiben zu haben, die Gelegenheitsarbeit vor; Kellner, Maler,
Flaschenannahme im HO-Laden, Gärtner oder Hilfskraft im Zir-
kus. Viel mehr als vierhundert Mark brutto bringt das kaum; davon kann man auch in der DDR nur schlecht leben. Besonders die
körperliche Schwerarbeit läßt sich kaum mit Dichten in Einklang
bringen. Siegmar Faust berichtet von seinen und Wolfgang Hilbigs
Lebensumständen:

Wolfgang Hilbig war ⟨. . .⟩ nahe daran zu verzweifeln, kaputt zu gehen,
sich totzusaufen. Über acht Stunden führte er täglich eine Montagetätig-
keit in einer Braunkohlentagebau-Landschaft aus, die ihn, wie wir aus einigen seiner Gedichte erfahren können, nicht nur fysisch ermüdete. Seine
Arbeitskollegen konnten mit seinen Gedichten absolut nichts anfangen,
dennoch teilte er fast seine gesamte Zeit mit ihnen, tags auf der Arbeit,
nachts im Wohnwagen ⟨. . .⟩
Zur Leipziger Frühjahrsmesse 1969 konnte ich Wolfgang Hilbig, der
gerade seine Arbeitsstelle wechseln wollte, dazu überreden, mit zu mir
nach Heidenau bei Dresden zu ziehen. Ich kam mir unheimlich edel und
großzügig vor. Ich bot ihm mein sechs Quadratmeter kleines Arbeitszim-
mer unbefristet zum Wohnen bei freier Kost an. Meine damalige Frau
verdiente ohnehin für unsere fünfköpfige Familie als Küchenhilfe unser
Kostgeld, da kam es auf einen Esser mehr oder weniger ohnehin nicht an.
Ein paar Tage waren wir ausgesprochen produktiv und zufrieden, wenn

nicht gar glücklich. Wolfgang versuchte sich sogar in Prosa 〈. . .〉 Doch es
ging nicht allzu lange gut. Als das Taschengeld knapp wurde und somit
für Wolfgang auch der Tabak und der nötige Alkohol, wurde es kritisch
〈. . .〉 Hinzu kamen andere Schwierigkeiten. Erst später merkte ich, daß es
halt nicht genügt, Brot, Bier und Räumlichkeiten zu teilen 〈. . .〉[27]

Einem Autor, der sich schon durchgesetzt hat, geht es dagegen
viel besser; ihm hat unter Umständen schon der Verband eine Alt-
oder Neubauwohnung verschafft. Aber wer in Berlin seinen
Wohnsitz hat, hält es dort nicht auf die Dauer aus. Viele Schrift-
steller haben am Rande der Stadt oder noch weiter draußen eine
Zweitwohnung. Christa Wolf zum Beispiel findet im Lärm der
Friedrichstraße kaum Ruhe, sie hat die meisten ihrer Arbeiten in
Mecklenburg geschrieben. Franz Fühmann arbeitet nicht in seiner
Wohnung am Strausberger Platz, sondern 70 km südlich davon in
einer nur notdürftig ausgestatteten Kate in Märkisch Buchholz.
Ulrich Plenzdorf schrieb auf einem verlassenen Vorwerk bei
Frankfurt/Oder sein Buch ›Legende vom Glück ohne Ende‹ (1979).
Man flieht Berlin und kehrt doch immer wieder zurück; es ist von
einer permanenten Unruhe beherrscht.

Daß Peter Hacks – »Ein verdienter Dichter des Volkes« (vgl.
›Transatlantik‹ 4/81) – sich in einem prächtigen, mit Türmen be-
wehrten Bauernhaus in parkähnlicher Anlage wohlfühlt, Erwin
Strittmatter, Mitglied einer Landwirtschaftlichen Produktionsgenossenschaft, auch eine eigene Ponyzüchtung in groß angelegten
Stallungen betreibt, weist nicht bloß auf einen Zusammenhang
von Lebensstil und Werk, sondern auch auf Vorrechte der Schriftsteller im DDR-Establishment hin.

Nun sind es aber nicht Organisationen, Verbände und Zirkel,
nicht Brigaden und Literaturinstitute, die die eigentliche Voraussetzung für Literatur schaffen, sondern die Autoren verhalten sich
in ihren Lebens- und Schaffensgewohnheiten als individuelle
Künstler. Das stellt auch Joachim Nowotny in seiner Übersicht
›Forderungen an uns‹ (›Neue Deutsche Literatur‹, Heft 4, 1979, 6)
für die junge Schriftstellergeneration fest:

»〈. . .〉 Nur ganz wenige haben stabile Beziehungen zu Betrieben beziehungsweise zu entsprechenden Kollektiven. Ich gehöre nicht zu jenen, die

in solchen Beziehungen ein Allheilmittel sehen. Nein, unsere Erfahrungen haben uns gelehrt, daß jeder Schriftsteller, auch der junge, seine spezifische Form der Wirklichkeitsverbindung suchen muß.

2. Wovon sie leben; der gesteuerte Markt

Selbst einem Lyriker geht es materiell oft weitaus besser als dem westdeutschen Kollegen. Sarah Kirsch antwortete einmal auf eine entsprechende Frage in der deutschsprachigen Zeitschrift des rumänischen Schriftstellerverbandes ›Neue Literatur‹ (Heft 9, 1975, 70):

> Man kann bei uns als freischaffender Schriftsteller gut über die Runden kommen, denn es gibt immer etwas zu tun, wobei man noch wählen kann, was einem Spaß macht. Für Übersetzungen z.B. bekommt man vier bis fünf Mark die Zeile. Sehr gut honoriert wird Kinderliteratur, man kann aber auch am Theater oder bei Verlagen frei mitarbeiten, wofür man ein Fixum erhält. Außerdem gibt es Stipendien und Unterstützungen von Verlagen und vom Schriftstellerverband. Wir haben einen ganz hohen Kulturfonds, der in diesem Jahr auch noch erhöht werden soll. Wie Sie sehen, es geht uns wirklich gut.

Die später von Kunert formulierte Ansicht scheint diesem Optimismus zu widersprechen: »Lyriker müssen alle Brotarbeit machen, und es geht ihnen nicht so gut.« (›FAZ‹, Nr. 274, 1979)

Die Einnahmequellen der Autoren lassen sich wie folgt aufschlüsseln:

- Hohe Erstauflagen, hohe Nachauflagen;
- Förderungen und Darlehen des Schriftstellerverbandes, des Kulturfonds der DDR;
- Staatspreise (Nationalpreise I, II, III zu hundert-, fünfzig- und fünfundzwanzigtausend Mark; Literaturpreis des FDGB; Heinrich-Mann-Preis der Akademie der Künste, Heinrich-Heine-Preis, Lessing-Preis u.a.;
- Vergabe von Ämtern an Verbandsmitglieder;
- Lesungen;
- Nachdichtungen, Übersetzungen, Stoffbearbeitungen, Herausgaben;

– Verfassen von Märchen-, Kinder- und Jugendbüchern sowie
  Kriminalromane;
– Defa-Szenarien, Fernsehfilme, Hörspiele;
– Lizenzveröffentlichungen im Westen.

Alle Nebentätigkeiten, die dem Broterwerb dienen wie zum Beispiel Verlagsgutachten (zwischen fünfzig und achtzig Pfennige pro
gelesene Seite), werden wesentlich besser bezahlt als in der Bundesrepublik. Der Starautor hingegen braucht sich in der DDR um
Gelegenheitsarbeiten nicht zu bemühen. Ihm wird eine hohe Erstauflage garantiert (20 bis 30 000; die sonst übliche liegt zwischen
10 und 12 000) sowie entsprechend hohe und in regelmäßigen Ab-
ständen erscheinende Nachauflagen (10 bis 15 000). Allein davon
kann der Autor leben. Selbstverständlich wird sein jeweils neuestes
Buch im ›Neuen Deutschland‹ propagiert. Schulen, Bibliotheken,
Kulturhäuser nehmen größere Kontingente der Auflage ab. Dabei
wird das staatstragende Leserpublikum in die Pflicht genommen.
Als zum Beispiel der Roman ›Der Gaukler‹ (1979) von Harry
Thürk in Berlin auf einer ›Buchpremiere‹ vorgestellt wurde, erhiel-
ten Mitarbeiter der Ministerien am Nachmittag frei und standen
Schlange.

Romane wie ›Beschreibung eines Sommers‹ (1961) von Karl-
Heinz Jakobs oder ›Spur der Steine‹ (1964) von Erik Neutsch haben längst über eine halbe Million Gesamtauflage. Diese hohen
Auflagen (sie gelten im Vergleich für viele andere auch) erklären
sich nicht allein daraus, daß sie inzwischen zur Vorbildliteratur
gehören, sondern auch aus dem insgesamt überschaubaren Buch-
angebot, auf das sich ein Käufer stürzt, der weitaus weniger
Ablenkungsmöglichkeiten in der Freizeit hat als der bundesrepublikanische Leser.

Bei mindestens zehn bis fünfzehn Prozent Honorar vom Ladenpreis und anderen einträglichen Nebentätigkeiten wie Film- und
Fernsehproduktionen kommen DDR-Starautoren auf weit über
100 000 Mark im Jahr, während viele Autoren aber auch mit
20 000 Mark und weniger sehr gut leben können (ein Bergarbeiter,
der Braunkohle fördert, verdient zwischen 750 und 1 250 Mark
monatlich, ein Lektor etwa 1 000 Mark, ein Cheflektor oder ein

Verlagsleiter zwischen 1 500 und 2 000 Mark). Einige aufschlußreiche Auflagenhöhen belegt der Gesamtkatalog des Mitteldeutschen Verlags von 1946 bis 1975:

Erik Neutsch: ›Spur der Steine‹. 1.–4 Auflage (= A.) 1964; 19. A.
    1975. ›Auf der Suche nach Gatt‹. 1. A. 1973; 8. A. 1977. ›Der
    Friede im Osten‹, drei Auflagen 1974.
Max Walter Schulz: ›Wir sind nicht Staub im Wind‹. 1. A. 1962;
    11. A. 1975. ›Triptychon mit sieben Brücken‹. 1. A. 1974; 3. A.
    1975.
Eberhard Panitz: ›Die sieben Affären der Doña Juanita‹. 1. A.
    1972; 5. A. 1975.
Bernhard Seeger: ›Herbstrauch‹. 1. A. 1961; 11. A. 1975.
Fritz Selbmann: ›Die Heimkehr des Joachim Ott‹. 1. u. 2. A. 1962;
    7. A. 1972.
Werner Heiduczek: ›Abschied von den Engeln‹. 1. A. 1968; 8. A.
    1975.

Ähnlich hohe Auflagen erreichen Autoren anderer Verlage. Erwin
Strittmatters ›Ole Bienkopp‹ war 1970 in der 12. Auflage, sein
›Wundertäter‹ erreichte im Erscheinungsjahr 1973 zwei Auflagen.
Auch Hermann Kant, Dieter Noll, Herbert Nachbar sind Auflagenmillionäre. Christa Wolfs Roman ›Der geteilte Himmel‹ (1963)
war 1968 in der 15. Auflage, von ›Kindheitsmuster‹ (1976) waren
1979 fast 100 000 verkauft.
    Für schwer lesbare Bücher wie Neutschs ›Friede im Osten‹ oder
Max Walter Schulz’ ›Wir sind nicht Staub im Wind‹ macht sich
die gezielte Propaganda des gelenkten Marktes ebenso bezahlt wie
die Pflichtabnahme durch kulturelle Institutionen. Obendrein
winkt ihnen dann und wann auch der Nationalpreis; ausgezeich-
net wurden u. a. Gotsche, Max Walter Schulz, Neutsch, Görlich,
Anna Seghers, Christa Wolf (1964 für den ›Geteilten Himmel‹)
und Hermann Kant (1973).
    Der Schriftstellerverband kann an verdienstvolle Autoren zins-
lose Darlehen vergeben. So erhielt der Parteilyriker Helmut Preißler ein Darlehen (Laufzeit neunzig Jahre) von 60 000 Mark, obwohl er monatlich 2 000 Mark als Berater des Theaters in Frank-

furt/Oder bezieht. Aus dem Kulturfonds der DDR werden u. a. Romanvorhaben finanziert. Selbst Autoren, die keine Unterstützung nötig haben, können 1 000 Mark und mehr monatlich über einen längeren Zeitraum erhalten. Wer ein Amt im Verband hat, Kulturfunktionär ist, Zirkelleiter oder stellvertretender Vorsitzender im Bezirksverband, genießt ebenfalls materielle Vorteile. Etliche Lyriker und auch eine Anzahl Erzähler können nicht ausschließlich von ihren Auflagen leben. Sie behelfen sich mit interessanten Nebentätigkeiten wie Stoffbearbeitungen, Übersetzungen, Herausgaben. Es ist kein Zufall, daß Sarah Kirsch zum Beispiel Alexander Block und Anna Achmatowa, Rainer Kirsch Jessenin, Mandelstam und Shelley übersetzt, Franz Fühmann zahlreiche Nachdichtungen aus dem Tschechischen, Polnischen und Ungarischen (besonders Attila Jószef) angefertigt hat. Fühmann hat ferner für die Jugend ›Reineke Fuchs‹, ›Das hölzerne Pferd‹, ›Das Nibelungenlied‹ und die homerischen Epen nacherzählt und einige erfolgreiche Märchen- und Kinderbücher geschrieben. Von Erich Loest gibt es fünf Kriminalromane; er dichtete ferner eine Lederstrumpf-Fassung für die Jugend um. Sie erreichte eine Auflage von über hunderttausend Exemplaren.

Daß so viele bekannte Autoren Märchen und Kinderbücher schreiben, geschieht natürlich nicht nur aus finanziellen Überlegungen; manchem blieb aus kulturpolitischen Gründen vorübergehend nur die Bearbeitung mythischer Stoffe oder die Autorschaft als Kinderbuchschreiber (so z. B. nach dem 11. Plenum 1965) [→ 32].

Besonders begehrt sind Filmszenarien (dafür werden ca. 20 000 Mark bezahlt) und Drehbuchaufträge der DEFA. Eine, wenn auch bescheidene Verdienstquelle ist auch die Westveröffentlichung. Bei nicht sehr bekannten Autoren liegen hier die Auflagen bei etwa 5 000 Exemplaren. Ausnahmen sind Hermann Kant, Anna Seghers, Christa Wolf, Irmtraud Morgner, Ulrich Plenzdorf. Als Lizenzausgaben in der Bundesrepublik verlegt, bringen sie dem Autor aber nur 50 Prozent des Honorars in konvertierbarer Währung, die andere Hälfte streicht das Büro für Urheberrechte für den Staat ein.

3. Lesungen

Es gibt Autoren, die mit dem einzigen Buch, das sie je geschrieben haben, landauf, landab ›hausieren‹ gehen; als Mitglieder des Schriftstellerverbandes lassen sie sich das ganze Jahr hindurch Lesungen in Bibliotheken und Jugendclubhäusern organisieren. Pro Lesung gibt es 100 Mark, bei drei bis vier Lesungen pro Woche kommt dabei ein gutes Monatsgehalt heraus. Bei diesen Anlässen, in den ›Clubs der Intelligenz‹, beim ›Kulturbund‹, in den Kulturhäusern, beim ›Tag des freien Buches‹ usw. entsteht freilich selten eine Beziehung zwischen Autor und Publikum. So wird im Rahmen des ›ökonomisch-kulturellen Leistungsvergleichs‹ in den Betrieben, kurz ›Ökulei‹ genannt, eine kleine Gruppe von Werktätigen zu ›Kulturlesungen beim Kollegen Schriftsteller verpflichtet‹. Am wichtigsten aber ist dabei oft, was es dort zu essen und zu trinken gibt.

Anders hingegen können sich Autor und Publikum begegnen, wenn eine Berufsgruppe, z. B. Lehrer, Ärzte, Kernphysiker, zu einer Lesung bittet. Der DDR-Autor liest im Gegensatz zu seinem westdeutschen Kollegen kaum vor einem literarischen Fachpublikum. Wer sich in Bedrängnis sieht, wird gelegentlich in einen privaten Kreis eingeladen, wo ihm eine Welle der Sympathie entgegenschlägt. Oder: Ein Dorflehrer weiß, daß ein Schriftsteller in der Nähe wohnt, so lädt er ihn mit 15 oder 20 Dorfbewohnern in den ›Konsum‹ des Ortes ein. Niemand raucht auf Bitten des Autors während der knapp einstündigen Lesung, dann wird noch stundenlang diskutiert; denn er wird verstanden als jemand, der auf besondere Weise Erfahrungen über das Leben mitteilen kann, die das Publikum sonst nicht erfährt.

Da alle offiziellen öffentlichen Lesungen (auch die in Buchhandlungen) genehmigungspflichtig sind, hat sich seit Jahren eine besondere Form der Lesung durchgesetzt. Einige Gemeindearbeitskreise der evangelischen Kirche richten Lesungen und andere kulturelle Veranstaltungen aus (gegen ein Honorar). Da diese auf Kirchengelände stattfinden, müssen sie nicht der örtlichen Behörde gemeldet werden. Dafür darf zwar nicht geworben werden, aber die Mundpropaganda reicht aus, um Säle und Kirchen zu fül-

len. Zum Beispiel las Reiner Kunze dort aus dem Manuskript der
›Wunderbaren Jahre‹. Wolf Biermann hatte nach elf Jahren
(1976), ein halbes Jahr vor seiner Ausbürgerung, seinen ersten öffentlichen Auftritt in der evangelischen Nikolai-Kirche in Prenzlau im Bezirk Neubrandenburg. – Seit Beginn der achtziger Jahre
sind die interessanten Lesungen der jungen Generation in kleinen
Gruppen in die Hinterzimmer verbannt.

4. Reisen

Reisen in andere Länder – das hat für Bürger der DDR eine völlig
andere Bedeutung als für den westlicher Industrienationen. Bei
uns gehört Reisen zum Selbstverständnis einer stark materialisierten Vorstellung von Freiheit, während in der DDR jede Reise ins
›nicht-sozialistische‹ Ausland ein Politikum darstellt. Daß dennoch
Kulturfunktionäre, Schriftsteller und Künstler Reisegenehmigungen erhalten, ist sicherlich ein weiteres Kennzeichen ihrer privilegierten gesellschaftlichen Stellung. Funktionäre wie Otto Gotsche
oder Max Walter Schulz werden vom Staat für ihre Reisen nach
Südamerika oder Ägypten großzügig ausgestattet – zum verständlichen Ärger des zu Hause gebliebenen Durchschnittsbürgers.

In der Zeit nach Ulbricht wurden mehr Reisen genehmigt als
zuvor, allerdings erhielten nach wie vor nur die eine Genehmigung,
die bereits einen Namen hatten bzw. mit ihren Publikationen in
der Bundesrepublik einen hinreichenden Grund für eine Reisegenehmigung (die in letzter Instanz immer das Ministerium für
Staatssicherheit erteilt) angeben konnten. Von den damals weniger
bekannten Autoren gelang es nur Rolf Schneider, sich schon in
den sechziger Jahren das Privileg zu reisen zu verschaffen. In den
siebziger Jahren erhielten einige Autoren sogar ein Visum für die
USA: Plenzdorf, Kunert, Christa und Gerhard Wolf, Jurek Becker
u. a. hielten an germanistischen Instituten Vorlesungen über ihre
Literatur. Scheinbar wie selbstverständlich fuhr man zu Studienzwecken nun auch nach England, Frankreich, in die Schweiz und
nach Österreich sowie aus gegebenen Anlässen zu den westdeutschen Verlagshäusern, zu den Buchmessen und literarischen
Veranstaltungen.

Aber nach 1976 erhielten manche Reisen ins westliche Ausland einen anderen Sinn, ein anderes Ziel; jetzt konnten die Visa, die für längerfristige Auslandsaufenthalte erteilt wurden, für den einen und anderen mehr oder weniger verhüllt Ausreise in Etappen bedeuten, endgültiger Abschied von der DDR.

III Die Verlags- und Zensurpraxis

1. Die gebremste Operativität der Literatur

Der Schriftsteller in der DDR wird von Staats wegen gefördert und soll dafür etwas für seinen Staat tun. Für die SED-Führung soll er kulturpolitische Funktionen erfüllen, während er für die Leser auch eine moralische Instanz ist, die sehr ernst genommen wird. Die Konflikte für den Autor entstehen dort, wo er die DDR-Wirklichkeit am sozialistischen Anspruch mißt, wo er glaubt, sich über Beschlüsse der Parteiführung hinwegsetzen zu können, sie unbeachtet zu lassen.

Joochen Laabs bemerkt dazu:

> Ich glaube, der Autor, in solch einen Konflikt geraten, bringt ihn fast nie ohne Verlust hinter sich. Entweder werden Stoffe überhaupt nicht bewältigt und das Manuskript kommt nie vom Schreibtisch des Autors; oder Manuskripte sind mit qualitativen Mängeln behaftet; oder der Autor weicht – bewußt oder unbewußt – auf Stoffe aus, die sich weitgehend gesellschaftlicher Relevanz entziehen.[28]

Laabs beschreibt hier den mächtigsten Feind des Autors, den inneren Zensor, von dem Erich Loest in einem Interview bekannte:

> Man hat uns jahrelang erzählt (und wir haben das auch geglaubt), wichtig für einen Autor sei der ›innere Zensor‹, so ein Männchen mit einem Gehirn, das immer auf die Taste drückt, wenn etwas kommt, von dem man meint, jetzt werde der Feind aber aufpassen, jetzt werde er aber zuhören, jetzt werde er sich aber in unsere Dinge einmischen ⟨. . .⟩[29]

Wer einmal wirklich von der inneren Zensur freigekommen ist, für den wird, je intensiver er mit dem Verlagsapparat Bekanntschaft machen muß, der Weg zur Publikation desto langwieriger. So beklagt Volker Braun zu Recht: »Die Operativität 〈der Literatur〉 wird durch die ganze Verlags- und Druckprozedur fast wieder aufgehoben.«[30]

Die Verlage sind entweder volkseigene Betriebe (zum Beispiel der VEB Hinstorff Verlag in Rostock) oder Eigentum von Organisationen (zum Beispiel ist der bedeutendste Verlag der DDR, der Aufbau Verlag, eine Gründung des Kulturbunds aus dem Jahr 1945) und Parteien (Neues Leben ist zum Beispiel der Verlag der FDJ; der Union Verlag, in dem Johannes Bobrowski Lektor war und dessen Werke später dort publiziert wurden, gehört der Ost-CDU; der Buchverlag Der Morgen ist der Verlag der LDPD). Die Verlage sind in erster Linie dazu angehalten, den kulturpolitischen Auftrag zu erfüllen, für den Verlagsleiter und Cheflektor einzustehen haben. Hierarchisch gegliederte Lektorate prüfen, ob bestimmte kritische Stellen auch poetisch genug sind, wie das in der Regel umschrieben wird. Gewiß ist der Lektor nicht nur Zensor, ein guter Lektor hat das Vertrauen des Autors, der, um die Stellung ›seines‹ Lektors nicht zu gefährden, manchmal selbst nachgibt. Schließlich hängt es von der Abfassung der internen wie von der Wahl der externen Gutachten ab (mindestens zwei), ob ein Manuskript eine Druckgenehmigung von der ›Hauptverwaltung Verlage und Buchhandel beim Ministerium für Kultur‹ bekommt. Die dort prüfenden sogenannten ›Literaturanalysanten‹ haben – oft mit zwei Seelen in der Brust – über lange Zeit immer wieder nach dem Prinzip gehandelt: erst einmal drucken, dann diskutieren. Doch es hat oft lange gedauert, bis manches Buch an die Öffentlichkeit gelangte: Brigitte Reimanns Roman ›Franziska Linkerhand‹ entstand zu großen Teilen Mitte der sechziger Jahre, es erschien nach ihrem Tod 1973. Neutschs Roman ›Auf der Suche nach Gatt‹, Mitte der sechziger Jahre geschrieben, erschien umgeschrieben 1973. »Nebenbei denke ich immer noch über die Tatsache nach, daß es zu Zeiten fünf Jahre dauern kann, bis eine Geschichte von hundert Seiten an die Leute kommt 〈. . .〉«[31], notierte Ulrich Plenzdorf. Sein Buch ›Die neuen Leiden des jungen W.‹ entstand 1968 zunächst als Filmszenarium, wurde von der DEFA abgelehnt, dann 1972 in ›Sinn und Form‹ vorabgedruckt und 1973 schließlich als Buch veröffentlicht. Noch länger dauerte es, bis Erich Köhlers phantastische Erzählung ›Reise um die Erde in acht Tagen‹ erschien; Entstehungszeit: Anfang der sechziger Jahre, Erscheinungsdatum: 1979. Neben der ganzen Lektorats- und Genehmigungsprozedur verzögern auch Papierknappheit und Druckprozedur das Erscheinen der Bücher[32]. Das Parteischrifttum genießt immer Vorrang.

Von Zeit zu Zeit wird gefordert, die Verlagsarbeit müsse parteilicher organisiert sein: »Wie der Lektor Berater des Autors ist, so sollten die Grundorganisationen unserer Partei immer Berater der Lektoren sein«,[33] erklärte das Politbüro-Mitglied Konrad Naumann vor Angestellten belletristischer Verlage. Wohin solche Forderungen führen können, läßt sich im nachhinein selten überprüfen[34]. Bei Neutschs Roman ›Auf der Suche nach Gatt‹ ist ausnahmsweise ein Einblick in die Zensurpraxis möglich. In Hildegard Brenners Anthologie ›Nachrichten aus Deutschland‹ (erschienen im Februar 1967) war nämlich eine längere Passage von Neutschs Erstfassung abgedruckt. Neben Retuschen und anderen Streichungen fehlen im Roman Sätze wie »Die Iwans sprechen nur immer von Arbeit, bei den Amis gibt's Zigaretten und Schokolade« (S. 258); Neutsch hat die sehr lebendige Ich-Erzählung (kursiver Text im Buch) mit einem zweiten Ich-Erzähler konfrontiert (gerader Text), der den Helden des Romans ideologisch interpretiert, wenn dieser spontan über seinen Auf- und Abstieg vom Bergarbeiter zum Journalisten und Redakteur berichtet.

Genauer ausmachen lassen sich Reaktionen nach der Veröffentlichung: Auf dem VII. Schriftstellerkongreß 1969 wurde Christa Wolfs Roman ›Nachdenken über Christa T.‹ heftig angegriffen und blieb dann bis 1973 ohne Nachauflage. Nach der Veröffentlichung von Ulrich Plenzdorfs ›Neue Leiden des jungen W.‹ konnte eine Kampagne nur durch den mutigen Einsatz seines Verlags wie durch die Diskussion in ›Sinn und Form‹ weitgehend abgefangen werden. ›Tod am Meer‹ von Werner Heiduczek (1977) wurde nach der zweiten Auflage verboten. Erich Loests Roman ›Es geht seinen Gang oder Mühen in unserer Ebene‹ (1978) wurde in der für DDR-Verhältnisse kleinen Auflage von 9 000 Exemplaren im Mitteldeutschen Verlag verlegt; obwohl das Buch bei Erscheinen vergriffen war, kam eine Nachauflage dort nicht mehr heraus. In all diesen Fällen hat in den Augen der SED-Führung die Genehmigungspraxis versagt.

Anläßlich des bei Aufbau erschienenen Parodienbandes über DDR-Autoren von Kurt Bartsch, ›Kalte Küche‹ (1974), wollte Erwin Strittmatter seine Verträge kündigen, drohten Kant und Max Walter Schulz dem Verlag Konsequenzen an. In der zweiten Auflage wurde dann der Text über Schulz nicht mehr abgedruckt[35]. Mag man dieses Verhalten gerade noch als Schriftstellerempfindlichkeiten durchgehen lassen, obwohl diese Autoren nie zimperlich mit ihren Kollegen verfuhren; wie Max Walter Schulz die Kampagne gegen Christa Wolfs ›Nachdenken über Christa T.‹ auf dem VII. Schriftstellerkongreß einleitete [→ Einleitung, 32], hinderte ihn allerdings nicht daran, sich fünf Jahre später positiv darüber zu äußern und das Werk »in Bezug auf Wirklichkeitsaneignung und Erzählstruktur«[36] mit seinem eigenen Roman ›Triptychen mit sieben Brücken‹ zu vergleichen!

Die Literaturgeschichtsschreibung der DDR hat ›Christa T.‹ exemplarische Bedeutung abgesprochen, sie sei kein sozialistisches Vorbild[37]. Wolfgang Wülf, Ericht Loests Romanheld aus ›Es geht seinen Gang oder Mühen in unserer Ebene‹ traf 1978 das gleiche Verdikt: Er gehe »am Wesen der Beziehung von Individuum und Gesellschaft im Sozialismus vorbei«[38]. Dabei hatte Loest sich mit seinem Verlagsleiter über fünfundzwanzig beanstandete Stellen einigen können – ohne daß er etwas von der Substanz preisgeben mußte. Aber die versprochene Nachauflage wurde nicht gedruckt. Plötzlich jedoch schien ein Wink aus dem Ministerium für Kultur, Loest solle doch einmal beim Greifenverlag in Rudolfstadt anfragen, tatsächlich etwas in Gang zu bringen. Der Verlag versprach Loest einen Vertrag über eine *einmalige* Nachauflage von 10 000 Exemplaren. Als Loest danach wieder Monate hingehalten wurde, schrieb er seinem Verbandspräsidenten Kant, er werde sich mit Kollegen beim Staatsratsvorsitzenden beschweren; obwohl Kant abwiegelte, hatte Loest Erfolg – zumindest soweit, daß kurz darauf der Vertrag unterschrieben und ein Erscheinungstermin festgelegt wurde. Man wollte Loest nicht ins Abseits drängen. Die Präsentation beim Mitteldeutschen Verlag war auch deshalb nicht ohne Brisanz, weil fast zu gleicher Zeit der neue Roman von Werner Heiduczek ›Tod am Meer‹ — nachdem bereits in wenigen Monaten zwei Auflagen verkauft worden waren — heftigen Unwillen erregte. Wie sich bald herausstellte, geschah das weniger wegen der Kritik an der DDR, die ein sterbender Schriftsteller in einer Bilanz seines Lebens ausspricht, sondern weil auf das Bild sowjetischer Befreier einige Schatten fallen. Ein SED-Funktionär hatte den Sowjetbotschafter Abrassimow darauf aufmerksam gemacht. Nun mußte gar das Zentralkomitee ›Tod am Meer‹ lesen. Wieder einmal schienen sich Autor, Lektor und Zensurbehörde in der Rezeptionserwartung des Publikums getäuscht zu haben, denn die positive menschliche Haltung einiger russischer Soldaten konnte offensichtlich doch nicht die negativen Szenen abdecken. Heiduczek habe die Aufbauleistung der DDR-Bürger herabgewürdigt und dem ›proletarischen Internationalismus‹[39] geschadet. In der ›Berliner Zeitung‹ wurde der Roman als »Halde für extremen Subjektivismus«[40] gebrandmarkt. Die Eliminierung aller ›sowjetischen‹ Passagen lehnte der Autor ab. Daraufhin fielen alle Verlagsrechte an ihn zurück. Auch der Versuch, das Buch in der Bundesrepublik zu verlegen, wurde durch Einschüchterung vom Büro für Urheberrechte und durch folgende Aktion verhindert: Während seiner Abwesenheit verschwanden aus seiner Wohnung die gesamte Korrespondenz und Vertragsunterlagen, die auf Verhandlungen mit einem Verlag in der Bundesrepublik hinwiesen. 1982 erschien es dann in einem Schweizer Verlag (Huber).

Schlimmer kann es dem ergehen, der noch nicht als Autor anerkannt ist. Wolfgang Hilbig hatte trotz mehrerer Anläufe keinerlei Verständnis für seine Lyrik gefunden, als ihn bundesrepublikanische Redakteure und Lektoren entdeckten. Man nahm ihn eines Tages fest. Während mehrerer Wochen Haft versuchte man ihn zu zwingen, seinen Lyrikband, der im S. Fischer Verlag erscheinen sollte, unter Aufsicht der Staatssicherheit zusammenzustellen. Er wurde nach Erscheinen des Bandes zu 2 000 Mark Strafe wegen Devisenvergehens verurteilt.

Offizielle Begründungen für ein Publikationsverbot erhält ein Autor so gut wie nie. Um so überraschender waren daher die Ausführungen von Klaus Höpcke, dem Stellvertreter des Ministers für

Kultur, auf der Pressekonferenz der Leipziger Frühjahrsmesse 1978 vor vorwiegend westdeutschen Korrespondenten. So bemerkte er über Jurek Beckers in der DDR abgelehnten und deshalb nur bei Suhrkamp erschienenen Roman ›Schlaflose Tage‹, das Thema sei »nicht kongreßbezogen«, also nicht durch Parteibeschlüsse freigegeben und dazu zähle auch die »vollkommene Unantastbarkeit der Grenze« in »geistiger« wie in »belletristischer« Form[41].

Um sich der Bevormundung und der Kontrolle zu entziehen, versuchten bekannte und weniger bekannte Schriftsteller, eine eigene, verlagsunabhängige Sammlung von Texten zusammenzustellen. Dabei war weniger das Ergebnis entscheidend als die künstlerische Solidarität, die kritische Diskussion über Literatur untereinander. Die Verlagsleiter sahen darin den Versuch, den institutionalisierten Literaturbetrieb zu durchbrechen. Sie lockten einige Autoren mit dem Versprechen, ihre Texte als Einzelpublikation herauszubringen. Denn wer schreibt, soll sich nach der Decke strecken, die die Kulturbehörde im Haus der ›Literaturgesellschaft‹, mal ein wenig höher, mal ein wenig niedriger einzieht.

2. Die Bedeutung des VEB Hinstorff Verlags unter Konrad Reich und Kurt Batt

Wie sich zeigt, macht die SED-Kulturpolitik die Beziehung zwischen Autor und Verlag zu einer heiklen Angelegenheit. Dabei müßte gerade der Verlag als Mittler zwischen Schriftsteller und Partei einen besseren Part übernehmen. Die Intimität literarischer Produktion und ihre Rezeption lassen sich nicht so weit vergesellschaften, daß sie durch kollektive Beziehungen ersetzbar würden. Den Beweis dafür hatte für einige Jahre der Hinstorff Verlag in Rostock geliefert. Im Haus an der Kröpelinerstraße wurde in den sechziger Jahren niederdeutsche, skandinavische und maritime Literatur verlegt. Verlagsleiter Konrad Reich hatte Kurt Batt (geboren 1931 in Hamburg, aufgewachsen in Teterow/Mecklenburg) 1960 in den Verlag geholt. Batt wurde bald Cheflektor, obwohl er parteilos war und auch alle späteren Ansinnen, in die SED einzutreten, von sich wies. Batt hatte bei Hermann August Korff, Hans

Mayer und Ernst Bloch in Leipzig studiert und über Fritz Reuter promoviert. Der Literaturhistoriker und brillante Essayist galt als liberaler Lukácsianer, der die Theorie zurecht über Bord warf, wenn es um die Arbeit mit den Autoren ging. »Die Schriftsteller nennt er seine Freunde, auch wenn sie sich bisweilen schonungslos mit ihm streiten.«[42] Dieses Bekenntnis Batts ist gewiß das Geheimnis seines Erfolgs wie auch die Ursache seiner Konflikte. Denn wie soll ein Lektor Freund der Autoren und zugleich dienendes und vollziehendes Organ der Kulturbürokratie sein? Die doppelte Vermittlerrolle zwischen Autor und Verlag, zwischen Autor und Partei führt zwangsläufig zu Spannungsverhältnissen, die wesentlich strapaziöser sind und verhängnisvoller sein können als jene, die in der Bundesrepublik durch Markt- und Konkurrenzdruck entstehen.

Auch der Hinstorff Verlag versuchte die Gunst der Stunde zu nutzen, als Honecker auf dem VIII. Parteitag 1971 einen etwas offeneren Kurs zu steuern schien. Allerdings war man nicht ganz unvorbereitet, denn der Verlag hatte schon gegen Ende der sechziger Jahre intensiver nach literarischen Autoren Ausschau gehalten, und mancher schon durch Anthologien und Auftragsarbeiten entdeckte Autor – die DDR macht sich ja bekanntlich zu ihren Geburtstagen gerne Geschenke – konnte jetzt mit größeren Arbeiten aufwarten. Autoren wie Erich Köhler, Herbert Nachbar, Klaus Schlesinger, Uwe Grüning, Christa Borchers, Rosemarie Fret, Wolfgang Müller, Ulrich Plenzdorf und andere bildeten das neue literarische Fundament. Die umsichtige Verlagsleitung gewann bald an Ansehen bei schon bekannten Autoren wie Erich Arendt, Franz Fühmann, Fritz Rudolf Fries, Rolf Schneider, Bernd Jentzsch, die nun alle bei Hinstorff verlegt wurden. Auch Reiner Kunze interessierte sich damals für Hinstorff.

Kurt Batt betreute die Manuskripte der Autoren sachkundig und sensibel. Zugleich verstand er es mit Konrad Reich, der die Interessen der Literaten überaus gewandt mit Ideologie und Geschäft zu verbinden wußte, dem Ministerium für Kultur immer wieder klarzumachen, es sei aussichtsreicher den Anschluß an das ›Weltniveau‹ durch Literatur statt durch ideologische Parolen zu erreichen.

In den siebziger Jahren mehrten sich die Vorwürfe gegen Kurt Batt. Er konnte die Mitarbeiter des Ministeriums in Berlin leichter überzeugen als die SED-Bezirksleitung in Rostock, deren Erster Sekretär zu dieser Zeit Harry Tisch (das spätere ZK-Mitglied) war. Anders als der Ministerstellvertreter in Berlin ist der Bezirkssekretär mit direkter politischer Macht im Parteiapparat ausgestattet. Der Bezirksleitung war der parteilose Cheflektor ein Dorn im Auge. Tisch glaubte in der Verlagsproduktion eine Linie zu erkennen, die nicht der Partei entsprach, besonders nachdem ›Die neuen Leiden des jungen W.‹ von Ulrich Plenzdorf erschienen war, eine Prosa, die bei der DEFA, dem Aufbau Verlag und dem Verlag Neues Leben vorher abgelehnt worden war. In Rostock setzte nun ein heftiger Streit um Plenzdorf ein. Für längere Zeit wurde jede weitere Nachauflage von Plenzdorfs Buch zu einem Politikum. Daß es nur beim Streit blieb, war nicht zuletzt der Hinstorff Verlagsleitung zu verdanken. Jedoch wurde die Situation für Batt immer unerträglicher. Daß er noch 1974 zusammen mit Gerhard Wolf den angesehenen Heinrich-Mann-Preis von der Akademie der Künste erhalten hatte, störte den Genossen Tisch wenig. Er machte den Verlag sogar für Artikel und Interviews verantwortlich, die Autoren des Hinstorff Verlags in der Bundesrepublik veröffentlichen ließen. Besonders Rolf Schneiders Beiträge im ›Spiegel‹ und im ›Stern‹ erregten den Zorn des SED-Fürsten. Schließlich war man fast so weit — oder sollte man zur Ehrenrettung besser sagen — so mürbe, Kurt Batt im Verlag fallenzulassen. Da setzte ein Infarkt seinem Leben ein Ende. Dreiundvierzig Jahre alt starb er bei der Zusammenstellung der Festschrift zum 75. Geburtstag von Anna Seghers. Wenn die alte »Anna« später noch bedauernd sagte: »Ja, mit dem Batt konnte man noch reden«, so heißt das viel. Die Jüngeren vermissen ihren Gesprächspartner noch mehr. Batt hatte zwischen 1969 und 1975 durch seine beispielhafte Arbeit die Aufbruchsphase der neueren DDR-Literatur wesentlich unterstützt. Die Erfahrung, daß nach Biermanns Ausbürgerung fast schon wieder alle Hoffnungen begraben wurden, ist ihm erspart geblieben.

*3. Die Zeitschrift ›Sinn und Form‹ unter Peter Huchel
und unter Wilhelm Girnus*

Zeitschriften unterliegen nicht wie Buchveröffentlichungen der Genehmigung durch das Ministerium für Kultur, sondern der Chefredakteur trägt als Parteimitglied die Verantwortung. Bei ›Sinn und Form‹ hat gelegentlich auch der Redaktionsbeirat (seit Heft 6, 1954) dem Chefredakteur Flankendeckung gegeben. Die besondere Bedeutung, ja einzigartige Stellung dieser Zeitschrift hängt jedoch auch mit ihrer niedrigen Auflage zusammen – so seltsam das zunächst erscheinen mag. Von den etwa 8 000 Exemplaren gehen mehr als 3 000 Exemplare ins Ausland, d. h. die Zeitschrift hat keine große Öffentlichkeit in der DDR. Da ›Sinn und Form‹ nie direkt wie andere Periodika (z. B. ›NDL‹, ›Forum‹) als Propagandainstrument benutzt wurde, konnte sich die Zeitschrift unter Peter Huchels Leitung (1949–1962) zu internationalem Rang profilieren; und unter Wilhelm Girnus (seit 1964) wurde sie oft zum Versuchsfeld für fortgeschrittene Gegenwartsliteratur der DDR. Es zeigte sich – wie beim Verhältnis Kurt Batts zu seinen Autoren –, daß sich auch im Sozialismus künstlerische Produktion und Distribution nicht in erster Linie durch organisatorische Verklammerung realisieren lassen, sondern daß sie durch einzelne Persönlichkeiten mitbestimmt werden. Der Lyriker Peter Huchel kannte ›du monde‹ und hatte ein untrügliches Gespür für Qualität; Girnus, nachdem er den Stalinisten in sich bezwungen hatte, erwies sich als fast liberaler Stratege, der bis an die Grenze des Möglichen geht. So brachte ›Sinn und Form‹ einen Vorabdruck aus ›Nachdenken über Christa T.‹ (H. 2, 1968) sowie eine ausführliche Rezension von Hermann Kähler (H. 1, 1969), ferner den vollständigen Vorabdruck von Ulrich Plenzdorfs ›Die neuen Leiden des jungen W.‹ (H. 2, 1972) und eine Diskussion darüber (H. 1, 1973); Volker Brauns ›Unvollendete Geschichte‹ erschien in der DDR nur in ›Sinn und Form‹ (H. 5, 1973); von Erich Loest brachte Girnus einen Auszug aus einer Autobiographie unter dem Titel ›Pistole mit sechzehn‹ (H. 1, 1977). Girnus hat auch den Essayisten Kurt Batt entdeckt und gefördert. Nachfolger von Girnus (geb. 1906), der 1982 aus Altersgründen ausscheidet, sollte Paul Wiens (geb. 1922) werden, ein Mann der großen Dienst-Sicherheit und der kleinen lyrischen Schritte (›Dienstgeheimnis‹, 1968; ›Linien aus meiner Hand. Gedichte 1943–1971‹, 1971); er verstarb jedoch 1982.

Wenn dennoch ein Wort mehr über Huchels Leistung in diesem Rahmen gesagt werden muß, so deshalb, weil dessen Auseinandersetzung mit den Kulturfunktionären damals schon auf eine Tendenz aufmerksam machte, die alle Bereiche des kulturellen Lebens heute beherrscht: Die Preisgabe der Literatur zugunsten ideologischer Verwertbarkeit. Huchel mußte zwangsläufig schon von Anfang an in Konflikte geraten. Obwohl die Akademie der Künste bereits ab 1950 Herausgeber der Zeitschrift war und sie als »ihr Sprachrohr und geistiges Visier« (Heft 2) beanspruchte, hat Huchel ›Sinn und Form‹ immer allein redigiert; er hat weder die Funktionärsbelletristen unter den Akademiemitgliedern zum Zug kommen lassen – was Girnus aus strategischen Gründen nicht verhindern mochte –, noch wollte er sich den Zwängen der Kulturpolitik unterwerfen. Deshalb sollte man aus heutiger Sicht weniger bestürzt sein, daß Huchel Ende 1962 ausscheiden mußte, sondern es fast als ein Wunder ansehen, daß er als Parteiloser dreizehn Jahre lang die Chefredaktion halten konnte. Denn schon 1953 wurde ihm eine fristlose Kündigung zugestellt, unterschrieben von Becher, dem Mitbegründer der Zeitschrift, und von Alexander Abusch. Huchel sollte wegen ›ideologischer Mängel‹[43] gehen. Dem Brief lag ein Entschuldigungsschreiben bei, das Huchel in ›Sinn und Form‹ als eine Art Selbstkritik veröffentlichen sollte. Huchel weigerte sich und beschloß die Arbeit niederzulegen. Doch Brecht machte sich für ihn stark und hielt ihn zurück. Der neuernannte Chefredakteur F. C. Weiskopf kam nicht zum Zug; Arnold Zweig, Paul Dessau, Friedrich Wolf, Brecht und Abusch verhandelten erneut mit Huchel. Brecht ging Abusch an: »Was haben Sie in der Akademie zu suchen?« Schließlich stimmte Huchel einem Redaktionskollegium zu; es trat nie zusammen. Becher ließ Huchel noch einmal zu sich rufen: »Sie halten es zu sehr mit Brecht, das sind Ihre ideologischen Fehler.« Große Unterstützung fand Huchel in den späten fünfziger Jahren, als Brecht nicht mehr lebte, bei Felsenstein. Nachdem Becher 1958 gestorben war, sah ein Ministerratsbeschluß die Umbesetzung von ›Sinn und Form‹ vor. Huchel sollte als zweiter Redakteur mit einem Gehalt von zweitausend Mark bleiben, damit sein Name erhalten bliebe, er sollte sich allerdings nur alle paar Wochen in der Redaktion sehen lassen. Huchel wollte nun endgültig aussteigen, aber Bodo Uhse, der die Leitung übernehmen sollte, kam mit der Arbeit nicht zurecht. Huchels letztes Heft, ein Doppelheft Nr. 5/6, erschien 1962 zum Zeitpunkt des VI. Parteitags. Die Beiträge stammten von Hans Mayer, Ilse Aichinger, Günter Eich, Jewtuschenko, Jean Paul Sartre, Ernst Fischer, Yannis Ritsos u. a.; sie wurden genehmigt, ohne daß einer den Inhalt kannte. Darauf kam es zum Eklat und endgültigen Bruch. Die Akademie wurde kritisiert, sie habe sich die ›Zeitschrift des Lords‹ herangezogen. Ihr Mitglied Willi Bredel wandte sich heftig gegen diesen Vorwurf; Huchel habe immer unverschämtere Forderungen gestellt und sich die Zeitschrift nicht aus der Hand nehmen lassen.

Die Chance des DDR-Autors

Johannes R. Becher hatte sich einst eine Literaturgesellschaft vorgestellt[46], in der alle an der Literatur und ihrer Verbreitung Beteiligten gleichberechtigte Mitglieder sein sollten. So illusionär dieses Konzept auch sein mag, es enthält im Grunde auch die Warnung vor ihrem Gegenteil, vor einem zentralistischen Literaturbetrieb, der literarisch-politische Mündigkeit in einer Gemeinschaft von Gleichen durch politische Organisation zu verhindern versucht.

Wir wissen inzwischen, daß sich Schriftsteller mit einem gewachsenen Selbstbewußtsein gegen eine institutionalisierte Literatur wehren, ja daß sich viele mit ihrer Weigerung, die Ausbürgerung Biermanns gutzuheißen, als selbstbewußte Sozialisten bekannt haben und sich als Alternative zu einer restriktiven Kulturpolitik verstehen.

Zwar garantiert der staatsmonopolistische Literaturbetrieb mehr gesellschaftliche Anerkennung und soziale Sicherheit als der durch Privatinitiative, Markt und Medien in Bewegung gehaltene der Bundesrepublik. Wer es sich jedoch in der DDR mit dem Staat, dem Eigentümer aller Einrichtungen verdirbt und bereit ist, sich

Repressionen auszusetzen, der kann daran zerbrechen. Doch nicht wenigen Schriftstellern gelang es, die Zensur zu überlisten, die Druckgenehmigungsprozedur zu unterlaufen und ihre Werke weitgehend unverschnitten erscheinen zu lassen.

Karl Robert Mandelkow

Die literarische und kulturpolitische Bedeutung des Erbes

Kaum ein anderer Begriff der marxistischen Kulturtheorie und Kulturpolitik ist geeigneter, das Selbstverständnis der DDR-Literatur und der sie fundierenden Literaturtheorie zu beleuchten, als der des kulturellen und literarischen Erbes. Die Auseinandersetzung mit ihm datiert seit der Konstitution einer sich als sozialistisch begreifenden Literaturbewegung. Der zentrale Stellenwert der sogenannten ›Erbetheorie‹ im Ensemble der auf das kulturelle Schaffen gerichteten Theorieentwürfe in den sozialistischen Ländern ist kein Zufall, berührt die Frage nach dem überlieferten Erbe und seiner Aneignung doch den neuralgischen Punkt der Legitimationsproblematik der sich als sozialistisch definierenden Gesellschaftsformation.

Nicht von ungefähr benutzen die marxistischen Theoretiker seit Beginn der dreißiger Jahre den Begriff ›Erbe‹, um das zu bezeichnen, was der bürgerliche Wissenschaftler mit dem Begriff ›Tradition‹ zu umschreiben sich angewöhnt hat. Die Ersetzung des geläufigen Begriffs ›Tradition‹ durch den des ›Erbes‹ ist mehr als eine nur zufällige und ideologisch indifferente Umbenennung, sie signalisiert vielmehr eine entscheidende Umorientierung im Umgang mit der kulturellen Vergangenheit. ›Erbe‹ wird in den theoretischen Auseinandersetzungen seit Mitte der zwanziger Jahre zum Kampfbegriff, der gegenüber dem Begriff ›Tradition‹ ein spezifisches Subjekt des Beerbens, die Arbeiterklasse, einschließt und damit in fast strenger juridischer Verwendung des aus der Rechtssprache übernommenen Terminus auf den alleinigen Besitzanspruch des Erbens am Geerbten hinweist. ›Erbe‹, in diesem Sinne aufgefaßt, ist ein Besitztitel, den einzuklagen das Vorrecht derjenigen Klasse ist, der die historische Perspektive der Zukunft gehört. Ist für den Begriff ›Erbe‹ in diesem ursprünglichen Sinne ein exklusives und zugleich personales Verhältnis von Erbmasse und Erbe konstitutiv, so charakterisiert den Begriff ›Tradition‹ ein uni-

versalistisches und zugleich normatives Moment. Tradition hat –
innerhalb der Grenzen eines bestimmten Kulturkreises – keinen
bestimmten Adressaten, sondern tritt mit dem Anspruch der All-
gemeinverbindlichkeit auf. Eine lebendige Tradition ist immer zugleich auch die Tradition der Herrschenden, die sich auf ihre Toten als Zeugen ihrer Herrschaft berufen. In diesem Sinne schreibt
Karl Marx in ›Der achtzehnte Brumaire des Louis Bonaparte‹:

> Die Menschen machen ihre eigene Geschichte, aber sie machen sie
> nicht aus freien Stücken, nicht unter selbstgewählten, sondern unter un-
> mittelbar vorgefundenen, gegebenen und überlieferten Umständen. Die
> Tradition aller toten Geschlechter lastet wie ein Alp auf dem Gehirne der
> Lebenden.

Jede revolutionäre Bewegung, so Marx, ist gezwungen, den
Kampf mit diesem »Alp, der auf dem Gehirne der Lebenden« lastet,
aufzunehmen, wird die mit dem normativen Anspruch der Tradition gesetzte Kontinuität zu sprengen suchen zugunsten der Diskontinuität der historischen und kulturellen Entwicklung, einer Diskontinuität, deren Bruchstelle der Übergang des Menschen aus seiner Vorgeschichte in die Geschichte ist.

> Die soziale Revolution des neunzehnten Jahrhunderts kann ihre Poesie
> nicht aus der Vergangenheit schöpfen, sondern nur aus der Zukunft. Sie
> kann nicht mit sich selbst beginnen, bevor sie allen Aberglauben an die
> Vergangenheit abgestreift hat.[1]

Bedeutet dieses revolutionäre Abstreifen des »Aberglaubens an
die Vergangenheit« für ein marxistisches Selbstverständnis auch
die Preisgabe der in dieser Vergangenheit geschaffenen kulturellen
Werte und Überlieferungen? Diese Frage ist, seitdem Lenin sie
1920 entschieden verneint hat[2], die eigentliche Frage einer marxistischen Erbetheorie. Es ist – nach marxistischem Selbstverständnis – die Frage nach dem Verhältnis der Vorgeschichte des Menschen zu seiner eigentlichen Geschichte, in der Tradition als eine
dem Subjekt entfremdete und ihn von außen bestimmende getilgt
sein wird.

In fast schriller Dissonanz zu dieser idealtypischen Rekonstruktion eines an Marx orientierten Traditionsverständnisses [→ 138]

steht das Bild, das sich in vielen Zügen dem Betrachter der kulturellen, spezieller der literarischen Szene der DDR bis heute darbietet. So gehört es zum festen Repertoire westdeutscher Urteile über die DDR, daß dieses Land ein Hort der Bewahrung des literarischen Erbes sei. Kulturkonservatismus, Traditionalismus, Antimodernismus und musealer Kult der Klassiker sind die Stichworte, die bis heute die Auseinandersetzung mit der Kunst und der Literatur der DDR bestimmen. Wurde diese Kritik in den fünfziger und in der ersten Hälfte der sechziger Jahre vom Boden eines in seinem Selbstbewußtsein noch unangefochtenen Avantgardismus und einer noch lebendigen Moderne aus artikuliert, philosophisch unterstützt und untermauert vor allem von der ästhetischen Theorie der Frankfurter Schule, so verlagerte sich seit Ende der sechziger Jahre die Begründung der Kritik vom Ästhetischen ins Politische. Nicht mehr der Konservatismus und Antimodernismus der DDR-Literatur waren die Hauptangriffspunkte, sondern ihre genuin sozialistisch-revolutionäre Impulse und Traditionen abblockende Bürgerlichkeit, ihr durch ihr Erbeverständnis bedingtes Festhalten an spezifisch bürgerlichen Normen und Vorstellungen. Diese Kritik wurde vor allem von der westdeutschen Linken geltend gemacht im Bewußtsein, einen wahren und unverfälschten Marxismus gegen dessen ›real-existierende‹ Verwalter und Funktionäre zu vertreten. Vor allem der Klassikerkult in der DDR wurde zur Zielscheibe zahlreicher Angriffe zu einem Zeitpunkt, in dem der Kampf gegen ihn, vor allem gegen den Kult der Weimarer Klassik Goethes und Schillers, in der Bundesrepublik zum Losungswort der mit der Studentenbewegung einsetzenden Opposition gegen das kulturelle Bewußtsein der Adenauerschen Restaurationsepoche wurde[3]. Frank Trommler, Wolfram Schlenker, Jost Hermand und andere haben in diesem Sinne das Erbeverständnis der DDR kritisiert und der Diskussion darum auch bei uns zur Popularität verholfen[4]. Brechts Bemerkung aus der Zeit der Expressionismusdebatte, daß nicht angeknüpft werden solle »an das gute Alte, sondern an das schlechte Neue«[5], wurde zum meistzitierten Programmwort eines ›linken‹ Literaturverständnisses, dem es um die Wiederentdeckung und Wiederbelebung der »verdrängten kulturrevolutionären Tradition« (Trommler) ging. Die Theoretiker und

Kulturpolitiker der DDR haben auf die Kritik geantwortet, indem sie Anfang der siebziger Jahre das bisherige Konzept der etablierten Erbetheorie defensiv und offensiv reformulierten.

Das Erbeverständnis und die Erbetheorie in der DDR waren in der Bundesrepublik jedoch nicht nur Gegenstand der Polemik, sondern angesichts des Zerfalls und der zunehmenden Auflösung eines Norm- und Kanonbewußtseins in der westdeutschen Kritik und Literaturwissenschaft auch der nostalgisch ergriffene Rettungsanker einer Neuorientierung. So wollen Gert Mattenklott und Klaus Schulte in einem 1973 in den ›Neuen Ansichten einer künftigen Germanistik‹ erschienenen Aufsatz das Traditionsbewußtsein der westdeutschen Literaturwissenschaft aus der Sackgasse einer für den Spätkapitalismus charakteristischen »Naturwüchsigkeit« und eines subjektivistisch-dezisionistischen, letztlich wahllosen Umgangs mit der Tradition herausführen, indem sie es auf die Leninsche Erbetheorie verpflichten. Nur so sei ein »von Subjektivismus und Pragmatismus freies Verhältnis zur Tradition«[6] möglich, ein gesetzmäßig-objektives Traditionsverhältnis, das allein die Grundlagen schaffe, »das Erbe der Vergangenheit zu einem mächtigen Zeugen gegen die Gegenwart und zu einer Anweisung auf die Herstellung einer besseren Zukunft werden« zu lassen[7].

I Zur Vorgeschichte des Erbeverständnisses in der DDR

Die Erbetheorie und das Erbeverständnis der DDR-Literatur haben eine Vorgeschichte, deren Kenntnis unabdingbare Voraussetzung zu ihrem Verständnis ist. Sie kann im Rahmen dieses Überblicks nur in äußerster Verknappung und unter Beschränkung auf die wesentlichsten Problempunkte skizziert werden.

1. Franz Mehring

Den ersten großangelegten Versuch einer kritischen Auseinandersetzung mit dem bürgerlichen literarischen Erbe vom Standpunkt eines radikaldemokratischen Sozialisten und Marxisten hat Franz Mehring unternommen. Er blieb bis in die Anfänge der zwanziger

Jahre der überragende marxistische Kritiker, Literaturtheoretiker und Ästhetiker. An ihn und sein Werk hat die DDR-Literaturwissenschaft seit Paul Rilla in vielfältiger Weise angeknüpft, seine berühmte ›Lessing-Legende‹ (1892/93) steht heute im Mittelpunkt der Diskussion um die Begründung einer marxistischen Rezeptionstheorie. Mehrings Verhältnis zum bürgerlichen Erbe, vor allem zur Klassik, war zwiespältig und widersprüchlich. Während er gegenüber der unreflektierten Klassikerverehrung Lassalles und der sozialdemokratischen Arbeiterbildungsvereine die Distanz des Proletariats zur Klassik betonte und den Goethekult des Wilhelminischen Reiches scharf geißelte, hat er sich in seiner Auseinandersetzung mit der modernen naturalistischen Dichtung seiner Zeit auf die Grundsätze der klassischen Ästhetik berufen und ihnen für die weitere Entwicklung der marxistischen Ästhetik zu kanonischer Geltung verholfen. Beispielhaft ist seine Polemik gegen Arno Holz und dessen Versuch, die Lyrik durch Preisgabe von Rhythmus und Reim zu revolutionieren. Sie hat für spätere Debatten das Grundmuster geschaffen. Holz hatte sich in scharfen antitraditionalistischen Wendungen gegen Schiller und Goethe gewandt. In seinen ›Ästhetischen Feldzügen‹ (1898) erwiderte Mehring:

Die historische Entwicklung einer Sprache und ihrer dichterischen Technik hängt mit der gesamten nationalen Entwicklung unlöslich zusammen; dabei wirken eherne Gesetze, von denen man wohl nachweisen kann, weshalb sie sich so vollzogen haben.

Mit der Preisgabe dieser Gesetze »steht und fällt unsere klassische Literatur, deren Bedeutung für das moderne Geistesleben bis auf die glorreichen Tage der naturalistischen Ästhetik noch von keinem vernünftigen Menschen bestritten worden ist«[8]. In seiner Antikritik berief sich Holz auf den für seinen Versuch einer Erneuerung der Lyrik fundamentalen Satz: »Man revolutioniert eine Kunst also nur, indem man ihre Mittel revolutioniert.«[9] Mit diesem Satz ist das Credo einer experimentierfreudigen Moderne formuliert, gegen deren Antitraditionalismus die klassische Ästhetik aufzubieten seit den großen Literaturdebatten der dreißiger Jahre das Grundmuster der marxistischen Erbetheorie und Literaturtheorie werden sollte!

2. Anfänge der Erbediskussion in der Sowjetunion

Der unmittelbar nach der Oktoberrevolution in Rußland sich kon-
stituierende kulturrevolutionäre Proletkult und die seit 1919 in
der Weimarer Republik sich organisierende Gruppe proletarisch-
revolutionärer Schriftsteller[10] nahmen in der Frage des bürgerlichen Erbes die Position einer schroffen Negation ein. An die Stelle
der bürgerlichen Literatur, die es zu überwinden und zu liqui-
dieren gelte, sollte die aus dem Pathos des traditionsnegierenden
Neuanfangs zu schaffende proletarische Literatur treten. Auch
nach dem Verbot des Proletkults in Sowjetrußland 1923 blieb die
erbitterte Auseinandersetzung um das literarische Erbe zentrales
Thema der in Fraktionen zerstrittenen Kulturpolitik in der UdSSR.
Bedeutendste Wortführer im Kampf um die Integration des bürgerlichen Erbes in ein neues, gegen proletkultische Tendenzen ge-
richtetes Literaturverständnis waren Lev Trockij und Aleksandr
Voronskij. Voronskij, der in seiner Zeitschrift ›Krasnaja Nov‹
(›Rotes Neuland‹) die Entgegensetzung von bürgerlicher und proletarischer Literatur bekämpfte, schrieb hier 1923:

> Mit einem Wort, eine proletarische Kunst in dem Sinne, wie die bürger-
> liche Kunst existiert, gibt es bei uns nicht; der Versuch, die Kunst der
> proletarischen und kommunistischen Schriftsteller als proletarische
> Kunst hinzustellen, die selbständig und der bürgerlichen Kunst entgegen-
> gesetzt ist, weil diese Schriftsteller und Dichter in ihren Werken die Ideen
> des Kommunismus darstellen, dieser Versuch ist naiv und beruht auf
> einem Mißverständnis.[11]

Obschon von der Gruppe ›Oktjabr‹ und ihrer Zeitschrift ›Na
postu‹ (›Auf Vorposten‹), die für eine genuin proletarische Literatur eintraten, bekämpft, gewannen die Vertreter eines traditions-
bewahrenden Erbeverständnisses zunehmend an Boden. Walter
Benjamin hat die kulturpolitische Situation in Moskau während
seines Aufenthalts dort im Dezember 1926 und Januar 1927 in
seinem Tagebuch festgehalten. Am 30. Dezember 1926 notiert er:

> Man macht den Versuch, die Dynamik des revolutionären Vorgangs im
> Staatsleben abzustellen – man ist, ob man will oder nicht, in die Restaura-
> tion eingetreten, will aber dem ungeachtet revolutionäre Energie in der

Jugend wie elektrische Kraft in einer Batterie aufspeichern. ⟨. . .⟩ Man hat,
um der katastrophalen Unbildung zu begegnen, die Parole ausgegeben,
⟨die⟩ Kenntnis der russischen und westeuropäischen Klassiker müsse verbreitet werden.[12]

Die an diese Beobachtungen sich anschließenden Reflexionen
Benjamins, die die Gefahr einer unkritischen und undialektischen
Übernahme und Popularisierung bürgerlich-klassischer Literatur
für eine sozialistische Gesellschaft beleuchten, gehören zu den
wichtigsten Aussagen zu einer kritischen Erbetheorie bis heute. Die
sie fundierenden rezeptionstheoretischen Einsichten entlarven aufs
genaueste das Defizit eines mechanischen Erbeverständnisses, das
im Übergang von einer Gesellschaftsformation in die andere auf
die von Benjamin geforderte Stillegung der klassischen Werke zugunsten ihrer ungeschützten Popularisierung glaubt verzichten zu
können. Benjamin schreibt:

Diese bürgerlichen Kulturwerte selbst sind mit dem Verfalle der bürgerlichen Gesellschaft in ein äußerst kritisches Stadium getreten. Sie können, so wie sie heute vorliegen, in den Händen der Bourgeoisie sich während der letzten hundert Jahre gestaltet haben, nicht expropriiert werden,
ohne zugleich ihren letzten, wenn auch noch so fragwürdigen, ja schlechten Belang einzubüßen. Diese Werte haben gewissermaßen, wie kostbares
Glas einen weiten Transport durchzumachen, den sie unverpackt nie überstehen werden. Verpacken heißt aber unsichtbar machen und ist mithin
der Gegensatz zur Popularisierung dieser Werte, die offiziell von der Partei gefordert wird. Jetzt zeigt sich in Sowjet-Rußland, daß diese Werte genau in eben der entstellten, trostlosen Gestaltung popularisiert werden,
die sie zuletzt dem Imperialismus zu danken hat.[13]

3. Erbekonzeption im ›Bund proletarisch-revolutionärer
   Schriftsteller‹ und Erbedebatten im Exil

Traditionsnegierende Skepsis gegenüber dem klassischen Erbe war
kennzeichnend nicht nur für die meisten linksintellektuellen bürgerlichen Schriftsteller in der zweiten Hälfte der zwanziger Jahre,
sondern bestimmte auch die Anfänge der Diskussionen im 1928
gegründeten ›Bund proletarisch-revolutionärer Schriftsteller‹
(BPRS). »Der Intellektuelle, der zum Proletariat kommt«, schrieb

Johannes R. Becher 1928 in der ›Roten Fahne‹, »muß den größten
Teil dessen, was er seiner bürgerlichen Abstammung verdankt, ver-
brennen, bevor er in Reih und Glied mit der proletarischen
Kampfarmee mitmarschieren kann.«[14] Mit dem II. Weltkongreß
der revolutionären Literatur im Oktober 1930 in Charkow begann sich in dieser Frage eine Wende abzuzeichnen. Verstärkte
Besinnung auf das klassische Erbe, Kampf gegen den Proletkult
und gegen modernistisch-experimentelle Gestaltungsformen wie
Tretjakows Materialästhetik fanden ihre Reflexe auch im BPRS
und bildeten die Voraussetzung der nun folgenden Literaturdebatten, die in der Auseinandersetzung zwischen Georg Lukács und
Ernst Ottwalt zu einer ersten grundsatztheoretischen Klärung der
Erbefrage führte. Der Aufsatz ›Aus der Not eine Tugend‹ (1932)
von Lukács zieht das Fazit dieser Auseinandersetzung; er ist das
Basisdokument der gesamten späteren parteioffiziellen Erbetheorie bis in die sechziger Jahre. Zentrale, an Lenins Erbauffassung
anknüpfende These dieses Aufsatzes ist, daß die »neue« Kunst keinen radikalen Bruch mit »allem Alten« bedeute, daß es vielmehr
darauf ankomme, die Kontinuität zwischen Altem und Neuem zu
bewahren und das Erbe nicht kampflos der Bourgeoisie zu überlassen. Diese Auffassung, die die These von der Diskontinuität der
kulturellen Entwicklung im Übergang vom Kapitalismus zum Sozialismus bekämpft, richtete sich nicht nur gegen den dokumenta-
ristischen, auf ›Gestaltung‹ im klassischen Sinn verzichtenden Reportageroman Ottwalts, sondern war zugleich Einspruch gegen
die ›Antigestaltungstheorie‹ Brechts [→ 138 ff.]. Im gleichen Jahr,
in dem Lukács' Aufsatz erschien, wurden in der UdSSR durch ZK-
Beschluß vom 23. April 1932 alle rivalisierenden Schriftstelleror-
ganisationen aufgelöst und die Literatur programmatisch auf den
›sozialistischen Realismus‹ verpflichtet, eine Formel, deren Auslegung und Anwendungsmöglichkeiten als operationalistisch einge-
setzte Produktivkraft beim weiteren ökonomischen Aufbau der
Sowjetunion der erste Unionskongreß der Sowjetschriftsteller in
Moskau vom 17. 8.–1. 9. 1934 gewidmet war[15]. Zum Zeitpunkt
dieses Kongresses war die Erbediskussion bereits integraler Bestandteil der nun einsetzenden antifaschistischen Bündnispolitik
der Kommunistischen Partei. Die Berufung auf das klassische Erbe

wurde zum zentralen Moment der ideologischen Abgrenzung und des ideologischen Kampfes gegen dessen verzerrende Vereinnahmung durch den Faschismus. Wichtigste Wortführer dieser kämpferischen Erbeaneignung im Zeichen der Volksfront waren neben Georg Lukács vor allem Johannes R. Becher und Alfred Kurella, die dann die Erbediskussion in der Aufbauphase der DDR aufs nachhaltigste beeinflussen sollten. So konstatiert Johannes R. Becher 1938 in seinem Aufsatz ›Von den großen Prinzipien unserer Literatur‹ unter Hinweis auf die Wiederentdeckung des Erbes in der UdSSR und auf die Schriften von Lukács: »Nur durch eine hohe, ›klassische Auffassung‹ der Literatur sind wir imstande, uns auf die Dauer als die wahren Vertreter der großen freiheitlichen Traditionen zu legitimieren.«[16] Vor allem das Werk und die Gestalt Goethes rückten seit Mitte der dreißiger Jahre ins Zentrum der Erbeaneignung. In dieser Zeit entstanden die großen Abhandlungen von Lukács, die 1947 unter dem Titel ›Goethe und seine Zeit‹ erschienen und zwei Jahrzehnte lang das Goethebild in der DDR bestimmt haben. Mit pathetischen Worten beschreibt 1937 Becher, dem Goethe einst der Inbegriff der deutschen Spießigkeit gewesen war[17], die Entdeckung und Eroberung des »mir bisher unzugänglichen Massivs« der Werke dieses Autors, den als größtes deutsches Kulturereignis zu feiern und zu preisen er bis ans Ende seines Lebens nicht müde wurde. Die Berufung auf Goethe erhielt in der Folgezeit Züge der nostalgischen Beschwörung einer mit der Realität von Krieg und der organisierten Massenvernichtung von Menschen kaum noch zu vermittelnden Gegenwelt. So schrieb Lukács 1942 unter Berufung auf Thomas Manns ›Lotte in Weimar‹: »Darum ist die Gestalt Goethes das notwendige und gegebene Gegenbild zu der heutigen geistig-moralischen Erniedrigung Deutschlands. ⟨...⟩ Die Goethesche ›Versöhnung mit der Wirklichkeit‹ ist der tiefste Realismus ⟨...⟩«[18]

Gegen die vermeintliche Goethesche »Versöhnung mit der Wirklichkeit« hatte bereits im Ersten Weltkrieg die junge Generation der Expressionisten ihr entschiedenes Veto eingelegt. Für sie stand der Goethekult des Wilhelminischen Reiches stellvertretend für einen wirklichkeitsfremden Traditionalismus, dem sie ihr avantgardistisches Credo einer auf ›Versöhnung‹ verzichtenden neuen Kunst entgegenwarfen. In der Expressionismusdebatte, die 1937/38 in der Moskauer Zeitschrift ›Das Wort‹ ausgetragen wurde, erfuhren die bereits zwanzig Jahre zuvor ausgefochtenen Positionskämpfe ihre zeit- und situationsbezogene Erneuerung[19]. Die vieldiskutierte Expressionismusdebatte muß im Zusammenhang mit der 1936 in der ›Pravda‹ ausgelösten sogenannten ›Formalismus-Naturalismus-Debatte‹ gesehen werden, in deren Verlauf viele einer genuin proletarisch-revolutionären Kunstpraxis noch nahestehenden Autoren angegriffen und während der kurz danach stattfindenden Prozesse liquidiert wurden. Ihnen fiel auch der berühmte sowjetrussische Regisseur Wsewolod Emiljewitsch Meyerhold, dessen revolutionäre Theaterpraxis in der UdSSR bereits in den zwanziger Jahren heftig umstritten war, zum Opfer. Béla Balázs hat die Kampagne gegen Meyerhold 1938 in einem in ›Das Wort‹ erschienenen Aufsatz ›Meyerhold und Stanislawski‹ in höchst aufschlußreicher Weise kommentiert und gerechtfertigt. Das neue Sowjetpublikum, so Balázs, das »hierzulande die maßgebende Grenze der Freiheit der Kunst« sei[20], habe sich eindeutig gegen den revolutionären Neuerer Meyerhold und für den Traditionalisten Stanislawski entschieden. »Die Meyerholdsche Idee der Gestaltung des ›überpersönlichen‹ Kollektivs ist tot.«[21] Diese dem Proletkult verhaftete Darstellungspraxis entspräche nicht mehr dem Verlangen nach der großen individuellen Persönlichkeit. Zudem entspreche der Meyerholdsche Theaterstil nicht der vom sozialistischen Realismus geforderten »Volkstümlichkeit«. »Diese neue Intelligenz nun versteht die Meyerholdsche Bühnenkunst einfach nicht. Sie versteht Shakespeare und Goethe, Puschkin und Tolstoi.«[22] Der neue Mann, der die Bedürfnisse des entwickelten Sowjetpublikums besser befriedige, sei Stanislawski [→ 140]:

> Stanislawski wird geschätzt und geliebt, *weil* er geblieben ist, was er war: der größte Meister seines Handwerks, der die Wirklichkeit fanatisch suchende Künstler, der *größte Realist der Bühne;* er wird geschätzt und geliebt, weil er einen der reinsten Werte der bürgerlichen Kultur unverdorben herüberbrachte in die sozialistische Kultur – wo solches Erbe sehr geschätzt wird.[23]

An kaum einer anderen Stelle der programmatischen Auseinandersetzungen um ein marxistisches Literaturverständnis in den dreißiger Jahren ist die seit Ende der zwanziger Jahre einsetzende Kanonisierung des klassisch-bürgerlichen Kulturerbes so scharf pointiert worden wie in diesen keineswegs ironisch zu verstehenden Sätzen des späteren bedeutenden Filmtheoretikers. Auch Alfred Kurella hatte in seinem unter dem Pseudonym Bernhard Ziegler veröffentlichten und die Expressionismusdebatte eröffnenden Artikel ›Nun ist dies Erbe zuende ...‹ von 1937 das Winckelmannsche Ideal der ›edlen Einfalt und stillen Größe‹ den Deformationen des Menschenbildes in der Literatur des Expressionismus entgegengestellt[24]. Gegen dieses traditionalistische Erbeverständnis, das in fatale Nähe nicht nur zum Gundolfschen Goethe-Mythos, sondern mehr noch zum Klassizismus der Nazi-Kunst geriet, legten Ernst Bloch und Hanns Eisler in mehreren bedeutenden Beiträgen ihr Veto ein. So heißt es in dem gemeinsam geschriebenen Dialog ›Die Kunst zu erben‹ von 1938:

> Die Freude am Erbvorgang wird einem nicht immer ungetrübt belassen. Neben dem Gewinn einer großen Vergangenheit besteht die Gefahr, daß sich der Blick auf die heutige Kunst verengt, daß neue Kunstrichtungen in abstrakter Weise unterbewertet werden.[25]

Der inkriminierte Formalismus werde »nicht durch Akademismus überwunden, sondern einzig von den neuen Stoffen her«[26]. Ähnlich polemisch argumentierte Brecht in seinen wichtigen Aufzeichnungen zur Expressionismusdebatte, die erst 1966 von Werner Hecht veröffentlicht wurden.

Die Expressionismusdebatte der Jahre 1937/38 ist nicht nur die vielleicht wichtigste Auseinandersetzung in der Vorgeschichte der Erbediskussion, sie gewann unmittelbar aktuelle Bedeutung für deren kulturpolitische Verwirklichung in der DDR durch die an ihr Beteiligten, die wesentlich die literaturtheoretische und literaturpolitische Situation im anderen deutschen Staat mitbestimmt haben. Alfred Kurella konnte als einflußreichster kulturpolitischer Chefideologe seinen erbetheoretischen Traditionalismus, sekundiert von Alexander Abusch und Johannes R. Becher, bis in die sechziger Jahre hinein beinahe unangefochten durchsetzen; Georg Lukács lieferte dieser Position das breite literaturgeschichtliche und ästhetische Fundament. Die prominentesten Opponenten Ernst Bloch und Hanns Eisler haben ihre dialektische, die avantgardistische Moderne in ein marxistisches Erbekonzept einbeziehenden Auffassungen als polemischen Kontrapunkt auch nach 1945 gegen das parteioffizielle Erbeverständnis in der DDR geltend gemacht, Bloch bis zu seiner Übersiedlung nach Westdeutschland während seiner Lehrtätigkeit an der Universität Leipzig und mit seinen wichtigen ›Sinn und Form‹-Aufsätzen, Hanns Eisler vor allem mit seinem tabuverletzenden Opernlibretto ›Johann Faustus‹ (1952). Die erst 1966 bekanntgewordenen, vor allem gegen Lukács gerichteten Stellungnahmen Brechts haben in der DDR eine neue, kritische Ära der Erbediskussion eröffnet, vermittelt vor allem durch die bahnbrechenden Aufsätze des DDR-Germanisten Werner Mittenzwei[27].

II Die Erbetheorie in der Aufbauphase der DDR. Becher, Abusch und das klassische Erbe

Eine angemessene Darstellung der Erberezeption und der kulturpolitischen Funktionalisierung des literarischen Erbes in der sowjetischen Besatzungszone und der späteren DDR ist nur möglich im Zusammenhang einer umfassenden Analyse der sehr komplexen Bedingungen, auf denen die Entstehung einer zweiten, alternativen Kultur und Literatur im anderen Teil Deutschlands aufruht. Sie kann im Rahmen dieses Artikels nicht geleistet werden. Die nun folgenden Abschnitte bescheiden sich daher mit der isolierenden Herausarbeitung der wichtigsten, für ein Gesamtverständnis der Geschichte der DDR-Literatur unerläßlichen Aspekte der Erbeaneignung, wobei die theoretische Reflexion dieser Aneignung im Mittelpunkt des Interesses steht.

Im Unterschied zu der mit den Schlagworten ›Nullpunkt‹ und ›Kahlschlag‹ oft beschriebenen Situation des literarischen Neuanfangs in den westlichen Besatzungszonen nach der Zäsur des Jahres 1945 haben die Wortführer der Kulturpolitik in der Sowjetzone von Beginn an auf die propagandistische Proklamation einer Kontinuität der Kulturentwicklung gesetzt, die es von oben gegen

das vom Faschismus pervertierte Bewußtsein der Bevölkerung
durchzusetzen galt. Im Gegensatz zu dem von den alliierten Besat-
zungsmächten verordneten Programm einer Re-education kam
dieser Impuls hier nicht von außen, sondern war getragen von
deutschen antifaschistischen Emigranten, die ihre im Exil gewon-
nenen Erfahrungen und kulturpolitischen Leitvorstellungen nun
in die Praxis einer gesellschaftlichen und kulturellen Erneuerung
des zum Machtbereich der Sowjetunion gehörenden Teils des alten
Reiches durchsetzen konnten. Bis zur Gründung der DDR im
Oktober 1949 und noch darüber hinaus bis zum 5. Plenum des ZK
der SED im März 1951 vollzog sich dieser Umorientierungspro-
zeß in einer weitgehend gemäßigt liberalen Atmosphäre, ohne
wesentliche dirigistische Eingriffe der stalinistischen Kulturpolitik
[→ 22] der Besatzungsmacht.

Vom ›Kulturbund zur demokratischen Erneuerung Deutschlands‹, im August 1945 gegründet, wurde die Strategie der Herstellung eines neuen kulturellen Kontinuitätsbewußtseins gefordert; vor allem Johannes R. Becher, der spätere Minister für Kultur der DDR, verkündete sie in zahlreichen Reden und Aufsätzen.
Mit seiner bereits 1938 im Moskauer Exil vollzogenen Kanonisierung der deutschen Klassik, speziell Goethes, als dem Gipfel- und
Höhepunkt der deutschen Nationalkultur, die Becher jetzt in den
Mittelpunkt seiner kulturpropagandistischen Publizistik stellte,
hat er die Erberezeption für mehr als zwei Jahrzehnte maßgeblich
beeinflußt. Die Orientierung auf Goethe und die deutsche Klassik
erfuhr durch das Goethe-Jubiläumsjahr 1949 zusätzlichen Antrieb, in dem beide deutsche Staaten sich wetteifernd durch Berufung auf den größten deutschen Dichter kulturpolitisch zu profilieren suchten. Der Alleinvertretungsanspruch auf dieses Erbe ist
der Tenor der Reden, die in Ostdeutschland zu Ehren Goethes gehalten wurden. In den beiden wichtigsten, Alexander Abuschs
›Goethes Erbe in unserer Zeit‹ und Bechers ›Der Befreier‹, wird
Goethe zum Verbündeten der Französischen Revolution und zum
Vorläufer der bürgerlich-demokratischen Revolution von 1848
umgedeutet und sein Werk aktualisierend als Heilmittel gegen das
»›heulende Elend‹ des Existenzialismus« (Becher) und gegen die
»geistige Marshallisierung« durch den amerikanischen Kosmopoli-

tismus (Abusch) beschworen. Scharf wird mit der bisherigen bürgerlichen Rezeptionsgeschichte Goethes abgerechnet, die sein Erbe
nach der gescheiterten Revolution von 1848/49 verraten und imperialistisch verfälscht habe[28]. Wichtiger vielleicht noch als diese
Versuche, Goethe als Vorläufer und Bundesgenossen einer revolutionären Tradition in Deutschland zu vereinnahmen, war der entschiedene antimodernistische Rekurs auf seine klassische Ästhetik,
die zur Norm auch der gegenwärtigen und zukünftigen sozialistischen Literaturproduktion erklärt wurde. In diesem Sinne hat Wilhelm Girnus 1953 unter dem Titel ›Johann Wolfgang Goethe:
Über Kunst und Literatur‹ eine systematisch angeordnete Auswahl
aus Goethes ästhetischen und literaturtheoretischen Schriften vorgelegt, der er eine umfangreiche Einleitung ›Goethe der größte
Realist deutscher Sprache. Versuch einer kritischen Darstellung
seiner ästhetischen Auffassungen‹ voranstellte, in der Goethe mit
der Elle des sozialistischen Realismus gemessen und zugleich als
dessen Wegbereiter dargestellt wird.

Die Berufung auf Goethe und die deutsche Klassik gipfelte in
der Utopie des großen klassischen Kunstwerks, das zu schaffen
durch die Machtübernahme der Arbeiterklasse im anderen Staat
Deutschlands möglich geworden sei. Bereits in dem ›Entwurf zu
einem Programm des Bundes proletarisch-revolutionärer Schriftsteller‹ von 1932 stand die Forderung nach dem »großen proletarischen Kunstwerk« im Mittelpunkt:

> Die Forderung des großen proletarischen Kunstwerks ist der Ausdruck
> dafür, daß das Proletariat in der Epoche der stürmischen revolutionären
> Entwicklung, Vorabend revolutionärer Entscheidungskämpfe, den Kampf
> um die Hegemonie auch auf dem Gebiet der Literatur aufnimmt.[29]

Diese Forderung war 1932 noch verbunden mit der entschiedenen Skepsis gegen das abgerundete, große Kunstwerk, vielmehr
offen für alle dezidiert nichtklassischen Genres:

> Die Frage des großen proletarischen Kunstwerks ist nicht eine Frage
> des *Formats*. Die Forderung des großen proletarischen Kunstwerks gilt
> auch für *alle kleinen Formen* (Kurzgeschichte, Reportage, Glosse, Agita
> tionsvers, Agitpropszene usw.) Sie ist hier sogar noch schärfer gestellt.
> Diese beweglichen, in den Tageskampf unmittelbar eingreifenden kleinen

Formen werden oft an einen breiteren, klassenmäßig gemischteren Leserkreis sich wenden als die Werke größeren Formats.[30]

Durch Becher wurde die im Aufbau befindliche DDR-Literatur auf die spezifisch klassischen Genres (wie z. B. das Sonett)[31] sowie auf das großformatige klassische Werk verpflichtet. In der Vision eines solchen Werkes gipfelte seine Rede ›Von der Größe unserer Literatur‹, die er 1956 zur Eröffnung des IV. Deutschen Schriftstellerkongresses gehalten hat:

> Die Eroika unserer Literatur, unsere poetische Neunte ist im Werden. In dem Sturm und Drang unserer Literatur hat, im Dienst unserer Arbeiter- und Bauern-Macht, eine neue deutsche Kunstperiode begonnen, und eine Zeit der neuen Klassik ist angebrochen im Zeichen der Internationale des sozialistischen Realismus.[32]

Becher war ehrlich genug, diesem nach außen zur Schau gestellten pathetischen Optimismus in seinen privaten Aufzeichnungen eine skeptischere Lesart seiner Haltung zum klassischen Erbe entgegenzustellen:

> Machen wir uns nichts vor, wenn wir vom Erbe sprechen; seien wir aufrichtig. Das meiste ödet uns an, es gähnt herauf aus der Vergangenheit, wenn auch auf klassische Weise, und es gespenstert vor Langeweile.[33]

III Georg Lukács

Von den aus heutiger Sicht eher naiv anmutenden Versuchen Bechers und Abuschs, die Goethesche Klassik als Erbe und Vorbild für eine sozialistische Literatur zu reklamieren, müssen die Arbeiten von Lukács zum gleichen Gegenstand unterschieden werden. Richtete sich die Kritik von Becher und Abusch nur auf die bürgerliche Rezeptionsgeschichte des klassischen Erbes, das selber als sakrosankt gegenüber allen Einwänden erklärt wurde, so unternahm Lukács im Sinne der Leninschen Erbetheorie dessen kritische Bearbeitung. Ging es für Becher und Abusch um die Verwirklichung der vom Bürgertum nach 1848 verratenen Ideale der Klassik, so für Lukács um deren ›Aufhebung‹ im Hegelschen Sinne.

Die Vorstellung, daß die zur Macht gelangte Arbeiterklasse lediglich die Aufgabe habe, das humanistische Erbe, ohne es zu verändern, zu verwirklichen, ist in jüngerer Zeit treffend als »Vollstreckertheorie« bezeichnet und kritisiert worden. Diese Auffassung findet ihren bündigsten Ausdruck in dem Manifest der SED zum Goethe-Jahr 1949, in dem es heißt: »Die großen Ideale, die Goethe in seinem Werk und seinem Leben verkündete, werden durch die sozialistische Arbeiterbewegung in die Tat umgesetzt werden.«[34] Zwischen den Vertretern der auf das ›gute Alte‹ setzenden Vollstreckertheorie und ihren Opponenten, die wie Brecht, Eisler und Bloch dem ›schlechten Neuen‹ den Vorzug im Erbeprozeß gaben, nimmt Lukács insofern eine Zwischenstellung ein, als es ihm um die kritische Prüfung des guten Alten für ein besseres Neues ging. De facto allerdings hat er die Position der Traditionalisten in der DDR verstärkt, während er umgekehrt in Westdeutschland wesentlich zur Revolutionierung eines restaurativen Klassikverständnis beigetragen hat.

Lukács' Beitrag zur Erbedebatte [→ 359] läßt sich in drei zentralen Punkten zusammenfassen: 1. Die kritische Aktualisierung der klassischen Ästhetik Goethes und Schillers für eine sozialistisch-marxistische Literaturtheorie. 2. Die Kanonisierung der großen realistischen Erzähler des 19. Jahrhunderts als Vorbild einer sozialistisch-realistischen Romankunst. 3. Die dichotomische Konstruktion der deutschen Literaturgeschichte in ein fortschrittliches und ein reaktionäres Erbe. Bereits in seinem wichtigen Beitrag zur Expressionismusdebatte, ›Das Ideal des harmonischen Menschen in der bürgerlichen Ästhetik‹ (1938), ging es Lukács darum, die »gewaltige, *aktuelle,* über Literatur und Kunst weit hinausweisende Bedeutung der ›alten‹ ästhetischen Kategorien der Schönheit, der Harmonie« herauszustellen[35], Kategorien, die in den realistischen Werken in der Etappe des entfalteten Kapitalismus aufgegeben wurden zugunsten der Gestaltung eines disharmonischen, zerrissenen, verzerrten und unpoetischen Lebens. Das Ideal des harmonischen Menschen in der klassischen Ästhetik wird, um mit Hegel zu sprechen, in den Arbeiten von Lukács zum heroischen Weltzustand des Bürgertums in der Phase seines Aufstiegs. An diesen heroischen Weltzustand und die höchste Form

seiner ästhetischen Reflexion, die klassische Kunsttheorie, gilt es
anzuknüpfen und nicht an die defizitären, durch Verfall gekenn-
zeichneten Formen und Theorien einer nachklassischen Avantgarde oder Moderne. Dieses bis in die sechziger Jahre hinein in der
DDR einflußreiche Erbekonzept schloß sehr konkrete Anweisungen für die gestalterische Praxis der Gegenwartsliteratur ein. So
die klassische Trennung der Genres, gegen deren modernistische
Vermischung schon der Lukács der Ottwalt-Rezension protestiert
hatte. Wichtiger jedoch wurde die »Frage der künstlerischen Forderungen einer Erscheinungsform, die in sinnlicher Unmittelbarkeit das Wesen zur Erscheinung bringt«, wie Lukács es in seinem
Aufsatz ›Schillers Theorie der modernen Literatur‹ formuliert
hat[36]. Dieses aus der klassischen Ästhetik abgeleitete Insistieren
auf »sinnlicher Unmittelbarkeit« der künstlerischen Darstellung
wurde zur theoretischen Grundlage einer folgenreichen Abwehr-
strategie gegenüber allen Versuchen, der abstrakt und undurchschaubar gewordenen modernen Wirklichkeit durch gestalterische
Praktiken einer auf sinnliche Anschaulichkeit verzichtenden Ver-
mitteltheit zu begegnen. Es war ein Damm, aufgerichtet gegen
Verfahren der künstlerischen Abstraktion, und korrespondierte
mit dem auf dem 5. Plenum des ZK der SED im März 1951 be-
schlossenen folgenreichen ›Kampf gegen den Formalismus in
Kunst und Literatur, für eine fortschrittliche Kultur‹, wie das berüchtigte Dokument dieser Entschließung lautete[37]. Das Festschreiben der künstlerischen Verfahren auf das Postulat der »sinnlichen Unmittelbarkeit« durch den Hegelianer Lukács war der den
Einsichten der Hegelschen ›Ästhetik‹ strikt zuwiderlaufende Versuch, die Kunst aus den Bedingungen einer nachklassischen Wirklichkeit herauszunehmen und sie anachronistisch zu renaivisieren.
Damit glaubte Lukács, sie aus der Krise, in die sie unter kapita-
listisch-imperialistischen Bedingungen geraten war, herauszhalten
zu können. Geschichtsphilosophisch stützte Lukács diese These
durch einen marxistisch verlängerten Hegelianismus, der die Möglichkeit der Realisation der unter kapitalistischen Bedingungen
notwendig utopisch bleibenden humanistisch-bürgerlichen Ideale
durch den neuen Weltzustand der sozialistischen Gesellschaft in
Aussicht stellte.

Konsequenzen hatte dieses ›dialektische‹ Erbekonzept vor allem für die Praxis des Romans in der DDR. Als Theoretiker des modernen, aus der Homogenität und Totalität des antiken Epos in die ›transzendentale Obdachlosigkeit‹ entlassenen Romans hatte der junge, an Hegel orientierte Autor seinen ersten großen »geschichtsphilosophischen Versuch über die Formen der großen Epik«, so der Untertitel seiner ›Theorie des Romans‹ von 1916, vorgelegt. Auch für den Marxisten Lukács blieb der Roman Mitte und Zentrum seines theoretischen Interesses. 1936, im Jahr der durch die ›Pravda‹ ausgelösten Formalismus-Naturalismus-Debatte, entstanden die drei großen programmatischen Aufsätze ›Erzählen oder Beschreiben‹, ›Die intellektuelle Physiognomie der künstlerischen Gestalten‹ und ›Tolstoi und die Probleme des Realismus‹, die das Fundament der Lukácsschen Erbekonzeption für das Gebiet des Romans bilden. Scharf wird in ihnen unterschieden zwischen einem alten, klassischen Realismus, der zur Norm des sozialistischen Realismus erhoben wird, und einem neuen Realismus, in dem an die Stelle der Gestaltung die Beschreibung und an die Stelle der auf Typik gerichteten Wesenserfassung der Wirklichkeit deren naturalistische Oberflächenanalyse getreten sei. Der klassische Realismus wird bei Lukács vertreten durch Autoren wie Goethe, Tolstoi, Balzac und Stendhal, eine Linie, die in der Gegenwart durch Maxim Gorki und Thomas Mann fortgeführt wird, während mit Flaubert und Zola der Roman – indem er nur die Erscheinungsform der Wirklichkeit registriere – zur perspektivlosen Diagnostik degeneriere, eine Entwicklung, die im Pointillismus von James Joyce und den Abstraktionen Franz Kafkas ihren für die Kunst im Zeitalter des Imperialismus charakteristischen Höhepunkt erfahre.

Dieses Erbekonzept schloß eine Reihe von handfesten Anweisungen für die Praxis des sozialistischen Realismus ein, so die Forderung großer heroischer Konflikte, dargestellt an individuell durchgeformten Gestalten, deren Schicksale jene Typik aufweisen müsse, die unter Berufung auf Friedrich Engels zum zentralen Credo des klassischen und des sozialistischen Realismus erhoben wurde. Zugleich damit das schroffe Verdikt, innovative Formelemente des nachklassischen Realismus wie den inneren Monolog, die

Montagetechnik u. a. als Techniken realistischen Schreibens zu beerben. Mit der an Hegels Eposttheorie orientierten Forderung nach Darstellung von ›Totalität‹ aller Lebens- und Weltbezüge, hinter der Tolstois Roman ›Krieg und Frieden‹ als Modell stand, korrespondierte Lukács' Romankonzeption mit der Vision vom großen klassischen Werk, wie sie Becher als oberstes Ziel sozialistischer Literaturproduktion verkündete. Folgenreich sollte auch Lukács' Hinweis auf die klassische Tradition des deutschen Bildungs- und Entwicklungsromans werden, mit dem er seinen ›Wilhelm Meister‹-Aufsatz von 1936 geschlossen hatte:

> Ein sehr aktuelles Erbe, denn gerade die ruhig harmonische und doch sinnlich einprägsame Gestaltung der geistig und seelisch wichtigen Entwicklungen ist eine der großen Aufgaben, die der sozialistische Realismus zu lösen haben wird.[38]

Die großen Romane des Bitterfelder Weges haben dieses Erbe angetreten und diese schon totgesagte Tradition zu einer problematisch-anachronistischen Renaissance verholfen.[39]

Von erheblicher Bedeutung für die Erberezeption in der DDR wurde neben der Aktualisierung der klassischen Ästhetik und der Kanonisierung des klassischen realistischen Romans die dichotomische Konstruktion der deutschen Literaturgeschichte, wie sie Lukács zuerst in der 1945 erschienenen Schrift ›Fortschritt und Reaktion in der deutschen Literatur‹ für den Zeitraum von der Aufklärung bis zur Revolution von 1848 entwickelt hat. Der für die weitere kulturpolitische Entwicklung wichtigste Abschnitt trägt die Überschrift ›Die Romantik als Wendung in der deutschen Literatur‹ und steht am Beginn der für das Erbeverständnis in der DDR für über drei Jahrzehnte kennzeichnenden Romantikkritik. Bereits 1938 hatte Alfred Kurella in der ›Internationalen Literatur‹ den von dem französischen Schriftsteller Jean Ballard in einem Sonderheft ›Die deutsche Romantik‹ der Marseiller Literaturzeitschrift ›Cahiers du Sud‹ unternommenen Versuch scharf zurückgewiesen, das Erbe der deutschen Romantik als »Waffe gegen den Faschismus« zu gebrauchen[40]. Kurellas umfangreiche Besprechung präludiert die von Lukács und vielen prominenten Literaturwissenschaftlern in der DDR unterstützte Auffassung einer antithetischen Konstruktion des Verhältnisses von Klassik und Romantik in der deutschen Literatur. Während die Klassik, so das Argumentationsmuster, das fortschrittliche Erbe der Aufklärung weitertrage, beginnt mit der Romantik die »Reaktion«, darum »ist die Kritik der Romantik eine höchst aktuelle Aufgabe der deutschen Literaturgeschichte. Diese Kritik kann niemals tiefschürfend und scharf genug sein«.[41] Die Ablehnung der Romantik betraf nicht nur deren vermeintlichen Konservatismus, sondern richtete sich zugleich auch gegen die modernistischen Aspekte ihrer Literaturtheorie, die für den westdeutschen Romanisten Hugo Friedrich in seinem 1956 erschienenen einflußreichen Buch ›Die Struktur der modernen Lyrik‹ geradezu zum Paradigma der europäischen Avantgarde erklärt wurde.

IV Weimar und Bitterfeld

Das Konzept der Bewahrung, Vollstreckung oder der Aktualisierung des klassischen Erbes, das die Kulturpolitik und Literaturtheorie mit normativer Ausstrahlung in die literarische Praxis bis zum Ende der sechziger Jahre weithin beherrscht hat, wurde in seinen Grundzügen unter den Bedingungen des antifaschistischen Kampfes im Exil vollständig entwickelt und wesentlich beeinflußt durch die kulturpolitischen Machtkämpfe in der UdSSR, in der sich seit 1936 jener traditionalistische Flügel durchsetzte, der nach 1945 mit der Diktatur des stalinistischen Cheftheoretikers Andrej Ždanov auch auf die Kulturpolitik der SED Einfluß gewann. Die kulturpolitische Führungsrolle von Becher, Abusch, Kurella und Lukács in der Aufbauphase der DDR bedeutete zugleich die defensive Abschottung gegenüber dem ›linken‹ Flügel der an der Erbedebatte beteiligten marxistischen Exilautoren wie Brecht, Eisler und Bloch. Daß die SED sich von Beginn an als Hüter und Bewahrer des klassischen Erbes vorstellte und nicht als Befürworter einer spezifisch revolutionär-proletarischen Literatur, kann im nachhinein als überaus geschickter Schachzug zur Gewinnung eines durch den Faschismus orientierungslos gewordenen Bürgertums gewertet werden. Zugleich war es ein verheißungsvolles Angebot an die von diesem Erbe bisher ausgeschlossenen, unterprivilegierten

Volksmassen, denen nun die Möglichkeit gegeben war, »die Höhen
der Kultur ⟨zu⟩ stürmen und von ihnen Besitz ⟨zu⟩ ergreifen«, wie
es Walter Ulbricht in seiner Rede auf dem V. Parteitag der SED im
Juli 1958 pathetisch verkündigte[42].

Die Orientierung am klassischen Erbe hat auch die in der DDR
mit der ersten Bitterfelder Konferenz (1959) organisierte ›Kulturrevolution‹ überlebt, die als ein erster Versuch gesehen werden
muß, die Fixierung auf das klassische Erbe zugunsten spezifisch
sozialistischer Literaturtraditionen zu relativieren. Dieser Versuch
barg die Gefahr einer Renaissance proletkultischer und anderer,
die offizielle Parteistrategie sprengender agitpropagandistischer
Traditionen in sich. Dem begegnete man, indem man den Bitterfelder Weg und die Fixierung auf Weimar als Teile *eines*, auf Synthese zielenden Programms interpretierte wie Alexander Abusch in
seiner Rede ›Weimar und Bitterfeld‹ von 1960, in der es heißt:

> Weimar und Bitterfeld — Weimar, wo die großen Dichter des bürgerli-
> chen Humanismus einst gewaltet, und Bitterfeld, wo arbeitende Men-
> schen unserer Tage neue humanistische Maße und Werte schaffen, indem
> sie auf sozialistische Art zu arbeiten, zu lernen und zu leben begonnen ha-
> ben —, diese beiden Begriffe werden eins in dem Begriff des sozialistischen
> Humanismus und in der Arbeit für seine weiteste Ausstrahlung in das
> Leben.[43]

Die konfliktlose Synthese von sozialistischem und bürgerlichem
Kulturerbe ist auch der Tenor des 1961 im Organ der SED ›Einheit‹ erschienenen wichtigen erbepolitischen Aufsatzes ›Der Sozialismus und die bürgerliche Kultur‹ von Alfred Kurella. Ausdrücklich wendet sich Kurella gegen die Anwendung der Theorie
Lenins von den ›zwei Kulturen‹ auf die Verhältnisse in der DDR.
Er kritisiert scharf alle Versuche, die demokratisch-revolutionäre
Traditionslinie in der deutschen Literatur gegen die klassisch-
humanistische auszuspielen:

> Es ist gewiß verdienstvoll und hat zur Bereicherung beigetragen, wenn
> marxistische Literaturwissenschaftler Autoren des 18. und 19. Jahrhun-
> derts, die von der zeitgenössischen Reaktion oder den Theoretikern der
> Dekadenz wegen ihrer fortschrittlichen, demokratischen Ideen boykot-
> tiert oder verunglimpft wurden, wieder in ihre Rechte eingesetzt haben.

Aber dabei darf nicht herauskommen, daß etwa Georg Forsters literarisches Schaffen viel ›lehrreicher‹ für das Proletariat sei als das Goethes und
Schillers und daß die sozialistische Kultur mehr von Georg Weerth und
Georg Herwegh habe als von dem, was Heine, Hölderlin, Eichendorff
oder Lenau geschrieben haben.[44]

V Die ›Faustus‹-Debatte

In der Aufbauphase der DDR gab es jedoch auch gewichtige Gegenpositionen, die dem »Klassikzentrismus« (Claus Träger) auf dessen eigenem Gebiet entgegentraten. Herausragende Beispiele dafür
sind die ›Urfaust‹-Inszenierung Brechts (1952) und das Opernlibretto ›Johann Faustus‹ von Eisler (1952). Als einer der ersten
hatte Brecht die Gefahr erkannt, von der die klassischen Werke
selbst durch eine nur traditionalistische Erbepflege bedroht waren.
Er wollte sich, wie schon in den zwanziger Jahren, durch Klassizität nicht ›einschüchtern‹ lassen und setzte einer werkgetreuen ›Erneuerung‹ der klassischen Stücke die Forderung nach deren histo-
risierender Bearbeitung entgegen. »Wir müssen«, schrieb er 1953
zur Verteidigung seiner ›Urfaust‹-Inszenierung [→ 372],

den ursprünglichen Ideengehalt des Werks herausbringen und seine nationale und damit seine internationale Bedeutung fassen und zu diesem
Zweck die geschichtliche Situation zur Entstehungszeit des Werks sowie
die Stellungnahme und besondere Eigenart des klassischen Autors studieren.[45]

Schon die Wahl des ›Urfaust‹ war eine Provokation des vor-
herrschenden ›Faust‹-Verständnisses in der DDR, das an der Perspektive der Schlußverse des sterbenden Faust am Ende des zweiten Teils orientiert war und bis heute geblieben ist.

Bereits in dem 1937 in der ›Internationalen Literatur‹ erschienenen Aufsatz ›Zwanzig Jahre sozialistische Ära‹ werden die berühmten ›Faust‹-Verse, daß nur der »sich Freiheit wie das Leben«
verdiene, »der täglich sie erobern muß« und die an sie sich anschließende Vision vom »freien Volk auf freiem Grund« (V. 11 573 ff.) zitiert und mit folgendem Kommentar versehen:

In jenen Zeiten, als das Bürgertum noch eine revolutionäre Kraft repräsentierte, war dieses Bild des faustischen Werkes die geniale Vision eines
Dichters, der verstanden hatte, daß das Ende der feudalen Welt gekommen war und daß eine andere Gesellschaftsordnung, kraftvoll, energie-
geladen und schöpfermächtig, an ihre Stelle treten sollte.[46]

In unzähligen Variationen ist dieses positive, optimistische,
›faustische‹ Faustbild, höchste Gestaltung progressiver Bürgerlichkeit und den Übergang vom bürgerlichen Kapitalismus zum Sozialismus bereits prophetisch in sich bergend, in Interpretationen,
Aufführungen und dichterischen Adaptionen in der DDR bis in
die Gegenwart hinein wiederholt worden[47].

Diesem ›Faust‹-Mythos, der in Deutschland eine dezidiert ›bürgerliche‹ Vorgeschichte gehabt hat[48], setzte Brecht in bewußter
Kontrapunktik die Sturm-und-Drang-Figur Faust entgegen:»Das
heißt: schmal, herrisch, zu allem bereit.« Tabuverletzend die Sze-
nenanweisung zu ›Gretchens Kammer‹:»Hier müssen wir zeigen:
Fausts Handeln ist schmutzig. Kann er schon nicht das Mädchen,
so will er doch ihren ›Dunstkreis‹ genießen.«[49]

In noch stärkerem Maße provozierend und eine breite Polemik
entfachend wirkte das 1952 veröffentlichte Opernlibretto ›Johann Faustus‹ von Hanns Eisler, dessen Deutung der Faust-Figur
nicht nur, wie bei Brecht, durch eine Akzentverlagerung von der
letzten Werkstufe auf das früheste Werkstadium bestimmt war,
sondern die Goethesche Adaption des Fauststoffs überhaupt negierte und auf die volkstümlichen vorgoetheschen Überlieferungs-
stufen zurückgriff. Der Eislersche Faust war nicht das heroische,
immer tätig seine Erlösung ertrotzende Vorbild der aufsteigenden
Klasse des Bürgertums, sondern der schwankende Humanist, der
in den Klassenkämpfen der Bauernkriege vor einer revolutionären
Parteinahme zurückschreckt.

Diese Entmythologisierung der Faust-Figur wurde in einem
Aufsatz des österreichischen Marxisten Ernst Fischer verteidigt; er
feierte ihn als Text einer zukünftigen »deutschen Nationaloper«.[50]
Gegen die Umdeutung des Goetheschen Nationalheros zum ›Renegaten‹ erhob sich jedoch auch vielfältiger Protest. Kategorisch
stellte Alexander Abusch 1953 fest:

Es kann auch keine ›Zurücknahme‹ von Goethes Faust von ›links‹ her geben. Faust war und bleibt die große geistige Figur des einstigen bürgerlich-revolutionären Strebens zur Erkenntnis und Veränderung der Welt. Durch die humanistische Höhe, auf die Goethes geniale Dichtung sie erhob, wurde sie zu einem Gipfelpunkt der deutschen Nationalliteratur und zu einem wesentlichen Stück Geschichte des deutschen Geistes, in dem sich die Entwicklung der physischen Wesensart der Nation ausprägte.[51]

VI Das verweigerte Erbe: Franz Kafka

Hatten Versuche einer kritischen Erbeaneignung wie die Brechts und Eislers in der stalinistischen Epoche der DDR kaum eine Chance, sich gegen das Establishment der parteioffiziellen Kulturpolitik durchzusetzen, so blieb die moderne Literatur der europäischen Avantgarde von vornherein als mögliches Erbgut für den DDR-Sozialismus mit den Stigmata der Dekadenz und des Formalismus behaftet.

Als einer der ersten hat der damals noch in Leipzig amtierende Literaturwissenschaftler Hans Mayer 1956, im Jahr des XX. Parteitages der KPdSU, der auch in der DDR die Hoffnung auf eine Liberalisierung der dogmatischen Kulturpolitik nährte, den Versuch eines Ausbruchs aus dem Getto der ausschließlich am klassischen Erbe orientierten Literaturauffassung unternommen. In seiner (nicht gesendeten) Rundfunkrede ›Zur Gegenwartslage unserer Literatur‹, die im Dezember 1956 in der Wochenzeitung ›Sonntag‹ erschien, plädierte er für die endlich fällige Rezeption der Werke Franz Kafkas, der in der DDR noch immer ein Geheimtip sei, und für die produktive Auseinandersetzung mit dem ›Ulysses‹ von James Joyce. »Will man also das literarische Klima bei uns ändern, so muß die Auseinandersetzung mit der modernen Kunst und Literatur im weitesten Umfang endlich einmal beginnen.«[52] Die Rede von Mayer erregte in der DDR berechtigtes Aufsehen. Seine Thesen wurden von Abusch und der linientreuen DDR-Germanistik scharf zurückgewiesen[53]. Während aber der ›Ulysses‹ von Joyce seit dem großen Referat von Karl Radek auf dem 1. Allunionskongreß 1934 in Moskau der vielzitierte Prügelknabe des Kampfes gegen Dekadenz und Formalismus war[54], blieb es um Kafka in der DDR verhältnismäßig ruhig. Die ersten größeren Erkundungsversuche brachten die germanistischen Dissertationen von Klaus Hermsdorf (1961) und Hans Richter (1962)[55]. Deutlich schlägt in der ästhetischen Beurteilung, vor allem bei Hermsdorf, die Norm der klassischen Ästhetik durch, so wenn er über den Gebrauch des Symbols bei Kafka schreibt:»Das Unschlüssige, Dunkle und Unbeweisbare nimmt dem Kafkaschen Symbol den Charakter eines Symbols im Sinne klassisch-rationaler Ästhetik, dem Vieldeutigkeit und Dunkelheit widerstreben.«[56]

Dem Werk Franz Kafkas in den Ostblockländern eine folgenreiche Resonanz verschafft zu haben, ist das Verdienst der von dem Prager Germanisten Eduard Goldstücker organisierten und geleiteten berühmten Kafka-Konferenz, die im Mai 1963 im Schloß Liblice bei Prag stattfand[57]. An ihr nahmen neben Vertretern aus den Ostblockländern auch Ernst Fischer aus Österreich und Roger Garaudy aus Frankreich teil. Die Provokation dieser Tagung lag nicht allein in der Tatsache, daß einer der einflußreichsten, bisher in den sozialistischen Ländern als ›dekadent‹ eingestuften, modernen Dichter des 20. Jahrhunderts von marxistischen Autoren öffentlich diskutiert und gewürdigt wurde, sondern in der vor allem von Goldstücker, Garaudy, Fischer u. a. vertretenen These, daß das im Werk Kafkas gestaltete Phänomen der Entfremdung auch für die sozialistischen Gesellschaften noch Aktualität besitze. Dies traf den empfindlichsten Nerv des parteioffiziellen Marxismusverständnisses, für das Entfremdung an die Bedingungen der kapitalistischen Klassengesellschaft ausschließlich gebunden war. Dementsprechend scharf reagierte zwei Monate nach der Konferenz Alfred Kurella in seinem im ›Sonntag‹ veröffentlichten Artikel ›Der Frühling, die Schwalben und Franz Kafka‹[58], der neben der Zurückweisung der Entfremdungsthese auch eine höchst aufschlußreiche literaturtheoretische Belehrung enthält, die die Abschottung der Partei gegenüber innovativen literarischen Verfahrensweisen demonstriert:

Die Zurückführung des Wahrheitsgehaltes der Wirklichkeit auf die Parabel (statt auf eine realistische Fabel) bedeutet eine Verarmung ebenso wie der Ersatz eines Systems von Wirklichkeitsbeziehungen durch das Symbol oder der Dialektik der Lebensbewegung durch einen modellartigen Code. Dem wissenschaftlichen Betrachter des konkreten Literaturprozesses in der ersten Hälfte dieses Jahrhunderts kann nicht entgehen, daß eben diese von Kafka verwendete literarische, künstlerische Gestaltungsweise zum Arsenal der Auflösung der künstlerischen Ausdrucksmittel gehört, für die ›Dekadenz‹ der zusammenfassende Begriff ist.[59]

Mit dem Einmarsch der Sowjettruppen in die ČSSR am 21. August 1968 bekam die bisher nur literarische Auseinandersetzung mit Kafka eine weltpolitische Dimension. In parteioffiziellen Verlautbarungen der SED-Führung wurde die Kafka-Konferenz von 1963 jetzt als Keimzelle einer revisionistischen Politik des ›dritten Weges‹ interpretiert, die in einer ideologischen Aufweichung der antagonistischen Klassenpositionen enden müsse. In diesem Sinne hat der Kulturminister der DDR, Klaus Gysi, in einer Rede vor dem Staatsrat am 18. Oktober 1968 Stellung genommen:

> Die internationale Kafka-Konferenz von 1963 in Liblice ⟨. . .⟩ wurde nicht nur verhängnisvoll für die Entwicklung in der ČSSR. Mit ihr begann eine – wenn man so will – ›Internationalisierung‹ eines antisozialistischen Vorgehens auf gemeinsamen Grundlagen eines ›abgerüsteten‹ Marxismus, sprich Revisionismus. Wir haben auf der Kafka-Konferenz und nach ihr den Kampf aufgenommen, haben ihn im Einzelfalle auch so weit öffentlich geführt, als es uns mit unseren Bestrebungen zur Stärkung der Einheit der internationalen kommunistischen Bewegung vereinbar schien. Robert Havemann und Wolf Biermann, denen die Rolle eines Außenpostens in der DDR zufallen sollte, wurden damals politisch geistig geschlagen und damit isoliert.[60]

Ein emphatisches Bekenntnis zum Erbe der deutschen Klassik bildet den Schluß der Ausführungen von Gysi, der bereits eine Woche nach der Okkupation der ČSSR in einer Rede aus Anlaß des 20. Jahrestages der Wiedereröffnung des Deutschen Nationaltheaters in Weimar die Teilnehmer an der Kafka-Konferenz beschuldigt hatte, sie wollten das »höchste Symbol der Arbeiterklasse, Goethes ›Faust‹, aus dem Gedächtnis der sozialistischen Menschen verdrängen, um es durch den traurigen Helden Kafkas, den in einen Käfer verwandelten Gregor Samsa, zu ersetzen«[61].

VII Revisionen der Erbeauffassung nach 1970

1. Die Kurskorrektur des VIII. Parteitages der SED 1971

Eine entscheidende Wende in der Erbeauffassung und der Erbediskussion in der DDR zeichnet sich seit dem VIII. Parteitag der SED im Juni 1971 ab, der, nach dem Rücktritt Ulbrichts im Mai des gleichen Jahres, die Ära Honecker einleitete. Stand bis zu diesem Zeitpunkt die Auseinandersetzung vor allem mit dem bürgerlichen Erbe weithin unter dem Leitbegriff einer kritischen Kontinuität, so verstärken sich jetzt Tendenzen, die mit der Betonung der Diskontinuität zwischen bürgerlichen Erbe und sozialistischer Kultur die auch außenpolitisch geforderte Abgrenzung vom kapitalistischen Westen unterstützten.

Die in der Ära Ulbricht maßgebenden Kulturfunktionäre Alfred Kurella und Alexander Abusch wurden jetzt abgelöst durch Kurt Hager, der die Kulturpolitik der siebziger Jahre in der DDR bestimmte und auch gegenwärtig noch bestimmt. Hager hatte bereits vor dem 10. Plenum des ZK der SED im April 1969 verkündet, daß im Zusammenhang der weltweiten Klassenauseinandersetzung mit der Politik und Ideologie des Imperialismus »das Verhältnis zum humanistischen Kultur- und Geisteserbe zu einer akuten Frage geworden ist«[62]. Die Aktualität des Erbeproblems in der DDR an der Wende von den sechziger zu den siebziger Jahren, die sich in der nun einsetzenden Fülle von Proklamationen, programmatischen Aufsätzen und wissenschaftlichen Abhandlungen zu diesem Thema eindrucksvoll ablesen läßt, war durch eine doppelte Herausforderung begründet, mit der sich die Partei konfrontiert sah: einmal die wachsende Kritik an einem musealen, noch immer an den Normen der bürgerlichen Klassik orientierten Erbeverständnis im eigenen Lager, eine Kritik, die mit einer verstärkten Besinnung auf das revolutionäre Kulturerbe und die spezifisch proletarisch-revolutionäre Literaturtradition korrespondierte. Im Bereich der Literaturtheorie hatte sie seit Mitte der sechziger Jahre zur Kanonisierung Brechts als Orientierungspunkt einer reformulierten Theorie des sozialistischen Realismus geführt. Auf der anderen Seite war die Neuorientierung der Literatur, Literaturtheorie und Ästhetik in der Bundesrepublik auf ›linke‹, demokratische und revolutionäre Traditionen von Gewicht. Sie opponierte vor allem gegen den Klassikerkult der Adenauerschen Restaurationsperiode und ein konservatives Traditionsverständnis und erhielt in Herbert Marcuses reaktualisierter These vom »affirmativen Charakter der Kultur« ein vor allem in den Studentenbewegungen wirksames Schlagwort.

Diese Entwicklung schloß für das Erbeverständnis der DDR die akute Gefahr eines Links-Überholtwerdens durch die Bundesrepublik ein. Die Kulturpolitik der SED und in ihrem Gefolge die Kunst- und Literaturwissenschaft haben auf diese doppelte Herausforderung in erstaunlich kurzer Zeit mit wichtigen Kurskorrekturen reagiert, die sich zum erstenmal im Jahre 1973 in der ›Sinn und Form‹-Debatte über Fragen der Klassikrezeption und in dem interdisziplinären Kolloquium des Forschungsbereichs Gesellschaftswissenschaften der Akademie der Wissenschaften der DDR über Tradition und Erbe im März 1973 in aller Deutlichkeit abzeichneten[63]. Ein Vergleich mit dem Rundtischgespräch ›Probleme der sozialistischen Rezeption des Erbes‹, das von der Redaktion der ›Weimarer Beiträge‹ im September 1969 veranstaltet wurde, ist hier besonders aufschlußreich und zeigt, daß auch für die DDR die Jahre 1968 bis 1973 eine einschneidende Revolutionierung ihres Traditionsverständnisses gebracht haben[64]. Das von bekannten Germanisten geführte Gespräch hält am Primat der Kontinuität des Erbebezugs fest, wendet sich scharf gegen experimentelle Aktualisierungen des Erbes oder dessen Historisierung im Sinne Brechts und verweist mit Nachdruck auf die ›Lösungsversuche‹ gesellschaftlicher Probleme in der deutschen Klassik, »gipfelnd in ›Faust II‹ und den ›Wanderjahren‹«[65]. Die ›Sinn und Form‹-Debatte 1973 ist dagegen wesentlich geprägt durch jenes Werk, das für die DDR den noch 1969 inkriminierten Versuch einer tabuverletzenden, den Bedürfnissen gegenwärtiger Rezipienten angepaßten ›Aktualisierung‹ des klassischen Erbes mit durchschlagendem Erfolg unternommen hatte: Ulrich Plenzdorfs ›Die neuen Leiden des jungen W.‹ (1973). Plenzdorfs Stück war nicht zuletzt auch Protest gegen ein museales, sich auf Werktreue und ›richtige‹

Interpretation berufendes Erbeverständnis, war das Modell einer
›zeitgerechten‹ Rezeption dieses Erbes, das den klassischen Text
als ›Rohmaterial‹ im Sinne der Brechtschen Materialästhetik benutzte.

Das im gleichen Jahr veranstaltete wissenschaftliche Kolloquium ›Über Tradition und Erbe‹ zog grundsatztheoretisch die
Konsequenzen aus der veränderten kulturpolitischen Lage nach
dem VIII. Parteitag. Leitfunktion für alle beteiligten Redner hatte
das Referat von Kurt Hager auf dem 6. Plenum des ZK der SED im
Juli 1972. Hager führte aus, daß »kritische Aneignung« vor allem
bedeute, »die großen Kunstleistungen früherer Gesellschaftsepo-
chen aus ihren sozialen Bedingungen und damit auch in ihrer teil-
weisen Widersprüchlichkeit zu begreifen«[66]. Wichtiger vielleicht
noch war Hagers Feststellung, »daß unser heutiger sozialistischer
Weg mehr ist als die bloße Vollstreckung großer humanitärer
Ideale und Utopien der Vergangenheit«[67]. Mit dieser partiellen Absage an die Vollstreckertheorie war der Weg geöffnet für eine neue
Verhältnisbestimmung von Kontinuität und Diskontinuität in bezug auf das Erbe. In deutlicher Kritik an der in der DDR bisher
vorrangig im Lichte der Kategorie der Kontinuität ausgelegten
Erbetheorie Lenins, wie sie in dem Buch ›Die Kontinuität der Kulturentwicklung‹ des sowjetrussischen Autors Eleasar Baller 1969
noch einmal eine wichtige Stütze gefunden hatte[68], wurde jetzt
von einer Reihe der am Kolloquium Beteiligten unter Rückgriff
auf Marx das Moment der Diskontinuität in der Aneignung des
bürgerlichen Erbes hervorgehoben.

»Die welthistorisch einzigartige Qualität der Arbeiterklasse und
des Marxismus«, so heißt es in Helmut Bocks Referat über ›Historische Tradition und Erberezeption bei Marx und Engels‹, »bedingt die welthistorisch einzigartige Qualität ihres Verhältnisses
zu Tradition und Erbe.«[69] Diese »einzigartige Qualität« findet ihren
Ausdruck in dem radikalen Bruch mit den überlieferten Traditionen, bedeutet den Übergang der menschlichen Gesellschaft von
ihrer Vorgeschichte in ihre eigentliche Geschichte. »Damit ist klar-
gestellt«, heißt es bei Winfried Schröder,

daß sich die historischen Aufgaben des Proletariats grundlegend von de-

nen aller anderen Klassen unterscheiden und daß es einen qualitativen
Unterschied zwischen der bürgerlichen Ideologie und Kultur einerseits
und dem wissenschaftlichen Sozialismus und der sozialistischen Kultur
andererseits gibt.[70]

Eine Art Resümee der im Jahre 1973 so intensiv geführten
Erbedebatte gab Hans Kaufmann in seinen ›Zehn Anmerkungen
über das Erbe, die Kunst und die Kunst des Erbens‹, einem der
wichtigsten erbetheoretischen Texte aus der Fülle der DDR-Litera-
tur zu diesem Thema[71]. Kennzeichnend für die Argumentation
Kaufmanns ist die bereits erwähnte Akzentverlagerung von der
Erbetheorie Lenins zu den Aussagen von Marx. Wichtig ist die
Unterscheidung, die Kaufmann zwischen den Begriffen Erbe und
Tradition trifft. Er schreibt:

> An die Stelle einer spontanen, so oder so ›abergläubischen‹, letztlich ir-
> rationalen Beziehung tritt ein *freies* Verhältnis zur Vergangenheit, tritt
> das Erben als ein bewußter Vorgang. *Erbe* wählen und erwerben wir,
> während wir Traditionen im von Marx verwendeten Sinn des Wortes
> (›Alp auf den Gehirnen der Lebenden‹) *haben,* ob wir wollen oder nicht. Es
> gibt gute und schlimme Traditionen; die schlimmen bewältigen wir, in-
> dem wir die Aufgaben sozialistischer Gegenwart bewältigen; die guten
> eignen wir uns als Erbe an. Das Erbe hat für uns die Funktion, wirkendes
> Moment der Befreiung, der Ablösung von der Herrschaft der Vergangen-
> heit über die Gegenwart zu sein – oder es hat keine.[72]

Diese Unterscheidung von Tradition und Erbe sollte offensichtlich das Erbebewußtsein in der DDR vom Geruch eines musealen
Traditionalismus freisprechen, in den es nicht nur in der westlichen Kritik seit langem geraten war. So hatte ein Jahr zuvor
Volker Braun formuliert:

> Unsere Literaturwissenschaft kommt uns mitunter nur mit den Forde-
> rungen der Tradition. Soweit das so ist, steht sie in einer schlechten Tradi-
> tion. In einer guten Tradition kann man nicht einfach fortfahren wie in
> einem Zug, da muß man neue Gleise bauen, und zwar nach den Forderun-
> gen des gegenwärtigen Geländes. Es wäre uns nicht zu helfen, wenn wir
> uns nur auf Traditionslinien von Kunst beriefen und nicht vor allem auf
> die Zukunftslinien des Lebens.[73]

Ähnlich argumentierte Braun 1972 in einem Interview mit
Silvia Schlenstedt:

Es ist aber etwas geschehen, was uns das Überlieferte auf eine besondere Weise fremd und fragwürdig macht, was uns ihm aber freier und ungezwungener, heiterer gegenübertreten läßt: wir haben uns aus der Epoche der Unterdrückung einer Klasse durch die andere herausgearbeitet, für uns ist das tatsächlich alles Vorgeschichte.[74]

Die Behandlung auch des literarischen Erbes als Dokumente der ›Vorgeschichte‹: dies ist die kritische, distanzierte Haltung, in der Braun zum Beispiel in seinen Gedichten ›Im Ilmtal‹ und ›Prometheus‹ oder in seiner Kontrafaktur von Goethes ›Faust‹ in seinem Stück ›Hans Faust‹ (1968; 1973 überarbeitet unter dem Titel ›Hinze und Kunze‹) Texte und Stoffe des klassischen Erbes ›bearbeitet‹ hat, eine Tradition weiterführend und radikalisierend, die Brecht begründete[75]. »Diese Art der Benutzung«, so Braun gegenüber Silvia Schlenstedt,

ist keine Adaption, eher ihr erklärtes Gegenteil. Die Umkehrung ist kein zufälliges literarisches Mittel, sondern sie drückt den gesellschaftlichen Vorgang aus, daß die Verhältnisse vom Kopf auf die Füße gestellt werden. Oder so eine Geschichte wie die des Gretchen, das barbarisch unter die Räder kommt, weil es unfähig ist, einen Mann wie Faust zu halten: das ist heute nicht als Story adaptierbar. Wenn an sie erinnert wird, dann um das Anderssein einer heutigen Frau sinnfällig zu machen, deren Konflikte mit ihrer Emanzipation nicht weniger hart, aber eben neuartige sind.[76]

2. Die Dialektik von Kontinuität und Diskontinuität

Die Verlagerung des Akzents von der Kontinuität zur Diskontinuität im Verhältnis zum bürgerlichen Erbe und der Rückbezug auf genuin proletarisch-revolutionäre Traditionen korrespondierten mit der verstärkten Abgrenzungspolitik der DDR gegenüber dem Westen seit dem VIII. Parteitag und standen im Zeichen der betonten Anerkennung des Führungsanspruchs der KPdSU in der Auseinandersetzung zwischen Sozialismus und Kapitalismus. Die kritische Distanz dieser neuen Erbekonzeption zum bisher so emphatisch kanonisierten klassischen Erbe geriet dabei in eine bedrohliche Kongruenz mit gleichzeitigen Tendenzen in der Bundesrepublik. Dort ergänzten sich radikale politische Kritik an der Klassik und Neubesinnung auf bisher unterdrückte oder verdrängte demokratisch-revolutionäre Literaturtraditionen wie die deutschen Jakobiner, den Vormärz und die linksradikalen Autoren der zwanziger Jahre. Diese systemübergreifende Annäherung marxistischer und bürgerlich-linker Positionen brachte die Kulturpolitik der SED in eine prekäre Situation. Weder konnte sie das latente Bündnisangebot dieser vor allem an den westdeutschen Universitäten erfolgreich durchschlagenden Tendenzen ignorieren, noch durfte sie ihren Führungsanspruch aufgeben und sich von der westdeutschen Linken ›richtiges‹ marxistisches Bewußtsein diktieren lassen.

Dieser parteistrategische Grundwiderspruch läßt sich in fast allen programmatischen Äußerungen zur Erbetheorie in den siebziger Jahren wiederfinden. Ein einseitiges Festhalten am Primat der Kontinuität hätte das Postulat der grundsätzlich neuen Qualität proletarischer Kultur relativiert, eine einseitige Betonung der Diskontinuität geriet in die Gefahrenzone einer bilderstürmerischen linkssektiererischen Abweichung, die zudem der gesamten bisherigen Traditions- und Erbepflege in der DDR in flagranter Weise widersprochen hätte.

In dieser Situation haben zwei Autoren klärend und zwischen den angedeuteten Extremen vermittelnd in die Erbediskussion eingegriffen: Werner Mittenzwei und Robert Weimann. Mittenzwei, der mit seinem 1967 erschienenen Aufsatz ›Die Brecht-Lukács-Debatte‹ (Neufassung 1975)[77] wesentlich zur Reformulierung eines Realismusbegriffs beigetragen hatte, der die Brechtsche Position ins Zentrum rückte, veröffentlichte 1972 sein Buch ›Brechts Verhältnis zur Tradition‹. Er begreift die Weite und Vielfalt der Traditionsbezüge im Werk Brechts und dessen dialektisches Erbekonzept als Paradigma eines genuin marxistischen Umgangs mit der Tradition. Kennzeichnend für die zwischen den Extremen einer einseitigen Betonung von Kontinuität bzw. Diskontinuität vermittelnden Position Mittenzweis ist die Kapitelüberschrift des zentralen Schlußabschnitts seines Werkes: ›Respekt vor den Klassikern – aber keine Einschüchterung durch Klassizität oder Theorie und Praxis der Brechtschen Erbeauffassung in der Deutschen Demokratischen Republik‹. Das Brechtsche Diktum von der »Einschüchterung durch Klassizität« steht für den Anspruch des klassischen Erbes, Vorbild auch für die sozialistische Literaturproduktion zu sein. Mittenzwei hält diesem Anspruch Brechts flexiblen, undogmatischen und dialektischen Umgang mit den Klassikern entgegen; ein Jahr später löst er mit dem Aufsatz ›Brecht und die Probleme der deutschen Klassik‹ in der Zeitschrift ›Sinn und Form‹ die Klassik-Debatte des Jahrgangs 1973 aus. Die Formel ›Respekt vor den Klassikern‹ war dabei die Mauer, die Mittenzwei gegen die Gefahr eines linkssektiererischen Bildersturms errichtete, mit dem Hinweis auf Brechts spätere positive Einschätzung und Rezeption Goethes sicherte er sie ab.

Dieser Strategie des Sowohl-als-auch sind auch die Beiträge des bedeutenden Anglisten und Literaturtheoretikers Robert Weimann verpflichtet, der sich seit 1970 verstärkt in der Debatte um ein marxistisches Erbeverständnis zu Wort meldete. Entscheidend wird für Weimann der historische Prozeß der Erbeaneignung selbst, den er durch die Spannung von Historizität des Werkes zur Zeit seiner Produktion und Aktualität zur Zeit seiner Rezeption bestimmt. Damit knüpft Weimann an die in beiden Teilen Deutschlands seit Ende der sechziger Jahre sich herausbildende Rezeptionstheorie an, die nun auch für die Erbediskussion in der DDR fundamentale Bedeutung gewinnt. Erbeaneignung, so Weimann in seinem 1970 erschienenen Aufsatz ›Gegenwart und Vergangenheit in der Literaturgeschichte‹[78], ist nicht etwas ein für allemal Gegebenes, Statisches, sondern ein permanenter Prozeß, ist aktive Verwandlung der Überlieferung im Lichte gegenwärtiger Rezeptionsinteressen. Die Befreiung des Erbes aus dem Getto seiner bloß archivalischen Verwaltung bedeutet für Weimann jedoch nicht, daß der gegenwärtige Rezipient eigenmächtig über dieses Erbe verfügen oder es gar nach Belieben negieren könne, sie schließt vielmehr Anspruch auf Bewahrung ein. Erst die wirkungsgeschichtliche Dimension vermag den vermeintlichen Widerspruch zwischen ›Erhalten‹ und ›Verwandeln‹ zu überwinden, erst in der ›Dialektik von Kontinuität und Diskontinuität‹ ist die Einheit der Geschichte hergestellt, an der Weimann unter Berufung auf Lenins Erbetheorie mit Nachdruck festhält.

Die in der DDR nach dem VIII. Parteitag kontrovers geführte Erbediskussion brachte die längst überfällige Erschütterung des

noch weithin intakten normativen Erbeverständnisses der Ul-
bricht-Ära, das in der Kanonisierung der deutschen Klassik und
der großen realistischen Erzähler des 19. Jahrhunderts seine wichtigsten Stützen gefunden hatte. Mit der Absage an die ›Vollstrek-
ker-Theorie‹ verlor der utopische bürgerliche Humanismus seinen
unbedingten Vorbildcharakter für eine sozialistische Kunst- und
Literaturproduktion. Zugleich wurde der Bereich erbefähiger Traditionen beträchtlich erweitert durch Einbeziehung bisher tabui-
sierter Autoren und Epochen. So veröffentlichte Anna Seghers
1972 ihre Erzählung ›Die Reisebegegnung‹, in der sie Kafka im
Gespräch mit E. T. A. Hoffmann und Gogol zum Sprachrohr eigener Überzeugungen machte, und Günter de Bruyn stellte in seinem
›Leben des Jean Paul Friedrich Richter‹ (1975) einen Dichter dar,
der sich selbstbewußt von den Dioskuren der Weimarer Klassik
distanziert und durch seine Erzählweise und durch seinen Erzählgegenstand die Norm des Klassischen verletzt hatte. Aufschlußreich ist die Haltung des Autors de Bruyn seinem Helden und dessen Werk gegenüber. Sie ist gekennzeichnet durch die Lust des
Entdeckens, das keiner ›Planung und Leitung‹ unterworfen ist,
durch die Lust der Berührung mit einem Werk, das noch nicht mit
dem Etikett, Erbe zu sein, behaftet ist. So heißt es zu den ›Flegel-
jahren‹:

Welche Leselust: ein Gipfelwerk der Literatur der klassischen Periode,
das ganz frisch und rein genossen werden kann! Weil nie Schulaufsätze
darüber geschrieben werden mußten, weil niemand einem gesagt hat, was
dies und das bedeutet, beinhaltet, symbolisiert, beweist. Keine Bildungsin-
stitution war jemals daran interessiert, es Lernenden aufzuzwingen; denn
es handelt nicht von hohen Dingen wie Vaterland, Freiheit, Krieg oder Revolution. In ihm geht es vorwiegend um die Probleme kleiner Leute, um
das Zusammenleben in einer kleinen Stadt, um Freundschaft, Liebe, Ar-
mut, Arbeit, Trauer und Vergnügen. Und es hat Humor. Schon deshalb
gilt es als für Bildungszwecke ungeeignet. Man kann es also aufschlagen
nur zur eigenen Freude.[79]

Diese Entdidaktisierung und Entpathetisierung im Umgang mit
dem Literarischen ist auch charakteristisch für die E. T. A. Hoff-
mann-Rezeption Franz Fühmanns. Seine Rede zu Ehren des
200. Geburtstages des Dichters in der Akademie der Künste der

DDR im Jahr 1976[80] hat programmatische Bedeutung nicht nur im Hinblick auf einen souveränen und undogmatischen Umgang mit dem Erbe, sondern auch für die Rehabilitierung der in der DDR fast dreißig Jahre als reaktionär verketzerten und kritisierten Romantik.

3. Das neue Erbe: Die deutsche Romantik

Kaum eine andere These hat sich in der Erbediskussion in der DDR so hartnäckig behauptet und sie so nachhaltig beeinflußt wie Lukács' Satz vom Gegensatz zwischen Fortschritt und Reaktion in der deutschen Literaturgeschichte, angewandt vornehmlich auf das Verhältnis von Klassik und Romantik. So heißt es noch 1970 in einem Aufsatz von Karl-Heinz Hahn über ›Faust und Helena oder die Aufhebung des Zwiespaltes zwischen Klassikern und Romantikern‹:

> Diese weltanschaulichen Gegensätze muß man im Auge haben, wenn man den Konflikt zwischen Klassikern und Romantikern, wenn man Goethes unentwegten Kampf gegen die Romantik verstehen will, eine Gegnerschaft, die sich eindeutig als ein Element des Ringens zwischen Reaktion und Fortschritt erweist, das die Jahrzehnte der Restaurationsperiode zu Beginn des 19. Jahrhunderts beherrschte.[81]

Es hat nicht an gelegentlichen Versuchen gefehlt, das schroffe Verdikt, die Romantik sei der Ursprungsraum der Reaktion par excellence, zu durchbrechen oder zu revidieren; Hans Mayer und Werner Krauss etwa versuchten das auf einer vom Institut für deutsche Literaturgeschichte an der Universität Leipzig 1962 veranstalteten Tagung[82]. Sie konnten sich jedoch ebensowenig durchsetzen wie die junge Anna Seghers, die 1938 in ihrem berühmten Briefwechsel mit Georg Lukács in der Frage Goethe oder Kleist entschieden für Kleist Partei ergriff[83].

Die Antithese Klassik oder Romantik war von Beginn an für die Erbediskussion in der DDR mehr als ein nur gelehrter literarhistorischer Streit. Es ging in ihm immer auch um entscheidende Fragen der Realismusauffassung, um die Erweiterung des Realismusbegriffs durch Integration der Phantasie und des Phantastischen; um das ›Kranke‹ und ›Pathologische‹, das die klassische Norm des ›Gesunden‹ sprengt, um das Recht der Subjektivität gegenüber dem nur Typischen und Gesetzlichen; um das Plädoyer für Leiden und Tod als legitimer Gegenstände literarischer Darstellung. Mit dieser Stoßrichtung einer Grenzerweiterung des Realismusbegriffs hatte Günter Kunert 1975 sein ›Pamphlet für K.‹ geschrieben[84], das mit der Konfrontation von Goethe als dem Anwalt des Gesunden und Kleist als dem Dichter »einer extremen (nicht ›normalen‹) Geistes- und Gefühlsverfassung«[85] die frühe Auseinandersetzung zwischen Lukács und Anna Seghers über dieses Thema wieder aufgriff. Kunerts Apologie einer am Beispiel Kleists demonstrierten Verweigerung von gesellschaftlicher ›Normalität‹ enthielt denn auch zu diesem Zeitpunkt noch immer so viel Zündstoff, daß der Herausgeber einer Dokumentation ›Schriftsteller über Kleist‹, für die dieser Text geschrieben war, sich weigerte, ihn in seine Sammlung aufzunehmen[86].

Der Durchbruch zur Anerkennung der deutschen Romantik als einer für den Marxismus erbefähigen und erbewürdigen Epoche erfolgte auf der Konferenz der Humboldt-Universität ›Zu Problemen der literarischen Romantik in unserer Gesellschaft unter besonderer Berücksichtigung des Werkes von Heinrich von Kleist und E. T. A. Hoffmann‹, die im Oktober 1977 in Frankfurt an der Oder stattfand[87]. Sätze wie die folgenden von Hans-Dietrich Dahnke, einem der Referenten auf dieser Tagung, wären zu Beginn der siebziger Jahre noch undenkbar gewesen [→ 423]:

Ihr ⟨der Romantiker⟩ Dichten und Denken ist in diesem Sinne zugleich ein unverzichtbarer Teil des großen historischen Lernprozesses, den die neue Epoche erzwang. Ihre frühzeitigen Erfahrungen und Schlußfolgerungen haben nicht nur regressiv, sondern auch produktiv gewirkt. Darüber hinaus hat sie in der Auseinandersetzung mit der neuen weltgeschichtlichen Konstellation auch eine Fülle von eigenwertigen, fruchtbaren Entdeckungen und Eroberungen vollzogen. Das bezieht sich auf die Wirklichkeit selbst wie auch auf Mittel und Instrumentarien der Auseinandersetzung mit ihr.[88]

Auch die überraschende Kurskorrektur der Einschätzung und Bewertung der Romantik in der DDR war ohne einen Rückkopplungseffekt durch gleichzeitige Entwicklungen in der Bundesrepublik nicht denkbar. Hier war im Zusammenhang mit der Studentenbewegung die progressive politische Dimension der Frühromantik entdeckt worden, und Richard Faber hatte 1970 sein Buch ›Novalis: Die Phantasie an der Macht‹ veröffentlicht, dessen Titel die Pariser Mai-Parole von 1968 auf jenen Autor projizierte, den Claus Träger, einer der prominenten heutigen Wiederentdekker der Romantik in der DDR, 1961 in einem vielbeachteten Aufsatz als den »theoretisch konsequentesten, das heißt absolut reaktionärsten Vertreter der deutschen Romantik« bezeichnet hatte[89].

Der theoretischen Aufwertung der deutschen Romantik in der DDR entspricht eine Vielzahl von literarischen Adaptionen in der dichterischen Praxis, die von Anna Seghers ›Das wirkliche Blau‹ (1967)[90] bis zu Christa Wolfs Erzählung über die ›romantischen‹ Außenseiter Kleist und Karoline von Günderode ›Kein Ort. Nirgends‹ (1979) reicht[91]. Über die auffallende Tendenz in der jüngsten DDR-Literatur, den Traditionsbezug zu Außenseitergestalten und Nicht-Angepaßten, Gescheiterten und Erfolglosen zu suchen, schreibt der DDR-Germanist Bernd Leistner:

> Wie ⟨. . .⟩ schon bei Anna Seghers oder dann, später, bei Bobrowski gibt sich eine spontane Hinwendung zu Dichtern zu erkennen, denen es nicht gelang, zu irgendeiner Art Auskommen mit der sie umgebenden gesellschaftlichen Welt zu finden, und die am schmerzlich empfundenen Widerspruch zwischen Ich und Welt zerbrachen. Lenz, Hölderlin, Kleist, um einige wichtige zu nennen, heißen die Bezugsgestalten, und die Erinnerung an sie erfolgt oft im Zeichen eines beunruhigenden Heraufbeschwörens, durch das dem gesellschaftlichen Adressaten Warn- und Mahntafeln aufgerichtet werden sollen.[92]

Es gibt jedoch auch Gegenbeispiele zu diesem auffallenden Trend eines Ausbruchs aus dem Bereich des Vorbildhaften, des geglückten harmonischen Ausgleichs von Ich und Welt in der Form klassischer Vollendung. Der prominenteste Vertreter eines betont kämpferischen Eintretens für diese Ideale einer vorbildhaften Klassizität, von denen schon Becher geträumt und gesungen hatte, ist Peter Hacks, dessen erfolgreiche Bearbeitungen Goethescher Stücke sich explizit gegen das »Revidieren von Klassikern« richtet[93] und dessen Verteidigung Goethes sich mit einer scharfen Kritik an der deutschen Romantik verbindet. So heißt es in Hacks' Aufsatz über Friedrich Schlegel von 1976, der den bezeichnenden Titel ›Der Meineiddichter‹ trägt:

> In der Tat, die Werke der Klassiker sind die besseren Fragmente, und das Wort ›progressiv‹ werden wir also dahin verstehen, daß, da die romantische Poesie ohnehin auf ein Ende ohne Ende hinauswill, sie am vernünftigsten tut, gar nicht erst anzufangen. Was Schlegeln übrig blieb, waren die Wichtigtuereien und Seiltänzerkunststücke eines Schriftstellers, der, bei minderem Wert, die größere Aufmerksamkeit auf sich zu lenken wünscht, eines Epigonen.[94]

In einer jüngsten Veröffentlichung von Hacks zu diesem Thema heißt es lapidar, daß die Romantik »in der Tat ‹. . .› nicht mehr als eine Studentenunruhe« gewesen sei, während die Klassiker zu dieser Zeit »in ihrer härtesten Bewährungsprobe« gestanden und sie bewältigt hätten[95].

4. Die Entdeckung der Avantgarde

Die für die siebziger Jahre charakteristische Revision des Erbekonzepts zeigt sich vielleicht am auffallendsten in dem jüngsten Versuch, die mit den Verdikten des Formalismus und der Dekadenz belegte europäische Avantgarde als Erbe in ein sozialistisches Literaturverständnis zu integrieren. Er ist in der von Karlheinz Barck, Dieter Schlenstedt und Wolfgang Thierse 1979 im Akademie-Verlag in Berlin veröffentlichten Aufsatzsammlung ›Künstlerische Avantgarde, Annäherungen an ein unabgeschlossenes Kapitel‹ dokumentiert. Wissenschaftler aus der UdSSR, Ungarn, Jugoslawien und der DDR haben sich daran beteiligt. Es geht den Herausgebern darum,

> auf die Breite der Tradition demokratischer und sozialistischer Kunst, die Widersprüchlichkeit und Komplexität der Traditionsbildung und der Wechselbeziehung der verschiedenen Traditionslinien aufmerksam zu machen und jene bisher vernachlässigten Traditionen, wie sie von den Avantgarde-Bewegungen vertreten werden, stärker ins Bewußtsein der Forschung und der Meinungsbildung über sozialistische Kunst zu rücken.

Wir können uns dabei auf die neuere Forschung sozialistischer Länder stützen.[96]

Daß die Entdeckung der europäischen Avantgarde für ein sozialistisches Erbekonzept wesentlich der Initiative sowjetischer, polnischer, jugoslawischer und rumänischer Forscher zu verdanken ist, wird von den Herausgebern der Sammlung nicht verschwiegen, und die nur zögernde Bereitschaft der DDR-Autoren, sich dieser Entwicklung anzuschließen, an mehr als einer Stelle ihrer Beiträge deutlich. Für die Avantgarde als legitimes sozialistisches Erbe zeugen die Namen von Brecht, Eisler, Majakowski, Heartfield, Aragon und Neruda; und Brechts Lukács-Kritik aus dem Jahre 1938 wird zum eigentlichen Angelpunkt der polemischen Abgrenzung gegen ein konservativ-traditionalistisches Erbekonzept:

> Die Wirksamkeit dieses Konzeptes wie ähnlicher Konzepte, die sich auf die klassische Ästhetik und die Tradition des Realismus (als Stilformation) stützten, war beträchtlich. Sie bestimmten lange Zeit und prägen bis heute noch mehr oder weniger die Theorie und Programmatik des sozialistischen Realismus, die Vorstellung von Bündnismöglichkeiten und vom Erbe. Wenn unser Band Avantgarde-Bewegungen vorstellt, geht es uns darum, zu einer differenzierteren Sicht auf den Gesamtprozeß der Kunst in unserem Jahrhundert, zu einer Differenzierung auch von Moderne und Avantgarde beizutragen. Wir möchten unsere Überzeugung in die Diskussion einbringen, daß ein historisch-funktionales Verständnis der Avantgarde am angemessensten ist und für die weitere Forschung stimulierend sein könnte.[97]

VIII Ausblick

Eine Darstellung der historischen Entwicklung der Erbediskussion in der DDR und ihrer Vorgeschichte bedürfte dringend der Ergänzung durch den Nachweis ihres Niederschlags in der dichterischen Praxis. Die Einlösung dieses Postulats käme der Aufforderung gleich, eine Geschichte der DDR-Literatur aus der Perspektive der Erberezeption zu schreiben. Erst die Bewältigung dieser Aufgabe würde die Erbeproblematik in ihrer Komplexität erfassen und zu-

gleich die Spezifik der DDR-Literatur im Unterschied zur gleichzeitigen Entwicklung in der Bundesrepublik verständlich machen
können. Gerade der Vergleich der beiden deutschen Literaturen im
Hinblick auf die Rolle, die Tradition und Erbe in ihrer Entwicklung seit 1945 spielen, kann zur Klärung ihrer fundamental unterschiedlichen Ausprägungen beitragen; er legt jedoch auch Gemein-
samkeiten frei, die zeigen, daß es systemübergreifende Entwicklungen gibt, auf die die Literatur und die Literaturtheorie beider
deutschen Staaten – wenngleich vielfach phasenverschoben – ähnlich und mit vergleichbaren Antworten reagieren.

Friedrich Sieburg klagt 1952 in einem Aufsatz über Heinrich
Heine: »Das dichterische Erbe Deutschlands schmilzt rapide zusammen. Der Ausverkauf der Tradition geht unter der Hand und
zu billigsten Preisen vor sich«[98]. Die Kulturpolitik der DDR hat
dieser seitdem oft konstatierten und beklagten Traditionslosigkeit
der westdeutschen Literatur ihr Erbekonzept entgegengesetzt, das
aus der Gesamtheit der überlieferten Traditionen einen engen Bereich in strenger Selektion herauslöste und diesen als verpflichten-
des Erbe dekretierte. Sie unterschied dabei zwischen einem humanistischen und einem sozialistischen, zwischen einem bürgerlich-
utopischen und einem proletarisch-revolutionären Erbe, dessen
unterschiedliche, ja gegensätzliche Ansprüche auf Verwirklichung
sie in einer Synthese zu vermitteln suchte. Daß trotz wiederholter
Versuche, dem proletarisch-revolutionären Erbe zum Durchbruch
zu verhelfen, der Vorrang des bürgerlich-humanistischen Erbes als
Vorbild und Orientierungspunkt unangetastet blieb, markiert den
eigentlichen Widerspruch der Erbetheorie in der DDR bis zum Beginn der siebziger Jahre. »Real verlorene Tradition ist nicht ästhetisch zu suggerieren. Eben das tut die bürgerliche Gesellschaft«,
heißt es in Adornos Aufsatz ›Über Tradition‹ (1966)[99]. Nach Auffassung dieses Satzes wäre die erbetheoretisch begründete Setzung
von Traditionen ein typisch bürgerliches Verhalten, und in diesem
Sinne ist die Literatur und Literaturpolitik der DDR von ›linken‹
Positionen als spezifisch ›bürgerlich‹ kritisiert worden. Aus der
Sicht der DDR hingegen ist die Rede von ›real verlorenen Traditionen‹ nur das Eingeständnis des unter den Bedingungen des Kapitalismus und Imperialismus schreibenden Kritikers. Für ihn und

sein Publikum sind diese Traditionen tatsächlich ›real verlorene‹, weshalb es notwendig sei, dem vom Kapitalismus preisgegebenen und in der bürgerlichen Rezeption deformierten Erbe unter den Bedingungen des Sozialismus zu neuem Leben zu verhelfen. Zwischen diesen Positionen vermitteln zu wollen ist sinnlos, da ein solcher Versuch einen archimedischen Punkt jenseits der Klassenauseinandersetzung voraussetzen würde.

Die produktive Auseinandersetzung mit der DDR-Literatur, die Mitte der sechziger Jahre in der Bundesrepublik einsetzte, war nicht nur ein wichtiger Schritt in der Richtung einer notwendigen Entspannungspolitik, sie hat zugleich auch der Theorie und Praxis der bundesrepublikanischen Literatur und Literaturwissenschaft wesentliche Impulse vermittelt. Daß dabei der Frage nach dem literarischen Erbe eine zentrale Rolle zukam, ist allein schon durch die Tatsache gegeben, daß es nicht selten das gleiche Erbe ist, auf das Ost und West sich berufen. Ein solches gemeinsames Erbe kann freilich kaum mehr die Basis gesamtdeutscher Euphorien und Konvergenzen sein; dies wird nur derjenige leugnen wollen, der die Geschichte des Gebrauchs, der von dem Erbe jeweils gemacht wird, von diesem selbst als einer unantastbaren Substanz glaubt abtrennen zu können. Wenn die Theoretiker des Erbes in der DDR so entschieden auf die Gesetzmäßigkeit einer marxistisch fundierten Erbeaneignung verweisen, so wird der bürgerliche Historiker dem die nüchterne Beobachtung entgegenstellen müssen, daß die Erbeaneignung und Erbetheorie in der DDR wesentlich das Werk einzelner Personen oder Personengruppen und der durch sie verkörperten Machtposition gewesen ist. Traditionen lassen sich aber nur bedingt einer auf Gesetzmäßigkeit sich berufenden Planung und Leitung unterwerfen, was auch die jüngste Entwicklung in der DDR gezeigt hat. Erbeaneignung war in der DDR von Beginn an verbunden mit Erbeverweigerung. Diese Verweigerung, durch die wesentliche Bereiche der deutschen und der weltliterarischen Überlieferung ins Exil verbannt wurden, ist die notwendige Konsequenz einer dirigistischen Kulturpolitik, die einer Repatriierung von verbanntem Erbe nur nach Maßgabe eines parteistrategischen Kalküls zustimmen kann. Daß die für die jüngste Entwicklung in der DDR charakteristische Wiederanknüpfung an ein lange Zeit exiliertes Erbe wie die Romantik oder die Avantgarde ausgerechnet mit dem freiwilligen Exil lebender Autoren aus dem anderen deutschen Staat zusammenfällt, dürfte wohl kaum auf eine diese beiden Phänomene gleichzeitig bedingende Gesetzmäßigkeit zurückgeführt werden können, wennschon eine Gemeinsamkeit anderer Art ihnen zugrundeliegen mag.

Peter Lübbe

›Real existierender Sozialismus‹ in der DDR

I Marx und die Struktur des ›real existierenden Sozialismus‹

Die DDR feierte am 7. Oktober 1979 ihren dreißigsten Jahrestag; aber immer noch prägen sie ihre Geburtsfehler. Ebensowenig wie sich die UdSSR als »Land der frohen Zuversicht«[1] erwiesen hat, ist die DDR »der erste Arbeiter-und-Bauern-Staat auf deutschem Boden« geworden.

Als 1946 August Bebels Werk ›Die Frau und der Sozialismus‹ neu aufgelegt wird, tritt Wolfgang Leonhard, zu dieser Zeit Lehrer an der SED-Parteihochschule, an, um »alte Verleumdungen gegen den Sozialismus«[2] zurückzuweisen. Leonhard hebt hervor, »die zentrale Frage des Sozialismus« sei »die Verwandlung des kapitalistischen Eigentums an den Produktionsmitteln in gesellschaftliches Eigentum«. Bebels Meinung, der die von Marx und Engels entspricht, faßt er in den Satz zusammen: »Die Verwirklichung der sozialistischen Planwirtschaft liegt in den Händen demokratischer Selbstverwaltungsorgane, die vom Volk gewählt werden.«[3] Leonhard weist zudem eine weitere »bürgerliche Verleumdung« zurück, nämlich »die nicht mit dem Grundgedanken des wissenschaftlichen Sozialismus vertrauten Menschen mit einer völlig aus der Luft gegriffenen ›Unterdrückung der Meinungsäußerung‹ zu schrecken«[4].

Die Sowjetische Besatzungszone Deutschlands, die spätere Deutsche Demokratische Republik, entwickelt sich grundlegend anders, als es nicht nur der damals fünfundzwanzigjährige Wolfgang Leonhard vermutete.

DDR-Führer werden nicht müde, sich als Testamentsvollstrecker von Marx und Engels auszugeben. Beider politisches Ziel war bekanntlich die Errichtung einer klassenlosen Gesellschaft, einer Gesellschaft, »worin die freie Entwicklung eines jeden die Bedingung für die freie Entwicklung aller ist«[5]. Mißt man — wie Stephan

Hermlin nach dreißig Jahren – den ›real existierenden Sozialismus‹ an Marxscher Theorie, so stellt sich heraus, daß die selbsternannten Erben sie nicht wahr zu machen vermochten[6].

Die gesellschaftliche Ordnung der UdSSR wie der DDR ist gekennzeichnet durch Staatseigentum an Produktionsmitteln. Leonhard bezeichnet 1946 die Gleichsetzung von Verstaatlichung mit Sozialisierung als »offene Verfälschung sozialistischer Grundsätze«[7]. Wäre bereits Verstaatlichung hinreichend für den Sozialismus, so wären, wie Engels 1878 im ›Anti-Dühring‹ feststellt, »auch die königliche Seehandlung, die königliche Porzellanmanufaktur und sogar der Kompagnieschneider beim Militär sozialistische Einrichtungen«[8].

Gesellschaftliches Eigentum erfordert gesellschaftliche Leitung der Produktion. Staatseigentum hingegen bedeutet, daß volkswirtschaftliche Entscheidungsbefugnisse wie Aneignungsrechte nicht bei den Produzenten, sondern bei einer Monopolbürokratie liegen. Vor Zusammenstößen mit ihr hütet sich, wer sich ein störungsfreies häusliches Dasein bewahren möchte; denn das staatliche Unternehmermonopol sichert der staatlichen Macht den steten Zugriff auf seine Bürger. Es legt ihren Arbeitsplatz fest, regelt ihren Verdienst, gewährt soziale Sicherheiten, bewilligt oder entzieht Vorrechte.

Marx spricht 1871 im ›Bürgerkrieg in Frankreich‹ von der »Selbstregierung der Produzenten«[9]. Nichts könne dem »Geist der Kommune fremder sein, als das allgemeine Stimmrecht durch hierarchische Investitur zu ersetzen«[10]. Engels schreibt am 4. Februar 1886 an Ferdinand Nieuwenhuis, »die freie Selbstverwaltung durch das arbeitende Volk« ist »unser bestes Werkzeug bei der Umgestaltung der Produktionsweise«[11]. Im ›real existierenden Sozialismus‹ hingegen sind Wahlen nicht Abstimmungen, sondern bloße Zustimmungen.

Die Führung dieser staatsmonopolistischen Gesellschaft ist zentralistisch aufgebaut. Ihre Macht ist unumschränkt, wie immer sie verbrämt wird. Sie ruht auf einer nach Rangordnungen gegliederten Bürokratie, deren Kern die Parteibürokratie ist. Diese besteht aus Berufsfunktionären, deren ältere Jahrgänge sich noch aus Berufsrevolutionären entwickelten.

II Grundbestimmungen des
   ›real existierenden Sozialismus‹

1. Ausgangslage

Die Bedingungen, unter denen das stalinistische Modell dem Osten
Deutschlands angepaßt wurde, hat der ehemalige KPD-Reichs-
tagsabgeordnete Walter Ulbricht (seit Juli 1950 Generalsekretär
des ZK der SED und von 1960 bis 1971 auch Vorsitzender des
Staatsrats der DDR) im Mai 1945 bündig zusammengefaßt: »Es
muß demokratisch aussehen, aber wir müssen alles in der Hand
haben.«[12] Im Aufruf des ZK der KPD vom 11. Juni 1945 heißt es
offen, »daß der Weg, Deutschland das Sowjetsystem aufzuzwingen, falsch wäre, denn dieser Weg entspricht nicht den gegenwärtigen Entwicklungsbedingungen«[13]. Das Versprechen allerdings,
eine »parlamentarisch-demokratische Republik mit allen demokratischen Rechten und Freiheiten für das Volk« zu schaffen[14], ist
auch als Übergangslösung nie angestrebt worden, obgleich Grundsätze wie das Verhältniswahlrecht (Artikel 51,2) Freiheit von
Kunst, Wissenschaft und Lehre (Artikel 34,1), das Widerstands-
recht (Artikel 4,1), wirtschaftliche Freiheit des einzelnen (Artikel 19,2), das Streikrecht (Artikel 14,2), ja sogar das Recht auf Auswanderung (Artikel 10,3) 1949 in die Verfassung der DDR Eingang finden – eine Verfassung, die bis 1968 in Kraft ist. Welchen
Grad der Eigenständigkeit die DDR heute hat, zeigen die in den
Artikeln 6 und 7 der Verfassung der DDR (in der Fassung vom
7. Oktober 1974) festgelegten Grundsätze über das »unwiderruf-
liche« Bündnis mit der UdSSR und die »enge Waffenbrüderschaft
mit den Armeen der Sowjetunion und anderer sozialistischer Staaten«. Der Handlungsspielraum jeder DDR-Führung ist nicht nur
eingegrenzt durch die Mitgliedschaft der DDR im Warschauer
Pakt, sondern vor allem durch die etwa 400 000 Soldaten der
UdSSR in der DDR, die »Gruppe der sowjetischen Streitkräfte in
Deutschland«.

Bereits Mitte Juli 1945 wird der »Block der antifaschistisch-
demokratischen Parteien« gegründet. Er zwängt SPD, CDU und

LDPD in ein von der Sowjetischen Militärverwaltung (SMAD) und der KPD-Führung geflochtenes Korsett.

Der wichtigste Schritt aber, »um alles in der Hand zu haben«, ist im April 1946 der Zusammenschluß von KPD und SPD unter von der SMAD und vom ZK der KPD geschaffenen Voraussetzungen zur SED[15]. Im Februar 1946 entwickelt Anton Ackermann, Kandidat des Politbüros des ZK der KPD, den Gedanken eines »besonderen deutschen Weges zum Sozialismus«[16]. Das erleichtert Sozialdemokraten den Schritt zur Einheitspartei. Natürlich waren auch SPD-Mitglieder für die Überwindung der Spaltung der Arbeiterparteien. Doch viele werden rasch ernüchtert, als sie sehen, wie KP-Funktionäre, unterstützt von sowjetischen Militärbefehlshabern, zielstrebig Schlüsselstellungen besetzen. Die Mitgliedermasse der SPD wird, wie Kurt Schumacher sagt, zum »Blutspender« mißbraucht. Tausende Sozialdemokraten flüchten; etwa fünftausend werden verhaftet; die meisten – durch Fernurteile sowjetischer Militärtribunale – zu 25 Jahren Arbeitslager verurteilt. Über vierhundert sind in Zuchthäusern der SBZ/DDR oder in sibirischen Arbeitslagern umgekommen[17]. Auf dem Vereinigungsparteitag gibt es – zum ersten und zum letzten Mal in der bisherigen Geschichte der SED – bei einer Parteitagsabstimmung Gegenstimmen. Fünfundzwanzig Delegierte lehnen das Parteistatut ab[18]. Mit der 1948 offen einsetzenden Bolschewisierung dieser »Partei neuen Typus«[19] schaffen sich die Besatzungsbehörden und ihre deutschen Teilhaber das Hauptwerkzeug zur Machtausweitung über die gesamte Zone, schaffen sie den Hebel, den im Herbst 1949 gegründeten Staat nach ihren jeweiligen Zwecken und Zielen zu prägen.

Bereits im zweiten Halbjahr 1948 läuft der erste große Feldzug gegen den ›Sozialdemokratismus‹. Er zielt vor allem auf jene Mitglieder der SED, die aus der SPD kommen und ihr demokratisches Parteiverständnis in der Einheitspartei bewahren möchten. ›Sozialdemokratismus‹ rückt später zum Sammelbegriff für eine demokratische Opposition auf. Anfang Juli 1948 verurteilt das Zentralsekretariat der SED die Politik Titos[20]. Ackermann erklärt am 24. September 1948 im ›Neuen Deutschland‹, seine »ernste ›theoretische‹ Entgleisung« müsse »liquidiert und bis auf den letzten

Rest ausgemerzt werden«. Noch im September des gleichen Jahres
wird die ›Zentrale Parteikontrollkommission‹ (ZPKK) gegründet.
Unter der Leitung ihres Vorsitzenden Hermann Matern schaltet
sie in der Folgezeit alle Widersacher Ulbrichts aus. Auf staatlicher
Ebene führt das im Februar 1950 geschaffene ›Ministerium für
Staatssicherheit‹ (MfS) den Kampf gegen »alle Feinde unserer Republik«[21].

2. Wirtschaftsmaßnahmen – Wirtschaftsleistungen

Mit der Bodenreform vom Herbst 1945 werden Güter über hundert Hektar und Höfe aktiver Mitglieder der NSDAP an Klein-
bauern, Landarbeiter sowie Umsiedler verteilt. Weiterhin entstehen erste Volkseigene Güter (VEG). Im Sommer 1952 werden auf
Betreiben der SED-Führung die ersten Landwirtschaftlichen Produktionsgenossenschaften (LPG) gegründet. 1960 wird die gegen
erheblichen bäuerlichen Widerstand durchgesetzte Kollektivierung abgeschlossen.

Industrie, Banken, Versicherungen, das Verkehrswesen, der
Großhandel und der größte Teil des Einzelhandels sind verstaatlicht (»Volkseigentum«). Privatbetriebe gibt es in erwähnenswertem
Umfang nur noch im Handwerk. Das »Volkseigentum« bildet die
ökonomische Grundlage der DDR-Gesellschaft.

Die zentrale Wirtschaftsplanung setzt mit einem Plan für das
zweite Halbjahr 1948 ein. Die im Juni 1947 gegründete ›Deutsche
Wirtschaftskommission‹ (DWK) arbeitet für die Jahre 1948/1949
einen›Zweijahresplan‹ aus. Er legt die Entwicklung von Produktion,
Löhnen und Sozialleistungen fest. Die Planung und Leitung der
Volkswirtschaft (›Fünfjahrpläne‹, ›Siebenjahrplan‹) ist seither vielfach umgestaltet worden.

Ulbricht preist auf der II. Parteikonferenz der SED im Juli 1952
»die Weisungen des großen Stalin«[22] und verkündet den planmäßigen Aufbau der Grundlagen des Sozialismus[23]. Damit werden im
nachhinein Tatbestände umschrieben, die im wesentlichen bereits
geschaffen waren. Der Generalsekretär verheißt, »daß bis zum
Jahre 1955 die Lebenshaltung des Volkes die der Bevölkerung der
kapitalistischen Länder übertreffen wird«[24]. Diese Voraussage, die

ein Vierteljahrhundert danach immer noch nicht erfüllt ist, wird im Juli 1958 durch eine neue »wissenschaftliche Prognose« abgelöst. Ulbricht gelobt auf dem V. SED-Parteitag, die Volkswirtschaft der DDR bis 1961

so zu entwickeln, daß die Überlegenheit der sozialistischen Gesellschaftsordnung der DDR gegenüber der Herrschaft der imperialistischen Kräfte im Bonner Staat eindeutig bewiesen wird und infolgedessen der Pro-Kopf-Verbrauch unserer werktätigen Bevölkerung mit allen wichtigen Lebensmitteln und Konsumgütern den Pro-Kopf-Verbrauch der Gesamtbevölkerung in Westdeutschland erreicht und übertrifft[25].

An dieser Aufgabenstellung ist ablesbar, wie sehr sich die DDR an der Bundesrepublik mißt. Das – unter sozialistischen Gesichtspunkten – Fragwürdige des Maßstabes kommt zutage. Hier sind bereits Schranken der späteren Abgrenzungspolitik erkennbar.

In den Jahren 1963 bis 1967 versucht die SED-Führung mit einem ›Neuen ökonomischen System‹ (NöS) die Zuständigkeiten der Betriebe zu erhöhen und ihnen begrenzte Entscheidungen über Gewinne einzuräumen (»ökonomische Hebel«)[26]. Dieser Versuch scheitert letztlich daran, daß die zentralistisch organisierte Staatsbürokratie weiterhin als wirtschaftlicher Gesamtakteur auftritt. Schon eine Teildezentralisierung bedroht die Monopolstellung des Apparates. Das Machtmonopol mit der Personalunion der Führungsspitzen von SED- und Staatsapparat bleibt erhalten. Da die Bedingungen, Entscheidungen der Spitze der Leitungspyramide durchzusetzen, schwieriger werden, kehrt die Parteiführung 1970 zur zentralen administrativen Wirtschaftssteuerung zurück. Nicht zuletzt die ›Ereignisse‹ in der ČSSR 1968 haben es ihr geraten erscheinen lassen, die Zügel wieder straffer anzuziehen. Das Mißlingen des Reformansatzes zeigt, daß ökonomische Vernunft mit staatlicher Monopolwirtschaft nicht auf einen Nenner zu bringen ist. Für wie wichtig die Staatsführung den Kurswechsel hält, geht auch daraus hervor, daß Honecker 1974 sogar in der Verfassung die Wendung »Planung und Leitung« in »Leitung und Planung« ändern läßt. Die zentrale Planung erzeugt hohe Reibungsverluste. Da alles miteinander verzahnt ist, wirkt jede größere Störung verheerend auf den Gesamtablauf.

Falls Lenins Feststellung zutrifft, der Kapitalismus werde endgültig dadurch besiegt, »daß der Sozialismus eine neue, weit höhere Arbeitsproduktivität schafft«[27], so ist daraus nur zu schließen,
daß der ›real existierende Sozialismus‹, dessen industrielle Arbeitsproduktivität in der DDR gegenüber der bundesdeutschen um
etwa ein Drittel zurückliegt[28], keine erkennbaren Siegesaussichten
hat.

III Ideologie im ›real existierenden Sozialismus‹

Der ideologische Überbau des ›real existierenden Sozialismus‹
wird bestimmt durch die Moskauer-Ostberliner Lesart des Marxismus-Leninismus. Er trägt Züge einer Kirchenlehre. Die Beschlüsse der obersten Parteiführung sind unantastbar. Schon Lenin
meinte, »die Lehre von Marx ist allmächtig, weil sie wahr ist«[29] –
Marx freilich ist nie mit dem Anspruch aufgetreten, eine »allmäch-
tige« Lehre entwickelt zu haben.

Zwar sind die kanonischen Schriften der KPdSU wie der SED in
den verflossenen Jahrzehnten mehrmals umgeschrieben worden;
über ideologische Festlegungen aber in verbindlichen Lehrbüchern
wie ›Grundlagen des Marxismus-Leninismus‹, ›Grundlagen des historischen Materialismus‹, ›Grundlagen der marxistisch-leninistischen Philosophie‹ und ›Wissenschaftlicher Kommunismus‹ kann
sich in der DDR niemand hinwegsetzen.

Jeder weiß, daß die Wendung von der »führenden Rolle der
Arbeiterklasse« die Herrschaft der Parteibürokratie umschreibt.
Die Worte »proletarischer Internationalismus« tarnen vor allem
mangelnde Selbständigkeit der Länder des Rates für Gegenseitige
Wirtschaftshilfe (RGW) und den Führungsanspruch der Sowjet-
union. »Sozialistisches Bewußtsein« bedeutet Parteiergebenheit.
»Parteidisziplin« heißt, sich bedingungslos allen Beschlüssen der
Führung zu beugen und diese Beschlüsse auch gegen eigene Über-
zeugungen öffentlich zu vertreten. Diese Ideologie liefert die un-
umgänglich notwendigen Stützen zur Rechtfertigung des Systems.

Bis zum XX. Parteitag der KPdSU im Februar 1956 gilt Josef
Stalin, bis 1961 auch Mao Tse-tung als marxistisch-leninistischer

›Klassiker‹. Außen- oder innenpolitisch verursachte Krisen erzwingen veränderte ideologische Festlegungen. Auffassungen, die sich durchaus auf Marx oder Lenin gründen können, werden stets als ›Abweichung‹ bewertet, als ›rechter‹ oder ›linker‹ Revisionismus geahndet, wenn sie sich von staatlich beglaubigten Lehrsätzen unterscheiden. Der im Februar 1978 in die Bundesrepublik übergesiedelte Professor der Akademie für Staats- und Rechtswissenschaft der DDR, Wolfgang Seiffert, meint, daß die Ideologiewächter »rund achtzig Prozent der DDR-Wissenschaftler in die Resignation oder in schieren Opportunismus« getrieben haben[30]. Seiffert fährt fort, »daß man echte schöpferische Ergebnisse, die Unruhe bringen, gar nicht haben will. Statt dessen erwartet man etwas, was ich Apologetik, mit wissenschaftlichen Termini verbrämte Interpretation der Tagespolitik, nenne«[31].

Rudolf Bahro, der zwar mit der unfähigen Bürokratie des ›real existierenden Sozialismus‹ hart ins Gericht geht[32], aber den Stalinschen Terror rechtfertigt[33] und in seinen Alternativvorstellungen leninistische Parteiauffassungen kaum verläßt[34], ist für die SED-Führung nicht mehr ins System integrierbar. Sie läßt ihn als Spion verhaften, verurteilen[35] und im Oktober 1979 im Zuge einer Amnestie ausreisen[36]. Verdrängung gehört zur Herrschaftssicherung: »Wir haben keine Vergangenheit zu bewältigen«, gebot Politbüromitglied Lamberz[37].

Eine wichtige Stellung zur Beglaubigung der Volksbeherrschung nimmt die von der jeweiligen Parteiführung in Auftrag gegebene Parteigeschichte ein. Am 20. September 1948 faßt das Zentralsekretariat der SED den Beschluß ›Über die Verstärkung des Studiums der Geschichte der Kommunistischen Partei der Sowjetunion (Bolschewiki) – Kurzer Lehrgang‹[38]; im Mai 1949 beschließt es, dieses Studium zu verbessern, um »zu ideologischer Wachsamkeit« zu erziehen[39]. Die ›politischen Bildungsabende‹, für die im Zentralsekretariat bereits ab Juni 1946 monatlich ›Bildungshefte‹ erarbeitet wurden, werden 1950 durch ein einheitliches ›Parteilehrjahr‹ abgelöst. Der III. Parteitag (Juli 1950) verabschiedet ein neues Parteistatut, das das Studium des Marxismus-Leninismus zur Pflicht eines jeden Mitgliedes macht[40]. 1951 liegt das ›Lehrbuch der Politischen Grundschulen‹ vor. Es behandelt die

Geschichte Deutschlands und der deutschen Arbeiterbewegung vom Bauernkrieg bis zum Ende des Faschismus, und zwar »vom Standpunkt des mit der Großen Sozialistischen Oktoberrevolution eingeleiteten Siegeszuges des Sozialismus im Weltmaßstab«[41]. 1966, auf dem Höhepunkt der Herrschaft Ulbrichts (»Geschichtswissenschaft ist sozusagen mein Nebenberuf«[42]), erscheint die ›Geschichte der deutschen Arbeiterbewegung in acht Bänden‹. Sie soll der SED-Führung einen Stammbaum »historischer Kontinuität« liefern und sie als »Sieger der Geschichte« ausweisen. Hier gibt es durchaus ernsthafte Forschungsansätze. Die Politik der KPD-Führung vor 1933, die 1966 wenigstens teilweise kritisch ausgeleuchtet wird, erstrahlt jedoch zwölf Jahre später in der ›Geschichte der SED‹ – für sie zeichnet eine Kommission unter Generalsekretär Honecker verantwortlich – wieder in unbeflecktem Glanz. Folgerichtig wird 1978 auch der Name Chruschtschows, der auf dem XX. und XXII. Parteitag der KPdSU Verbrechen Stalins beim Namen nannte, nicht mehr erwähnt. Das Versagen bei der Bewältigung stalinistischer Untaten haben Ulbricht, Honecker und ihre Gefolgsleute verdrängt.

Kritik und Öffentlichkeit in der DDR

Im September 1843 schreibt Marx an Arnold Ruge:

> Ist die Konstruktion der Zukunft und das Fertigwerden für alle Zeit nicht unsere Sache, so ist desto gewisser, was wir gegenwärtig zu vollbringen haben, ich meine, die rücksichtslose Kritik alles Bestehenden, rücksichtslos sowohl in dem Sinne, daß die Kritik sich nicht vor ihren Resultaten fürchtet und ebensowenig vor dem Konflikte mit den vorhandenen Mächten.[43]

Man mag also Marx deuten, wie man will, es widerspricht Geist und Buchstaben seines Werkes, ihn zum kritiklosen Verteidiger einer – wie immer gearteten – ›Realität‹ zu ernennen.

Marxisten-Leninisten verfechten, solange sie in der Minderheit sind, stets das Recht auf freie Meinungsäußerung. Sitzen sie aber an den Schalthebeln der Macht, gelten – systembedingt – nur noch ihre eigenen Anschauungen und Vorstellungen.

Am 23. Juni 1953, sechs Tage, nachdem Sowjetpanzer die von Bauarbeitern der Berliner Stalinallee wegen verordneter Normenerhöhungen ausgelösten Unruhen niedergewalzt haben, stellt sich Walter Ulbricht im VEB Großdrehmaschinenbau ›7. Oktober‹. In der Aussprache erklärt ein Betriebsangehöriger: »Wir haben es immer so gewollt, daß das, was uns nicht gefallen hat, von der Leber heruntergeredet wird. Leider waren die Zeiten bei uns hier so, daß wir das nicht gewagt haben. Wenn Kritik gewünscht wird, dann werden wir sie auch üben, aber wir müssen auch die Sicherheit haben, daß uns dann nichts geschieht!«[44] Ob dem Diskussionsredner etwas geschehen ist, ist nicht feststellbar. Rudolf Herrnstadt allerdings, der Chefredakteur des ›Neuen Deutschland‹, der das veröffentlichte, wird schon im Juli 1953 wegen ›Sozialdemokratismus‹[45] abgelöst und im Januar 1954 aus der SED ausgeschlossen.

Zur Vorbereitung des IX. Parteitages (Mai 1976) veröffentlicht das ›Neue Deutschland‹ »Wortmeldungen«. Anfang Februar bringt das SED-Zentralorgan Leserfragen wegen fehlender Ersatzteile bei Haushaltsgeräten, zu Ausbildungsmängeln im Dienstleistungsgewerbe, zur Schwerbeschädigtenfürsorge, zur Fachbücherversorgung der Berufsschüler. Bereits solch schlichte Anfragen veranlassen Erich Honecker diese Art »Wortmeldungen« zu beenden:

Der Erfolg der Volksaussprache macht es erforderlich, daß die politische Führung derselben durch die Kreisleitungen, die Grundorganisationen noch straffer und zielstrebiger organisiert werden muß. Wir dürfen die Volksaussprache nicht dem Selbstlauf überlassen. Es kommt nicht darauf an, einzelne Meinungen, Fragen und Argumente zu registrieren, beziehungsweise weiterzuleiten. Die Nutzlosigkeit solchen Tuns ist offensichtlich.[46]

Nach Honecker ist nur von Nutzen, »eine hohe Qualität der ideologischen Arbeit zu sichern«[47].

»Von all den ungelösten Problemen ist das des Mangels an Öffentlichkeit [→ 304 ff.] eines der ärgsten«, beklagte Franz Fühmann 1978[48]. Die Art und Weise, wie sich die Staatsführung Kritik wünscht, zeigt die seit 1963 ausgestrahlte Fernsehsendung ›Prisma‹. Sie deckt zum Beispiel Schlampereien in volkseigenen Betrieben auf; rügt zu lange Wartezeiten in Polikliniken, Mängel in der Schrott- und Altpapiererfassung oder im Nahverkehr sowie Energieverschwendung.

Wer das eigene System nicht in Frage stellt, kann sich im Rahmen des jeweils Erlaubten durchaus offenere Worte gestatten. Da die DDR-Führung aber nach wie vor Informationen begrenzt, die Wissenschaften, vor allem Gesellschafts- und Geisteswissenschaften, gängelt, werden grundlegende Probleme vornehmlich in der Literatur der DDR erörtert. In ihr werden, zwar beaufsichtigt und gezügelt, Lebensfragen gestaltet, die außerhalb des künstlerischen Bereiches kaum öffentlich zu diskutieren wären. Diese Literatur vermittelt Aufschlüsse über die Innenwelt der Deutschen Demokratischen Republik.

Zweiter Teil
Gattungen, Publikum und Institutionen

Otto F. Riewoldt

Theaterarbeit. Über den Wirkungszusammenhang von Bühne, Dramatik, Kulturpolitik und Publikum

Theatergeschichte ist immer die Geschichte von Arbeitszusammenhängen. Künstlerische Handschriften entfalten, gleich unter welchen gesellschaftlichen Bedingungen, Eigendynamik. Theaterarbeit auch in der DDR prägten die Wechselbeziehungen zwischen Regisseuren und Autoren, Ensembleprozesse, Schulbildungen, sie stehen für Tradition und Innovation, für Anknüpfung und Experiment. Theater als institutionalisierte Kunstausübung, als öffentlicher Betrieb hängt andererseits von kulturpolitischen Vorgaben ab, die in einem sozialistischen Staat entschieden gesellschaftspolitische Vorgaben sind. An den Primat der individuellen Hervorbringung und, noch wichtiger, des jeweils herzustellenden individuellen Einverständnisses muß erinnert werden, wenn es um die Geschichte des sozialistischen deutschen Theaters nach 1945 geht. Von Wolfgang Langhoff und Friedrich Wolf zu Bertolt Brecht, von Benno Besson, Peter Hacks und Heiner Müller zu Volker Braun entwickeln sich Theater und Dramatik in der DDR als beeindruckende Serie von Einzelleistungen, die im Zusammenwirken bedeutender Theaterleute bei Einvernehmen mit Existenz und revolutionärem Weg ihres Staates entstanden.

An den Ergebnissen (gerade den Spitzenergebnissen), nicht an den Mühen des Zustandekommens darf sich die Theaterkunst in der DDR messen lassen. Das heißt Abschied nehmen von eingebürgerten Dichotomien, heißt den Blick lenken auf die kunstermöglichenden, nicht nur kunstverhindernden Wirkungen kulturpolitischer Direktiven, heißt den Blick aber auch richten auf das strukturell, nicht allein das politisch andere der DDR-Theaterlandschaft. Zunächst ist das DDR-Theater Metropolentheater. Die wichtigsten Auseinandersetzungen, Positionsbestimmungen und administrativen Eingriffe fanden ausnahmslos in Ost-Berlin statt.

Die Provinz bildete Subzentren heraus (Dresden, Leipzig, Rostock), war Durchgangsstadium oder Probierphase zur Ausformulierung von Ansätzen, die ihren Anlaß im Hauptstadttheater hatten und in der Regel auch dort wieder mündeten (Senftenberg, Halle, Karl-Marx-Stadt, Potsdam, Schwerin). Die qualitative Konzentration auf die Ostberliner Bühnen wird offensichtlich unter der naheliegenden, gleichwohl selten behaupteten Prämisse, daß das Theater in der DDR von Anfang an ein Theater der Regisseure ist. Die Polarität zwischen Wolfgang Langhoff und Bertolt Brecht (dem Theatermann, nicht Dramatiker) bestimmte künstlerisch die frühen fünfziger Jahre. Das Gegenwartsstück wurde erst in der zweiten Hälfte des Jahrzehnts, mit Peter Hacks und Heiner Müller, zu einer Herausforderung, zu einer problematischen allerdings. Denn die erstrangige Zeitdramatik stieß auf kulturpolitische Vorbehalte, die nachrangige aber wußten die Hauptstadtbühnen (hier vor allem: ›Deutsches Theater‹ und ›Berliner Ensemble‹) zu meiden. Die Kooperation zwischen kaum spielbaren Autoren und führenden Ensembles fand dennoch statt, Bearbeitungen alter Vorlagen (von der Antike bis zu Jacques Offenbach) von Hacks, Müller und Hartmut Lange wurden in der Regie Benno Bessons zu den herausragenden Theaterleistungen der sechziger Jahre. Das beste Theater mußte ohne die besten neuen Stücke auskommen: »Die weltbekannte Perfektion unserer Theaterkunst ging auf Kosten der Dramatik.«[1]

»Es ist ruchbar geworden, daß, spätestens seit 1962, die Dramatik in der DDR begonnen hat, unter den literarischen Genres die Führung zu übernehmen«[2], schrieb Hacks 1965, nur die DDR-Theater hatten nichts davon. Kulturpolitische Maßnahmen verhindern Stücke nicht, aber sie verhindern Aufführungen, beeinflussen Spielplan- und Ensembledispositionen. Eingriffe zogen Intendantenwechsel und Stückabsetzungen nach sich. Zwar brachten die siebziger Jahre mit ihrer größeren kunstpolitischen Gelassenheit hier Besserung, über dem Nachholen der zu lange nicht spielbaren Stücke aber vergaßen die führenden Theater die neuen Namen, die Schere zwischen Zeittheater und Zeitdramatik hat sich noch immer nicht geschlossen, und selbst dem fälligen (und offiziell geforderten) Ausräumen thematischer Tabus wich man nach den Konflikten um die Ausbürgerung des Schriftstellers Wolf Biermann Ende 1976 aus gutem Grund wieder aus. Autoren wie Heiner Müller, Volker Braun oder Stefan Schütz schreiben teilweise Schubladendramatik, plazierbar allenfalls auf westdeutschen Bühnen.

Da das Regietheater von der aktuellen Dramenproduktion nicht bedient wird, greift es auf klassisches Repertoire zurück. Das dramatische ›Erbe‹ wurde zum bevorzugten Material theatralischer Stellungnahmen. Von Wolfgang Langhoffs Klassiker-Inszenierungen über Brechts Bearbeitungen, von der Arbeit Bessons, dann Friedo Solters, Adolf Dresens bis hin zu den Provokationen des Regie-Duos Manfred Karge und Matthias Langhoff ist die Entwicklung der Bühnenkunst in der DDR hier am eindrucksvollsten sichtbar. Das hat mit der besonderen Wechselwirkung [→ 16, 21, 304 ff.] zwischen Theater und Publikum zu tun, die, von Anfang an angestrebt, schließlich Wirklichkeit wurde. Der schwere Neubeginn stand unter der Aufgabe nationaler Erneuerung. Das Theater sollte mit klassischen Stoffen seinen Beitrag zu einem neuen Deutschland leisten. Der Auftrag wurde bald spezifischer, der Kampf um eine neue Gesellschaft trat in den Vordergrund, die sozialistische Umgestaltung erzwang auf den Bühnen die Orientierung auf ein neues Publikum. Offenkundig kommt dieser Prozeß (nach dem Sieg der sozialistischen Produktionsverhältnisse, nach Kollektivierung der Landwirtschaft und Schließung der noch offenen Berliner Grenze durch den Mauerbau) zu Beginn der sechziger Jahre für das Theater zum Abschluß: In einer Gesellschaft mit regulierter, kontrollierter politischer Öffentlichkeit erhält die Kunst Ersatzfunktionen, sie wird zum Medium gesellschaftlicher Auseinandersetzung nicht aufgrund ihrer spezifischen Erkenntnis- und Wirkungsmomente, sondern in Ermangelung sonstiger, besonders publizistischer Foren. Die Relevanz des Theaters in der DDR für ein breites, waches Publikum entspringt auch diesem Mangel, die Instrumentalisierung vor allem klassischer Werke zur Verständigung über die grundsätzlichen gesellschaftlichen wie historischen Fragen deutet auf die beharrlichen Schwierigkeiten mit aktuellen Stoffen und aktueller Dramatik.

Das Theater realisiert seine besondere Rolle in einer postrevolutionären Gesellschaft, die die entscheidende Umwälzung der materiellen Basis hinter sich hat. Die Bedeutung der wichtigsten DDR-
Theaterleute, Regisseure wie Autoren, kann sich aber auf den
engeren Wirkungsrahmen des ›sozialistischen Vaterlandes‹ nicht
beschränken, sie beeinflußt einen größeren, vor allem national-
sprachlichen Kontext. Unter diesem Gesichtspunkt ist ihre nach
eruptiven kulturpolitischen Auseinandersetzungen Ende der siebziger Jahre zunehmende Präsenz an westdeutschen, aber auch
österreichischen und schweizerischen Bühnen eine Art Normalisierung. Die Fixierung auf die Tagesaufgaben einer neuen Gesellschaft kann entfallen, die Gastrolle andernorts ist keine Neben-
rolle: Artikuliert werden nicht Frontwechsel oder Ausweichen,
sondern die unverwechselbaren Qualitäten sozialistischen Gegen-
wartstheaters.

I Theater für ein neues Deutschland

»So fuhr ich an einem sonnigen Septembertag 1945 durch das gespenstische Trümmerfeld der Riesenstadt. Mir blieb der Atem weg.
Wie soll in dieser Totenlandschaft jemals wieder Theater gespielt
werden?«[3], so beschreibt Friedrich Wolf, zurückgekehrt aus dem
sowjetischen Exil, Berlin. Es wurde schon wieder gespielt. Gleich
einer der ersten Befehle der ›Sowjetischen Militäradministration‹
hatte im Mai 1945 (ähnlich wie im besetzten Wien) die Erlaubnis
zur Wiederaufnahme des Bühnenbetriebs gegeben. Mit Lessings
›Nathan der Weise‹ eröffnete das ›Deutsche Theater‹, die ehemalige Reinhardt-Bühne, die Saison 1945/46. Regie führte Gustav von
Wangenheim, Sowjetunion-Emigrant wie Wolf, vor 1933 Autor
und Leiter kommunistischer Agitproptruppen.
    Für die aus dem Exil kommenden Theaterleute, Kritiker, Auto-
ren bedeutete der Neuanfang in Trümmern die Wiederaufnahme
der durch Faschismus und Krieg unterbrochenen Arbeit, die zugleich unter den verheerenden Bedingungen keine Fortführung
sein konnte. Der Nachkrieg, das war zunächst wiedererlangte Wir-
kungsmöglichkeit für die Rückkehrer, für die in Deutschland Ge-

bliebenen (seit dem 1.9. 1944 hatten die NS-Machthaber sämtliche Theateraufführungen untersagt), für die aus Gefängnis und KZ Befreiten. Einigkeit herrschte unter den antifaschistischen Theaterleuten über die politische Aufgabenstellung. Der mit der ›Gruppe Ulbricht‹ aus Moskau eingetroffene Fritz Erpenbeck, Gründer und Chefredakteur der ab 1946 erscheinenden Fachzeitschrift ›Theater der Zeit‹, später führend in theaterpolitischen Funktionen tätig, forderte von der Bühne die Gestaltung »gesellschaftlicher Wahrheit«. Herbert Ihering, als Kritiker in den zwanziger Jahren Antipode Alfred Kerrs, verlangte vom Theater die Orientierung an der Frage, was ist »nützlich in unserer kulturellen Situation, schädlich in diesem politischen Augenblick«. Paul Rilla, nach 1933 mit Schreibverbot belegt, betonte, »daß in der gegenwärtigen Situation kein künstlerisches Ereignis unpolitisch betrachtet werden kann und betrachtet werden darf«[4].

1. Wiederanfang in Trümmern

Die personellen Entscheidungen an den Ostberliner Theatern entsprachen diesem Konsens. Nach einem kurzen Zwischenaufenthalt als Generalintendant der Städtischen Bühnen in Düsseldorf übernahm Wolfgang Langhoff 1946 das ›Deutsche Theater‹. Zusammen mit anderen antifaschistischen Bühnenkünstlern hatte Langhoff bis Kriegsende am Zürcher Schauspielhaus gearbeitet und hier die einzige kontinuierliche Tradition des deutschen Exiltheaters begründet. Fritz Wisten, ab 1935 bis zu seiner Verhaftung Oberspielleiter des Theaters des jüdischen Kulturbundes in Berlin, wurde Intendant des ›Theaters am Schiffbauerdamm‹, wo bis zur Wiederherstellung des Stammhauses die 1947 neu konstituierte Volksbühne ihre Spielstätte erhielt. Eine der ersten Produktionen unter Wisten waren Wolfs ›Matrosen von Cattaro‹; Regie führte der Schauspieler Ernst Busch, der bis zur Befreiung im Zuchthaus Brandenburg inhaftiert gewesen war.

Im schnell sich entfaltenden Theaterleben der noch nicht spürbar geteilten alten Hauptstadt hatte ein betont erzieherisches antifaschistisches Konzept mit Schwierigkeiten zu kämpfen, einerseits mit dem noch zu lebendigen Erbe des ›Göring-Theaters‹, anderererseits mit einer kaum zu dämmenden Flut ausländischer Dramatik, in erster Linie aus den westlichen Siegerstaaten, die Unterhaltungs- und Orientierungsbedürfnissen breiter Publikumskreise nach der kulturellen Isolation durch NS-Staat und Krieg entgegenkamen. Zudem gerieten aus kulturpolitischer Opportunität (KPD und später SED zielten auf ein Aufgreifen bürgerlich-humanistischer, vor allem klassischer Traditionen im Sinne eines breiten nationalen Bündnisses sämtlicher fortschrittlicher Kräfte) bestimmte Positionen sozialistischer Kunst ins Hintertreffen. Friedrich Wolf, meistgespielter kommunistischer Dramatiker vor 1933, konnte so nach 1945 an seine Erfolge nicht anknüpfen. Im kulturellen Neuaufbau führend tätig, bei der Organisation des neuen Rundfunks wie der Filmgesellschaft DEFA und der Volksbühne, mußte er hinnehmen, daß seine eingreifenden, polarisierenden Stücke im Bühnenabseits blieben, sogar Langhoffs ›Deutsches Theater‹ lehnte sein in Nazideutschland spielendes Exilwerk ›Was der Mensch säet‹ (1945) ab. In seinem Tagebuch notierte er 1948:

> Unsere Theater – man könnte weinen (wenn einem das läge), da man nicht mit den Fäusten dazwischenschlagen kann! Dilettantismus, verlogene Gespreiztheit und Wiederherausposaunen der ›tief menschlichen‹, unverbindlichen ›indirekten Methode‹, die niemandem wehe tut und von der niemand sich getroffen zu fühlen braucht.[5]

Die Vorbehalte gegen das »Plüschtheater« (Wolf) wurden von Bertolt Brecht geteilt, der im Oktober 1948, kaum in Berlin angekommen, über seinen ersten Theaterbesuch vermerkte: »miserable aufführung, hysterisch verkrampft, völlig unrealistisch.«[6]

2. Rückkehr Bertolt Brechts

Aus der Ambivalenz von guten Vorsätzen und schlechten Ausgangsbedingungen erklärt sich die Sorgfalt, mit der Brecht seine Rückkehr vorbereitete. Nach Verlassen des ungastlicher werdenden US-Exils (man hatte ihn vor den ›Ausschuß gegen unamerikanische Umtriebe‹ zitiert) begann er im Herbst 1947 seine Theaterarbeit in der Schweiz. Mit Unterstützung des Zürcher Schauspielensembles inszenierte er in Chur eine Sophokles-Bearbeitung,

›Antigone‹, für seine Frau Helene Weigel nach Jahren die erste
tragende Rolle; anschließend in Zürich sein Volksstück ›Herr Puntila und sein Knecht Matti‹. In Berlin, wo er zusammen mit Ko-
regisseur Erich Engel, seinem alten Mitarbeiter, ›Mutter Courage‹
für das ›Deutsche Theater‹ einstudierte, traf er parallel die entscheidenden Absprachen für seine weitere Tätigkeit. Vereinbart
wurde die Einrichtung des ›Berliner Ensembles‹, das bis zur Bereit-
stellung eines eigenen Hauses an Langhoffs Bühne Gastrecht ge-
noß. Weitergehende Pläne Brechts, wie die feste interzonale Tour-
neearbeit mit Produktionen des ›Berliner Ensembles‹ oder die be-
absichtigte Mitarbeit bei einer Reform der Salzburger Festspiele,
zerschlugen sich mit der Zuspitzung der politischen Lage. Der
Neuanfang der sozialistischen Theaterleute, gedacht für das gesamte Zonendeutschland, mußte sich in der Folge (eingeleitet
durch die westdeutsche Währungsreform, endgültiger geworden
durch die Gründung zweier Separatstaaten) auf die aus der SBZ
hervorgehende Deutsche Demokratische Republik beschränken.
Anders als Wolf, der 1949 als erster Botschafter seines Landes
nach Warschau ging, hatte Brecht die Möglichkeit, mit eigenen
Arbeitsergebnissen Alternativen zur überkommenen Theaterästhetik aufzuzeigen. Bis zu seinem Tod im August 1956 verlor das
›Berliner Ensemble‹ nicht seinen Außenseitercharakter, aber allen
kritischen Einwänden, die seit dem Debüt mit ›Mutter Courage‹
nicht abrissen, und auch kulturpolitischen Verfügungen zum
Trotz war der Bestand dieses einzigartigen, ab 1954 im ›Theater
am Schiffbauerdamm‹ heimischen Bühnenexperiments immer garantiert.

3. Stanislawski-Rezeption

Die traditionelle Ausrichtung der Theateranfänge in der DDR, die
neben einer idealistisch reproduzierten Klassik, neben antifaschistischer Emigrationsdramatik (z. B. Günter Weisenborns ›Die Illegalen‹), neben Zeitstücken aus der Sowjetunion, den Volksdemo-
kratien und ersten Versuchen neuer Autoren das explizit sozialistische Thema zunächst vernachlässigte, erklärt sich nur zum Teil aus
der auf das Bürgertum zielenden kulturpolitischen Bündnispolitik.

Unmittelbar mußte sich die Umorientierung auswirken, die seit den dreißiger Jahren in der Sowjetunion durchgesetzt war und unter der Vorgabe größerer Volkstümlichkeit zu einer Aufwertung bürgerlich-realistischer Traditionen und zur Unterdrückung proletarisch-revolutionärer Experimente geführt hatte. Im sowjetischen Exil vollzogen kommunistische Theaterleute wie Gustav von Wangenheim und Maxim Vallentin, vordem Vertreter eines operativen, agitatorischen Theaters, diesen Kurswechsel nach. Vallentin gründete 1947 zusammen mit Ottofritz Gaillard und Otto Lang in Weimar das ›Deutsche Theaterinstitut‹; zur Aufgabe machte man sich die Popularisierung und Durchsetzung der Methoden Konstantin S. Stanislawskis (1863–1938), die schulbildend für ein betont psychologisierend-idealistisches Theaterverständnis waren. Ab 1949 hatte Vallentin in Berlin eine eigene Truppe, das ›Junge Ensemble‹, aus dem 1952 das ›Maxim-Gorki-Theater‹ hervorging.

Nicht in der zeitweise forcierten Propagierung des ›Stanislawski-Systems‹ [→ 87] als einzigem Weg zu einem sozialistisch-realistischen Theater liegt der Wert dieser Rezeption für das DDR-Theater, sondern in der künstlerischen Umsetzung dieser Methodik durch die großen Klassikerinszenierungen Wolfgang Langhoffs in der ersten Hälfte der fünfziger Jahre. Regieleitend war die Realisierung der ›Überaufgabe‹, der zentralen aktivierenden Stückidee mittels einer stringent motivierten ›durchgehenden Handlung‹ und der, die psychischen Dispositionen der Rollenfigur vollständig verkörpernden, ›physischen Handlung‹ der Schauspieler. Die Aufführung wurde zum Hebel, das Publikum durch Einfühlung mobilisiert. Das machte aus Goethes ›Egmont‹ 1951 einen direkten Appell: »Unser Zuschauer soll durch ein großes Beispiel angeregt werden, alle seine Kräfte zur Vereinigung unseres eigenen Vaterlandes anzuspannen.«[7]

4. Streitpunkt Geschichte

Der Gegenspieler solcher Klassik-Pflege war natürlich Brecht. Im Jahr zuvor hatte er sein Modell einer ideologiekritischen Bearbeitung eines überkommenen Schauspiels, funktionalisiert für Fragen des Tages, vorgestellt: Lenz' ›Der Hofmeister‹.

Das Berliner Ensemble vertrat die Meinung, daß das Stück aus der Zeit, wo das Bürgertum sein Unterrichtssystem errichtete, ein anregendes satirisches Bild dieses Teils der deutschen Misere gibt. Im ›Hofmeister‹ ist das Positive der bittere Zorn auf einen menschenunwürdigen Zustand unberechtigter Privilegien und schiefer Denkweisen,[8]

heißt es im Buch ›Theaterarbeit‹, einer von Brecht edierten Dokumentation der ersten Inszenierungen seines Theaters. Diese Bemerkungen zielten auf eine anhaltende Polemik, die sich nach der Premiere der ›Mutter Courage‹ und der Veröffentlichung der theoretischen Positionsbestimmung (›Kleines Organon für das Theater‹, 1949) unmittelbar entzündet hatte und in dem Streit um die exemplarische Gestaltung des ›Faust‹-Stoffes gipfelte (›Urfaust‹: Die Bearbeitung Brechts, Regie Egon Monk, wurde 1952 kurzfristig abgesetzt; ›Johann Faustus‹, das im gleichen Jahr publizierte Textbuch Hanns Eislers zur geplanten Oper, verfiel heftiger offizieller Kritik). Die Darstellung der deutschen Geschichte als Anlaß kritischer Negation, von Schauspielern wie Publikum Distanzierung, nicht Identifikation verlangend, stieß bei Theaterleuten und Kulturpolitikern auf harten Widerstand. In der Ablehnung einig waren sich der maßgebliche Kritiker Erpenbeck (»Irrweg«), Friedrich Wolf (Verzicht auf das »emotionale Erlebnis«) und die V. Tagung des Zentralkomitees der SED (sie nahm den »Kampf gegen den Formalismus in Kunst und Literatur, für eine fortschrittliche deutsche Kultur« im März 1951 auf und wandte sich gegen Brechts pazifistisches Libretto ›Das Verhör des Lukullus‹; die Oper schrieb Paul Dessau)[9]. Das im positiven Sinne Beispielhafte historischer Stoffe und Vorlagen wurde gefordert. Brecht hielt aus diesem Grund sein 1949 fertiggestelltes Stück ›Die Tage der Commune‹, das Einsicht in die Gründe revolutionärer Niederlagen gibt, zurück; andere Autoren, so Friedrich Wolf mit seinem letzten Schauspiel ›Thomas Müntzer‹ (1953) oder Hedda Zinner mit ›Die Lützower‹ (1955), lieferten hingegen entsprechende Werke.

5. *Neue Wirklichkeit als Bühnenstoff: Friedrich Wolf,*
   Erwin Strittmatter

In der Breitenwirkung beschränkt, vollzog sich der perspektivische
Ausbau der Brechtschen Theaterarbeit mit großer Konsequenz:
Das Zusammenwirken mit alten Mitarbeitern, teils über Gasttätig-
keit (Engel, Busch, Therese Giehse, Caspar Neher, Teo Otto, Eisler,
Dessau usw.) ergänzte früh die ausgedehnte Schülerarbeit. Jungen
Assistenten wie Manfred Wekwerth, Peter Palitzsch, Benno Besson
übertrug Brecht Inszenierungen, die im ›Berliner Ensemble‹, aber
auch an einzelnen Bühnen der DDR-Provinz realisiert wurden. Die
Projektarbeit betraf nicht nur Spielweise, eigene Stücke und Bearbeitungen, sie widmete sich auch dem Gegenwartsthema. Die neue
Wirklichkeit, wie sie sich nach den ersten gesellschaftspolitischen
Weichenstellungen und der Staatsgründung, direkter mit dem
1951 angekündigten ›Aufbau des Sozialismus‹ in Umrissen und
Anfangsergebnissen andeutete, konnte ihre Ergiebigkeit als Thea-
terstoff nur erweisen, wenn die neue Qualität sozialer Konflikte
künstlerischer Darstellung zugänglich war.

Die ersten Stücke, die die sozialistische Produktionssphäre zum
Gegenstand hatten, Hermann Werner Kubschs ›Die ersten Schritte‹ (1950) und Karl Grünbergs ›Golden fließt der Stahl‹ (1950), be-
dienten sich abgegriffener Mittel. Konfliktauslösend war in beiden
Fällen die von außen kommende Bedrohung; die Ausschaltung des
Klassengegners machte den Weg frei für die bessere Zukunft
[→ 337 f.]. Nach dem gleichen Muster verfuhr Gustav von Wangenheim in ›Du bist der Richtige‹ (1950), geschrieben für ein jugendliches Publikum. Dramaturgisch konventionell, in der Anlage
und thematisch jedoch ein Vorgriff, der erst später für das DDR-
Zeitstück vorbildlich wirkte, war Friedrich Wolfs ›Bürgermeister
Anna‹ (1950): Das verschränkte Gegeneinander von Altem und
Neuem, der Klassenkampf auf dem Dorf und die gleichzeitig anstehende Emanzipation der Frau aus rückständigen Verhältnissen
wurde gespiegelt in dem Handeln der Hauptfigur, einem Selbst-
helfertyp, die in ihrem Eintreten für den Sozialismus auch vor
hemmenden Parteianweisungen von oben nicht haltmachte. Wolfs
Plan, mit einem weiteren Stück auf Probleme der industriellen Ar-

beitswelt einzugehen, blieb unausgeführt; der Schriftsteller starb 1953. Für ›Bürgermeister Anna‹, das Lustspiel mit ernstem Thema, fehlte mancherorts der Humor. Bevor es zu einigen Aufführungsserien kam, gab es Einwände von seiten der Partei, ein noch vor der Uraufführung abgedrehter Film wurde kurz nach der Freigabe wieder eingezogen und bis auf eine Archivkopie vernichtet.

Brecht befaßte sich zu diesem Zeitpunkt mit einem literarisch schon gestalteten sozialistischen ›Helden der Arbeit‹. Über einen der ersten DDR-Aktivisten hatte Eduard Claudius eine Erzählung und einen Roman geschrieben (›Vom schweren Anfang‹, 1950; ›Menschen an unserer Seite‹, 1951) [→ 386 f.]. Das ›Büsching‹-Projekt beschäftigte den Dramatiker über Jahre: Die Handlung um den vorbildlichen Arbeitseinsatz eines Ofenbauers in einem volkseigenen Betrieb weitete sich aus zu einem chronikalischen Panorama und umspannte Vorgänge vom Faschismus bis zum Arbeiteraufstand des 17. Juni 1953. Fertiggestellt wurde das Stück nicht. So ist die Bearbeitung des Schauspiels ›Katzgraben‹ von Erwin Strittmatter (1953) die einzige zu Ende gebrachte Auseinandersetzung Brechts mit dem neuen Gegenstand. Die ›Szenen aus dem Bauernleben‹ zeigen Stationen der ersten sozialistischen Umgestaltung auf dem Lande von der Bodenreform bis zur Genossenschaftsgründung. Die mehrfache Neufassung der Vorlage entstand in intensiver Kooperation von Autor und Regisseur. Brecht verstand ›Katzgraben‹ nicht als aktuelles ›Tendenzstück‹, sondern als ›historische Komödie‹. Im Sinne seines Epischen Theaters setzte er historisierende und poetisierende Mittel ein. Dazu gehörte die Versifizierung des Dialogs, eine Novität im sozialistischen Zeitstück; dazu gehörte auch die betont heiter-überlegene Fabelführung, die die Zuschauer auf die Dimension des Möglichen bei der Betrachtung eigener Vergangenheit verwies: »Wir müssen einem proletarischen Publikum Lust machen, die Welt zu verändern (und ihm einiges dafür nötiges Wissen vermitteln).«[10] Wie sonst nur bei der Inszenierung seiner Parabel ›Der kaukasische Kreidekreis‹ (1954) skizzierte Brecht mit ›Katzgraben‹ den neben der Negation abgelebter, noch virulenter Vorgeschichte anderen Pol: die positive Bejahung des Anderswerdens.

6. Theaterpolitik zwischen Dogmatismus und Opportunismus

Mit Ausnahme von Erwin Piscator, der trotz vieler Aufforderungen durch Brecht, Wolf u.a. in den USA blieb und von dort erst nach Ermittlungen der McCarthy-Behörde 1951 in die Bundesrepublik zurückkehrte, hatten die sozialistischen Theaterströmungen der Weimarer Republik, modifiziert durch Erfahrungen des Exils, in der DDR personell ihre Fortführung gefunden. Die Tradition des Zürcher Schauspielhauses ging 1956, als das von den ehemaligen Schweizer Emigranten Wolfgang Heinz und Karl Paryla geleitete ›Theater in der Scala‹ in Wien aufgrund wachsenden antikommunistischen Drucks schloß und das Ensemble zum großen Teil nach Ost-Berlin übersiedelte, in Langhoffs ›Deutschem Theater‹ auf. Die kulturpolitischen Forderungen des neuen Staates an die Theater wechselten mit den gesellschaftspolitischen Prioritäten. Die Forcierung der sozioökonomischen Umwälzung zu Beginn der fünfziger Jahre verlangte die Betonung des sozialistischen Themas, sogar auf Kosten der bisher favorisierten Klassikpflege. Auch Langhoffs Spielplandispositionen wurden gerügt. Andererseits beharrte die Kunstpolitik auf überkommenen Maßstäben, die ZK-Tagung gegen den ›Formalismus‹ [→ 141] warf Brechts ›Mutter‹-Inszenierung eine »Kreuzung oder Synthese von Meyerhold und Proletkult« vor[11]. Wie wenig administrative Kraftakte dem DDR-Theater, was ideologisch-ästhetische Engführungen anbetrifft, nutzten, dafür boten die Auswirkungen des ›Neuen Kurses‹ ab 1953 den Beweis. Die sich an die Arbeiterunruhen des 17. Juni 1953 anschließende Kritik und Selbstkritik auch auf kulturpolitischem Gebiet gab Platz für eine ›Liberalisierung‹ der Theaterspielpläne; sprunghaft stieg die Zahl der ›bürgerlichen‹ Stücke, der Westimporte. Eine Theaterpolitik, die der Dramaturg des ›Deutschen Theaters‹ Heinar Kipphardt in seiner Satire ›Shakespeare dringend gesucht‹ (1954) zum Verlachen bloßstellte, zeigte in der Realität ihr Doppelgesicht. Unter einer verbal (und gegen ›linke Abweichung‹ tätigen) strengen politischen Aufsicht hatte sich ein Theaterbetrieb alten Stils konservieren können. Kipphardts Stück wurde zu einem großen Erfolg: Die verzweifelte Suche eines DDR-Dramaturgen nach dem zu entdeckenden neuen sozialistischen

Dramatiker hat mit Opportunismus, Zweckoptimismus, Schönfär-
berei fertigzuwerden. Die Fiktion entsprach zu genau der Wirklichkeit. Aber die in den Theatern lachten, waren nicht die ›neuen
Menschen‹; das von allen sozialistischen Künstlern angestrebte
Theater für ein neues Deutschland spielte vor seinem alten, (klein-)
bürgerlichen Publikum.

II Theater für eine neue Gesellschaft

Das ist die Frage, wie wir, abgesehen von dem großen Stück für die Theater, wieder zu den kleinen, wendigen Kampfformen kommen, wie wir sie
einmal in der Agitprop-Bewegung gehabt haben. Die kleine Form gestattet ein direktes Sichengagieren im Kampf. Denn wir werden mit einer
Kampfphase rechnen müssen, und wir werden unsere Gemütlichkeit ir-
gendwann ablegen, bekämpfen müssen, zusammen mit anderen kleinbürgerlichen Bestrebungen. Wie können wir die Dramatik jetzt in den Kampf
um den Sozialismus führen? Das ist die wirkliche Schwierigkeit. Was wir
erreichen müssen, ist, daß im Publikum ein Kampf entfacht wird, und
zwar ein Kampf des Neuen gegen das Alte. Wenn wir uns die neue Welt
›künstlerisch-praktisch aneignen‹ wollen, müssen wir neue Kunstmittel
schaffen und die alten umbauen.[12]

Brechts Aufforderung, geäußert vor der Sektion Dramatik des
IV. Schriftstellerkongresses im Januar 1956, dokumentierte Unzufriedenheit mit bisher Erreichtem und gab Stichworte für die aktuell anstehende Arbeit. Den Theatern in der DDR ging es ausge-
zeichnet: Die Besucherzahlen erreichten in der Saison 1955/56
ihren höchsten Stand; die 77 Bühnen (BRD: 121) verzeichneten
17,9 Millionen Besucher (BRD: 19,4); die öffentlichen Subventionen beliefen sich 1954 auf 168 Millionen Mark (BRD: 111 Millionen DM). Die Überführung der Volksbühnenorganisation in ein
gewerkschaftlich betreutes Betriebsanrechtssystem (1953) hatte
für eine rasche Ausweitung der Publikumskreise (Arbeiter, Land-
bevölkerung) gesorgt. Brechts Unmut betraf eine Theaterpraxis,
die ihre seit den Ereignissen des Jahres 1953 (Tod Stalins; der
17. Juni) objektiv gegebenen Chancen zur thematisch-dramaturgi-
schen Innovation nur einseitig nutzte. Die Anerkennung für seine

Theaterarbeit blieb nach wie vor aus. Seine Stücke wurden kaum gegeben. Den beginnenden Weltruhm des ›Berliner Ensembles‹ begründeten Auslandsgastspiele (u. a. Paris 1954). Die Überlegungen, aufbauend auf der Lehrstücktechnik der dreißiger Jahre, zu neuen Formen episch-dialektischen Theaters zu gelangen, konnte Brecht nicht weiterführen: Er starb im August 1956. Sie fanden indessen ihre Fortführung in Versuchen junger Autoren und in einer allgemeinen Rückbesinnung auf proletarisch-revolutionäre Traditionen, die in Reaktion auf die (politisch motivierte) Propagierung eines bürgerlich-idealistischen Realismuskonzepts einsetzte, wie es bisher unangefochten der nun durch seine Beteiligung an der antisowjetischen Aufstandsbewegung in Ungarn diskreditierte Theoretiker Georg Lukács verfochten hatte.

1. Didaktische Versuche: Helmut Baierl, Heiner Müller

Wie eine Einlösung Brechtscher Vorschläge nahm sich das ›Didaktische Theater‹ aus, mit dem eine Reihe neuer Dramatiker ab 1957 debütierte. Mit formaler Adaption begnügte sich Helmut Baierl. Sein Lehrstück ›Die Feststellung‹ (1958) strengte einen Widerspruch an, der sich von selbst erledigt hatte: Eine Dorfgemeinschaft rekonstruiert nach der Rückkehr eines republikflüchtigen Bauern die Gründe, die zum Weggang nach Westen führten. Ähnlich verharmlosend verfuhr Baierl in seinem, Brechts ›Mutter Courage‹ als Vorlage nutzenden, Schauspiel ›Frau Flinz‹ (1961): Nachdem die Titelheldin ihre fünf Söhne an den sozialistischen Aufbau verloren hat, kommt sie zur Einsicht in das gesetzmäßig Gute der neuen Ordnung. Aus der resoluten Einzelgängerin wird die Vorsitzende der ersten LPG. Lösungen stellen sich bei Baierl ein ohne Verluste; Konflikte beruhen auf Mißverständnissen und subjektiven Fehlern; die Kollisionen haben keinen objektiven Charakter (so auch in ›Johanna von Döbeln‹, 1969: Die in einen volkseigenen Betrieb verpflanzte Idealistin sitzt eigenen Einbildungen auf).

Eigenständiger und selbstbewußter bezog sich Heiner Müller auf das Vorbild. Er griff im Lehrstück ›Der Lohndrücker‹ (1957) auf jenen Stoff zurück, vor dem Brecht kapituliert hatte: Die Vorbildtat des Ofenbauers (›Büsching‹) hatte jener einkleiden wollen in einen historisch-biografischen Zusammenhang. Müller beschränkte sich in seiner lakonischen, schlaglichthaften Szenenfolge auf das unmittelbare Ereignis, die Ringofenreparatur [→ 386 ff.]. Der Wandel sozialer Verhältnisse ändert den Wert subjektiver Haltungen; freiwillige Mehrleistung verweigernde Arbeitersolidarität wird zum objektiv falschen, weil schädigenden Verhalten unter sozialistischen Bedingungen; der gegenüber betrieblichen Erfordernissen unbedingt loyale Arbeiter handelt hingegen im Gemeininteresse. Persönliche Beweggründe und Charaktereigenschaften interessieren im ›Lohndrücker‹ nur, soweit sie sozial bezeichnend sind; gefragt wird nach der gesellschaftlichen Funktion von Verhaltensweisen. Auch im folgenden Lehrstück ›Die Korrektur. Bericht vom Aufbau des Kombinats *Schwarze Pumpe*‹ (1958; der Autor schrieb es wie ›Lohndrücker‹ zusammen mit seiner Frau Inge Müller) stand eine Umwertung im Mittelpunkt. Korrigieren muß sich auf einer sozialistischen Großbaustelle der kommunistische Brigadier; seine Vorbehalte gegen einen bürgerlichen Ingenieur, Vertreter der alten Ordnung, den die neue braucht (»Der Sozialismus wird nicht nur mit Sozialisten aufgebaut«), hindern ihn, die eigentliche Hemmung des Arbeitsfortgangs zu sehen, einen neuen Widerspruch: Das gerade durchgesetzte Normprinzip wird von den Kollegen schon mißbraucht; statt Qualität produziert man auf Masse, überbietet so lohnsteigernd die Planziffern, macht die Planerfüllung aber durch unbrauchbare Resultate unmöglich. Diskussionen mit Arbeitern des Kombinats ›Schwarze Pumpe‹ und dem Regisseur des Stücks, Hans Dieter Mäde, brachten Einwände. Müller begann mit der Korrektur der ›Korrektur‹, denn: »Die neue Literatur kann nur mit dem neuen Publikum entwickelt werden.«[13] Die zweite Fassung verstärkte das didaktische Moment, entschärfte die Frontstellung Kommunist – bürgerlicher Ingenieur, konzentrierte sich auf die Überwindung der fehlerhaften Einstellungen der Brigade. Mit beiden Lehrstücken hatte Müller bewiesen, daß Konkretisierung und Konstruktivität miteinander vereinbar waren: Er verzichtete auf abstrahierende, verfremdende Entscheidungssituationen, die Brecht benötigt hatte, und die didaktische Konfliktlösung war Ergebnis einer neuen gesellschaftlichen Praxis. Beide Texte realisierte Regisseur Mäde, ein Schüler

Maxim Vallentins, am Ostberliner ›Maxim-Gorki-Theater‹. Müller dramatisierte zur gleichen Zeit (zusammen mit Hagen Müller-
Stahl) den Roman des Amerikaners John Reed über die Oktoberrevolution, ›Zehn Tage, die die Welt erschütterten‹; er machte daraus eine dokumentarische Revue; die Uraufführung fand 1957 an
der ›Volksbühne‹ statt (1954 war der Wiederaufbau dieses Theaters am Bülowplatz, jetzt Rosa-Luxemburg-Platz, abgeschlossen
worden).

2. Peter Hacks

Die für die weitere Theaterentwicklung folgenreichste Arbeitsbe-
ziehung zwischen neuer Dramatik und führender Regie hatte sich
am ›Deutschen Theater‹ angebahnt. Dort waren die ersten Stücke
des 1955 von München in die DDR-Hauptstadt gewechselten
Autors Peter Hacks inszeniert worden, Historien, die bürgerliche
Legendenbildungen mittels soziologisch-materialistischer Umdeutung demontierten und parodierten (›Eröffnung des indischen
Zeitalters‹: Columbus als »Weltidee zu Schiffe«) beziehungsweise
eine überlieferte Vorlage zu aktueller politischer Parteinahme verwendeten (›Die Schlacht bei Lobositz‹: Das Stück als »Teil der
menschlichen Bemühungen um Abschaffung des Krieges« richtete
sich gegen die westdeutsche Wiederaufrüstung). Nach seiner Übersiedlung hatte Hacks mit seiner Frau Anna Elisabeth Wiede, be-
auftragt von Brecht, John M. Synges ›Der Held der westlichen
Welt‹ (1956) übersetzt. Mit seinen Stücken (und ab 1960 als Dramaturg und Hausautor) kam er an Wolfgang Langhoffs Bühne
unter. Anschließend an die DDR-Erstaufführung der ›Eröffnung
des indischen Zeitalters‹ (1956; Inszenierung Ernst Kahler) führte
Langhoff selbst Regie bei ›Die Schlacht von Lobositz‹ (Uraufführung 1956). Die Ausnahmestellung des Autors Hacks war schnell
erkannt; die methodische Nähe zu Brecht (auch im damals nicht
aufgeführten Stück ›Das Volksbuch vom Herzog Ernst oder Der
Held und sein Gefolge‹, entstanden 1955: »Heroismus als Funktion des sozialen Ortes«) ließ die künstlerische Originalität vor
allem der sprachlichen Gestaltung nicht übersehen.

3. Arbeit mit Klassikern: Wolfgang Langhoff

Die Arbeit mit Hacks, fortgesetzt 1958 durch die Uraufführung von ›Der Müller von Sanssouci‹, wurde für Langhoff zum Moment einer Umorientierung, die zu einer Synthese seiner bisherigen Auffassungen mit Anregungen des episch-dialektischen Theaters führte. Das Bestreben, aus Klassikern durch Betonung der positiv-aktivierenden Bezüge zur Gegenwart Zeitstücke zu machen, hatte der Regisseur erstmals 1957 mit Shakespeares ›König Lear‹ modifiziert. Die Inszenierung interpretierte das Drama historisch-kritisch; in den Vordergrund trat der Fabelverlauf, nicht die Charakterdarstellung, zurückgenommen wurden Pathos und Emphase. Prompt kam es zu einer Neuauflage abschlägiger Kritik. Fritz Erpenbeck, der acht Jahre zuvor anläßlich Brechts ›Courage‹ vor einem »Absterben des Theaters« gewarnt hatte, sprach von »blutarmem Theater« und sah Langhoff »irritiert durch halbrichtige Kunsttheorien und geschmäcklerische Einflüsse«[14]. Ende 1957 brachte der Intendant des ›Deutschen Theaters‹ ein sowjetisches Revolutionsstück zur Premiere, Wladimir Bill-Bjelozerkowskis ›Sturm‹; die Musik schrieb Hanns Eisler, die Hauptrolle spielte Ernst Busch:

> So kamen wir darauf, Mittel anzuwenden, die sich die Arbeiterklasse selbst im Kampf um ihre Befreiung geschaffen hat. Und da viele meiner Kollegen und ich selbst an der Seite der deutschen Arbeiterklasse gekämpft haben, war es uns selbstverständlich leichter, diese Elemente, die zu Unrecht eine lange Zeit bei uns in Vergessenheit geraten waren, heute wieder anzuwenden.[15]

Höhepunkt der Umorientierung in der Theaterarbeit dieses neben Brecht wichtigsten Regisseurs der fünfziger Jahre war Lessings Lustspiel ›Minna von Barnhelm‹ (1960). Auf den antifriderizianischen ›Der Müller von Sanssouci‹ (Hacks dekuvrierte den in der bekannten Anekdote kolportierten Gerechtigkeitssinn Friedrichs II. als augenwischende Taktik) ließ Langhoff eine antipreußisch akzentuierte Aufklärungskomödie folgen. Hier gelang die Balance zwischen einer kritisch-bezeichnenden Spielweise und einer humanistisch-bejahenden Interpretation der Figuren: Die

Verhältnisse (Das Bühnenbild Heinrich Kilgers zeigte einen heruntergekommenen Gasthof in Nachkriegspreußen) lasten auf diesen
Personen ebenso wie die Normen einer autoritären Gesellschaft;
Soldatenehre steht dem Menschenglück im Weg. Die neue Vereinbarkeit bisher getrennter Theaterpositionen deutete auch die Besetzung der Hauptpersonen an: Hans-Peter Minetti (Tellheim) kam
vom ›Maxim-Gorki-Theater‹, Käthe Reichel (Minna) vom ›Berliner Ensemble‹, beide nun festengagiert an Langhoffs Haus.

4. Auseinandersetzungen:
›Die Sorgen und die Macht‹ von Peter Hacks

Zum »Didaktischen‹ oder (wie es in der Folge oft hieß) ›Dialektischen Theater‹ gerechnet wurde gemeinhin Peter Hacks' nächstes
Stück ›Die Sorgen und die Macht‹, obwohl es in Anspruch und Ergebnis über die operative Gattung der knappen Lehrstücke hinaus-
reichte. Nach der Prämierung in einem Stückwettbewerb des
DDR-Theaterverlags Henschel im Jahr 1958 (Das Exposé trug
noch den Titel ›Briketts‹) häuften sich bald die Widrigkeiten: Die
erste Fassung erlebte nur eine Probeaufführung am ›Deutschen
Theater‹; die zweite delegierte man zur Einstudierung an das
›Theater der Bergarbeiter‹ in Senftenberg. Mit dieser Provinzbühne bestand seit 1953 eine Vereinbarung über wechselseitige Gastspiele und Gastinszenierungen. Oberspielleiter in Senftenberg war
(bis 1959) Horst Schönemann, ehemaliger Schauspielschüler des
›Deutschen Theaters‹, später am ›Maxim-Gorki-Theater‹ und am
›Landestheater Halle‹ erfolgreich als Regisseur. ›Die Sorgen und
die Macht‹ hielten sich nach der Uraufführung im Jahr 1960 nur
kurz auf dem Spielplan; Hacks machte sich an eine dritte Fassung:
»Die besondere Schwierigkeit für das Stück war, daß es, 1958, als
erstes den Versuch unternahm, unsere industrielle Wirklichkeit in
großer Form widerzuspiegeln.«[16] Das Gegenwartsthema, die
widerstreitenden Interessen zweier Betriebe (Eine weit über Planerfüllung produzierende Brikettfabrik liefert einer Glashütte so
schlechten Brennstoff, daß es für diese zum Plansoll nie reicht),
kleidete der Dramatiker in die Form der Historie, allerdings unter
umgekehrten Vorzeichen. Der objektive Gegensatz ›Tonnenideolo-

gie‹ und Betriebsegoismus oder Qualitätssteigerung und gesamt-
volkswirtschaftliche Verantwortung ist abgehandelt auf der subjektiven, plebejischen Ebene.

In ›Die Schlacht bei Lobositz‹ desertierte der plebejische Held
aus dem ihm feindlichen Gefüge der Klassenarmee in eine kaum
absehbare bessere Zukunft; in ›Die Sorgen und die Macht‹ deser-
tiert der prämienverwöhnte Brikettier Max in die Arme der karg
entlohnten Glasarbeiterin Hede. Die (ganz irdisch verstandene) Liebe ermöglicht die neue Haltung; sie wird zur konkreten Utopie im
Kleinen, auch wenn die Umstände im gesellschaftlichen Großen
noch nicht danach sind: Maxens Eintreten für das Qualitätsprin-
zip (und damit für Lohnverzicht) bleibt nicht unumstritten. Die offiziellen Reaktionen auf die Premiere der dritten Fassung im Oktober 1962 hielten sich an ästhetischen Fragen dieser poetisch-
komödienhaften Gestaltung prosaischer Betriebsvorgänge nicht
auf; sie warfen der Inszenierung die mechanistische Konfrontation
des sozialistischen Produktionsalltags mit kommunistischen Idealen vor, lobt im Stück doch eine einsichtige Brikettarbeiterin: »Kollegen, Kommunismus, wenn ihr euch / Den vorstellen wollt, dann
richtet eure Augen / Auf, was jetzt ist, und nehmt das Gegenteil
〈. . .〉«. Schriftstellerverband und Parteispitze nahmen negativ Stellung, das Stück wurde Anfang 1963 abgesetzt. Regisseur Langhoff
und Autor Hacks mußten ihren Abschied als Intendant und Dramaturg nehmen. Zum Nachfolger Langhoffs bestellte man Wolfgang Heinz, der damit nach einem kurzen Intermezzo als Leiter
der ›Volksbühne‹ (1962/63 nach dem Rücktritt Wistens) an das
›Deutsche Theater‹ zurückkehrte, zu dessen qualitativen Profil er
mit seinen psychologisch-realistischen Inszenierungen (Gorki ›Die
Kleinbürger‹ 1957; Koregie Karl Paryla; Tschechow ›Der Kirschgarten‹ 1961 u. a) nachhaltig beigetragen hatte.

Personelle Veränderungen hatte es schon Jahre zuvor gegeben.
Getadelt wurden die Spielplandispositionen des ›Deutschen Theaters‹, die mangelnde Berücksichtigung sozialistischer Gegenwartsstücke (Langhoff und sein Chefdramaturg Heinar Kipphardt hatten die Annahme von Gustav von Wangenheims ›Studentenkomö-
die‹ abgelehnt). Der Intendant übte Selbstkritik; Kipphardt schied
aus und ging 1959 nach Düsseldorf.

5. ›Bitterfelder Weg‹ und sozialistisches Zeitstück

Die SED-Kulturpolitik reagierte auf die einschneidenden Ereignisse des Jahres 1956 (Entstalinisierungsparteitag in der Sowjetunion, im Herbst Aufstandsbewegung in Ungarn, vorher Unruhen in Polen) schnell in zweierlei Hinsicht: ›Revisionistische‹ Auffassungen, die für eine Öffnung hin zu westlichen bzw. modernistischen Einflüssen eintraten (u. a. Hans Mayer [→ 101]), wies man zurück (Kulturkonferenz 1957); auf der anderen Seite versuchte man früh, die kämpferischen Impulse, die Wiederanknüpfung an agitatorisch-operative Formen administrativ zu kanalisieren. Die Anstöße, entschiedener Theater für eine neue Gesellschaft zu machen, nahmen im Falle junger Autoren wie Müller und Hacks Arbeitsweisen vorweg, die erst später offiziell gefordert wurden: Beide gingen zur Materialsammlung für ihre Stücke in Betriebe, machten ihre Texte der Kritik durch die Objekte ihrer Darstellung zugänglich. Methoden, die dann die ›1. Bitterfelder Konferenz‹ 1959 für verbindlich erklärte. Künstlerischer Vorlauf als Eigenlauf begegnete kulturpolitischem Mißtrauen, das ›Didaktische Theater‹ mußte sich ›sektierische Tendenzen‹ vorwerfen lassen, während parallel dazu die Kampagne gegen Langhoff und Kipphardt Anfang 1959 ihrem Höhepunkt zusteuerte. Der ›Bitterfelder Weg‹ [→ 97 ff.], auf dem, wie SED-Chef Walter Ulbricht ankündigte, die Arbeiter »die Höhen der Kultur erstürmen« sollten, war Bildungsprogramm, Literaturlenkung und Förderung des künstlerischen Laienschaffens in einem. Unterstützung erhielt das sozialistische Zeitstück; den Bühnen wurde eine Inszenierung pro Saison zur Auflage gemacht; von 1961 bis 1965 fanden ›Foren sozialistischer Dramatik‹ statt. Arbeiterfestspiele als zentrale Präsentation sozialistischer Volkskunst wurden 1959 initiiert. Bis 1962 veranstaltete man an verschiedenen Orten der DDR Massenschauspiele, die mit tausendköpfiger Laienstatisterie und großer Publikumsbeteiligung abliefen. Eine Reihe von neuen Autoren, die teils über Förderungsmaßnahmen des ›Bitterfelder Wegs‹ zum Schreiben gekommen waren, debütierten mit ersten Stücken, lösbare Konflikte auslotenden, dramaturgisch einfach gebauten Alltagsgeschichten: Helmut Sakowski (›Die Entscheidung der Lena Mattke‹,

1959), Horst Kleineidam (›Der Millionenschmidt‹, 1962), Rainer Kerndl (›Schatten eines Mädchens‹, 1961), Horst Salomon (›Katzengold‹, 1964), Claus Hammel (›Um neun Uhr an der Achterbahn‹, 1964).

6. ›Berliner Ensemble‹ nach Brecht: Peter Palitzsch, Manfred Wekwerth

Wie das ›Deutsche Theater‹ zeigte auch die zweite führende Bühne, das ›Berliner Ensemble‹, wenig Neigung, sich auf die neue Zeitdramatik einzulassen. Nach Strittmatters ›Katzgraben‹ war Helmut Baierls ›Frau Flinz‹ (Der Autor arbeitete von 1959 bis 1967 als Dramaturg am Schiffbauerdamm) 1961 die zweite Bemühung des Brecht-Theaters um das DDR-Gegenwartsstück. Die Leistung der Intendantin Helene Weigel und ihrer Mitarbeiter nach Brechts Tod erhielt ihren theaterhistorischen Rang, indem es gelang, das von dem großen Stückeschreiber als Theaterpraktiker in Gang gesetzte Experiment exemplarisch zu machen, seinem Vorbildcharakter Breitenwirkung (auch in der DDR) zu verschaffen, das Modellhafte auf einem hohen qualitativen Niveau zu erhalten. Erich Engel, nun Oberspielleiter, führte die von Brecht noch begonnene Inszenierung ›Leben des Galilei‹ zuende (1957; Titelrolle: Ernst Busch; Bühne: Caspar Neher; Musik: Hanns Eisler). Die Erfahrungen einer durch Faschismus, Exil und Krieg geprägten Generation gingen in diesen Appell an die Verantwortung der Wissenschaft im Atomzeitalter ein. Aber mit Brechts Tod hatte am ›Berliner Ensemble‹ eine Ablösung begonnen; die ehemaligen Schüler übernahmen die künstlerische Initiative. Das Regieteam Peter Palitzsch und Manfred Wekwerth brachte nach Synges ›Der Held der westlichen Welt‹ (1956) und Wsewolod Wischnewskis ›Optimistische Tragödie‹ (1958) Brechts antifaschistisches Gangsterspektakel ›Der aufhaltsame Aufstieg des Arturo Ui‹ (1959) heraus. Die politisch auf das Fortleben der NS-Vergangenheit in der Bundesrepublik gemünzte Inszenierung wurde zu einer karikaturistisch-grellen Satire, die mit Slapstick, Clownspiel, Schauereffekten und Schmierentheater durchsetzt war. Die Darstellung des Obergangsters Ui-Hitler durch Ekkehard Schall (Ehemann der

Brecht-Tochter Barbara Berg) stellte eine schauspielerische Spitzenleistung dar. Der von Brecht geforderte verfremdende Gestus wurde hier von einem durch die Schule des ›Berliner Ensembles‹ gegangenen Schauspieler vollendet demonstriert. Wekwerth und Palitzsch kooperierten zum letzten Mal bei Baierls ›Frau Flinz‹; von einem Auslandsaufenthalt kehrte Palitzsch nach dem Mauerbau am 13. 8. 1961 nicht in die DDR zurück. Ähnlich eigenständig wie mit ›Ui‹ schrieb Wekwerth Jahre später Brechtsche Methoden fort, als er, nun zusammen mit Joachim Tenschert, Brechts Shakespeare-Bearbeitung ›Coriolan‹ inszenierte (1964; Musik: Paul Dessau; Titelrolle: Ekkehard Schall). Auch hier lag der Gewinn im Artistischen: Den Aufbau der großen Figur, des Kriegshelden, sollten die in Brechts Fassung noch nicht integrierten Schlachtszenen leisten. Nicht Herkunft, sondern Erfolg und damit Brauchbarkeit zeichnen Coriolan aus. Unersetzlich für die Gesellschaft, muß sie ihn ersetzen, als er sich gegen sie wendet. Die Größe der Bühnenvorgänge kam durch eine in ihrer kalkulierten Monumentalität einzigartige Choreographie zustande. Ruth Berghaus, die nach Helene Weigels Tod (1971) zeitweise die Intendanz des ›Berliner Ensembles‹ übernahm, gab mit dem an klassischen ostasiatischen Vorbildern orientierten Arrangement der Kampfszenen ihren beeindruckenden Einstand.

Ein Brechtschüler hatte schon 1958, nach der Inszenierung von ›Der gute Mensch von Sezuan‹ (1957) das ›Theater am Schiffbauerdamm‹ verlassen: Benno Besson. Der aus der Schweiz stammende Regisseur, der Brecht 1947 am Züricher Schauspielhaus kennengelernt hatte und 1949 als Assistent an das ›Berliner Ensemble‹ gekommen war, ging nach einigen Gastarbeiten (Rostock, Frankfurt, Stuttgart) an das ›Deutsche Theater‹ und brachte dort 1960 Erwin Strittmatters ›Die Holländerbraut‹ heraus. Ab 1962 fest engagiert, begann mit Peter Hacks' Bearbeitung der Aristophanes-Komödie ›Der Frieden‹ hier die Reihe seiner Inszenierungen, die in ihrer herausragenden Qualität das Theater der sechziger Jahre in der DDR bestimmten.

7. Autor ohne Bühne: Alfred Matusche

Mäßige ›Brigadestücke‹ (z. B. Joachim Koeppel ›Heiße Eisen‹ 1959; Hans Pfeiffer ›Die dritte Schicht‹ 1960) und LPG-Themen (z. B. Fred Reichwald ›Das Wagnis der Maria Diehl‹ 1959; Helmut Sakowski ›Weiberzwist und Liebeslist‹ 1960) fanden ihre Bühnen. Ein Autor, Alfred Matusche, den man auf dem IV. Schriftstellerkongreß 1956 noch zusammen mit Peter Hacks nannte (»Neuerlich sind zwei Talente hervorgetreten, die unserer Bühne bedeutende dichterische Beiträge gegeben haben.«[17]), blieb ohne Theaterresonanz. Sein Stück ›Die Dorfstraße‹ (über das es zu gleicher Gelegenheit geheißen hatte: »Das Stück hat echten Sturm-und-Drang-Charakter, es ist ›Lenzisch‹ in seiner Direktheit, Kraßheit und Abruptheit.«) erlebte wie das nachfolgende ›Nacktes Gras‹ nur die Uraufführung (›Deutsches Theater‹ 1955 bzw. ›Maxim-Gorki-Theater‹ 1958). Matusches Spielvorlagen sind dramaturgisch eigenwillige, sprachkräftige, mit lyrisierend-symbolischen Momenten arbeitende Balladen, die ihre Spannung nicht aus dem Gegeneinander von Rollen, sondern aus situativen Bedingungen der jeweiligen Mittelpunktfigur beziehen. Die Ausgangslage nimmt oft historische Wendepunkte zum Anlaß; die äußeren Umbrüche erzwingen Entscheidungsverhalten; der Konflikt ist in die Hauptperson verlagert. An der ›Dorfstraße‹ kritisierte man nach der Premiere die zu subjektive Sicht, mit der die Vorgänge in einem deutsch-polnischen Dorf kurz vor Kriegsende geschildert wurden. ›Welche von den Frauen‹, früher entstanden, aber nicht aufgeführt, behandelt die Zeit unmittelbar nach der Befreiung. ›Der Regenwettermann‹ (1965) spielt kurz vor dem deutschen Angriff auf die Sowjetunion, ›Das Lied meines Weges‹ (1967) während der faschistischen Machtergreifung. Matusche erlebte, sieht man von einer Inszenierung 1965 in Potsdam ab, erst im Übergang zu den siebziger Jahren eine späte Anerkennung. 1973 starb er. Betroffen vermerkte man, daß diesen Einzelgänger, der in seinem Künstlerdrama in Stationen ›Van Gogh‹ (1966) die ganze Bitterkeit isolierter Kunstproduktion faßte und mit ›Kap der Unruhe‹ (Uraufführung 1970) in der Gestalt des kompromißlosen Kranführers Kap die Öde der DDR-Fertigbaustädte kritisiert (»Bedürfnisanstalten des modernen Lebens«), erst der Nachruhm auf den Bühnen durchsetzte.

III Theater nach der Revolution

Alle guten Leute hier haben in einer Periode des episch-soziologischen Theaters gelernt, gesellschaftliche Vorgänge auf der Bühne darzustellen, und können jetzt darüber hinausgehen. Jetzt können sie große Geschichten von Leuten erzählen, ohne die Tatsache zu vernachlässigen, daß diese Leute in einer Gesellschaft angesiedelt sind. Wir haben ziemlich genau die Entwicklung der frühbürgerlichen Dramatik rekapituliert. Wie diese bestanden wir darauf, die Gattung des Dramas, die eigentlich schon erfunden war, neu zu erfinden. Wie diese begannen wir mit Stücken, die vollkommen damit zufrieden waren, daß sie die neue Klasse überhaupt auf die Bühne brachten; sie schilderten sie in ihrem läppischsten Tun und Treiben und mit der einzigen Aussage, daß diese neue Klasse die Tugend gepachtet habe. Die nächsthöhere Stufe war in der bürgerlichen Dramatik die des Sturm und Drang, wo die Klasse, selbstbewußter geworden, hinging und anfing, die überkommenen Formen, der Gesellschaft wie der Kunst, zu beleidigen. Die entsprechende Zeit bei uns waren die fünfziger Jahre mit ›Dorfstraße‹, ›Schlacht bei Lobositz‹ und ›Lohndrücker‹. Analogien beweisen nie alles; aber auf den Sturm und Drang folgte die Klassik, wo man die großen Produktionen der Vergangenheit nicht erledigte, indem man sie ignorierte, sondern indem man sie verbesserte. Ich vermute, daß auch wir dorthin kommen wollen. Es ist natürlich schwer, über den letzten Stand unserer Dramatik zu reden, solange die drei wichtigsten Stücke der DDR, Müllers ›Umsiedlerin‹, Langes ›Marski‹ und mein ›Tassow‹ der Öffentlichkeit nicht zugänglich sind.[18]

Peter Hacks' Auskunft in einem Interview von 1964, von ganz unbescheidenem Selbstbewußtsein, war stichhaltig. Sie beschrieb jenen Zeitpunkt, zu dem das Miteinander von Bühne und neuer Dramatik möglich schien. Das von der an Sonntagsreden nicht armen DDR-Kulturpolitik immer wieder postulierte ›Sozialistische deutsche Nationaltheater‹ harrte seiner Eröffnung.

Normalität, wenn auch hart erzwungen, war eingekehrt: Die Schließung der offenen Grenze in Berlin durch den Mauerbau setzte den Schlußpunkt einer gesellschaftlichen Umwälzung, deren

letzte entscheidende Phase die endgültige Kollektivierung der
Landwirtschaft gewesen war. Für die Theater hatten die Jahre
noch auf andere Weise eine Normalisierung gebracht. Das Fernsehen wurde in West und Ost (ab Januar 1956) zum Massenver-
gnügen, in den meisten Teilen der DDR war das bundesdeutsche
Programm problemlos zu empfangen. Die Zuschauerzahlen der
DDR-Bühnen sanken rapide, in der Saison 1962/63 auf unter
13 Millionen (BRD 1960/61: ca. 20 Millionen); bis zur Mitte des
Jahrzehnts büßte man eine weitere Million ein; auf diesem Stand
konnte man sich dann bis in die siebziger Jahre halten (BRD 1972/
73: ca. 17 Millionen). Durch das neue, auch auf dramatische Stoffe
angewiesene Medium boten sich für die Autoren andererseits
zusätzliche Arbeitsmöglichkeiten. Einige konzentrierten sich fortan auf die Fernsehtätigkeit; manche wurden zu Doppelverwertern,
indem sie Versionen der gleichen Vorlage für Bildschirm und Bühne verfertigten (Reichwald, Sakowski, Salomon u. a.). Die Theater
versuchten auf den Publikumsschwund mit vermehrter Öffentlichkeitsarbeit zu reagieren, Besucherräte, Freundesgesellschaften
und Vereinbarungen mit Betriebsbelegschaften wurden initiiert.
Die Konkurrenz bedeutete jedoch auch eine Entlastung: Für die direkte ideologische Indienstnahme, als gesellschaftspolitisches Instrument, eignete sich das zentrale massenwirksamere Fernsehen
besser als die von Angebot und Niveau her differenzierte Bühnen-
landschaft. Das Theater war auf seine spezifischen ästhetischen
Möglichkeiten verwiesen.

1. Antizipatorisches Theater:
Die Erfolgsinszenierungen Benno Bessons

Wo diese lagen, zeigte eine Inszenierung, die parallel mit ›Die
Sorgen und die Macht‹ im Herbst 1962 am ›Deutschen Theater‹
herauskam: Aristophanes' ›Der Frieden‹ in der Regie von Benno
Besson, bearbeitet von Peter Hacks. Die Gleichzeitigkeit ließ den
Fortschritt erkennen; die Verzögerung entpuppte sich für das Gegenwartsstück als Verspätung. Es war trotz der anschließenden
politischen Aufregung Nachzügler, die Adaption der attischen Komödie hingegen Anfang. Hacks hatte die Vorlage dramaturgisch

gerafft, die zahllosen Metaphern und Anspielungen derb-sinnlich aufgefrischt, sparsam einige hinzugefügt. Der niedere Held, der Weinbauer Trygaios, unterwegs auf einem Mistkäfer zum Olymp, um die Friedensgöttin zu befreien und ihrer Herrschaft auf Erden Geltung zu verschaffen, ist aktiv für ein hohes Ideal, dessen Nutzen ganz diesseitig ist. Friedensliebe meint nichts anderes als Streben nach Wohlergehen, Frieden bedeutet Lebensfreude. Für Besson lieferte Hacks die perfekte Partitur:

> Es entstehen auf der Bühne und im Zuschauerraum große Genüsse, sobald es Menschen gelingt, auf der Bühne und damit auch im Zuschauerraum ihre persönlichen, ihre privaten Eigenschaften: Gefühle, Fähigkeiten, Denkart, nicht mehr nur als private Kräfte zu empfinden, sondern sie als gesellschaftlich wirksame Kräfte zu erkennen. Weiter bestehen wir vor allem auf dem theatralischen Spaß. Im Theater sollte es nicht genauso ernst und anstrengend zugehen wie im Leben, sondern leicht und heiter.[19]

Brechtsche Fabellesart und Genauigkeit im Gestus verband sich bei Besson mit einer szenischen Fantasie, die sich aus dem Fundus romanischen Volkstheaters bediente. Das Vergnügen des Publikums entzündete sich an theatralischen Mitteln, einer artistischen Entfaltung der Schauspielkunst und an den auch handfesten Assoziationen, aktuell zielenden Witzen, die für Einverständnis zwischen Akteuren und Zuschauenden sorgten. Das Theaterereignis wurde gefeiert: Bei der Premiere des ›Friedens‹ dauerten die Schlußovationen fast eine Stunde.

In den folgenden Jahren arbeiteten die talentiertesten Autoren Besson weiter zu: Nach Hartmut Langes Fassung von Molières ›Der Tartüff‹ (1963) kam Hacks' Offenbach-›Operette für Schauspieler‹ ›Die schöne Helena‹ (1964), dann Jewgeni Schwarz' ›Der Drache‹, auf deutsch eingerichtet von Inge Müller (1965), schließlich ›Ödipus Tyrann‹ nach Sophokles/Hölderlin von Heiner Müller (1967). Diese Serie wurde (bis auf ›Der Drache‹) beispiellos auch durch den Triumph eines Schauspielers: Fred Düren. Trygaios, Tartüff, Paris und Ödipus waren die Rollen, die ihn vom komischen zum tragischen Fach führten. Mit ihm (und als adäquater Partnerin Elsa Grube-Deister) erprobte Besson sein bald Erfolgsrezept werdendes Prinzip der Antibesetzung: Optisch zunächst gegen das mögliche Idealbild des Helden verstoßend (Paris – Helena waren in Ostberlin ein eher kräftiges Paar), zog die Darstellung das Interesse auf sonst unentdeckte Qualitäten. Dürens gestisches Vermögen (von 1953–58 war er Mitglied des ›Berliner Ensembles‹) war dann wesentliches Wirkungsmoment der in Vollmasken gespielten Tragödie ›Ödipus Tyrann‹. Auch für das Bühnenbild fand Besson kongeniale Partner: Neben Heinrich Kilger (›Der Frieden‹, ›Die schöne Helena‹), Chefausstatter des ›Deutschen Theaters‹ seit 1948, trat dessen Schüler Horst Sagert (›Der Tartüff‹, ›Der Drache‹, ›Ödipus Tyrann‹), der mit eklektisch-fantastischen Entwürfen zur Poesie der Inszenierungen beitrug.

2. Klassik-Konzept und Gegenwartsthema

Die Bearbeitungen von Hacks, Lange, Müller hatten Ersatzfunktionen, da sie für die Dramatiker die einzig mögliche Bühnenwirksamkeit boten. Ihre neuen Stücke zu Gegenwartsthemen waren, sieht man von der kurz befristeten Ausnahme ›Moritz Tassow‹ ab, bis auf weiteres »der Öffentlichkeit nicht zugänglich«. Was Bessons Inszenierungen realisierten, hatte Hacks 1960 für das ›Theaterstück von morgen‹ gefordert: »Artistik, Glanz, Phantasie«. Der Wandel in Hacks' ästhetischen Anschauungen kündigte sich an als Programm: zunächst als Absage an Alltagsstoffe (Helmut Baierls Diktum »Der Alltag, für den sozialistischen Aufbau der wichtigste Tag, ist Themenfeld unserer Kunst«[20] – hielt er entgegen:»Schriftsteller, die die Behauptung aufstellen, die wahren Probleme lägen im Alltag, bekunden damit nur, daß ihre wahren Probleme im Alltag liegen.«), als Bekenntnis zur hohen Bühnensprache (»Der Vers, oft mißbraucht und zu Recht geschmäht als Vehikel beschönigender Ideale, geht wieder stolz durch die jüngsten Stücke«), als Forderung nach Antizipation (»Die größten Dichter enthalten sich des Gezänks von heute und antizipieren den klaren, sicheren und großen menschlichen Standpunkt von morgen.«). »Es riecht nach Klassik« hieß es da, Brecht »möge jetzt sanft ruhen«: »Die Aufgabe des sozialistischen Theaterschriftstellers ist riesig. Die dialektische, kritische und revolutionäre Remontage ist seine Arbeit.«[21]

3. Peter Hacks ›Moritz Tassow‹; Hartmut Lange ›Marski‹;
Heiner Müller ›Die Umsiedlerin‹

Die kulturpolitische Hoffnung auf die Aufnahmebereitschaft
gegenüber jenen Stücken, die diesen Anspruch einlösten, trog. Die
sozialistische Gesellschaft (Hacks: »Sie hält mehr aus, auch mehr
Kritik.«) mußte einstweilen ohne die inszenierte Remontage leben;
›Moritz Tassow‹, Hacks' halber Rückfall ins Gegenwartsthema,
kam an der Ostberliner ›Volksbühne‹ im Oktober 1965 heraus
(Regie: Benno Besson), im Januar 1966 verschwand das Stück vom
Spielplan. Es spielt 1945 nach Kriegsende auf einem Gut in Mecklenburg, der Sauhirt Moritz Tassow, sinnenfreudiger Anarchist,
verjagt den Junker und begründet eine Landkommune, gerät mit
der Bodenreform statt Kollektivierung betreibenden Arbeiterpartei in Streit. Die Utopie muß, um als Ziel realistisch zu bleiben, fürs
erste weichen, aber nicht der eigentliche Gegenspieler Tassows, der
von KZ-Haft gezeichnete erfahrene Kommunist Mattukat, bleibt
am Ende Sieger, sondern ein bravstirniger Funktionär neuen Typs.
Die Komödie, zur gleichen Zeit entstanden wie die Bearbeitung
von ›Der Frieden‹, hat einen Helden, der sich gleichbleibt. Die große Persönlichkeit wird nicht abgebaut, sie verliert ihren produktiven Wert im konkreten Zusammenhang. Der Rückzug (Tassow
wird Schriftsteller) zeigt an, wo der Platz utopischer Perspektive
im Sozialismus sein kann, sein muß. Besson unterstrich in seiner
Inszenierung das Clownhafte, damit Kritikwürdige der Tassow-
figur (die Rolle spielte Jürgen Holtz, für diesen später in zentralen
Aufführungen glänzenden Darsteller ein Auftakt nach Maß; das
Bühnenbild entwarf der Bildhauer Fritz Cremer; die Musik schrieb
der Komponist Rudolf Wagner-Régeny). Die historisch-geographi-
sche Distanz, abgeschiedene Wirklichkeit des sozialistischen Anfangs, ermöglicht die Komödie samt ihrem, den Widerspruch zwischen gesellschaftlichen Zielen und kompromißhafter Situation
behauptenden, aber (im Sinne einer Arbeitsteilung zwischen Pragmatiker und Utopisten) versöhnlichen Ende.

Versöhnung nicht als Entlassung in die Gesellschaft, sondern als
›Aufhebung‹ im Hegelschen Sinn, führte das zweite Stück Hartmut Langes, ›Marski‹ (1962/63), vor. Wieder ist die in der Umwäl-

zung begriffene Landwirtschaft der Schauplatz. Der Großbauer Marski, groß auch als Genießer leiblicher Freuden, kommt in die Krise: Seine Freunde verlassen ihn, da sie durch die neuen Verhältnisse in die ökonomische Unabhängigkeit geraten. Freundschaft nach der Gleichung Tischgeselle und Landarbeiter beim selben Herrn stimmt nicht mehr, und damit ist Marskis Welt aus den Fugen; ihm wird das Leben leid: Im letzten Augenblick schneiden ihn die alten Freunde vom Strick. Marski erkennt, daß es unter Gleichen besser schmeckt. Die Dramaturgie des Stücks folgt strengen Regeln. Lange hielt sich an die Einheit von Ort, Zeit und Handlung; nur vermittelt, nicht szenisch kommen die gesellschaftlich bewegenden Kräfte zur Geltung, als Einfluß, der die Stückvorgänge auslöst. Der Vers verfremdet nicht zum Parodistischen; er poetisiert, hebt die Bedeutung der Bühnenabläufe. Diese Geschlossenheit wiesen die vorangehenden ›Senftenberger Erzählungen‹ oder ›Die Enteignung‹ (1960) noch nicht auf. Hier behandelte Lange Konfliktsituationen bei der Verstaatlichung einer Kohlengrube. Beide Stücke kamen auf keine DDR-Bühne. Für das ›Deutsche Theater‹ war ›Marski‹ 1964 angekündigt, die Potsdamer Uraufführung wurde abgesagt, weil Lange kurz vor der Premiere die DDR verließ.

›Moritz Tassow‹, gesteigerter noch ›Marski‹, behaupteten ihre auf gerade entrückten gesellschaftlichen Vorgängen basierenden Konflikte und Lösungen auf einer Stufe hoher Verallgemeinerung. Heiner Müller ging mit ›Die Umsiedlerin oder Das Leben auf dem Lande‹ (1961) einen anderen Weg. Das Konkrete wurde zu einer in ihrer Unverwechselbarkeit, in ihrer realistischen Prägnanz erst auf Allgemeineres weisenden Chronik. In fünfzehn Bildern zeichnet das Stück Phasen der ländlichen Entwicklung zwischen 1946 und 1960 nach. Die gesellschaftlichen Auseinandersetzungen bringen objektiven Fortschritt, von der Bodenreform zur Kollektivierung. Sie gehen jedoch auf Kosten der Individuen. Ein Neubauer bringt sich um; er kapituliert vor der staatlichen Abgabenpolitik und den Schuldforderungen eines Mittelbauers. Den Dorfsäufer, in seiner Asozialität Verkörperung unverstellten menschlichen Genußverlangens, treibt die nüchtern-rigide Aufbaudisziplin in den Westen. Die Umbruchsituation trifft den einzelnen. Zentral, nicht von der

Handlung her, die keine Mittelpunktfigur kennt, sondern sinn-
bildlich wird die Umsiedlerin: Aus den ehemals deutschen Ost-
gebieten kommend, macht sie einen neuen Anfang, liebt den nach
Westen gehenden Nichtsnutz, erwartet ein Kind von ihm und
zieht mit der verlassenen Frau des Parteisekretärs zusammen, um
gemeinsam ihren Hof zu bewirtschaften (in einer späteren Fassung, die 1976 endlich uraufgeführt wurde, heißt das Stück ›Die
Bauern‹). Auch der von Müller vorweggenommene ›Marski‹-
Schluß, der LPG-resistente Mittelbauer überlebt den selbstgewähl-
ten Strick, reißt im Schlußlachen Widersprüchliches auf: Kaum in
der Genossenschaft, meldet sich der Bekehrte krank. Und der poli-
tikgebeugte, ordensgeschmückte Parteisekretär feiert den Sieg der
sozialistischen Produktionsverhältnisse mit nachdenklichen Worten (»Das Feld ging übern Bauern und der Pflug / Seit sich die Erde
umdreht in der Welt. / Jetzt geht der Bauer über Pflug und Feld. /
Die Erde deckt uns alle bald genug.«). Müllers Komödie bezog ihre
Überlegenheit aus dem Weitersein von Autor und Gesellschaft,
nicht aus antizipierter Harmonie.

4. Heiner Müller ›Der Bau‹, Volker Braun ›Kipper Paul Bauch‹: Dramatik des Nichtgenügens

Sein nächstes Stück ›Der Bau‹ (1965) (als Vorlage nutzte Müller
Erik Neutschs Roman ›Spur der Steine‹, 1964) machte Auseinan-
derstrebendes manifest: Kaum emanzipiert und gestalterisch schon
auf konkurrenzloser Höhe, zeigten sich zwei Möglichkeiten post-
revolutionärer Dramaturgie. Eine neue Klassik suchte Versöhnung
im Humanen, ihr folgte eine neue Romantik als Kunst des Nichtgenügens, des Verlustes, der Niederlage und der offengehaltenen
Widersprüche. Müller radikalisierte und fragmentarisierte die
Vorgaben des Romans. Das Gegeneinander von verordnetem Plan
und kaum zu bändigendem Baugeschehen, von schlechten Direktiven und scheiternden Initiativen, von politischer Zweckrationalität und vermenschlichender Unvernunft verschränkt sich in den
sprunghaften, kumulierten, keinem stringent motivierten Hand-
lungsverlauf folgenden Stückvorgängen. Ein neuer Parteisekretär,
frisch auf einer Großbaustelle, sucht sich neue Partner, die unbe-

quemen: die rüde Brigade, die auf eigene Faust wirtschaftet, den resignierten Ingenieur, dessen Ideen der nächsthöhere Schreibtisch stets begräbt. Müllers Parteisekretär ist ein Vorreiter des ›Neuen Ökonomischen Systems der Planung und Leitung‹, das ab 1963 (das Stück spielt zwei Jahre früher) den Betrieben größere Eigenverantwortung einräumte. Politisch schließlich erfolgreich, erlebt der Kommunist auf dem Bau eine Niederlage anderer Art: Aus Parteidisziplin trennt er sich von seiner Liebe, einer Ingenieurin. Zum gemeinsamen Kind, das sie erwartet, darf er sich nicht bekennen. Er bittet die Geliebte, ihn zu verleugnen (»Es lebt morgen, nicht mehr dein Kind, wenn ich dir die Lüge sage, die du brauchst, wer braucht sie außer dir, und wenn du sie brauchst, wer braucht dich?«, ist ihre Antwort). Anders als in ›Die Umsiedlerin‹ verwandte Müller Verse nicht mehr durchgängig und dialoghaft, sie bekommen eine sentenzhafte Bildmächtigkeit, die ein Gegenüber nicht benötigt. Der Bau wird zur gesamtgesellschaftlichen Metapher, seine Schwierigkeiten sind die Schwernisse der neuen Gesellschaft (»Praxis Esserin der Utopien«). Die konstruktive Wandlung des anarchischen Brigadeanführers ist ursächlich verknüpft mit der Nachricht vom Mauerbau. Seine Einsichten zielen nicht kurz; sie beschreiben Existentielles (»Fleisch wird Beton. Der Mensch ruiniert sich für den Bau.«). Die »Kälte«, die Entfremdung, als Erbe der alten Welt macht das neue Leben schwer. Solche Befunde, weit entfernt von dem kleinformatigen Optimismus der üblichen Brigade- und Produktionsstücke, hatten Mitte der sechziger Jahre keinen Platz im DDR-Theater. Das 11. ZK-Plenum der SED im Dezember 1965, das gegen kritische DEFA-Filme [→ 188 ff.], gegen Stefan Heym, Wolf Biermann (er erhielt Auftrittsverbot) u. a. Front bezog, setzte den ›Bau‹ auf den Index (Die Uraufführung sollte erst sechzehn Jahre später sein).

Auch das erste Schauspiel des als Lyriker bekannt gewordenen Volker Braun, ›Kipper Paul Bauch‹ (entstanden 1962–65), blieb unter diesen Umständen unaufgeführt; die Vorbereitungen am ›Berliner Ensemble‹ wurden abgebrochen. Weniger komplex als Müller schilderte das Stück knochenharte sozialistische Arbeitswelt. Die stumpfsinnige Tätigkeit der Abraumbeseitigung im Braunkohletagebau nimmt der Kipper Bauch nicht mehr hin. Mit und gegen seine Brigade führt er Neuerungen ein, die in ihrer riskanten Spontaneität zunächst produktiv, dann destruktiv wirken. Bauch verläßt die Kollegen; das Kollektiv braucht den Selbsthelfer nicht länger (»Er verliert eine Brigade, aber die Brigade gewinnt.«). Mehrere Male überarbeitete Braun den Text; der Titel änderte sich zu ›Die Kipper‹, die Gewichte zwischen großem einzelnen und lernfähiger Gruppe verschoben sich zugunsten letzterer. Aufgeführt wurde das Stück 1972 weniger wegen dieser Modifizierung, vielmehr hatte sich das kulturpolitische Umfeld gewandelt.

5. Antike-Rezeption

»Jede Zeit hat die Lieblingsfigur, die sie verdient: die Lieblingsfigur des sozialistischen Dramatikers ist der Riese. Der Riese, das ist der nicht durch Fehler der Welt eingeschränkte Mensch«[22], schrieb Hacks. Tassow, Marski, Müllers ›Bau‹-Brigadier Barka und Paul Bauch führten als anarchische Helden in den sozialistischen Alltag eine neue, dramatisch fruchtbare Konfliktqualität ein. Jenseits dieser Gemeinsamkeit unterschieden sich intentional die Wege. Ähnlich divergierend verlief die neben dieser neuen Auffassung des Gegenwartsthemas nicht minder wichtige, in ihrer konzeptuellen Konsequenz vorrangige Entwicklung der sechziger Jahre, die Antike-Rezeption. Müller und Hacks blieben nicht die einzigen Verwerter griechischer Stoffe (zu nennen sind u. a. Karl Mickel ›Nausikaa‹ 1968; Joachim Knauth ›Die Weibervollversammlung‹ 1965; Armin Stolper ›Amphitryon‹ 1967), aber ihre Aneignung war exemplarisch und künstlerisch weitreichend. Hacks' Wahl fiel mit ›Der Frieden‹ auf die Komödie. Nach ›Amphitryon‹ (1967) folgte ›Omphale‹ (1970). Zeitgleich mit ›Der Bau‹ legte Müller ›Philoktet‹ (1964) vor, dann ›Ödipus Tyrann‹ (1966), ›Herakles 5‹ (1967) und ›Prometheus‹ (1969); die beiden letzteren kürzer in der Form, ambivalenter im Inhalt, die erstgenannten jedoch ausgewiesene Tragödien. Der antike Mythos, von Hacks verstanden als arachaisch-reine Einkleidung von Menschheitsfragen, von hoher Allgemeinheit und großer Poetizität, zielt in ›Amphitryon‹ und ›Omphale‹ nach vorne, in die Utopie. ›Amphitryon‹, ein klassischer Dreiakter mit fünf Personen in gebundener Rede, behandelt die Konfrontation zwischen Gott und Mensch von ihrem Zweck her: Für Jupiter sind in der Liebe Sinnlichkeit und Rationalität eins, sein Auftreten schafft durch Störung und Verwirrung Produktives. Die Auseinandersetzung zwischen dem Menschenpaar Amphitryon und Alkmene bringt beide, indem die Frau schon weiter ist, voran. Alte Rollen stimmen nicht, wenn die Emanzipation der Menschen Programm ist. Geschlechtertausch aus Liebe ist Thema in ›Omphale‹: Der seiner Taten müde Herakles gibt bei der Königin Omphale Helden- und Männerrolle zu früh auf, denn ein Untier ist noch zu bezwingen. Nicht bloßer Entschluß, die letzte Gewaltanstrengung schafft Frieden. Auf komische Weise stellte Hacks Haltungen in Frage. Er schuf dabei ein über allgemeine Metaphern hinausgehendes Typenarsenal aktueller Anzüglichkeit. Die klassizistische Komödie erhielt ein festes Personal, das auch die folgenden Stücke, mal biblisch-mythisch (›Adam und Eva‹, 1972), mal antik-historisch (›Prexaspes‹, 1978) bevölkert. Götter, Herrscher, Helden mit Tugenden und Spielraum, Nebengötter, Semihelden mit Prinzipien ohne Verstand, Fraktionen in einem olympischen Politbüro sozusagen – verhandelt wird die Vermenschlichung der Welt, die Aussichten scheinen eher heiter. Optimismus über die nun leichter anzugehende Lösung von Widersprüchen zwischen individuellen Bedürfnissen und gesellschaftlichen Erfordernissen bezog Hacks aus der relativen Stabilität des etablierten Sozialismus.

Unbehagen nicht über das Nichterreichte, mehr über das Nochvorhandene, Nochnötige der Ausbeutergesellschaft, der barbarischen Vorgeschichte, wurde zum bestimmenden Motiv der Antike-Beschäftigung bei Heiner Müller. Der Mythos weist nach hinten: Die Vorlage von Sophokles zum ›Philoktet‹ montierte Müller um zu einem in seiner Strenge erschreckenden Gleichnis über die tödliche Konsequenz einer richtigen Politik. Der Menschheitshasser Philoktet verweigert den Kriegsdienst. Die List des Odysseus überwindet den Widerstand, indem sie ihn auf immer bricht: Die Ermordung des Unbeugsamen setzt seinem Ruf kein Ende, macht diesen im Gegenteil für Lüge, Taktik frei verfügbar. Die Abwesenheit von Wahrheit als Zweck in ›Philoktet‹ ist Zustand in ›Ödipus Tyrann‹ nach Sophokles/Hölderlin: Die Erkenntnis der eigenen

Schuldverstrickung treibt den Herrscher zur Selbstblendung, zum Rückzug aus gesellschaftlicher Verantwortung. Die Umdeutung Müllers verfuhr hier zurückhaltend, akzentuierend. Bloßgelegt wurde nicht brutale, aber notwendige Zweckrationalität, politische Taktik, dargestellt wurde die Unfähigkeit zur Auseinandersetzung mit gesellschaftlicher Schuld, ein Kernproblem des auf eine spezifische Art geschichtslosen realen Sozialismus.

Der Stalinismus als Hypothek einer in den Dienst der Revolution gestellten Vorgeschichte [→ 436 ff.], die nicht abgetragen, unbewältigt ist, war direkter Bezugspunkt der Parabeln Hartmut Langes, die er nach seinem Weggang aus der DDR veröffentlichte: ›Der Hundsprozeß‹ (entstanden 1964), ›Herakles‹ (1967), ›Die Ermordung des Aias oder Ein Diskurs über das Holzhacken‹ (1971). Historischen Klartext lieferte er mit ›Trotzki in Coyoacan‹ (1971).

Müllers Antikestücke waren aufführbar (›Philoktet‹ mit dreizehnjähriger Verspätung); keine Aussichten hatte dagegen von vornherein die vom Autor Volker Braun nach wie vor unter Verschluß gehaltene Behandlung des historischen Übergangs von Lenin zu Stalin, ›Lenins Tod‹ (1970). Verständigung über die eigene Geschichte brauchte den entrückten Mythos oder wie in Müllers ›Der Horatier‹ (1969) die antike Historie (»Er soll genannt werden der Sieger über Alba / Er soll genannt werden der Mörder seiner Schwester / Mit einem Atem sein Verdienst und seine Schuld / ⟨. . .⟩ Nämlich die Worte müssen rein bleiben«).

6. Krise am ›Berliner Ensemble‹, Regieerfolge am ›Deutschen Theater‹

Die Konfrontation Individuum – Gesellschaft, zunächst entzündet an plebejischen Helden, war auf der Königsebene angelangt. Die Frage nach der Produktivität großer Individualität beantwortete man unterschiedlich, als Hoffnung auf die emanzipatorischen Möglichkeiten des Sozialismus in Hacks' Komödien, als Leiden an den gesellschaftlichen Realitäten in den Tragödien Müllers. Ein früher Beitrag zur Sache war die ›Coriolan‹-Inszenierung am ›Berliner Ensemble‹ gewesen (Regisseur Wekwerth: »Wir sind also nicht hauptsächlich gegen den Kriegsmann Coriolan, sondern ge-

gen jeden Mann, der seine Verdienste mißbraucht. Nicht nur der
Held kostet Spesen, sondern vor allem auch die Heldenver-
ehrung.«²³). Das Brecht-Theater, ohnehin in diesem Jahrzehnt eher
Repertoire- als Premierenbühne, spielte weder Hacks noch Müller,
statt dessen O'Casey und westdeutsche Dokumentarstücke (Heinar
Kipphardts ›In der Sache J. Robert Oppenheimer‹ 1965 in den
Kulissen der ›Galilei‹-Inszenierung sowie Peter Weiss' ›Viet Nam
Diskurs‹ 1968) und Helmut Baierls trotz jahrelanger Bemühung
um Bühnenreife nicht überzeugende ›Johanna von Döbeln‹ (1969).
Brechts ›Heilige Johanna der Schlachthöfe‹ (1968) wurde zum
Streitfall. Die Intendanz (Helene Weigel) setzte gegen die Regie
(Wekwerth/Tenschert) die Besetzung der Hauptrolle mit der
Brecht-Tochter Hanne Hiob durch; der vordergründige Anlaß
deckte tiefreichende Differenzen auf: Die Bewahrung und Pflege
der Brechtschen Modellinszenierungen schlug ins Museale um, die
neuen Produktionen erreichten in der Breite nicht den Standard
des sakrosankten Repertoires. Chefregisseur Wekwerth schied
1969 aus dem ›Berliner Ensemble‹ aus. Künstlerischer Nachwuchs
konnte sich nur in der Beschäftigung mit kleineren Brecht-Pro-
grammen profilieren: Ein neues Team inszenierte 1967 das Frag-
ment ›Brotladen‹, der Schauspieler Manfred Karge und Matthias
Langhoff, ein Sohn des langjährigen Intendanten des ›Deutschen
Theaters‹. Mit einem frühen Stück machte eine Regisseurin auf
sich aufmerksam: Uta Birnbaum (›Mann ist Mann‹, 1967).

Am Ostberliner ›Deutschen Theater‹ waren die Glanzpunkte
dieses Zeitabschnittes die Inszenierungen Benno Bessons. Sie über-
strahlten jedoch nicht alles, denn die Vereinbarkeit verschiedener
Regiehandschriften gehörte schon zur Tradition dieses Hauses.
Wolfgang Langhoff konnte die Arbeit an Shakespeares ›Heinrich IV‹, in der Fassung von Hacks, nicht mehr beenden; er starb
1966. In diesem Jahr rückte ein junger Regisseur, vordem Schauspieler, mit einer Inszenierung in den Vordergrund: Friedo Solter
mit Lessings ›Nathan der Weise‹. Zwei Jahre zuvor hatte er sein
Regiedebüt gegeben. In Zusammenarbeit mit Hans-Diether Meves
gelang mit einem sowjetischen Stück, ›Unterwegs‹ von Viktor
S. Rosow, ein Publikumserfolg, der überraschte. Der auf einer
Filmerzählung basierende Text bezog seine für einen Import aus

dem sozialistischen Ausland bisher unbekannte Resonanz aus dem Thema (Ein Jugendlicher lehnt sich gegen Verkrustungen seiner Gesellschaft auf) und aus der ungewöhnlich dynamischen Aufführung (Bühne: Joseph Svoboda; Musik: Siegried Matthus). Die Titelrolle in Lessings ›dramatischem Gedicht‹ spielte Intendant Wolfgang Heinz. Sein Nathan schöpfte Weisheit aus einem in der Lebenspraxis bewährten (und herausgeforderten) Humanismus. Er behauptete nicht ein abstraktes Ideal, sondern vollkommenere Menschlichkeit, für die Toleranz kein Dulden, im Gegenteil aufgeklärte Kampfposition war. Solters Inszenierung stellte eine hochrangige Ensembleleistung dar (auf der Bühne von Heinrich Kilger agierten u.a. Jürgen Holtz, Elsa Grube-Deister, die durch ›Unterwegs‹ bekannt gewordenen jungen Schauspieler Christine Schorn und Dieter Mann). Mit der Domäne des ›Deutschen Theaters‹, der deutschen Klassik, beschäftigte sich ein groß angelegtes Unternehmen, Goethes ›Faust‹, den Wolfgang Heinz zusammen mit Adolf Dresen, einem weiteren, bald führenden Regisseur vorbereitete. Doch realisiert wurde nur ›Faust I‹, da nach der Premiere zu den Ostberliner Festtagen 1968 die bis in höchste staatliche Gremien reichende Kritik eine Fortführung nicht gestattete. Das Vorhaben, Fausts Geschichte »szenisch real und mit kluger Naivität« zu erzählen (»Die Inszenierung des Deutschen Theaters will Faust auf die Erde stellen. Es gibt keinen höheren Platz.«[24]), erntete Vorwürfe. Man sah die Titelgestalt (dargestellt von Fred Düren) unzulässig subjektiviert, die Fabel theatralisch zu wörtlich genommen. Der freimütige Umgang mit der Nationaldichtung (unterstützt durch Andreas Reinhardts Übertreibungen nicht scheuendes Bühnenbild) rief noch einmal die Obrigkeit kulturpolitisch auf den Plan: Aus Kunstfragen Staatsfragen zu machen, gehörte zum Regierungsstil einer sich neigenden Ära; mit der Ablösung Walter Ulbrichts erledigte sich auch diese höchst ambivalente Überschätzung der Kunst. Noch aber funktionierten die alten Mechanismen. Intendant Heinz mußte abtreten, sein Nachfolger Hanns Anselm Perten kam aus der Provinz, aus Rostock. Am ›Deutschen Theater‹ blieb er ohne Fortüne, nach nur einer Spielzeit ging er zurück an die Ostsee (1972).

7. ›Sozialistische Gemeinschaftsarbeit‹ in der Provinz: Kooperation zwischen Autoren und Bühnen

Seit 1952 leitete Perten die Rostocker Bühnen. Weitab von der Hauptstadt hatte er hier eine sehr publikumswirksame Repertoirepolitik betrieben. Mehr als jedes andere DDR-Theater spielte Rostock Dramatik aus dem Westen. International bekannt wurde Pertens Version von Peter Weiss' ›Marat/Sade‹. Neben dem antiimperialistischen Thema galt Pertens Bemühung den einheimischen Zeitstücken. Sein langjähriger Dramaturg Kuba (d. i. Kurt Barthel) legte den ambitioniertesten Versuch vor: ›terra incognita‹ (1964), das ›dramatische Poem‹, behandelt in Versen die lange vergebliche und vom Klassengegner gestörte Suche nach volkseigenen Ölquellen (»Ein Politbürobeschluß wird Poesie«). Auch offizielle Wertschätzung half dem mißlungenen Stück nicht auf die Beine. Zum Beispiel für die theaterpolitisch geforderte Kooperation von Autoren und Theatern wurde die Inszenierung von Horst Salomons ›Katzengold‹ in Gera (Uraufführung 1964). Intendant Wolfgang Pintzka, bis 1963 am ›Berliner Ensemble‹ Assistent von Erich Engel, bezog in die ›sozialistische Gemeinschaftsarbeit‹ an Salomons Stück Angehörige des Betriebs SAG Wismut und der Geraer SED-Bezirksleitung mit ein (›Katzengold‹ spielt in einer Wismutgrube, der Autor war vor seinem Studium am Leipziger Literaturinstitut Bergmann).

Ähnlich gingen vier Jahre später Regisseur Horst Schönemann und Dramaturg Gerhard Wolfram, 1966 vom Ostberliner ›Maxim-Gorki-Theater‹ in die Provinz versetzt, bei der Bühnenbearbeitung von Hermann Kants Roman ›Die Aula‹ am Landestheater Halle vor. Republikweites Aufsehen erregte 1968 eine Produktion dieser Bühne, die genau betrachtet das Eingeständnis eines theaterpolitischen Scheiterns darstellte: Blockiert waren die Gegenwartsstücke von Hacks, Müller, Braun, gefördert in vielerlei Hinsicht wurde eine literarisch eher hausbackene Zeitdramatik, die zur Illustration thematischer Vorgaben der jeweiligen Parteipolitik aufgerufen war. Die ›2. Bitterfelder Konferenz‹ hatte 1964 den ›Blickwinkel des Planers und Leiters‹ zur zeitgemäßen Autorperspektive erklärt. Das in Halle erstaufgeführte Stück ›Zeitgenossen‹ von Ar-

min Stolper nach einer sowjetischen Filmnovelle, die in Planungs-
gremien und auf Regierungsebene spielte, blieb die einzige tragfä-
hige Einlösung (1969). Das Versagen der auf der Bühne spielbaren
Gegenwartsdramatik war Motiv für den aus einer Vielzahl von
Einzelszenen unterschiedlicher Autoren zusammengestellten
Abend unter dem Titel ›Anregung‹ (1968). Ein Team unter Leitung
von Schönemann collagierte aus bekannten und neuen Texten eine
Revue zur Frage ›Was ist heute revolutionär?‹. Kabarett- und Zir-
kusmittel, Agitprop, Filmeinblendungen gehörten dazu. Die er-
folgreiche Hallenser Arbeit qualifizierte für die Rückkehr nach
Berlin: 1972, als Schönemann und Wolfram ans ›Deutsche Thea-
ter‹ (Wolfram als Nachfolger des gescheiterten Perten) kamen,
brachten sie ein Stück mit, das zum Aushängeschild einer neuen
Phase des DDR-Theaters wurde: ›Die neuen Leiden des jungen W.‹
(Vorabdruck in ›Sinn und Form‹, 1971, Buchfassung 1973) von
Ulrich Plenzdorf.

IV Theater als Medium öffentlicher Auseinandersetzung

Aber die entscheidende Frage ist letztlich doch, ob wir diese Gesellschaft
betrachten als etwas, das im Ganzen in sich geschlossen ist, in sich ruht –
und auch wieder in einer ›geschlossenen Form‹ auf das Theater kommt –,
das in sich im Grunde ohne Entwicklung ist, oder ob wir diese Gesellschaft als etwas Offenes betrachten – und deshalb auch offene Elemente
des Theaters benutzen. Das führt zu einer Dramaturgie, die sehr viele
Möglichkeiten des Theaters in sich vereint und durch die Gegensätzlich-
keit der Mittel zugleich auch das Rauhe der Prozesse faßt. Auf der anderen Seite ist doch die Gefahr, daß wir ein Publikum von Parasiten erziehen. Das heißt, die Leute sitzen im Theater und warten auf einen Witz,
den man beziehen kann auf irgendwas Aktuelles. Das wissen wir doch
alle, daß das ein Hauptwirkungsmoment ist. Da lebt dann das Theater
wirklich von den Mängeln unserer Propaganda, und das ist doch keine
Lebensform.[25]

So formulierte Heiner Müller Anspruch und Wirklichkeit des
Theaters in der DDR während der ›Brecht-Woche‹ 1973. Das neue
Jahrzehnt brachte neben der Konsolidierung des gesellschaftlichen
Systems die internationale staatliche Anerkennung bei gleichzeiti-

ger innenpolitischer Desillusionierung: Entgegen aller parteioffizieller Prognosen (›Überholen ohne einzuholen‹) waren der Prosperitätsvorsprung der Bundesrepublik und damit die Unterschiede im Konsumniveau nicht egalisiert worden. Mit dem zurückgeschraubten Optimismus, beginnend unmittelbar nach der Ablösung Walter Ulbrichts durch Erich Honecker im SED-Parteivorsitz im Frühjahr 1971 und verbindlich durch den anschließenden VIII. Parteitag, ließ die administrative Angestrengtheit nach, auch kulturpolitisch. Der ideologische Funktionscharakter der Kunst trat zurück. Hatte man bisher ihren Nutzen in erster Linie als politisch kontrolliertes Formierungsinstrument zur Mobilisierung sozialistischer Impulse gesehen, so betonte man jetzt ihren Wert als spezifisches Erkenntnisvermögen zur ästhetischen Aneignung und Gestaltung von Wirklichkeit, die auch im Sozialismus die Summe von Konflikten und Widersprüchen bewegter sozialer Beziehungen bleibt. Von Brecht entlehnte man das Motto von der ›Weite und Vielfalt‹ sozialistischer Kunst, für die es ›keine Tabus‹ (Honekker) geben dürfe; ›Meinungsstreit‹ war erwünscht. Im Theaterleben konnte die bislang partiell unterbundene Kommunikation zwischen Autoren, Bühnen und Publikum stattfinden; zugleich maß die Zuschauererwartung dem Theater nun in weit größerem Maße die Ersatzrolle zu, die es, argwöhnisch von einer Zensureingriffe nicht scheuenden Kulturpolitik betrachtet, schon vorher innehatte: Als Medium öffentlicher Auseinandersetzung zu dienen, als Forum zur kritischen und antizipatorischen Behandlung von gesellschaftlichen (nicht nur großen) Fragen, die dort, wo sie eigentlich hingehörten, in den journalistischen Medien, nach wie vor ausgeklammert waren [→ 304 ff.].

1. Die ›Volksbühne‹ unter Benno Besson

Das Modell für diese Art Theater gab seit 1969 die Ostberliner ›Volksbühne‹ ab. Mit Benno Besson als künstlerischem Leiter (ab 1974 Intendant) versuchte eine neue Mannschaft (u. a. Matthias Langhoff und Manfred Karge vom ›Berliner Ensemble‹, Fritz Marquardt als Regisseure) ein zupackendes Volkstheater zu entfalten. Die Wiederbelebung älterer vernachlässigter Formen wie Pos

sen, Jahrmarktsfarcen, commedia dell'arte gehörte ebenso dazu
wie ein von Einschüchterung durch Klassizität freier Umgang mit
dem dramatischen ›Erbe‹. Hier wurden von Anfang an die sonst
von den Spielplänen verschwundenen Autoren inszeniert, von
Hacks 1969 die erlesen-manierierte Komödie ›Margarethe von
Aix‹ (Die Provence ist die Folie für das Thema Staat und Kunst.
Regie führte Besson; den trotteligen König spielte Fred Düren).
Von Müller und Besson gab es im gleichen Jahr die Bearbeitung
eines Stücks des Laientheaterleiters Gerhard Winterlich ›Horizonte‹ (Inhalt ist die Verbindung ›optimierter‹ Arbeitsprozesse und
besserer Arbeitsbeziehungen). 1971 inszenierte Marquardt Heiner
Müllers ›Weiberkomödie‹ (Lysistrata im Sozialismus; Vorlage war
ein Hörspiel Inge Müllers). Besson konzentrierte sich zunächst auf
Leichtes (Gozzi, Molière); der Klassik nahmen sich Karge und
Langhoff an:

> Das Theater ist Raum für kollektive Auseinandersetzung. Ich meine,
> wenn es gelingt, den Zuschauer durch emotionale Anteilnahme am Spiel
> zu beteiligen, und er provoziert wird, sich in gleichem Maße mit dem Ge-
> schehen und dem eigenen Verhalten zum Geschehen auseinanderzusetzen,
> so wird er Zusammenhänge, auch den zwischen historischem und gegen-
> wärtigem Verhalten, herstellen, so wie er sie für seine Lebensbedürfnisse
> braucht.[26]

Schillers ›Die Räuber‹ (1971) provozierten, weil Karge und
Langhoff in den Brüdern Moor kleinbürgerliche, anarchistische
Haltungen denunzierten; Shakespeares ›Othello‹ (1972), weil in die
soziale Fundierung der Eifersucht auch das (durch entsprechende
Maskierung unterstrichene) Monströse der Mohrenliebe hineinge-
nommen war; Ibsens ›Die Wildente‹ (1973), weil hier bürgerliches
›Erbe‹ zur Bürgersatire verkam (Die Bühnenbilder entwarf Pieter
Hein, seit 1970 Mitglied der ›Volksbühne‹). Nach dem VIII. Partei-
tag beteiligten sich auch andere Ostberliner Theater am Nachho-
len liegengebliebener Stücke: Am ›Deutschen Theater‹ hatte
Hacks' ›Amphitryon‹ Premiere (1972; Regie: Friedo Solter), das
Duo Klaus Erforth/Alexander Stillmark brachte dort Brauns ›Die
Kipper‹ (1973; die Hauptrolle spielte Alexander Lang) heraus. Am
›Berliner Ensemble‹ inszenierte die neue Intendantin Ruth Berg-
haus Hacks' ›Omphale‹ (1972).

2. Neuanfang am ›Berliner Ensemble‹. Heiner Müller ›Zement‹

Nach dem Tod Helene Weigels hatte die durch Operninszenierungen bekannt gewordene Regisseurin, Frau des Komponisten Paul Dessau, 1971 die Leitung der Brecht-Bühne übernommen. Der programmierte Neuanfang schloß die Revision der Modelle ein. Nach einer in ihrer kalten Präzision eindrucksvollen Einstudierung des frühen Stücks ›Im Dickicht der Städte‹ (1971; Ekkehard Schall in der Rolle des Holzhändlers Schlink) stellte Ruth Berghaus 1974 eine Neuinterpretation der ›Mutter‹ vor: Gegen alle Orthodoxie lief das Stück auf der mit Schrotteilen gepflasterten Bühne (Entwurf: Andreas Reinhardt) bar jeder Milieufärbung und ohne Revolutionspathos nach einer genauen Choreographie metaphorischer Arrangements ab. Vorarbeit von eigenständigem Wert war ein Jahr zuvor ein neues Bühnenwerk von Heiner Müller gewesen: ›Zement‹ nach Fjodor Gladkows Roman aus dem russischen Bürgerkrieg. Müller, ab 1972 als dramaturgischer Mitarbeiter hier engagiert, hatte das Stück als Auftragsarbeit geschrieben. In die Geschichte von den noch nicht beendeten revolutionären Kämpfen, die schon in den revolutionären Aufbau übergehen, montierte der Autor ›Intermedien‹ ein: Verseinschübe zu zentralen Stellen der griechischen Mythologie, die das menschheitsgeschichtlich Bedeutsame der archaischen Begründung einer neuen Zeitrechnung durch die russische Revolution herausstreichen (›Befreiung des Prometheus‹; ›Herakles 2 oder die Hydra‹). Der Titel ›Zement‹ hat Symbolcharakter, verhärten müssen sich die Menschen, um das Neue zu erzwingen. Das Stück wurde von der Theaterkritik positiv aufgenommen. Eine polemische Debatte löste jedoch eine andere Arbeit aus, Müllers Fassung von Shakespeares ›Macbeth‹ (uraufgeführt 1972 in Brandenburg). Wolfgang Harich meldete sich als »einer, der lange nicht dabei gewesen war« zu Wort (1956 hatte man ihn, damals Chefredakteur der ›Zeitschrift für Philosophie‹, verhaftet und wegen konterrevolutionärer Aktivitäten zu einer langen Zuchthausstrafe verurteilt) und warf Müller »Geschichtspessimismus« vor, sein ›Macbeth‹ sei »reaktionär im Inhalt, schlampig in der Form«[27]. Die Heftigkeit dieses Angriffs blieb nicht unerwidert, aber auf harte Worte folgten anders als früher keine Verfügungen, das ›Erbe‹ war als Material für extreme Zugriffe verfügbar. Und zunehmend rückten Dramatiker und Stücke in den Vordergrund, die Krisen, Aufbruch- und Umbruchssituationen markieren, Sturm und Drang, Vormärz, die Jahrhundertwende. Mit Frank Wedekinds ›Frühlings Erwachen‹ (1974) und August Strindbergs ›Fräulein Julie‹ (1975) erregten B.K.Tragelehn und Einar Schleef am ›Berliner Ensemble‹ Aufsehen und Entrüstung. Pathologische Bürgerwelt und deformierte Subjekte auf der Bühne rührten an die Nerven im Zuschauerraum. Die Kombination von Reform und Experiment, die vor Brecht nicht haltmachte, nur innerhalb des ›Berliner Ensembles‹ bewerkstelligen zu wollen, erwies sich bald als Fehler, die Konflikte waren vorauszusehen: 1977 kam der restaurative Rückschlag; Manfred Wekwerth kehrte als Intendant an das Theater zurück (zur Leitung gehörten fortan die Brecht-Erben Berg/Schall). Das Verfügungsrecht über die Aufführungsrechte, vorher schon restriktiv gegenüber den Ostberliner Konkurrenzbühnen gehandhabt, bewirkte weiterhin, daß alternative Lesarten führender Regisseure (Besson, Solter u. a. mühten sich vergebens um Freigaben) in Sachen Brecht in der DDR-Hauptstadt nicht möglich waren.

3. Ulrich Plenzdorf ›Die neuen Leiden des jungen W.‹

Um die angemessene Beziehung zum bürgerlich-klassischen ›Erbe‹ [→ 89, 93] zentrierte sich die Debatte unter Fachleuten. Das Theaterpublikum faszinierte die aktuelle Thematik, als Ulrich Plenzdorfs ›Die neuen Leiden des jungen W.‹ ab 1972 die DDR-Bühnen eroberten. Hier trat eine jugendliche Identifikationsfigur [→ 33 ff.] auf die Bühne, der in den siebziger Jahren auf rund 40 Prozent steigende Zuschaueranteil dieser Altersgruppe hatte hier seinen Helden. Die schnittreiche, Rück- und Vorblenden verwendende Dramaturgie dieses ursprünglich als Filmerzählung erschienenen Textes leistet die Ex-post-Analyse von Leben und Tod eines positiven Randgängers: Der achtzehnjährige Edgar Wibeau formuliert seinen Selbstverwirklichungsanspruch gegen gesellschaftlich verordnete Lebenszusammenhänge. Goethes Briefroman wird zur Metapher für seine Gefühlswelt. Die Verweigerung ist

Edgars Angebot an die Gesellschaft, ist Suche nach neuen Ver-
kehrsformen. Der Tod im Abbruchidyll seiner Gartenlaube, verursacht durch einen Unfall, bedeutet keinen verzweifelten Ausstieg.
Der neue W. geht nicht an den Leiden des alten zugrunde. Nach
der Uraufführung in Halle (Frühjahr 1972) erlebte das Stück im
gleichen Jahr noch vier weitere Premieren (am ›Deutschen Theater‹ das Remake des Hallenser Einstands durch Schönemann, Edgar W.: Dieter Mann; an der ›Volksbühne‹; in Potsdam und Brandenburg). Kaum eine DDR-Bühne ließ sich den Erfolg in den nächsten Spielzeiten entgehen. ›Die neuen Leiden des jungen W.‹ waren
die Bestätigung für die Möglichkeiten des Zeittheaters, die Probe
auf seine Belastbarkeit kam indessen von drei Problembereichen,
die äußerste Zuspitzung erfuhren: der Frage nach den Grenzen individueller Emanzipation, exemplarisch gemacht vor allem an
Frauengestalten; der Frage nach der Aufhebung, Aufarbeitung von
Geschichte, auch der nationalen; schließlich der existentiell verschärften Frage nach der gesellschaftlichen Rolle des künstlerischen Subjekts.

4. Paradigma gesellschaftlicher Widersprüche: die Rolle der Frau

In der sozialistischen Dramatik hat die Gestaltung eines neuen,
aktiven Frauenbildes seit Wischnewskis ›Optimistischer Tragödie‹
einen wichtigen Platz. Auch in der DDR waren es Frauenfiguren,
die das Aktivierende, Konstruktive der neuen gesellschaftlichen
Zustände beispielhaft vertraten (von Wolfs ›Bürgermeister Anna‹
über Strittmatters ›Die Holländerbraut‹, Sakowskis ›Die Entscheidung der Lena Mattke‹, Reichwalds ›Das Wagnis der Maria Diehl‹
bis Baierls ›Frau Flinz‹ und ›Johanna von Döbeln‹). Die Stellung
der Frau wurde zum Paradigma individueller Erwartungen, Hoffnungen, aber, seit Müllers ›Der Bau‹, auch Enttäuschungen. Dort
wird das noch ungeborene Kind ohne Vater leben, da jener aus
Parteiräson dieses spontane Ergebnis einer nicht verplanbaren
menschlichen Produktivität verleugnete. Die Frau behauptet so die
Zukunft gegen den Mann. In ›Zement‹ ist Dascha, während ihr
Mann Gleb sie verließ, um die Weißgardisten zu bekämpfen, selbst
zur Revolutionärin geworden. Das gemeinsame Kind stirbt eltern-

los in einem Heim; die politisch-aktive Gleichberechtigung erlaubt der Frau keine Privatheit (Dascha: »Ich will kein Weib sein. – Ich wollt ich könnte mir / Den Schoß ausreißen. – ⟨. . .⟩ / ⟨. . .⟩ Ein Mann muß nicht wissen / Solang das Töten leichter ist als leben. / Wieviel Arbeit in einem Menschen steckt . . .«). Volker Braun, dessen Stück ›Hinze und Kunze‹ (1967/1977), eine positive Umkehrung des Faust-Stoffes und ursprünglich betitelt ›Hans Faust‹, nach manchen Korrekturen und einer nur kurzlebigen Uraufführung (Weimar 1968) nun gespielt wurde (Karl-Marx-Stadt 1973), thematisierte mit ›Tinka‹ (1973) DDR-Geschlechterkampf: Die von der Hochschule kommende Heldin revoltiert in ihrem Betrieb gegen die Zurücknahme der geplanten Automatisierung; sie scheitert. Privat bleibt sie ein Störfaktor, der mit ihr liierte Werksleiter erschlägt sie zum schlimmen Ende. Noch fataler wirkt der Verlauf in ›Schmitten‹ (entstanden 1969–1978): Hier weigert sich die bis dahin vorbildliche einfache Arbeiterin Schmitten, an einem der speziell zur weiblichen Weiterbildung vorgesehenen Qualifikationsprogramme teilzunehmen. Die Emanzipation findet dennoch, unvorhergesehen und militant, statt: Mit einigen Kolleginnen überfällt sie den Technischen Direktor (Sie ist seine Geliebte) und entmannt ihn (Schmitten: »Mich selber sehn durch die Haut: jetzt bin ich das Letzte. Jetzt bin ich der Anfang. Jetzt bring ich mich um mit einem Messer in einem fremden Körper, der schreit / Jetzt ist es vorbei. Jetzt kann ich mir zusehn.«). Am ›Deutschen Theater‹, wo Braun seit 1972 zu den Mitarbeitern zählte, sollte ›Tinka‹ Premiere haben; Regisseur Solter brach nach Interventionen die Proben ab. Karl-Marx-Stadt übernahm die Uraufführung, die, nachdem das Theater vor der Generalprobe ausbrannte, behelfsmäßig im Mai 1976 stattfand. ›Schmitten‹ kam 1982 in Leipzig heraus.

5. Geschichte und nationale Traumata: Heiner Müller

So wenig die lineare Übertragung der Ideale klassischer vergangener Kunst den Theaterleuten möglich schien – die Absage an die vereinfachende Auffassung, nach der der reale Sozialismus ganz von selbst ›Vollstrecker‹ des bürgerlichen Humanismus sei, war nun allgemein –, so wenig konnte die problematisierende Befassung mit der Vergangenheit ausgespart sein. Regisseur Adolf Dresen, der nach Goethes ›Clavigo‹ (1971) zwei Kleist-Projekte erarbeitete (›Prinz Friedrich von Homburg‹ und ›Der zerbrochene Krug‹ an einem Abend, 1975; sowie eine Dramatisierung von ›Michael Kohlhaas‹, 1976) zog auf dem III. Kongreß des ›Verbandes der Theaterschaffenden der DDR‹ (dessen Präsident seit der Gründung 1966 Wolfgang Heinz war) eine sehr kritische Bilanz:

> Wir wollen, daß die Kunst entdeckt, aber beileibe nur entdeckt, was wir schon wissen. Wir haben Mitleid mit Goethe, der noch keine Einsicht in den historischen Prozeß haben konnte, und wir korrigieren den historischen Prozeß, wo er sich nach unserer Meinung unmarxistisch verhält. Wir, die Sieger der Geschichte machen uns da eine Geschichte zurecht . . .

Dresen nannte die »verdrängte Macht, die im Schlaf hochkommt, die höchst irrationale Folgen hat und das Trauma einer ganzen Gesellschaft bedeuten kann«, beim Namen: »Die nationale Frage läßt sich nicht ohne Rest auf die soziale zurückführen. Und wer unfähig ist, sich ihr zu stellen, hat bislang noch immer Nationalismus geerntet.«[28] Einer, der sich der Frage nach der nationalen Vergangenheit stellte, war Heiner Müller: »Der Terror, von dem ich schreibe, kommt aus Deutschland«[29], las man als Motto der westdeutschen Ausgabe seines Stücks ›Germania Tod in Berlin‹ (entstanden 1956/1971). Seine an der Ostberliner ›Volksbühne‹ 1975 uraufgeführte Szenenfolge ›Die Schlacht‹ (Regie: Karge/Langhoff) war ein Gegenentwurf zu Brechts ›Furcht und Elend des Dritten Reiches‹, dessen Realismus Müller für unzureichend hielt. Die unter dem Faschismus (→ 439 ff.] allgemein werdende Verrohung und Kannibalisierung der Beziehungen, inhumanes Verhalten als Normalfall sind Inhalt der schockhaften kurzen Bilder. Hinzugefügt (und bei einer Re-Inszenierung 1977 wieder gestrichen) wurde ein älteres kurzes Stück ›Traktor‹, handelnd vom harten Neubeginn nach der Befreiung. ›Schlacht‹ zeigt den alltäglichen Faschismus als gegenseitiges Schlachten, Ans-Messer-Liefern, als nationale Selbstzerfleischung, als Brudermord, der Vorzeichen hat, etwa die Teilung der Arbeiterbewegung, und Folgen, die nationale Spaltung. Die DDR-Geschichte vor diesem Hintergrund, ihre Bedingtheit durch ein lastendes, blutiges Erbe thematisieren die collagierten Kontrastszenen in ›Germania Tod in Berlin‹. Momente der DDR-Entwicklung (Staatsgründung, 17. Juni) werden konfrontiert mit Rückblenden, teils grotesk verzeichnet (Preußen, Novemberrevolution, Stalingrad u. a.). Brechungen und Verwerfungen produzieren eine Dialektik, die in ständig neue Unaufgelöstheit übergeht, voller Konflikte sind selbst die Visionen. Gegenüber Müllers, von Verzweiflung nicht mehr ferner, schonungsloser Entschiedenheit fällt Volker Brauns Montage ›Simplex Deutsch‹ (1979, uraufgeführt 1980 am ›Berliner Ensemble‹, ›Germania Tod in Berlin‹ fand noch keine DDR-Bühne) deutlich ab. Diese »Szenen über die Unmündigkeit« können das bestimmende Vorbild nicht verbergen, erreichen andererseits durch die Neigung zu größerer Konkretion bei gleichzeitiger inhaltlicher Ausweitung (westdeutsche Gegenwart; Parodie auf Becketts ›Warten auf Godot‹) eher illustrierende als aufschlüsselnde Wirkungen. Die Ergiebigkeit biographischer Anlage zur historischen Demonstration erwies demgegenüber ein junger Autor, Thomas Brasch, mit seinem »Märchen aus Deutschland« ›Rotter‹ (Uraufführung 1978 in Stuttgart, nachdem der Autor im Gefolge der Biermann-Ausbürgerung die DDR verlassen hatte). Der fiktive Titelheld, der gelernte Fleischer Rotter, verkörpert eine deutsche Tugend, die sich in episch gereihten Geschichtsetappen jeweils bestätigt und abnutzt: Rotter ist der stete Mitmacher, Aufbauer, Soll-Erfüller, vor 1945 und nachher in der DDR. Sein antithetischer Gegenspieler (das Paar erinnert an frühe Brecht-Stücke) wird der anarchische Verweigerer Lackner, auf nichts verpflichtet, immer davonkommend. Die Stationenhandlung durchsetzen irreale, allegorisierende Elemente, Traumszenen, symbolische Figuren. Der Aufstieg Rotters ist zugleich Demontage, Widerlegung dieses ›Helden der Arbeit‹, die totale Entäußerung läßt ihn am Ende leer zurück.

6. Versöhnung, Vermittlung und Gegensätze im Verhältnis zwischen Geist und Macht

Daß im Übergang zu den siebziger Jahren in der DDR-Literatur allgemein die Rolle des Künstlers innerhalb seiner Gesellschaft als Gegenstand an Bedeutung gewinnt, die vorher objektiver gefaßte spannungsvolle Beziehung zwischen Individuum und sozialer, politischer Entwicklung sich subjektiv verengt auf die nicht neue Frage des Verhältnisses von Geist und Macht, hat zunächst zwei unmittelbare Ursachen: die offensichtliche Enttäuschung durch die politischen Überreaktionen auf kritisch-solidarische künstlerische Angebote (11. ZK-Plenum 1965), sodann die allmähliche kulturpolitische Freisetzung von einem praktizistischen Wirkungsbegriff.

Auf seine Weise löste Peter Hacks das Problem, durch Rekurs auf die paradigmatische Rolle Goethes im rückständigen Deutschland seiner Zeit. In der spielerisch-turbulenten Verkleidungsposse ›Das Jahrmarktsfest zu Plundersweilern‹ (1973), der Bearbeitung eines Goethe-Fragments, hatte er den Platz der Kunst mit heiterer Ironie bezeichnet: am nicht recht züchtigen Rand des Gemeinwesens, nicht entbehrlich, aber selbstgenügsamer Moral nicht förderlich. Das folgende Monodram ›Ein Gespräch im Hause Stein über den abwesenden Herrn von Goethe‹ (1975) machte aus dem Monolog der verlassenen Liebe eine nicht traurige Abhandlung über die vergebliche Mühe, einem Genie beizukommen. Annäherung und Anerkennung durch die Welt gehört nicht zur Wesensbestimmung außergewöhnlicher Geister (»Das Gesetz der verzögerten Billigung der Genies hat zwei Wurzeln: die Späterkennung der Genies durch die Welt und die Früherkennung des Genies durch sich selbst. Alle Genies haben also an sich, sich unverstanden zu fühlen.«[30]). Den vermittelnden, den Widerspruch zwischen Geist und Macht als gegeben, aber nicht notwendig tragisch begreifenden Standpunkt nahm eine Inszenierung von Goethes ›Torquato Tasso‹ 1975 am ›Deutschen Theater‹ ein: Regisseur Solter entschied den Konflikt am Hof von Ferrara nicht romantisch zugunsten des Dichters, Tassos Selbstüberhebung in einer der Kunst nicht feindlichen, in ihren sozialen Rollenzuweisungen aber starren Gesellschaft verursacht den Konflikt, dem er unterliegen muß. (In dieser signifikanten Aufführung spielten: Christian Grashof – Tasso; Dieter Mann – Antonio; Fred Düren – Alphons II sowie Gudrun Ritter und Gabriele Heinz.) Gleich an drei Beispielen zeigte Volker Braun in seinem Schauspiel ›Großer Frieden‹ (1976, uraufgeführt am ›Berliner Ensemble‹ 1979) die Rolle der Intelligenz in sozialen Umwälzungen. Angesiedelt in einem vorgeschichtlichen Brecht-

China handelt der ›Große Frieden‹ von einer Bauernrevolution, die ihren Sieg durch despotische Mittel, staatliche Gewalt sichern muß. Drei Männer der Feder, ein kluger politischer Taktiker, ein sich zur Unzeit einmischender kritischer Geist und ein sich aller Einvernahme entziehender Querkopf treten auf, alle drei verfolgt die neue Macht; Tod, Verbannung, Observation sind ihr Los. Brauns als anspruchsvolles Revolutionspanorama angelegtes Stück läßt sich auf die Thematik Geist – Macht nicht reduzieren, es ist Kritik an den Ergebnissen sozialer Umwälzungen und Aufforderung zum Vorantreiben des revolutionären Prozesses (»Wie viele Irrtümer braucht ein System, bis es steht« – »Die neuen Zeiten, von den alten wund / Sind neu genug erst, wenn wir aufrecht stehn.«). Bei Heiner Müller verschränkte sich Geschichtliches und Existentielles in ›Leben Gundlings Friedrich von Preussen Lessings Schlaf Traum Schrei‹ (1977); wie Braun stellt er drei Haltungen der Intelligenz zu obrigkeitlicher Gewalt dar, aber es sind deutsche Schicksale, die Befunde betreffen mehr als die chinoise Parabel: Die Demütigung des Aufklärers Gundling, die militaristische Herrschaft des aufgeklärten absoluten Souveräns Friedrich, die ausufernden Alpträume Lessings von der Vergeblichkeit seiner Anstrengungen für eine Welt humaner Vernunft korrespondieren als trostlose Wegweiser zur Gegenwart, wo Rationalität zur Maschinenkultur und humane Appelle zur Bestätigung von Ohnmacht verkommen. Als Epilog zu dieser Beinahe-Kapitulation des sozialistischen Autors kann Müllers ›Hamletmaschine‹ (1977) gelten: Diese Textcollage von Fremd- und Selbstzitaten zieht Welt, Geschichte und Literatur zusammen im schreibenden Subjekt, das Monodrama ist der zurücktaumelnde Monolog des Autors, der seine Themen in einer heillosen Trümmerlandschaft wie zum letzten Mal ortet (»Meine Gedanken sind Wunden in meinem Gehirn. Mein Gehirn ist eine Narbe. Ich will eine Maschine sein. Arme zu greifen Beine zu gehen kein Schmerz kein Gedanke.«).

7. Resignation und Selbstbehauptung

Im November 1976, als die Regierung der DDR den Schriftsteller und Liedermacher Wolf Biermann [→ 35 f.], seit 1965 in seiner Heimat mit Auftrittsverbot belegt, während einer Tournee durch die Bundesrepublik ausbürgerte, anschließend eine große Zahl von Künstlern, unter ihnen Braun, Müller, Brasch, Tragelehn, Dresen, M. Langhoff und zahlreiche Mitglieder von ›Berliner Ensemble‹ und ›Deutschem Theater‹ gegen die Verfügung protestierten, war der aufgebrochene Konflikt Bestätigung und Auslöser einer Resignation, die nicht Folge der (nur in Maßen und dosiert geübten) einsetzenden kulturpolitischen Repression war, sondern Perspektiveverlust bedeutete:

Es besteht keine Substanz für einen Dialog mehr, weil es keine Geschichte mehr gibt. Ich muß eine andere Möglichkeit finden, die Probleme der Restaurationsphase darzustellen. Ich rede immer nur von dem Staat, an dem ich primär interessiert bin: die DDR. Und da befinden wir uns in einer Zeit der Stagnation, wo die Geschichte auf der Stelle tritt, die Geschichte einen mit ›Sie‹ anredet. (Müller)[31]

Das diskutabel gewordene Verhältnis Kunst – Gesellschaft drohte wieder zu einem Unterproblem der Staatssicherheit zu werden. Kapitulationen wurden leichter, obwohl sie nicht zum geringsten Teil an den Theatern Resultat künstlerisch-persönlicher Parteiungen, Schwierigkeiten und Verdrängungskämpfe waren. Am ›Berliner Ensemble‹ gab Ruth Berghaus auf; mit ihr verließen die Autoren Mickel und Müller das Theater; der neue Intendant Wekwerth brachte Volker Braun mit. Die ›Volksbühne‹ verlor 1978 mit dem Intendanten Besson und den Regisseuren Karge/Langhoff ihre Linie. Eine aufregende Inszenierung Jürgen Goschs, Büchners Komödie ›Leonce und Lena‹ (sie entpuppte sich als bitteres Clown-Spiel über das enge Leben in einem kleinen Land), kam trotz Wechsel zustande (1979); und Heiner Müller, von dem nacheinander ›Die Schlacht‹, ›Die Bauern‹ (1976) und ›Der Bau‹ (1981) Premiere hatten (die beiden letztgenannten inszenierte Fritz Marquardt), führte ab 1980 selbst Regie bei seinem neuen Stück ›Der Auftrag‹ (1978) und der eigenen ›Macbeth‹-Adaption (1982). Konzeptionell ist das ›Volksbühnen‹-Modell aus der DDR-Theaterlandschaft nicht verschwunden, in Schwerin, wo Bessons Mitarbeiter Christoph Schroth seit 1974 das Schauspiel leitet, bildet es die Grundlage für die aktuell erfolgreichste Provinzbühne.

8. Vorschläge ohne Folgen

Die Zunahme der Gast- (und Dauer-) Tätigkeit von DDR-Regisseuren auf bundesdeutschen Bühnen schloß die grundsätzliche Aufkündigung des politischen Konsens nicht ein: Die Veränderungen personeller und inhaltlicher Art im westdeutschen Theater, Folgen des neulinken oppositionellen Aufbruchs Ende der sechziger Jahre, boten attraktive Arbeitsmöglichkeiten ohne politischen Frontwechsel. Das Ausweichen über die Grenze birgt auf der anderen Seite für das DDR-Theater Gefahren: Wichtige künstlerische Impulse kommen nicht mehr zum Tragen. Der Ansatz zu einer postrevolutionären Avantgarde, den Heiner Müllers »konstruktiver Defaitismus« markiert, sowie die Überlegungen zu einer operativen, die Apparate überwindenden neuen Dramaturgie werden als Vorschläge zum Experiment nicht genutzt. Bessons und Karge/ Langhoffs Versuche, Brechts Lehrstücke in Ost-Berlin mit Beschäftigten eines volkseigenen Betriebs zu realisieren (›Die Ausnahme und die Regel‹, 1976), blieben folgenlos. Müllers Lehrstück ›Mauser‹ (1970), das die Gattung in dialektischer Rigorosität zu Ende führt (»der Extremfall nicht Gegenstand, sondern Beispiel, an dem das aufzusprengende Kontinuum der Normalität demonstriert wird; der Tod, auf dessen Verklärung in der Tragödie bzw. Verdrängung in der Komödie das Theater der Individuen basiert, eine Funktion des Lebens, das als Produktion gefaßt wird, eine Arbeit unter anderen, vom Kollektiv organisiert und das Kollektiv organisierend.«), wurde nicht gespielt; seine Bearbeitung von Brechts ›Fatzer‹-Fragment inszenierten Karge/Langhoff in Hamburg (1978). Ähnlich Müller (»Es gilt eine neue Dramaturgie zu entwickeln oder das Stückeschreiben aufzugeben.«) beschäftigt Volker Braun die Transformation des herkömmlichen Theaters:

> Diese Abbildfunktion des Theaters wird erweitert, wenn es eigenständige, nichtkopierte Vorgänge herstellt, die die Möglichkeiten des Verhaltens

auf ihre Brauchbarkeit untersuchen. Auf diesem Theater können gesellschaftliche Experimente gemacht werden, die im andern Leben teuer und
gewagt wären. Dabei wird dieses Theater wohl den exklusiven Vorspiel-
Charakter verlieren. Denn es wird sich nicht bescheiden, die Möglichkeiten des Verhaltens zu zeigen; es kann eine öffentliche Szene ständigen Pro-
bens und Findens der nötigen Haltungen sein, allen zugänglich und gemäß.[32]

Braun bezieht mit seinen, dem revolutionären Nichtgenügen
der sozialistischen Gesellschaft nachspürenden Texten, seiner »eingreifenden« Dramatik die polemische Konterposition zur »vorgrei-
fenden« Ästhetik von Peter Hacks (Braun: »ein bürgerlicher Humanismus mit sozialistischem Rostanstrich«[33]).

9. Chancen der Gegenwartsdramatik

Unter Schriftstellerkollegen umstritten, war Hacks' endgültiger
Durchbruch in der Publikumsgunst unstreitig; auf die großen Ostberliner Häuser folgte die Provinz (vor allem Dresden) und das
›Maxim-Gorki-Theater‹, einziger fester Haupstadtstützpunkt für
die landläufige DDR-Dramatik, als Uraufführungsbühnen. Schnell
ließ Hacks an Inszenierungs- und Aufführungsdaten die in den
sechziger Jahren etablierten, weil aufführbaren Stückeschreiber
(Kerndl, Hammel, Baierl usw.) hinter sich. Mitte der siebziger Jahre
war er international der meistgespielte deutschsprachige Gegen-
wartsautor (›Plundersweilern‹ brachten im deutschen Sprachraum
alleine 1976 sechzehn Bühnen heraus). Nur einer ließ ihn zuhause
im Hintertreffen: der Unterhaltungskomödien schreibende Rudi
Strahl, als sozialistischer Boulevardautor eine einzigartige Erscheinung. Dutzendfache Inszenierungen seiner Stücke (›Adam und
Eva‹, 1969; ›Ein irrer Duft von frischem Heu‹, 1975; ›Prinz Arno
von Wolkenstein‹, 1977; usw.) pro Saison sind keine Seltenheit.
Über die Situation des literarischen Nachwuchses schrieb Heiner
Müller 1977: »Die Generation der heute Dreißigjährigen in der
DDR hat den Sozialismus nicht als Hoffnung auf das Andere er-
fahren, sondern als deformierte Realität.«[34] Jüngere Autoren wie
Jürgen Groß (›Match‹, 1976), Jochen Berg (›Dave‹, 1978), Uwe

Saeger (›Das Vorkommnis‹, 1978) schildern in ihren Stücken mi-
lieurealistisch Erscheinungen deformierter Alltagswirklichkeit, oft
mit jugendlichem Personal, Anliegen ist: »unsere Welt nicht als
Endentwicklung auf frohsinnige Weise zu beschreiben« (Groß)[35].
Nicht nationale Traumata, parabolische Kollisionen beschädigen
diese Figuren, die Normalität der Verhältnisse läßt Ansprüche auf
Selbstverwirklichung scheitern (In ›Match‹ sagt eine junge Frau:
»Wir haben Mühe. Aber wir wollen leben. Glücklich.«). Wie ihre
etablierten Kollegen (unaufgeführt sind u.a. Müllers ›Germania
Tod in Berlin‹, Brauns ›Che Guevara oder der Sonnenstaat‹, 1975)
haben die neuen Stückeschreiber mit der Reserviertheit der Bühnen zu kämpfen, die nicht nur kulturpolitischer Fügsamkeit entspringt, sondern auch oft mangelnde Entschlossenheit der Thea-
terleitungen signalisiert. Selbst Originelles im heiteren Genre,
etwa die mit grotesk-derben Mitteln arbeitenden Songspiele Kurt
Bartschs (›Der Bauch‹, 1974; u.a.) bleiben selten gespielt. Und der
Dramatiker Stefan Schütz, gelobt von Heiner Müller (»Wenn er
aneckt, liegt es daran, daß er hoch hinaus will. In der besonderen
Art, wie Stefan Schütz mit Widersprüchen unserer Epoche
umgeht, die er schmerzhaft tief empfindet, wird zunehmend ein
Bedürfnis nach dem Ausgleich deutlich, nach einem Weltzustand,
der Drama nicht mehr braucht außer als freies Spiel von Kräften.«[36]), konnte seine Liebesparabel um Dogmatik und Glücks-
anspruch ›Heloisa und Abaelard‹ (1975) nur in Potsdam 1978
plazieren, weil dort ein Theater über Jahre eine ambitionierte
Spielplanpolitik mit nicht bequemen Gegenwartsstücken betrieb
(Braun: ›Tinka‹, Matusche: ›An beiden Ufern‹, Müller: ›Zement‹
u.a.). Das Publikum honorierte diese Anstrengungen nicht, das Un-
gewohnte war nicht auf Anhieb beliebt. Frustrationen mit einem
weithin intransigenten Theateralltag, den neben kulturpolitischen
Vorgaben auch Bequemlichkeit, Routine und Selbstzensur regie-
ren, setzten dem Potsdamer Elan ein Ende: Regisseurin Uta Birn-
baum und Stefan Schütz akzeptierten 1980 ein Engagement in
Wuppertal. Christoph Hein, ein anderer neuer Name in der DDR-
Dramatik, kam mit seinen historisch drapierten Schauspielen
›Cromwell‹ (1977) und ›Lassale fragt Herrn Herbert nach Sonja.
Die Szene ein Salon‹ (1979), kritischen Ausblicke auf Revolutionä-

re während und nach der Revolution, 1980 in Cottbus und Düsseldorf heraus.

An den Hauptstadttheatern hat man sich an privilegierte Arbeitssituationen, so an die seit Brecht Gemeingut gewordenen überlangen Probenzeiten, längst gewöhnt; andere Sicherheiten wirken schon wieder als künstlerische Fesseln (die Nichtkündbarkeit des künstlerischen Personals blockiert die Ensemblepolitik); mit der staatlichen Gängelung weiß man zu leben. Die personellen Einbußen (Dresen, Karge/Langhoff, Tragelehn arbeiten absehbar nicht mehr in Ostberlin, Besson ging zurück in die Schweiz) hinterlassen spürbare Lücken. Aber die verfrühte Hoffnung auf einen offeneren Austausch (auch Schlagabtausch) zwischen Kunst und Politik ist nicht aufgegeben. Majakowskis Satire gegen Bürokraten und rotgetünchtes Pharisäertum ›Das Schwitzbad‹, bei zwei Anläufen 1959/63 an der Zensur gescheitert, ging 1977 als böse bezeichnende Karikatur republikeigener Zustände über die Bühne (Regie: Solter). War diese auf Jahre ausverkaufte Inszenierung am ›Deutschen Theater‹ breitenwirksamer Hinweis auf verfügbare Spielräume, so Heiner Müllers Eigenregie von ›Der Auftrag‹ (1980) kunstwirksames Indiz. Die Negation der Revolution als Idee bestätigt in diesem, Müllers einzigartige Sprachbilder zu neuer Prägnanz bringenden Text, die Revolution als Bewegungsgesetz der Geschichte, wird Bejahung der Befreiungsbewegungen der nicht-weißen Welt (»Der Tod ist die Maske der Revolution« – »Die Heimat der Sklaven ist der Aufstand«). Zu den Momenten künstlerischer Verständigung über die postrevolutionäre Gegenwart der DDR gehörte schließlich die Aneignung eines selten und dann gegen die Autorintention gespielten Stückes des dramatischen ›Erbes‹: Büchners ›Dantons Tod‹ inszenierte der Schauspieler Alexander Lang als elegische, desillusionierte Stellungnahme zur Inkongruenz von Zielen und Errungenschaften sozialer Umwälzungen (1981 am ›Deutschen Theater‹; Danton/Robespierre spielte als Doppelrolle Christian Grashof).

Im täglichen Befragen, Zueinanderkommen, Auseinandersetzen werden wir die Einheit Geist-Macht immer wieder neu fassen. Dieses offene, demokratische Verhalten des Politikers zum Künstler und umgekehrt läßt uns Optimismus haben[37], meinte Friedo Solter zuversichtlich noch 1975. Die ›Mühen der Ebenen‹ (Brecht) lassen sich durch Westengagements und Ausreisegenehmigungen, befristet oder von Dauer, überstehen. Aber wenn die Auseinandersetzungen fehlen, wenn die künstlerische Provokation nicht mehr stattfindet, dann hat die Theaterarbeit in der DDR eine ihrer wichtigsten Fähigkeiten eingebüßt. Denn, so Peter Hacks: »Im Streit zwischen Kunst und Gesellschaft fängt die Kunst immer an.«[38]

Hans Drawe

Literatur im Film

Vorbemerkung

»Kunst ist Waffe« schrieb einst der Arzt und proletarische Dramatiker Friedrich Wolf, der Vater des heute wohl bekanntesten und
interessantesten Filmregisseurs der DDR, Konrad Wolf.

1971 hat Konrad Wolf einen Film über den spanischen Maler
Goya nach dem berühmten Roman von Lion Feuchtwanger ge-
dreht. Das Szenarium von Angel Wagenstein ging wesentlich über
die Romanvorlage hinaus. Zentraler Konflikt des Films ist die
Konfrontation zwischen Goya und dem Großinquisitor, zwischen
Künstler und Macht. – War dieser Film bereits ein Appell für die
Freiheit der Kunst im Sozialismus?

Wenige Jahre später fand der im Film dargestellte Konflikt in
der DDR seine bittere Entsprechung: durch die Ausbürgerung
Wolf Biermanns und anderer unbeugsamer, kritischer, durchaus
sozialistischer Künstler.

Zu untersuchen ist in diesem Beitrag, wie, unter welchen politischen Umständen und auf welche Weise Literatur in den Massenmedien der DDR (Film und Fernsehen) adaptiert und ideologisch
verwertet wurde. Da die DDR nun drei Jahrzehnte besteht, bietet
es sich an, die Adaption von Literatur durch die Massenmedien innerhalb von drei Dezennien (die fünfziger, sechziger, siebziger Jahre) zu untersuchen, zumal jedes Jahrzehnt spezifische Entwicklungsmerkmale und politisch-ideologische Zielsetzungen und Tendenzen aufweist. Die folgende Untersuchung beschränkt sich aus
Umfangsgründen auf *die* Filme, die zur sozialistischen Bewußt-
seinsbildung beitragen sollten und von der SED-Führung kritisiert
oder als beispielhaft herausgestellt wurden, denn an Kritik und Be-
fürwortung widerspiegelt sich am deutlichsten das kulturpolitische Klima.

I Aufarbeitung des Erbes

1. Bürgerlich-realistische Literatur und die führende Rolle der Arbeiterklasse

Die künstlerisch bedeutendsten Literaturverfilmungen im ersten Dezennium der DDR sind der nach dem gleichnamigen Roman von Heinrich Mann gedrehte Film ›Der Untertan‹ (1951), Regie Wolfgang Staudte, und ›Lissy‹ (1957), nach dem gleichnamigen Roman von F. C. Weiskopf, Regie Konrad Wolf. Der Film ›Der Untertan‹ gilt noch heute zu Recht als eine der bedeutendsten Literaturverfilmungen der Nachkriegszeit. Am 4.9.1951 schrieb Herbert Jhering in der ›Berliner Zeitung‹:

> Dieser DEFA-Film kommt im rechten Augenblick; politisch und künstlerisch. Denn in welchem deutschen Roman wurde schärfer jener Untertanentyp entlarvt, der sich immer wieder für Militär und Krieg mißbrauchen läßt. Der Film führt die Entlarvung optisch weiter. Ein Gesicht, ja, ein Nacken, ein Auge, ein Mund können eine ganze Menschengruppe, einen Stand, eine Klasse entlarven.

Doch das ›Neue Deutschland‹ entdeckte bei allem Lob einen Makel: »Es gibt eine große Schwäche des Films, die auch die Schwäche des Romans ist. Die kämpfende Arbeiterklasse, die auch um die Jahrhundertwende bedeutende politische Erfolge errang, wird nicht gezeigt.«[1]

Ein anderer künstlerisch bemerkenswerter Film, der kurz nach der Premiere wegen ›Objektivismus‹ verboten wurde, war ›Das Beil von Wandsbeck‹ (1951), zu dem der gleichnamige Roman von Arnold Zweig die literarische Vorlage lieferte. Regie führte Falk Harnack, der sich nach dem Verbot des Films von der DEFA trennte.

›Das Beil von Wandsbeck‹ ist ein Paradebeispiel für die kulturpolitische Engstirnigkeit der SED-Funktionäre. Im Beschluß des Politbüros vom 22. Juli 1952 heißt es: »Noch krasser offenbaren sich die Fehler des kritischen Realismus in dem Film ›Das Beil von Wandsbeck‹, der nicht die Kämpfer der deutschen Arbeiterklasse zu den Haupthelden macht, sondern ihren Henker.«[2]

Der Film erzählt die Geschichte eines Hamburger Fleischermeisters, der sich durch die Nationalsozialisten bewegen läßt, zum Henker an den Gegnern des Regimes zu werden. Doch als die Mitbürger von seiner Tätigkeit erfahren, wird er geächtet und nimmt sich, gemeinsam mit seiner Frau, das Leben.

Die Premiere des Films fand zu einer kulturpolitisch ungünstigen Zeit statt. Die SED-Führung hatte gerade die Gestaltung ›positiver Helden‹ gefordert. Das Verbot des Films ›Das Beil von Wandsbeck‹ war ein Signal. Von nun an mußte, auch bei Literaturvorlagen des kulturellen Erbes, die Arbeiterklasse als führende revolutionäre Kraft herausgestellt werden. So bei dem Film ›Corinna Schmidt‹ (1951), dem Fontanes Roman ›Frau Jenny Treibel‹ als Vorlage diente.

Den Akzent der Handlung auf Corinna Schmidt zu verlegen bedeutet, die Fontanesche Vorlage radikal zu verändern. In Fontanes Roman ist Corinna Schmidt eine ehrgeizige Kleinbürgerin, die sich durch eine Heirat mit Leopold Treibel ein Leben in Reichtum und Luxus verspricht. Jenny Treibel jedoch hintertreibt diese Heirat. Corinna Schmidt heiratet wenig später Marcel Wedderkopp, einen Oberlehrer und Leutnant der Reserve. An der Hochzeitsfeier nimmt zum Zeichen der allgemeinen Versöhnung auch das Ehepaar Treibel teil, und Jenny krönt das Fest mit dem Lied ›Wo sich Herz zu Herzen find't‹.

Im Film jedoch ist nicht Jenny Treibel die *Siegerin,* sondern Corinna Schmidt, die, überzeugt durch den Vetter Marcel, erkennt, daß sie in die Reihen der fortschrittlichen Arbeiterklasse gehört. Ihr Mann wird durch das Sozialistengesetz außer Landes gejagt, und Corinna erwartet seine Rückkehr.

Die Veränderung der Romanvorlage hatte der damalige Direktor der DEFA, Sepp Schwab, nachträglich verlangt. Doch in Moskau fand dieses Vorgehen keinen Beifall, und so lehnte auch die SED-Führung die gutgemeinte Bearbeitung als unmarxistisch ab:

Der Film ›Corinna Schmidt‹ offenbart bei aller Sorgfalt der Regie und der Darstellung einen Fehler der DEFA-Kommission und des DEFA-Vorstandes, die ein Drehbuch befürworteten, das weder dem klassischen Stoff von Fontane noch der Darstellung der Arbeiterbewegung in der damaligen Zeit gerecht wurde. Das Politbüro des ZK weist darauf hin, daß die Verfilmung von klassischen Stoffen mit der größten Verantwortung und nach gründlicher Auswahl auf Grund exakter wissenschaftlicher Forschung zu erfolgen hat.[3]

Erwähnt werden muß in diesem Zusammenhang noch ein Film, der von der SED-Führung bei jeder Gelegenheit lobend hervorgehoben wurde und dem ein Schauspiel des polnischen Dramatikers Leon Kruczkowski als Vorlage diente. Titel des Films: ›Die Sonnenbrucks‹ (1951). Das Drehbuch schrieben Kurt Maetzig und der Autor. Regie führte Georg C. Klaren, der als Parteiloser in den Anfangsjahren die Dramaturgie des Spielfilmstudios leitete und dessen Wozzeck-Verfilmung (nach Büchners Bühnenstück) durch seine ungewöhnlichen stilistischen Mittel bei der Partei und der Kritik umstritten war.

Im Mittelpunkt des Films ›Die Sonnenbrucks‹ steht ein bürgerlicher Wissenschaftler mit seiner Familie, der sich aufgrund geschichtlicher Erfahrung zu einem volksverbundenen Kämpfer für eine friedliche Zukunft entwickelt. Die Kritik schrieb:

Was auf der Bühne ein kurzer Epilog war, wird im Film zum entscheidenden Element der Handlung. Die Gegenwart spricht das gewichtige Wort, nicht mehr die Vergangenheit. Was die Sonnenbrucks in der Nazizeit erlebten und taten, begründet ihr Verhalten nach dem Kriege. Der chauvinistische Haß, der verkniffene Dünkel der Frauen, der ölige und brutale Opportunismus des SS-Sohnes, das feige Pflichtgefühl des Feldgendarmen und Labordieners Hoppe, die Flucht des Dozenten Peters aus dem KZ – alles mündet in die Gegenwart, ist Voraussetzung und Vorgeschichte für die Wandlung des Professors Sonnenbruck vom unpolitischen, abseitigen Stubengelehrten zum wachen, weltoffenen, dem Schicksal und dem Leben des Volkes verbundenen Kämpfer für eine friedliche Zukunft.[4]

Der Film fand bei den Kulturfunktionären deshalb so uneingeschränkten Beifall, weil er die westdeutschen Universitäten als neonazistische Hochburgen und Horte der Reaktion darstellte und ein kommunistischer Widerstandskämpfer wenigstens am Rande der Handlung auftauchte.

2. Der ›neue Kurs‹ nach dem 17. Juni und das Realismusproblem

Nach dem 17. Juni 1953 versprach die Parteiführung einen ›neuen Kurs‹. Die künstlerischen Gremien diskutierten das Realismusproblem. Realismus als Spiegel der Wahrheit, als Beschreibung gesellschaftlicher Konflikte und Zustände wie sie sind, um sie durch Benennung überwinden zu können.

Doch der sogenannte ›neue Kurs‹ (1954–1958) enttäuschte zunächst. Der Schematismus von gesellschaftlich Neuem, das das rückständige Alte besiegt, langweilte die Zuschauer.

Um die politische Situation jener Jahre zu charakterisieren, muß hier ein Film angeführt werden, der zwar nicht nach einer literarischen Vorlage entstand, dessen Drehbuch aber ein Arbeiterschriftsteller, Willi Bredel (gemeinsam mit Tschesno-Hell) verfaßt hatte: ›Ernst Thälmann – Sohn seiner Klasse‹; Regie: Kurt Maetzig.

In seiner politischen Intention entsprach dieser Streifen in allen Einzelheiten den Erwartungen der Partei und erhielt ein für DDR-Verhältnisse ungewöhnlich hohes Produktionsbudget. Auch die Dreharbeiten überwachten ständig Spitzenfunktionäre.

Thälmann agierte als integrer und tadelloser Führer der Arbeiterklasse. Außerdem enthielt dieser Film alle Leitbilder der SED-Propaganda:

⟨. . .⟩ die führende Rolle der kommunistischen Partei, die Freundschaft mit der Sowjetunion, die internationale Solidarität der Arbeiterklasse, die verräterische Rolle der SPD-Führung, die Zusammenarbeit des amerikanischen Monopolkapitals mit der deutschen Schwerindustrie und später den Nationalsozialisten.[5]

Kritik an diesem Auftragsfilm wagte lediglich ein Regisseur, nämlich Slatan Dudow, der in den dreißiger Jahren Brechts ›Kuhle Wampe‹ verfilmt hatte:

Wir wären froh gewesen, wenn manche Szene in diesem Film lebendiger, echter und überzeugender gewesen wäre. Der Monumentalstil verführte die Schöpfer. Bei der Überhöhung vergaßen sie den Menschen, er ging ihnen oft dabei verloren. Uns allen fehlte der Mut zu einer offenen und fruchtbaren Diskussion.[6]

In einer Zeit, in der das Fernsehen (in der DDR) so gut wie keine Rolle spielte, war der Film eine bedeutende agitatorische Waffe, die die SED-Führung gezielt einsetzte. Der Leiter der Hauptverwaltung Film, Anton Ackermann, stellte fest:

> Im Jahre 1955 wurden über 300 Millionen Filmbesuche erreicht, das heißt im statistischen Durchschnitt kommen auf jeden Einwohner der Deutschen Demokratischen Republik vom Neugeborenen bis zum Greis etwa 17 Besuche von Filmvorführungen allein im Bereich des öffentlichen Lichtspielwesens. Die Hälfte aller Besucher entfällt auf die Filme der fortschrittlichen Produktion. Es ist auch bekannt, daß bestimmte Kreise der Bevölkerung, besonders unsere Jugend, zu den ständigen Besuchern unserer Kinos zählen und Woche für Woche die neuen Filme sehen. Schon daraus ergibt sich die große Bedeutung, die der Film im kulturellen Leben der breiten Massen einnimmt und damit auch sein gar nicht zu unterschätzender Einfluß auf das Denken und Fühlen von Millionen Menschen.[7]

Diesen politischen Auftrag erfüllten 1957 drei Filme nach literarischen Vorlagen, wovon sich zwei mit der faschistischen Vergangenheit [→ 450 ff.] beschäftigten und der dritte Probleme in der Landwirtschaft darstellte. Premiere hatten: ›Betrogen bis zum jüngsten Tag‹ (nach der Novelle ›Kameraden‹ von Franz Fühmann), ›Lissy‹ (nach dem Roman von F. C. Weiskopf) und ›Tinko‹ (nach einer Romanvorlage von Erwin Strittmatter).

Die Novelle ›Kameraden‹ war die erste Prosaarbeit Fühmanns, der bis dahin als Lyriker hervorgetreten war. ›Kameraden‹ erzählt die Geschichte von drei Soldaten der faschistischen Wehrmacht, die durch einen Unglücksfall schicksalhaft aneinandergekettet werden und sich als Kameraden zu bewähren haben. Allerdings wird im Verlauf der Handlung der Kameraden-Begriff immer fragwürdiger und verkommt zum Schluß der Novelle zur Phrase. Die drei Kameraden, die als beste Schützen der Kompanie einige Tage dienstfrei erhielten, schießen auf dem Weg in das nahegelegene Dorf auf einen Kranich und töten dabei versehentlich die Tochter ihres Hauptmanns. Von den drei Kameraden haben aber nur zwei geschossen, Wagner und Lick. Paulun wird deshalb von Lick verdonnert, über das Vorgefallene zu schweigen, da sie schließlich ›Kameraden‹ seien. Lick, Offiziersanwärter und Sohn eines SS-Generals, schlägt vor, die Tochter des Hauptmanns im Moor an der sowjetischen Grenze zu versenken. Paulun, der jüngste von den dreien, hält diese Belastung seelisch nicht durch; er ist nur Mitwisser und hat deshalb keine Strafe zu befürchten. Doch Lick versteht es redegewandt, den Kameraden unter Druck zu setzen. Schließlich berichtet der Offiziersanwärter dem SS-General von dem tragischen Vorfall. – Das Mädchen wird ausgegraben, von der SS verstümmelt und den Soldaten propagandistisch als Opfer russischer Grausamkeit vorgeführt. Der Oberschütze Paulun kann und will nicht mehr schweigen. Als zu Kriegsbeginn russische Mädchen zur Vergeltung erschossen werden sollen, schreit er seinem Hauptmann die Wahrheit ins Gesicht. Doch damit besiegelt er sein Todesurteil. Seine Kameraden Lick und Wagner fahren mit ihm in den Wald: Paulun wird von Lick und Wagner erschossen.

Wagner ist ein stupider Befehlsempfänger, dem alles recht ist, wenn er nur durchkommt; Lick ein Karrierist, der keine Skrupel kennt. Beide sind, so meint es der Filmtitel, von der faschistischen Ideologie Verführte, Getäuschte, Betrogene; von einem Mann namens Hitler und seinen Militärs »betrogen bis zum Jüngsten Tag«.

Durch den Titel setzt der Film einen anderen ideologischen Akzent als der Autor. Der Film will nicht nur die Fragwürdigkeit und Sinnentleertheit des Kameradenbegriffs unter Soldaten in Kriegszeiten darstellen, sondern die Handlungsträger auch als Opfer der Umstände zeigen, als Betrogene, die nach dem Jüngsten Tag mit ihrem Gewissen weiterleben müssen. Dem Regisseur Kurt-Jung Ahlsen gelang mit ›Betrogen bis zum jüngsten Tag‹ ein atmosphärisch dichter, stimmungsvoller Film.

›Lissy‹ (nach F. C. Weiskopf) war der dritte Spielfilm Konrad Wolfs, der sich bereits mit seiner zweiten Arbeit ›Genesung‹ (1956) einen guten Namen gemacht hatte. F. C. Weiskopf (1900–1955) war einer der populärsten proletarisch-revolutionären Schriftsteller, der durch die Ausstrahlung des mehrteiligen DDR-Fernsehfilms ›Abschied vom Frieden‹ – nach seinem gleichnamigen Roman – auch in der Bundesrepublik bekannt geworden ist. Die Protagonisten Weiskopfs entstammen meist bürgerlichen oder kleinbürgerlichem Milieu, müssen sich in den Klassenauseinandersetzungen der Epochen bewähren und einen Standort finden, der ihrer sozialen Lage entspricht. Auch Lissy stammt aus kleinen Verhältnissen, sie ist ein Berliner Arbeitermädchen aus dem Wedding. Ihre Geschichte spielt zu Beginn der dreißiger Jahre. Sie heiratet den Angestellten Fromeyer, der nach der Geburt ihres ersten Kindes arbeitslos wird. Fromeyer leidet unter seiner Arbeitslosigkeit, fühlt sich nutzlos, streitet mit seiner Frau, erliegt schließlich den Naziparolen und wird Mitglied der SA. Er steigt bis zum Sturmführer auf und führt ein herrliches Leben. Auch Lissy läßt sich davon blenden. Fragwürdig werden ihr das herrschende System und der Wohlstand erst, als die braunen Machthaber in ihrem Haus brutal Juden verhaften und die SA ihren Bruder erschießt, der erkannt hatte, daß die Nationalsozialisten keine Interessenvertreter der Arbeiterklasse waren. – Lissy trennt sich von ihrem Mann und wird zu einer engagierten Kämpferin gegen den faschistischen Terror.

Weiskopf nahm bei diesem Roman die Figurenkonstellation von Falladas ›Kleiner Mann – was nun?‹ auf, entfaltete aber gegen die Entschärfung der Konflikte, den Vollzug gesellschaftlich-politischer Konsequenzen, die Konfrontation von Arbeiter- und Kleinbürgerwelt, Größe der Selbstbehauptung und Mut zur Tragik.[8]

Die Presse der DDR feierte den Film als bedeutendes künstlerisches Ereignis:

Eine Huldigung an Weiskopf. Schon äußerlich kommt das zum Ausdruck, da die Schöpfer des Werkes darauf verzichteten, im Vorspann ihre Namen zu nennen. Diese Zurückhaltung ehrt das Produktionskollektiv, da ›Lissy‹ zu den besten Filmen der letzten Jahre zu zählen ist.

Und über Wolf:

Wer sich bei der Premiere den etwas linkisch anmutenden jungen Mann mit dem zerknautschten Anzug nur flüchtig ansah, hätte ihn schwerlich für einen der befähigsten Nachwuchsregisseure der DEFA halten können.[9]

Doch auch diese brillant gemachten Filme, die unaufdringlich die politisch-ideologische Attraktivität des Sozialismus darzustellen versuchten, vermochten die Bevölkerung kaum zu überzeugen, die sich an den ökonomischen Fakten des westdeutschen Wirtschaftswunders [→ 124 f.] orientierte. Die SED-Führer verwiesen deshalb immer wieder auf die Perspektive ihrer Gesellschaft. Die veränderten Produktionsbedingungen erforderten einen ›neuen Menschen‹, verkündeten sie, der kühn und verantwortungsbewußt die von der Partei gestellten Aufgaben erfülle und sich selbstlos und revolutionär für das ›neue Leben‹ einsetze. Vor allem stellte die Partei die wirtschaftliche und politisch-ideologische Bedeutung der Landwirtschaftlichen Produktionsgenossenschaften (LPG) agitatorisch als überragende historische Leistung sozialistischer Herrschaftsverhältnisse heraus.

›Tinko‹, ein Film nach dem gleichnamigen Roman von Erwin Strittmatter, behandelte die veränderte Wirklichkeit auf dem Lande. Die Geschichte wird aus der Sicht Tinkos erzählt, der sich zwischen seinem starrsinnigen, am Hergebrachten festhaltenden Großvater und seinem fortschrittlichen, aus der Gefangenschaft heimgekehrten Vater entscheiden muß. Der Vater, der Heimkehrer, engagiert sich leidenschaftlich für die LPG, doch der Großvater will wie eh und je Einzelbauer bleiben und gibt seinen Starrsinn bis zum Tode nicht auf.

»Ein gutes Buch – kein gleichwertiger Film«, schrieb das ›Neue Deutschland‹ am 3.4. 1957. Andere Kritiker bemängelten, daß dem Film-Tinko die jungenhafte Fröhlichkeit aus dem Roman fehle und keine Entwicklung der Figur sichtbar werde.

Dennoch war ›Tinko‹ ein Film, der die veränderte gesellschaftliche Realität auf dem Lande unter den Machtverhältnissen des ›ersten Arbeiter- und Bauernstaates‹ darstellte und einen unmittelbaren propagandistischen Zweck verfolgte.

3. »Wer mit dem Volk sein will, der wird stets mit der Partei sein ...«

1958 war das sogenannte Tauwetter vorbei. In den »Empfehlungen der Kommission für Fragen der Kultur beim Politbüro des ZK der SED an ›die Konferenz des Ministers für Kultur und des DEFA-Studios für Spielfilme zur Entwicklung des sozialistischen Filmschaffens‹« heißt es:

Die Auseinandersetzung über Fragen unserer sozialistischen Filmkunst in der Parteiorganisation und der Belegschaft des DEFA-Studios für Spielfilme, in den Veranstaltungen des Filmclubs sowie auf den Parteiaktivtagungen bei der Abteilung Kultur des ZK der SED haben ergeben, daß die Ursache für das Zurückbleiben in der Entwicklung unserer sozialistischen Spielfilmproduktion auf ideologischem Gebiet liegen. Unzureichendes Wissen über die grundsätzlichen Entwicklungsfragen unserer sozialistischen Ordnung, über die Weltanschauung des Marxismus-Leninismus sowie fehlende Verbundenheit mit dem Leben der Werktätigen, insbesondere mit dem Kampf der Arbeiterklasse, hinderten viele Künstler, Schriftsteller und leitende Mitarbeiter des Studios, die gesellschaftlichen Forderungen, die an die Filmkunst gestellt werden, zu erfüllen ⟨. . .⟩ Wer mit dem Volk sein will, der wird stets mit der Partei sein. Wer fest auf den Positionen der Partei steht, der wird stets mit dem Volk sein.[10]

Mit diesen Empfehlungen lag der politisch-ideologische Kurs für die nächsten Jahre fest. Spektakuläre Literaturverfilmungen, die an die Erfolge von ›Der Untertan‹ und ›Lissy‹ hätten anknüpfen können, gab es nicht mehr. Ein beachtenswertes künstlerisches Niveau erreichten allenfalls noch die Co-Produktionen, so ›Die Hexen von Salem‹ (1957) nach Arthur Miller (Drehbuch Jean-Paul Sartre) und ›Die Elenden‹ (1959), ein Film in zwei Teilen nach dem Roman von Victor Hugo. Doch die Co-Produktionen entsprachen nicht den politischen Intentionen der SED-Funktionäre, da sich die Partner von der kulturpolitischen Tendenz kaum oder gar nicht überzeugen ließen, die die DDR mit jeder Literaturverfilmung verband.

Einen Achtungserfolg errang Martin Hellberg, der im Schillerjahr 1959 ›Kabale und Liebe‹ verfilmte. Zwar fand die Kritik, Hellberg habe eigentlich den Stadtmusikanten Miller und nicht Luise und Ferdinand in den Mittelpunkt des Geschehens gerückt, bescheinigte dem Regisseur aber, daß er »mit ›Kabale und Liebe‹ einen Film geschaffen ⟨habe⟩, der den Zugang [→ 418] zu einem der bedeutendsten Dramen der klassischen deutschen Nationalliteratur erschließt«.[11] Allerdings entsprach die Akzentverlagerung der Handlung auch der Linie der Partei.

II Die Bestimmung des Standorts

1. Abgrenzung und Perspektive

Nach dem Bau der Mauer am 13. August 1961 verstärkte die SED den ideologischen Druck. Die Partei strebte eine ›gebildete Nation‹ an und forderte die Gestaltung sozialistischer Helden in der Kunst. Die Künstler sollten in der Produktion und auf den ›Baustellen des Sozialismus‹ die ›neuen Menschen‹ und Konflikte aufspüren, die die Entwicklung des Sozialismus widerspiegelten. Die ›1. Bitterfelder Konferenz‹ (1959) hatte eine stärker produktionsorientierte Kunst gefordert. Der damalige Kulturminister, Johannes R. Becher, eröffnete den V. Bundestag des Kulturbundes mit den Worten:

〈. . .〉 Es wird verlangt – wozu die hohen Arbeitsleistungen, wie sie vollbracht werden, durchaus berechtigen –, daß neue Kulturwerte, neue Werke geschaffen werden, worin die Gegenwart und ihre Probleme sich gestaltet finden und worin der schaffende Mensch von heute sich selber zu erkennen vermag.[12]

Die Künstler sollten die Arbeiter nicht nur ›besuchen‹, sie sollten in ihr Denken und Fühlen eindringen und die Wirklichkeit so gestalten, daß das Kunstwerk das Anliegen der arbeitenden Bevölkerung zum Ausdruck bringt. Viele Schriftsteller, Maler und Bildhauer zogen daraufhin in Dörfer oder arbeiteten für längere Zeit in Industriebetrieben.

In den sechziger Jahren erhielt auch das Fernsehen immer größere politisch-ideologische Bedeutung.

Das Fernsehen bildet selbst neue Genres und Kunstformen heraus, deren wichtigste das Fernsehspiel ist. Seine Besonderheit gegenüber Film und Theater liegt vor allem darin, schnell, wirkungsvoll und aktuell mit den Mitteln der Kunst wichtige Aufgaben der Agitation und Propaganda zu erfüllen.[13]

1955 besaß von hundert Haushalten in der DDR nur eine Familie ein Fernsehgerät, 1966 bereits vierundfünfzig Familien. Die gesamte Parteiarbeit konzentrierte sich auf die Lösung der ökonomischen Aufgaben. Das Ziel war, die Bundesrepublik im Pro-Kopf-Verbrauch zu überflügeln [→ 125]. Die Ökonomen entwickelten ein ›Neues Ökonomisches System der Planung und Leitung‹ (NÖSPL), das die latente wirtschaftliche Misere beseitigen sollte.

Ein Film, der in diese zukunftsorientierte Linie paßte, war ›Der schweigende Stern‹ (1960), zu dem der Roman ›Der Planet des Todes‹ von Stanisław Lem die Vorlage lieferte. Regie führte Kurt Maetzig. Zwar war der Film schon 1956 in einer Co-Produktion mit Polen geplant gewesen, aber aus finanziellen und ideologischen Gründen von Jahr zu Jahr verschoben worden. Schließlich zeichneten sechs Autoren für das Drehbuch verantwortlich, das insgesamt vierzehn Mal umgeschrieben werden mußte.

Der Film sollte in futuristischer Verfremdung realpolitische Probleme aufzeigen und auf die Gefährlichkeit der Atomaufrüstung im Westen hinweisen. ›Der schweigende Stern‹ diente als mahnendes Beispiel, denn die hochzivilisierte Bevölkerung der Venus, die einen Anschlag auf die Erde plante, hatte sich mit ihrer eigens dafür gebauten Zerstörungsmaschine vernichtet.

Obwohl ein amerikanischer Physiker Mitglied der Crew ist, die mit einer Rakete zur Venus fliegt, findet das Unternehmen allein unter der Schirmherrschaft der Sowjetunion statt, die das Weltraumschiff baute und sich somit als führende Weltmacht erweist. Unterschwellig propagierte der Film damit natürlich auch internationale Zusammenarbeit im Interesse des Friedens unter der Führung der Sowjetunion.

Die DDR-Kritik lobte den Film wegen seiner klaren ideologischen Konzeption. Er wurde als mutiger Vorstoß in ein neues Genre bezeichnet.

2. Der Typ des neuen Revolutionärs und die Moral der Partei

Besonders zwei Filme vermittelten Anfang der sechziger Jahre ein neues sozialistisches Lebensgefühl: ›Der geteilte Himmel‹ (1963/64) nach dem Roman von Christa Wolf [→ 396 f.] und ›Beschreibung eines Sommers‹ (1962) nach dem Roman von Karl-Heinz Jakobs. Beide Filme zeigten sozialistische Revolutionäre, Vor-Bilder im wahrsten Sinne des Wortes, Menschen, die sich bewußt für die DDR entschieden. In seinem Aufsatz ›Der Revolutionär im Prognosezeitraum und seine filmkünstlerische Aneignung‹ schrieb Hartmut Albrecht:

> Als Typ des neuen Revolutionärs können wir also begreifen: den alle Lebensverhältnisse schöpferisch umgestaltenden Menschen, der aus tiefer Einsicht in die Wirklichkeit mit prognostischem Blick die gesellschaftlich effektivsten Möglichkeiten erkennt, sie als eigene Zwecke setzt und bei deren Rationalisierung die eigenen wie die Schöpferkräfte des Volkes weiter herausarbeitet.[14]

›Der geteilte Himmel‹ wurde von der Kritik als Filmexperiment gefeiert, das »mit großem künstlerischem Ernst nach neuen Möglichkeiten zukünftiger Entwicklung der deutschen sozialistischen Filmkunst fragt«[15].

Der Film, bei dem Konrad Wolf Regie führte, erzählt in Rückblenden die Geschichte von Rita Seidel, die in einem Waggonwerk arbeitet, von einem Zug angefahren wird und im Krankenhaus liegt. Sie gibt sich Rechenschaft über ihr Leben. Bestimmend für die Handlung ist ihre Liebe zu Manfred, einem promovierten Chemiker, der seine Erfindung – eine Vorrichtung zum Absaugen von Abgasen – nicht in die Realität umsetzen konnte. Manfred leidet unter dem Gesinnungsterror und Dogmatismus der Parteifunktionäre. Er mokiert sich über seine bürgerlichen Kollegen. Außerdem ist ihm suspekt, daß sein Vater so problemlos von der SA in die SED wechseln konnte. Enttäuscht flieht er in den Westen. Rita besucht ihn dort noch vor dem Mauerbau und erkennt, daß die DDR das wahre Deutschland und ihre eigentliche Heimat ist.

Die eigenwillige formale Gestaltung des Stoffes fand auch im Ausland große Anerkennung. Die Kritik rühmte die optischen Motive, die Brückenbilder zum Beispiel, die ungewöhnlichen Raum-Zeit-Verbindungen und Montagen.

Günter Karl, Leiter der Arbeitsgruppe ›Roter Kreis‹ bei der DEFA, schrieb im ›Neuen Deutschland‹:

> Dieser Film ist nicht nach einer Dramaturgie gebaut, die davon ausgeht, daß ein Charakter von bestimmter Qualität vorhanden ist, dessen Wert sichtbar zu machen wäre. Die Schöpfer folgten einem Gestaltungs-

prinzip, das ich zunächst episch nennen will, weil sie nicht nach dem Ein-
wirken der zentralen Gestalt auf die Verhältnisse und Menschen fragten,
sondern nach der Wirkung der Verhältnisse und Menschen auf die zentrale Gestalt ⟨. . .⟩ Dieser Film fragt danach, ob unser neues Leben mit all seiner dialektischen Widersprüchlichkeit, ob die sozialistische Gesellschaft –
hier und heute – stark genug ist, aus sich heraus Persönlichkeiten zu bilden, ob sie einem sich Bildenden und Entwickelnden Erleben und Werte
bietet, die selbst vor dem individuellen Verzicht, etwa vor dem Aufgeben
einer großen Liebe Bestand haben.[16]

Der Film ist ein optischer Monolog. Das assoziative Element
löst die herkömmliche Dramaturgie ab. Der Film ist wie ein Puzzle.
Der Zuschauer muß sich zu den einzelnen Assoziationselementen
in Beziehung setzen. Dadurch entsteht Spannung. Allerdings bedingt dieses dramaturgische Konzept beim Zuschauer eine entsprechende Erfahrung, mit deren Hilfe er das Puzzle zusammen-
setzen kann. Er muß sich mit Ritas Denkweise identifizieren, um
die Beweggründe ihres Handelns zu verstehen, ja, er selbst muß
ihrer Überzeugung sein.

Ein wesentlicher Einwand gegen den Film war, daß Rita zu in-
aktiv bleibt. Gezeigt wird lediglich, wie die Außenwelt auf sie
wirkt. Auch ist zu Beginn des Films ihre Entscheidung für die DDR
bereits gefallen. Der eigentliche Grund für Ritas Inaktivität ist ihre
argumentative Hilflosigkeit. Manfred kann sein Verhalten durch
negative Erfahrung begründen; Rita folgt der Emotion. Manfred
wird so tatsächlich zu einem Kontrapunkt (dessen Flucht sogar
verstehbar ist), dem Rita keine überzeugenden Argumente entge-
genzusetzen vermag. Insofern täuscht der formale Aufwand über
den mangelnden inhaltlichen Tiefgang hinweg.

Mit ›Beschreibung eines Sommers‹ schuf der Nachwuchsregis-
seur Ralf Kirsten einen Film, der sowohl dem Publikum als auch
der Partei gefiel, weil er Konflikte aufgriff, deren Gestaltung von
der ›Bitterfelder Konferenz‹ angeregt worden waren. Jakobs hatte
selbst als Maurer auf den ›Baustellen des Sozialismus‹ gearbeitet
und sie später als Reporter beschrieben.

Der Film erzählt die Geschichte von Tom Breitsprecher, der als
Ingenieur auf einer Jugendbaustelle nach einem Sommerurlaub
sein Leben »geschichtslos, gut und neu« beginnen will. Doch dabei

ist ihm die Moral im Weg. Bei einer FDJ-Versammlung verliebt er
sich in Margit Marduk. Auch Grit mag Tom. Doch sie ist verheira-
tet, zudem Genossin und weiß, daß sie durch ein Verhältnis zu
Tom gegen die herrschende Moral verstößt. Das Verhältnis wird
bekannt. Der FDJ-Sekretär wirft Tom unmoralische Beziehungen
vor. Doch Tom nimmt diesen Vorwurf nicht ernst. Prekär wird die
Situation erst, als die Parteigruppe eine Trennung Grits von Tom
fordert. Doch die Liebe der beiden ist stärker als oktroyierte gesellschaftlich-moralische Normen. Grit beantragt die Scheidung.
Die Liebenden werden an verschiedene Orte versetzt.

Im Gegensatz zum Buch ist der Film glatter, unproblematischer.
Obwohl Buch und Film gegen die zu enge Auslegung von moralischen Normen polemisieren, wird anhand der Fabel auch deutlich,
wie sehr der einzelne von den gesellschaftlichen Zwängen der Partei reglementiert wird. Die Gesellschaft trennt Tom und Grit, um
zu prüfen, ob sich ihre Liebe bewährt! Die Partei ist nicht nur der
Schulmeister der Kunst, sondern auch des Individuums. Die Entscheidung des einzelnen ist immer auch abhängig von der Entscheidung der Partei (oder den gesellschaftlichen Massenorganisationen). Der einzelne wird ständig zum Maßstab des gesellschaftlichen Anspruchs.

3. Zwischen Antifaschismus und Aufrüstung

Einen der überzeugendsten Filme über ein faschistisches KZ schuf
Anfang der sechziger Jahre Frank Beyer mit ›Nackt unter Wölfen‹
(1962) nach dem autobiographischen Roman von Bruno Apitz. Er
erzählt das Schicksal eines dreijährigen Kindes, das der Jude Jan-
kowski in einem Koffer ins Lager Buchenwald schmuggelt. Die
Rettung des Kindes wird zu einer menschlichen Bewährungsprobe
für die politischen Häftlinge, die bei Lebensgefahr und mit List
den Jungen vor den SS-Schergen retten. Der ›Filmspiegel‹ schrieb:

Der Film führt zu der Einsicht, daß die Männer, die im Angesicht des
Kindes zwischen rationale und emotionale Entscheidung geraten, diejeni-
gen sind, welche in unserem Teil Deutschlands den schweren Anfang beim
Neuaufbau machten und heute bei uns wirken.[17]

In der Bundesrepublik lief der Film erst fünf Jahre später und zunächst auch nur in Filmclubs, dann erst im Kino. Die westliche Kritik beurteilte den Film distanzierter:

> Die Gefahr für das Verständnis des Films liegt gerade in der Konsequenz seiner Präzision, nämlich in der minutiösen Schilderung der Vorgänge. Eine Spannung kommt auf, ähnlich wie in einem Kriminalstück oder wie beim Indianerspiel. Damit entsteht der trügerische Eindruck, das Ganze sei nur ein schreckliches Abenteuer, die Unmenschlichkeit lasse sich überlisten; diese Illusion bestärkt noch der euphorische Schluß. Dadurch aber rüttelt der Film nicht auf, sondern begütigt und vereitelt somit teilweise seine eigenen Intentionen.[18]

Das Grauen des KZ-Alltags bleibt in ›Nackt unter Wölfen‹ tatsächlich zu sehr im Hintergrund des Geschehens, die Figurenporträts der Häftlinge und SS-Henker jedoch gelangen meisterhaft. Trotz der Einwände ist ›Nackt unter Wölfen‹ eine der besten DEFA-Produktionen der sechziger Jahre.

Ein anderer DEFA-Streifen, der mit dem Wahnsinn des faschistischen Krieges [→ 453 f.] abrechnete, ist der von der DDR-Jugend mit großem Interesse aufgenommene, nach dem Roman von Dieter Noll entstandene Film ›Die Abenteuer des Werner Holt‹ (1964). Der Roman, in einfachem, reißerischem Stil geschrieben, war in der DDR ein Bestseller. Der Film dazu erzählt seine Geschichte im Gegensatz zum Roman nicht linear, sondern in Rückblenden, während Holt an einer Panzerschlacht teilnimmt. Diese Erzähltechnik bot dramaturgisch den Vorteil, die Handlung auf die wesentlichen Abenteuer des Protagonisten beschränken zu können. Holt ist das Synonym einer vom Faschismus irregeleiteten Generation. Er marschiert gläubig in den Krieg, vertraut seinem Freund Wolzow, der von Veranlagung und Wesen eine Söldnernatur ist und zum Schluß des Krieges keine Lehren aus der Katastrophe zieht. Aus diesem Grund erschießt ihn Holt. Für den Bürgersohn haben sich bei Kriegsende die Begriffe Vaterland, Treue und Kameradschaft entwertet. Und so wird folglich die DDR im zweiten Teil des Buches seine Heimat.

Ideologisch kamen die ›Abenteuer des Werner Holt‹ zur richtigen Zeit auf die Leinwand, denn im Januar 1962 beschloß die

Volkskammer die allgemeine Wehrpflicht. Die Stärke der Nationalen Volksarmee (NVA) betrug 90 000 Mann. Für die Einführung
der allgemeinen Wehrpflicht schob die DDR-Regierung dem
›westdeutschen Imperialismus‹ die Schuld zu. Der tatsächliche
Grund aber war, daß sich für den sozialistischen Waffendienst
nicht genügend Freiwillige fanden. Begriffe wie ›Vaterland‹ und
›Heimat‹, mit dem zusätzlichen Adjektiv ›sozialistisch‹, erhielten
einen neuen Inhalt. Insofern verfolgten das Buch und der Film ein
eindeutiges kulturpolitisches Ziel: die Rehabilitierung der Wehrpflicht. Der Jugend der DDR sollte bewußt gemacht werden, daß
die NVA als Verteidigungsarmee keine militaristischen und imperialistischen Ziele verfolge.

Joachim Kunert, der Regisseur von ›Die Abenteuer des Werner
Holt‹, wurde mit diesem Film ebenso wie Dieter Noll mit seinem
Roman über Nacht ein bekannter Mann und verfilmte in der Fol-
gezeit mehrere literarische Vorlagen von Anna Seghers.

4. Das 11. Plenum und die Folgen

Auf dem 11. Plenum gerieten besonders zwei Regisseure in das
Schußfeld öffentlicher Parteikritik: der arrivierte Kurt Maetzig
und der begabte Frank Beyer.

Beyers Interesse galt schon immer der Verfilmung von Gegenwartsliteratur, die sich kritisch mit der Realität auseinandersetzte.
Doch nach dem Film ›Spur der Steine‹ (1965/66), zu dem der
gleichnamige Romanbestseller von Erik Neutsch die Vorlage lieferte, wurde ihm die filmische Adaption bedeutender DDR-Gegenwartsromane beharrlich verweigert, so ›Die Aula‹ von Hermann
Kant (die später vom ZDF verfilmt wurde), ›Warten an der Sperre‹
von Erik Neutsch (ein Buch, das jahrelang verboten blieb und dann
doch noch in einer verwässerten Fassung unter dem Titel ›Auf der
Suche nach Gatt‹ [→ 68] erschien), Plenzdorfs ›Die neuen Leiden
des jungen W.‹, ein Manuskript, von der DEFA ebenfalls nicht
angenommen und dessen Verfilmungsrechte an die Bundesrepublik verkauft wurden, dann ›Pause für Wanzka‹ von Alfred Wellm
(ein vieldiskutierter Gegenwartsroman), auch die Erzählung ›Alte
Filme‹ von Klaus Schlesinger und ›Schlaflose Tage‹ von Jurek
Becker.

Der Roman ›Spur der Steine‹ (erste Auflage 35 000 Exemplare) war in der DDR ein sensationeller Erfolg. Die Literaturkritik lobte das Buch aufgrund seiner politisch-ideologischen Problematik, ohne seine stilistischen Unzulänglichkeiten unter den Tisch zu kehren. Neutsch schilderte Konflikte, die die DDR-Bürger täglich erlebten. Hauptfigur des 900 Seiten starken Romans ist der Zimmermanns-Brigadier Hannes Balla, der zunächst nur an sich und seine Brigade denkt und Staat und Macht recht anarchistisch gegenübersteht. Als sein Gegenspieler fungiert der Parteisekretär Werner Horrath, ein intelligenter Genosse, der Bella behutsam und listig zu überzeugen versteht, für das Wohl der Gemeinschaft (»Vom Ich zum Wir«) zu arbeiten und ihn sogar für die Partei werben kann. Doch auch der geschickte Taktiker und undogmatische Parteisekretär ist nicht frei von menschlichen Schwächen. Als verheirateter Genosse verliebt er sich in die attraktive Genossin Katrin Klee. Als Katrin ein Kind zur Welt bringt, verschweigt Horrath seine Vaterschaft vor der Partei, aus Angst, seinen Stuhl dem Dogmatiker Bleibtreu überlassen zu müssen. Auch fürchtet er das Scherbengericht der Parteikontrollkommission, das er so oft über andere hereinbrechen sah.

Höhepunkt der Handlung ist, als Horrath in offizieller Funktion der schwangeren Katrin auf einer Parteisitzung die Frage nach dem Vater ihres Kindes stellen muß.

Neutsch, von 1957–1960 Wirtschaftsredakteur der SED-Zeitung ›Freiheit‹ in Halle, kritisiert in seinem Roman handfeste Fehlentscheidungen der Planwirtschaft. Beispielsweise muß der Unsummen verschlingende Neubau des Kraftwerkes von Schkona niedergerissen werden, weil die Bauzeichnungen mangelhaft waren; im Nachbarwerk wiederum reicht das Geld nicht bis zum Richtfest. Angeprangert werden auch der Dogmatismus leitender Genossen und die Berechnung des Arbeitslohnes, die sich nicht an der Leistung, sondern am Materialverbrauch orientiert, was zur Folge hat, daß die Arbeiter das Material verschwenden. Zudem bricht der Autor mit einem Tabu und wirft der Partei vor, leitende Genossen zu decken, selbst wenn sie sich als unfähig erweisen usw.

Neutsch ist ein überzeugter DDR-Kommunist, der durch das Aufzeigen von Fehlern und Mängeln im menschlichen und ökonomischen Bereich den Sozialismus im systemimmanenten Sinne für veränderbar hält. Der Roman ›Spur der Steine‹ illustriert Ulbrichts Thesen vom ›Neuen Ökonomischen System‹, das weniger Administration zugunsten ökonomischer Mittel gefordert hatte. Neutsch versuchte darzustellen, daß die Gemeinschaft klüger als der einzelne ist. Schließlich vertauscht ja auch Balla zum Schluß des Buches »die Perle im Ohr mit dem Parteiabzeichen im Knopfloch«[19].

Für den Roman ›Spur der Steine‹ erhielt Erik Neutsch 1964 den Nationalpreis. Zwei Jahre später, im Juni 1966, kritisierte die Partei Frank Beyers gleichnamigen Film mit äußerster Schärfe. Die SED fuhr erneut einen härteren kulturpolitischen Kurs. Auf dem 11. Plenum im Dezember 1965 hatte Honecker an das »gesunde Volksempfinden« appelliert, eine »saubere Leinwand« und einen »sauberen Staat« gefordert. In der DDR gebe es, betonte er, »unverrückbare Maßstäbe für Ethik und Moral, für Anstand und gute Sitten«[20]. Beyer warf die Kritik »Entfremdungstendenzen, Skeptizismus, Pessimismus und Nonkonformismus« vor. Das ›Neue Deutschland‹ schrieb, der Film gebe »ein verzerrtes Bild von unserer Wirklichkeit, dem Kampf der Arbeiterklasse, ihrer ruhmreichen Partei und dem aufoperungsvollen Wirken ihrer Mitglieder«. — ›Spur der Steine‹ lief nur drei Tage, dann wurde er im Ostberliner Erstaufführungskino ›International‹ durch de Sicas ›Gestern, heute, morgen‹ ersetzt.

Der Film beginnt mit der Endsituation des Buches. Horrath bekennt auf der Parteiversammlung, daß er der Vater von Katrins Kind ist und wird seines Postens enthoben. Eine Rückblende erzählt nun die Geschichte, die zum Schluß des Films wieder in die Ausgangssituation mündet. Eine klärende Diskussion findet nicht statt. Horrath setzt lediglich seinen Sturzhelm auf und geht an die Arbeit. Von Kati aber, die sich von Horrath getrennt hat und Schkona verläßt, wird ein Brief verlesen, der sagt, daß sie in Schkona trotz allem wertvolle Menschen kennengelernt habe.

Der Film bietet, außer Jansen, einem alten, kampferprobten Genossen, keine (im sozialistisch-realistischen Sinne) positive Figur. Zwar leisten alle Positives, versagen aber im menschlichen Bereich. Und selbst Jansen, der keinen Zugang zu Horrath findet, macht sich für das Geschehene mitverantwortlich. Die Partei vermißte die positive gesellschaftliche Perspektive des Films, zumal die ökonomische Realität hinter den Erwartungen zurückgeblieben war. Und so schob man die wirtschaftlichen Engpässe dem Verfall der Sitten zu.

Zwei weitere prominente Opfer des 11. Plenums wurden Kurt Maetzig und der Schriftsteller Manfred Bieler.

Bieler bot der DEFA 1964 die Geschichte ›Maria Morzeck oder das Kaninchen bin ich‹ an, die sein Leben entscheidend verändern sollte. Maetzig interessierte sich für den Stoff und verfilmte ihn. In der Selbstkritik vom 5. 1. 1966 schrieb er:

> Ich war seit Jahren unzufrieden mit der Wirkung unserer Filme auf unsere Bevölkerung und hatte das Gefühl, daß unsere Filme in den ersten Jahren der DEFA-Produktion in stärkerem Maße die Zuschauermassen ergriffen hatten als in den letzten Jahren. Ich hatte den deutlichen Eindruck, daß die internationale Geltung der Filmkunst der DDR abgeschwächt war, was sich auch darin zeigte, daß unsere Filme auf den internationalen Festivalen in Moskau und Karlovy Vary nicht mehr richtig zum Zuge kamen. Ich hatte die Befürchtung, daß wir mit unserer Filmkunst nicht attraktiv genug auf potentielle Bürgerschichten in kapitalistischen Ländern wirkten, und suchte nach Möglichkeiten, dem zu begegnen. Den Weg der Liberalisierung lehnte ich ab, denn Liberalisierung läuft ja darauf hinaus, neben der marxistischen Philosophie die bürgerliche als gleichberechtigt zuzulassen. Dagegen meinte ich, wir müßten die Kunst des sozialistischen Realismus massenwirksamer machen, und fragte mich: Was fehlt denn unseren Filmen, um dieses Ziel zu erreichen? Warum klingt denn unsere Stimme nicht vernehmbarer im Konzert der Filmkünste der sozialistischen Länder? ⟨. . .⟩ Ich vertrat bis vor kurzem folgenden Standpunkt: Die Parteilichkeit eines Künstlers in der DDR könne nicht nur daran gemessen werden, daß er auf der Seite des Sozialismus gegen den Imperialismus kämpft, denn dies müsse eine selbstverständliche Voraussetzung sein – heute drücke sich seine Parteilichkeit insbesondere in seiner Unversöhnlichkeit gegenüber allen Mängeln, Schwächen und Fehlern aus, die den Aufbau des Sozialismus hemmen. Diese Ansicht, Mängel und Schwächen in den Vordergrund zu stellen und hieran die Parteilichkeit des Künstlers zu orientieren, zeigt sich bei näherem Hinsehen als Unsinn. Die Parteilichkeit des Künstlers erweist sich in der Kraft, Leidenschaft und Meisterschaft, mit welcher er mit seiner Kunst am Klassenkampf teilnimmt. Die Abweichung von diesem Prinzip in der Filmkunst

führt zu einem unerlaubten Nachgeben gegenüber zurückgebliebenen Zuschauerschichten und damit tatsächlich zur Aufgabe längst innegehabter sozialistischer Positionen. Deshalb ist das ›Kaninchen‹ ein schädlicher Film geworden ⟨...⟩²¹

Der linientreue Maetzig glaubte durchaus, in redlicher Absicht gehandelt zu haben. Mit der gleichen Überzeugung, mit der er den ›Ernst Thälmann‹ gedreht hatte, schloß er sich der kritischen Bewegung an, um den sozialistischen Film attraktiver zu gestalten. Nach der Selbstkritik beglückwünschte Ulbricht den Regisseur zu seiner »parteigemäßen Haltung«.

Protagonistin des Films ›Das Kaninchen bin ich‹, der gar nicht erst in die Kinos kam, ist Maria Morzeck. Sie darf nicht studieren, denn ihr Bruder sitzt im Zuchthaus. Verurteilt wurde er, weil er eine Adenauerrede über den Betriebsfunk abgespielt hatte. Maria bedient im ›Clou‹ und lernt dort den verheirateten Richter Deister kennen, der das Urteil gegen ihren Bruder fällte. Als Maria erfährt, daß bei der Gerichtsverhandlung die Öffentlichkeit, die aus Maria, ihrer Tante Hete und ihrer Schwester Antje bestand, nur deshalb ausgeschlossen wurde, weil sich das Gericht die bewußte Adenauerrede anhören wollte, ruft sie:

Was jeder jeden Tag im Radio hören und im Fernsehen sehen kann – davon wird euch mies und mau? Herzlichen Dank. Das genügt eigentlich. Ihr seid so einmalige Scheißer, daß es wirklich zum Himmel stinkt. Das war euer Staatsgeheimnis, was Hete und ich nicht hören durften, und zu Hause hätten wir bloß am Knopp zu drehen brauchen, aber das machen wir nich mal, weil uns das zu doof und zu langweilig ist! Verstehste?! Euer Staatsgeheimnis ist uns Schnuppe! Begreifst du das? Geht das in deinen Schädel? Daß unsereinem das Kotzen kommt, wenn wir euere Staatsgeheimnisse hören?!

Der Vorwurf der Maria Morzeck widerspiegelt auf groteske Weise die Perfidie von DDR-Politik. Andererseits wird an dieser Dialogstelle deutlich, daß die DDR-Führung, auf solche Art lächerlich gemacht, den Film verbieten mußte, wenn sie ihren Führungsanspruch nicht in Frage stellen wollte.

Als Bieler sein Theaterstück ›Zaza‹, das den Gefängnisalltag in der DDR behandelte, auch nicht zur Aufführung bringen konnte, zog er 1967 nach Prag und floh 1968 in die Bundesrepublik, als die Panzer der Warschauer-Pakt-Staaten dem ›Prager Frühling‹ ein Ende setzten. Im Westen legte Bieler eine überarbeitete Version der ›Maria Morzeck‹ vor, die vom ZDF ausgestrahlt wurde.

5. Besinnung auf die sozialistischen Ideale

Nach diesem kulturpolitischen Fiasko verfilmte die DEFA vornehmlich Themen, die wirtschaftliche Probleme aus der Sicht der Planer und Leiter darstellten. Die Literaturverfilmungen beschränkten sich auf die Adaption ›sozialistischen Bildungsgutes‹. Doch auch mit linientreuen Büchern konnte ein Regisseur straucheln, wenn er die literarische Vorlage gar zu eigenwillig interpretierte, wie beispielsweise Egon Günther bei seinem Film ›Abschied‹, den er nach dem gleichnamigen Roman von Johannes R. Becher drehte. Das Drehbuch schrieb Günther mit dem Lyriker Kunert, der bei den Parteifunktionären ebenfalls im Ruch der Eigenwilligkeit stand.

Günther kam von der Literatur zum Film. Er schrieb Romane, Theaterstücke und Gedichte. Er gehört neben Maetzig, Wolf und Beyer zu den bedeutendsten Regisseuren der DEFA. ›Abschied‹ (1968) war sein dritter Film, der zudem ein Auftragsfilm der Partei war. Spekulativ bleibt, ob sich Günther damit rehabilitieren sollte, denn seine zweite Arbeit für die DEFA, ›Wenn du groß bist, lieber Adam‹ (1965), war ebenfalls verboten worden.

Der autobiographische Roman ›Abschied‹ erzählt in Ich-Form die Geschichte Hans-Peter Gastls, der ›anders werden‹ will. Gastl ist Sohn eines Münchner Oberstaatsanwaltes und akzeptiert die Klassenvorurteile seines Vaters nicht. In einer konfliktreichen Auseinandersetzung wird Hans Gastl mit der sozialistischen Weltanschauung bekannt und hofft – durch die Oktoberrevolution motiviert – auf eine bessere Zukunft für das Proletariat, dem er sich instinktiv verbunden fühlt.

Von der Verfilmung des Becherschen Romans versprach sich die Parteiführung aller Wahrscheinlichkeit nach lebendigen Geschichtsunterricht. Doch Günthers Streifen machte ein Problem

sichtbar, das auch durch den Sozialismus nicht abgeschafft werden konnte – den Generationskonflikt [→ 309 ff.], der Ende der
sechziger Jahre erstmals aufbrach. Auch in der DDR wandten sich
die Söhne von den Vätern ab, die als privilegierte Apparatschiks
funktionierten und ihre Ideale vom Sozialismus hinter der Parole
des Machbaren schamhaft versteckten. Und es ist die Ironie der
Historie, daß gerade zu der Zeit, als der Film ›Abschied‹ uraufgeführt wurde, Kinder hoher Funktionäre zu Gefängnisstrafen verurteilt wurden, weil sie gegen den Einmarsch der Warschauer-
Pakt-Staaten in die ČSSR protestiert hatten. Viele Jugendliche er-
kannten sich in Hans Gastl, auch sie wollten anders sein, auch für
sie waren die Ideale ihrer Väter schal geworden. In diesem Konflikt lag der Sprengstoff des Films. Die Funktionäre reagierten sofort. Sie praktizierten eine altbewährte Methode – das ›Neue
Deutschland‹ druckte Leserbriefe, die dem Film »gestörte Dialektik« vorwarfen, ihn als »Komödie« oder »Groteske« empfanden und
die »Verfälschung von Bechers Weltsicht« beklagten. Auch paßten
den Parteioberen die von Günther bewußt kitschig und sexuell
freizügig inszenierten Fanny-Szenen nicht. Fanny ist eine Prostitu-
ierte mit Todessehnsucht, die Gastl liebt und mit der er, von der
bürgerlichen Gesellschaft desillusioniert, sterben will. Die Kamera
umspielt die nackte Fanny, den sie betrachtenden Gastl, und durch
die Dachstube schwebt, von Rosen umkränzt, eine kleine schwarze
Pistole – Einstellungen, die Gastls Flucht-Wunschbilder zeigen:
die Flucht in den Tod, die Flucht aus der Bürgerlichkeit, die Flucht
in die verständnisvolle Zweisamkeit, fern der Politik, und schließlich die Flucht vor sich selbst. Diese Flucht-Wunschbilder trafen
allerdings auch für die junge DDR-Generation zu. Dennoch wurde
der Film nicht einfach abgesetzt wie ›Spur der Steine‹. Günther
drehte kurz nach ›Abschied‹ einen zweiteiligen Fernsehfilm, zu
dem Arnold Zweigs Roman ›Junge Frau von 1914‹ als Vorlage
diente. Doch diesmal schrieb das Drehbuch der klassenkampf-
erfahrene Altkommunist Professor Kamnitzer. Zu einer spektaku-
lären Verfilmung kam es nicht, zumal sich durch die Problematik
des Romans keine gesellschaftspolitischen Bezüge herstellen ließen.

Kamnitzer hat beim Schreiben des Szenariums auch Notizen

und Szenen des ›späten Zweig‹ mit eingearbeitet, denn der Schriftsteller stand, als er den Roman 1928–30 schrieb, noch zu sehr unter dem Einfluß des psychologischen Romans. Zum Marxismus bekannte er sich erst im Exil.

Wie ›Abschied‹, ›Die Fahne von Kriwoj Rog‹ (1967; ein Rehabilitierungsfilm Kurt Maetzigs nach dem 11. Plenum), ›Junge Frau von 1914‹, sollte auch der Film ›Die Toten bleiben jung‹ (1968) nach dem Roman von Anna Seghers das Geschichtsbewußtsein der DDR-Bürger vertiefen. Er umspannt drei Jahrzehnte deutscher Geschichte (vom Ausgang der Novemberrevolution bis zu den letzten Tagen des Zweiten Weltkrieges).

Anna Seghers hatte den Roman im Exil in Mexiko begonnen und 1949 in der DDR (stark überarbeitet) vollendet. Die Grundidee des Buches ist nicht frei von mystischer Symbolik. Erwin, ein junger Arbeiter, wird 1919 – nach den Kämpfen im Marstall gefangengenommen – von dem jungen Leutnant Wenzlow erschossen. An dem Mord sind auch die Offiziere von Klemm (Wenzlows Schwager) und von Lieven beteiligt. Die schwangere Marie, Erwins Freundin, wartet vergeblich auf den Vater ihres Kindes. Wenzlow und Lieven schließen sich in der Folgezeit den Nazis an, und Marie heiratet den Gelegenheitsarbeiter Geschke, dessen Frau gestorben ist und ihm drei Kinder hinterlassen hat. Maries Sohn Hans setzt konsequent den Weg des Vaters fort, schlägt sich auf die Seite der Antifaschisten und wird zum Schluß des Buches von eben jenem Wenzlow umgebracht, der schon seinen Vater erschossen hatte. Doch so einfach ist die kommunistische Idee nicht besiegbar, denn Hans' Freundin erwartet, wie ehemals Marie, ebenfalls ein Kind. – Ein Schluß, nicht frei von »embryonaler Symbolik« (wie ein westlicher Kritiker schrieb). Auch die DDR-Kritik nahm daran Anstoß.

Es ist zweifellos schwierig, einen Roman von knapp 700 Seiten auf eine Filmlänge von nur zwei Stunden zu straffen. Dennoch gelang es den Drehbuchautoren, das Romangeschehen auf wesentliche Handlungsstränge zu beschränken, ohne die Intention des Buches zu mildern. Die DDR-Kritik feierte den Film denn auch als sehenswertes Ereignis.

1973 lief ›Die Toten bleiben jung‹, um eine halbe Stunde verkürzt, im ZDF, dann 1980 noch einmal in der Matinee zu Anna

Seghers' achtzigstem Geburtstag. Die westliche Kritik äußerte sich
widersprüchlich. ›Christ und Welt‹ lobte die »rigorose Parteilichkeit des Films für den Kommunismus« und »sein hohes künstlerisches Niveau«²². ›Die Zeit‹ dagegen wertete ihn als konventionel-
les Machwerk ab. Sie monierte die »Schnittführung, die Betonung
des Milieus (Hinterhaus gegen Schloß, Handkuß kontra Zärtlichkeit), naturalistische Dialoge im Stil von ›Du bist jetzt der einzige
männliche Erbe‹, bürgerliche Melodramatik. Wenn's seelenvoll
wird, singen die Geigen, bei pathetischen Stellen rauscht das Or-
chester«²³. Berechtigt ist dieser Vorwurf durchaus, mißt man ›Die
Toten bleiben jung‹ an den Literaturverfilmungen Günthers und
Wolfs. Doch 1968 waren formale Experimente unmöglich, zumal
die Parteiführung eine gegenwartsbezogene Kunst und die Gestaltung des ›sozialistischen Menschenbildes‹ und des ›sozialistischen
Ideengutes‹ gefordert hatte. Max Burghardt, Präsident des Deutschen Kulturbundes, sagte auf dem VII. Bundeskongreß 1968:

> Wenn aber von den Verfechtern einer zeitlosen Kunst auf unsere Klas-
> siker hingewiesen wird, wenn dabei von den Heroen der Weltliteratur wie
> Homer und Shakespeare gesprochen wird und natürlich auch von Goethe
> und Schiller, so beweisen justament diese und zahllose andere Klassiker,
> daß gerade ihre echte Zeitgebundenheit, ihre lebenswahre Zeittendenz
> ihren Weltruhm ausmachen. Hier stößt die Kunst die in sie hineinflüch-
> tenden »Zeitlosen« hohnlachend zurück und ruft ihnen zu: »Gerade höch-
> ste Aktualität will ich. Ich will kühne wahre Werke, denen die Zeit den
> Stempel der Ewigkeit aufdrückt.«²⁴

Burghardt verschwieg allerdings, daß diese zeitbezogene antike
und klassische Kunst die bestehenden Herrschaftsverhältnisse kritisierte, sie sogar in Frage stellte.
  ›Die Toten bleiben jung‹ wurde zum 50. Jahrestag der Novemberrevolution und der Gründung der KPD in Ostberlin uraufgeführt. Allein dieser Anlaß bestimmte die Tendenz und formale Gestaltung des Films: Er sollte historisch die Bedeutung der Existenz
des ersten Arbeiter- und Bauernstaates auf deutschem Boden als
konsequente geschichtliche Entwicklung würdigen.
  In der Folgezeit verfilmten die DEFA und der Fernsehfunk un-
verfängliche literarische Vorlagen, linientreue Parteiliteratur von

Gotsche bis Kurella, Kleists ›Zerbrochenen Krug‹, einen Abenteuerroman nach Stevenson und Märchen. Die verfilmte Gegenwartsliteratur war belanglos.

Lediglich der noch junge Regisseur Rainer Simon (geb. 1941) versuchte, mit seinen Märchenfilmen kritisches Bewußtsein zu erzeugen. Bei seiner ersten Arbeit ›Wie heiratet man einen König‹ (1968) schrieb Simon das Drehbuch zusammen mit dem auf Märchenbearbeitungen spezialisierten Günter Kaltofen. Für Simon und seinen Co-Autor war das Märchen die geeignete Vorlage, sich unbeschadet über zeitbedingte gesellschaftspolitische Verhältnisse zu äußern. Im Film heißt es an einer Stelle: »Die Gunst des Königs ist unendlich. Bedenkt ihre Grenzen.«[25]

III Die verhinderte Wende

1. Zwischen Anspruch und Realität

Auf dem VIII. Parteitag 1971 verkündete Honecker, der Nachfolger Ulbrichts, die gesellschaftliche Entwicklung lege »ein weites Feld für schöpferisches Künstlertum frei, das sich von festen sozialistischen Positionen aus an den verschiedenen Themen, in den verschiedensten Ausdrucksweisen entfalten kann«[26]. Er forderte ein »breites, farbiges Spektrum« im Film- und Fernsehschaffen. Allerdings blieb undefinierbar, was »feste sozialistische Positionen« sind, und so war auch dieses Zugeständnis nur eine Phrase. Zudem geriet die DDR-Führung durch die Bonner Ostpolitik in eine innenpolitische Krise. Einerseits strebte sie die Abgrenzung vom Westen und von westlichen Einflüssen an, andererseits zwang sie ihre konsumorientierte Wirtschaftspolitik, mit dem Kapitalismus Verträge zu schließen, die innenpolitisch Wirkung zeigten. Das bei jeder politischen und ökonomischen Schwierigkeit beschworene Feindbild ›BRD‹ war nun unglaubwürdig geworden.

Als die von Honecker versprochene ökonomische Wende ausblieb, die sich am westlichen Besitz- und Statusdenken orientierte, begann die DDR-Führung politisch zu lavieren, was natürlich auch zu kulturpolitischen Konsequenzen führte. Der Kunst fiel

deshalb Mitte der siebziger Jahre wiederum die Aufgabe zu, positive sozialistische Leitbilder zu schaffen, die die Attraktivität des
DDR-Sozialismus propagieren sollten. Künstler, die die Staats-
und Parteibürokratie kritisierten und die Planwirtschaft anpran-
gerten, wurden aus den Künstlerverbänden ausgeschlossen, erhielten Auftrittsverbot oder mußten gar das Land verlassen.

2. ›Goya‹, der Konflikt zwischen Kunst und Macht

Diesen sich im Laufe der siebziger Jahre verschärfenden Konflikt
zwischen Kunst und Macht gestaltete Konrad Wolf bereits in
›Goya‹ (1970). Als Vorlage hatte Feuchtwangers gleichnamiger
Roman gedient. Zentraler Konflikt ist die Auseinandersetzung
zwischen Goya und dem Großinquisitor. Der Kirchenmann
wünscht sich eine heitere, die Wirklichkeit (und damit die herr-
schenden Machtverhältnisse) bejahende Kunst. Goya, der dieser
Forderung nicht entspricht, muß das Land verlassen, flieht ins
Exil, gerät auf »den argen Weg der Erkenntnis«.
　Es ist ein besonderes Phänomen, daß Wolf stets zur richtigen
Zeit die unmittelbaren Konfliktstoffe ahnt und auf die Leinwand
bringt. Das spricht einerseits für sein künstlerisches Gespür, andererseits für seine Beziehungen, die er durch seine antifaschistische
Vergangenheit und seine Herkunft besitzt. Wohl keinem anderen
Regisseur der DEFA wäre es gelungen, einen solchen Stoff mit dieser Tendenz durchzusetzen. Auch Wolf hat dafür nahezu zwei Jahre gebraucht. Erst als er ›Lenfilm‹ als Co-Produzenten und Alexander Dymschitz, den ehemaligen Kulturoffizier in der DDR, als
Dramaturgen für das Projekt gewann, stand der Produktionsfrei-
gabe des Films nichts mehr im Wege.

3. Die Anpassung des Nachwuchses und die Probleme
mit der ›wirklichen Wende‹

In den siebziger Jahren kamen auch die Filme von Nachwuchsre-
gisseuren, die auf den Filmhochschulen in Babelsberg, Moskau
und Prag studiert hatten, auf die Leinwand. Zu ihnen zählen u.a.
Siegfried Kühn und der schon erwähnte Rainer Simon.

Siegfried Kühn, Jahrgang 1935, studierte an der Deutschen Hochschule für Filmkunst in Babelsberg und an der Moskauer Filmhochschule. Sein zweiter Film ›Zeit der Störche‹ (1970), zu dem seine Frau Regine Kühn das Szenarium schrieb, hatte die gleichnamige Erzählung von Herbert Otto zur Vorlage. Das Buch stellt einen in der DDR oft gestalteten Selbstfindungsprozeß dar, der in der Kongruenz von persönlichen und gesellschaftspolitischen Interessen kulminiert.

Auf der Reise in ihr Heimatdorf lernt Susanne Krug den Bohrarbeiter Christian Smolny kennen, der ein so ganz anderer Mensch als ihr Freund, ein angehender Wissenschaftler, ist. Christian, ein »rauher kantiger« Bursche, reift durch die Liebe zu Susanne zu einer Persönlichkeit. Entscheidend für seine Entwicklung ist aber auch der Bohrmeister und Kommunist Max Schlosser, der Christian stets mit gutem Rat zur Seite steht. Beide Protagonisten müssen eine Bewährungsprobe bestehen. Danach wollen sie eine gemeinsame Reise unternehmen.

Ein Vergleich der Erzählung Herbert Ottos mit der ›Beschreibung eines Sommers‹ von Karl-Heinz Jakob macht deutlich, welche Auswirkungen die DDR-Kulturpolitik auf die Konfliktgestaltung bei bestimmten Autoren gehabt hat.

Überhaupt sind die Filme der jungen Regisseure auffällig konfliktarm. Sie vermeiden Konflikte ihrer Helden mit der Gesellschaft. Die Problematik wird auf das Fehlverhalten der Individuen verlagert und damit dem Zuschauer Schuldverhalten suggeriert, wenn er mit sich und der Gesellschaft nicht übereinstimmen sollte. Die Partei- und Staatsführung tut das Richtige, es liegt am einzelnen, sich anzupassen und für sich und die Gesellschaft das Beste zu machen.

Ein prominenter Regisseur schrieb in einem offenen Brief an den Generaldirektor der DEFA, Hans Dieter Mäde:

In letzter Zeit wird manchmal von der »wirklichen Wende« gesprochen, die der VIII. Parteitag gebracht hat. Wenn ich die Filmpolitik betrachte, sehe ich nichts von einer wirklichen Wende. Sicher, der öffentliche Skandal ist durch den lautlosen Verwaltungsakt ersetzt worden. Ein fertig produzierter Film wird nicht mehr im Kino niedergeschrien, sondern das Drehbuch verschwindet vor der Produktion im Archiv. Vom Standpunkt des Finanzministers aus ist das natürlich ein Fortschritt. Die Kontinuität der Kulturpolitik scheint mir oft nur eine Kontinuität der Restriktionen zu sein ⟨. . .⟩ Die staatlichen Leitungen haben sich bei der Bewertung der Frage, was »nützlich« und was »schädlich« ist, was wirkungsvoll und was wirkungslos ist, so oft geirrt, daß sie einen beträchtlichen Teil meines Vertrauens in diesen Dingen vertan haben. Alle meine Erfahrungen gehen dahin, daß sich sogenannte »zentrale Probleme« dann gar nicht als das erwiesen, wofür sich das Publikum interessierte, während oft die sogenannten »Randprobleme« (›Paul und Paula‹ oder die Theateraufführungen von ›Die neuen Leiden des jungen W.‹) plötzlich viele Leute berühren, beschäftigen, bewegen ⟨. . .⟩ Ein wesentlicher, interessanter Teil von DDR-Literatur war bisher immer aus den Studios der DEFA und des Fernsehens ausgesperrt. Die Frage ist, ob das so bleiben darf, ob die Studios sich nicht entschließen müssen, die DDR-Literatur in ihrer Gesamtheit, in all ihren Farben zu akzeptieren.[27]

4. Neue Sachlichkeit: Der ungeschminkte Alltag

Auch die arrivierten Regisseure verfilmten Anfang der siebziger Jahre Stoffe aus der Privatsphäre, die jedoch durch ihre künstlerische Meisterschaft Beachtung verdienen. So Egon Günthers Film ›Der Dritte‹ (1971) nach der Erzählung ›Unter den Bäumen regnet es zweimal‹ von Eberhard Panitz und Heiner Carows ›Legende von Paul und Paula‹ (1972) nach der literarischen Vorlage von Ulrich Plenzdorf.

›Der Dritte‹ ist der dritte Mann im Leben der Margit Fließer, einer Computertechnikerin in den Dreißigern. Mit zwei Männern hat sie bereits Pech gehabt, sowohl mit ihrem Physiklehrer, der die stramme FDJlerin verführt und von dem sie ein Kind bekommt, als auch mit dem blinden Pianisten, der Gewerkschaftsgelder unterschlägt, in den Westen türmt und Margit mit einem weiteren Kind sitzen läßt. Der Dritte, Hrlitschka, ist ein schüchterner Mann, genau der richtige für Margit.

Der Film schiebt drei Zeitebenen ineinander. Die eine behandelt die Probleme Margit Fließers als Berufsfrau und Mutter, die zweite befaßt sich mit der historischen Dimension der Figur und die dritte, schließlich mit Margits Männererlebnissen und -eroberungsversuchen.

Günther führt konfliktreiche Verhältnisse vor und die daraus resultierende Sehnsucht nach Zärtlichkeit, die Margit vor allem bei ihrer Freundin findet. Eine lesbische Beziehung hatte bislang noch kein DDR-Film gezeigt. Auch die diskret gefilmten Abtreibungsszenen waren ein Novum. Ein weiteres wesentliches Moment des Films, das seine starke Wirkung erklärt, ist die Befreiung Margits von weiblichem Rollenverhalten. Für die ehemalige Klosterschülerin ist dies doppelt schwer, weil sie mit starken moralischen Hemmungen kämpft. Wie sie sie dennoch überwindet, zeigt Günther mit Komik, Ironie und Poesie. Einzuwenden ist jedoch, daß der Film eher ein Einzelschicksal als einen Modellfall darstellt und da endet, wo die meisten Emanzipationsprobleme für die Frauen der DDR erst beginnen, im sozialistischen Ehealltag.

Günthers Film ist unter den damals herrschenden politischen Verhältnissen ein durchaus mutiger Vorstoß gewesen, dennoch behandelt auch er (zwar diffizil, unaufdringlich, undidaktisch) lediglich das Schicksal einer Frau, die den ›real existierenden Sozialismus‹ als unabdingbare Gegebenheit akzeptiert.

Der renommierte Literaturwissenschaftler Kurt Batt, der 1975 verstarb, versuchte diesen Trend ideologisch zu fundieren. In seinem nachgelassenen Aufsatzband schreibt der Schriftsteller über den Film ›Der Dritte‹:

Mit diesem Film ist eine Tendenz markiert, die sich, soweit ich das übersehe, auch in anderen Genres bemerkbar machen wird und die mit der denunziatorischen Vokabel Privatisierung nicht zu fassen ist. Denn das Verhältnis von Öffentlichkeit und Privatheit hat im Sozialismus einen ganz anderen Stellenwert als in der bürgerlichen Gesellschaft. In dem Maße nämlich, wie der Sozialismus die Muttermale der alten Ordnung abwirft, wie seine physische Existenz unangetastet und unantastbar ist, stellt er sich – und allem voran seine Literatur – mehr und mehr dem, was ehedem als privates oder (mit einer ideologisch belasteten Vokabel) als existentielles Problem galt, das heißt ein gesellschaftliches Problem, ist.[28]

So einleuchtend diese Rechtfertigung auf den ersten Blick scheint, so fragwürdig wird sie, mißt man sie an den politischen Verhältnissen der DDR des letzten Jahrzehnts. Die DDR hat »die Muttermale der alten Ordnung« (bis auf die veränderten Produk-

tionsverhältnisse und die bäuerliche Kollektivwirtschaft) keinesfalls abgeworfen. Ihre ökonomische Bedürfnisbefriedigung ist absolut kapitalistisch orientiert. Die Partei züchtet Prestigedenken,
um politische Hörigkeit zu erreichen. Und sie ist an der ›Privatheit‹ der Bürger schon deshalb interessiert, weil sich in der Privatheit der Unmut und die Unzufriedenheit über die gesellschaftlichen Verhältnisse artikulieren, weil in ihr der potentielle Keim
revolutionärer Veränderung steckt.

Die ›wirkliche Wende‹, die nach dem VIII. Parteitag [→ 104 f.]
eintrat, war die, daß sich die Filmhelden ein wenig freizügiger über
die Mißstände und Engpässe im DDR-Alltag äußern durften, freilich immer im Hinblick darauf, daß alle Widersprüche im Sozialismus lösbar sind. Eine solche Kritik aber entschärft sich von selbst.
Vergleicht man jedoch die Konfliktkonstellationen der Gegenwartsfilme in den siebziger Jahren mit früheren Produktionen,
fällt auf, daß der allwissende Parteisekretär kaum noch eine Rolle
spielt. Wenn ideologisch diskutiert und überzeugt wird, dann aus
dem Selbstverständnis und der Überzeugung der Figuren für den
DDR-Sozialismus, dem sie ihre Ausbildung und Karriere verdanken.

Doch trotz der scheinbaren Offenheit blieben die Besucherzahlen bei DDR-Gegenwartsfilmen rückläufig und stiegen bei westlichen Importen sprunghaft an. Eine der Ursachen dafür ist sicher
die immer stärker werdende Präsenz des Fernsehens, auch des
westlichen, das ja in vielen Gebieten der DDR empfangen werden
kann. Um konkurrenzfähig zu bleiben, hat die DEFA eigentlich
nur noch die Möglichkeit, wirklichkeitsbezogene konfliktreiche
Filme zu drehen. Filme wie ›Der Dritte‹ oder ›Die Legende von
Paul und Paula‹ (1972) sind dafür sicher richtungweisend.

›Die Legende von Paul und Paula‹ [→ 330 f.] wurde nach einem
Originalszenarium von Ulrich Plenzdorf gedreht. Der Roman entstand erst Jahre nach dem Film, der in der DDR die magische Be-
sucherzahl von einer Million erreichte.

Thematisch sind ›Der Dritte‹ und ›Die Legende von Paul und
Paula‹ verwandt. Beide, Margit und Paula, suchen ihr Glück, ohne
diese Selbstverwirklichung ideologisch zu apostrophieren. Paula
sucht wie Margit einen Mann. Auch sie hat zwei Kinder, als sie

Paul kennenlernt. Der letzte Mann hat Paula betrogen, und Paul fand, als er von der Armee zurückkehrte, seine Frau in den Armen eines anderen. Doch er will sich nicht scheiden lassen, da sein offenbar hoher Funktionärsposten eine intakte Ehe voraussetzt.

Als Paulas Sohn tödlich verunglückt, schließt sie sich voller Schuldgefühle in ihrer Wohnung ein. Paul schläft im Treppenhaus. Doch seine Belagerung hat keinen Erfolg, deshalb verschafft er sich mit einem »Beilchen« gewaltsamen Einlaß.

Nach der Versöhnung entscheidet sich Paula so radikal für ihr Glück, daß sie ihr Leben riskiert. Sie will ein Kind von Paul, obwohl sie weiß, daß das ihren sicheren Tod bedeutet. Bei der Geburt stirbt sie tatsächlich.

›Die Legende von Paul und Paula‹ ist trotz dieses Schlusses ein heiterer, ironischer und locker inszenierter Unterhaltungsfilm, der wohl auch deshalb ein so großer Erfolg war, weil er den DDR-Alltag ohne ideologische Kosmetik zeigte.

Heiner Carow, der Regisseur, arbeitet seit 1956 bei der DEFA. Mit der ›Legende von Paul und Paula‹ gelang ihm ein internationaler Erfolg. Auch er verfilmt hauptsächlich DDR-Gegenwartsromane oder Kinderbücher. Drei Jahre nach der ›Legende von Paul und Paula‹ inszenierte er ›Ikarus‹ (1975), eine Geschichte von Klaus Schlesinger. Das Szenarium schrieb der Autor. Doch die literarische Vorlage und der Filminhalt stimmen nicht ganz überein. Erzählt wird von einem Jungen, Matthias, der bei seiner Mutter lebt und an seinem Geburtstag seinen Vater, einen Flugkapitän, besuchen will, der ihm zu seinem Ehrentag einen Rundflug versprochen hatte. Doch Matthias kann den Vater nicht finden. Auch nicht auf dem Flugplatz. Enttäuscht kehrt er nach Hause zurück.

Die Geschichte klingt simpel. Doch erzählt und verfilmt ist sie es keinesfalls, denn Matthias' Suche nach dem Vater wird zu einer kritischen Odyssee durch den DDR-Alltag. Der Film zeigt all die Widrigkeiten, die dem DDR-Bürger auf Schritt und Tritt begegnen und impliziert damit die Frage nach der Legitimation der Herrschenden. ›Ikarus‹ ist ein leiser Film, der eine Menge Sprengstoff enthält.

Schlesingers Erzählung läßt jedoch die Möglichkeit offen, ob Matthias Selbstmord begeht. Im Filmschluß tröstet sich der Junge mit einem Modellflugzeug, das ihm der neue Freund seiner Mutter geschenkt hat. Als das Modellflugzeug zerschellt und Matthias weint, weiß ihm der neue Vater keinen anderen Rat zu geben, als endlich ein Mann zu werden. Der Filmschluß, sagte der Autor in einem Interview, das er Karl Corino im Hessischen Rundfunk gab, sei aus »rein ästhetischen Erwägungen« anders als in der Erzählung, weil der Selbstmord eines Kindes in einem Film unmöglich sei.

Im gleichen Jahr hatte auch der Streifen ›Eine Pyramide für mich‹ nach dem Roman von Karl-Heinz Jakobs Premiere. Regisseur war wiederum Ralf Kirsten. Jakobs, der der DDR seine Entwicklung verdankt und mit ›Beschreibung eines Sommers‹ seinen (DDR-konformen) sozialistischen Standpunkt markiert, wurde 1977 aus der Partei ausgeschlossen. Wie viele prominente Schriftsteller hatte auch er die Biermann-Resolution unterschrieben. Ausschlaggebend für ihn war,

daß überhaupt Bürger ausgebürgert werden ⟨. . .⟩ daß Werke verboten werden ⟨. . .⟩ daß der kulturpolitische Apparat sich in einer Weise in die Arbeit einmischt, die ganz unproduktiv für den Schriftsteller ist, daß ich immer mehr Angst haben muß, zu meinem (DDR-)Verlag zu gehen, weil ich befürchten muß, daß ich dann wiederum erfahre, wir können die und die Geschichte nicht drucken aus den und den Gründen.[29]

In seinem Roman ›Eine Pyramide für mich‹ konfrontiert Jakobs eine vom Infarkt bedrohte Leistungsgesellschaft mit der revolutionären und hoffnungsvollen Mentalität der Gründerjahre, der Aufbauphase. Geschildert wird der angesehene Wissenschaftler Prof. Satie, der seine ehemalige Wirkungsstätte, eine Talsperre, aufsucht, die er vor zwanzig Jahren als Brigadier mit einer Gruppe junger Arbeiter errichtet hatte. Einige von ihnen leben als Kleinbürger, andere stiegen zu verantwortungs- und karrierebewußten Funktionären auf. Auch dieses Buch konnte Jakobs nur mit Schwierigkeiten bei seinem Verlag unterbringen. Wahrscheinlich war die Besinnung des Professors auf die vergangenen Jahre und das verlorene revolutionäre Pathos für die Lektoren und Zensoren gar zu melancholisch ausgefallen. Um so erstaunlicher, daß der Roman zu einer Filmvorlage wurde.

5. ›Jakob der Lügner‹ oder wie man eine
triste Wirklichkeit mit Fantasie überwindet

In den siebziger Jahren verfilmte die DEFA erheblich weniger antifaschistische Literatur. Eine der Ursachen dafür ist sicher das Fernsehen, das die Nazivergangenheit mit gewisser Regelmäßigkeit variantenreich-didaktisch auf den Bildschirm brachte. Auf Grund der politischen Funktion des Fernsehens in der DDR ist es belanglos, in diesem Aufsatz ausführlich über Fernsehproduktionen zu schreiben, da sie lediglich als Beleg für die totale Ideologisierung des Mediums angeführt werden könnten. Selbst ein so einfallsreicher Regisseur wie Egon Günther verlor, wenn er für Adlershof arbeitete, die persönliche Handschrift. ›Die Erziehung vor Verdun‹ (1973) hätten ebensogut auch andere Regisseure auf Zelluloid bringen können, da das Fernsehen auf der getreuen Umsetzung des Szenariums von Heinz Kamnitzer bestand. Auch Frank Beyer, der für den Bildschirm den Vierteiler ›Die sieben Affären der Doña Juanita‹ (1973) nach dem gleichnamigen Roman von Eberhard Panitz drehte, ein Film, der die Verwirklichung persönlicher Glücksvorstellungen einer sozialistischen Leiterin gestaltete, erweist sich dabei lediglich als guter Handwerker.

Sowohl an Günther als auch an Beyer wird deutlich, wie durch straffe ideologische Führung Filmregisseure ihre Individualität und Originalität einbüßen. Erst mit ›Jakob der Lügner‹ (1974) nach dem Roman von Jurek Becker erhielt Beyer erneut eine Chance, für die DEFA zu arbeiten, wobei das Fernsehen als Co-Produzent fungierte.

Der Film schildert das Leben in einem polnischen Ghetto. Vor dem Roman, der 1969 erschien, existierte bereits ein Filmszenarium, das aus nicht bekannten Gründen 1965 unberücksichtigt blieb. Die Handlung geht auf ein tatsächliches Ereignis zurück.

In einem Interview vor der Premiere sagte Frank Beyer:

> Als ich im Jahre 1965 Jurek Beckers Geschichte von Jakob dem Lügner kennenlernte, war ich hell begeistert. Woher kam diese Begeisterung für eine Geschichte, die im Zweiten Weltkrieg spielte? Ich hatte mehrere Filme über diese Zeit gemacht und wollte mich wieder der unmittelbaren Gegenwart zuwenden. Was war das Besondere an diesem Stoff, was faszi-

nierte mich so, daß ich beinahe ein Jahrzent später immer noch an ihm festhielt?[30]

Der Film erzählt die Geschichte von Jakob und seinen Freunden, die 1943 in einem polnischen Ghetto leben. Die Situation ist hoffnungslos. Da erfährt Jakob aus einem Gestapo-Radio, daß die Rote Armee auf dem Vormarsch ist. Er gibt die Nachricht weiter und erzeugt damit neuen Lebensmut. Um nicht für einen Gestapo-Spitzel gehalten zu werden, verbreitet er, ein eigenes Radio zu besitzen. Doch nun verlangen seine Leidensgenossen täglich die neuesten Meldungen von ihm. Der ehemalige Kartoffelpufferbäcker Jakob Heym muß nun seine Fantasie bemühen, um seinen Gefährten die Hoffnung zu erhalten. Doch als ihm das Lügen zu viel wird, und er seinem Freund Kowalski die Wahrheit offenbart, erhängt sich der ins Vertrauen gezogene. Jakob Heym begreift, daß ihm gar keine andere Möglichkeit bleibt, als die lügnerische Tragikomödie zu Ende zu spielen.

Der Erzähler, der im Roman erläuternd und reflektierend in das Geschehen eingreift, bietet dem Leser zwei Schlüsse an: einen effektvollen und einen tristen. Die erste Variante schildert den Ausbruch aus dem Ghetto, wobei Jakob stirbt, gerade in dem Augenblick, als die Rote Armee die Stadt befreit. Die zweite beschreibt den tatsächlichen Hergang – die Deportation der Juden.

Bei ihrem Film entschieden sich Becker und Beyer für den realistischen Schluß. Die Geschichte konzentriert sich ganz auf Jakob. Auch der auktoriale Erzähler fiel weg. Einer der bewegendsten Momente des Films ist, wenn Jakob der kleinen elternlosen Lina, für die er sorgt, das nicht vorhandene Radio vorführt. Die Tragikomödie dieser Szene ist poetisch und erschütternd: Wirklichkeit und Un-Wirklichkeit gehen die Symbiose zu einer phantastischen Realität ein, die Trost, Hoffnung und Freude spendet. Diese Szene macht deutlich, wie lebensnotwendig Fantasie, Erfindungsgabe und Kunst für den Menschen sind.

»Unsere Absicht ist es«, sagte Frank Beyer in einem Interview mit dem ›Neuen Deutschland‹, »mit dem Zuschauer gemeinsam nachzudenken über Wahrheit und Lüge im Leben, über Traum und Wirklichkeit.«[31] Sicherlich werden darüber auch viele DDR-

Bürger nachgedacht haben, als sie den Film sahen, denn auch sie sind täglich mit diesem Problem konfrontiert.

6. Die filmische Adaption des klassischen Erbes zur Bewältigung der Gegenwart

Im gleichen Jahr (1974) hatte Egon Günthers ›Lotte in Weimar‹ Premiere, ein ehrgeiziges DEFA-Projekt. Die Titelrolle spielte Lilli Palmer.

In dem Aufsatz ›Adaptionsprobleme des literarischen Erbes‹ schrieb Hermann Ernst Schauer [→ 112]:

> Die filmkünstlerische Darstellung des literarischen Erbes ist ideell vom gegenwärtigen Aspekt des Klassenkampfes her zu konzipieren. Das heißt, sich das Menschenbild der Tradition vom sozialistischen Menschenbild der Gegenwart aus anzueignen ⟨. . .⟩ Bei jeder Adaption muß die Frage beantwortet werden, ob und wie sie die sozialistische Menschengemeinschaft zu festigen vermag, welche aktivierende Rolle sie bei uns in der sozialistischen Bewußtseinsbildung spielen kann.[32]

Hielten sich Drehbuchautoren und Filmregisseure an diese Phrasen, entstünden höchst langweilige Filme. Günther scherte sich jedenfalls nicht darum, als er seine ›Lotte in Weimar‹ ins Bild setzte. Zwar bedauerten die westlichen Kritiker, daß sich der Film nicht streng an die Mannsche Vorlage hielt und bezeichneten ihn deshalb als mißlungen, doch Günther ging von anderen Voraussetzungen aus. Für ihn war Thomas Manns Roman eine Vor-Lage, die er bearbeitete, wobei er bewußt das schon durch die Schreibweise besonders hervorgehobene siebente Kapitel zusammenstrich und Romanzitate verwendete, die den Zuschauer anregen sollten, auch das Buch zu lesen.

Sieht man ›Lotte in Weimar‹ als DDR-Bürger mit politisch geschärfter Aufmerksamkeit und nicht nur unter dem Aspekt adäquater Literaturumsetzung, ergibt sich ein völlig anderer Bewertungsmaßstab. Dann wird Günthers Film zu einer Polit-Parabel auf den Personenkult im Sozialismus. Auch die Zusammenstreichung des siebenten Kapitels erhält dann einen Sinn, denn je mehr Goethe sich entrückt, desto unangreifbarer wird er, desto größer

sein Nimbus, seine Autorität. Der einst so volkstümliche, volksnahe Goethe hat sich als Dichterfürst und Staatsminister den Menschen entfremdet. Lotte Kästner, die ihm so nahe war, kann nur
mit Mühe zu ihm vordringen. Als Kontradiktion fügte Günther in
den Film zitierend immer wieder Wertherszenen ein. Durch sie
wird deutlich, was aus Goethe geworden ist – eine Instanz, um
nicht zu sagen: ein Popanz.

Ein Jahr darauf kamen ›Die Leiden des jungen Werthers‹ (1975)
auf die Leinwand. Der zentrale Konflikt war diesmal für Günther
das Leiden des Individuums an den engen moralischen und politischen Normen. Günther wollte wissen, »was einen jungen Mann
dieses Kalibers zur Strecke bringt«[33]. In seinem Film prangert er
die geistige Vergewaltigung durch die Obrigkeit an, die Bücher
verbrennt – eine Szene, die es in Goethes Werther nicht gibt, die jedoch Parallelen zur Vergangenheit und Gegenwart zuläßt. Günther veränderte auch den von Goethe so ehrenwert geschilderten
Albert. Im Film setzt Albert nach Werthers Selbstmord seine Buch-
halterarbeit ungerührt fort, ein eiskalter Bürokrat, der sich mit der
Gesellschaft arrangiert hat, ein brauchbarer Untertan, der in der
Pflichterfüllung sein einziges Heil sieht, so ganz aus dem Stoff,
den sich Diktatoren wünschen, um ihre Macht zu konservieren.
Auch ist die Ehe zwischen Albert und Lotte in Günthers Film von
vornherein verdammt, nicht intakt.

Mit den ›Leiden des jungen Werthers‹ brachte Günther über
den Umweg des klassischen Erbes Plenzdorfs Problematik von den
›Neuen Leiden des jungen W.‹ (des unangepaßten jungen Mannes)
auf die Leinwand. Daß auch dieser Film nicht ganz gelang (Werther ist eine zu schwache Figur ohne Persönlichkeit), soll bei dieser
Betrachtung hintangestellt werden. Wichtig ist, wie Günther seine
Literaturverfilmungen anlegte und welche politische Tendenz er
verfolgte.

Mit Goethe beschäftigte sich auch Siegfried Kühn, der die
›Wahlverwandtschaften‹ (1974) verfilmte. Das Szenarium schrieb
wiederum seine Frau, Regine Kühn. Auch sie hielt sich nicht streng
an die literarische Vorlage. In einem Interview zum Film sagte sie:
»Der Mensch darf sich doch nicht mit dem einmal gesteckten Rahmen zufriedengeben. Er muß ihn sprengen. Sonst gibt es keinen

Fortschritt, sonst existiert der Mensch nur, er lebt nicht.«[34] Eine solche Aussage ist, auf DDR-Verhältnisse bezogen, provokant, denn in der DDR wird ja dem einzelnen der Rahmen von der Gesellschaft gesteckt; sie entscheidet, wann und wohin und wenn überhaupt er umziehen darf, entscheidet über Studienplätze, Auslandsvisa, Wohnungen usw. Auf Grund dessen ist es schon durch bestimmte soziale und politische Voraussetzungen für einen DDR-Bürger schwer, seinen Rahmen zu sprengen. Insofern provoziert der Film auch die Frage, ob dem DDR-Bürger eine Entscheidung wie die der Ottilie überhaupt möglich ist. Denn in Kühns ›Wahlverwandtschaften‹ versucht Ottilie, ihre Persönlichkeit zu entwikkeln, anstatt zu schweigen, die Nahrung zu verweigern und zu sterben. Symbolisch ist auch die Schlußeinstellung zu deuten. Als Charlotte einen Schrank verrücken will, ist er ihr zu schwer geworden. Ein Briefzitat Goethes an Charlotte von Stein beendet den Film: »Übrigens habe ich glückliche Menschen kennenlernen, die es nur sind, weil sie ganz sind«.

Ein ganzer Mensch zu sein bedeutet, ein freier Mensch zu sein, der Vorurteile durch Erfahrung überwindet und sich sein Urteil über das Leben und die gesellschaftlichen Verhältnisse selbst bildet, anstatt von einer allwissenden Partei an die Hand genommen zu werden, die ihm vorschreibt, was er zu tun und zu lassen hat, die darüber befindet, was er lesen darf und was nicht. Diese Schlußsentenz mag für manchen westlichen Zuschauer eine allgemeine Floskel bleiben, für DDR-Bürger sind solche Zitate durchaus Denk-Anstöße.

Dennoch: Vergleicht man Kühns ›Wahlverwandtschaften‹ mit den Güntherschen Goetheverfilmungen, so hält sich Kühn strenger an das Original als Günther, der seine Vorlagen benutzt und rigorose Eingriffe nicht scheut, wenn sich bestimmte Episoden der literarischen Vorlage als unbrauchbar für seinen Film erweisen. Kühn ist behutsamer als Günther; aber eigenwillig und unverwechselbar ist auch er im Vergleich zu Regisseuren, die nur mehr auf den Unterhaltungswert ihrer literarischen Vorlage setzen oder bei Stoffen der jüngsten Vergangenheit Literatur nur bebildern.

In Ost und West auf Ablehnung stieß Rainer Simons ›Till Eulenspiegel‹ (1974). Till ist ein Außenseiter, der kraft seiner Fantasie, seines Witzes und seiner Klugheit zu überleben versteht. Aus diesem Grunde hat sich der Regisseur Rainer Simon wohl auch für die Verfilmung dieses Stoffes entschieden, wobei er eine Filmerzählung von Christa und Gerhard Wolf benutzen wollte, die die DEFA jedoch nicht produzierte, weil der dafür nötige finanzielle Aufwand zu groß gewesen wäre. Gemeinsam mit Jürgen Claus schrieb Simon daraufhin eine Szenenfolge, die sich auf die Vorlage von Christa und Gerhard Wolf stützte, und zeigte einen Einzelgänger, vergleichbar dem Biermannschen Villon auf der Mauer.

Im Einzelgängertum liegt das Revolutionäre und zugleich Resignative dieses Films. Der Filmkritiker Horst Knietzsch begründete im ›Neuen Deutschland‹, weshalb ›Till Eulenspiegel‹ »von sehr vielen Zuschauern nicht geschätzt wird«: »Es liegt wohl eher an der echt vordergründigen und subjektivistischen Interpretation des Stoffes, die letztlich auch zu einem Verlust an Realismus führt.«[35]

Fest steht jedoch, daß Till Eulenspiegel ein Einzelgänger war, nicht zu vergleichen mit einem Thomas Müntzer, der die Solidarität der Bauern brauchte, um politische Veränderungen bewirken zu können. Till kämpfte gegen die Dummheit im allgemeinen, wie auch gegen die Obrigkeit. Er machte sich lustig über Heuchelei und Duckmäusertum. Er trieb seinen Spaß mit den Einfältigen aller Stände und schröpfte die Reichen. Till mußte seine ganze List, seine Klugheit und seinen Witz aufwenden, um überleben zu können; Eigenschaften, die auch für die DDR-Bürger entscheidend sind, wenn sie ihre alltäglichen Bedürfnisse befriedigen wollen und über keine sogenannten guten Beziehungen, Westverwandtschaft oder Fantasie verfügen. Der listige Einzelkämpfer ist das Gegenteil vom angepaßten Parteigenossen.

In ›Till Eulenspiegel‹ greift Simon abermals ein Thema auf, das er in all seinen vorhergehenden Filmen variantenreich gestaltet hat: Das Verhältnis des einzelnen zur Macht.

Seine offizielle Entsprechung fand dieses Thema in der DDR durch die Biermann-Affäre. Die Kunst kollidierte mit der Macht oder umgekehrt. Danach bestimmte die Partei wieder, was unter ›sozialistischen Positionen‹ zu verstehen ist.

7. ›Exil‹ oder der arge Weg der Erkenntnis

Im Auftrag des WDR verfilmt Egon Günther den Roman ›Exil‹ von Lion Feuchtwanger. Er dreht in Westdeutschland und Frankreich. Das Szenarium für die sieben Folgen schrieb der nach London emigrierte Robert Muller.

Ist es die Ironie des Schicksals, daß ausgerechnet zwei Romane des in der DDR hoch geschätzten Lion Feuchtwanger die politische Problematik der siebziger Jahre in der DDR markierten? Stellte Konrad Wolf Anfang dieses Jahrzehnts mit ›Goya‹ den Konflikt zwischen Kunst und Macht dar, der zum »argen Weg der Erkenntnis« führte, so wird nun durch den DDR-Regisseur Egon Günther für eine westliche Fernsehanstalt ein Roman Feuchtwangers aus der ›Wartesaal-Triologie‹ verfilmt, der die Kunst des Überlebens in schwierigen politischen Zeiten schildert.

Die Nazis leiteten ihre Ära mit der Verbrennung von Büchern ›artfremder Schriftsteller‹ ein und dokumentierten mit diesem Fanal ihre politische Überzeugung. In der Sowjetunion und der DDR werden renitente Künstler des Landes verwiesen oder nicht mehr publiziert. Sie werden verbannt, verhaftet oder in psychiatrische Anstalten gesperrt. Der Effekt ist wie im Dritten Reich der gleiche: Kritische Stimmen kommen nicht mehr zu Wort, und die Macht stabilisiert sich über die Angst der Bevölkerung vor Repressalien bei jeder kritischen Meinungsäußerung.

Die politischen Zustände und Umstände, die Feuchtwanger in seiner ›Wartesaal-Triologie‹ beschreibt, haben heute noch ihre Entsprechung und sind nicht nur einseitig für den Faschismus zutreffend und interpretierbar.

Mit dem kulturpolitischen Kurs nach der Biermann-Ausweisung war auch Egon Günther unzufrieden und trat aus Protest gegen die allgewaltige Kulturbürokratie aus dem Verband der Film- und Fernsehschaffenden aus, dessen Präsidium er angehörte. Verärgert war er wohl auch darüber, daß die von ihm vorgeschlagenen Gegenwartsstoffe beharrlich abgelehnt wurden. So blieb auch ihm »der arge Weg der Erkenntnis« nicht erspart, der den Maler Goya ins Exil trieb und den DDR-Regisseur in die Bundesrepublik, wo er die Problematik Exilierter im Dritten Reich verfilmt.

IV Ausblick

Lenin sagte,

daß der Film – solange er sich noch in den Händen gewissenloser Spekulanten befindet – mehr Unheil anrichtet als Nutzen bringt und die Massen nicht selten durch den abstoßenden Inhalt des Dargebotenen demoralisiert. Wenn allerdings die Massen den Film in Besitz nehmen und wirkliche Schöpfer einer sozialistischen Kultur über ihn verfügen, dann wird er zu einem der mächtigsten Mittel der Massenaufklärung.[36]

Diese häufig zitierte Behauptung liest sich heute, angesichts einer unumschränkt herrschenden Parteibürokratie in den sozialistischen Ländern, als Phrase. Die ideologische Forderung, die die Partei an den Film stellt, nämlich in ihrem Sinne herrschaftserhaltend agitatorisch zu wirken, ist dem sich an den Marktgesetzen orientierenden bürgerlichen Film mit seinem konfliktverschleiernden Happy-End durchaus ebenbürtig. Gerade weil die Partei um die Suggestion und Massenwirksamkeit des Films weiß, unterwirft sie ihn besonderer Zensur und Kontrolle.

Deutlich wird der Herrschaftsanspruch der Partei in der DDR gegenüber dem Film in dem Gespräch Otto Grotewohls mit Kunst- und Kulturschaffenden, das er am 19. Oktober 1953 führte. Er sagte:

Wir wünschen eine breite Diskussion über kulturelle und künstlerische Fragen, aber es ist Ihnen allen sicher verständlich, daß der Staat in diesen Fragen eine klare Linie haben muß. Vielleicht gibt es diese oder jene, die gerade den schrankenlosen Nihilismus wünschen, den wir ablehnen. Dann können wir ihnen nur sagen, bitte schön, aber ohne uns. Wir wollen auch niemanden hindern, der glaubt, formalistische Kunst machen zu müssen, bloß soll er nicht erwarten, daß er dazu staatliche Hilfe und Unterstützung bekommt, daß wir das, was er macht, als die von den Werktätigen und der Regierung gewürdigte Ausdrucksform der Kunst ansehen.[37]

Erstaunlich ist, daß in der DEFA (trotz dieser ideologischen Beschränkungen) Filme entstanden, deren Konfliktgestaltung der offiziellen Kulturpolitik zuwiderlief und die sich ungeschminkt und realistisch mit der Wirklichkeit im Sozialismus auseinandersetzten. Meist entstanden diese Filme in ›Tauwetterperioden‹, wenn sich die Parteioberen nach unliebsamen politischen Entscheidungen durch eine liberale Haltung beim Volk wieder beliebt machen wollten (so nach dem 17. Juni 1953, nach dem 13. August 1961 und nach der Abdankung Ulbrichts Anfang der siebziger Jahre). Aber eine wahrhaft liberale Haltung setzt Toleranz gegenüber abweichenden Meinungen voraus, die der Partei auf die Dauer jedoch gefährlich erschien, weil durch sie die Legitimation der bestehenden Macht in Frage gestellt werden konnte. Die Konsequenz waren kulturpolitische Korrekturen im Sinne des Dogmas.

Mißt man die Filmpolitik der DDR am angeführten Lenin-Zitat, so steht fest, daß heute im Sozialismus nicht die ›Masse‹ über die Filminhalte entscheidet, sondern eine zur Herrschaft gelangte Gruppe in der Partei darüber befindet, was das Volk zu sehen wünscht.

Manfred Jäger

Die Legitimierung der Unterhaltungsliteratur

I Unterhaltungsliteratur – eine gesellschaftliche Notwendigkeit

1. Lesegewohnheiten und spätbürgerliches Trivialerbe

Ist Unterhaltungsliteratur in einer sozialistischen Gesellschaftsordnung möglich, wünschbar, kulturpolitisch notwendig? Sollte es neben dem Hauptstrom einer sozialistisch-realistischen Literatur mit künstlerischem Anspruch eine Kategorie von Büchern geben dürfen, die einfache Lesebedürfnisse befriedigt? Unter dieser Fragestellung ist die Diskussion in der DDR jahrzehntelang geführt worden.

Zu Beginn der Nachkriegszeit war das Bedürfnis breiter Schichten nicht nur eine Folge überkommener Lesegewohnheiten, sondern resultierte unmittelbar aus den schweren Lebens- und Arbeitsbedingungen. Eine Zufallsumfrage »Was für Romane lesen Sie und was für Romane möchten Sie lesen?«[1] erbrachte dafür im Jahre 1954 typische Antworten. Gewünscht wurden farbige, spannende Romane; am liebsten mit exotischen Schauplätzen, damit man aus dem Alltag entführt werde. Krieg und Elend seien vorbei; davon habe man genug selbst erlebt; darüber wolle man nichts mehr lesen. Man sei interessiert an optimistischen und humoristischen Büchern und an ›echten Liebesromanen‹. Ein Dreher, 50 Jahre alt, sprach wohl für viele: »Aber nie vergessen, daß wir Arbeiter nach Feierabend Entspannung brauchen, also etwas Leichtfaßliches, mit viel Handlung und wenig gedanklichen Betrachtungen.« Politische Themen wurden von vielen als lästig empfunden, galten als aufgezwungen. Dazu äußerte sich eine zwanzigjährige Kellnerin:

Dann bitte nichts Politisches. Politisches höre ich morgens aus dem Radio, lese ich in der Zeitung, sehe es an allen Hauswänden, es begrüßt mich auf dem Papier, in das der Fleischer die Wurst einwickelt ⟨. . .⟩ Verstehen Sie, daß ich abends im Bett oder in der Straßenbahn lieber einen unpolitischen, spannenden Roman lese. Allein aus diesem Grunde lesen noch viele die Dreigroschen-Romane aus West-Berlin.

Obwohl man die Produktion des serienmäßig hergestellten literarischen ›Schmutz-und-Schund-Gewerbes‹ in der SBZ von Anfang an nicht mehr zugelassen hatte und allmählich auch die privaten Leihbüchereien – nach mehrfacher Ausdünnung ihrer alten Bestände – eingehen ließ, strömte bis zum Bau der Mauer sehr reichlich über Westberlin die dort vertriebene Heftchenliteratur in die DDR ein.

Die Kulturpolitiker hegten damals allerlei Illusionen, man könne bei der Propagierung wertvoller Literatur rasche Erfolge erzielen. Christa Wolf war entsetzt über die Lektüre der Patientinnen, die mit ihr während eines Krankenhausaufenthalts im selben Zimmer lagen. Ihr Aufsatz ›Achtung, Rauschgifthandel!‹ wurde 1955 heftig diskutiert. Denn darin zeigte sie am konkreten Beispiel, daß weder billige Buchpreise noch kulturpolitische Empfehlungen automatisch qualitativ neuartige Bedürfnisse wecken. Es ist jene fortschrittliche Arbeiterin (in Christa Wolfs Aufsatz), die für gute Leistungen im Betrieb schon viele Buchprämien erhalten hatte, Gorkis ›Mutter‹ Scholochow, Andersen-Nexö, Leo Tolstoi. Sie hatte die Bände zu Hause aufgestellt, aber nicht hineingesehen, sie waren ihr zu dick.[2]

Johannes R. Bechers kulturrevolutionärer Enthusiasmus war unter solchen Umständen keine Antwort:

> Unsere Kulturrevolution besteht unter anderem auch darin, daß die Millionenmasse minderwertiger Unterhaltungsliteratur nicht mehr erscheint und somit Millionen Leser umgestimmt werden und für unsere Literatur gewonnen werden müssen.[3]

Wie sollte diese ›Umstimmung‹ geschehen? Für zehn Schmöker, die man wegnehme, müsse man, so hatte Christa Wolf vorgeschlagen, wenigstens »einen anständigen, unterhaltenden Roman« auf den Tisch legen. Und eine Bibliothekarin ergänzte, nachdem sie die Losung »Entdeckt wieder die Liebe!« ausgerufen hatte:

> Jeder Mensch, sei er noch so fortschrittlich, aufgeklärt und tüchtig, nährt in einem Winkel seiner Seele die Sehnsucht nach Träumen, nach

›blauem Dunst‹, nach ein bißchen Fata Morgana. Diese Sehnsucht will befriedigt werden – auch durch das Buch. Es liegt an uns, daß ohne Senkung des literarischen Niveaus auch Phantasie und Träume zu ihrem Recht kommen.[4]

Die Schwierigkeit lag also darin, daß man zugleich anknüpfen wollte und entschieden die Annahme des spätbürgerlichen Trivialerbes verweigerte. Die polemische Abgrenzung gegenüber der industriell erzeugten Serienware erfolgte dabei zumeist vorbehaltlos. Das zeigt auch Klaus Ziermanns Arbeit ›Romane vom Fließband‹ aus dem Jahre 1969; ihr Untertitel lautet ›Die imperialistische Massenliteratur in Westdeutschland‹. Der Autor begründet ihn damit, daß alle anderen Begriffe, die ja auch von der bürgerlichen Wissenschaft verwendet werden, der Parteilichkeit ermangeln. Wer von Unterhaltungs- oder Trivial- oder auch ›Schmutz- und Schund‹-Literatur spreche, betone die ästhetische Anspruchslosigkeit, verkenne aber die ideologische Funktion im Dienste der staatsmonopolistischen Ordnung des Imperialismus. Eine solche Definition erlaubt es dem Verfasser, sich der Frage zu entziehen, ob Klischees und Eigenarten jener Massenliteratur, die ihrerseits auf eine traditionsreiche Historie zurückgeht, in der sozialistischen Unterhaltungslektüre neuen Typs fortleben. Der Umstand, daß es bestimmte industriell gefertigte Sparten des Trivialen wie Berg-, Arzt-, Liebes-, Wildwest- und Sittenroman in der DDR nicht gibt, sollte gewiß nicht unterschätzt werden, er genügt aber nicht, um die DDR als eine von trivialer Literatur freie ›Literaturgesellschaft‹ auszugeben. Auch DDR-Kritiker haben das in mancher Diskussion eingeräumt:

> Bei uns ist die Kitschfabrik stillgelegt worden, ihr fehlt die soziale Basis; gegen die Einzelherstellung von Kitsch, gegen Kitsch im Sinn der ästhetischen Nichtbewältigung eines Gegenstandes, bietet allerdings auch der Sozialismus keinen Schutz. Auch auf unserer Literaturwiese blüht zwischen Klischeewurz und Schablonenkraut euphorisch so manche Papierblume ⟨. . .⟩[5]

Charakteristisch an solchen Formulierungen ist das Abschieben der Verantwortung für unliebsame Erscheinungen auf einzelne Sünder.

2. *Erziehungsfunktion und Massenwirksamkeit der ›neuen Literatur vorwiegend unterhaltenden Charakters‹*

Wer beim überlieferten Massengeschmack anknüpfte, bediente sich ja nicht nur der vertrauten äußeren Formen der Publikation, also der Heftreihe oder des Fortsetzungsabdrucks, sondern auch der entsprechenden Gestaltungsmethoden. Die offiziöse Literaturgeschichte der DDR faßt diese so zusammen:

> Hauptmerkmal dieser ›Unterhaltungsliteratur‹ ist bei demokratischer und sozialistischer Grundhaltung eine einfachere ästhetische Organisation; es entspricht deren Wesen und Funktion, ist Voraussetzung und konstituierendes Element. Die Aktion dominiert, die Reflexion tritt zurück, Fabel und Handlung sind leicht überschaubar. Die Figuren sind vor allem von der Handlung her aufgebaut. Häufig kommen äußere und innere Spannung und interessante Informationen über exotische Bereiche als weitere Kennzeichen hinzu. Die Sprache verzichtet weitgehend auf neuartige originelle Bilder und verwendet stärker umgangssprachliche Formen. Die Einschichtigkeit der Darstellung verlangt vom Leser geringere Mühe und ermöglicht ein direktes Ausschöpfen des Erlebnisinhalts.[6]

Es fällt auf, daß das Autorenkollektiv der Literaturgeschichte, wohl aus einer gewissen definitorischen Unsicherheit heraus, den Begriff Unterhaltungsliteratur in Anführungszeichen setzt. An anderer Stelle des Buches wird von »neuer Literatur vorwiegend unterhaltenden Charakters«[7] gesprochen oder auch davon, daß in der DDR sich eine Literatur »spezifisch unterhaltsam-erzieherischen Charakters«[8] formiert habe.

Die einschichtige Darstellungsweise wird durch die erzieherische Absicht gerechtfertigt: Unterhaltungsliteratur dient als Transportmittel für ideologisch fortschrittliche humanistische Ideengehalte. Unterhaltung soll eine bedeutsame Funktion bei der Herausbildung sozialistischen Denkens, Fühlens und Handelns haben:

> Auf der Grundlage der Unterhaltsamkeit kann und soll die Unterhaltungskunst die Menschen politisch und moralisch erziehen und in ihnen das Gefühl für das wahrhaft Schöne und Gute, für ein reiches Lebensgefühl sowie eine neue Einstellung zum Leben und zur Kunst wecken.[9]

Der Wunsch noch »weniger komplizierten, betont heiteren oder spannungsreichen und entlastenden Kunsterlebnissen«, wie er »vornehmlich bei fortgeschrittener Ermüdung, psychologischer Belastung oder bei heiteren Anlässen auftritt«, wird gelegentlich sogar als ein »natürliches Bedürfnis«[10] bezeichnet, das von der kapitalistischen Vergnügungsindustrie nur mißbraucht werde, im Sozialismus aber legitime Erfüllung finde.

Die Unterordnung der Unterhaltungsliteratur unter didaktische und moralisch-politische Erfordernisse ist keine auf diese Gattung beschränkte Besonderheit. Mindestens für die fünfziger und sechziger Jahre gilt das Kriterium der Massenwirksamkeit als allgemeines Postulat des ›sozialistischen Realismus‹. Die Anreicherung des Betriebsromans, dessen positiver Held etwa durch besondere Arbeitsleistungen die Werktätigen mitreißen und zur Nachahmung anhalten sollte, mit Elementen des Liebes- und Eheromans sollte ihm beim Publikum eine gewisse Lesebereitschaft sichern. Dabei spielten auch sowjetische Vorbilder der Stalin-Zeit eine prägende Rolle. Lange herrschte ein sehr enger Begriff von Volkstümlichkeit im Sinne von Eingängigkeit und Leichtverständlichkeit. Noch 1957 verlangte der sowjetische Wissenschaftler Selinski auf der Moskauer Realismus-Konferenz von der Literatur »Schlichtheit ihrer Darstellungsmittel und ihres sprachlichen Gewandes, die es dem ›einfachsten Menschen‹ ermöglichen, den Sinn des Inhaltes zu erfassen«[11].

Vor allem aus der literarischen Praxis kam aber immer eine kräftige Gegenströmung, die mit Brecht auf »Weite und Vielfalt der realistischen Schreibweise« abzielte. Brecht schrieb in seinem Aufsatz ›Volkstümlichkeit und Realismus‹ 1938 voll grimmig sarkastischer Logik:

Die Verständlichkeit eines literarischen Werkes ist nicht nur gegeben, wenn es genau so geschrieben ist wie andere Werke, die verstanden wurden. Auch diese anderen Werke, die verstanden wurden, wurden nicht immer so geschrieben wie die Werke vor ihnen. Für ihre Verständlichkeit war etwas getan worden. So müssen auch wir etwas für die Verständlichkeit der neuen Werke tun. Es gibt nicht nur das Volkstümlichsein, sondern auch das Volkstümlichwerden.[12]

Die Ersetzung des Begriffs ›Volkstümlichkeit‹ durch den der ›Volksverbundenheit‹ war ein theoretischer Versuch, dem Vorwurf entgegenzuwirken, man bleibe in den Fallstricken einer statistisch gefaßten Popularität hängen. Volksverbunden konnte auch eine solche Kunst genannt werden, die aufgrund eines noch ungenügend entwickelten Niveaus der ästhetischen Bildung von den Volksmassen nicht oder nur in Teilen aufgenommen wurde. Sie harrt zukünftiger Erschließung im Prozeß fortschreitender Rezeption. Insofern wurde Volksverbundenheit in der Diskussion der siebziger Jahre dann als übergeordnete Kategorie aufgefaßt. Aber volkstümlich durfte weiter nur genannt werden, was tatsächliche Verständlichkeit und Rezipierbarkeit durch breite Bevölkerungsschichten, gemessen auch an Verkaufszahlen, Auflagenhöhen und der Resonanz in der Öffentlichkeit, aufweisen konnte.

Qualitative Kriterien gibt es kaum dafür. Die für alle verbindliche Aufgabe der ideologischen Erziehung sollte hochdifferenzierte Kunstformen und einschichtige Unterhaltungsliteratur samt allen Zwischengattungen im einheitlichen Strom sozialistisch-realistischer Werke zusammenhalten. Aber indem man Unterhaltung als Mittel der sozialistischen Menschenbildung und Persönlichkeitsentwicklung verwendet, beschränkt man in Wahrheit deren Möglichkeiten.

Der arme Unterhaltungsschriftsteller riecht förmlich, wie ihn schon aus der nächsten Zimmerecke der Zwang zur Ideologie anspringt, die Pflicht zur Verteidigung der bestehenden Zustände, einfach aus dem Ursachverhalt heraus, daß es nun unser aller und somit auch seine Zustände sind.

Dies konstatierte Inge von Wangenheim 1972, und sie fuhr fort:

Schriftsteller sind auch Menschen. Und sie haben zu oft schon in ihrer stillen Kammer erlebt, wie aus dem eben noch federleichten, unbeschwerten Gegenstand im Augenblick, da er sich zum wesenhaft sozialistischen Gegenstand entwickelt, ein Bleiklotz wird, den niemand mehr von der Stelle rückt.

Die Autorin legte also gerade Wert auf Trennungslinien, hielt es für wahrscheinlich, daß Autoren die Unterhaltung verfehlen

könnten, wenn sie sich dazu verleiten ließen, in Konkurrenz zur
›gewichtigen‹ Literatur zu treten:

> Der Ideengehalt darf nicht so anspruchsvoll, die emotionalen und geisti-
> gen Erregungen, die das Werk auslöst, dürfen nicht so heftig, die Erkennt-
> nisse, die es vermittelt, dürfen nicht so tief, so schmerzlich, so folgenschwer,
> so bedeutend sein, daß das ›Eigentliche‹ – die Unterhaltung – dadurch
> gezwungen wird, den Schauplatz der Handlung zu räumen ⟨. . .⟩[13]

Solche Versuche, die Unterhaltungsliteratur von den grundsätzlich geltenden einheitlichen Ansprüchen abzukoppeln, sind aber
selten geblieben. Die Bemühungen, zu brauchbaren Definitionen
zu kommen, blieben immer wieder in der Abgrenzung zur bürgerlichen Unterhaltungsliteratur stecken. Die Massenresonanz dort
gilt als nicht wirklich ›volkstümlich‹, die in der DDR als wirklich
›volkstümlich‹. Als der Greifswalder Germanist Hans-Jürgen
Geerdts die Bezeichnung ›volkswirksame Literatur‹ vorschlug,
wurde ihm entgegengehalten, die Auflagenhöhe signalisiere, daß
auch Anna Seghers oder Hermann Kant, ja sogar Thomas Mann
massen- bzw. volkswirksam seien, ohne daß ihre Werke dem Genre
zugeschlagen werden könnten, das Geerdts meine[14].

Nach Ernst Karl Wenig, damals Cheflektor, heute Leiter des
Greifenverlags im thüringischen Rudolstadt, in dem vor allem
Entspannungsliteratur vom Heimatbuch bis zum Krimi erscheint,
gehört Unterhaltungsliteratur prinzipiell zur bürgerlichen Gesellschaftsordnung, es gibt sie deshalb in der DDR nicht: »Dieser Lite-
raturbereich ist passé, aus, Geschichte!«[15] Nach Ansicht Wenigs ist
in der DDR an die Stelle der Unterhaltungsliteratur »das betont
unterhaltende Buch« (in vielen tausend Titeln und in Millionen von
Exemplaren) getreten.

In einem von Zentralinstitut für Literaturgeschichte bei der
Akademie der Wissenschaften der DDR herausgegebenen Sammelband zur Literaturrezeption heißt es über die Lesegewohnheiten:
»Verschiedene literatursoziologische Erhebungen gestatten einen
Überblick, der relativ repräsentativ sein dürfte. Danach lesen häufig 20 bis 25 Prozent der DDR-Bevölkerung; selten 60 bis 70 Prozent und nie 5 bis 10 Prozent.«[16] Analysen über die kulturellen Gewohnheiten bei Werktätigen, die körperlich schwere Arbeiten ver-

richten und besonders bei Schichtarbeitern bestätigen außerdem, daß ein anspruchsvolles Lesebedürfnis bei diesen Gruppen kaum besteht. Auch in der DDR gibt es zweifellos Bevölkerungsschichten, die ausschließlich lesen, was man mehr oder weniger skrupelhaft Unterhaltungsliteratur nennt. Diese nüchterne Bestandsaufnahme kann man nicht mit dem Hinweis ignorieren, man bemühe sich differenziert um die Hebung des Kulturniveaus bei allen.

3. Freizeitwünsche und Entspannungsbedürfnisse im Sozialismus – Unterhaltungskunst als legitimer Bestandteil der Lebensweise

Die Überwindung der kulturellen Anspruchslosigkeit spielt eine wichtige Rolle in Horst Slommas 1971 erschienener Monographie ›Sinn und Kunst der Unterhaltung‹. Fast ein Jahrzehnt früher hatte ihr Verfasser in Jena mit einer Arbeit ›Zum Problem der Wiedervereinigung von Kultur und Unterhaltung in der Kunst als eine Aufgabe der sozialistischen Kulturrevolution‹ promoviert. Auch die neue Arbeit enthält in dieser Hinsicht noch allzu optimistische Vorstellungen der Ulbricht-Zeit, die erst nach dem VIII. Parteitag 1971 korrigiert wurden. So meint Slomma, das Bildungsniveau sei im Ergebnis sozialistischer Lebensbedingungen so weit fortgeschritten, daß wertvolle Bücher eigentlich von allen verstanden und genossen werden könnten. Aufgrund falscher Vorstellungen und überlebter Gewohnheiten traue der Leser sich nur weniger Kunstverständnis zu, »als er tatsächlich dank des erreichten Bildungsniveaus bereits besitzt«. Zwar erwartet Slomma, daß die Kluft zwischen ›hoher‹ und ›leichter‹ Kunst im kulturrevolutionären Prozeß verschwinde, aber ein »unterschiedlicher Anteil an Unterhaltungsfaktoren« bleibe in den einzelnen Gattungen doch erhalten. Die alte, angeblich überwundene Unterscheidung erscheint so in der Formulierung wieder, manche Genres würden »bildend unterhalten«, andere »unterhaltsam bilden«. Unter diesem Gesichtspunkt stellt die sozialistische Unterhaltung [→ 430]

keine kulturelle Übergangserscheinung dar, die lediglich momentan Rücksicht auf zurückgebliebene Kulturansprüche nehmen möchte, sondern sie ist unter dem ethischen, pädagogischen und sozialhygienischen Aspekt einer sinnerfüllten, glücklichen, erlebnisreichen und erholsamen

Freizeitgestaltung immanenter Bestandteil der dem Sozialismus eigenen Lebensweise mit bleibendem sozialen Wert.[17]

Das Recht der Werktätigen, ›nach guter Arbeit‹ sich zerstreuen zu dürfen, ist nach dem VIII. Parteitag in den Forderungen an das Fernsehen, die DEFA, die Theater und die Verlage sichtbar geworden, ihre Entspannungsangebote zu erweitern.

Das Erreichte wird nüchterner bewertet, Freizeitbeschäftigungen werden insgesamt stärker dem freien Spiel der individuellen Neigungen überlassen. Man empfiehlt keinen Kanon mehr, sondern proklamiert, bei möglichst vielen Menschen überhaupt die Fähigkeit auszubilden, kulturelle Angebote gemäß ihren Neigungen auszuwählen.

Nach den schwülstigen Phrasen vom Erstürmen der ›Höhen der Kultur‹ und von der ›gebildeten Nation‹ beweist ein solches Minimalprogramm einen Zug zur Sachlichkeit seit dem Amtsantritt Honeckers.

Bei der Mehrheit der Bevölkerung das Unvermögen zu überwinden, tradierte und gegenwärtig produzierte kulturelle Werte dem eigenen Lebenskreis zuzuordnen, wird jetzt als schwierige Langzeitaufgabe angesehen. So schwer manchen Ideologen auch die Preisgabe der bequemen Ausrede fallen mag, die Schwierigkeiten gingen in erster Linie auf Überbleibsel aus der kapitalistischen Welt und auf Geschmacksverbildungen durch die bundesrepublikanischen Massenmedien zurück, mehren sich doch die Meinungen, solche kurzschlüssige Argumentation trage nicht weit. Wer nur die Nachwirkungen des alten Bildungsprivilegs ins Kalkül nahm, nährte die Illusion, Kultur in ihren schwierigsten Hervorbringungen sei in kurzer Frist zur Herzenssache eines jeden zu machen. Überrascht steht man heute vor dem generationsspezifischen Problem, daß die Nachwachsenden in ihrer übergroßen Mehrheit weder aus eigenem Antrieb noch nach pädagogischer Belehrung sich die Weltkultur aneignen wollen.

Die Grenzen der Planbarkeit künstlerischer Prozesse und ihrer Rezeption werden in einem Sammelband zur sozialistischen Kulturrevolution aus dem Jahre 1977 beschrieben:

Im Unterschied zu anderen Formen der geistigen Produktion und

Kommunikation unterliegt die Nutzung der Angebote der Massenmedien und des örtlichen Kulturlebens sowie die Beschäftigung mit den Künsten weitgehend der eigenen Wahl, sie vollzieht sich in der Freizeit auf der Basis freiwilliger Entscheidung. Mit Nachdruck werden deshalb diese Produktionen mit den Massenbedürfnissen nach Erholung und Entspannung, Geselligkeit und Vergnügen konfrontiert. Diese Bedürfnisse werden auch in Zukunft weiter wachsen, denn im Sozialismus leben alle Menschen von der eigenen Arbeit und brauchen ihre Freizeit vor allem zu einer wirksamen Reproduktion der Arbeitskraft. Die zunehmende Intensivierung der Produktion, die rasch anwachsenden Kommunikationen, die vielfältigen Beanspruchungen der Menschen durch die weitere Modernisierung und Urbanisierung der Lebensweise werden die Bedürfnisse nach Erholung, Entspannung, Unterhaltung und vielseitigem geistigen und körperlichen Ausgleich mit Gewißheit noch mehr erhöhen und zugleich immer weiter differenzieren. Es kann als Axiom gelten: Was an kulturellen Angeboten nicht in durchaus unterschiedlicher Weise der Erholung und Entspannung dient, kann keinen wirksamen Einfluß auf die Entwicklung des Bewußtseins und die Kultivierung der Bedürfnisse und Genüsse der Mehrheit der Bevölkerung gewinnen.[18]

4. Spaltungen innerhalb der DDR-Literatur: Mittelfeld gegen Spitzenreiter

In dem zitierten Abschnitt wird der Unterhaltungsliteratur eine wichtige Funktion eingeräumt. Was heißt hier aber ›Unterhaltung‹, nimmt man die Sache beim Wort?

In einem Aufsatz über die Funktion der Literatur in der sozialistischen Gesellschaft werden beiläufig zwei ganz gegensätzliche Bücher erwähnt, von denen es mit Recht heißt, sie wendeten sich von Sujet und Form her an ganz unterschiedliche Leser, nämlich Franz Fühmanns Ungarn-Tagebuch ›22 Tage oder Hälfte des Lebens‹ und Erik Neutschs simp* Ansprüche bedienender Roman ›Auf der Suche nach Gatt‹. Die Autoren der parteioffiziellen Zeitschrift ›Einheit‹ formulieren vorsichtig, das Vergnügen an Fühmanns Tagebuch beruhe auf dessen Sprachkultur und Präzision, das Vergnügen an der Lektüre des Romans von Neutsch aber auf Identifizierungen mit der Hauptfigur und ihrem Lebensweg[19].

Ohne im einzelnen auf diesen Roman (oder viele andere von gleichem Niveau) eingehen zu wollen, seien ein paar Zeilen aus

einem DDR-›Romanführer‹ zitiert, der das Trivialmuster in der
Inhaltsbeschreibung gut erkennbar macht:

> Ruth verläßt ihren Mann, und als sie nach einer Woche wieder auf-
> taucht, erfährt er, daß sie voller Verzweiflung das Kind, das sie von ihm
> erwartete, hat abtreiben lassen. Gatt erkennt, daß sein Mißtrauen ihre Lie-
> be zerstört hat ⟨. . .⟩ In der nun folgenden Zeit stürzt sich Gatt mit verbis-
> sener Verzweiflung in seine Arbeit. ⟨. . .⟩ Als er sie ⟨Ruth⟩ wiederfindet, ist
> es jedoch zu spät, ihre Liebe wiederzugewinnen. Ruth hat den Ingenieur
> Gabriel geheiratet ⟨. . .⟩ Ziel- und hoffnungslos verläßt Gatt Gabriels
> Wohnung ⟨. . .⟩

Das gute Ende sieht so aus:

> Gatt ist wieder in seine Heimat zurückgekehrt. Er hat Arbeit im
> Schacht gefunden und sich bei der sozialistischen Rekonstruktion im
> Mansfeldischen Verdienste erworben, so daß er für ein Ökonomiestu-
> dium an der Parteihochschule vorgeschlagen wurde. Gatt hat begriffen,
> daß ›Flucht kein Ausweg‹ ist, sondern ›immer der längste Weg zu sich
> selbst‹. Ruth – inzwischen eine bekannte Chirurgin und Mutter zweier
> Kinder – fühlt sich erneut angezogen von der unverwüstlichen Kraft
> Gatts, doch sie wird und muß zuerst an Gabriel und die Kinder denken
> ⟨. . .⟩

Im ›Romanführer‹ heißt es unter dem Stichwort ›Versagen und
Bewährung‹, daß die sozialistische Gesellschaft

Menschen wie Gatt und Ruth nicht endgültig scheitern läßt, denn sie
bietet ihnen die Möglichkeit, ihr Leben selbst in Ordnung zu bringen,
auch wenn dadurch nicht alle Konflikte und Probleme beseitigt sind.[20]

Der Dreischritt Irrtum – Einsicht – Besserung sorgt für die erzieherische Vorbildhaftigkeit; die Notwendigkeit des Verzichts
verstärkt nur die Geborgenheitsgefühle, die die Gesellschaft insgesamt bereithält. Individuelle Schwächen hat der einzelne zu überwinden, um sich mit der letztlich unendliche Möglichkeiten eröffnenden Ordnung in Übereinstimmung zu bringen. Die gesellschaftlich herrschenden Mechanismen können so nicht sichtbar
gemacht werden; die Trivialmuster stehen auch im Sozialismus im
Dienste affirmativer und systemstabilisierender Intentionen.
Wann und wo mag ein Roman spielen, in dem ein Major Frank
Wittenbeck und ein Oberst Bredow die Personnage bilden? Die

Serviererin Friederike geht auch dann in ihr Lokal, wenn sie dienstfrei hat, denn dort sitzt regelmäßig der Major Wittenbeck. Sie schaut beglückt auf die Wölbung der Stirn des Majors und auf den Wirbel über dem rechten Auge:

> Schweigend musterten sie einander. Allmählich verloren sich seine Blicke auf ihrem Gesicht, und seine Augen wurden leer und durchsichtig. Er schien sich an irgendetwas zu erinnern, und dieses Etwas stand plötzlich zwischen ihnen. Friederike wartete. Sie saß bei ihm, sie war da, und sie war stärker als jene Erinnerung. Doch sie wurden gestört. Die Musik setzte ein, und plötzlich stand Ulrich Fichtner vor ihnen und forderte Friederike zum Tanzen auf. Sie schüttelte den Kopf, worauf Ulrich die Hacken zusammenschlug und sich an Wittenbeck wandte. ›Gestatten Sie, Genosse Major, daß ich mit ihr tanze?‹ ›Soll ich es ihr befehlen?‹ erwiderte Wittenbeck ruhig und aß weiter. Fichtner blickte von einem zum anderen. Plötzlich war in seiner Haltung wieder etwas von der alten Hilflosigkeit. Er preßte die Oberarme an den Leib und legte den Daumen an die Unterlippe. So ging er zum Tisch zurück, wo seine Begleiter ihn mit Gelächter empfingen. In diesem Augenblick bereute Friederike, daß sie ihn abgewiesen hatte. Wittenbecks Augen blieben leer. Er trank den Kaffee, dann erhob er sich, lächelte ihr noch einmal zu und gab ihr die Hand, die schwer und warm in der ihren lag.[21]

Einzig die Anrede »Genosse Major« lokalisiert diesen Textausschnitt in der DDR. Er dokumentiert, wie sich die überlieferten Muster des Trivialkitschs sprachlich und inhaltlich erhalten haben. Die in der bürgerlichen Gesellschaft produzierten Liebesromane für den raschen Leseverschleiß bauen vergleichbare Szenen nicht anders auf als der 1934 geborene DDR-Autor Walter Flegel, aus dessen neuestem Roman ›Es gibt kein Niemandsland‹ die Textprobe stammt. Der Artillerieoffizier Flegel, dessen Bücher im ›Militärverlag der DDR‹ erscheinen, gehörte zu den Gründern des zentralen Literaturzirkels der Nationalen Volksarmee; er erhielt neben vielen anderen staatlichen Auszeichnungen 1972 auch den Theodor-Körner-Preis. Das Schriftstellerlexikon der DDR sagt über Flegel:

> Sein gesamtes literarisches Schaffen ist Stoffen und Themen aus dem Leben der Nationalen Volksarmee der DDR gewidmet. In seinem Roman ›Wenn die Haubitzen schießen‹ (1960) behandelt er Probleme der sozia-

listischen Erziehung in der Armee. Die Erzählungen des Bandes ›In Bergheide und anderswo‹ (1966) sind Geschehnissen gewidmet, die insbesondere von Offiziersfrauen außergewöhnliche Entscheidungen verlangen.[22]

Natürlich ist es keine Besonderheit der DDR, daß Handwerker des Schreibens (mit einem erheblichen Anteil von Pfuschern unter ihnen) das Gros der Autoren stellen. Diese qualitativen Differenzierungen verschwinden aber offensichtlich auch nicht mit der Beseitigung des privatkapitalistisch organisierten Literaturmarkts. In Ländern wie der DDR herrschen zusätzlich kulturpolitische Bedingungen, durch die die Mehrheit der Durchschnittstalente besondere offizielle Wertschätzung und Auflagenförderung erfährt. Diese Umstände führen dazu, daß »Dilettanten Möglichkeiten ungewöhnlichen Ausmaßes« haben und sich »zwischen dem Hohen und dem Platten eine breite mittlere Region des Schrifttums«[23] entwickkelt.

Wie schwierig es ist, innerhalb der DDR zu adäquaten literaturkritischen Bewertungen solcher Autoren vorzustoßen, hat die Resonanz auf einen derartigen Versuch von Heinz Plavius gezeigt. Er verband sein Plädoyer für die phantastischen, grotesken, sensitiven Züge in den herausragenden literarischen Leistungen der siebziger Jahre mit kritischen Worten über Bücher mit geringem Anspruch. Er formulierte vorsichtig, ganz unpolemisch. Er bemühte sogar als Absicherung das schiefe Bild von der Literaturpyramide, bei der es sinnlos sei, die Spitze gegen die Breite auszuspielen und umgekehrt. Aber es ist durchaus bestreitbar, ob — wie das Bild suggeriert — die Spitzenwerke erst durch einen breiten Unterbau ohne hohen Anspruch möglich werden.

Je mehr offenbar wurde, daß nicht die ideologisch präformierte Massenliteratur der DDR-Kultur auch außerhalb der Grenzen des Landes Gewicht geben konnte, desto stärker kämpften deren Vertreter um ihren kulturpolitischen Einfluß. Charakteristisch war eine Passage in der Rede von Helmut Sakowski auf dem VII. Schriftstellerkongreß:

Die Spitzenreiter setzen die Maßstäbe, sie sind unsere Helden. Aber den Kohl machen sie sozusagen auch nicht fett. Wenn wir den Anforderungen gerecht werden wollen, die man uns stellt, dem veränderten Bedarf an guter Literatur, dann muß das Mittelfeld noch besser zum Zuge kommen als bisher. Ich wünsche mir: Dazu verhelfe uns dieser Kongreß![24]

Die hier noch verdeckte Aggressivität entlädt sich aber explosiver, wenn verdiente literarische Parteiaktivisten des Mittelfelds durch Kritik gereizt werden.

Heinz Plavius bemühte sich zwar, seine Bewertungen als Beschreibung eines normalen Sachverhalts vorzulegen, denn in jeder Epoche gebe es Werke mit Breitenwirkung und geringerem Tiefgang und anspruchsvolle Werke mit lang andauernder Wirkung. Offenbar ist es aber riskant, die Literatur der DDR derart in Güteklassen einzuteilen, weil zuviele ›mittlere Talente‹ mit politischem Einfluß vor der Beleidigung durch eine angeblich elitär-überhebliche Kritik geschützt werden wollen. Ohne Georg Lukács zu nennen, ging Plavius auf dessen berühmte Entgegensetzung von ›Erzählen oder beschreiben‹ aus dem Jahre 1936 zurück. Die Beschreibung in der Literatur sei – methodisch gesehen – der Boden, auf dem immer nur Mittelmäßiges gedeihen könne. Was sonst oft als sogenannter direkter Zugriff aufs Leben selbst gelobt und wegen seiner Leichtfaßlichkeit dem breiten Lesepublikum empfohlen wird, insofern es die ›richtigen‹ moralisch-politischen Erziehungsziele transportiere, erscheint dem Kritiker eher als Beleg für mangelnden Realitätssinn. Plavius nennt Namen und Werke, auf die seine Einwände zielen: ›Merci Kamerad‹ von Günther Hofé (1970), ›Vater Batti singt wieder‹ von Bernhard Seeger (1972), ›Der Friede im Osten‹ von Erik Neutsch (1974: Band 1), ›Abflug der Prinzessin‹ von Egon Richter (1974) und ›Pferdewechsel‹ von Werner Steinberg (1974). Zusammenfassend urteilt er:

> Metaphern und Symbole rücken nicht selten in die Nähe von Klischees. Der mitunter glücklich gefundenen poetischen Grundidee mangelt es an mannigfaltigem, in Variationen und Motiven durchgespieltem Ausdruck. Packende und interessante Geschichten werden nicht bis in alle Tiefen durchforscht und aufgeschlossen. Häufig treffen wir in diesen Büchern nicht so sehr Gestalten, die in ihrem Handeln, im Denken und Fühlen aus der Logik ihres Charakters agieren, sondern vielmehr Figuren, wenn man so will Figurinen, wenn mit diesem Wort das Unselbständige, von außen Gelenkte unterstrichen werden kann.[25]

Dieser Versuch, eine öffentliche Diskussion über ästhetische Maßstäbe in Gang zu setzen, wurde rasch abgeblockt. Als sich Ende November 1976 die Gesellschaftswissenschaftler der DDR trafen, um den IX. Parteitag auszuwerten, tadelte Hans Koch, der Direktor des Instituts für marxistisch-leninistische Kulturwissenschaften der Akademie für Gesellschaftswissenschaften beim ZK der SED, das Zurückbleiben der Kulturtheoretiker, die die ideologischen Aufträge der Partei nicht gut genug erfüllten:

Solchen Zielen wird eine Konzeption des sozialistischen Realismus nicht gerecht, wie sie etwa Genosse Heinz Plavius vorlegt. Aus ihr sind Fragen der Parteilichkeit und Volksverbundenheit, des sozialistischen Ideengehalts weitgehend verbannt. Die Verwendung fiktiver oder phantastischer Erzählmittel wird zum Kriterium einer ›eigentlichen‹ Kunst, die der ›Entdeckung des Ich durch Phantasie‹ als angeblicher Zentralaufgabe heutiger Kunst gewidmet ist. Die literarische Beziehung zu unserer sozialen Wirklichkeit in ihrer unmittelbaren Form wird als Naturalismus abqualifiziert. Seeger, Görlich, Neutsch, Hofé u.a. werden im wesentlichen aus der Bewegung unserer Kunst hinauskatapultiert. Eine solche Konzeption läuft in Grundlinien und vielen Einzelfragen direkt dem kultur- und wissenschaftspolitischen Auftrag zuwider, den uns der IX. Parteitag gegeben hat. Man muß sie widerlegen, d.h. positiv überwinden.[26]

5. Systemstabilisierung durch Reinigungsliteratur

Ein Zusammenhang zwischen realsozialistischen und spätbürgerlichen Trivialmustern wird in der DDR zumeist bestritten. Der Schriftsteller Erich Köhler, der bei uns vor allem durch seine grotesk-ironische Gegenwartserzählung ›Der Krott‹ bekannt wurde, hat sich in einem unter dem unscheinbaren Titel ›Paralipomena‹ veröffentlichten Essay nicht an diese Regel gehalten. Er äußert darin nicht nur die ketzerische Ansicht, es wäre schon viel gewonnen, »wenn die große Menge unserer Weltanschauungsliteratur formalästhetisch an das Niveau der besten bürgerlichen Krimis heranreichte«, er meint außerdem, ein Vergleich zwischen den beiden Literaturarten aus unterschiedlichen Gesellschaftsordnungen sei sehr ergiebig, wenn man erst einmal vom »Podest elitärer Distinktion« herabgestiegen sei.

In beiden Fällen, so vermutet Köhler, werde den in Rede stehenden Büchern eine ähnliche gesellschaftliche Funktion auferlegt. Er geht von dem Leseeindruck aus, den Georges Simenons als Taschenbuch im Aufbau-Verlag erschienener Roman ›Mein Freund Maigret‹ bei ihm hinterließ. Inspektor Maigret bezeichne die Täter als »Mistfinken«, der Rolle gemäß, die Detektive und Kommissare als unentbehrliche und unermüdliche Saubermänner der bürgerlichen Gesellschaft spielten. Das System und die ihm zugehörige vertraute Lebensweise würden durch die ständige Reinigung von allerlei »Mistfinken« erhalten. An dieser Stelle setzt Köhlers Nutzanwendung für die DDR ein:

> Diese staatserhaltende Funktion macht jene Literatur für unsere Betrachtung vergleichbar und interessant. Denn: Wird nicht auch in dem breiten Strom des sozialistischen Realismus, so wie er bislang noch verstanden und exemplarisch gefördert wird, ständig etwas ge- oder bereinigt? Immer wieder tritt hier fiktiv eine jener von der Arbeiterklasse befugten Persönlichkeiten, meistens ein Parteisekretär, an die Funktionsstelle des Ritters ohne Furcht und Tadel und bereinigt durch höhere Sittlichkeit, größere politische Reife, bessere Einsicht, höhere Führungsqualität und andere Tugenden mehr in Betrieben, Schulen, Verwaltungen, Forschungsstätten auf dem Lande und in der Stadt allerhand festgefahrene Situationen, die mit Sicherheit auf restbürgerliche Denk- und Verhaltensweisen zurückzuführen und nicht selten kriminell sind.[27]

Kernstück dieser literarischen Pseudokultur sei der Reinigungsmythos, der in mancherlei Varianten auftrete:

> In manchen Werken wird zum Beispiel der Parteisekretär selber gereinigt. Zumeist verfügt er zwar über das nötige hohe gesellschaftliche Bewußtsein, nur in seiner Privatsphäre stimmt etwas nicht. Oder er ist müde geworden, will sich nicht weiterqualifizieren, wird den gewachsenen Anforderungen nicht gerecht, hat karrieristische Ambitionen, leitet mit fragwürdigen Methoden und so fort. Der sozialistische Autor kriegt das wieder hin. Er läßt den Mann entweder fallen und ersetzt ihn durch einen geeigneteren (ein Sujet, das nicht gar so gern gesehen wird) oder er jagt ihn durch die Spießruten der kollektiven Kritik, was sich immer gut macht, oder, wenn er sich ein bißchen auf das Psychologisieren versteht, so läßt er diesen Helden im Fegefeuer der inneren Auseinandersetzung sich selber reinigen. Dieses Sujet gilt als die höhere Schule einer Belletristik, die sich

vorwiegend wegen ihrer Thematik für sozialistisch und, was weiß ich warum, für realistisch hält.

Das Maß der Reinigung verliere sich bei leitenden Persönlichkeiten nach oben hin ebenso wie im Gros der bürgerlichen Kriminalliteratur die Aufdeckung von Schuldfällen oberhalb einer diffusen Schwelle, jenseits derer die ganz großen Ganoven mit Sitz und Stimme in Parlamenten und Aufsichtsräten ziemlich ungeschoren wirken könnten:

> Auch darin ist der bürgerliche Kriminalroman und der breitere Teil unserer Gegenwartsliteratur vergleichbar, weil dort wie hier eben nicht die ganze Wirklichkeit transparent wird, sondern mit Hilfe von Fällen an der Aufrechterhaltung beziehungsweise Wiederherstellung einer wünschbaren Idealität gearbeitet wird; dort durch das unentwegte Entfernen von ›Mistfinken‹, hier durch das spiegelfechterisch konstruierte Ausräumen von ideologisch bedingten Fehlverhaltensweisen.[28]

Seine gewagten Vergleiche hat Köhler freilich durch den Zusatz abgesichert, daß die gründlich verrottete bürgerliche Gesellschaft auf den literarischen Reinigungsdienst angewiesen sei, während die neue, in der er lebe, derlei eigentlich nicht nötig habe. Damit wird der Essayist selbst zum Opfer eines Reinigungsmythos: Befreite sich das Land von einer verfehlten Literatur, könnte der zum Kommunismus voranschreitende Sozialismus deutlicher sein historisch fortschrittliches Wesen offenbaren.

Obgleich Köhler seine Kollegen schont, keine Namen und Werke nennt, ist deutlich, daß seine ironische Polemik repräsentativer Literatur dem auch propagandistisch herausgestellten Hauptstrom in der Bücherflut gilt. Er stellt gerade nicht West-Krimi und Ost-Krimi einander gegenüber. Im Vergleich zu den ambitionierten Werken mit nicht eingelöstem Kunstanspruch ist eine Unterhaltungsliteratur, die nicht ›gehoben‹ oder ›wertbetont‹ genannt sein will, sondern ausschließlich oder vor allem auf Spannung und Entspannung zielt, durch ihre Bindung an gattungsspezifische Regeln vor ästhetischer Überforderung in gewissem Umfang geschützt.

Das gilt nicht nur für den Krimi, sondern auch für weitere Genres, die in der DDR als notwendige Bestandteile sozialistischer

Belletristik anerkannt werden, die feuilletonistische Literatur mit humoristischem Einschlag (etwa des Eulenspiegel-Verlags), die Abenteuerliteratur oder die utopisch-phantastische Literatur. Jeder dieser Bereiche wäre einer ausführlichen Untersuchung wert. Als Beispiel sei die Entwicklung der Kriminalliteratur ausgewählt.

II Das Beispiel Kriminalliteratur

1. Die Rehabilitierung der Spannung

Dem Krimi das Existenzrecht zu verschaffen, war ein mühseliger Prozeß. Die Arbeiterklasse, aufgerufen, die besten Traditionen der Vergangenheit weiterzuführen, hatte – so schien es – in Sachen Krimi nichts zu beerben. Die ›detective story‹ war ein Produkt der imperialistischen Verfallszeit und so bekämpfenswert wie die Verbrechen jener Epoche, der sie zugehört. Vor allem der amerikanische Krimi galt in den fünfziger und sechziger Jahren durchweg als barbarisch, inhuman und zynisch. Solche Einschätzungen finden sich in Hans Pfeiffers Untersuchung ›Die Mumie im Glassarg‹ (1960), wo selbst Poe vorgeworfen wird, er biete »eine logisch aufgeputzte, mit romantisch-deterministischen Elementen durchsetzte Triebpsychologie«[29]. Conan Doyle wiederum galt als Formalist, und »vom Konstruktivistischen zum Inhumanen ist nur ein Schritt«[30]. Auch andere Autoren haben damals Sherlock Holmes als einen Diener der Kapitalistenklasse entlarvt:

> Sherlock Holmes ist trotz seines hohen Intelligenzgrades einsam, ohne menschliche Kontakte und ohne Einsicht in gesellschaftliche Zusammenhänge. Er hat keinerlei Verbindung zur Arbeiterklasse, kein Wissen um ihre Lage und auch keineswegs den Wunsch, etwas darüber zu erfahren.[31]

Heftig wurde damals gegen den Typus des Privatdetektivs in Romanen Chandlers und Hammetts polemisiert, die mittlerweile auch in der DDR erschienen sind.

Vor allem Alfred Antkowiak hat durch seine Anthologien und in den beigefügten Nachworten den Detektiv rehabilitiert[32]. Mit Beweismitteln, Spuren, Indizien, Zeugen gehe dieser gegen das irrationale Geheimnis vor – dies sei eine aufklärerische, in Grenzen progressive Tendenz. Während die einheimischen Autoren vorher durch empfehlende Hinweise auf Schillers ›Verbrecher aus verlorener Ehre‹, Fontanes ›Unterm Birnbaum‹ oder gar Dostojewskis ›Schuld und Sühne‹ nur irritiert worden waren, gab jetzt die Rezeption der amerikanischen Meister taugliche Vergleichsmaßstäbe in die Hand.

Auch auf diesem Gebiet war ja die Klassenfrage gestellt worden: Wer setzt wen in Spannung und wozu?

> Spannung um ihrer selbst willen verschleppt den Leser in einen Keller, der viel unheimlicher ist als alle Todeskeller des Schundromans: In diesem Keller verlieren wir uns selbst, unser gesellschaftliches Sein, unser Bewußtsein, unser Wissen, Denken, unsere Vernunft (Pfeiffer).[33]

Auch der erfolgreiche Unterhaltungsschriftsteller Wolfgang Schreyer sprach jahrelang nur vom ›Tatsachenroman‹ und stützte seine abenteuerlichen Handlungen durch Recherchen ab. Erst 1966 veröffentlichte er sein ›Plädoyer für den Spannungsroman‹, in dem er, auf die fünfziger Jahre zurückblickend, schrieb: »Einem damaligen Irrtum zufolge, wonach Lehrwert und Unterhaltungswert einander ausschlossen, wurde Spannungsliteratur generell mit Schund gleichgesetzt«.[34]

Für Slomma wiederum steht fest, die Spannungsliteratur enthülle

> vor allem die gesellschaftlichen, ideologischen und moralischen Ursachen des Verbrechens, das unmittelbar mit den Wolfsgesetzen der kapitalistischen Ausbeuterordnung im Zusammenhang steht oder Ausdruck von Überresten kapitalistischer Ideologie und Lebensweise ist, ⟨und sie vermittle deshalb⟩ Einsichten über die durch die Klassenfunktion bedingte gegensätzliche Rolle der kapitalistischen und sozialistischen Justizorgane.[35]

Poe und Doyle werden in solchem Zusammenhang nicht mehr verteufelt, aber sie bleiben dubios, weil sie für die Schulung von Moral und Rechtsbewußtsein kein Vorbild abgeben: »Bei allem vordringlich angestrebten Unterhaltungswert hat der Kriminalroman höhere Bildungswerte zu vermitteln, als nur das logische Denkvermögen zu schulen«.[36] Nicht nur der »amoralische

Schund«, sondern auch die »unverbindliche Detektivgeschichte« genügen den Ansprüchen nicht. Verlangt werden die Enthüllung der objektiven wie subjektiven Ursachen der Verbrechen, die realistische Zeichnung der Polizeiorgane und der klassenmäßig bedingten Funktion des Justizapparates.

2. Dokumentarischer Realismus gegen spätbürgerliche Verrätselungen und Märchenhaftigkeiten

In der Praxis führte das Widerspiegelungspostulat dazu, durch eine Art von Protokollieren tatsächlicher Begebenheiten, Ermittlungen und Prozesse den Krimi aus dem Bereich des Unwahrscheinlichen, Märchenhaften und Rätselvollen (auch im Sinne der ›Denksport‹-Aufgabe) herauszulösen. Sehr geschickt, wirkungsvoll und erfolgreich arbeitete auf diesem Gebiet der prominenteste Jurist der DDR, Friedrich Karl Kaul, der trotz seines Hauptberufs als Rechtsanwalt eine Vielzahl von Büchern verfaßte. Kaul stellte vor allem Justizverbrechen und Kriminalfälle aus dem wilhelminischen Kaiserreich und aus der Weimarer Republik dar, wobei er die Exempel für die herrschende Klassenjustiz als typisch für die jeweiligen politischen und sozialen Systeme gestaltete. 1953 erschienen der erste Band der dreibändigen Sammlung ›Das Pitaval der Weimarer Republik‹ und der Roman über die Ermordung Walter Rathenaus, ›Mord im Grunewald‹.

Den klassischen Detektivroman mit seinen Regeln lehnt Kaul ab, er nennt ihn einen »Antipoden des Realismus«. Die modernen Methoden der Wissenschaft hätten angeblich die »abstrakten Kombinationen« des alten Detektiv-Helden überflüssig gemacht. Auf die Frage, ob »durch bewußte Wiederbelebung dieser Gattung unsere fortschrittliche Belletristik aufgelockert werden kann«, gibt er sehr skeptische Antworten.[37] Den literarischen Rang von Egon Erwin Kischs ›Prager Pitaval‹, in dessen Spuren Kaul sich bewegte, hat er nicht erreichen können, so verdienstvoll es auch war, diese Tradition aufzunehmen. Es machte einen gravierenden Unterschied, daß Kisch als recherchierender und eingreifender Journalist schrieb, während Kaul zumeist als Chronist abgeschlossener

Fälle auftrat. Gelegentlich ist getadelt worden, daß Kaul »ein Übermaß an historisch-gesellschaftlichen Beziehungen und Zusammenhängen bietet«.[38] Kurz bevor er im April 1981 verstarb, erschien in der westdeutschen Ausgabe der Zeitschrift ›Playboy‹ noch ein längeres Interview mit dem prominenten Juristen und Buchautor. Auf die Frage, ob er nicht mit seiner Arbeitskraft haushalten wolle, um begonnene Buchprojekte, zum Beispiel über die Geschichte des Reichsgerichts, zu Ende führen zu können, antwortete Kaul:

> Den Missionscharakter der Schriftsteller haben eher unsere sogenannten Dissidenten, die es als ihre Pflicht ansehen, uns zu bepinkeln. Wenn mein Buch nicht fertig wird, wird es ein anderer zu Ende schreiben. Mich wird das nicht kratzen.[39]

Das anekdotische Detail belegt, daß selbstbewußte erfolgreiche Dilettanten auch in der DDR ihre Aversionen gegenüber den Berufsliteraten kultivieren.

3. ›Westmenschen‹ als Verbrecher, Gangster, Agenten

Kaul, der als Jurist oder journalistischer Prozeßbeobachter tätig war, besaß immerhin Erfahrung, um auch propagandistische Aufgaben zu erfüllen. Wer seine Fabeln und Figuren selbst erfand, war im ersten Jahrzehnt nach Gründung der DDR zumeist an das politische Klischee vom westlichen ›Sabogenten‹ gebunden, wie die volkstümliche Zusammensetzung von Saboteur und Agent lautete. Durch Erpressung oder Bestechung gelangen die Verbrecher in volkseigene Betriebe und werden durch wachsame Arbeiter, durch die Volkspolizei oder beide zusammen entlarvt. Mal wird von den Westberliner Hintermännern ein leichtes Mädchen geschickt, um einen Panzersoldaten der Volksarmee zu umgarnen, mal jagt ein westdeutscher Chemieboß den eigenen Schwiegersohn ins Verderben. »Im Traum«, so schrieb der Feuilletonist Lothar Kusche, »las ich gestern einen zeitgenössischen und zeitbezogenen Kriminalroman, in welchem die Täter keine feindlichen Agenten waren.«[40] In den sechziger Jahren sahen die Autoren, Lektoren und

Kulturfunktionäre ein, daß der Kritiker Klaus Walther, einer der wenigen, die solche Romane überhaupt mit Rezensionen bedachten, recht hatte, als er schrieb:

> Mit der strapazierten Fabel ›Volkspolizei jagt Agent, den der fortschrittliche Werktätige entdeckt hat, und erwischt ihn‹, gemixt mit einer rosa-roten Liebesgeschichte zwischen dem VP-Leutnant und einer Sekretärin und ein wenig Leitartikelbelehrung über die bösen bösen Kapitalisten ist keine Wirkung zu erzielen.[41]

Die Kriminalromane der frühen fünfziger Jahre sind heute zum größten Teil verschollen — auch Bibliotheken in der DDR haben sie selten aufbewahrt. Einen informativen Überblick hat Alfred Könner 1954 in seinem Aufsatz ›Kriminalromane und Wirklichkeit‹ gegeben. Daraus einige knappe Inhaltsangaben:

> Die Leiter eines Industrieunternehmens in der ehemaligen sowjetischen Besatzungszone, das angeblich ausländischen Industriellen gehört, sabotieren den Aufbau. Die Verbrecher haben sich Verbindungen zu schaffen gewußt, die bis zum Minister einer Landesregierung reichen ⟨Über Kurt Satter, ›Herr Kontax rechnet falsch‹⟩. — Es geht hier um die wichtige Erfindung und Forschungsarbeit eines Gelehrten, der sich mit den Problemen des Alterns und der Lebensverlängerung beschäftigt. Ein Agentennest in Westdeutschland sendet seinen besten Mann aus, um sich in den Besitz des Präparates zu setzen. Dieser Mann, ein skrupelloser junger Bursche, der mit der größten Frechheit vorgeht, die Sekretärin ermordet und noch weitere Untaten verübt, wird am Ende gestellt ⟨Über Gerhard Hardel, ›Das Geheimnis des langen Lebens‹⟩.[42]

Ein langes Leben war diesen Aufklärungsbüchern, die in der lockenden Hülle von Krimis daherkamen, nicht beschieden. Als die Litanei vom eingeschleusten Agenten sich totgeleiert hatte, blieb als Ausweg, westliche Länder zum Schauplatz zu machen und damit das Problem zu umgehen, wie eine sozialistische Kriminalliteratur nach Form und Inhalt aussehen könnte. Curt Letsche etwa, so meinte sein Verlag, erhelle »blitzlichtartig die Unterwelt einer westdeutschen Kleinstadt«. Für seine beiden Romane ›Schwarze Spitzen‹ (1966) und ›Das geheime Verhör‹ (1967) erfand er einen Polizeirat Marten, der nicht zum Serienheld wurde, weil sein Schöpfer sich der utopischen Literatur zuwandte. Gerhard Harkenthal siedelte seine Romane gern im exotischen Milieu an, in Sizilien (Mafia!), in Tansania, in Mozambique, wo er jeweils laut Klappentext »ein weltweites Panorama internationaler Verwicklungen mit vielfarbigen Schauplätzen verschiedener Länder und Städte abrollen« ließ. Zum Teil verzichtete man auch darauf, Handlungen zur Entlarvung finsterer Machenschaften imperialistischer Gangster zu entwerfen; Imitationen des gemütlicheren angelsächsischen Krimis kamen hin und wieder vor. Der aus Lettland stammende und in der DDR lebende, deutsch schreibende Autor Boris Djacenko veröffentlichte in den sechziger Jahren vergnügliche Kriminalromane, unter dem Pseudonym Peter Addams, was viele Leser vermuten ließ, es handle sich um Importe aus Schottland oder Irland. Daß diese Nebenwege begangen werden konnten, lag an der Rehabilitierung des Humors, auch wenn er unpolitisch daherkam, und der Spannung, auch wenn sie nicht als Transportmittel erzieherischer Ideale diente. Was gute Laune verbreite, so hieß es, diene indirekt der Steigerung der Arbeitsproduktivität, wirke also letztlich doch politisch, weil mit fröhlichen Menschen die jeweilige ökonomische Hauptaufgabe rascher zu lösen sei. Auch Erich Loest schrieb in dieser Zeit unter dem Pseudonym Hans Walldorf und hauptsächlich aus finanziellen Gründen (nach seiner langjährigen Inhaftierung) Kriminalromane – ›Der Mörder saß im Wembley-Stadion‹ war wohl der bekannteste. Er fand es schließlich zu bequem, die Stoffe in England oder Italien spielen zu lassen und gab die literarische Betätigung in diesem Genre mit folgender Begründung auf:

Wenn die Handlung in London oder Paris spielt, kann man spinnen, kann man ein Märchen draus machen. Der Leser verlangt, glaube ich, im Krimi noch viel mehr ein Märchen als in der anderen Literatur. Wenn er in der DDR spielt, dann gerät man in ein ganz anderes Fahrwasser hinein, und das, was eigentlich den Kriminalroman, speziell für den Leser ausmacht, dieses Phantastische, das geht dabei vor die Hunde. Märchen und Realismus beißen sich.[43]

4. Die Diskussion um eine in der DDR-Realität angesiedelte sozialistische Kriminalliteratur

Den Defätismus Erich Loests teilten nicht alle seine Kollegen. Sie hielten den Versuch doch für lohnend, herauszufinden, ob die vorhandenen Grundmodelle des Kriminalromans auf dem Schauplatz DDR variiert und weiterentwickelt werden konnten. Die entscheidende Frage hieß: Kann in der DDR eine moderne sozialistische Kriminalliteratur besonderer Art entstehen, die die Spielregeln der Gattung akzeptiert und das qualitative Niveau der besten Werke aus diesem Bereich, die in den letzten vier Jahrzehnten entstanden sind, wenigstens als erstrebenswertes Ziel in den Blick nimmt, zugleich aber sich unverwechselbar in der DDR-Realität ansiedelt?

Die Experimente, die nötig waren und nötig sind, wurden durch einige ideologische Festlegungen, teils rechtspolitischer, teils literaturtheoretischer Art, behindert. Es geht dabei sowohl um Vorstellungen über die Entwicklung der Kriminalität im Sozialismus als auch um den Stellenwert des Krimis im allgemeinen literarischen Kanon. Der marxistisch-leninistischen Lehre zufolge ist das Verbrechen nur Ausbeutergesellschaften wesenseigen, deshalb werde es im Sozialismus mehr oder weniger rasch verschwinden. Diese Verbrechens- und Morallehre, in der gutgemeinte Aufforderungen zu freundschaftlicher Zusammenarbeit, kollektiver Hilfe und sauberen mitmenschlichen Beziehungen eine zentrale Rolle spielen, wurde zur allgemeinen theoretischen Grundlage der sozialistischen Kriminalliteratur erhoben. Wenn Sozialismus und Verbrechen einander im Prinzip ausschließen, dann muß sozialistische Kriminalliteratur ein Anachronismus oder zumindest ohne Zukunft sein; dazu der Gerichtsreporter Rudolf Hirsch: »Mein Beruf wird aussterben. Ein sozialistischer Gerichtsberichterstatter ist ein todkranker Mann«.[44] Und Krimiautor Fritz Erpenbeck über die Zukunft des sozialistischen Krimis: »Ich sehe angesichts der positiven gesellschaftlichen Entwicklung keine großen Chancen für ihn«.[45] Der Kritiker Lothar Kusche fügte noch 1976 seiner Polemik gegen die mangelnde Qualität des durchschnittlichen einheimischen Krimis das abgedroschene Klischee »zum Trost unserer Kriminalschriftsteller« hinzu: »Vielleicht sind ihre Romane nicht gar so spannend wie beispielsweise jene von Chandler, weil unsere Autoren nicht im Lande der unbegrenzten kriminellen Möglichkeiten leben. Glücklicherweise.«[46]

Auf die These vom allmählichen Absterben des Krimis unter den Bedingungen der neuen Gesellschaft ohne Ausbeutung hat der Schriftsteller Hasso Mager ein ganzes Büchlein gegründet: ›Krimi und crimen. Zur Moral der Unmoral‹ erschien erstmals 1969 in der Essay-Reihe des Mitteldeutschen Verlags Halle. Die Entwicklung des Krimis zum inhaltlich sozialistischen Romanwerk hielt der Verfasser nicht für möglich, einen sozialistischen Detektivroman nicht einmal für wünschenswert: »Eines Tages, ob wir's noch erleben oder nicht, landet der Krimi in der Schrottkiste.«[47] Die Bemühung, seine Gastrolle im Literaturensemble der DDR in eine gleichberechtigte Einbürgerung umzuwandeln, sei vergeblich. Er leide bereits an Altersschwäche, wie verzweifelt jung er sich auch geben möge. Stammend aus der bürgerlichen Gesellschaft, sei er auf die Dauer tauglich nur für den Verkehr in ihr und mit ihr.

1979 legte Mager sein Büchlein in einer stark veränderten Neuauflage wieder vor. In einem etwas unklar formulierten Vorwort zieht er die tragende These nicht gerade zurück, aber doch sehr in Zweifel. Die These vom Absterben des Krimis hat sich in der vagen Formulierung aufgelöst, »ein wenig Abschiedsbereitschaft« sei nötig bei der »Belebung und Erneuerung unserer belletristischen Kriminalliteratur«.[48]

Was hatte sich verändert? Die Schriftsteller bemühten sich stärker, die Bindung ihrer Erfindungen an die wirkliche oder erwünschte Entwicklung der Kriminalität aufzugeben oder wenigstens zu lockern. In diesem Emanzipationsprozeß haben übrigens auch Schriftsteller mitgewirkt, die selbst keine Ambitionen auf Krimis besitzen. Zum Beispiel läßt Karl-Heinz Jakobs in seinem Roman ›Die Interviewer‹ eine Figur in einem Tonfall »ölig . . . vor Lauterkeit und aufklärerischem Eifer« ein Referat entwerfen, in dem als Zeichen der Überlegenheit sozialistischer Länder gewertet wird, »wenn es in ihnen wenig Bücher gebe, die Kriminalfälle im eigenen Land zum Inhalt haben«.[49]

Sehr konkret wird die Diskussion, wenn es um Mord geht. Ob

ein geklautes Karnickel reiche, um den Leser zu fesseln, wurde der
Krimi-Autor Gert Prokop gefragt, und er antwortete:»Die meisten
Leser erwarten eine Leiche.«[50] Die Zuspitzung sei nötig, da »erst die
Leichen richtig Leben in die Bude bringen« (Lothar Kusche)[51]. Die
tadelnde Bemerkung des Präsidenten des Obersten Gerichts der
DDR, es gebe in der Kriminalliteratur mehr Morde als in der
Wirklichkeit, ist dann sinnlos. Auch eine andere Feststellung führt
nicht weiter:»In sechs Kriminalromanen, die in der DDR spielen,
gibt es acht Morde«.[52] Wer so zählt, meint, daß Literatur und Gesellschaft sich in der Statistik treffen müssen. Prokop hat dazu lapidar festgestellt:»Erwartet werden darf ⟨. . .⟩ keineswegs, die Kriminalliteratur müsse Spiegelbild der Kriminalität in der DDR
sein.«[53]

Bei den Vergleichen spielt auch eine Rolle, daß die Presse Informationen über Morde und vergleichbare schwere Straftaten unterdrückt. Dies nährt die Illusion, man lebe in einem durch und
durch friedlichen Land:

> Viele Bürger der BRD wie auch anderer kapitalistischer Länder, die die
> DDR besuchen, sind immer wieder von der Geborgenheit und Sicherheit
> fasziniert, in der die Menschen bei uns leben. In den Abendstunden oder
> gar nachts einen Park aufzusuchen oder einsame Straßen zu passieren, gilt
> in jeder mittleren Stadt der westlichen Hemisphäre als Risiko für Leib
> und Leben, von mitgeführten Wertsachen ganz zu schweigen.[54]

Morde in DDR-Gegenwartskrimis bekommen dadurch einen
zusätzlich sensationellen Zug, der sich von der Verschweigetaktik
der Medien herleitet. Gert Prokop hat darauf in seinem Roman
›Einer muß die Leiche sein‹ angespielt. Einer fragt:»Gibt es bei uns
überhaupt noch Morde? Unsere Zeitungen sind da ein wenig zurückhaltend.« Ein anderer fordert:

> Ich will nicht jeden Mord oder jede Vergewaltigung bis ins kleinste De-
> tail geschildert bekommen, ich möchte aber wissen, wie es mit der Krimi-
> nalität bei uns bestellt ist, ob sie sinkt oder steigt, ob es zum Beispiel über-
> haupt noch Morde oder Banküberfälle gibt. Wo ich nichts weiß, fange ich
> an zu rätseln; wenn ich nicht informiert werde, muß ich denken, man will
> mir etwas verheimlichen. Ich hasse es, raten zu müssen, wo ich wissen
> sollte.[55]

Ein zusätzliches Problem besteht in der Auswahl der ›Täterper-
sönlichkeiten‹. Aus welchen Kreisen soll der Autor die Mörder re-
krutieren? Irgendeinen Beruf hat der Täter normalerweise immer,
und jeder Mörder ist dann jeweils eine ungeheuerliche Verunglimpfung einer Großgruppe von Menschen. Gegenwärtig finden
sich die Verbrecher, die für die unumgängliche Leiche sorgen,
recht häufig in der aufstrebenden ehrgeizigen Managerschicht
oder in akademischen Kreisen der Hochschulbereiche. Das erweist
sich als günstig bei den Milieuschilderungen und ermöglicht manchen Seitenhieb auf neue und alte Verbürgerlichungstendenzen.
Der Mörder in Gert Prokops ›Einer muß die Leiche sein‹ tötet eine
Frau, weil sie ihm die Kaderakte und damit die Chance auf einen
Posten in Kalkutta zu verderben sucht, indem sie seinen »unmora-
lischen Lebenswandel« anprangern will. Sie kriegt ein Kind von
dem verheirateten Mann; seine Ehe hat ihm aber die nötigen Beziehungen verschafft. Der erfolgreiche Exportkaufmann ist »intelligent, gut aussehend, wendig, und in der Partei ist er bestimmt
auch«. Bei seinem Geständnis erregt er sich:

> Mir hat niemand was in den Schoß gelegt, ich hab mir alles verdienen
> müssen: Immer schön brav sein, immer schön ja sagen, immer bereit ⟨. . .⟩;
> bei jeder Demonstration war ich dabei; ich habe mir nie einen Ausrutscher
> leisten können, ich nicht, ich hatte ja keine proletarische Großmutter, ich
> mußte stets ideologisch klar sein ⟨. . .⟩[56]

Beliebt als Mordmotiv ist auch die Furcht vor der Entdeckung
eines wissenschaftlichen Plagiats. In ›Das Möwennest‹ von C. U.
Wiesner schreit das spätere Opfer den Professor Preckwinkel an:
»Sie haben mir meine wissenschaftliche Arbeit geklaut!«[57] Frau
Isolde Preckwinkel mordet, damit ihr Mann keine Nachteile erlei-
de. In ›Mit falscher Münze‹ von Martin Wendland wird der ganze
Inhalt in der vorausgeschickten Kurzinformation für den Leser
vorweg verraten:

> Ausgerechnet Dr. Stillmann, der in den Augen Professor Hanssings bis-
> her lediglich eine Schachfigur war, ausgerechnet der kann nachweisen,
> daß das letzte Buch des Professors ein Plagiat ist. Wenn Stillmann spricht,
> ist für Hanssing der in greifbare Nähe gerückte Posten des Institutsdirek-
> tors verloren, ebenso seine wissenschaftliche Reputation. Der Professor

beschließt, den ihm plötzlich so gefährlich gewordenen Mitarbeiter zu ermorden, und er führt die Tat mit Raffinesse aus.[58]

Der Freiraum, die DDR zum literarischen Schauplatz für Verbrechen zu machen, wurde freilich auch durch mehr Nüchternheit und Pragmatismus in der Rechtstheorie ermöglicht. Unter dem Stichwort »Überwindung der Kriminalität – kompliziert und langwierig« schrieb der Generalstaatsanwalt der DDR, Josef Streit:

> Die Sicherheit und Geborgenheit, in der die Bürger im Sozialismus leben, ist zweifellos eine soziale Errungenschaft. Wie vieles andere ist sie schon zur Selbstverständlichkeit geworden. Das aber sollte niemanden zu dem Trugschluß verführen, daß die noch existierende Kriminalität etwa im Selbstlauf verschwände. Die Erfahrungen der Sowjetunion wie auch anderer sozialistischer Länder lehren das Gegenteil. Die Zurückdrängung der Kriminalität vollzieht sich weder rasch noch gleichförmig, sondern widerspruchsvoll und langwierig. Sie ist auch kein zwingendes Nebenresultat, das sich automatisch aus einem höheren ökonomischen und kulturellen Niveau der Gesellschaft ergibt.[59]

Ein Teilnehmer des Rundtischgesprächs ›Hilft uns ein Sherlock Holmes mit sozialistischem Vorzeichen?‹ hat den gleichen Sachverhalt auf eine knappe Formel gebracht: »Die sozialistische Gesellschaftsordnung als hochorganisierte Gesellschaft mit hoher Ordnung und Disziplin birgt in sich auch Ansatzpunkte, gegen Ordnung und Disziplin zu verstoßen.«[60]

Das Gespräch über einen sozialistischen Sherlock Holmes signalisiert die Schwierigkeiten der Krimiautoren mit ihren positiven Helden. Die zähe, wackere Kleinarbeit des volksverbundenen Kriminalisten zu gestalten, der in kollektiver Zusammenarbeit mit seinen Genossen das Verbrechen bekämpft, ist ein undankbares Geschäft für jeden Autor. Fritz Erpenbeck zum Beispiel hat für seine Krimis der sechziger Jahre den Genossen Hauptmann Peter Brückner als Chefermittler benutzt. Er gab ihm noch einen korrektpedantischen Oberleutnant und einen temperamentvollen Leutnant bei. Sie wurden nicht populär, da sie penetrant als Sprachrohre der Staatsmacht fungierten. Erpenbeck läßt Brückner immer wieder äußerst plumpe Unterweisungen an den Leser bringen und diese anschließend auch noch erklären, etwa so:

Ich mußte diese allgemeine Betrachtung, die ein geübter Schriftsteller sicherlich sehr geschickt in späteren Kapiteln zwischen den Zeilen untergebracht hätte, kompakt hierher setzen, nicht etwa, um zu zeigen, wie schwierig es ist, bei uns einen lebenswahren Kriminalroman voll außergewöhnlicher und abenteuerlicher Geschehnisse zu verfassen, sondern als schlichter Berichterstatter, der ich, Peter Brückner, nun einmal bin. ⟨Kein Wunder⟩, daß bisher kein einziger Detektiv unserer neuen Kriminalliteratur zu einer unvergeßlichen, fest umrissenen, typischen Gestalt geworden ist wie einst Sherlock Holmes.[61]

Die wirkliche Aufklärungsarbeit der Abteilung K der Volkspolizei sei so interessant wie die Arbeit eines Bäckers oder Dachdeckers, also ganz langweilig für den Leser, meinte Gert Prokop. Leider versuchen viele Autoren die beamteten Ermittler dadurch emotional aufzuwerten, daß sie sie in Volkserzieher verwandeln. VP-Leute sind deshalb zumeist biedere Moralisten. In dem Roman ›26 Bahnsteige« von Barbara Neuhaus werden Diebstähle auf dem Leipziger Hauptbahnhof aufgeklärt. Bei der Vernehmung des Täters redet sich Oberleutnant Rodegast in Wut und äußert sich daher lauter, als er wollte:

Was war das überhaupt für ein Leben, das Sie geführt haben? Sie sind doch nicht dümmer als hunderttausend andere. Wenn Sie unbedingt mehr verdienen wollten, konnten Sie sich ja qualifizieren. Behaupten Sie jetzt bloß nicht, das wäre Ihnen nicht angeboten worden![62]

Vielleicht wird in Vernehmungszimmern so gesprochen, wie ja überhaupt die nebenher gewährten Einblicke in die soziale Realität oft reizvoller sind als die Konstruktion der Fabel. In Wiesners ›Möwennest‹ meditiert ein Kriminalist über die Einrichtung der Diensträume:

Ich habe vor Jahren mal versucht, eine angenehmere Atmosphäre in unseren Zimmern zu schaffen, ein paar Grünpflanzen, an den Wänden farbige Reproduktionen, aber Klatt meinte, das sei kleinbürgerlicher Quatsch. Wer mit dem Gesetz in Konflikt käme, solle von vornherein sehen, daß nun der Spaß und die Gemütlichkeit für ihn aufhören. So sind auch hier bei Stresow ein Meßtischblatt der Insel und das Bild des Genossen Erich Honecker der einzige Wandschmuck.[63]

Wenn ein Oberleutnant im inneren Monolog über den niedri-

gen Charakter des von ihm überführten Mörders räsoniert, wirkt
das aufdringlich moralisierend:

> Ich glaube, die Verödung begann in seinem Inneren, mit seiner Isolie-
> rung von der Gesellschaft. Er war unfähig, seine eigenen Wünsche mit sei-
> nen Möglichkeiten in Übereinstimmung zu bringen. Völlig unverständlich
> aber wird mir sein anachronistisches kleinbürgerliches Bestreben bleiben,
> unter allen Umständen nach außen den biederen Ehrenmann und Ehe-
> mann zu spielen, selbst um den Preis eines Mordes.[64]

5. Noch immer Streit um Kulturwerte: ›Wegwerfliteratur‹ und ›eigentliche‹ Literatur

Am deutlichsten sind die erzieherischen Nutzanwendungen in der
Heftchenliteratur formuliert. Der auf Abenteuer- und Kriminalliteratur spezialisierte Verlag ›Das neue Berlin‹ gibt nicht nur die
anspruchsvollere Taschenbuchreihe ›DIE‹ heraus, deren Titel aus
den Anfangsbuchstaben für ›Delikte-Indizien-Ermittlungen‹ gebildet wurde[65]. Er publiziert auch Heftchen-Reihen, zum Beispiel die
›Blaulicht‹-Serie, in der auf durchschnittlich 30 bis 60 Seiten eine
einfältige Geschichte erzählt wird. Warnungen vor Ladendieb-
stahl, vor Unfallgefahren, vor leichtsinnigem Umgang mit alter
Weltkriegsmunition werden eingebaut. Die Literaturkritik der
DDR beachtet die Heftchen-Literatur kaum, die über die von der
Deutschen Post monopolisierten Bahnhofs- und Straßenkioske
vertrieben werden.[66] Auch Schriftstellerkollegen nehmen diesen
Literaturzweig kaum zur Kenntnis. Als Rolf Schneider österreichi-
sche Leser darüber informieren wollte, besorgte er sich am Jahresende 1978 die gerade vorrätigen Hefte[67]. Das Untersuchungsma-
terial war nur zufällig und auch zu gering. Schneider betonte, keine Sadismen oder genußvollen Ausbreitungen von Abnormitäten
und keine billigen Traumwelten gefunden zu haben. Das mag sein,
wenngleich westliche Schauplätze auch harten Burschen in DDR-
eigenen Produkten gewisse Möglichkeiten eröffnen. Henryk
Keisch zielte auf solche Klischees, als er vor Jahren den Vierzeiler
›Krimis‹ ins ›Neue Deutschland‹ einrücken ließ:

> Die Spaltung, meint Krimi-Autor X, ist zwar beträblich,
> doch in bestimmter Hinsicht (sozusagen innerbetrieblich)
> kommt sie mir enorm zustatten: Meine ideologisch diffizilen
> Stoffe mit viel Brutalität drin laß ich im Westen spielen.[68]

Kulturpolitisch am interessantesten ist sicher die von H. D. Tschörtner seit vielen Jahren im Verlag Volk und Welt herausgebrachte ›Romanzeitung‹ für 80 Pfennige, weil sie als einzige die Gattungen und Qualitäten mischt und dadurch den Leser nicht auf anspruchsloser Stufe festhält. Hier erscheint alles, moderne Übersetzungen aus Ost und West, Klassisches, Abenteuerliches, Utopisches, Kriminalistisches und DDR-Gegenwartsliteratur. Als Rolf Schneider die Heftchen analysierte, war als Romanzeitung gerade ein Werk von Faulkner erschienen, und gerade hier setzt nun seine Kritik ein:

> Heftchen ist Heftchen. Ein Faulkner in Heftchenform ist ein Faulkner zum Wegwerfen, dazu ist mir dieser außerordentliche Schriftsteller zu schade. Heftchen sind immer Wegwerfliteratur. Sie tragen die elende Geschichte ihres Genres mit sich und können davon nicht los. Der natürliche Ort des Erzählens ist das Buch; zur Kultur des Erzählens gehört die Kultur des Druckens. Solange es Heftchen gibt, was immer sie enthalten mögen, liegen sie für Hunderttausende vor den Schwellen der Buchhandlungen und versperren den Weg. Wem es um die Beförderung der Kunst geht, der muß sie endlich forträumen.[69]

Das ist im Kern ein bildungsbürgerliches Argument von geringer Überzeugungskraft. Andere Autoren sind in ihrer Ablehnung der Konsumware ›leichte Leseunterhaltung‹ allerdings noch rigoroser. Christa Wolf zitiert angewidert eine harmlose Stelle aus einem, wie sie sagt, »beliebigen Krimi« und schlußfolgert dann: »So tief hinunter, in diese Kloake haben sie die Entdeckungen des genialen Balzac gezerrt.«[70] Es sind dies Indizien für den Fortbestand ›niederer‹ und ›höherer‹ Kunstgattungen. Solche Vorurteile verhindern es, innerhalb der Gattungen mit ihren spezifischen Regeln und Regelüberschreitungen zu differenzieren. So wie es keinen beliebigen Roman gibt, so gibt es auch keinen ›beliebigen Krimi‹. Wäre es anders, müßte man die kluge Begeisterung Benjamins, Blochs oder Brechts für eine bloß schrullige Liebhaberei halten. Das hat auch in der DDR praktische Folgen:

Es fängt damit an, daß man gefragt wird, warum man unter richtigem Namen und nicht unter Pseudonym veröffentlicht. Hinter dieser Frage steht schon Diskriminierung: einer der Krimis schreibt, muß niedere Literatur produzieren.[71]

Umgekehrt gibt es gerade bei schwächeren Autoren auch Versuche, sich in die ›echte‹ Literatur einzuschmuggeln, indem man statt ›Kriminalroman‹ die verlegene Bezeichnung wählt: ›Roman um einen Kriminalfall‹[72]. Ähnlich scheint es bei DEFA-Filmen zu sein:

Seltsam, daß die Schöpfer der beiden Filme ›Einer muß die Leiche sein‹, Iris Gusner, und ›Für Mord kein Beweis‹, Konrad Petzold, vor Journalisten betonten, keinen Krimi drehen zu wollen. Ihre Ansprüche seien auf Tieferes gerichtet, global gesagt, auf einen Gegenwartsfilm, bei dem der Kriminalfall nur ›Aufhänger‹ fürs dramaturgische Gerüst sei.[73]

Kulturtheoretiker in der DDR fühlen sich angesichts solcher Erfahrungen an Chandlers Klage erinnert, von irgendwelchen Halbgebildeten müsse er häufig hören: »Sie schreiben so gut, daß ich finde, Sie sollten einen ernsthaften Roman schreiben.«[74] Alle Beobachtungen belegen also, daß Trennungslinien zwischen ›eigentlicher‹ Literatur und Unterhaltungsliteratur keineswegs verschwunden sind. Von einer einheitlichen Literaturgesellschaft kann nicht die Rede sein.

Harald Hartung

Die ästhetische und soziale Kritik der Lyrik

I Eine neue Generation

Reden wir gegenwärtig von *DDR-Lyrik,* so meinen wir mit diesem verkürzten Ausdruck vor allem jene Lyrik, die sich zu Beginn der sechziger Jahre in der DDR entwickelte. Damals setzte eine regelrechte *Lyrik-Welle* ein, und mit ihr kündigte sich eine neue Generation an, ein neues Bewußtsein und Selbstbewußtsein der Autoren, ein neues Verständnis von Bedeutung und Funktion des Gedichts und nicht zuletzt, mit den Leistungen der Autoren, eine positive Einschätzung dieser Lyrik in der DDR wie in der Bundesrepublik. Es ist kein Zufall, daß zur gleichen Zeit eine sachlichere, gelassenere und positivere Beschäftigung mit DDR-Literatur, mit DDR-Lyrik in der Bundesrepublik einsetzt. Die polemischen Scheidungen des kalten Krieges wurden hinfällig. Anthologie-Titel wie ›Politische Gebrauchslyrik aus der Sowjetzone‹ oder ›Deutsche Lyrik unter dem Sowjetstern‹ verschwanden aus dem Angebot und damit Auffassungen wie:

> Lyrik in der Sowjetzone, soweit sie für die ›andere‹ deutsche Literatur typisch ist, dient weder freier geistiger Auseinandersetzung noch dem stillen Genuß; sie ist durch die geistige Tyrannei eines totalitären Systems gezeichnet, unter dessen Kontrolle sie entsteht.[1]

Es ist das Verdienst des Holländers Ad den Besten, mit einem Aufsatz 1959 und der darauf basierenden Anthologie ›Deutsche Lyrik auf der anderen Seite‹ (1960) einen ersten Anstoß zum Wandel gegeben zu haben. Von da an mußten nicht mehr die Leistungen einzelner wie Brecht, Becher, Arendt oder Huchel der Masse unqualifizierter Aufbau- und Traktorenlyrik entgegengesetzt werden, sondern man hatte es mit einer wachsenden Gruppe von Talenten zu tun, die, bei aller Verschiedenheit in Ansatz und Begabung, die Lyrik zu einem spezifischen und kritischen Instrument von Wirklichkeitserfahrung und -erkundung machte.

Die Generation, die sich ab 1962/63 auf Lyrik-Abenden und mit ersten Einzelpublikationen zu Wort meldete, ist zwischen 1930 und 1945 geboren: 1930 Adolf Endler, 1931 Heinz Kahlau, 1932 Manfred Streubel, 1933 Reiner Kunze, Uwe Greßmann, 1934 Rainer Kirsch, Wulf Kirsten, 1935 Heinz Czechowski, Karl Mickel, Sarah Kirsch, 1936 Wolf Biermann, 1937 Joochen Laabs, 1938 Elke Erb, Peter Gosse, Kito Lorenc, 1939 Volker Braun, 1940 Bernd Jentzsch, Friedemann Berger, 1943 Manfred Jendryschik, Axel Schulze, 1945 Andreas Reimann. Bemerkenswert und für den Generationszusammenhang sprechend ist, daß die meisten der genannten Autoren (und auch die jüngsten unter ihnen) so früh und in dichter Folge zu Wort kamen. Einzig Heinz Kahlau, der auch sonst aus der Reihe herausfällt, hatte schon Anfang der fünfziger Jahre debütiert, wie auch Günter Kunert (geb. 1929), dessen erster Band ›Wegschilder und Mauerinschriften‹ bereits 1950 erschien.

Daß diese neue Generation einen Generations*gegensatz* implizierte und eine Reihe von Konflikten, wird auch in der DDR inzwischen anerkannt. Günther Deicke überschrieb ein Porträt Volker Brauns mit ›Auftritt einer neuen Generation‹; Brauns Generation sei als erste völlig geprägt von der DDR, er und seine Altersgenossen entdeckten, »wo wir Fortschritt sahen, schon Unvollkommenheiten« und »demonstrierten in der Praxis, was wir erst mühsam theoretisch begreifen mußten: die Schärfe und Härte und Lösbarkeit der nichtantagonistischen Konflikte«[2]. Formulierung und Eingeständnis dessen, daß sich die Generation der Jungen ihr Sozialist-Sein und ihren Sozialismus nicht ausreden lassen wollte. Kein Zweifel aber auch, daß der Auftritt dieser Generation zu Konflikten führte.

Die später so genannte Lyrik-Welle setzte 1962 mit einer Reihe von Lyrikabenden in Halle, Jena, Leipzig und Ostberlin ein. Der bedeutendste und folgenreichste unter ihnen war der von Stephan Hermlin am 11.12.1962 in der Akademie der Künste veranstaltete, auf dem u.a. Wolf Biermann debütierte und der zur Ablösung Hermlins als Sekretär der Sektion Dichtung und Sprachpflege der Akademie führte. Der ›Sonntag‹ rügte »das Mißbehagen an unserer Umwelt«, das sich in den Versen zeige und die »Gedichte voller

Düsterkeit und mühsam enträtselbarer Bilder, in denen die Verfasser darüber klagen, daß Glück in diesem Lande schwer sei und es schwerer ist, genau zu hassen«[3]. Die Kritik zielte unter anderem auf Rainer Kirschs Sonett ›Meinen Freunden, den alten Genossen‹ und seinen imperativen Schluß: »Und die Träume ganz beim Namen nennen, / Und die ganze Wahrheit kennen.«[4]

Die parteiamtliche Kritik an der jungen Lyrik – etwa auf dem VI. Parteitag im Januar 1963 – und auch die immer wieder aufkommende Polemik in der Presse vermochten die in Gang gekommene Lyrik-Welle nicht aufzuhalten. In den Zeitschriften ›Sinn und Form‹ und ›Neue Deutsche Literatur‹ wurde die neue Lyrik gedruckt und diskutiert, und die Anthologien jener Jahre markieren die raschen Entwicklungsschübe in Thematik und Form: ›Bekanntschaft mit uns selbst‹ (1961) mit Gedichten von Bräunig, Czechowski, Jentzsch, R. Kirsch, Mickel u. a., ›Sonnenpferde und Astronauten‹ (1964), darin neben Gedichten von V. Braun, Uwe Greßmann und Sarah Kirsch zum ersten und einzigen Mal Gedichte von Wolf Biermann in der DDR erschienen, und ›Erlebtes Hier‹ (1966) mit Beiträgen von Kurt Bartsch, Uwe Grüning, Peter Gosse, Wulf Kirsten, Andreas Reimann und anderen. ›Saison für Lyrik‹ (1968) mit dem Untertitel ›Neue Gedichte von siebzehn Autoren‹ zeigt die neue Generation in der Lyrik bereits als geschlossene Phalanx – und das, obwohl die voraufgegangene große Lyrik-Debatte im ›Forum‹ abgebrochen, um nicht zu sagen abgewürgt worden war. So sehr auch diese Sammlung wegen ihres »Subjektivismus«, ihrer »schiefe(n) Sicht auf die Probleme«, ihres »Traditionsschwunds«[5] kritisiert wurde: Die Autoren, die hier publizierten, sind bis zur Stunde die wesentlichen Lyriker der DDR geblieben. Die Generation Volker Brauns ist bislang nicht abgelöst worden. Die jüngeren Talente, die diesen Namen wirklich verdienen, sind gering an Zahl, und nicht alle können in der DDR publizieren; es sind Einzelgänger oder Vereinzelte. Wenn auch die Generation Volker Brauns (um bei diesem Begriff zu bleiben) nicht mehr das Bild solidarischer Geschlossenheit bietet – ein Teil blieb und bleibt in der DDR, ein anderer ist emigriert oder »ausgesperrt in den Westen« (W. Biermann) oder befindet sich, mit befristetem Visum versehen, in einem prekären Dazwischen –, so kann man von diesen

Lyrikern, die in den sechziger Jahren debütierten, behaupten, daß das Interesse, das der Lyrik in der DDR gilt, zum überwiegenden Teil ihnen und ihrem Werk zugewendet wird.

II Die Dialektik von Ich und Wir

Was ist das Neue an dieser Lyrik, die in den sechziger Jahren einsetzt? Die Betrachter in der Bundesrepublik sind sich weitgehend einig. Sie sprechen von der »Rehabilitierung des Ich«[6] und sehen »eine neue Subjektivität« [→ 387], die die neue Realität formt.[7] So richtig das ist, es ist nur die eine Seite in einem dialektischen Verständnis.

Die damals jungen Lyriker sprachen nicht bloß vom Ich; sie redeten emphatisch vom Wir, wenngleich auf eine höchst subjektive Weise; von einem Wir, das noch nicht existierte oder nur unvollkommen, das aber existieren sollte, also von einer Utopie. Zugleich sprachen sie vom alten Wir, das sie ablehnten und mit dem neuen nicht vermengen wollten; und sie taten all dies im *Gedicht,* also in jener Form, die immer noch als subjektivste literarische Form gilt. So kann, was die junge Lyrik in der DDR wollte, nicht abgelöst werden von der Weise, in der es zum Ausdruck kam, und von dem Form- und Gattungsverständnis, mit dem es geschah. Man wählte das Gedicht als Weise des Ausdrucks von Affirmation und Protest; das Gedicht und nicht irgendeine andere literarische, publizistische oder sonstige aktionistische Art der Mitteilung. So bedarf auch das gesellschaftliche Wesen von Lyrik der Reflexion, und so gehörten in der Tat die *Lyrik-Debatten,* mit z. T. großer und weitreichender Wirkung und Publizität, zum Gang der literarischen Entwicklung.

Wenn Lyrik sich als Stimme des einzelnen verstehen läßt, dann gilt das nur mit Adornos dialektischer Weiterung: »Von rückhaltloser Individuation erhofft sich das lyrische Gebilde das Allgemeine.«[8] Adorno hat auch gezeigt, wie auch die Forderung reiner Subjektivität – sprachlich des »jungfräulichen« Worts – in sich selbst gesellschaftlich ist. Zur Lyrik gehört somit das Moment des *Bruches*:

Das Ich, das in Lyrik laut wird, ist eines, das sich als dem Kollektiv, der Objektivität entgegengesetztes bestimmt und ausdrückt; mit der Natur, auf die sein Ausdruck sich bezieht, ist es nicht unvermittelt eins. Es hat sie gleichsam verloren und trachtet, sie durch Beseelung, durch Versenkung ins Ich selber, wiederherzustellen.[9]

Diese auf den tradierten Begriff einer *reinen* Lyrik bezogenen Bestimmungen sind durchaus geeignet, die Problematik des subjektiven Ansatzes in der DDR-Lyrik zu erhellen. Wenn nämlich die Gesellschaft in einem Kollektivierungsprozeß gedacht ist − eine Prämisse, mit der in der DDR von Anfang an gearbeitet wurde −, so kann der Lyriker versuchen, aus der Vereinzelung ausdrücklich herauszutreten und zu beanspruchen, nicht mehr bloß als einzelner, sondern als Stimme des Kollektivs zu sprechen. Das Ziel einer aus der Perspektive des *Wir* gesprochenen Lyrik wäre somit die Aufhebung des Antagonismus von Individuum und Gesellschaft oder zumindest deren Vorwegnahme in der Sprache. Die Restitution eines gleichsam verlorenen Wir gelingt, wenn überhaupt, einzig durch »Versenkung ins Ich selber«, also durch prononcierte Subjektivität. Damit dieser Versuch überhaupt gewagt werden konnte, mußten von den jungen Lyrikern die falschen Versöhnungen von Ich und Wir aufgelöst und überwunden werden.

In der Propaganda- und Kampflyrik der Stalinzeit war solche Versöhnung von Individuum und Kollektiv immer wieder unbefragt und undiskutiert als geleistet behauptet worden. Brechts ›Lob der Partei‹ gab zwar der Partei »tausend Augen«, ließ dem einzelnen aber noch seine zwei. Louis Fürnbergs Lied ›Die Partei‹ entzog dem Individuum Eigengesetzlichkeit und -verantwortlichkeit. »Er ist bloß Produkt und Funktion der Partei, einer hochstilisierten anonymen Instanz, die metaphorisch als All-Erhalterin, idealisch kostümiert als ›Mutter der Massen‹ erscheint«[10]:

Sie hat uns alles gegeben,
Sonne und Wind, und sie geizte nie,
und wo sie war, war das Leben,
und was wir sind, sind wir durch sie ⟨. . .⟩

Die ›Rehabilitierung des Ich‹ konnte sich dagegen ebenso direkt und plakativ geben, aber sie bedurfte, um Gehör zu finden, einiger dialektischer List. Günter Wünsches Gedicht dieses Titels blieb freilich rhetorisch, scheute vor der eigenen Courage zurück. Zwar beklagte es ein »gescholtenes, geschmähtes, denunziertes Ich«, verlegte aber das befreite Subjekt in die Zukunft: »Daher verleihen wir / deinen Namen dem Menschen des befreiten Jahrtausends, / dem kommunistischen Menschen.«[11] Andere waren weniger geduldig – und sie meinten es ernster. Allen voran Volker Braun.

Brauns erster Band ›Provokation für mich‹ (1965) war natürlich eine *gesellschaftliche* Provokation – durch sein kraftgenialisches Insistieren auf einer Subjektivität, die sich als unwiderstehlicher kollektiver Impuls ausgab: »Der Ungeduldige bin ich unter den Ungeduldigsten / Veränderlich bin ich in den Veränderungen«.[12] Seine Utopie – wenn man will: sein Programm einer Verbindung von Individuum und Kollektiv – fand ihren Ausdruck in dem Gedicht ›Jazz‹, das schon wegen der verpönten Musikgattung, vor allem aber wegen seiner anarchischen Züge und der absolut gesetzten Selbstverwirklichung des Subjekts heftig diskutiert wurde. Braun korrigierte und überarbeitete das Gedicht, hielt aber an der Vorstellung freier Kollektivität, wie sie ihm das Improvisieren im Jazz vermittelte, fest – und deshalb auch an der Schlußstrophe:

Jeder spielt sein Bestes aus zum gemeinsamen Thema,
Das ist die Musik der Zukunft: jeder ist ein Schöpfer!
Du hast ein Recht, du zu sein, und ich bin ich:
Und mit keinem verbinden wir uns, der nicht er selber ist,
Unverwechselbar er im Haß, im Lieben, im Kampf.[13]

Der Band ›Wir und nicht sie‹ (1970) versuchte, die Dialektik von Ich und Wir gegen alle Widerstände (»Einige unserer Köpfe können abreißen: / Aber nicht die Gedanken«[14]) weiterzutreiben. Das Programm der Entfaltung sozialistischer Demokratie aus solcher Dialektik heraus wird in ›Bleibendes‹ formuliert:

Wir gehn in die flachen Hallen, früh, wir schalten
Die kalten Maschinen ein, die Bänder flurren, der Plastefluß
Die Äcker fassen Fuß auf der Erde, breit, in Kolonnen
Auf den Knien liegen die Ämter vor unsrer Herrlichkeit
Wir arbeiten uns hinüber in die freie Gesellschaft[15]

Die vorgeführte Dynamik des lyrischen Sprechens soll zur realen Dynamik werden. Aber während man dem Schwung der Metaphorik noch folgen mag und das Bild von den knienden Ämtern akzeptiert, wird die Problematik der auf Solidarisierung zielenden Sprache in der deklamatorischen Wendung unübersehbar: »Wir arbeiten uns hinüber in die freie Gesellschaft«. Hier ist der Bruch zwischen Subjekt und Gesellschaft, subjektivem Wollen und objektivem Sein spürbar. Die Identifikation von Ich und Wir ist nicht mehr ästhetisch nachvollziehbar, sondern auf Überprüfung angewiesen: Das angesprochene Kollektiv selbst hätte das Urteil zu fällen. Daß dieses Urteil nicht auf bloße Akklamation des poetisch Anvisierten hinauslaufen würde, scheint auch Braun gespürt zu haben. An einigen seiner Texte brachte er Modifikationen an, die teils als Differenzierungen, teils als Zurücknahmen zu lesen sind.

Das Gedicht ›Arbeiter, Bauern‹ gibt ein Beispiel. In Form eines Wir-Monologs wendet es sich polemisch gegen die »verdufteten Herrn«, die das Rad der Geschichte zurückdrehen möchten. Die erste Fassung, in ›Wir und nicht sie‹ (1970), unterstellt eine erreichte Identität von Individuum und Kollektiv, mehr noch: die erreichte Veränderung der Menschen:

Jeder, wenn er sich
Sah, sah sich geändert
Unerklärlich aus seinen
Knochen. Unter seinen Füßen fielen
Die Äcker ineins! oder in
Den Händen die Bänder herrissen
Fabriken! jeder
Finger ein Katapult
Und er konnte mehr als er
In seiner Stunde
Und war mehr.[16]

In der Ausgabe ›Gedichte‹ (1972) setzt dieser Mittelteil des Gedichts so ein: »Oft, wenn ich mich / Sah, sah ich mich geändert«[17]. Silvia Schlenstedt meint, die genauere Scheidung zwischen dem Ich des Gedichts und dem größeren Kollektiv, dem es sich zugehörig fühlt, führe dazu, »daß jetzt Kollektiverfahrungen als mitgemachte *und* mitgedachte reflektiert werden«. Freilich muß auch sie zugeben, daß der Bewußtseinszustand, den das Gedicht herstellen will, »zwar die allgemeine Tendenz, noch nicht aber die ausnahmslose Regel ist«[18] — eine gewiß euphemistische Charakterisierung der Verhältnisse in der DDR. Der Autor selbst mag Korrekturen wie die erwähnte im Auge gehabt haben, wenn er in einem Interview 1972 bekennt:

> Es hat keinen Sinn, sich etwas vorzumachen und irgendwie *ästhetisch* vermitteln zu wollen zwischen dem Leben der Massen und dem, was wir als ästhetisches Ideal dieses Lebens sehn. Das ist bürgerlicher Zauber. Wir müssen die wirklichen Verhältnisse sehn. Es muß eine *wirkliche* Vermittlung geschehn.[19]

Diese theoretische Einsicht hat sich, wenigstens partiell, auch in Brauns Produktion niedergeschlagen. Der poetische Terror des frühen Braun entäußerte sich in einem deklamatorischen »ich will, ich werde, wollt ihr nicht«[20], also in jener ästhetischen Vermittlung, die Braun »bürgerlichen Zauber« nannte. Die »wirkliche Vermittlung« aber ist geknüpft an die Entwicklung der Gesellschaft, zu der Poesie beitragen, über die sie aber nicht verfügen kann. Die Skepsis gegen Poesie wie Realität, die in Brauns frühen und mittleren Bänden unter dröhnender Deklamation begraben schien, kommt im zuletzt erschienenen Gedichtbuch ›Training des aufrechten Gangs‹ zu unmißverständlichem Ausdruck. »Stufung«, d. h. Hierarchie, Ungleichheit, »Chef und Kuli«, ist dort das Übel, das wahre Vermittlung zwischen Ich und Wir verhindert. Es sind

> ⟨. . .⟩ die Grenzen
> Die sich nachziehn seit Olims Zeiten
> In den Staat, gekränkt der ganz von Stufung
> Die Seuche, an der unsre Macht krankt und
> Sie zum Gespenst macht das auf Mauern geht.
> Das ist viel, doch alles.[21]

Deutlicher kann die Diskrepanz zwischen Ideal und Leben, wie sie in dieser Frage in der DDR besteht, kaum formuliert werden. In die über Jahre gehenden Vermittlungsversuche tritt immer deutlicher der Staat als steinerner Gast und entlarvt sie als Illusion. Er selbst entlarvt sich freilich auch. Schon früh hat Braun vom maskierten Staat gesprochen:

In einer alten Maske
Die nicht paßt, hockt auf dem Kontinent
Der Staat der Arbeiter ⟨...⟩[22]

Aber unter dieser Verlarvung sollte sein wirkliches, sein *positives* Wesen zur Erscheinung kommen. Zehn Jahre später ist der Ton der Hoffnung zu Resignation gedämpft. Brauns exemplarische Bedeutung für das Thema der Vermittlung von Ich und Wir bleibt von dieser späten Konsequenz (und jenen, die noch folgen mögen) unberührt. Enthusiastischer, tiefer, hoffnungsvoller, vor allem aber ausdauernder als andere hielt er an diesem seinem Thema fest, unangefochten durch Angriffe, die ihn, der früh zum Repräsentanten der jungen Generation geworden war, der Abweichung bezichtigten.

Das postulierte und von vielen Autoren auch angestrebte neue Gemeinschaftsgefühl [→ 305 f.] ist auch sonst in der DDR-Lyrik immer wieder Gegenstand von Überlegung und Beschwörung, vor allem Ende der sechziger und Anfang der siebziger Jahre. Das voluntaristische und rhetorische Moment ist dabei zumeist nicht zu überhören. Heinz Kahlau beispielsweise hat die neue Gemeinschaftlichkeit als *Ziel* und deshalb imperativisch formuliert:

Bilde alle Sätze mit wir.
Auch in den Wüsten,
auch in den Träumen, –
noch in den Finsternissen.
Alle Sätze
bilde
mit: WIR.[23]

Das von Braun enthusiastisch antizipierte Wir scheint für Kahlau noch nicht zu existieren; daher die spruchhaft dürre Rhetorik, die in der Repetition Bestärkung erhofft. Das Subjekt versucht sich einzureden, Subjektivität sei Vereinzelung und Vereinzelung eine Krankheit. Rückfälle in solche Vereinzelung sind deshalb immer wieder möglich. Stärker als die Postulate neuer Kollektivität bewegen den Leser die Bekenntnisse von Rückfällen. Aber ist die Rückkehr ins Kollektiv wirklich »*Genesung*«?

Nun
gehöre ich wieder
zu euch.
Meine Hände bluten wieder.
Wenn ich jetzt
unter euch bin,
fürchte ich nicht nur
um alle.

Nun
fürchte ich wieder
um mich.[24]

Auch wenn man den verschlüsselten Anlaß dieser Verse nicht
kennt, wird deutlich, wie der Autor sich um eine Balance zwischen
den Ansprüchen der Gesellschaft und den Rechten des Individuums bemüht: Erst im Kollektiv, so scheint es, werden auch die
Interessen des einzelnen artikulierbar; aber die Furcht des Ich
bleibt doch eigentümlich ambivalent – das Bild der blutenden
Hände läßt sich nicht auslöschen.

Wo es nicht um blinde Identifikation gehen soll, muß der einzelne sich sein Recht auf Vorbehalt gegenüber dem Kollektiv –
wenn nötig auf Verweigerung – wahren. Daß dies eine *realistische*
Position sein kann – realistischer als das rhetorische Einverständnis von Ich und Wir –, ist in der DDR geleugnet und als Resignation oder mangelnde politische Einsicht gedeutet worden. Zweifel
am Kollektiv, Rückgang aufs Ich und seine Probleme ist dann mit
der Forderung uneingeschränkter Positivität gekontert worden –
so von Günther Deicke, einem epigonalen und konformen Lyriker,
in einem Diskussionsbeitrag auf dem VI. Schriftstellerkongreß:

Jeder von uns kennt solche Stimmungen und wurde schon von solchen
Gefühlen heimgesucht, deshalb ist uns das nicht fremd. Aber gestaltens-
wert, scheint mir, ist erst ihre Überwindung, das erst macht uns zu sozialistischen Poeten.[25]

Eine solche Forderung, die den Prozeß der literarischen Wahrheitssuche ans Positive bindet und somit reglementiert, muß, wenn
sie vom Autor überhaupt befolgt wird, zu Verdrängungen führen,
und womöglich ist dort, wo am meisten Zweifel verdrängt wird,

die Positivität am affirmativsten gestaltet – eine leere Positivität. Aber während Deicke Zweifel und Depression soweit konzediert, als ihre Überwindung dargestellt wird, schließt Reinhard Weisbach sie kurzerhand aus, indem er dekretiert, »daß Verlorenheit und Aussichtslosigkeit durchaus nicht zum Wesen sozialistischer Dichter gehört und daß diese nicht gerade dann und insofern zu sozialistischen Poeten werden, indem sie ›solchen Gefühlen‹, von denen auch sie heimgesucht sind, mit ›Überwindung‹ beikommen«[26]. Im Klartext: Diese Autoren verdienen nach Weisbach nicht das Prädikat sozialistisch.

Es ist kein Zufall, daß sich diese Diskussion anläßlich der Lyrik von Sarah Kirsch entzündete. In der Tat zeigt ihre in der DDR entstandene Lyrik immer wieder – bei aller poetischen Affirmation – Regungen von Individualismus als Trotz und verstörte Melancholie, die sich ihr Recht nicht ausreden läßt:

Keiner hat mich verlassen
keiner ein Haus mir gezeigt
keiner einen Stein aufgehoben
erschlagen wollte mich keiner
alle reden mir zu.[27]

Damit ist das enervierende Moment einer Fürsorge getroffen, die das Kollektiv dem Individuum angedeihen lassen kann und die, bei mangelnder oder nicht genügender Resonanz, in Aggression umschlagen kann. Sarah Kirsch spricht in einem anderen Gedicht vom »Maultier, das störrisch ist«, und wendet sich, um dem Wort Bruder seinen Sinn zu erhalten, gegen eine fragwürdige Verbrüderung. Ihre Antwort ist ihr »einfältiges Schweigen«[28]. Im Kollektivreferat ›Lyrik in dieser Zeit‹ (1968) wird Sarah Kirsch anläßlich ihres Bandes ›Landaufenthalt‹ »eine gewisse Passivität im Verhältnis zur Wirklichkeit« vorgeworfen: »Eine gewisse Verbitterung ist da spürbar, ein böser Ärger, aber auch eine Spur von unfruchtbarem Trotz«[29] – all dies gesagt mit der Selbstgerechtheit, zu der ein offiziöses Wir fähig sein kann. Die offizielle Kritik der DDR versuchte so die Kollektivierungstendenz in der Lyrik, die anfangs durchaus optimistisch und enthusiastisch gestimmt war, in die Bahnen einer affirmativen und problemlosen Gemeinschaftsdichtung zu lenken.

Sie reagierte allergisch auf jede individualistische Regung und verdächtigte sie der Häresie. Dennoch konnte sie es nicht verhindern, daß diese Lyrik, eingekeilt zwischen verordnetem Optimismus und einer Realität, die immer noch nicht oder gar immer weniger Anlaß zu Hoffnung bot, sich auf das Ich als Bastion von Freiheit, Authentizität und Realismus zurückzog.

III Formenrepertoire und Lyrik-Diskussion

Um die Probleme und Hemmnisse auf diesem Weg zu verstehen, muß man die Dialektik der lyrischen Form im Zusammenhang von Produktion und öffentlicher Rezeption und Kritik betrachten. Die Entwicklung von Sprache und Form in der Lyrik ist ja immer auch unter der Anteilnahme der Kritik vonstatten gegangen, einer Kritik, die, anders als in der Bundesrepublik, nicht Sache einer liberalen Öffentlichkeit und der Agenten eines literarischen Markts war, sondern zuzeiten eine deutliche administrative Steuerung erkennen ließ, deren Werkzeuge die bestallten Kritiker und Germanisten waren. Deshalb hat auch die Kollegenkritik in der DDR eine besondere Funktion: als Moment der Solidarisierung, ja Verteidigung. Die Verteidigung der Poesie, von der J. R. Becher gern sprach, wurde zur Sache der Poeten. Und die Frontstellung Poeten versus Germanisten meint mehr als bloß den Affekt gegen Fachidiotie und beckmesserische Gelehrsamkeit.

Läßt man die Lyrik-Publikationen in der DDR seit Anfang der sechziger Jahre Revue passieren, so fällt dem westlichen Leser der durchweg traditionelle Formenkanon und die altvertraute Lyriksprache auf: Die Form- und Sprachexperimente der surrealistischen, hermetischen und konkreten Poesie fehlen entweder oder treten verspätet und verdeckt als Anregungen und Zitate auf. Selbst jene Lyriker, die man nach Gestus und Thema avantgardistisch nennen könnte, bleiben, aufs Ganze gesehen, den tradierten Vorstellungen von der Gestalt des Gedichts verbunden. Die Angst vor der Epigonalität, die in der Bundesrepublik zur hektischen Rezeption der internationalen Moderne führte, blieb der Lyrik in der DDR in ihrer ganzen Entwicklung fremd. Das Gesetz des Marktes, das sprachliche Innovation oder hervorstechende Subjektivität zu Erfolgskriterien machte, ist hier ohne Geltung. In Hinsicht auf Sprache und Form verlief also die Entwicklung in ruhigeren Bahnen. Das mag mit der fehlenden Profil-Neurose der Lyriker zusammenhängen. Sie sind, von Marktrücksichten weitgehend frei, vor allem auf inhaltliche Differenzierungen verwiesen, wobei dann allerdings scheinbar geringfügige sprachliche oder formale Unterschiede ein anderes spezifisches Gewicht erhalten als in der Bundesrepublik. Zum anderen stand über der Entwicklung der Lyrik in der DDR für lange Zeit das Negativkriterium ›Formalismus‹; das schränkte den formalen Spielraum entscheidend ein. Nicht zu vergessen ist, daß Anregungen aus der westdeutschen und der westlichen Lyrik überhaupt erst spät und zögernd rezipiert werden konnten. Enzensbergers Anthologie ›Museum der modernen Poesie‹ beispielsweise ist von DDR-Autoren als bedeutsam empfunden worden. In den siebziger Jahren, nachdem sich die Generation von Volker Braun, Karl Mickel und Sarah Kirsch etabliert hatte, sind diese und einige andere Autoren ihrerseits stilbildend geworden.

Festzuhalten bleibt, daß avancierte Weisen des Ausdrucks, sofern sie überhaupt in Erscheinung treten, nicht Resultate subjektiver Willkür oder zeitgenössischer Zwänge sind, sondern den besonderen, durch die gesellschaftliche Situation gegebenen Nötigungen entsprechen, d.h. sie sind bestimmt durch spezifische Situationen und entsprechende Rezeptionsweisen, die ein komplexeres oder verdeckteres Sprechen erfordern. Andererseits ist auch das Beharren auf konventionellen Mustern durch ganz konkrete Bedingungen bestimmt und oft genug das Symptom von Angepaßtheit und gesellschaftlicher Affirmation. So ist bereits die Form ein Politikum.

Nun sind es nicht bloß politische, also administrativ verordnete Vorstellungen von Volkstümlichkeit [→ 343] und Verständlichkeit, die manche Lyriker veranlassen, in einem bestimmten sprachlich-formalen Bezugssystem zu verharren; es sind auch die durch das Vertriebs- und Verbreitungssystem gegebenen Möglichkeiten, die durch die einmal hergestellten Kontakte zum Lyrik lesenden oder hörenden Publikum Rückkoppelung, d.h. Popularität erzeugen. Kein Zweifel, daß das konventionelle Gedicht die Verstehbarkeit begünstigt und breite Rezipierbarkeit auch bei einer nicht sonderlich massenwirksamen Gattung wie der Lyrik offiziell erwünscht ist. Eva Strittmatter, deren Bände Titel tragen wie ›Ich mach ein Lied aus Stille‹ (1973), ›Ich schwing mich auf die Schaukel‹ (1975), ›Mondschnee liegt auf den Wiesen‹ (1975), ›Die eine Rose überwältigt alles‹ (1977) und ›Zwiegespräch‹ (1980), ist wegen ihrer glatten und widerstandslosen Produktion so erfolgreich wie umstritten. Auch Autoren wie Uwe Berger, Günther Deicke oder Manfred Streubel wären in diesem Zusammenhang zu nennen.

Allerdings macht solcher Traditionalismus fraglich, ob mit den Mitteln einer bürgerlichen Lyriksprache von gestern (und oft vorgestern) ein neues, unbürgerliches Bewußtsein zu formulieren ist. Daß hier ein Problem liegt, wird gelegentlich erkannt; aber es wird nicht als Frage nach dem Zusammenhang von Sprache und Bewußtsein gefaßt, sondern gern als bloßes Übergangsproblem abgetan. Noch sei die Literatur, so heißt es etwa, nicht wirklich imstande, die realen gesellschaftlichen Veränderungen zu spiegeln (was voraussetzt, daß jene Veränderungen bereits eingetreten sind) – oder aber, auch das wird gelegentlich vermutet, die Kraft der Antizipation sei noch nicht groß genug:

> Unsere Vorstellungen von dem, was wir unserer Kunst und Literatur, unseren Künstlern und Schriftstellern von der Höhe unserer gesellschaftsgeschichtlichen Gesamtkonzeption her zutrauen und meinen zutrauen zu sollen, ist bedeutender oder auch, wenn man so will, *genialer* als die Verwirklichung dieser Vorstellung,

schrieb Inge von Wangenheim 1969 und brachte das Dilemma auf die knappe Formel: »Wir wissen mehr, als wir können.«[30]

Daß dies auch ein Problem der literarischen Technik ist und eine Frage des Mutes, sich ihrer zu bedienen, wird nicht gesehen. Ihr Plädoyer für Veränderung, Entdeckung der Wirklichkeit und die Gestaltung von Konflikten klammert das Formproblem aus und ist damit bezeichnend für viele ästhetische Diskussionen und ihr Niveau. Georg Lukács, dem man die Überschätzung der Form gewiß nicht nachsagen kann, war immerhin der Auffassung, der neue gesellschaftliche, menschliche Gehalt des Sozialismus führe »zwangsläufig ⟨!⟩ zu neuen, höhergearteten künstlerischen Fragestellungen« und erfordere »radikal neue Probleme der Formgebung«[31]. Solche neuen künstlerischen »Fragestellungen« finden sich in der Lyrik der DDR und in den Debatten über Lyrik nicht allzu häufig, sind dann aber begreiflicherweise von besonderem Interesse.

»Formentraditionen werden ernst- und streng genommen nur noch in Berlin und weiter östlich«, so befindet Werner Ross in einer dem gesamten deutschen Sprachraum geltenden Übersicht ›Lyrische Stile 1968‹, wobei »weiter östlich« kein geographischer, sondern ein politischer Begriff ist. Diese Behauptung gilt auch heute noch. Das ›kulturelle Erbe‹ ist, jedenfalls in Hinsicht auf den Formenkanon, für viele Lyriker der DDR insofern verbindlich, als sie entweder die Nachbildung klassischer Formen pflegen oder, in der Auseinandersetzung mit ihnen, um ihre Fortentwicklung bemüht sind. J. R. Bechers praktische wie theoretische Beschäftigung mit der Sonett-Form, Erich Arendts und Georg Maurers Adaption hymnischer Formen in der Hölderlin-Tradition, Johannes Bobrowskis Auflösung klassischer Odenmaße in rhythmisch prägnante freie Versgebilde gingen als zeitgenössische Anverwandlungen des ›Erbes‹ den Versuchen der Jüngeren vorauf. Auf der Ebene einer schon alexandrinisch-virtuos wirkenden Nachbildung bewegt sich Andreas Reimann (Jahrgang 1946) mit den Bänden ›Die Weisheit des Fleischs‹ und ›Das ganze halbe Leben‹. Für Karl Mikkel dagegen sind Formen wie Alexandriner und Blankvers, Ode und Sonett Widerstände, um die Kraft von Emotion und Gedanke nur höher anzustauen. Den Reim verwendet er in sparsamer, verfremdender Manier, etwa zur scharfen Markierung des Schlusses eines sonst ungereimten Gedichts:

⟨. . .⟩ unverkürzt
An Arm, Bein, Kopf und Hoden bau ich
Kartoffeln an und Lorbeer hier in Preußen.
Ich warte nicht auf Götter zur Montage.
Normal wie üblich ist mein EKG,
Wenn ich ein Messer, scharf und schneidend, seh.[32]

In der Negation des Tantalos-Mythos entwickelt Mickel die Dialektik von Antike und Gegenwart; aber selbst die Absage partizipiert noch an Geist und Form des Vorbilds und hebt es – im Doppelsinn des Wortes – auf.

In vielen Gedichten, die sich des Reims und der Strophe, insbesondere der Volksliedstrophe, bedienen, wird die Dialektik von Form und Gehalt nicht ausgetragen. Besonders deutlich ist die Diskrepanz tradierter Form und aktualisierender Tendenz in Gedichten, die die ›Errungenschaften‹ der Technik in Volksliedmanier zu fassen suchen:

Unermeßliche Fernen
sind uns kaum noch genug.
Und der Flug zu den Sternen
ist bald wie ein Schwalbenflug.[33]

Orientiert sich Günther Deicke am Volkslied, so Heinz Kahlau in einigen Arbeiten am Schlager als dessen Derivat. Seine ›Alltäglichen Lieder von der Liebe‹ benutzen die metrischen und sprachlichen Lizenzen von Schlagertexten, um Kommunikation herzustellen, besser: um eine bereits vorhandene zu behaupten. Dabei wird in der Anpassung ans entfremdete Medium die Intention, die Entfremdung des Menschen aufzuheben, selbst problematisch:

Komm, setz dich doch –
um etwas fernzusehn.
Ich komme gleich,
du mußt das schon verstehn,
ich komme gleich
und mach mich für dich schön.[34]

Anknüpfung ans kulturelle Erbe bzw. an bürgerliche Formtradition, das zeigen die wenigen Beispiele, ist ein weiter Begriff. Das wird besonders deutlich, wenn man der Frage nachgeht, woran sich die jungen, insbesondere die debütierenden Lyriker orientieren. Von ihnen werden die unterschiedlichsten Anregungen unbefangen und unbekümmert aufgenommen: Unbefangen, weil der Anfänger, anders als in der Bundesrepublik, nicht versucht ist, sich einer gerade herrschenden Mode zu unterwerfen; unbekümmert, weil Formprobleme in der Lyrik-Diskussion, nicht zuletzt auch im Förderungssystem als sekundäre Probleme behandelt werden. So

herrscht in den Erstpublikationen, für die etwa die Zeitschrift
›Neue Deutsche Literatur‹ (NDL) ein wichtiges Forum ist, eine Un-
schuld der Adaption, für die der junge Rilke ebenso diskutabel ist
wie die abgesunkenen Farbmetaphern des Expressionismus. Erst in
den siebziger Jahren ist Brecht im weiteren Umfang zum Vorbild
für Junglyriker geworden. ›Gedichte der Nachgeborenen‹ lautet,
Brecht zitierend, der Untertitel einer Anthologie, die Lyrik der
Jahrgänge 1945–1954 sammelt. Vieles folgt allzu glatt dem Lako-
nismus oder dem Volkston Brechts.

Um so bemerkenswerter, daß das schärfste und engagierteste
Votum gegen Epigonentum und Formverfall von einem Lyriker
der jüngeren Generation stammt. Andreas Reimann hat 1974 in
›Sinn und Form‹ ›Die neuen Leiden der jungen Lyrik‹ diagnosti-
ziert:

> Festzustellen ist der Niedergang des Formbewußtseins in einem Grade,
> daß es bedenklich erscheint, noch auf dem Gattungsbegriff zu beharren.
> Das Neue, lächerlich artikuliert, wirkt bestenfalls lächerlich, verliert je-
> doch auf jeden Fall seinen Einmaligkeitswert. Auf diese Gedichte bezogen:
> Der neue Inhalt verkommt durch die Form. Dies ist nicht freundlicher zu
> sagen, weil es kein akzeptabler Zustand ist, daß unsere Gegner ihre Lügen
> teilweise besser an den Mann bringen als wir unsere Wahrheiten.[35]

Reimann bringt Beispiele und nennt Namen, die den »Niedergang des Handwerks« belegen; anhand von Auszählungen bei Anthologien zeigt er den Rückgang des Reims und seine Banalisie-
rung auf, den Verfall von Sprachgefühl und Bildlogik und die In-
flation der freien Rhythmen im Gefolge der Brecht-Nachahmung.

Noch vernichtender, aber auch anfechtbarer urteilte Michael
Franz bereits 1969 in seinem dreiteiligen Aufsatz ›Zur Geschichte
der DDR-Lyrik‹:

> Vergleicht man gewisse Tendenzen in unserer Lyrik, so muß man zu
> dem Ergebnis kommen, daß im Grunde genommen der Standard ange-
> strebt wird, den die westdeutsche Lyrik Mitte, Ende der 50er Jahre er-
> reicht hatte.[36]

Läßt man die Frage beiseite, ob die Qualität von Lyrik sich statistisch fassen und vergleichen läßt, bleibt diese These von der Unterlegenheit der DDR-Lyrik bemerkenswert genug, hält man sie

gegen die zahlreichen offiziellen Beteuerungen, welche die prinzipielle und reale Überlegenheit der DDR-Literatur behaupten. Franz wendet sich – wie in anderer Weise Reimann – gegen das »pauschale Postulat der Indifferenz der Mittel« und meint, daß erst eine dialektische Durchdringung der Form-Inhalt-Relation den zunehmenden Mangel an Verbindlichkeit in der DDR-Lyrik beseitigen könne[37].

Das Kriterium der *Verbindlichkeit* bringt das überfällige gesellschaftliche Moment in die Form-Inhalt-Debatte. Hier soll zunächst auf einen Punkt aufmerksam gemacht werden, der den Zusammenhang von Qualität bzw. Quantität und Verbindlichkeit berührt: auf die gesellschaftliche Förderung von Lyrik. Der ›verkannte‹ Dichter ist für die DDR zumindest offiziell ein Phänomen der Vergangenheit. Seit der Biermann-Ausbürgerung und dem Exodus zahlreicher Schriftsteller freilich ist sichtbar geworden, daß etliche junge und begabte Lyriker in der DDR keine Publikationsmöglichkeiten erhielten und im Westen publizieren mußten; so etwa Wolfgang Hilbig und Frank-Wolf Matthies. Hier war es eben der Zusammenhang von Qualität und Verbindlichkeit, der die Veröffentlichung verhinderte. Dennoch hatten (und haben) Debütanten in einem weitgespannten Förderungssystem – Studium am Institut für Literatur ›Johannes R. Becher‹ in Leipzig, FDJ-Poetenseminare, Stipendien, Anthologien usw. – bemerkenswerte Publikationschancen, aber auch die damit verbundenen Risiken der Verfrühung, Selbstüberschätzung und Fehlleitung. Es scheint weniger wichtig, *wie*, als vielmehr *daß* und *was* geschrieben und publiziert wird. Selbst eine auf Intensität angelegte Gattung wie die Lyrik ist immer wieder unter dem Aspekt der Produktion und der Quantität gesehen worden. Konsequenterweise wandte sich ein Lyrik-Redakteur gegen die, wie er meinte, übertriebene Selbstkritik eines Einsenders:

> Mir scheint es bedenklich, wenn man sich – wie Sie schreiben – dem Schreiben gegenüber so kritisch verhält, daß man nur noch wenig bis gar nichts mehr schreibt. ⟨...⟩ Ich bin sehr für den Reifeprozeß, von dem Sie sagen, doch ein Prozeß muß sich nicht unbedingt in der Stille vollziehen.[38]

Deutlicher läßt sich das gesellschaftliche Wesen von Lyrik-

Produktion kaum bezeichnen. In seiner Rede auf dem VIII. Parteitag hatte Walter Ulbricht mit einem »drei- bis vierfachen Bedarf
an Kunstwerken aller Art« gerechnet und gefordert: »Um diesen
Bedarf annähernd zu befriedigen, müssen Voraussetzungen dafür
geschaffen werden, daß alle literarischen ⟨. . .⟩ Talente rechtzeitig
erkannt und ausgewählt werden«.[39] Unter diesem Aspekt von Produktion und Verbrauch ist auch das Verhältnis von Lyrik und
Singebewegung zu sehen. Reinhold Andert, einer der führenden
Vertreter der FDJ-Singebewegung, erhoffte sich von der Singebewegung »Impulse« für die Lyrik und meinte, es sei »ein großer Unterschied, ob man von einem hohen Podest aus Lyrik schreibt oder
mitten unter Menschen steht und Texte macht«[40]. Die strikt formulierte Antithese von seiten der Lyrik konnte nicht ausbleiben.
Andreas Reimann wandte sich gegen das von den Theoretikern der
Singebewegung unterstützte Argument seiner Lyrikerkollegen, es
handele sich bei ihren Arbeiten um »Kunst für den Tag«, und
wandte gegen solche »Wegwerfkunst« ein: »Ich bin allerdings der
Meinung, daß *für die Werktätigen,* die schließlich die Honorare
bezahlen, *das Beste gerade gut genug ist.*«[41] Damit kommen
Schwierigkeiten in den Blick, für die das Formproblem und sein
Zusammenhang mit Produktion und Rezeption bloß ein Indiz ist
– Schwierigkeiten, die in mehreren großen Lyrik-Debatten zum
Ausdruck kamen.

IV Die Lyrik-Diskussion im ›Forum‹
und Mickels Gedicht ›Der See‹

Die Lyrik-Diskussion, die im Sommer 1966 in der FDJ-Zeitschrift
›Forum‹ geführt wurde, ist bis heute die wichtigste öffentliche ästhetische und gesellschaftliche Auseinandersetzung geblieben, die
auf dem Sektor Lyrik in der DDR geführt wurde – eine Debatte
von erstaunlichem Umfang (im ›Forum‹ begonnen und über mehrere Hefte ausgedehnt, vom ›Sonntag‹, der ›Wochenpost‹ und der
›Neuen Deutschen Literatur‹ aufgegriffen und fortgesetzt), aber
auch bemerkenswerter Insistenz und Offenheit (ein einziges Ge-

dicht, Mickels ›Der See‹, wurde etliche Male Gegenstand von Polemik, Verteidigung und Interpretation). Ausgelöst wurde diese Diskussion durch die von Mickel und Endler edierte Anthologie ›In
diesem besseren Land‹, in deren Vorbemerkung es hieß: »Wir er-
hoffen uns ein lebhaftes Streitgespräch, frei von jener Geschmäcklerei, die weitgehend unsere Gespräche über die Lyrik bestimmt«.[42]
Das Streitgespräch fand wirklich statt: nicht bloß frei von »Geschmäcklerei«, sondern direkt und oft derb, vor allem aber offen –
die umstrittenen Gedichte wurden abgedruckt, kontroversen
Standpunkten Raum gegeben –, ehe es, wie Heinz Czechowski
fünf Jahre später formulierte, »ziemlich apodiktisch ›mit einem
letzten Wort‹ von Hans Koch abgebrochen« wurde[43]. Hans Koch,
der einflußreiche Literaturwissenschaftler, mußte in seiner Polemik gegen Mickels Gedicht auch zugeben:»Den 26 Zeilen wird die
umfangreichste und in ihrer Art gründlichste Untersuchung gewidmet, mit der unsere Presse ein Gedicht je bedachte«[44] – ein klares Indiz dafür, welche Bedeutung der Lyrik in der gesellschaftspolitischen Auseinandersetzung eingeräumt wurde. Das Gedicht
sei vollständig zitiert:

See, schartige Schüssel, gefüllt mit Fischleibern
Du Antihimmel unterm Kiel, abgesplitterte Hirnschal
Von Herrn Herr Hydrocephalos, vor unsern Zeitläuften
Eingedrückt ins Erdreich, Denkmal des Aufpralls
Nach rasendem Absturz: du stößt mich im Gegensinn
Aufwärts, ab, wenn ich atemlos nieder zum Grund tauch
Wo alte Schuhe zuhaus sind zwischen den Weißbäuchen.

Totes gedeiht noch! An Ufern, grindigen Wundrändern
Verlängert sichs wächsts, der Hirnschale Haarstoppel
Borstiges Baumwerk, trägfauler als der Verblichene
(Ein Jahr: ein Schritt, zehn Jahr: ein Wasserabschlagen
Ein Jahrhundert: ein Satz). Das soll ich ausforschen?
Und die Amphibien. Was sie reinlich einst abschleckten
Koten sie tropfenweis voll, unersättlicher Kreislauf
Leichen und Laich.
            Also bleibt einzig das Leersaufen
Übrig, in Tamerlans Spur, der soff sich aus Feindschädel-
Pokalen eins an (»Nicht länger denkt der Erschlagene«

Sagt das Gefäß, »nicht denke an ihn!« sagt der Inhalt).
So faß ich die Bäume (»hoffentlich halten die Wurzeln!«)
Und reiße die Mulde empor, schräg in die Wolkenwand
Zerr ich den See, ich saufe, die Lippen zerspringen
Ich saufe, ich saufe, ich sauf – wohin mit den Abwässern!
See, schartige Schüssel, gefüllt mit Fischleibern:
Durch mich durch jetzt Fluß inmitten eurer Behausungen!
Ich lieg und verdaue den Fisch[45]

Auf Dieter Schlenstedts sensible und durchaus nicht unkritische Analyse im ›Forum‹ 12/66 setzte Hans Koch den groben Keil seiner Polemik:

Ich war nie geneigt, dies Gedicht ernst zu nehmen ⟨. . .⟩ Und das zu neun Zehnteln in der Tonlage revolutionärer Offenbarung: ein völlig neues Welt- und Fischgefühl! Ich find's irgendwie komisch.[46]

Kochs Attacke zielte durchaus auf den gesellschaftlichen Gehalt des Gedichts, darüber hinaus aber direkt und persönlich auf den Verfasser; sie setzte an als ästhetische Kritik:

Deutliche Gesellschaftssymbole, poetisch gewaltsam einem unangemessenen Naturgegenstand aufgepfropft (und nicht aus ihm ›herausgeholt‹, das eben bewirkt die formale Unstimmigkeit), können sich zu einem dialektischen Gesellschaftsbild nicht zusammenschließen. Das macht nicht einmal ihre völlige soziale und historische Unstimmigkeit. Das kommt daher, daß die Welt-Anschauung dieses Gedichts außerhalb des eigenen Subjekts nichts kennt und entdeckt, auch nicht andeutungsweise, was sich lieben ließe.[47]

In einem Punkt hat Koch recht: Mickels Gedicht gehorcht nicht der von ihm statuierten Ethik und Ästhetik, die den Begriff der Dialektik zum Vehikel vorgegebener Synthesen machen möchte. Harmonisierung war weder poetisch noch gesellschaftlich Intention des inkriminierten Gedichts. Mickels Gedicht ist brüchig, weil es die Erfahrung von Brüchigkeit nicht in Harmonie umfälschen möchte. Seine Dialektik, die keinen harmonischen Übergang von Natur in Gesellschaft kennt, ist durchaus materialistisch und bis in einzelne Wendungen an den Marxschen Begriff der Arbeit angelehnt:

Die Arbeit ist zunächst ein Prozeß zwischen Mensch und Natur, worin der Mensch seinen Stoffwechsel mit der Natur durch seine eigene Tat vermittelt, regelt und kontrolliert. Er tritt dem Naturstoff selbst als eine Naturmacht gegenüber. Die seiner Leiblichkeit angehörigen Naturkräfte, Arme und Beine, Kopf und Hand, setzt er in Bewegung, um sich den Naturstoff in einer für sein eigenes Leben brauchbaren Form anzueignen. Indem er durch diese Bewegung auf die Natur außer ihm wirkt und sie verändert, verändert er zugleich seine eigne Natur.[48]

Es gibt Indizien dafür, daß Mickel die Marxschen Bestimmungen gegenwärtig waren und ihm bei der Ausarbeitung des Gedichts als Leitsätze dienten. Mickel hat die bei Marx angelegte Sinnlichkeit der Bestimmungen ausgeschöpft, indem er sie wörtlich nahm. Die Gewaltsamkeit der Bildbehandlung findet sich aber auch poetisch legitimiert. Dem Teich als Hirnschale eines abgestürzten prähistorischen Wasserkopfs entsprechen die Schädelpokale des mongolischen Eroberers; wie Tamerlan-Timur sich gegenüber den Unterlegenen, so soll der Mensch sich gegenüber der Natur verhalten. Mickel biegt im Gang des Gedichts den Naturprozeß in den historischen Prozeß um. Der Mensch bewegt sich »im Gegensinn aufwärts«, er verändert Natur in Richtung auf Geschichte; Fortschritt ist Fortschreiten, Aktion. Die Naturbilder als poetische Zeichen sind alles andere als erquicklich – aber eben sie wollen als Zeichen gewesener oder möglicher Geschichte gelesen werden.

Was bedeutet, auf Historie und Gegenwart bezogen, die mit Nachdruck gesetzte Aussage: »Totes gedeiht noch«? Wenn die Aktivität, die historische Arbeit des Leersaufens, sich bloß gewaltsam, »in Tamerlans Spur«, vollziehen kann – welche historisch-politischen Rechtfertigungen ließen sich daraus ableiten? Wird mit Tamerlan auch Stalin gerechtfertigt? Ruft das Gedicht nach einem Tamerlan für die Gegenwart oder nach einem anarchistischen Selbsthelfer?

Den Interpreten in der DDR konnte Mickels Gedicht nur »Unbehagen« bereiten: »Das Gedicht bereitet Unbehagen, weil es eine einschichtige Deutung verwehrt.«[49] Für Tamerlan-Timur konnte man sich noch auf Goethes Timur aus dem ›West-östlichen Divan‹ berufen, und Hans Koch fand in Marxens Indien-Briefen die Vision einer Zeit, da »der menschliche Fortschritt nicht mehr jenem scheußlichen heidnischen Götzen gleichen« werde, »der den Nektar nur aus den Schädeln Erschlagener trinken wollte«[50]. Aber die Mickelschen Negativ-Bilder von Schmutz und Verfall und ihre anarchisch-aggressiven Setzungen wollte man nicht im einzelnen deutlich befragen. Man las sie nicht als mögliche Entsprechungen gesellschaftlicher Realität und des aktuellen Standes der Geschichte, sondern interpretierte sie als Wundränder des »gefallenen Mythos« (Schlenstedt) oder rubrizierte sie als geistig-, moralisch-, ästhetische Verfehlungen (Koch). Die Lyrik-Diskussion im ›Forum‹, die mit soviel Elan und gutem Willen begonnen und – sieht man von polemischen Entgleisungen und unterschwelligen Drohungen ab – auch geführt wurde, blieb auf halbem Wege zur Erkenntnis stehen, weil hinter den Gedichten der wirkliche Zustand der Gesellschaft nicht deutlich werden durfte. Deutlich genug geworden war freilich, daß es zwischen Literaturadministration bzw. Germanistik einerseits und der (damals) jungen Lyrik andererseits fundamentale ästhetische und gesellschaftliche Gegensätze gab. Die Diskussion konnte von seiten der Lyriker nicht offener geführt werden, weil sie das allenfalls Sagbare der verschlüsselten Mitteilung des Gedichts, nicht aber der These und Argumentation von Kritik und Essay anvertrauen konnten. Die Differenzen schwelten untergründig fort und traten als Auseinandersetzung zwischen Lyrik und Germanistik wieder ans Tageslicht.

V Die Lyrik-Diskussion in ›Sinn und Form‹

Auf dem VI. Schriftstellerkongreß 1969 gab es keinerlei Diskussion, sondern bloß Rügen und Verdikte. Max Walter Schulz bezichtigte Reiner Kunze des »nackte⟨n⟩, vergnatzte⟨n⟩, bei aller Sensibilität aktionslüsterne⟨n⟩ Individualismus«; Günther Deicke zitierte Sarah Kirschs Gedicht ›Schwarze Bohnen‹ und schrieb der Autorin eine »spätbürgerliche Position der Aussichtslosigkeit« zu[51]. Vier Jahre später wurde dasselbe Gedicht auf dem VII. Schriftstellerkongreß als Beispiel für die begrüßenswerte »Vielfalt unserer Poesie« gerühmt[52]. Dazwischen liegt die Liberalisierung durch den VIII. Parteitag der SED mit dem Übergang von Ulbricht zu Honecker. Diese Liberalisierung brachte auch ein Aufflammen der durch Hans Koch abgewürgten Lyrik-Diskussion.

Ausgelöst wurde die vor allem in ›Sinn und Form‹ geführte Diskussion durch Adolf Endlers Kritik von Hans Richters Aufsatzsammlung ›Verse Dichter Wirklichkeiten‹. Endlers Polemik zielte auf zweierlei: deutlich und ausdrücklich auf die DDR-Germanistik und zweitens, weniger dezidiert, aber in der Sache belangreicher, auf die Situation der Lyrik, d. h. auf die Rivalität zweier konkurrierender Konzeptionen von Lyrik in der DDR.

Der Literaturwissenschaft warf Endler »brutale⟨n⟩ Dogmatismus« vor, Unfähigkeit zum »Kunstgenuß«, mangelnde Kenntnis der modernen Weltlyrik sowie das Bestreben, »auch die neuere Lyrik in Hinblick auf eine geplante Literaturgeschichte zu sortieren«[53]. Eine Replik durch die angesprochene Wissenschaft erfolgte nicht. Endlers Vermutung, die Literaturwissenschaft sei »im Zuge der ›gesamtgesellschaftlichen Systemverflechtung‹ zu einer ›Leitungswissenschaft‹ avanciert«[54] und damit unangreifbar geworden, wurde – auch durch die politischen Anschwärzungen einiger Diskutanten – eher bestätigt als entkräftet. Martin Reso etwa sprach von einer »unverzeihliche⟨n⟩ Haltung« Endlers und der Redaktion, und Wilhelm Girnus mußte, in Berufung auf eine Moskauer Quelle, die »öffentliche Diskussion als die wichtigste Methode zur Ermittlung der Wahrheit«[55] in ihr Recht einsetzen. Was das Verhältnis von Lyrik und Literaturwissenschaft anging, konnte man, mit Endler, »vom vollkommenen Abbruch der Beziehungen zwischen Germanisten und Poeten« sprechen oder, mit Annemarie Auer, danach fragen, ob »von einem Miteinander schon die Rede sein« konnte[56]. Daß sich in der ganzen Diskussion »weit zurückliegende, zu ihrer Zeit nicht ganz ausgetragene Kontroversen Luft« machten, wie Auer vermutete, zeigte sich auch in der Diskussion der Lyrik-Situation selbst.

Erörtert wurde – eher mit polemischen Wertungen als mit klaren Argumenten – das Neben- bzw. Gegeneinander zweier lyrischer Richtungen bzw. Konzeptionen, die einmal – in der Terminologie Brechts – als »pontifikale« und »profane« Linie geschieden wurden, ein anderes Mal auf den Gegensatz von Lieddichtung und

»schwierigem« Gedicht gebracht wurden[57]. Allein Michael Franz,
Theoretiker mit eigenem lyrischen Ehrgeiz, wurde deutlich und re-
klamierte »die Linie Heine – Weerth – Herwegh und ihren weltan-
schaulichen Bogen« als die wahre »sozialistische Traditionslinie in
der Geschichte der deutschen Lyrik«[58]. Heinz Czechowski wies
dies als »ultralinke Verengung«[59] zurück und schlug vor, zur Ta-
gesordnung überzugehen. Gemeint war u. a. die Publizierung der
zurückgehaltenen Gedichte, von denen Endler gesprochen hatte.
Jene Gedichte, so darf man annehmen, konnten in der Folgezeit
tatsächlich erscheinen – Indiz etwa sind die Lyrikbände Sarah
Kirschs und Reiner Kunzes Gedichtauswahl ›brief mit blauem siegel‹, die 1973 – als letzte Kunze-Publikation in der DDR – bei Reclam in Leipzig erscheinen konnte. Die Lyrik-Diskussion in ›Sinn
und Form‹ bleibt wichtig nicht so sehr wegen ihrer sachlichen
Substanz, sondern wegen ihrer Symptomatik: Sie demonstrierte in
einer Phase beginnender Liberalisierung die andauernde Notwendigkeit theoretischer »Selbsthilfe« der Lyriker[60].

VI Die Behauptung des Ich

Diese »Selbsthilfe« bestand nicht zuletzt darin, den grundlegenden
Impuls der Subjektivität [→ 421], mit dem die junge Lyrik der
sechziger Jahre begonnen hatte, unter sich wandelnden Umständen gegen die Verfestigung der gesellschaftlichen Verhältnisse und
gegen alle Forderungen nach Anpassung und unkritischer Affirmation festzuhalten. Subjektivität blieb weiterhin im Verdacht,
wurde oft genug als Privatheit verstanden und als »poetisches
Prinzip« verpönt. Ihre Verteidigung aber konnte nur Aussicht haben, wenn ihr Prinzip selber nicht bloß subjektiv behauptet, sondern in Berufung auf anerkannte Traditionen abgesichert werden
konnte. Man wird der Bedeutung J. R. Bechers im Kontext der
DDR-Literatur nur gerecht, wenn man seine Rolle als klassische
Autorität in den literarischen Auseinandersetzungen begreift. Insbesondere Bechers 1952 erstmals erschienene ›Verteidigung der
Poesie‹ wurde zum Arsenal von Argumenten, mit denen sich die
Freiheit des schreibenden, suchenden, sich selbst verwirklichenden

Subjekts begründen ließ. Die Lyriker waren naturgemäß am meisten auf solche Rechtfertigung verwiesen. Eine der zentralen Stellen bei Becher lautet:

> Das Wesen des lyrischen Dichters besteht darin, durch seine Dichtung sich selbst Gestalt werden zu lassen, und diese Gestalt ist eine ebenso erfundene Gestalt wie die Hauptfiguren im Roman oder im Drama. Das ›Ich‹ des lyrischen Dichters ist danach nicht eine unmittelbare private Aussage, sondern es gestaltet sich eine poetische Figur, indem ein Ich von sich aussagt ⟨...⟩ Der Romancier und der Dramatiker leben in ihren Gestalten weiter, der Lyriker aber ist selbst Gestalt.[61]

Reiner Kunze hat sich schon sehr früh auf diese Auffassung Bechers berufen und sie sich anverwandelt. In einem Vortrag von 1959 schrieb er:

> In der Lyrik werden die Erkenntnisse über den Menschen und das Leben nicht durch eine fremde poetische Gestalt vermittelt. Der Leser geht selbst in die poetische Gestalt der Lyrik ein.[62]

Diese »Macht des Lyrikers« dürfte Kunzes Sendungsbewußtsein als Lyriker und repräsentatives Subjekt bis in die siebziger Jahre bestimmt haben. Das Gedicht galt ihm dabei »als stabilisator, als orientierungspunkt eines ichs ⟨...⟩ als akt der gewinnung von freiheitsgraden nach innen und außen«[63]. Und indem er die Aufhebung des Gegensatzes von Ich und Wir im Gedicht annahm, konnte Kunze immer wieder für das Ich, für den einzelnen plädieren und sich dennoch als Sozialist verstehen. So galt seine Kritik einer falschen ›Ethik‹: »Im Mittelpunkt steht / der Mensch // Nicht / der einzelne«.[64] Und auch das Gedicht ›Entschuldigung‹ ist ironisch-kritische Absage:

Ding ist ding
sich selbst genug

Überflüssig
das zeichen

Überflüssig
das wort

(Überflüssig
ich)[65]

Kunze hat mit solch unverschleiertem Bekenntnis zum Subjekt in besonderer Weise den Zorn der Mächtigen auf sich gezogen. Er wollte keine Kompromisse, keine taktischen Zugeständnisse und verzichtete, indem er schließlich auch die Formen der Fabel und Parabel aufgab, auf die List als mögliche Zuflucht des bedrängten Subjekts. Volker Braun, auch auf andere Weise gegen Verdächtigung und Bedrohung gesichert, bewies Solidarität und List zugleich, als er in einem Gedicht mit dem Titel ›R‹ – auf *R*einer Kunze bezogen – fragte: »Ist es erlaubt, von *einem* Menschen zu reden?« und: »Darf auch nur *ein* Mensch / Verlorengehn? // Hier?«[66] In der Anmerkung zum Gedicht hieß es 1965 in Brauns Lyrikband ›Provokation für mich‹: »R. ist meinem Freund Reiner Kunze, gebürtig zu Ölsnitz im Erzgebirge, gewidmet.« Als das Gedicht im Auswahlband ›Gedichte‹ bei Reclam erscheinen sollte, wurde es beanstandet, worauf der Autor den Titel veränderte und den Hinweis auf Kunze strich. Das Gedicht heißt jetzt ›Einer‹ und macht – gerade durch die im Zugeständnis erzeugte Verallgemeinerung – die Repräsentanz des Einzelfalls, d. h. die gesellschaftliche Berechtigung der Frage Volker Brauns deutlich. Freilich mit negativem Resultat. Es war offensichtlich nicht erlaubt, »von *einem* Menschen zu reden«, wenn dieser Mensch Reiner Kunze hieß. Und die DDR ließ es zu, daß »*ein* Mensch« verlorenging – und nicht der einzige Kunze allein.

Kunze hatte sich auf besondere Weise exponiert, indem er seinen Individualismus lediglich mit der Individualität seiner Leser vermittelt sehen wollte, ohne Rücksicht auf außerpoetische Instanzen. Der Dichter und sein Leser – dieses Programm konnte vom System nicht akzeptiert werden, weil das System keinen Platz darin fand; auch wenn Kunze betonte, er würde das Land, in das er eingeschlossen war, »wieder und wieder wählen«[67].

Andere Lyriker dagegen konnten sich wesentlich mehr Subjektivität in Gebaren und Sprache erlauben, wofern sie nur die Realität von Kollektiv, Partei und Staat in Rechnung stellten. So setzte Karl Mickel das Subjekt beinahe kraftgenialisch in seine Rechte, zielte dabei aber immer aufs Objektive der gesellschaftlichen Verhältnisse. Und das Pathos von Brauns persönlicher Rede resultierte nicht zuletzt aus dem Gefühl der Verbundenheit mit dem Kollek-

tiv. So erscheint bei den meisten Lyrikern der sechziger und siebziger Jahre Subjektivität nicht als prononcierter Individualismus,
sondern als Instrument, Realität sichtbar zu machen und Wahrheit
als etwas konkret Erlebtes zu bestimmen. Das Ich der Lyrik gilt als
verläßlicherer Zeuge als jedes durch Propaganda verschlissene
Wir. Wie sich die subjektiv erlebte Wirklichkeit zur objektiv gegebenen verhält, ist eine Frage, die sich weder vom Schreiben her
noch von der kritischen Rezeption allein beantworten läßt.
M. Franz simplifizierte das Problem, wenn er schrieb:

> Von großen Ausnahmen abgesehen, war die Selbstgestaltung in der Ly-
> rik der 50er Jahre etwas zu kurz gekommen. Das wollten die Poeten der
> 60er Jahre nun wieder wettmachen. Sie hielten das zum Teil für die Ent-
> deckung der Lyrik schlechthin. Sie wollten das erlebende Ich in ganzer
> Widersprüchlichkeit wieder einführen, verwechselten es aber häufig dabei
> mit dem lyrischen Ich. Das lyrische Ich als kommunikatives Subjekt setzt
> die Souveränität des Autors gegenüber seinen Erlebnissen voraus, wie
> Brecht stets forderte. Sonst schrumpft der Autor zum Protokollanten. Die
> Mittel personaler Bewußtseinsdarstellung werden zu ›hemmungslosem
> Assoziieren und Summieren‹ genutzt.[68]

Franz polemisierte gegen den »abstrakten Empirismus« und die
»Bilderflucht« der assoziativen Schreibweise am Beispiel von Sarah
Kirsch und resümierte:»In der Regel wird Anekdotisches hochstili-
siert zum lyrischen Erguß. Ikonische Abbilder werden nicht zu
poetischen Symbolen.«[69] Sarah Kirschs Gedicht ›Winter‹ wurde
zum Aufhänger von Franz' Kritik. Liest man das Gedicht einigermaßen unvoreingenommen, findet man es kaum begreiflich, daß
ein so unprovokanter Text so irritieren konnte, daß er massive
Verdikte auf sich zog:

Ich lerne mich kennen, zur Zeit
die Wohnung die
wenigstens drei Generationen von Leuten
sah, immer hatten die Fenster
oben die Wölbung, die Bretter schmal
kaum geeignet für Blattwerk in Töpfen
die Wände
wie Bäume Jahresringe

tragen Tapetenschichten
ganz unten Jugendstil, dazwischen
Makulatur Zeitungsberichte
empörte Leser zu Freudenhäusern
zwei Zeilen Reichstagsbrand dann
bloß noch Tapeten, das Handwerk
ließ nach. Oder den Ausblick
auf Dächer (kaum ein Stück Himmel) das
hatten sie vor mir im Aug, vermutlich
ähnlichen Regen und Schnee, schwärzte
den Asphalt im Hof machte das Mauerwerk rot
andre
solln es noch sehn, eine Katze
begleitet mich ein paar Jahre was
weiß sie von mir sie liebt mein Parfüm
oder einfach den Platz, auf dem
ich hier sitze ich bin nicht sehr gut, aber
lernte Geduld als ich klein war bei
Wasserfarben:
wartet man nicht, verliert man das Bild –
und manchmal
bewegt sich mein Herz in den Aufhängebändern
das ist, wenn ich eine fremde Gegend seh
von mutigen Menschen höre oder
einer was fragt
Ich liebe meinen Bauernpelz, meine Stiefel
und mein trauriges Gesicht[70]

Folgt man den Bild- und Gedankenverbindungen Sarah Kirschs, dann erweist sich, daß ihre Folge durchaus nicht willkürlich ist, sondern sehr behutsam gelenkt als eine Paraphrase und Erweiterung des Gedichtanfangs: »Ich lerne mich kennen«. Und sehr bemerkenswert ist, daß die Autorin bei diesem Sich-Kennenlernen nicht mit dem Persönlichsten beginnt, sondern Geschichte aufblättert, Geschichte allerdings, die ablesbar ist aus der konkreten Umgebung. »Empörte Leser zu Freudenhäusern / zwei Zeilen Reichstagsbrand« – kürzer kann man das Syndrom deutscher Historie kaum fassen. Freilich ist dies auch keine Geschichtsdeutung, die linear ist und glatt aufgeht.

Auch im weiteren Verlauf des Gedichts besticht die sensible und diskrete Art, in der Wahrnehmungen in Erfahrungen umgesetzt werden. Subjektives Bekenntnis schlägt um in Verbindlichkeit, die über das Private hinausweist, wenn Sarah Kirsch – den Brecht-Ton in persönliches Idiom verwandelnd – schreibt: »und manchmal / bewegt sich mein Herz in den Aufhängebändern / das ist, wenn ich eine fremde Gegend seh / von mutigen Menschen höre oder / einer was fragt.« Der Schluß des Gedichts nimmt das voraufgegangene Bekenntnis in die Privatheit zurück und bindet es tatsächlich ans empirische Ich der Verfasserin.

Die Kritik an der Assoziationstechnik und der Vorwurf eines »abstrakten Empirismus« (der das Gedicht im übrigen gar nicht trifft) reichen nicht aus, um die Irritation einer dogmatischen Kritik zu erklären. Der Rekurs aufs erlebende Ich bedeutet Verzicht auf jede Art von *Repräsentanz*. Die Autorin mißtraut ihr, weil Repräsentanz in Gefahr steht, abstrakt zu werden, zur Pose, die nicht mehr von der Person des Verfassers gedeckt ist. Die »Souveränität des Autors gegenüber seinen Erlebnissen«, die Franz als Forderung von Brecht übernimmt, kann im historischen Prozeß dazu führen, daß der Autor sich von seinen *realen* Erlebnissen derart löst, daß die *gestalteten* Erlebnisse zu bloßen Fiktionen geraten. Wenn das so ist, kann der Rückzug aus der Souveränität in die Privatheit mit ihrer Begrenzung ein politischer Vorgang sein. Das lyrische Ich wird zum Zeugen – aber es drängt seine Zeugenschaft niemand auf, dem Leser nicht und nicht einer offiziellen gesellschaftlichen Instanz. Erst der Prozeß der Rezeption legt den gesellschaftlichen Gehalt des Gedichts in einer Weise frei, über den das Gedicht nicht so ohne weiteres verfügt. Der Autor freilich wird durch solche Rezeption, ob er sie nun akzeptiert oder negiert, gezwungen, durch die Weise seines weiteren Schreibens zu reagieren. Legt man ihn fest, so ist denkbar, daß er sich den Festlegungen entzieht. Zuletzt haftet er, im realen Sinn, als Person, die dieses oder jenes verfaßt hat. So wird der ›abstrakte‹ zu einem sehr konkreten Empirismus: zur Frage nach der Erfahrung des Autors beim Schreiben der Wahrheit. Die Behauptung des Ich in der Lyrik der DDR vollzieht sich also in einer scheinbaren Rücknahme des Anspruchs auf Repräsentanz; selbst beim so ich-starken und selbst-gewissen Volker

Braun ist der Prozeß zu beobachten. Aber diese Zurücknahme
muß – anders als bei den ich-süchtigen und ich-schwachen Produkten ›neuer Sensibilität‹ im Westen – als Indiz einer beträchtlichen Widerstandskraft erscheinen. Wenn freilich die Ressourcen
dieses Ich erschöpft sind, bleibt nur das Schweigen oder die Emigration.

VII Der Alltag und seine alt-neuen Themen

Die Dialektik von Ich und Wir mit der Herausbildung einer starken Subjektivität [→ 385 ff.] – das ist die wesentliche, ›große‹
Tendenz der Lyrik in den sechziger Jahren; die Tendenz der ›starken‹ Subjekte, der Protagonisten wie Braun und Mickel, die Tendenz einer solidarisch-kritischen sozialistischen Lyrik, die sich gegen Widerstände in Parteiapparat und Kulturbürokratie durchzusetzen hatte. Der Blick auf diese Entwicklungstendenz läßt freilich
leicht vergessen, daß es neben dieser Hauptrichtung und den sie re-
präsentierenden Autoren einen breiten Zusammenhang konven-
tioneller Produktionen gab bzw. gibt und daß deren mehr oder
minder affirmative Auffassung und Thematik nicht weniger bezeichnend und repräsentativ ist als die Bestrebungen und Konflikte der ›führenden‹ Autoren. Auch dieser – größere – Teil der
DDR-Lyrik geriet Mitte der sechziger Jahre in Bewegung. Etwas
von den Errungenschaften der Lyrik Kunerts, Brauns, Mickels und
anderer ging auch auf die Hervorbringungen der kleineren und
affirmativen Talente über: eine gewisse Betonung des subjektiven
Moments, eine Zuwendung zur Realität, eine Abkehr von den allzu plakativen Redeformen. Man kann von einer Zuwendung zum
Alltag sprechen, die freilich deutlich eskapistische und zugleich
konforme Züge hat. Der Übergang läßt sich Ende der sechziger
Jahre recht deutlich erkennen. Die sogenannte ›Ankunftsthematik‹ verlor zunehmend an Bedeutung. Die DDR hatte, nach ihrem
Selbstverständnis, die Stufe des entwickelten Sozialismus betreten
oder schickte sich an es zu tun. »Wir sind nicht mehr nur ›angekommen‹ im Sozialismus. Wir sind mittendrin. Wir gehen sehen-
den Auges und im vollen Bewußtsein auf die Tatsache des *entwik-*

kelten Sozialismus zu, wir betreten seine zweite Stufe«, so umschrieb Inge von Wangenheim, was der VII. Parteitag der SED im April 1967 dekretierte[71]. Vollends brachte der VIII. Parteitag nach der Ablösung Ulbrichts mit seiner ökonomischen Kursänderung in Richtung auf eine gesteigerte Konsumgüterproduktion und seiner kulturpolitischen Liberalisierung die Legitimation für eine Öffnung und Entspannung der lyrischen Thematik.

Neben die Kampf- und Aufbaugedichte traten in den sechziger Jahren zunehmend Verse, die sich mit dem täglichen Leben, auch mit der privaten Sphäre beschäftigten. Propagiert wurde ein ›*neues Lebensgefühl*‹. »Das neue Lebensgefühl ist nicht uniform. Es ist der Sphäre jedes Menschen gemäß. Wenn ich ihm nachspüre, öffnet sich mir eine Skala emotioneller Werte, die sehr breit ist«,[72] mit diesen Thesen versah die Zeitschrift ›Neue Deutsche Literatur‹ 1967 eine knappe Anthologie jüngster Lyrik, in der Harmlosigkeit und Quietismus vorherrschten. Er waren die *alten* Gefühle, die auf bekannte Weise artikuliert wurden, aber der Begriff des ›neuen Lebensgefühls‹ insinuierte auch eine qualitative Veränderung. Bezeichnend für die Rückgriffe und Reduktionen dieser konventionellen Lyrik mit Alltagsthematik ist die Häufigkeit, mit der von den ›kleinen‹ oder den ›einfachen‹ Dingen geredet wurde:

Er muß geredet werden von einfachen Dingen,
die neben uns sind, und denen wir täglich begegnen,
Dinge, einfach wie Verkehrsschilder
mit ihren Farben, die jeder kennt,
frisch und kühl wie
der Geschmack des Wassers,
in das wir tauchen
mit geöffneten Augen.[73]

So programmatisch beginnt Axel Schulzes ›Mittag‹, indem es die Zuwendung zu den einfachen Dingen ideologisiert. So verrät es die Entfremdung. Signale, Verkehrsschilder sollen in einer augenscheinlich komplizierter gewordenen Welt das Gefühl der Desorientierung aufheben, aber die erwünschte Einfachheit ist nur um den Preis der Außensteuerung (durch Signale) zu haben. »Seit ich in einem weißen Haus wohne«, heißt es weiter, mit »sehr fremden Menschen«, »sehne ich mich sehr nach Klarheit« – es ist die Klarheit der Regulative, die das einfache (vereinfachte) Leben ermöglichen. Die emotionalen Bedürfnisse sind damit allein nicht zu stillen. Das Ich, von der Idee seiner Autonomie abgedrängt, schafft sich Surrogate. Wenn die Dinge schon so vereinfacht sind, sollen sie wenigstens ›klein‹ sein und so eine, wenn auch illusionäre, Überlegenheit des Ich suggerieren, jene Nähe und Verfügbarkeit der Objekte, die in Wahrheit unmöglich wurde. Was andernorts dem Schlager vorbehalten bleibt, findet Platz im Gedicht: »Ich habe ein kleines Boot, / damit fahre ich langsam / vorbei an den Ufern der Stadt.«[74] Gegen die Reduktionen, die nur im sentimentalen Gefühl kompensiert werden können, muckt das lyrische Ich gelegentlich auf, etwa wie bei Kurt Bartsch, der sich kritisch und ironisch mit der Bescheidung im kleinen auseinandersetzt:

bevor die sonne, die zu kopf geht, mir
den eignen schatten vorwirft (große sprünge
kann ich mir nicht erlauben, mal ein bier)
versuche ich mein glück: die kleinen dinge[75]

Kurt Bartsch hat, solange er in der DDR arbeitete, seine Kritik an der, wie er fand, kleinbürgerlichen Neigung zum bescheidenen Eskapismus im Begriff ›Sozialistischer Biedermeier‹ zugespitzt:

Zwischen Wand- und Widersprüchen
Machen sie es sich bequem.
Links ein Sofa, rechts ein Sofa
In der Mitte ein Emblem.[76]

Die Flucht in eine sozialistische Idyllik [→ 232 f.] zeigt die ideologische wie ästhetische Brüchigkeit vieler Gedichte, die zwischen Öffentlichem und Privatem, zwischen den Zwängen der Gesellschaft und den Möglichkeiten des Individuums vermitteln möchten. In den besseren Texten prägt die Reflexion auf die gesellschaftlichen Implikationen allen Tuns auch die Darstellung des Individuellen. Wo diese vermittelnde Reflexion fehlt, wird beides naiv nebeneinandergestellt und gleichermaßen affirmativ behandelt – etwa das Lob der Arbeit und das Glück der Liebe.

Die Rolle, die Liebe und Erotik in der Lyrik der DDR spielen, läßt sich auch aus ihrer kompensatorischen Funktion erklären. Als eine andere Möglichkeit menschlicher Erfüllung tritt die Liebe neben die Arbeit, ohne daß der gesellschaftliche Zusammenhang beider immer deutlich gesehen oder reflektiert würde. Selten ist jene fast schon zynische Unbefangenheit, die Liebe und Erotik als Regeneration von Produktivkraft sieht oder – wie bei Volker Braun – gleichsam als eine andere Weise von Produktion, die die Welt verändert. Eros ist für Braun in einer ›Glücklichen Verschwörung‹ ein Verbündeter in der Umgestaltung der Gesellschaft. Der Liebende führt die Geliebte auf eine Lichtung über »dem Rauch, der die Stadt bedrückt, dem Sand / in den Betrieben«:

⟨. . .⟩ laß dich gehn
Auf dem Land, das wir belagern
Aus Lust, das wir einnehmen Elle um Elle
Gib dich hin,
          wir rufen ihn her
Ins Leben, der mit uns verbündet ist
Der alles erhält
Oder ändert.[77]

Die Kühnheit der dialektisch gefaßten Gedichte über Eros und Arbeit, Weltveränderung und Liebe, wie sie Volker Braun und Andreas Reimann schrieben (seine Ode ›Der lange weg‹ bringt die historischen Klassenkämpfe und das Glück der Geschlechter doppelsinnig zusammen), wird deutlich im Vergleich zu zahlreichen Liebesgedichten, die ihr Thema sentimental verinnerlicht oder als kleinbürgerliches Genrebildchen vorführen. Sexuelle Emanzipation ist kein relevantes Lyrikthema. Einige Gedichte Rainer Kirschs und Günter Kunerts müssen als Ausnahmen gelten. Rainer Kirschs einschlägige Sonette (nach dem Vorbild der Brechtschen) sind nicht ohne Renommiergehabe: »Genug, sprach sie, ists nie. Selbst sieben Male / (Ich will nicht lügen, fünf, doch gut für sie) / Sind nichts, wenn sie vorbei sind.«[78] Und Kunerts Bekenntnis zu Catull (»Nun wollen wir / uns zu unseren Geschlechtsteilen / bekennen: / auf die Catullsche Weise«) ist ein wesentlich literarisches Bekenntnis, zudem auch, wie eine Rezension vermerkt, durch das selbstverständliche und »scham-lose« Verhalten der jungen Generation überholt worden[79]. Aber eben diese generelle Entsublimierung des erotischen Bereichs ist in der DDR bisher lyrisch nicht thematisiert worden, was mit dem Fehlen jener markt- und modebestimmten Tendenzen zusammenhängen mag, wie sie in der Bundesrepublik zu Pop- und Underground und zu der Literatur einer sogenannten ›neuen Sensibilität‹ geführt haben. Läßt man also die lyrische Sentimentalisierung beiseite, wie sie auch in der DDR anzutreffen ist, so überzeugt die erotische Thematik am ehesten dort, wo sie mit dem Alltag verbunden wird und das Verhältnis der Liebenden als Modell gesellschaftlicher Solidarität vorgeführt wird. Liebe erscheint als Möglichkeit, die Gefährdungen durch Umwelt und Geschichte zu bestehen:

Gelehnt aneinander, mit
maßvollem Eifer sich zustrebend,
jetzt unbehelligt von Stürmen,
nicht Erdbeben erwartend noch
Feuersbrunst, die Hand unterm
Manchester, auf deiner Haut ⟨. . .⟩[80]

Liebe – Liebe im weitesten Sinn als menschliche Solidarität – erweist sich immer wieder als dialektischer Kontrapunkt zu einer von Arbeit bestimmten Gesellschaft. Sie ist das, was den Alltag transzendiert und doch auf gleichsam natürliche Weise zu ihm gehört. Ähnliches gilt auch für andere alt-neue Themen, wie sie seit Mitte der sechziger Jahre für die Lyrik der DDR zunehmend von Bedeutung wurden: für die Natur, die Landschaft, die Reise, die ältesten oder neuesten Freizeitbeschäftigungen, schließlich für so urtümliche sinnliche Genüsse wie Essen und Trinken. Unmöglich, die Modifikationen dieser Themen auch nur ansatzweise sämtlich hier zu explizieren; etwa zu zeigen, wie es nach Brechts Verdikt eine wachsende Zahl von Landschafts- und Naturgedichten gegeben hat und wie in den letzten Jahren die ökologische Thematik in einer bislang von Naturausbeutung und Fortschrittsglauben geprägten Gesellschaft an Bedeutung gewinnt: Volker Brauns ›Durchgearbeitete Landschaft‹ mit ihrer letzten Entwicklungsstufe einer sozialistischen Ferien- und Erholungslandschaft repräsentierte sozusagen schon ein überholtes Bewußtsein, während Heinz Czechowski bereits 1967 nach dem Preis des Fortschritts fragte: »Aber wenn da etwas verlorenging / Vom Liebesgeflüster, von / Der Fahrt auf dem Fluß, vom Grün / Und der Wölbung des Bergs, was / Blieb?«[81]

Wenn man die anderen eben genannten Themen ins Auge faßt, dann gibt allein ihre Häufigkeit und jeweilige Akzentuierung Hinweise auf entwicklungsgeschichtliche und gesellschaftliche Unterschiede zwischen den beiden deutschen Staaten. So ist das, was man den ›Mittelmeertourismus‹ der westdeutschen Lyrik in den fünfziger Jahren nennen könnte, nicht bloß zeitlich früher als der ›Schwarzmeertourismus‹ der DDR-Lyrik in den sechziger Jahren, es sind auch inhaltlich und substantiell unterschiedliche Phänomene: exotistische und bildungsbefrachtete Transgression oder Regression hier, reale, wenn auch begrenzte Horizonterweiterung und Entlastung vom schwierigen, nüchternen, ›kleinen‹ eigenen Land dort. Sarah Kirsch publizierte bereits in ›Landaufenthalt‹ (1967) eine Reihe von Reisegedichten, besonders zu Schwarzmeer-Eindrücken (später auch mit solchen aus Rußland und der Provence). Ihr Gedicht ›Rückkunft‹, worin sie einer Freundin auf dem Land von ihren Reisen erzählt, bezeichnet sehr schön die Funktion solcher Reiseeindrücke: »ich schlafe sehr gut dort am Rande der Welt / nachdem / ich sie gierig machte auf Schiffe und Meere«.[82] Reisegedichte vermitteln eine Kompensation der Enge und Provinzialität, etwas von jener Sinnlichkeit, wie sie im Alltag der DDR (und gewiß nicht nur dort) entbehrt wird.

Kompensatorische und entlastende Funktion haben gewiß auch Tätigkeiten und Beschäftigungen, wie sie in der westdeutschen Lyrik kaum, in der DDR-Lyrik dagegen überraschend häufig Themen von Gedichten, d. h. poesie-würdig werden. Es gibt zahlreiche Gedichte über diverse Sportarten (gesammelt in der Anthologie ›Olympische Spiele‹), darunter bemerkenswert viele Gedichte über das Angeln, aber auch übers Radfahren (Mickel) und Motorradfahren (Czechowski); es gibt aber auch schon eine Tradition der Koch-, Eß- und Trinkpoesie, die nicht bloß baalische Weltlust im Sinne des frühen Brecht mit materialistischer Weltaneignung verbindet, sondern auch kompensatorische Funktionen im Sinne säkularisierter Rituale übernehmen dürfte. Zentral für diesen Komplex ist Andreas Reimanns Ode ›Rede an eine reichliche mahlzeit‹, in der das Essen zum potenten Weltvorgang und zur genüßlichen Reproduktion wird:

> Nun hab ich gegessen, ich trink
> die sandfarbnen biere, den ziemlich verschnittenen schnaps,
> ganz ausgefüllt bin ich mit welt und mit mir und verdaue.
> Fast alles verdau ich. Ich preise die köche, ich sag:
> die köche verbessern die erde.[83]

Das läßt sich als hedonistische Kontrafaktur zu Mickels ›See‹ und seiner anarchisch-selbsthelferischen Attitüde lesen. Es wird freilich auch relativiert und (freundschaftlich) kritisiert durch Manfred Jendryschiks Replik ›Das Mahl. Für A.R.‹. Auch hier wird das Mahl als dionysische Kommunion der ›Kumpane‹ gefeiert, aber auch ein nüchternes, ernüchtertes Fazit gezogen:

> So. Das ist ein Fressen demnach, und das war's. Und
> plötzlich: die Ruhe. Sie setzt sich, aufmerksam, zu
> uns, zeigt, wie sie ist die Tafel, nun Skelett Haut Schuppen
> das Zerschrammte. Und andres Licht; grüßend
> den nackten Teller mit den Worten: Ausgenützter!
> das ist dein Ende. Schluß! jetzt, flüstre ich
> komm uns, Spätrer, Tag
> Gebrechlicher, ein Mittwoch wie gewohnt[84]

Auch dieses Gedicht über das Essen ist eine untergründige gesellschaftliche Allegorie; sie handelt vom Alltag des Zeitalters, von den Mühen der Ebenen, vom »Mittwoch wie gewohnt«.

Noch ziemlich am Anfang jener Zuwendung zum Alltag, zur Realität, zu einer Erweiterung der Themen hatte Günther Deicke behauptet, der »Alltag unserer Republik« sei »ein Ereignis von Weltbedeutung«. Bei gleicher Gelegenheit, auf dem VI. Schriftstellerkongreß 1969, hatte er Sarah Kirsch eine »spätbürgerliche Position der Aussichtslosigkeit jeglichen Beginnens« vorgeworfen[85]. Das dabei inkriminierte Gedicht ›Schwarze Bohnen‹ war freilich eines der wenigen Gedichte, das den Alltag unbeschönigt und dennoch poetisch – nämlich in der Umkehrung der alltäglichen Vorgänge – zur Sprache brachte:

Nachmittags nehme ich ein Buch in die Hand
nachmittags lege ich ein Buch aus der Hand
nachmittags fällt mir ein es gibt Krieg
nachmittags vergesse ich jedweden Krieg
nachmittags mahle ich Kaffee
nachmittags setze ich den zermahlenen Kaffee
rückwärts zusammen schöne
schwarze Bohnen
nachmittags zieh ich mich aus mich an
erst schminke dann wasche ich mich
singe bin stumm

Die Autorin hat später für die Buchausgabe ›Zaubersprüche‹ (1972) das Gedicht um die ersten vier Zeilen verkürzt und damit etwas von der Provokation, aber auch vom Realismus des Gedichts fortgenommen: ein Indiz dafür, welche Probleme die ungeschminkte Darstellung des Alltags der DDR in der DDR aufwirft.

VIII Das Bewußtsein des Gedichts

Die Behauptung des Ichs – das zeigte schon Kunzes Rekurs auf die »Macht des Lyrikers« – hätte nicht geleistet werden können ohne ein neues Verständnis von der Bedeutung des Gedichts. Das gesellschaftliche, ja, wenn man will, politische Wesen der Lyrik in der DDR bestand ja zunehmend darin, daß nicht mehr oder weniger brisante Themen behandelt wurden, sondern daß die *Kunst,* das *Gedicht,* als Instanz angenommen und verteidigt wurde, die nicht mehr bloß zweck- und fremdbestimmt war. Gleichzeitig blieben aber die Forderungen der Partei und die ästhetische Doktrin des sozialistischen Realismus in Kraft, so daß es zwischen den Lyrikern und der Gesellschaft (wenn man so überhaupt pauschalieren darf), vor allem aber in der Reflexion des einzelnen Lyrikers zu Differenzen kommen mußte. So ist es kein gedankenloser Seufzer, wenn es bei Heinz Czechowski heißt:

Dichten ist schwer. Was
soll ich bedichten?: Die Bäume,
Die an den Hängen stehn,

Die milde Landschaft,
Die sanften Hügel? – Hier
Bliebe ich gern.[86]

Die Frage ist rhetorisch; offensichtlich will der Autor nichts mehr *be*dichten, d. h. etwas, das außerhalb ist, distanziert in Worte fassen. Der ›Stadtgang‹ – so der Titel des Gedichts – wird vielmehr zum Anlaß einer poetischen Reflexion, die zwar Anlässe zur Hand hat, aber nicht mehr ein vorgegebenes Thema, einen Gegenstand. Zwar verliert sich so das einzelne Sujet, aber eben in seinem Verschwinden wird die Frage nach dem Ganzen akut. Das flanierende lyrische Ich kann sich nicht mehr mit Details, mit Einzelfragen und Einzelantworten abgeben. Mit der Frage nach dem Ganzen wird auch das Problem der Wahrheitssuche akut:

Ach, Landsleute,
Ehrlich sein und
Sich nichts vormachen, so
Zwischen Leben und Tod
Leben, nicht
Für die Allmacht des Fließbands.[87]

Der Gedanke der Endlichkeit individueller Existenz, wie er ohne Beschönigung auch in den neueren Gedichten Kunerts ausgesprochen wird, zieht den Gedanken des Fortschritts, ja den der Geschichte überhaupt in Zweifel[88]. Czechowskis Bescheid kommt *ex negativo*: »Stadt, Bürgerinsel, / Nicht für die Geschichte / Leben wir hier«. Die hier angedeuteten Momente von Skepsis, Zweifel, Trostlosigkeit sind für Czechowski nicht Themen im konventionellen Sinn, sondern Resultate der Verfahrensweise des Gedichts und seiner immanenten poetologischen Reflexion. Diese Reflexion [→ 412 f.] erwächst aus der Frage, wie sich Realität und ihre Spiegelung im künstlerischen Bewußtsein auf offene, nicht vorgefaßte Weise zusammenbringen lassen. Indem das Gedicht sein Darstellungsproblem in sich aufnimmt, demonstriert es, daß die Realität und ihre Transponierung in Kunst voneinander nicht zu trennen ist. Ästhetiker und Kritiker in der DDR möchten dagegen die Autoren allzu oft auf eine vorgegebene Objektivität festlegen, denn nur so vermögen sie ideologisch und ästhetisch »Richtiges« von »Falschem« zu scheiden.

Nicht in seinen Details, aber in seiner generellen Problematik ist Czechowskis poetische Reflexion repräsentativ für einen nicht mehr allzu kleinen Teil der Lyrik in der DDR. Daß dieser Zug von Selbst- und Sprachreflexion erst in den siebziger Jahren deutlicher wurde, dürfte vielerlei Gründe haben, politische, gesellschaftliche, mit der historischen Situation der DDR zusammenhängende, aber auch solche, die mit dem Vordringen von Linguistik und Sprachreflexion zu tun haben. Zudem müssen bestimmte Sicherungen nicht mehr blockieren; der ästhetische Spielraum ist größer geworden. Das eigentliche Problem aber, das solche Reflexion bis heute und auch weiterhin belastet, ist gewissermaßen konstitutiv: Vor einer auf Dialektik und Historie abgestellten, am Materialismus orientierten Erkenntnis können Kunst und Literatur nicht als autonome Weisen von Erkenntnis und Erfahrung gelten. Wenn Inge von Wangenheim im Bestreben, der sozialistischen Kunst einen Rückhalt zu geben, sagt: »Die sozialistische Kunst verfügt zum erstenmal in der Kunstgeschichte über eine auf dem gesicherten Fundament *Wissenschaft* aufgebaute Theorie«, dann ist das aus der Sicht des Künstlers ein durchaus problematisches Angebot. Denn was soll er selbst dazutun, wenn es von dieser Theorie heißt: »Sie ist als Anwendung des Marxismus im Bereich der Kunst erkenntnistheoretisch zuverlässig, geschichtsphilosophisch richtig, gesellschaftspraktisch evident«.[89] In der ästhetischen *Vermittlung* von Erkenntnis, deren Sinn und Tendenz vorgegeben ist, wird Literatur in die sekundäre Rolle der Verbreitung, nicht der Erweiterung der Erkenntnis gedrängt – eine Rolle, die insbesondere dem Gedicht schlecht ansteht, wenn es sich mit der Affirmation des Bestehenden nicht begnügen will.Die zunehmende Selbstreflexion des Gedichts in der DDR läßt sich zum einen aus dem Selbstzweifel, zum andern aus einer neuen Selbstgewißheit des Gedichts erklären. Aber der Selbstzweifel dekuvriert sich oft als kokettes Understatement, wie bei Peter Gosse:

Drei Jahre, zwei Pfund Lyrik,
während mein Staat schuftet und schwitzt.
Schluß mit der Kindheit.
Ich werde exportreife Radars mitbauen,

werde Mehrprodukt machen,
werde mitmischen ⟨...⟩[90]

Es ist die etwas dünne Ironie dessen, der seine Zweifel vorgibt, um sich desto ungenierter dem Geschäft der Affirmation zu widmen. Lyrik ist, ernstgenommen, keine Sache der Kindheit. In Günter Kunerts Entwicklung hat das Verhältnis von Skepsis und Gewißheit einen ganz anderen Stellenwert. In seinem Band ›Im weiteren Fortgang‹ – dem Fortgang einer ideologischen Desillusionierung – gibt es eine ganze Folge ›Gedichte zum Gedicht‹. Kunert findet, daß durch die anderen Medien die Möglichkeit von Erkenntnis und Erfahrung noch nicht ausgeschöpft sind. So bleibt eine Lücke für »solche Gedichte / denen alles anvertraut / was aufgegeben ist«. Was in der Gesellschaft von der Gesellschaft *aufgegeben* war, blieb – jedenfalls in den noch in der DDR geschriebenen Gedichten – verschlüsselt, d.h. dem Leser zu prüfen überlassen. Gedichte dieser Art – so Kunert – sind jedenfalls »zur Unterdrückung nicht brauchbar / von Unterdrückung nicht widerlegbar / zwecklos also / sinnvoll also«[91].

Geraume Zeit vorher schon hatte Kunert angedeutet, daß es für die Lyrik der DDR darauf ankommen könnte, aus realen oder vermeintlichen Sicherungen herauszutreten:

> Daß Lyriker die Frage nach ihrer Wirksamkeit stellen, rührt daher, daß sie sich dem unbezweifelten Kodex der Kausalität unterwerfen, demzufolge jedes Unternehmen, und sei es das des Gedichteschreibens, ein konkretes, möglichst meßbares Ergebnis zeitigen müsse.[92]

Kunerts Plädoyer für ein »spezifisches Bewußtsein des Gedichts«, »das mit vielen anderen Bewußtseinsweisen zwar in unterirdischer Verbindung steht, doch nie in völliger Koinzidenz zu ihnen sich befindet«[93], ist ein wichtiges Zeugnis, das für die Emanzipation des Gedichts in der DDR steht. 1970 erschienen, markiert es den Beginn einer konfliktreichen Entwicklung, die mehr und mehr in die Aporie führte. Zwischen dem Bewußtsein des Gedichts und dem offiziell geforderten ›politischen‹ Bewußtsein gab es keine Vermittlung mehr. Das war nicht bloß Kunerts Fall und Problem, aber Kunert hat in den Jahren bis zu seinem Weggang aus der DDR diese Aporie am längsten und am deutlichsten ausgehalten, indem er noch das Verlöschen der Utopie, die Aufgabe der (politischen) Hoffnungen thematisierte:

Die Hoffnung aufgeben
wie einen Brief ohne Adresse
Nicht zustellbar und
an niemand gerichtet[94]

Noch diese Nachricht von der ›Aufgabe‹ war ja eine Flaschenpost und das heißt eine Hoffnung, eine Nachricht in eine immer dunklere Ungewißheit, in jenes Nirgend-Reich, das die U-topie ist. Womöglich war nun die Poesie, das Gedicht selbst die Botschaft und der Ort. Der Anklang an Benns Formulierung vom absoluten Gedicht – ohne Glaube, ohne Hoffnung und an niemand gerichtet – ist jedenfalls unüberhörbar. Kunert war schon lange isoliert in der DDR, endgültig jedenfalls, seitdem er sich im November 1976 für die Rückkehr Wolf Biermanns eingesetzt hatte. Im Herbst 1979 verließ er die DDR mit einem befristeten Visum. Bei seiner Ankunft in der Bundesrepublik erklärte er, er habe zuletzt keine Zeile geschrieben, weil er nicht mehr die Kraft für eine schöpferische Tätigkeit gefunden habe.

IX Am Ausgang einer Epoche

Man erwarte am Ende dieses Versuchs kein Resümee, das auf handliche Formeln bringt, was sich seinem Wesen nach der Katalogisierung verweigert und was, seiner Geschichte nach, noch nicht abgeschlossen ist. Wenn aber die Indizien nicht täuschen, befindet sich das Gedicht in der DDR am Ausgang einer Epoche, die stürmisch und optimistisch mit der ›Lyrikwelle‹ Anfang der sechziger Jahre begann. Eine neue Lyrik, eine neue Generation, neue Impulse, neue Talente in größerer Zahl sind nicht zu sehen. Die Generation Volker Brauns, immer noch repräsentativ für die Lyrik in der DDR, hat viel von den Hoffnungen zurücknehmen müssen, mit denen sie begann, oder sogar ihr Scheitern, ihre Desillusionierung eingestanden. Und das nicht bloß, weil etliche Lyriker – in Folge ihrer Proteste gegen die Ausbürgerung Biermanns – die

DDR verließen oder verlassen mußten. Der ›Fall‹ Biermann hat nur öffentlich gemacht, was als Aporie allmählich unübersehbar geworden war: die Unvereinbarkeit von geforderter Affirmation und von Wahrheitssuche im Gedicht. Noch im Weggehen der Autoren wird die Dialektik von Freiheit und Zwang deutlich. »Ich bin der Weggehetzte. / Nicht der erste, nicht der letzte«, schrieb Bernd Jentzsch[95], und Kurt Bartsch: »Wenn die Tünche aufgebraucht ist / Gehe ich fort, sage ich«.[96] Kein Zweifel, daß die Tünche aufgebraucht ist, auch für die, die in der DDR zurückbleiben. Wer von denen — wie Manfred Jendryschik — die Hoffnung auf den Sozialismus aufrechtzuhalten sucht, tut es im Bewußtsein, daß auf die Mühen der Gebirge die größeren Mühen der Ebene folgen. Im Einleitungsgedicht von Jendryschiks Band ›Die Ebene‹ heißt es: »Ein Leben / reicht doch, ein Land, eine, verschrumpelnde, Zuversicht«.[97] Präziser läßt sich die Begründung auszuharren kaum geben. Der Glaube an den Sozialismus wird zur Sache des *credo quia absurdum.*

Auch in dieser Situation erweist sich Volker Braun als der wichtigste Repräsentant seiner Generation. Seine literarische und politische Position erscheint immer noch fest und schwer erschütterbar; aber es läßt sich nicht übersehen, daß es mehr und mehr eine einsame Position zu werden droht. Sein zuletzt (und nur in der DDR) erschienener Band ›Training des aufrechten Gangs‹ (1979) enthält Zeugnisse kaum verhüllter Verzweiflung, aber auch — zu Anfang der ersten Sequenz ›Ist es zu früh. Ist es zu spät‹ — ein einsam-heroisches ›Statut meiner Dauer‹, gedacht als Konstitution »Für eine Verschwörung der Gleichen«:

Vor allem aber, entgegen dem äußeren Anschein
Versammle ich in mir
Die Freude, den unbedenklichen Stolz
Das Aufatmen bei der Ankunft
Der Wahrheit[98]

Volker Braun, und einige andere Dichter mit ihm, versucht in seinen Gedichten immer noch, die Möglichkeiten für solche »Ankunft der Wahrheit« offenzuhalten.

Hans-Jürgen Schmitt

Die journalistische Bedeutung
neuerer Erzählformen

I Die Situation in den siebziger Jahren

1. Öffentlichkeit und Information

Die Beziehung von Literatur und Gesellschaft ist in den siebziger Jahren in ein neues Stadium getreten. Die Partei *kam nicht umhin* − so etwa drückte es Jurek Becker in einem ›Spiegel‹-Interview[1] aus −, dem gewachsenen Selbstverständnis vieler Schriftsteller den Spielraum nun offiziell zuzugestehen, den sie sich in einem mühsamen Prozeß der Selbstfindung schon erkämpft hatten.

Der ›sozialistische Realismus‹ als Schreibverpflichtung zu einer interessenbedingten Auslegung gesellschaftlicher Wirklichkeit hatte mehr und mehr an Einfluß verloren. Jetzt wurden viele Funktionen, die − nach Thomas Brasch − eigentlich der Journalismus hat, von der Literatur übernommen.[2] Und Franz Fühmann stellte in einem Interview in der ›Zeit‹ fest:

»Literatur bei uns hat in weit größerem Maß als wohl bei Ihnen auch außenliterarische Funktionen − der Information, der Alltagskritik.«[3] So besetzt die neue Literatur oft Themen, die wegen der offiziellen Sprachregelung verschleiert werden oder gar nicht zur Sprache kommen. Dieser »Ersatzfunktion für Journalismus«[4] gilt es genauer nachzugehen, d.h., welche nicht-fiktionale Funktion übernimmt die neuere Literatur und welche ›Texte‹ verarbeitet sie?

Das politische System, wie es durch die Bürokratie etabliert worden ist, besitzt ja nach den Analysen Rudolf Bahros kein

soziales Organ für unvoreingenommene Erkenntnis, für eine objektive Analyse der bestehenden Verhältnisse. In jede Untersuchung gehen von vornherein interessierte Prämissen ein, die die Grundstruktur der sozialen Tatsachen verfälschen, ehe auch nur der erste Blick darauf geworfen wurde.[5]

Diese Einstellung hat Folgen für die öffentliche Meinungsbildung in der DDR. ›Information‹ und ›Öffentlichkeit‹ sind nämlich nahezu identische Begriffe, weil sie einer parteilichen »Wertsetzung«[6] unterliegen; denn Informations- und Meinungsfluß sind zentralistisch gesteuert. Robert Weimann hat die DDR-Öffentlichkeit als »eine Agentur der Sozialisation, ein Moment der Organisation sozialistischer Lebens- und Denkprozesse«[7] beschrieben, gleichzeitig aber eingeräumt, daß Abstand zu nehmen sei von einer sozialistischen Öffentlichkeit »als konfliktfreier Ausdruck einer Menschengemeinschaft«[8]. Solange sich jedoch zum Beispiel die Aufgabe des Journalismus in der DDR darauf beschränkt, das System zu propagieren und die Öffentlichkeit zu kontrollieren[9], und die parteiliche Informationsethik darauf hinausläuft, es müßte im »Interesse der Allgemeinheit und zu ihrem Schutz ⟨. . .⟩ sorgfältig ausgewählt werden ⟨. . .⟩, was man der Allgemeinheit mitteilen kann«[10], solange muß eine Literatur, die von einem ästhetischen und politischen Selbstverständnis ausgeht, noch andere, über sie hinausreichende und sie auch überfordernde Aufgaben übernehmen [→ 337 f.].

2. Individuelle Erfahrungskonzepte

Schriftsteller der mittleren, aber auch einige der älteren Generation haben inzwischen zu ihren Erfahrungskonzepten gefunden und eigene Schreibweisen entwickelt; sie geben Antworten auf die Krise des sozialistischen Wertsystems, das bei seinen ›Grundwerten‹ stehengeblieben ist. Denn immer noch greift der offizielle Diskurs nicht über die Grundwahrheiten von ›Antifaschismus‹, ›Humanismus‹ und ›Frieden‹ hinaus, immer noch fehlt eine differenziertere Konzeption, die die Bedürfnisse und Wünsche des einzelnen stärker berücksichtigt.

Daher mußte allmählich eine nicht unbeträchtliche Zahl von Autoren *Schreiben* als Abweichen auffassen – nicht von der Idee des Sozialismus, sondern von dessen durch die Partei festgelegtem Programm und seiner davon abhängigen normativen Ästhetik des sozialistischen Realismus. Christa Wolf hatte auf der 2. Bitterfelder Konferenz 1964 gefordert: »Es sollte ruhig mal einer über das

Abweichende schreiben«[11], bevor sie diese Forderung dann seit Ende der sechziger Jahre selbst in ihren Werken wahrzumachen begann.

Als man den Künstlern und Schriftstellern auf dem VIII. Parteitag 1971 den ›Meinungsstreit‹ wie ein kostbares, bislang von der Partei gehütetes Gut zugestand und Honeckers Satz, wer von sozialistischen Positionen ausgehe, für den könne es keine Tabus geben[12], als eine relative Freiheit für die Künste ausgelegt wurde, da war nicht einfach ein Bann gebrochen, sondern die Partei zollte nur einer längst schon in Gang gekommenen Entwicklung Tribut. Spätestens nach der Zwangsemigration von Wolf Biermann 1976 wurde die Vermittlung aller Werte durch die staatstragende Ideologie bei sehr vielen als ein immer stärker sie persönlich herausforderndes Problem erkannt.

Was aber ist dies Abweichende, andere? Es muß wohl von dem handeln, was mit viel verbalem und physischem Kraftaufwand von der Partei verdrängt wird. Wie sehr das gesellschaftliche Gleichgewicht eine Illusion ist, erklärt beispielsweise der Satz von Thomas Brasch, der wie eine Warnung gelesen werden muß: »Nichts trifft sie mehr, als wenn wir beginnen, über unsere Erfahrungen zu reden.«[13] Gerade diese Erfahrungen, von denen die jüngeren Autoren am Beispiel von Jugendlichen in Prosatexten und Erzählungen berichten, prägen einen wesentlichen Teil der neueren Literatur. Hinter ihr steht als Schlüsselerlebnis Prag 1968: Aus Solidarität mit den Betroffenen mußten etliche DDR-Jugendliche entweder eine Zeitlang in die Gefängnisse oder sie wurden in die Produktion geschickt. Ihr junges Leben ließ sich nicht mehr in Einklang bringen mit einer Moral, die ausschließlich durch die herrschende Ideologie abgesichert war. Der Widerspruch zwischen Ideologie und eigener Erfahrung, zwischen sozialistischem Schein und sozialistischem Entwurf ist deshalb ein entscheidender Ausdruck dieser Literatur. Inwieweit darf da ein literarisch formulierter sozialistischer Anspruch Gültigkeit beanspruchen vor dem allumfassenden einzigen, der ja durch eine normative Sprachregelung festlegt? In dem Text ›Kleine Schule der Poesie‹ von Hans Joachim Schädlich heißt es in dem Bericht über das Verhör eines Dichters:

〈...〉 was überhaupt Wahrheit heiße? Er meine Wahrheit, die nur die seine sei, nicht die anderer. Keiner wolle seine hören, die zu klein sei vor einer größeren. Die größere aber rücke auch seine kleine zurecht 〈...〉[14]

Gemeint ist die Wahrheit, die die Handschrift der Partei trägt; jedoch beim bloßen Ausschmücken dieser Handschrift wollen sich nicht mehr alle Autoren aufhalten.

3. Volker Brauns Dialektik: ›Auf andre Art Hoffnung‹

Volker Brauns Notate ›Auf andre Art Hoffnung‹, 1967 entstanden und als einziger Text nicht in der Leipziger Reclam-Ausgabe von 1975 ›Es genügt nicht die einfache Wahrheit‹ enthalten, sondern nur in der Lizenzausgabe der edition suhrkamp von 1976 abgedruckt, veranschaulicht besonders eindrucksvoll, welche Haltung für die eigentlich sozialistisch-demokratischen Werte praktiziert werden müßte. Es handelt sich um eine – wie immer bei Braun – *dialektisch* aufgebaute Kritik der Parteiideologie, der Haltung, die sich in ihr ausdrückt und zugleich um eine Sprachkritik; er versucht, aus dem Mangel, der sich aus einer offiziell mitgeteilten Nachricht ergibt, ein Moment von Kritik *und* Hoffnung zu entwickeln:

Auf einer zentralen Sitzung wurde der Vorsitzende einer Wahlkommission berufen. Die Zeitungen berichteten, der Veteranenklub Pankow habe gefordert, dem verdienten Mann diese Funktion zu geben.

Es ist ein Beschluß gefaßt worden, demokratischen Inhalts. Den Zeitungsmeldungen nach hat der Beschluß auch eine *augenfällig* demokratische Entstehung: er geht unmittelbar, auf direktem Weg, vom Volk aus, und zwar von den Veteranen in Pankow!

Es mögen nun sechs oder zwei Veteranen gewesen sein – der Vorschlag eines Klubs kann nicht zu einem solchen Beschluß geführt haben. Sondern. Sondern der Beschluß wurde autoritär gefaßt (nämlich von einer zum Zwecke solcher Beschlüsse gewählten Autorität: die damit ihre verlangte Arbeit tat, ihre vom Volk verlangte, das nichts dagegen hat, solange sie die Arbeit richtig tut) – und wurde nachträglich »demokratisiert«, das heißt: nicht etwa nur der Nutzen für DAS VOLK und nicht nur die Billigung durch DAS VOLK wurden behauptet, sondern daß DAS VOLK den Beschluß höchst eigenhändig erlassen habe, und nicht etwa eine Institution.

Dieser übliche Rummel, allem einen *zusätzlichen* demokratischen *Anstrich* zu geben, deutet auf ein starkes Abhängigkeitsgefühl der Gesetzgeber gegenüber dem Volk hin. Sie scheinen im Hinterkopf zu haben, das ganze Volk müsse jetzt und endlich vieles unmittelbar mitentscheiden. Das ist zwar eine Hauptsache, aber keine Tagesaufgabe: keine Aufgabe für nur einen Tag. Sie wird nicht gelöst, indem man eine Lösung vortäuscht.

Die Gesetzgeber aber wollen mitunter vergessen machen, daß sie Gesetzgeber sind, als dürfe man nicht wissen, daß sie es sind, als sei schlimm, daß sie es sind.

Das wiederum macht hoffnungsvoll.[15]

Der demokratische Zentralismus funktioniert bekanntlich pyramidal, von der Spitze der Parteihierarchie zur Basis der mittleren und kleinen Funktionäre. Der einzelne Bürger oder das Volk können nicht auf die gesellschaftlichen Prozesse Einfluß nehmen, was den Eindruck entstehen läßt, der Bürger habe für den Staat dazusein – eine Ansicht, die Braun später auch in seiner Prosa ›Unvollendete Geschichte‹ wiederum in Zweifel ziehen wird. Braun läßt den ideologischen Konflikt auf einer rein sprachlichen Ebene ausbrechen. Die Reaktion des Autors auf eine Zeitungsmeldung als Triebfeder seines Textes wird sofort vom zweiten Abschnitt an hergestellt. Denn die Mitteilung (durch ein Zitat) über eine legale politische Entscheidung interpretiert diese falsch und verwischt die politischen Widersprüche, die Braun erst aufdeckt: »demokratischer Zentralismus« (unvereinbar mit) »sozialistischer Demokratie« – einem Gegensatz, dem wiederum die Dichotomie Volk und Funktionäre zu Grunde liegt. Und ebensowenig besteht ein direkter Zusammenhang zwischen einer »zentralen Sitzung« und dem »Veteranenclub« sowie dem »demokratischen Inhalt« und der »demokratischen Entstehung«; auch besteht ein Unterschied zwischen einem »autoritär gefaßtem« Beschluß und einem »eigenhändig erlassenen«. *Institution* und *Volk* tragen nicht *gemeinsam* zur demokratischen Entscheidung bei. Brauns dialektische Gedankenführung (Abschnitt 1–3) wird im vierten Abschnitt übergeleitet in eine ironische Kritik, die sich mit dem »zusätzlichen demokratischen Anstrich« beschäftigt. Deutlich ist, daß Braun nicht die getroffene Entscheidung, sondern nur deren Auslegung ironisiert – als starkes Abhängigkeitsgefühl des Gesetzgebers. Dies und die Frage nach dem unmittelbaren Mitentscheiden durch das Volk werden jetzt als manifeste Tatsachen aus der manipulierten Nachricht herausgelesen: indem er mit Hilfe des Eingangszitats das offizielle Programm verarbeitet. Die herrschende Rede wird umgedeutet und noch verstärkt durch den dreifachen parataktischen Satz des Schlußabschnitts und die Schlußpointierung, die auf den Titel des Textes zurückweist.

Brauns Notat ist also deshalb ein wichtiger Text, weil er durch sein dialektisches Sprachverfahren die Überwindung der Kluft von Partei und Volk anstrebt. Nicht ein beklagenswerter Zustand steht im Kreuzfeuer der Kritik, sondern die Sprachkritik führt in einer dialektischen Bewegung ein Moment von Hoffnung mit, was Titel und Schlußzeile durch einen literarischen Bezug aufdecken. Sie führen auf ein Shakespeare-Zitat aus dem ›Sturm‹ zurück, das wiederum für den ersten Kulturminister und Dichter der DDR, Johannes R. Becher, von programmatischer Aussagekraft für die Entwicklung des Sozialismus war. Aus einer frühen Tagebucheintragung (sie gab den Titel für einen ganzen Band) ›Auf andere Art so große Hoffnung‹ ist bei Braun eine ernüchternde Verkürzung geworden. Shakespeare, von Becher zitiert, lautet jedoch: »Aus diesem ›ohne Hoffnung‹, ist / Auf ander Art so große Hoffnung ⟨. . .⟩«[16] Das war 1950. Brauns Notate stammt von 1967. Es wird sich zeigen, wie dieser kritisierte Tatbestand kollektive Interessen der Bürger fundamental berührt und nicht ohne Wirkung auf einzelne Texte der Autoren bleibt.

II Text und Gegentext

1. Der Generationskonflikt

Einem jungen DDR-Bürger[17] wird in seiner Gefängniszelle eines Nachts ein Zettel vor die Nase gehalten, worauf die Mitteilung steht, daß seine Eltern – der Vater Altkommunist und Diplomat, die Mutter Jugendrichterin – sich vom Sohn losgesagt haben. Diese Nachricht hat zur Folge, daß er sogleich in die Bundesrepublik abgeschoben wird. Für den Sohn war die Okkupation von Prag

1968 ein tiefer Einschnitt in seinem noch jungen Leben. Er hatte Flugblätter verteilt und war deswegen zu eineinhalb Jahren Jugendstrafe verurteilt worden. 1972 wird er erneut verhaftet, weil er ohne Genehmigung bei einem Vierländertreffen mit den sozialistischen Bruderstaaten seine Lieder gesungen hatte, darunter eines, das von einer Mutter berichtet, die in vier Revolutionen vier Söhne verliert.

Der Konflikt zwischen Eltern und Kindern, zwischen Vätern und Söhnen kann durch den starken Einfluß, den der Staat auch auf die Familie unmittelbar ausübt, schwerlich nur als privater, familiärer Zwist abgetan werden, sondern er wächst sich, wie sich an der Stellung vieler Eltern zeigt, zu einem Konflikt mit der Staatsautorität aus. Jene ältere Generation muß die Gegenwart schon deshalb in einem helleren Licht betrachten, weil sie sie immer an einer finsteren Vergangenheit mißt: Sie spricht darum eine gänzlich andere Sprache als die Jugend. Verkörpern die Eltern auch den Staat, dann wirkt sich Familienautorität auch als Staatsautorität aus. Verstrickungen in Widersprüche können da nicht ausbleiben. Als Vorbilder *und* Repräsentanten des Staates werden die Eltern nur widerwillig akzeptiert, weil Kinder und Jugendliche Vertrauen und Schutz suchen.

Diese Auseinandersetzung mit einer Autorität, die eine Doppelrolle einnehmen muß, blieb aus der Literatur lange Zeit verbannt. Noch in Klaus Schlesingers Erstlingsroman ›Michael‹ (1971, als Lizenzausgabe des Benziger Verlags in ›Capellos Trommel‹ – so auch der ursprüngliche Arbeitstitel – umbenannt) wurde der zentrale Vater-Sohn-Konflikt in abgemilderter Darstellungsweise in die Suche nach dem wahren Bild des Vaters umgedeutet. Das sollte sich in den siebziger Jahren ändern. Empörung und Protest nahmen zu, zum Beispiel in Ulrich Plenzdorfs ›Neue Leiden des jungen W.‹ (1973) und seinem 1974/75 entstandenen Prosatext ›kein runter kein fern‹[18]; in dem Roman ›Die Interviewer‹ (1973) von Karl-Heinz Jakobs; in Erzählungen von Erich Loest, Volker Braun und Thomas Brasch, um nur einige herausragende Autoren zu nennen.

2. Thomas Braschs ›kultureller Text‹: ›Fliegen im Gesicht‹, ›Und über uns wölbt sich ein Himmel aus Stahl‹

Der völlig verschiedenen Vorstellung von Leben, Gesellschaft oder geschichtlicher Verantwortung entsprechen unterschiedliche Sprech- und Denkweisen. In der Erzählung ›Fliegen im Gesicht‹ von Thomas Brasch spricht z. B. jeder der beiden ›Kontrahenten‹ einen anderen *Text,* zwei anfänglich einander fremde Generationen mit sehr unterschiedlichen Wertvorstellungen prallen in Rede und Widerrede aufeinander: »Das klassische Paar: Junger Bürger vor der Flucht trifft auf Veteran der Arbeiterbewegung«,[19] wie Brasch seinen ›Helden‹ Robert ironisch feststellen läßt. Da scheint zunächst keine Verständigung mehr möglich, weil der eine mit den allgemeinsten Errungenschaften des Sozialismus prahlt, der andere den Schein individueller Freiheit im Kapitalismus dagegenstellt:

⟨. . .⟩ Robert ging zum Fenster. – Was siehst du. Sag mir, was du siehst. Vor dreißig Jahren hättest du nichts gesehen als Trümmer und Dreck. Und was siehst du jetzt? – Kästen, sagte Robert, Riesenknast mit Grünanlagen. – Ach, so schrie der Alte, Ruinen sind wohl schöner, Frieren ist wohl besser.[20]

Verhindern hier zwei altbekannte Argumentationsmuster (ideologische Klischees) eine mögliche Kommunikation, so wird im Fortgang des Dialogs das Gespräch offener, weil Robert das Schwarz-Weiß-Denken aufgibt und mehr von seiner persönlichen Situation ausgeht. Auch der Alte macht daraufhin einen Schritt von den eindeutig definierten kollektiven Instanzen (d. i., vom ›Wir‹, dem ›Veteran der Arbeiterbewegung‹, ›Kommunist‹, ›Sozialist‹) zum ›Ich‹; dadurch wird die ideologische Bewertung des Spanischen Bürgerkriegs durch die eigene Erfahrung relativiert:

Warte, rief der Alte. Es ist meine Schuld. Ich wollte dir etwas anderes sagen. Ich war in Spanien. Wir haben gekämpft und wir wußten wofür. Ich habe die Fliegen auf den Gesichtern der Toten gesehen. Ich war ein junger Mann. Aber sie haben uns fertiggemacht. Als es keinen Sinn mehr hatte, sind wir über die Grenze gegangen. Es war nicht einfach, doch als es nicht weiterging, mußten wir über die Grenze.[21]

Obwohl Brasch Robert sagen läßt »Du hattest deinen Text, jetzt habe ich meinen«,[22] wird die Ambivalenz des Begriffs ›Grenze‹ thematisiert: »Über welche Grenze kann ich gehen, wenn es keinen Sinn mehr hat.«[23] Im Bürgerkrieg kann die Grenze noch als existentielle Situation begriffen werden, die Staatsgrenze der DDR hingegen nur realpolitisch; sie eben stellt Robert in Frage. Der unterschiedliche Standort bzw. der Perspektivenwechsel beider zeigt: Jeder muß wohl bei seinem *Text* bleiben, also gibt es keine Verständigung über die Generationen hinweg. Und deshalb auch nur die Gemeinsamkeit im Tod: »Wir haben nichts gemeinsam, sagte der Alte ⟨. . .⟩ Doch, sagte Robert, wir haben beide Angst vor den Fliegen im Gesicht.«[24]

Thomas Brasch, Jahrgang 1945, Sohn eines hohen Funktionärs, war nach dem Abitur Setzer, Schlosser, Schlagzeuger. Vom Studium der Journalistik wurde er exmatrikuliert wegen »Verunglimpfung führender Persönlichkeiten der DDR« und wegen »existentialistischer Anschauungen«, 1968 verurteilt zu zweieinhalb Jahren Gefängnis wegen »staatsfeindlicher Hetze«[25], Haftentlassung auf Bewährung – das sind die Stationen einer Biographie, deren Spuren sich in der Fortsetzung der Robert-Geschichte ›Und über uns schließt sich ein Himmel aus Stahl‹ wiederfinden. Wer ist mit »uns« gemeint? Das Schicksal eines Teils der jungen Generation und insbesondere Roberts Tod an der Mauer. Doch nicht dies Ende macht die Geschichte aus, sondern aufschlußreich ist, wie in der Erzählung die sprachliche Beziehung zwischen Text und Gesellschaft ideologiekritisch hergestellt wird. Es ist die Situation eines Verhörs (wegen Roberts Fluchtversuch), bei dem der Erzähler der Geschichte ›auspacken‹ soll – als angeblich Beteiligter, aber er spricht als Betroffener zu seinem Leserpublikum: Nur in der Erinnerung läßt er Szene auf Szene assoziativ folgen, und daraus ergibt sich auch die Allgegenwart der Staatsmacht und ihr Verfügen über den einzelnen. Der Erzähler lernt Robert bei einer Filmvorführung von Erik Neutschs ›Spur der Steine‹ kennen. Wieder stehen sich bei der Reaktion auf den Film im Zuschauerraum eindeutig kollektive und persönliche Ansichten schroff gegenüber: »Verhöhnung unserer Staatsmacht ⟨. . .⟩ Wir lassen unseren Staat nicht in unseren Kinos beleidigen.« Antwort von Robert: »Wessen Staat?« ⟨. . .⟩ er beleidigt die Arbeiterehre »⟨. . .⟩ Provokateure«[26]. Alle nacheinander geschilderten Episoden der jungen Leute stellen eine Abweichung vom offiziellen Programm dar, während das eigentliche Leitmotiv, das der Ungebundenheit, durch den Bezug auf Zitate und Namen der anglo-amerikanischen Musik ständig signalisiert wird (Rolling Stones, Frank Zappa, Bob Dylan und den American Folk Blues), ja zum Klingen kommt. Der Blick dieser Jugend aber soll von Staats wegen eigentlich auf die »angeblich großen Dinge«[27] gelenkt werden, damit sie ihre eigenen Erfahrungen nicht ernst nehmen, heißt es in der Erzählung. Neben den hier problematisierten ideologischen Standards (Heroisierung der Arbeit, Antifaschismus, der Staat als Übervater) werden »die großen Dinge« als Sprache der Propaganda entlarvt:

> Ich hob eine Zeitung aus dem Sand. Sie war von Fett durchtränkt.
> Kampf um die Sicherung des Friedens wichtigste Aufgabe unseres Staates, las ich. – Amen, sagte Robert. – Ich schlug die letzte Seite auf. – Konzert. Morgen findet im Friedrichspalast das angekündigte American Folk Blues Festival statt. Die Künstler, Kämpfer gegen die Rassendiskriminierung, sind gestern in unserer Hauptstadt ⟨. . .⟩[28]

Die kollektiven Instanzen (›Staat‹ und ›Kämpfer‹) sind in diesem Zusammenhang nicht gefragt, sie sind die Anti-Subjekte. Denn Befreiung wird durchs Gefühl, durchs Eintauchen in Musik gesucht: »Every day I have the blues. – Jawohl schrie Robert.«[29] Westliche Musik ist Ausdruck einer Weltanschauung, die gegen eine rigide Ideologie gerichtet ist.

Die Erzählstruktur als sprachliche Ausdrucksform einer gesellschaftlichen Situation, in der sich die junge Generation abmüht, ihren Standort zu finden, entsteht aus der Kritik an ideologischer Terminologie. Diese wird mit den durch die Musik gemachten subjektiven Erfahrungen konterkariert. Indem Brasch in seiner Erzählung politische, lebensphilosophische und ästhetische Diskurse miteinander konfrontiert, entsteht erst das eigentliche Spannungsfeld des Textes. Ironisiert werden die Leere ideologischer Zwangsmechanismen, die Gängelung des einzelnen durch die kollektiven Grundwahrheiten des realen Sozialismus und das Abweichen der Jugend von der Fragwürdigkeit dieser nur durch Ideologie vermittelten Werte. Diese exemplarische Kritik, daß die subjektiven Interessen der neuen Generation auch die neuen kollektiven Interessen sind, machen die Erzählung von Brasch zu einem kulturellen Text, hinter dem dessen eigene Lebenssituation steht. Er selbst hielt seine Biographie »repräsentativ für eine ganz bestimmte Generation ⟨. . .⟩ ich hatte das Gefühl, die erreiche ich so oder so, weil ich so aufgewachsen bin wie die ⟨. . .⟩«[30]

3. Volker Brauns Umformung der herrschenden Rede: ›Unvollendete Geschichte‹

Gegen das offizielle Programm anschreiben hat das Wiedererstehen einer neuen Individualitätsliteratur zur Folge, die andere Maßstäbe setzt. So wird in Volker Brauns Prosa ›Unvollendete Geschichte‹ (1975 in Heft 5 von ›Sinn und Form‹ veröffentlicht, als Buch dann nur 1977 im Suhrkamp Verlag Frankfurt) der Herrschaftsdiskurs, in den die ganze Informations- und Parteiethik eingeht, der inhuman ist, radikal kritisiert [→ 418].

Ein Vater, Ratsvorsitzender des Kreises K., befiehlt seiner achtzehnjährigen Tochter Karin am Tag vor Weihnachten ohne Angabe des wirklichen Grundes, sie solle sich von ihrem Freund trennen, der ein Rowdy sei. Ein grundsätzlicher Konflikt bahnt sich an. Im Glauben an die Integrität des Vaters und im Vertrauen auf den Staat müßte die Tochter dem Wunsch des Vaters entsprechen und den Freund aufgeben. Das ›Programm‹ wäre damit erfüllt. Jedoch durch die Erschütterungen gewinnt sie neue, andere Einsichten, die sie schließlich zu einer Ablösung von allen staatstragenden Autoritäten einschließlich ihrer Familie, führen. Das verweist auf die Krise des politischen Wertsystems, die gleich am Anfang der Geschichte manifest wird:

> Es gab nämlich, hatte sie gelernt, nur zwei Plätze im Leben, zwei Positionen. Auf der einen waren die die ÜBERZEUGT waren und die andern überzeugen mußten. Der Vater und die Mutter gehörten auf jeden Fall dazu, und Karin und ihre Geschwister auch. Auf der anderen – die MUSSTEN ÜBERZEUGT WERDEN ⟨. . .⟩ Es gab dann noch eine dritte Position, aber die war ganz verloren. Das war die FEINDLICHE. Mit dem Feind diskutiert man nicht.[31]

Das Schwarz-weiß- bzw. Freund-Feind-Denken, das sich in den Stereotypen der Polit-Sprache spiegelt, wird zum beherrschenden, den Konflikt bestimmenden ›Text‹. Es ist die Sprache der Eltern, des Kaderleiters, des Parteisekretärs, des Stasi-Mannes und anderer, die sich parteikonform (rollenkonform), also nicht human verhalten. Die Tochter wird von den kollektiven Interessen (die die Instanzen vertreten) eingeschüchtert und bedroht: ›der Sozialismus‹, ›die Partei‹, ›der Staat‹, das ›Bezirksorgan‹, ›die Kaderakte‹.

Als sich herausstellt, daß der Verdacht der ›Republikflucht‹, der auf den Freund gefallen war, unbegründet und die Strafaktion gegen die Tochter ungerechtfertigt ist, wird mit einer typischen Feindbildstereotype der sozialistischen Propaganda argumentiert, die unliebsame Erfahrungen gern dem Klassenfeind anlastet: »›Das kannst du nicht der Partei zuschieben, das ist der Klassenfeind, der das hervorbringt‹«,[32] sagt ihr Vater. Als der Vater doch einmal aus der Rolle fällt und *als Vater* vom Bezirkssekretär *moralische* Unterstützung erhofft, weil er spürt, daß durch sein Verhalten seiner Tochter Leid widerfahren ist, antwortet dieser ihm mit politischen Allgemeinplätzen, mit der Konkurrenz zum Kapitalismus, wie sie als dualistischer Mythos immer als Rechtfertigung dienen mußte:

Wir leben in zwei Welten, oder drei, und leben mit drei Zeiten. Und eine schlägt mit der andern nach der dritten in uns oder neben uns. Wir müssen denken für alle drei und können handeln für das Drittel höchstens, das wir sind. Da überleg dir was. Der Wettlauf mit den Toten, wir Totengräber jagen dem Kapitalismus nach über den Friedhof unserer Pläne. Die Leiche legt einen Zahn zu, und wir können uns einen ziehn. Der Weg zur Überlegenheit: vor zurück zur Seite ran und so weiter. Das Kräfteverhältnis das magische Quadrat, auf dem wir kleben. Wir sind nicht nur wir, wir sind wir und nicht sie, wir gegenüber ihnen. Das ist die Spannung, die uns kribblig macht, die Belastung, die uns jagt und hemmt. Diese Geschichte – hat das ganze Land.[33]

Die einzige Stelle, an der für einen Augenblick ein humanes Gefühl zwischen den politischen Repäsentanten aufkommt, ist das Gespräch zwischen den Eltern über das Leben, ausgelöst durch das Becher-Gedicht ›Entlastung‹, das der Vater zitiert: Die Entlastung vom Amt (von der Partei), nach welchem er wieder im Leben ankommt. Während der Vater sich denkt, daß dies zutreffe, reagiert die Mutter sofort mit Stereotypen: »Es sei resignativ. Da fehle ihr der Inhalt, der Lebensinhalt. Es sei auch mehr ein Scherz. Das Leben sei doch die Funktion! Wenn man sie ausfülle.« Und sie endet wiederum mit definitorischer Gewißheit, die ideologischen Klischees zu Hilfe nehmend: »Der Sozialismus ist eine Wissenschaft, jedenfalls der reale ⟨. . .⟩«[34]

Nicht nur Bechers Zitat stellt eine neue Relevanz her; es folgen weitere literarische Zitate von Plenzdorf, Heiner Müller, Georg Büchner sowie aus dem Matthäus-Evangelium. Karin entfernt sich mehr und mehr von der kollektiven Heilsgewißheit, auch unterstützt durch die Lektüre der genannten Autoren. Die Umformung des literarischen Zitats führt die Auseinandersetzung auf eine neue Ebene: In Plenzdorfs ›Neue Leiden des jungen W.‹ ist es das Leid des einzelnen, das ihr ihre Situation genauer vor Augen führt. Den Anstoß dazu gibt die Aufnahme des ideologischen Verdikts von Honecker als Zitat aus der Zeitung:

> In der Zeitung hatte gestanden, der Verfasser versuche, seine eigenen Leiden der Gesellschaft ›aufzuoktroyieren‹. Das wäre, dachte sie jetzt, immerhin neu, daß das Leid des einzelnen die Gesellschaft stören würde. Da mußte der einzelne allerhand in ihr bedeuten ⟨. . .⟩[35]

Karins Ansicht, daß W. sich im Gegensatz zu Goethes Werther zu sehr nur an Äußerem stoße, statt den ›tieferen Widerspruch‹ im Inneren zu finden, ist zugleich eine solidarische Kritik des Autors an Plenzdorf und lenkt auf die Situation, in der Karin sich befindet, unmittelbar hin: »Wie würde ein Buch sein — und auf sie wirken, in dem einer heute an den Riß (der durch die Welt geht, d. Verf.) kam ⟨. . .⟩ in den er stürzen mußte. Sie würde das Buch vielleicht hassen.«[36] Karins Erfahrungs- und Lernprozeß läßt sie auf der nächsten Stufe, bei der Lektüre von Heiner Müllers Stück ›Philoktet‹, danach fragen, was in der Gesellschaft geschah, »daß es *soweit kam*«[37], während das Büchner-Zitat den kollektiven Akteur, dem sich alles unterzuordnen hat, in Frage stellt: »›Was ist denn nun das für ein gewaltiges Ding: der Staat?‹ (Georg Büchner)«[38] Schließlich die Bibel: Blätternd stößt sie auf eine Stelle aus »Ev. Matth. 18,7«[39]: »Doch wohl dem Menschen, durch welchen es vorwärtsgeht!« Im Kontext des vorausgegangenen Abschnitts bedeutet dieses Zitat eine ironische Montage, die auf den von der Ideologie besetzten Begriff der stetigen ›Vorwärtsentwicklung‹ anspielt; denn sie denkt kurz zuvor:

> Sie wußte, was das für Gedanken waren. Es war ein Selbstmord, nicht des Körpers, sondern des Denkens. Es war leicht, sie brauchte nur die Freunde nicht mehr sehn, die Genossen. Sich um das Politische LEBEN bringen. Sich diese LEBEN NEHMEN.[40]

Je weiter nämlich die Kenntnis von ihrer eigenen Lage zunimmt und der ideologische Boden immer heftiger schwankt, desto stärker ist die Erzählung auch ins Fragmentarische gelangt. Das hat mit der Umformung der herrschenden Rede und die durch sie vermittelte Parteiethik zu tun, die in den Mittelpunkt des Braunschen Textes rückt. Deshalb wird Brauns Kritik an Plenzdorfs ›Neuen Leiden des jungen W.‹ im Kontext seiner Diskurskritik auch verständlich: Ws. Jargon, seine Handlung bis zu seinem Unfalltod fordern bei aller Gesellschaftskritik doch auch noch öffentlichen Beifall. Die Auseinandersetzung mit dem ideologischen Jargon der Partei findet bei Plenzdorf noch auf den Nebenfeldern (Erziehung und Schule) statt.

III Erzähldramaturgie und ideologische Redeweise

1. Plenzdorfs Text ›kein runter kein fern‹

Die Sprache der Macht, die der einzelne zu spüren bekommt, ist von einer Reihe von Autoren in Erzählungen, mehr aber noch in kürzeren Prosatexten kritisch verarbeitet worden, und zwar ironisch und parodistisch, gelegentlich auch dokumentarisch. Kein Zufall auch, daß bei einer fast ›dramatisch‹ zu nennenden Inszenierung des ideologischen Diskurses oft der Jugendliche im Mittelpunkt solcher Texte steht, denn er hat sich ja noch nicht durch Beruf oder Funktion sozial etabliert. In einem System, in dem alle Anstrengungen auf Ausgleich und Stabilität hervorgekehrt werden, ist es aufschlußreich, wie sich die Staatsautorität zu seinen noch ›instabilen‹ Mitgliedern, den Jugendlichen, verhält.

Beispielhaft dafür ist Plenzdorfs Text ›kein runter kein fern‹, der weitaus entschiedener konzipiert ist als seine ›Werther‹-Prosa. Der sechzehn Seiten lange Text[41] entstand Mitte der siebziger Jahre, als sich längst abzuzeichnen begann, daß die vorsichtige kulturpolitische Öffnung nach innen schon wieder zurückgenommen wurde und die vom Staat gezeigte Liberalität dem einzelnen Bürger höchstens vorübergehend mehr Konsum gestattete. Eine wirkliche Entfaltung aller Produktivkräfte konnte durch die nach wie vor vorhandenen ideologischen Zwangsmechanismen, die den Alltag bestimmen, nicht stattfinden. Immer fragwürdiger wurde so — nicht nur für Künstler und Schriftsteller — ein statisch interpretierter Marxismus-Leninismus. Die Qualität von Begriffen wie ›Arbeiterklasse‹ oder ›Sozialismus‹, zur Lehre des Marxismus-Leninismus gehörend, ließ sich deshalb nicht mehr bestimmen, zumindest nicht durch die schroffe Gegenüberstellung von Sozialismus und Kapitalismus im Sinne von gut/böse, positiv/negativ, Freund/Feind. Je größer das ökonomische Gefälle von Ost nach West wurde, desto mehr mußte sich der ideologische Kampf in der DDR zwangsläufig verschärfen und desto hohler wurden die ihn tragenden Begriffe. Plenzdorf bringt sie in seinem Text zum Tanzen, er stellt sich dieser grundsätzlichen Auseinandersetzung, indem er das Wertsystem in seiner dogmatischen Fixierung satirisch und parodistisch mit James Joycescher Monolog- und Assoziationstechnik in Zweifel zieht. Die Leidensgeschichte eines zehnjährigen, leichtgestörten Jungen, der stottert und »kronischer Bettnässer«[42] ist (»Ich bin hilfser und blöd«), wird mit der geschichtlichen und ideologischen Situation der DDR um den 20. Jahrestag ihres Bestehens verknüpft. Die Textstruktur wird dabei aus der Umformung zahlreicher Textsorten gebildet: Die ›ND‹-Propaganda-Berichterstattung über die Parade wird in den Monolog des Jungen einmontiert, Zitate aus Westsongs und der DDR-Singebewegung, Kinderverse, Volksweisheiten, SED-Parolen, Reklamesprache und U-Bahn-Vorschriften, alles, was der Junge sieht und hört, woran er sich erinnert, als er mit der U-Bahn Richtung Berliner Mauer und Springerhaus fährt; denn entgegen dem Verbot des Vaters »kein runter kein fern!«, will er sich die Parade zum Jahrestag ansehen und Mick Jagger und die »Schdons« anhören, die einem

Gerücht nach am Springerhaus an der Mauer auftreten. Die assoziativen Verschleifungen und vor allem die Silben und Wörter ver-
stümmelnde Rede des Stotterers bilden den fiktionalen Diskurs,
der textsoziologisch eine bedeutsame Abweichung zum herrschenden Wertsystem darstellt: Die dramatische Instanz entsteht durch
die Auseinandersetzung des Jungen mit dem Vater und dem älteren Bruder; sie entwickelt sich aus der Umformung des Kain- und
Abel-Mythos. »Manfred der Bulle«, der ältere Bruder knüppelt in
einer Kirchenruine an der Mauer seinen jüngeren Bruder nieder;
dieses Ende (zugleich Schluß des Textes) wird vorweggenommen:[43]
Der Junge erzählt die Geschichte von Kain und Abel, indem er sie
auf seine Beziehung zu Vater und Bruder überträgt, die für ihn unter einer Decke stecken:

> Er machte ein zeichen an kain wahrscheinlich tinte und da durfte kei-
> ner kain totmachen, weil Er nämlich garnichts gegen kain hatte die steck-
> ten unter einer decke sondern gegen abl und kain konnte wegzieh und
> heiratn und alles und abl war tot was daran heilich sein.[44]

Diese Umdeutung des Mythos, es ist hier nur ein kleiner Ausschnitt wiedergegeben, (»Mein Vater hat nur heilige Schriften ⟨. . .⟩
was daran heilig«, bedeutet, er verhält sich wie ein Dogmatiker,
nicht wie ein Vater.), bildet die Grundlage für den syntaktischen
Ablauf des Diskurses, in dem alle wertbesetzten Begriffe und Vorstellungen ihrer ›Heiligkeit‹ satirisch-parodistisch beraubt werden.
So entsprechen auch den Gegensätzen Sozialismus/Kapitalismus –
Humanismus/Faschismus – Berlin-Ost/Berlin-West, familiär Va-
ter/Mutter (»Eure Mutter hat die Republik verraten ⟨. . .⟩ Ich will
das Wort Mama oder Mutter für diese Frau nicht mehr!«[45]) gut
und böse, intelligent und dumm bzw. schwachsinnig:

> Ihr Sohn ist nicht faul, und er hat sogar eine relativ gute Merkfähigkeit
> für ein schwachsinn. Schwachsinn ist doch nur eine Folge kapita warte
> mal also kapita wo soll im Sozialismus der Nährboden für Schwachsinn!
> Wo ist im Sozialismus der Nährboden für Krebs? Krebs ist Krank.
> Schwachsinn ist auch eine Krank. Lediglich die Ursachen für Krebs sind.
> Die Ursachen für Schwachsinn sind auch noch nicht, mein lieber Mann.
> Kein korrekter Vorgang hinter meinem Rück als Vat ⟨. . .⟩[46]

Durch eine parodistische Verzerrung des ideologischen Argumentationsmusters (der Stereotypen) wird der Gegensatz Sozialismus/Kapitalismus relativiert, so wie in der folgenden Textstelle die fatale Schlußfolgerung ›Arbeiterjunge‹ = Leistung = Gemeinschaft durch Sprachspielerei buchstäblich aufgelöst wird:

> Er ist Arbeiterjunge und er kann. Daß ich hier richtig verstanden werde. Ich will hier keinen Gegensatz zwischen Arbeitern und Söhnen von Frisören – frösen von sisören frönen von sisören frisen von sösören sösen von frisören – Schließlich sind wir alle eine große Gemeinschaft und wenn *er* so weiter, landet er noch in der HILFSSCHULE . . .[47]

Die Auflösung des hier lächerlichen Gegensatzes zwischen Söhnen von Arbeitern und Söhnen von Friseuren zeigt, wie der gesamte Text, daß die Repräsentanten des Staates (Vater/älterer Bruder) und die Werte, die sie vertreten, wenn nicht völlig depraviert, so zumindest nicht mehr als absolute Gegensätze lebendig bleiben. Die Aufforderung »Tod dem Faschismus«, die ja im Namen eines humanen Sozialismus geschieht, bleibt eine Formel, weil der Sohn den Vater nur als Erzieher und den Bruder nur als schikanösen Unterdrücker empfindet; denn eine humane Beziehung zwischen ihnen konnte nicht entstehen.

Mit dieser fiktionalen Montage tragender ideologischer Begriffe und Verhaltensmuster durch den inneren Monolog, der parodierend und durch satirische assoziative Sprachverschleifungen den herrschenden Diskurs umbildet, ist Plenzdorf ein sprachkritisches Universalexperiment geglückt, mit dem er die traditionellen Muster aufgibt und an moderne Schreibweisen anknüpft.

2. Jürgen Fuchs' fiktionaler Dokumentarstil

Zu den ›unsicheren Elementen‹ gehörte auch von seinem Alter wie von seinen Interessen (als angehender Schriftsteller) und seinem Freundeskreis her (Biermann und Havemann) Jürgen Fuchs, Jahrgang 1950. In einem Brief an seinen »Werten Genossen Honekker«[48] (zu diesem Zeitpunkt ist Fuchs noch SED-Mitglied) erläutert er sein literarisches Konzept wie seine damit zusammenhängende Einstellung zur gesellschaftlichen Realität:

> In meinen Prosastücken orientierte ich mich an Fakten und versuchte,

meine dazugehörigen Gedanken, Gefühle und Haltungen zu verdeutli-
chen. Dabei gehe ich von dem Wissen aus, daß unsere Gesellschaft nicht
konfliktfrei ist und erst am Anfang einer sozialistischen Entwicklung
steht ⟨...⟩[49]

Die Beschreibung der politischen Position enthält zugleich einen Bezug zum Alltag, der in ähnlicher Weise in Texten bei Stefan
Heym, Kurt Bartsch, Reiner Kunze, Frank-Wolf Matthies oder
auch in Franz Fühmanns Prosaband ›Bagatelle, rundum positiv‹ zu
finden ist.

In Fuchs' Text ›Das Erwachen‹ läuft die assoziative und para-
taktische Schreibweise auf eine satirische Verwandlung, auf eine
Umkehr des eigentlich Gemeinten der politischen Sprache hinaus.
»Ein anderer werden« meint im Sinn der Partei, ihr verfügbar zu
sein; aus der Sicht des Betroffenen kann sich aus diesem Wunschbild aber nur die Karikatur einer Persönlichkeit entwickeln:

Guten Morgen Herr Sekretär, ich erwarte Ihre Befehle, betrachten Sie
bitte aufmerksam meine willigen Augen, mein untertäniges Lächeln, meinen Kniefall, meinen Abgang. Vermuten Sie nicht eine neuerliche unver-
schämte Provokation, die den Gipfel des Erlaubten überschreitet, dreist
und frech ein Wunschbild karikiert: Ich bin es wirklich, ein williger Emp-
fänger Ihrer hohen Weisungen, weisen Sie mich nicht ab, Herr Obersekre-
tär, meine Frau, mein Kind, meine Konstitution, meine Karriere, meine
Hochachtung gilt Ihnen, stellvertretend für alle Behörden und Ämter,
was will ich mehr, als ein geachtetes Mitglied Ihres Vereins werden, dem
Sie vorstehen, verständnisvoll und weitblickend, so erhören Sie mich
doch.[50]

Im zweiten Abschnitt spricht die Stasi zunächst im Plauderton,
sie will sich nur mit ihrem Opfer ›unterhalten‹; das viermal verwendete »Guten Tag« ironisiert bereits die Ungemütlichkeit des beginnenden Verhörs.

Die uneigentliche Rede kann nicht zu einer Verständigung von
gleich zu gleich führen. Deshalb hat der betroffene Autor an einigen Stellen gegen die Uneigentlichkeit der herrschenden Rede die
Unmittelbarkeit der poetischen Metapher, seine Privatsprache, gestellt, die jede Doppeldeutigkeit zurückweist und die Kommunikation mit der falschen gesellschaftlichen Realität abbricht, weil die-

ser Weg, dieser »Kurs« (Fuchs in Anspielung auf den politischen Diskurs) der einzig noch mögliche ist: die totale Verweigerung. Der soziale Konflikt wird nun nicht mehr auf der Ebene des Stasi-Jargons erfaßt, sondern mündet in eine ›Privatsprache‹ als höchstem Ausdruck des Protests:

> Einfach liegen bleiben, die Angst unter beide Lider nehmen, kein Wort mehr, keinen Gedanken, der ausbricht und wegrennt und wer weiß wohin.
> Geben Sie mir das schriftlich.
> Schreib das auf, morgen kannst du es nicht mehr wissen wollen, morgen ist kein Tag mehr, nur noch Alltag, verlogen und hell.[50]

Durch die satirische Nachbildung und Umformung des offiziellen Textes entsteht aus der Betroffenheit des Autors ein neuer Texttypus: das literarisch-politische Protokoll.[52]

3. Stefan Heym; Klaus Schlesinger

Stefan Heyms Erzählung ›Mein Richard‹ in ›Die richtige Einstellung‹ (1976), die den Tatbestand »bei versuchter Republikflucht« und »wiederholte Verletzung des Paßgesetzes« zum Thema macht (Zwei Jugendliche überqueren, um in Westberlin ins Kino gehen zu können, vierzehnmal ungehindert die Mauer), verliert an erzählerischer Stringenz. Die Unangemessenheit staatlicher Reaktion auf den Vorfall wird mehr humoristisch als satirisch an offiziellen Formeln festgemacht. Da zu wenig umgeformt, wirkt das ideologische Begriffssystem nur als komisches Versatzstück.

Klaus Schlesinger gelingt dagegen mit seiner Erzählung ›Neun‹ in ›Berliner Traum‹ (1977) die Übertragung des Ikarus-Mythos auf die Situation eines Neunjährigen, der im Labyrinth von Ost-Berlin von fremder Welt umstellt ist. Die dramatische Zuspitzung entsteht durch semantische Gegensätze: Die Wirklichkeit der Erwachsenen wird als Chiffre, als Rätsel erfahren, die mit der Sicht des Jugendlichen nicht (mehr) in Einklang steht: TRENNUNG, HAUSKIND, SCHLÜSSELENTZUG, Vater ist SCHÄDLICH, DIENSTREISE usw. sind (als Kapitälchen) in den Text eingelassene Begriffe, die als Signale der

Entfremdung wirken. Soziale Desorientierung und Mythos machen den gesellschaftlichen Konflikt deutlich, auf den der Jugendliche verzweifelt und befreit mit seinem Flug antwortet.

IV Der Roman als ›journal‹

An den Roman sind in der DDR immer besonders hohe Erwartungen geknüpft worden. Die Literaturfunktionäre und die staatstragenden Leser wünschten, gerade der Roman sei dazu vorzüglich geeignet, kulturpolitische Postulate einzulösen, während Publikum und Gemeinde der Autoren hoffen, in jedem Roman Erfahrungen machen zu können, die öffentlich sonst nicht zur Sprache kommen. Sowohl diese Forderung nach Repräsentanz als auch die nach der Lösung von Alltagsproblemen haben die Schriftsteller im Grunde überfordert. Kurt Batt war Anfang der siebziger Jahre der Ansicht, der Roman habe »seine führende Rolle an die kleine Prosaform abtreten müssen«[53], was angesichts der besonderen Produktions- und Rezeptionsbedingungen des Romans nicht wunder nimmt [→ 30 f., 47 f.].

Die im Verlauf der siebziger Jahre zunehmende fiktionale Verarbeitung des außerliterarischen Argumentationsmusters kann dazu führen, wie Franz Fühmann sagte, daß der Autor »die ⟨. . .⟩ unbesetzte Funktion einer kritisch fragenden Lokalredaktion wahr⟨nimmt⟩, oder auch die eines Features oder die von Wahlkörperschaften ⟨. . .⟩«[54]. Literarische Ausdruckskunst tritt dabei oft zugunsten eines didaktischen Ausdruckssystems zurück. Ob Karl-Heinz Jakobs in ›Die Interviewer‹ die schlechte Produktion in der Endfertigung eines Glühlampenwerks auch auf die Besonderheit des Generationswechsels durch eine psychologisch begründete Fabel einsichtig macht, Irmtraud Morgner sich in einem aus plakativer Alltagssprache, Märchenton, eingestreuten Erzählungen und Propagandasprache montierten Roman (›Leben und Abenteuer der Trobadora Beatriz nach Zeugnissen ihrer Spielfrau Laura‹, 1974) mit der Rolle der Frau im ›realen Sozialismus‹ auseinandersetzt oder Werner Heiduczek in ›Tod am Meer‹ aus der Rückschau eines sterbenden Schriftstellers die Bilder der Vergangenheit in anderem Licht sieht als die offizielle Geschichtsschreibung, es sind fast ausnahmslos Romane, die mehr oder weniger verhüllt Auskunft über den DDR-Alltag geben.

1. Jurek Becker – Günter Görlich: ein Vergleich

Wie das ideologische Programm[55] verarbeitet wird und wie sich das Subjekt dazu verhält, läßt sich an Romanen der zweiten Hälfte der siebziger Jahre besonders deutlich zeigen. Ein Vergleich zwischen Jurek Beckers ›Schlaflose Tage‹ und Günter Görlichs ›Eine Anzeige in der Zeitung‹, beide 1978 erschienen (Beckers Roman kam jedoch nur in der Bundesrepublik heraus), ist nur auf den ersten Blick abwegig.

Beide Romane sind von unterschiedlichen moralischen und ideologischen Konzeptionen her geschrieben. Becker will das ›Programm‹ durch seinen ›Helden‹, den etwa siebenunddreißigjährigen Lehrer Karl Simrock, ändern:

> Er sehnte sich danach, jemand zu sein, der an den wenigen wichtigen Angelegenheiten, die es gab, identisch mit sich selbst teilnahm und nicht als einer, dessen Meinung bis in alle Zukunft vorhersehbar und darum unwichtig war. Er wünschte zum Kommunismus eine innigere Beziehung, als sich immer nur akkurat an landesübliche Regeln zu halten, die, wie er in diesem Augenblick zu verstehen glaubte, verbesserungswürdig waren.[56]

In ähnlichen Worten konnte man diese Haltung in einem Interview im ›Spiegel‹[57] formuliert nachlesen. Es liegt also auf der Hand, daß der Autor den Roman als Vehikel nicht nur für die eigene Sinn- und Seinsfrage benutzt, sondern die Diskussion darüber ist mit der gesellschaftlichen über die ›landesüblichen Regeln‹ verknüpft. Während Becker vom ›Programm‹, das hier mit dem Lehrplan der Schule identisch ist, schon auf den ersten Seiten seines Buches abweicht, wird es vom Erzähler (und ZK-Mitglied) Görlich sofort bestätigt: »Das einheitliche und geschlossen handelnde Lehrerkollektiv verbürgt, daß im sozialistischen Sinne erzogen und ausgebildet wird.«[58]

Um sein Programm aber interessant zu machen, weicht Görlich

dem Schein nach davon ab, indem er unvereinbare Vorstellungen (Bejahung des Programms und die Kritik daran) zusammenzwingt. Beide Autoren liefern in der Kritik (bei Becker) wie in der Zustimmung (bei Görlich) ein aufschlußreiches Erscheinungsbild vom Obrigkeitsstaat. Beckers Roman reagiert auf die scheindemokratische Formelsprache, in einem Gespräch mit dem stellvertretenden Schuldirektor versucht Simrock die instrumentell verwendeten Begriffe auf ihren humanistischen Kern zurückzuführen:

> Du wünscht dir offenbar, daß die Teilnahme an gewissen Veranstaltungen freiwillig heißt, daß ich aber dennoch für vollzähliges Erscheinen der Kinder zu sorgen habe. Diese Aufgabe überfordert mich, und darum werde ich in Zukunft einen Unterschied zwischen tatsächlicher und angeblicher Freiwilligkeit nicht mehr erkennen.[59]

Der Direktor Kabitzke kann darauf nur mit extremen Abwertungen von Simrocks Äußerungen reagieren, es sei »verantwortungslos«, »selbstzerstörerisch«[60]. Als Repräsentant des Programms fürchtet Kabitzke die qualitativen Unterschiede und Gegensätze, die Simrock einführt (ähnlich wie Volker Braun in ›Auf andre Art Hoffnung‹). Denn die Schlüsselbegriffe, die die Parteiethik liefert, finden sich alle in Görlichs Roman: ›Autorität‹, ›Disziplin‹, ›Ordnung und Sauberkeit‹, »Kollektivität das A und O«, »Routine«, »unsere Disziplin«. Handelt es sich bei Görlich um lexikalische Stereotype, die als statische Substantive wie eine Art propagandistischer Beschwörung eines Zustands immer wieder im Text auftauchen, so ist Beckers Programm bestimmt von Tätigkeitsverben: »Individualität entfalten«, »beunruhigen lassen«, »eigene Vorstellungen haben«, »identisch mit sich sein«, »den Zustand seiner Umgebung und seiner sozialistischen Hoffnungen einander näherzubringen«[61]. Die Frage, ob die Auseinandersetzung mit dem ideologischen Diskurs über die persönliche Wandlung des Subjekts zu einer allgemeineren gesellschaftlichen führen kann, wird bis in die Beziehung von Simrock und Antonia spürbar [→ 398]:

> Davon, wie Sozialismus um uns herum betrieben wird, sollte ein gescheiter Sozialist sich nicht abschrecken lassen.
>
> Antonia sagte: ›Ich bin nur ein gescheiter Mensch, denn man hat mich so erschreckt, daß mich die Sache nicht mehr interessiert. Ich sehe in meiner Interesselosigkeit die einzige Methode, mich zu schützen.[62]

Für die Romanhandlung bzw. für das gesellschaftliche Scheitern des Gegenprogramms ist Antonias Konsequenz (sie versucht
während einer Ungarnreise mit Simrock ohne dessen Wissen in
den Westen zu fliehen) von größter Bedeutung. Denn durch den
Fluchtversuch und die spätere Verurteilung in der DDR werden
Simrocks anfängliche Idealisierungstendenzen hinsichtlich eines
gelebten Kommunismus in *einem* Lande wiederum relativiert: Sein
eigener ideologischer Sprachgebrauch hatte ihn ›begrenzt‹ bzw.
eingeengt. Darum stehen am Ende des Romans weder realer Sozialismus noch demokratische Selbstbestimmung als absolute Gegensätze zur Debatte, sondern nur »die damals entstandene Beun-
ruhigung« – ausgelöst durch ein Stechen in der Herzgegend, was
den Lehrer veranlaßte, nicht nur über sich nachzudenken, sondern
auch familiäre und gesellschaftliche Bindungen aufzugeben. Die
Kritik von Becker/Simrock am vorgegebenen Programm durch
Reflexionen, Selbstgespräche, Dialoge und essayistische Entwürfe
läuft am Ende auf eine Stärkung des Ichs hinaus.

Bei Görlich hingegen werden die moralischen und gesellschaftlichen Unterschiede zu Scheinunterschieden, er benutzt den ›Roman‹ auf allen Ebenen (lexikalisch, semantisch, syntaktisch) für
Herrschaftszwecke. Sogar der Selbstmord des liberalen Lehrers
Just enthüllt sich am Schluß doch nur als unausweichliche private
Entscheidung, weil der »Gerechte« tödlich erkrankt war. Die Spannung, mit der beim Leser von Anfang an spekuliert wurde – ein
Lehrer, der sich wegen sozialistischer Unzulänglichkeiten umbringt (das wäre ja etwas gewesen!), obwohl die Staatsethik es ver-
bietet, sich aus dem Leben »zu stehlen«[63] wird mit einem billigen
Trick aufgehoben.

Der Ich-Erzähler, zugleich stellvertretender Schuldirektor und
ideologischer Leiter (»Mentor« seines »Helden«), mißbraucht und
entwertet die Sprache, die er verwendet – trotz gegenteiliger Behauptung: »Auch gegen mich, wenn es nötig ist, werde ich rück-
sichtslos sein«, bleibt im Gegensatz zu Simrocks Haltung eine leere
Versprechung.

Muß sich erzählerische Konsequenz bedingungslos der Propaganda unterordnen, fehlt auch die psychologische Begründung
für die Handlung. So läßt sich Görlichs ›Held‹, nämlich der Erzäh-

ler (!), die Briefe von Justs Freundin geben, die dieser an sie gerichtet hatte.

Beim Schreiben nach Dienstvorschrift vermag ein ideologischer Erzähler auch den privatesten Bereich für seine Herrschaftszwecke umzudeuten.

2. Erich Loest ›Es geht seinen Gang oder Mühen in unserer Ebene‹

Schon durch den Titel ›Es geht seinen Gang oder Mühen in unserer Ebene‹ und durch die beiden ihn erläuternden Motti (Eine Redewendung, die Anfang der siebziger Jahre aufkam und bedeutete: »Es geht eben alles seinen Gang« sowie Brechts Zitat, wonach auf die Mühen der Gebirge, nach der Revolution, die Mühen der Ebene folgten) eröffnet Erich Loests Roman den Blick auf den Alltag der DDR. An mehreren Stellen im Text erklärt der ›Held‹ dem Leser, es liege kein Werk der Fiktion vor: »Aber meine Erfahrungen sind ja kein Roman.«[64] Damit will der Autor Loest auf den gegenwartsbezogenen Erzählstil hinlenken, der festhält, was wirklich unter Menschen im ›realen Sozialismus‹ geschieht. Jedoch indem Loests Hauptfigur scheinbar die Fiktion zurückweist, erinnert der Autor nachdrücklich daran, daß wir es selbstverständlich mit der Umwandlung sozialer Realität in die erzählte des Romans zu tun haben. Wirkungsvoll erweist sich dieser Prozeß auch deshalb, weil die Ansichten des Autors und des Romanhelden im erzählenden Ich des Wolfgang Wülf zusammenlaufen. Wülf ist Ingenieur, genauso alt wie die DDR zum Zeitpunkt der Niederschrift des Romans, nämlich bald dreißig Jahre. Loest/Wülf läßt von Anfang an keinen Zweifel daran, daß seine erzählerische Triebfeder von den eigenen Erfahrungen bestimmt ist, von jenen zehn Jahren, die sich nicht decken mit der großen, alles beherrschenden Wahrheit:

> Die zehn Jahre sind *meine* Jahre, was ich gesehen habe, hab ich gesehen, was ich gehört habe, hab ich gehört, was ich gedacht habe, hab ich gedacht, und da *möchte bitte keiner* kommen und sagen, alles wäre ganz anders gewesen.[65]

Keine Innenschau ist damit gemeint, sondern die eigene Erfahrung — mit der auch der Eingriff durch die Zensur vom Autor Loest abgewehrt werden soll — wird als allgemeine objektive gegen den sozialistischen Realismus und dessen Wahrheitsanspruch gestellt. Eine Rezension im ›Sonntag‹ polemisiert bezeichnenderweise gerade gegen diese fehlende Tendenz in Loests Roman.[66] Loest/Wülf setzt sich von der parteilichen Realität ab, negiert die Sicht der angeblich typischen, zukunftsweisenden Helden. Im letzten Drittel des Romans taucht an drei Stellen unverhüllt eine Kritik an solcher Darstellung auf. Anlaß liefert ein Prachtband ›Mit dem Sozialismus gewachsen. 25 Jahre DDR‹: »Ein lachender Lehrling. Siehe da: Ein lachender Vati badete seinen lachenden älteren Säugling. Lachende Schulkinder drehten sich zur Kamera. Lachende Jugendweihlinge ⟨. . .⟩ (usw.)«[67] Kommentar von Wülfs Kollege: »Ein Jammer, daß derartige unpolitische Schwarten fabriziert werden ⟨. . .⟩«[68] Indem Loest die formelhafte Sprache bloßstellt und zugleich Alltagserfahrungen dagegen aufbietet, entsteht ein umfassendes Wirklichkeitsspektrum, wobei die absoluten Gegensätze durch Über- oder Untertreibung entwertet werden, so z. B. die semantischen Antipoden Freund/Feind bzw. Gegner im Sinne von: »Wer nicht für uns ist, ist gegen uns«. So etwa in der zentralen Szene, in der Wülf bei einer verbotenen Ansammlung auf dem Leuschnerplatz (einem Gerücht zu Folge sollten dort die Beatles auftreten) von einem Polizeihund gebissen wird und wegen dieser Konfrontation mit der Macht für alle Zeiten darauf verzichten möchte, mit ihr in Berührung zu kommen oder selber Macht auszuüben:

> Auf einmal war ich Feind. Denn Bauernheld hatte verboten, am Sonntag um zehn auf den Leuschnerplatz zu gehen, und ich hatte ihm eins gehustet. Die Old-Kings-Combo – gleichgültig. Die Beatles – Bauernheld hatte nichts über sie gesagt; Jogi oder Hoschko hatten sie in die Debatte geworfen. Die Stones, der Sound. Wer nicht für uns ist, ist gegen uns; es gibt keinen dritten Weg.[69]

Durch die vorgegebenen Wertvorstellungen des ›realen Sozialismus‹ treten durch Loests erzählerisches Verfahren semantische Unterschiede zu Tage, die diese Hierarchie der Werte ironisieren:

> ⟨. . .⟩ wenn es irgendwann genügend Wohnungen und Schulen und Auspuffe für Trabis gibt, wenn jeder Exquisitladen zu einem normalen Konsum geworden ist oder jeder Konsum zu einem Exqui, dann schmeißt ihr euch aufs Eheproblem.[70]

Genau dies ist aber auch der Grund, weshalb die Kommunikation weitgehend durch Konversation oder durch ideologische Stereotypen ersetzt wird. Loest/Wülf spürt schon von Anfang an, daß er, gesellschaftlich gesehen, »in vorgefertigter Konversation«[71] drin ist, die dann satirisch und ironisch aufgebrochen wird. Darum ist weder mit seiner Frau noch mit dem befreundeten Ehepaar Neukert eine wirkliche Verständigung möglich; sie entscheiden sich für die ideologische Absicherung oder für die Karriere, wobei die wirklichen Gegensätze und Unterschiede im Alltag verstellt werden:

> Wilfried holte für meinen Geschmack viel zu weit aus, um mir klar zu machen, daß er mit seinen Widersachern im Ziel durchaus einer Meinung sei, aber nicht im Detail, und in dem stecke hier der Teufel. ›Idioten sind's deshalb nicht.‹
>
> Ich fand, daß es einer schwer hatte, der nicht wenigstens insgeheim für sich die Leute, mit denen er zusammenstieß, als Idioten einstufen konnte. Ich hatte schon manchmal gedacht: In unserer Werkleitung sitzen lauter Verrückte. Das hatte mir das Atmen leichter gemacht. Armer Bursche, dachte ich, blind und auch noch gerecht. Da sagte Wilfried: ›Schließlich gibt es zwischen dem Verlag und mir keine antagonistischen Widersprüche.‹
>
> Mir fiel augenblicklich mein Hund auf dem Leuschnerplatz ein, denn das war auch ... kein antagonistischer Hund gewesen, sondern mein Freund und Helfer, er hatte mich gebissen, um mich auf den richtigen Weg zu bringen, vom Beat aufs Weltjugendlied, von langen auf kurze Haare, von der Rüschenbluse aufs Blauhemd.[72]

Um zu überleben, muß er sich von der opportunistischen Haltung absetzen. Es ist Loests Absicht, dadurch Herrschaftsdiskurs und Kleinbürgerkonversation aufzubrechen. Erzählerisch weicht also sein Roman entschieden vom Programm des sozialistischen Realismus ab: *ästhetisch,* indem er Alltagsverhalten in Dialog und Konversation kritisiert; *ethisch,* indem er die Ehegeschichte der Wülfs als scheiternde Liebesgeschichte erzählt (die Frau verlangt nach gesellschaftlicher Anerkennung); *politisch,* indem er die Frage nach Macht und Verantwortung des einzelnen mit der Schaffung der Figur eines Durchschnittsbürgers, der keine Macht will, beantwortet.

3. Ulrich Plenzdorf ›Legende vom Glück ohne Ende‹

Ulrich Plenzdorf, der bekanntlich als Filmszenarist und Drehbuch-
autor begann, hat für die Fernsehverfilmung von Loests Roman
im ZDF (Ursendung 18. 1. 81) die Drehbuchvorlage geschrieben; er
selbst nähert sich jedoch der Alltagsproblematik auf einer ganz
anderen Ebene. Die 1974 erschienene Filmerzählung ›Die Legende
von Paul und Paula‹, Vorlage für einen »Defa-Spiel-Film in Breit-
wand und Farbe«[73], war ein für ein Massenmedium wirkungsvoll
erzählter Stoff; erzählt wird, wie Paul und Paula, schon in der
Kindheit unzertrennlich, in der gleichen Straße in Berlin aufwach-
sen, später verschiedene Wege gehen, sich aber nach einigen Hindernissen wiederfinden. Hätte Plenzdorf diesen Stoff nur roman-
haft aufbereitet, so eindimensional wie es für den Film wohl sein
mußte, wäre das Ergebnis wahrscheinlich ein Trivialroman gewesen.[74] In ›Legende vom Glück ohne Ende‹ (1979) wird die mär-
chenhafte Liebesgeschichte jedoch mit der Alltagswirklichkeit
konfrontiert, und zwar dadurch, daß Paul als Mitarbeiter einer
staatlichen Behörde mehr als in der Filmerzählung Kontur gewinnt. Um Paula zu gewinnen, muß er manche Rücksichtnahmen,
manches angepaßte Verhalten aufgeben. Die Verknüpfung von
privatem und öffentlichem Leben, die Vermittlung von erotischer
und politischer Sphäre machen die Erzählstruktur des Buches aus.
Plenzdorfs Text versucht die Verhältnisse zu klären, die sich aus
den Anpassungsmechanismen eines ideologisch definierten Alltags
ergeben.

Der erste Teil des Romans, die Paula-Geschichte, verarbeitet
jene Herrschaftssprache, die in jedem Begriff, in jeder damit verbundenen Handlung den absoluten Wahrheitsanspruch fordert.
Dieser Anspruch erfährt seine Korrektur vor allem im Gespräch
zwischen Paul und Paula (das übrigens meist nicht einer Ge-
sprächssituation entspricht, sondern wie eine Artikulation der Ansicht des Autors Plenzdorf durch den Part wirkt, den jede seiner
Figuren zu übernehmen hat). Anlaß ist jeweils eine Alltagssitua-
tion, aus der heraus eine andere, ideologisch festgelegte überprüft
wird – in dem Sinne, ob nicht eine andere konkrete Lebenssituation realistischer sei. Und plötzlich zeigt sich, dieser Alltag ist

durchaus ambivalenter Natur. Wenn beispielsweise Paula mit neuem Schwung in der Kaufhalle arbeitet, beflügelt von der neu entbrannten Liebe zu Paul, wird die Lehre vom Kommunismus auf den Kopf gestellt, trivialisiert und auch vermenschlicht:

> Paula: ›Ich hätte aber auch Sachen umsonst verteilt, wenn ich auf die Idee gekommen wäre. Schließlich muß man eines Tages mit dem Kommunismus für alle anfangen.‹
> ›Kommunismus ist immer für alle, oder es ist keiner‹, hat Paul ihr geantwortet. ›Bloß‹, hat Paul dann gesagt, ›daß an unseren Kassen jeder zehnte wie ein Kommunist einkauft. Geld spielt für die keine Rolle ⟨. . .⟩
> Und Paul: ›Niemand sagt, daß wir im Kommunismus leben, sondern in einer Übergangsphase.‹ Darauf Paula: ›Verstehe. Das heißt, welche fangen schon mit dem Kommunismus an, und andere müssen eben noch warten.‹
> Paul: ›Dir fehlt eben der Überblick!‹[75]

Politische Termini wendet Plenzdorf hier auf Situationen an, auf die diese eigentlich nicht passen. Da aber dem Alltagsverhalten von Paul und Paula allmählich eine neue Bedeutung zukommt, wird auch der offizielle Wahrheitsanspruch in Frage gestellt. Dies gilt insbesondere für politische Begriffe wie »Macht« (Seite 22), »Gewissen der Regierung gegenüber« (33), »prinzipienfest« (19) »kommunistische Übergangsphase«, »Perspektive« (35/36), »allseitig gebildet« (37), »Norm« (40), »hier die Regierung und dort das Volk, das mitmachen darf« (43), »Selbstbestimmung« (44), »Staatssicherheit« (57), »Organisation« (60), »Aktion« (97), »zentralistisches Gemeinwesen« (101), »Plattform« (148), »Gruppenbildung« (149), »Verfügungsgewalt« (153).

Die instrumentelle Gewalt, die sich in den ›Fach‹-Termini der Macht niederschlägt, verlagert sich im zweiten Teil des Buches mit der Laura-Geschichte auf eine ambivalente Ebene. Bereits das Doppelgängermotiv trägt ambivalente Züge: Laura, die Paula zum Verwechseln ähnlich sieht, taucht in der Kaufhalle auf, aber Paul meint, es sei Paula: »Alle Reden über Doppelgängerin, Irrtum, Täuschung konnten ihn nicht beeindrucken.«[76] Doch Laura ist zu diesem Zeitpunkt die auf Paul angesetzte Agentin, die ihn aus der Kaufhalle zurück in seine Dienststelle locken soll, d. h., sie ist der personifizierte falsche Schein der Ideologie; scheitert Paul zwar

persönlich daran, so wird sein Leben als Krüppel – nach dem
selbstverschuldeten Unglück in der Garage – problemloser »unter
all den vorwärtsweisenden Losungen«[77]; kein Zufall wohl, daß ihn
nur die Studenten (die gesellschaftlich noch nicht etabliert sind) bei
einem Aufmarsch akzeptieren. Als Außenseiter muß er sich nicht
mehr anpassen. »Man soll die Dinge bei ihrem Namen nennen, und
eine Krücke ist eine Krücke.«[78] Pauls Wunsch nach Eindeutigkeit
bedeutet (auch für den Autor Plenzdorf) der Wirklichkeit des Alltags ihren ideologischen Charakter zu nehmen. Dabei ist nicht die
psychologische Entwicklung von Figuren Antrieb des Romans,
sondern die gesellschaftliche Situation als sprachliche Situation, in
die Plenzdorf seine Figuren treten läßt.

V Ausblick

Die Beziehung zwischen Literatur und Gesellschaft, dargestellt an
der kritischen Verarbeitung von Sprachäußerungen, wie sie der
Marxismus-Leninismus hervorbringt, hat gezeigt, daß dichterisches Bewußtsein sich nicht mehr mit den offiziellen ideologischen
Kategorien deckt, und die Literatur sich daher vor neue funktiona-
le und gestalterische Probleme gestellt sieht. Viele Autoren haben
in den siebziger Jahren erst die Herausforderung dieser ideologischen Kategorien und des damit verbundenen Wertsystems angenommen. Die Einarbeitung politischer und ideologischer Begriffe
in den literarischen Text, die Umformung syntaktischer und se-
mantischer Einheiten, die alle dem Diskurs des Marxismus-Leninismus zugehören, die kritische Reflexion seiner Denkschemata
und seines Wahrheitsanspruches haben zu Antworten auf gesellschaftliche Fragen nach der Bedeutung des einzelnen in diesem
Gebilde ›realer Sozialismus‹ geführt.
    Der fiktionale Prozeß, bei dem außerliterarisches Material kri-
tisch in Literatur umgeformt wird, hat dabei Öffentlichkeit hergestellt, die die Informationsethik der Partei und ihren Wertekanon
transzendierte. Der literarische Entwurf wurde zu einem sozio-
kulturellen Vorhaben, der literarische Text zu einem kulturellen,
politisch und moralisch die Belange der einzelnen als kollektive In-

teressen artikulierend: Wer immer nur auf höchster moralischer Staatsebene argumentiert, wird selber unmoralisch und inhuman, weil er damit wirkliche moralische und humane Werte nicht mehr zuläßt.

Die vergleichsweise kleine Gruppe von Schriftstellern hat stellvertretend die Nichtigkeit der großen Worte in verschiedenen Texttypen (in Notaten, Text- und Gegentext-Struktur, Protokoll, Flugblatt und im Diskussionsroman) entlarvt – für die einzelnen, aus denen die Gesellschaft besteht. Vielleicht kann dies heißen: »Auf andre Art Hoffnung«?

Dritter Teil
Phasen der Literaturentwicklung

Bernhard Greiner

Im Zeichen des Aufbruchs:
die Literatur der fünfziger Jahre

I Das Leitbild: proletarische Öffentlichkeit

Das erste Jahrzehnt der Geschichte der DDR zeigt sich dem rück-
blickenden Betrachter als Zeit großer Hoffnungen wie herber Enttäuschungen; lange wird ein Pathos umfassenderer Erneuerung
und Neubeginns aufrechterhalten. Alle Momente des Gesellschaftsprozesses, also auch die Literatur[1], stehen im Spannungsfeld zwischen dem Anspruch, den die eingeleiteten Umwälzungen
setzten und dem faktisch Verwirklichten. Beansprucht wird, mit
den Umwälzungen der ersten Nachkriegsjahre (Enteignung von
Großgrundbesitz, Vergesellschaftung von Betrieben: damit Plan-
statt Marktwirtschaft, Justiz- und Schulreform) werde in der sowjetischen Besatzungszone Marx' revolutionäre Forderung in die
Tat umgesetzt, alle Verhältnisse umzukehren, in denen der Mensch
ein erniedrigtes, ein geknechtetes, ein verlassenes, ein verächtliches
Wesen ist. Faktisch aber fand unter den Bedingungen, die 1945 in
der SBZ gegeben waren, nur eine deformierte Revolution statt. Die
Revolution wurde von einer Siegermacht verordnet, ihr antwortete nach der Niederlage der Arbeiterbewegung gegenüber dem
Nationalsozialismus und nach dem totalen Zusammenbruch
Deutschlands keine Bewegung im Volk. Gleichzeitig hatte die Siegermacht Sowjetunion die sozialistische Revolution schon im eigenen Land in Mißkredit gebracht, da sie sie als Instrument zur
schnellen Industrialisierung eines rückständigen Agrarlandes und
zur imperialen Vorherrschaft in Asien und Osteuropa gebrauchte.

Ihre Legitimation konnte und kann die herrschende Gruppe in
der DDR nur aus der Verwirklichung des revolutionären Anspruchs gewinnen. Immer neu ist daher dieser mit der ihr entge-
genstehenden erfahrbaren Wirklichkeit zu vermitteln. Hierin
nimmt Literatur in der DDR entscheidend am Gesellschaftsprozeß
teil.

Der revolutionäre Anspruch richtet sich subjektiv – in der Erwartung des einzelnen – auf umfassende Emanzipation des Menschen, objektiv – bezogen auf die neuen Produktionsverhältnisse –
auf das Verfügen der Produzierenden über sich und ihre Produktion. So führt z. B. Bahro in seiner kritischen Auseinandersetzung
mit dem ›real existierenden Sozialismus‹ aus:

> Sobald die Enteignung der Kapitalisten vollzogen und gegen ihre Re-
> staurationsversuche gesichert ist, stehen die Produzenten vor der positiven
> Aufgabe, nun gemeinschaftlich über den ganzen Produktionsprozeß und
> demzufolge auch über die Verteilung der Ergebnisse zu verfügen. Diese
> Aufgabe ⟨. . .⟩ erwies sich inzwischen als *das* große ungelöste Problem der
> industrialisierten Länder. Es können sich heute nur wenige Menschen
> überhaupt vorstellen, wie die Gesellschaft ihre Staatsmaschine loswerden
> sollte. Und dies, obwohl es sich längst praktisch als kolossaler Unter-
> schied erwiesen hat, ob die assoziierten Werktätigen selbst ihren Produk-
> tionsprozeß kontrollieren oder ob (angeblich? tatsächlich?) ›in ihrem In-
> teresse‹ darüber verfügt wird. Der Koloß, der sich in unserem real existie-
> renden Sozialismus Partei-und-Regierung nennt, ›vertritt‹ die gemeinte
> freie Assoziation ebenso wie in allen früheren Zivilisationen der Staat die
> Gesellschaft vertrat.[2]

Der Prozeß, in dem subjektive Emanzipationserwartung und
objektiver Anspruch des Selbstverfügens in der Produktion verwirklicht würden, wäre das Herstellen einer neuen, einer ›proletarischen Öffentlichkeit‹. Der Begriff ist dem der ›bürgerlichen Öffentlichkeit‹ analog gebildet. Jürgen Habermas hat ›bürgerliche
Öffentlichkeit‹ als Instanz der Kontrolle und Kritik an Staat und
Gesellschaft, zugleich der Vermittlung zwischen beiden entwickelt,
als Instanz der Kontrolle und Kritik, die im Raisonnement sich
autonom verstehender Privatleute ausgeübt wird[3]. Auch proletarische Öffentlichkeit wäre eine Instanz der Kontrolle und Kritik,
allerdings gegenüber einer strukturell gewandelten Wirklichkeit
und ausgeübt durch andere Träger.
Sozialistische Wirklichkeit ist dadurch gekennzeichnet, daß sich
Staat und Gesellschaft in ihren Aufgaben und Leistungen bis zur
Ununterscheidbarkeit durchdringen. So übernehmen Betriebe
staatliche Funktionen wie Rechtsprechung, Ausbildung, soziale
Fürsorge; ›Fluchtpunkt‹ dieser Tendenz ist das Absterben des Staa-

tes, seine Rücknahme in die Gesellschaft. Umgekehrt übernimmt der Staat gesellschaftliche Funktionen, z. B. im Bereich von Produktion und Warenverkehr; ›Fluchtpunkt‹ dieser Tendenz ist die Verstaatlichung aller ehemals gesellschaftlichen Bereiche. Es entsteht eine umfassend politisierte Sozialsphäre eigener, d. h. nicht mehr nach Staat und Gesellschaft zu differenzierender Ordnung: ›sozialistische Arbeitswelt‹. Auf sie hat sich eine neue Öffentlichkeit zu beziehen. Als Träger solcher Öffentlichkeit kommen nicht nur die Schicht der Gebildeten und entsprechend ›Mündigen‹ in Frage, sondern erstmals zugleich die Massen der Arbeiter und Angestellten, die unter sozialistischen Produktionsverhältnissen weiterhin zu unschöpferischer Arbeit gezwungen sind. Die Aufhebung des Privateigentums an Produktionsmitteln und die Aufhebung der Warenproduktion (insofern die Produktion nicht an Marktgesetzen orientiert ist) haben Entfremdung insoweit aufgehoben, als sie in diesen Aspekten der Arbeit gründet. Mit Rücksicht auf solche Befreiung können die bisher entfremdet Arbeitenden als potentielle Subjekte des Gesellschaftsprozesses angesehen werden. Faktisch werden sie diese Position aber erst innehaben, wenn auch jene Entfremdung aufgehoben wird, die mit den eingeleiteten gesellschaftlichen Umwälzungen noch nicht beseitigt ist, ja durch diese noch intensiviert wird (Entfremdung durch weiterhin vorenthaltenes Verfügen über den Produktionsprozeß). Was Bahro als »Perspektiven einer allgemeinen Emanzipation heute« anführt[4], sind Konkretisierungen einer proletarischen Öffentlichkeit, zum Beispiel Überwinden von Subalternität, Demokratisieren des allgemeinen Erkenntnis- und Entscheidungsprozesses, indem sich die Menschen über Werte, Ziele und Wege ihres Zusammenlebens verständigen, offene Kommunikation der Massen über herrschaftsfreie Gesellschaft, die die Massenmedien technisch leisten könnten[5].

Die neue Öffentlichkeit, die aus der gesellschaftlichen Umwälzung in der DDR als Erwartung und Anspruch abgeleitet werden kann, wird durch das Attribut ›proletarisch‹ (nicht: ›sozialistisch‹) charakterisiert. Sie ist zwar auf sozialistische Arbeitswelt bezogen, zielt aber über den ›real existierenden Sozialismus‹ gerade hinaus; ihr Ziel kann mit dem der revolutionären Arbeiterbewegung gleichgesetzt werden; dies soll im Begriff des›Proletarischen‹ mitbenannt sein[6].

›Proletarische Öffentlichkeit‹ wäre die immer neu zu leistende Vermittlung zwischen revolutionärem Anspruch und erfahrbarer Wirklichkeit der DDR. Sie ist faktisch nicht etabliert; die Schriftsteller aber ergriffen in den fünfziger Jahren die Chance, Vorform und Teil – Motor – solcher proletarischen Öffentlichkeit zu sein (wie die bürgerliche Literatur des 18. Jahrhunderts Vorform und Teil der sich etablierenden bürgerlichen Öffentlichkeit war). Mehr noch, dies ist die These der vorliegenden Studie: Die verschiedenen literarischen Entwicklungen der fünfziger Jahre in der DDR zeigen einer soziologischen Betrachtungsweise darin ihren Zusammenhang, daß sie als Vorform und vorwegnehmender Vollzug proletarischer Öffentlichkeit begriffen werden können.

Wie kann Literatur in den vierziger und fünfziger Jahren Vorform und Teil proletarischer Öffentlichkeit sein? Hier ergeben sich Ansätze sowohl für den darstellenden als auch für den kommunikativen Aspekt von Literatur. Zum darstellenden Aspekt: Literatur ist allererst Ort der Aufklärung über das Bezugsfeld proletarischer Öffentlichkeit: die sozialistische Arbeitswelt als neue Gesellschaftsformation – darum das große Gewicht, das *Arbeit* als Gegenstand der Literatur erhält[7]. Die Aufgabe, sich mit der neuen sozialistischen Wirklichkeit auseinanderzusetzen, in diesem Sinne ›realistisch‹ zu werden, die die gesellschaftlichen Forderungen an das literarische Schaffen durchziehen, ist in den vierziger und fünfziger Jahren geradezu synonym mit der Hinwendung zum Thema ›Arbeit‹. Aufklären über die neu entstandene Sphäre ›Arbeitswelt‹ meint aber nicht ohnmächtiges Reproduzieren sozialer Daten, sondern literarisches Bewältigen, d. h. immer neues Bestimmen der sozialistischen Arbeitswelt aus der Spannung von revolutionärem Anspruch und erfahrbarer Wirklichkeit. In der jeweiligen Vermittlung beider wird die Norm proletarischer Öffentlichkeit (umfassendes Aufheben von Entfremdung) konkretisiert und ihre Erschließungskraft im Hinblick auf die je besondere geschichtliche und gesellschaftliche Situation bestimmt. *Parteilichkeit*, eine zentrale Kategorie des sozialistischen Realismus, ist als Darstellen von Wirklichkeit im Horizont dieser Vermittlungsaufgabe zu begreifen. So wird das banalisierte Verständnis dieser Kategorie (›dem Interesse der herrschenden Partei dienend‹) überwunden.

Literatur ist aber erst dann Vorform und Teil proletarischer Öffentlichkeit, wenn sich ihre darstellende Leistung (Etablieren der Norm proletarischer Öffentlichkeit) mit einer kommunikativen verbindet; wenn sie die Masse der Arbeitenden als potentielle Träger einer neuen Öffentlichkeit zu Wort kommen, sich so als ›Mündige‹ erfahren läßt. Das verlangt, den Kreis der Teilnehmer an literarischer Kommunikation über die Gruppe der literarisch Gebildeten hinaus zu erweitern, so daß die ›illiterati‹, die literarisch Ungebildeten, mit einbezogen werden. Dem entspricht in der DDR eine stets geforderte und geförderte Öffnung der literarischen Kommunikation für neue Schichten (als Leser wie Autoren), was nicht nur als quantitativer, sondern auch als qualitativer Wandel verstanden wird[8].

Der Kreis der Teilnehmer an literarischer Kommunikation ist in der DDR deutlich erweitert worden. Das verlangt zu erklären, *wie* das erstrebte und erreichte Zu-Wort-Kommen der neuen Teilnehmer sich vollzieht. Wie werden diese angesprochen? Wie gewinnen sie die Möglichkeit, sich selbst zu artikulieren? Als Publikum, das gemeinschaftlich über den Gesellschaftsprozeß verfügt oder als Objekt von Beeinflussung? ›*Volksverbundenheit*‹, die andere zentrale Kategorie des sozialistischen Realismus, ist im Rahmen solcher Fragen nach dem kommunikativen Aspekt von Literatur zu begreifen, als literarisches Zu-Wort-Kommen des Volkes in der Position dessen, der über den Gesellschaftsprozeß verfügt. So wird die fatale Gleichsetzung von ›Volksverbundenheit‹ mit Simplizität überwunden.

Literarisches Bewältigen sozialistischer Arbeitswelt durch deren Vermittlung mit der Norm umfassenden Aufhebens von Entfremdung und literarisches Zu-Wort-Kommen der Arbeitenden in der Position derer, die über den Gesellschaftsprozeß verfügen, weisen Literatur als Vorform und Teil proletarischer Öffentlichkeit aus. Deren Funktionieren aber hängt wesentlich davon ab, wieweit sich der Diskurs ihrer Träger zu institutionalisieren, d. h. wieweit er die Medien, gerade auch der Massenkommunikation, in ihren Dienst zu stellen vermag. Hier wird der revolutionäre Ansatz virulent, den Brecht schon in den dreißiger Jahren anläßlich des neuen Mediums Rundfunk theoretisch und in den Lehrstücken erstmals praktisch entwickelt hatte: Die Medien, die faktisch als bloße Apparate der Distribution eingesetzt sind, zu Apparaten der Kommunikation umzuwandeln, in der jeder Teilnehmer Hörer und Sprecher sein kann, nicht als literarischer Selbstzweck, sondern um die Struktur einer wahrhaft vergesellschafteten Kommunikation über die allgemeinen Angelegenheiten zu etablieren[9].

Zu den traditionellen Institutionen literarischer Kommunikation [→ 52 f., 187 f.] – neben Verlag und Theater die Institutionen der Massenmedien Film, Radio, Fernsehen – treten in der möglichen Orientierung auf eine proletarische Öffentlichkeit vor allem noch die Institutionen der Betriebsöffentlichkeit (Betriebszeitung, Betriebsversammlung, gemeinsame Aktionen der Betriebsmitglieder von der Feier bis zum Streik u. a.). Im Unterschied zur Ausschließung von Öffentlichkeit aus den Betrieben im Westen wurden und werden in der DDR immer wieder Versuche unternommen (wie z. B. mit dem ›Bitterfelder Weg‹), traditionelle literarische Öffentlichkeit und Betriebsöffentlichkeit miteinander zu verbinden.

II Literatur als Vorform und Teil proletarischer Öffentlichkeit

Ein Betrachten der Literatur der fünfziger Jahre nicht im nachträglichen Bestätigen dessen, was sich durchgesetzt hat, sondern aus einer Perspektive, die in dieser Zeit eröffnet war, wenn sie auch nur beschränkt verwirklicht wurde, wird durch ein weiteres Charakteristikum der Literatur dieser Zeit bekräftigt, ihren Zug zur Antizipation. Das Befremdlichste an der Literatur der fünfziger Jahre ist dem westlichen Betrachter, der aus einem Abstand von dreißig Jahren zurückblickt, wohl deren wesentlich bejahende Tendenz. Bejaht wird allerdings nicht das Bestehende – das wird mißachtet, wo der frühen DDR-Literatur blanker Opportunismus unterstellt wird –, bejaht wird vielmehr das im Prozeß Befindliche, dem Kunst einen Vor-Schein zu geben vermag. Insofern steht das literarische Geschehen der Zeit im Zeichen des Aufbruchs, als dessen Ziel proletarische Öffentlichkeit bestimmt worden ist. Blochs Ästhetik des Vor-Scheins, u. a. entwickelt im ›Prinzip Hoffnung‹, dessen erster Band mit Blochs Übersiedlung nach Leipzig 1949 erschien, gibt der Literatur des Aufbruchs die theoretische Grundlage. Bloch spricht der Kunst das Vermögen zu, das Noch-nicht-Gewordene des Objekts, dessen Wahrheit, im Medium des Scheins zu erfassen, als subjektive Vorwegnahme zwar, der aber Realisierbarkeit im Objekt entgegenkomme:

> Also treibt die Kunst Weltgestalten, Weltlandschaften, ohne daß sie untergehen, an ihre entelechetische Grenze: Nur die ästhetische Illusion löst sich vom Leben los, der ästhetische Vor-Schein dagegen ist gerade einer, weil er im Horizont des Wirklichen selber steht.[10]

Im Ausbilden verschiedener Weisen literarischen Vor-Scheins wird in der Literatur der fünfziger Jahre Aufheben von Entfremdung als Norm proletarischer Öffentlichkeit mit der Wirklichkeit sozialistischer Arbeitswelt vermittelt, diese damit literarisch bewältigt. Zwei Grundformen der Darstellung von Wirklichkeit in der Literatur der fünfziger Jahre geben sich dabei zu erkennen.

1. Symbole aufgehobener Entfremdung: Peter Huchel und Anna Seghers

Ihren gesellschaftlichen Gehalt zeigt Huchels Lyrik nicht in ihren Themen, sondern in den Grundlagen ihrer Zeichenbildung[11]. Alle Gedichte Huchels vermitteln Vorstellungen der Einheit von Mensch und Natur (Aufgehoben-Sein von Entfremdung, die in ihrer Spaltung in Subjekt und Objekt gründet) mit der jeweils erfahrbaren geschichtlichen Situation. Unter sich wandelnden geschichtlichen Bedingungen führt diese Vermittlungsleistung zu einem Wandel der Zeichenbildung. Die frühen Gedichte vor 1933 entwerfen Einheit von Mensch und Natur durch Rückprojektion in Welten *vor* der Geschichte wie Kindheit oder Mythos (z. B. ›Kindheit in Alt-Langerwisch‹, ›Die Magd‹, ›Der Knabenteich‹). Erfahrung von Faschismus und Krieg öffnen die Zeichen der Geschichte, allerdings negierend. Verweis der Zeichen auf Einheit von Mensch und Natur wird zum Problem, sprachlich vollzogen wird

dies darin, daß sich dem uneigentlich gebrauchten Wort der sinn-
gebende Kontext entzieht (zum Beispiel ›Zwölf Nächte‹).

Ein tiefgreifender Wandel erfolgt nach 1945. Huchel arbeitet,
von Becher berufen, seit 1949 als Chefredakteur der Zeitschrift
›Sinn und Form‹. Die Zeit gesellschaftlichen Neubeginns bringt in
seiner Lyrik eine Phase deutungssicheren Verknüpfens von Wort
und sinngebendem Kontext hervor. Umfassend zeigt dies der Ge-
dichtzyklus ›Das Gesetz‹ (1950 veröffentlicht in ›Sinn und Form‹).
›Gesetz‹ spielt auf die Landreform in der DDR an, es steht im Ge-
dichtzyklus für geschichtlichen Neubeginn schlechthin. Dem Wort
›Gesetz‹ werden umfangreiche Bildkontexte zugeordnet, die ihm
einen Bedeutungsspielraum schaffen zwischen konkretem ge-
schichtlichem Sachverhalt (aufgehobene Spaltung zwischen Arbeitenden und Gegenstand wie Mittel ihrer Arbeit, insofern aufgehobene Entfremdung) und metaphysischem Gut (Erlösung des Menschen, Anbruch einer neuen, paradiesischen Zeit), zum Beispiel:

O Gesetz,
mit dem Pflug in den Acker geschrieben,
mit dem Beil in die Bäume gekerbt!
Gesetz, das das Siegel der Herren zerbrochen,
zerrissen ihr Testament!

O erste Stunde des ersten Tags,
das die Tore der Finsternis sprengt! ⟨. . .⟩[12]

Huchel bildet das Wort ›Gesetz‹ zu einem geschichtlichen
Zeichen mit utopischer Verweisung, er entwirft aus ihm eine
›konkrete Utopie‹ im Sinne Blochs[13]. Die Bildkontexte, die der
Metapher ›Gesetz‹ zugeordnet werden, führen antizipierend aus,
was im ›Gesetz‹ an utopischem Gehalt angelegt ist. Der Deutungsgestus wird dabei überzogen. Das Zukunftsbild eines neuen
Einklangs von arbeitendem Menschen und schöpferischer Natur
wird breit ausgemalt, was nur in Orientierung an Mustern möglich ist, die geschichtlich zurückweisen, vor die Stufe entfalteter
Technik. So entstehen Bilder eines zeitlosen bäuerlichen Daseins;
das geschichtliche Zeichen erhält einen Zug zur geschichtsabwei-
senden Idylle.

Überzogener Deutungsgestus und Tendenz zur Idylle als Verfahren, dem jeweils Vorgestellten einen utopischen Horizont zu verleihen, geben der ›Aufbruchs-Literatur‹ vielfach das Gepräge. Verschiedene Sprachen utopischer Verweisung sind jedoch zu unterscheiden. Huchels Zyklus ›Das Gesetz‹ erschien fünf Jahre nach der Bodenreform; aber er bildet nicht Entwicklungen ab, die stattgefunden haben. Sein Entwurf einer neuen lebendigen Zeit ist vielmehr ganz auf den einen Augenblick des Umbruchs (der Landreform) als geschichtliches Zeichen bezogen. Der Zyklus führt in vorwegnehmenden Bildkontexten aus, was in diesem Augenblick latent gegenwärtig ist, nicht, was im geschichtlichen Prozeß nach und nach verwirklicht wurde. Bloch unterscheidet zwei Sprachen utopischen Vor-Scheins. Die eine hebt auf die Vermittlung des Ziels durch den Prozeß der Geschichte ab, auf Bewegung in der Zeit, *Tendenz,* die andere auf punktuelle Einheit des geschichtlichen Daseins mit dem Gehalt des Ziels, ›*Latenz*‹ des Ziels in der Gegenwart. Dieser Unterscheidung wird die poetologische von ›*Allegorie*‹ und ›*Symbol*‹ zugeordnet. Die Allegorie ist – als Wegbestimmung – auf Andersheit und Unterschied geöffnet, »Identitätsbezug im anderen, ausgedrückt durch anderes«, das Symbol zeigt – als Zielbestimmung – ursprüngliche Einheit des Verweisenden mit dem, worauf es verweist, vor[14].

In Huchels Zyklus steht das Zeichen erreichter Einheit von Mensch und Natur in prekärem Zeitbezug. Es ist herausgesprengt aus dem Kontinuum der Geschichte, einzig im Augenblick der Revolution gegründet; in diesem ist der Latenz-Gehalt der geschichtlichen Zeit gegenwärtig, aber noch nicht akutalisiert: ›Gesetz‹, das leitende Zeichen des Zyklus, ist zum Symbol gebildet. Aufgehobene Entfremdung als Norm proletarischer Öffentlichkeit vermittelt Huchel durch Symbole mit der erfahrbaren Wirklichkeit. Seine Symbole stehen dabei in der Gefahr, sich durch überzogenen Deutungsgestus in forderungshafte Deklamation zu verkehren.

In den frühen fünfziger Jahren scheinen Huchel Momente aufblitzender Verweisung auf erreichte Einheit von Mensch und Natur in der gesellschaftlichen Wirklichkeit auffindbar, als ›Realchiffern‹ im Sinne Blochs[15]. Huchel bewahrt die Perspektive aufgehobener Entfremdung als Norm der Wirklichkeitsaneignung auch im Fortgang der fünfziger Jahre, der die Aufbruchsstimmung tief enttäuschte, d. h. angesichts eines Gesellschaftsprozesses, der diese Norm negierte. Hierin gründet das Pathos seiner Dichtung seit den sechziger Jahren. Hermeneutik, die Kunst, die Elemente der begegnenden Wirklichkeit als Zeichen mit utopischer Verweisung zu lesen, wird nun beherrscht von der Frage »War es das Zeichen?«, mit der Huchel seinen zweiten Gedichtband programmatisch eröffnet (Gedicht ›Das Zeichen‹, erstmals veröffentlicht 1962). Dieser Frage verpflichtet, wird Huchels Lyrik›dunkel‹. Da das Zeichen-Lesen aber immer prekärer wird, werden immer neue Bereiche gesucht, um es – noch – zu leisten. So erklärt sich die überraschende stoffliche Erweiterung der Bildwelt Huchels seit den sechziger Jahren.

Auch die erzählende Literatur der fünfziger Jahre erschließt sich in ihrer Eigenart aus der Frage, wie sie jeweils versucht, Aufheben von Entfremdung als Norm proletarischer Öffentlichkeit mit der erfahrbaren Wirklichkeit zu vermitteln. Anna Seghers' Erzählen steht exemplarisch für den Ansatz, dies im Schaffen von Symbolen zu leisten.

Seghers' Werk ist von ebenso großartiger wie beklemmender Monotonie. Es hat nur ein Thema: Vereinigung des Innern des Menschen mit der Außenwelt, genauer: mit den Personen, Bewegungen und Kräften der geschichtlich-gesellschaftlichen Wirklichkeit, die auf Verwirklichung der innersten Sehnsüchte des Menschen, auf Verwirklichung einer menschlich vollendeten Welt gerichtet sind (nachfolgend umschrieben mit ›utopischem Horizont der Außenwelt‹). Solche Vereinigung ist als Aufheben der Entfremdung des Ichs im Geschichts- und Gesellschaftsprozeß, als Akt der Selbstfindung des Ichs, zu lesen. Anna Seghers gestaltet dabei nicht Prozesse der Auseinandersetzung und Vermittlung, in denen sich das Innere des Menschen mit dem utopischen Horizont der Außenwelt schrittweise vereinigt, sondern Augenblicke jähen Verschmelzens beider. In diesen Augenblicken haben ihre Werke jeweils ihren Höhepunkt. Notwendig stehen sie ekstatisch zum Zeitkontinuum des Geschichtsprozesses, sie zeigen dessen utopischen Gehalt als latente Gegenwart vor. So wird das Zeichen, in dem sich die erreichte Einheit jeweils manifestiert, wieder im Blochschen Sinne zum Symbol (Verschmelzen von ursprünglich Zusammengehörigem nicht als Bewegung in der Zeit, sondern als Vor-Schein des erreichten Ziels im ekstatischen Augenblick).

Die Grundstruktur bleibt immer dieselbe. Anna Seghers' Erzählen ist auf ekstatische Augenblicke des Verschmelzens von ganz Innerem mit dem utopischen Horizont der Außenwelt gerichtet, die manifest werden im Aufblitzen von Symbolen. Die Deutung der drei Größen dieser Grundstruktur aber wandelt sich (d. i. des äußeren Geschichts- und Gesellschaftsprozesses, seines utopischen Horizontes und des innersten Innern des Menschen).

In den frühen Erzählungen und in den Werken der Exilzeit erscheint der äußere Geschichts- und Gesellschaftsprozeß als sinnentleert, ich-zerstörend, inhuman. Getreu der politischen Entwicklung der Autorin wird er allmählich konkretisiert als gnadenlos zermalmende kapitalistische, später dann als unmenschliche faschistische Wirklichkeit. Menschen von Rang bewahren – dies ist das Zeichen ihres Rangs – diesem zerstörenden Geschichtsprozeß entgegen ein unzerstörbares Inneres (das entsprechend geschichtlich nicht gegründet sein kann). So schließt Anna Seghers ihren berühmten Roman ›Das siebte Kreuz‹ (geschrieben im französischen Exil, erstmals erschienen 1942 in Mexiko und in den USA, 1946 dann in der SBZ) mit dem Satz:

> Wir fühlten alle, wie tief und furchtbar die äußeren Mächte in den Menschen hineingreifen können, bis in sein Innerstes, aber wir fühlten auch, daß es im Innersten etwas gab, was unangreifbar war und unverletzbar.[16]

Einen ›utopischen Horizont der Außenwelt‹ stellen die frühen Erzählungen in verschiedenen Formen eines a-geschichtlich existentialistischen Ausbruchs aus dem zerstörenden Geschichts- und Gesellschaftsprozeß vor (zum Beispiel ›Grubetsch‹, 1927), fortschreitend wird dieser Ausbruch gleichfalls geschichtlich konkreter als Klassenkampf in kapitalistischer Wirklichkeit vorgestellt (zum Beispiel ›Der Aufstand der Fischer von St. Barbara‹, 1928; ›Auf dem Wege zur amerikanischen Botschaft‹, 1930), später dann als antifaschistischer Kampf (zum Beispiel ›Der letzte Weg des Koloman Wallisch‹, 1934). Am berühmtesten ist Seghers' Symbol des ›Siebten Kreuzes‹ geworden – mit Blick auf seine *Wirkung* ist der gleichnamige Roman als wichtiges Ereignis der DDR-Literatur der vierziger und fünfziger Jahre anzusehen. Das siebte Kreuz ist ein Kreuz, das leer bleibt. Der Roman erzählt die Flucht von sieben Häftlingen aus dem KZ, für die der Lagerkommandant sieben Kreuze errichten läßt als Zeichen ihres sicheren Todes, sobald sie, was ebenso sicher erscheint, wieder ergriffen sein werden. Für sechs Häftlinge wird die Todesdrohung Wirklichkeit, einem Häftling, einem Antifaschisten aus der revolutionären Arbeiterbewegung, gelingt die Flucht, weil er in vielfältiger Weise auf solidarisches Handeln im deutschen Volk trifft bzw. dieses neu zu erwekken vermag. Im leer bleibenden siebten Kreuz wird ein Akt der Verschmelzung sinnfällig, wird er vorgezeigt, wie dies zur Symbolik gehört. Der flüchtende Antifaschist, der in der faschistischen Wirklichkeit den utopischen Horizont der Außenwelt repräsentiert, verschmilzt mit dem unzerstörbaren Inneren der Menschen im Akt der solidarischen Hilfe. Der Flüchtende erweckt das Innere bei den Helfern neu, das unter dem Druck der Verhältnisse gänzlich abgestorben schien, er tritt so in das Innere der Helfer ein, umgekehrt entäußern diese in der solidarischen Tat ihr Innerstes, dieses gewinnt in der geglückten Flucht Wirklichkeit. Die naive, aber von einem ethischen Impetus getragene Vorstellung eines latent gegebenen Innern des Menschen, in dem das Ethos der Humanität bewahrt blieb, hat wohl dem Roman nach 1945 seine gesamtdeutsch überaus große Resonanz beschert.

1947 kehrte Anna Seghers nach Ost-Berlin zurück. Die in der DDR errichtete sozialistische Gesellschaftsordnung sah und sieht sie als die Welt an, für die die revolutionäre Arbeiterbewegung gekämpft und für die sie geschrieben hat. Das führt zu einer neuen Deutung der drei Größen, die die Grundstruktur ihres Erzählens ausmachen. Der äußere Geschichts- und Gesellschaftsprozeß erscheint jetzt nicht mehr im Widerspruch zu einem utopischen Horizont, sondern mit diesem verbunden: Der Aufbau des Sozialismus wird gleichgesetzt mit dem Herausbilden einer humanen Wirklichkeit. Diese Auffassung sozialistischer Wirklichkeit ist für Anna Seghers nicht mehr hinterfragbar, sie wird keiner Realitätsprüfung mehr unterzogen, d.h. ihr ist nun der Charakter einer Setzung, eines ethischen Postulats zuzusprechen. Anna Seghers fragt weiterhin, wie das Innere des Menschen mit dieser Außenwelt verschmelzen kann, jetzt aber wird das Innere, das bisher Unbedingte, geschichtlich gegründet. Ein ›wahres‹ Inneres, dessen ›Wahrheit‹ darin besteht, mit der Außenwelt (der entstehenden sozialistischen Wirklichkeit) übereinzustimmen, wird tendenziell von Schichten des Inneren getrennt, die dieser Übereinstimmung entgegenstehen, weil sie vergangenen Zeiten, z. B. der faschistischen, angehören. Seghers bestimmt nun als Aufgabe des Schriftstellers, die Entwicklung des Menschen hin zur Annahme der neuen sozialistischen Wirklichkeit zu zeigen. So fragt sie 1950 in einer Sammlung von Reportagen ›Über die Entstehung des neuen Menschen‹: »Was ist in diesen Menschen vorgegangen? Gerade die Künstler, wenn sie das Innere der Menschen studieren, müssen versuchen, die Gründe ihrer Wandlung herauszufinden.«[17]

Entgegen ihren eigenen theoretischen Äußerungen gestaltet Seghers aber auch weiterhin keine Entwicklungen, keine Prozesse, sondern jäh aufscheinendes Einssein von sozialistischem Gesellschaftsprozeß und Innerem des Menschen oder aber mißlungene Verschmelzung. Letzteres führt zu einer neuen Art von Texten, die Symbole des Verschmelzens von Innen und Außen befragen und zurücknehmen. Die ›Friedensgeschichten‹ von 1950 geben für beide Möglichkeiten Beispiele.

Sie entstanden 1950 nach einem Aufenthalt der Autorin im Schriftstellerheim Wiepersdorf, dem einstigen Schloß der Arnims. Seghers hat während dieser Zeit aufgezeichnet, was sie außerhalb des volkseigenen Schlosses an neuem Leben, an ›neuen Menschen‹ vorgefunden hat. So wird die Gestalt eines Bauern entworfen, der, durch Krieg und Vertreibung erbittert, sein Inneres gänzlich verschlossen hat:

> Er ging nie unter Menschen, weder in Versammlungen noch ins Wirtshaus, und selbst seiner eigenen Frau verriet er niemals seine Gedanken, so daß man argwöhnen konnte, er hätte keine, sein Inneres sei gleichsam verdorrt.

Aus diesem nicht zugänglichen, undurchschaubaren Innern erwächst plötzlich ein Agitprop-Einfall, der die Identifikation dieses Ichs mit der Wirklichkeit der DDR demonstriert:

Er zog im Umzug der Erntewagen einen elenden Karren hinter sich her, der mit allerlei schäbigem Plunder, zerfetzten Kleidern, zerbeulten Töpfen beladen war. Der Karren trug ein Schild: ›Das verdanke ich Hitler und seinem Krieg!‹ Dahinter kam ein vollbeladener Erntewagen. Er trug die Aufschrift: ›Das verdanke ich der Sowjetunion und der Deutschen Demokratischen Republik‹.[18]

Hier wird kein Prozeß entwickelt, in dem das durch die faschistische Vergangenheit deformierte Ich in Übereinstimmung mit der neuen sozialistischen Wirklichkeit gelangte, sondern ein Zeichen vorgestellt, das die erreichte Übereinstimmung jäh manifestiert. Diese Übereinstimmung ist weiterhin nicht geschichtlich begründet, im Widerspruch zur eigenen Programmatik der Autorin, daß Übereinstimmung von Ich und Welt jetzt real möglich seien. Versucht die Autorin aber, solche Übereinstimmung geschichtlich zu gründen, wird ihr Erzählen gleichfalls widersprüchlich. Es bleibt den zu zeigenden Wandel des Ichs schuldig. So berichtet die Erzählung ›Der Landvermesser‹ von der Wandlung des Helden vom Dienstmann eines Großgrundbesitzers zum redlichen Diener des Volkes, der die Verteilung des ehemaligen Großgrundbesitzes vollzieht. Die erreichte Einheit des Landvermessers mit der neuen Zeit erweist sich aber als fragwürdig. Der Verstand hat sie diktiert. Andere Schichten des Ichs sind in ihr unterdrückt, die sich weiter mit den früheren Herrschaftsverhältnissen identifizieren. Seghers entdeckt das Problem, daß die Einheit von neuer sozialistischer Wirklichkeit und gewandeltem Innern des Menschen auch nur den bewußten Anteil des Ichs betreffen und mit dem Unterdrücken anderer Schichten des Ichs erkauft sein kann, die ihr entgegenstehen, weil sie tiefere Prägungen vergangener gesellschaftlicher Verhältnisse bewahren. Erst Christa Wolf [→ 396 ff.] hat, beinahe zwei Jahrzehnte später, die Sprengkraft dieses Themas breiter zu entfalten gewagt: die Einheit von ›neuer Zeit‹ und ›neuen Menschen‹ um die Gewalttätigkeit zu befragen, um die Unterdrückung im Ich, die der Preis war und ist, sie zu behaupten (›Nachdenken über Christa T.‹).

Anna Seghers' gelungene Werke sind stets auf unvermittelt eintretende Augenblicke der Verschmelzung von innerstem Innern und utopischem Horizont der Außenwelt hin gespannt, die manifest werden im jähen Aufscheinen von Symbolen. Wir finden bei Seghers aber auch viel Mißlungenes, was man vergeblich politisch zu deuten versucht hat (mißlungen seien die Werke, die sich positiv auf die sozialistische Wirklichkeit einließen). Seghers' Werke mißlingen immer, wo sie das Grundgesetz ihrer symbolischen Darstellungsweise mißachtet und die ekstatisch zur Zeit stehenden Augenblicke der Verschmelzung, auf die ihr Erzählen zusteuert, geschichtlich zu gründen, also in Entwicklungsprozesse zu überführen sucht. Dies verlangte, unmittelbar aufscheinendes Einssein dem Druck der Vermittlung auszusetzen, es in Widerspruch aufzulösen, Identität im Fremden, das Wahre im Falschen zu suchen. Das aber leistet die Seghers nie. Wo sie sich auf den Geschichts- und Gesellschaftsprozeß einläßt, entfaltet sie nicht Prozesse der Vermittlung, sondern stattet sie vorgegebenes Wissen über die Wirklichkeit mit Bilderbögen von Figuren, Handlungen, Episoden aus. Ist in ihren gelungenen Werken alles auf das jähe Aufscheinen von Symbolen hin organisiert, diese verstanden als ›wissende Bilder‹ (Bilder, die mögliche Einheit von Innern des Ichs und Außenwelt wissen), so verharrt Seghers in ihren mißlungenen Werken im ›Bebildern von Wissen‹, das eine falsche Unmittelbarkeit vorgaukelt. Die dargestellte Wirklichkeit erscheint in ein riesiges Konglomerat von Figuren und Episoden gebrochen, die aufwendige Facettierung bringt aber keine neue Erkenntnis oder Erfahrung hervor, weil sie vorgegebenes Wissen, anderweitig schon etablierte Theorie, nur illustriert. Seghers hat dies, wenn auch nicht bezogen auf sich selbst, sondern auf andere DDR-Autoren, auf dem IV. Deutschen Schriftstellerkongreß 1956 als ›scholastische Schreibart‹ kritisiert und über diese das richtige Urteil gefällt: »Die scholastische Schreibart ist Gift, wie marxistisch sie sich auch gebärdet.«[19]

Dem Bebildern von Wissen verfällt Seghers häufig dann, wenn sie das Gesamtbild des Geschichts- und Gesellschaftsprozesses einer Epoche entwerfen will; denn dies verlangt, Totalität im Prozeß der Vermittlung zu gewinnen. Da dies aber nicht versucht wird, werden die Räume zwischen den Augenblicken unmittelbar aufscheinender Ganzheit mit bebildertem Wissen ausgefüllt. Die Romane ›Die Toten bleiben jung‹ (1949), ›Die Entscheidung‹

(1959), ›Das Vertrauen‹ (1968), für die Seghers in der DDR gefeiert wurde, sind in dieser Weise mißlungen.

Die sozialistische Wirklichkeit als gesellschaftliche Bedingung des Schreibens konnte Seghers' falsche Tendenz allerdings begünstigen. Denn die gesellschaftstheoretische Vorgabe einer jetzt gegebenen grundsätzlichen Übereinstimmung von Ich und Gesellschaftsprozeß suggeriert, daß die Symbole erreichter Einheit nun aus dem Gesellschaftsprozeß herleitbar seien. In ihren gelungenen Werken nach 1945 bleibt sie diese Herleitung entweder doch schuldig oder sie nimmt die geschichtlich gegründeten Symbole der Einheit als fragwürdig zurück (zum Beispiel ›Karibische Geschichten‹, 1952 und 1960). Dies ist ihr Weg, aufgehobene Entfremdung des Ichs im Gesellschaftsprozeß als Norm einer neuen Öffentlichkeit mit der erfahrbaren Wirklichkeit zu vermitteln. Allerdings ist ein Bemühen der Autorin zu erkennen, die anstößige ekstatische Stellung ihrer Symbole zum Geschichts- und Gesellschaftsprozeß zu mildern. Etwa dadurch, daß sie die aufscheinende Einheit von Ich und Gesellschaftsprozeß zwar im Raum der Geschichte ansiedelt, aber doch auf Ausnahmesituationen beschränkt. So bindet sie in den Erzählungen der Sammlung ›Die Linie‹ (entstanden 1949) die vorgestellte Einheit von einfachem Genossen und Partei (letztere als Bürge für den utopischen Horizont des Geschichtsprozesses) an herausragende Situationen des heroischen Kampfes der Arbeiterbewegung. Brecht hat die aufscheinende Identität als das zentrale Ereignis dieser Geschichten erkannt: »Ein wertvolles element in Annas schönen geschichten in dem bändchen ›Die Linie‹: identität dessen, was die partei plant und was der prolet tut.«[20]

Wieder anders mildert Seghers das Anstößige ihrer ekstatisch zur Geschichte stehenden Symbole dadurch, daß sie Erzählungen im geschichtslosen Raum des Mythos ansiedelt, z. B. ›Das Argonautenschiff‹, eine Bearbeitung des Jason-Stoffes, die Huchel 1949 in ›Sinn und Form‹ veröffentlicht hat. Einswerden des Innersten des Ichs (Jason als zeitlos lebender Révénant) mit dem gesellschaftlichen Dasein (Jasons Werk, die Argo und die berühmte Geschichte der Ausfahrt) erscheint im Raum des Mythos aber unproduktiv: an den Augenblick des Todes gebunden, womit indirekt auf die notwendige Gründung dieses Einswerdens im Prozeß der Geschichte verwiesen wird.

Uneingeschränkt vermochte Seghers ihre Symbole aufscheinender Einheit von Ich und Gesellschaftsprozeß dort im Raum der Geschichte anzusiedeln, wo diese Einheit fraglos als gegeben angenommen werden kann. Dann besteht die Aufgabe nicht darin, sie zu erringen, sondern bloß darin, sie zu erkennen. So beruft sich Anna Seghers auf die revolutionäre Geschichte Mexikos, die sie selbst noch als ungebrochene Tradition erfahren hat (›Geschichten aus Mexiko‹, 1951 ff.). Die Erzählung ›Crisanta‹ zum Beispiel hat ihren Höhepunkt wieder im Aufscheinen eines Symbols, das hier an den Schluß gesetzt ist. In der plötzlichen Auflösung einer Kindheitserinnerung erkennt sich die Heldin aufgehoben im Strom ihres Volkes und gibt sie diese Erkenntnis an ihr Kind weiter. Dies wendet ihre trostlose Geschichte, denn der Strom, mit dem sie sich jetzt eins erfährt, ist der Strom eines Volkes, von dem gesagt ist, daß es für seine Freiheit, auch seine soziale Freiheit, zu kämpfen wußte und weiß.

Huchels und Seghers' Symbole verleihen der Norm aufgehobener Entfremdung Wirklichkeit im herausragenden Augenblick, der ekstatisch zum Geschichts- und Gesellschaftsprozeß steht. Sie zeigen latente Gegenwart des Ziels – Vor-Schein möglicher Einheit von Mensch und Natur, innerstem Innern und Außenwelt – im geschichtstranszendenten Augenblick. Die entgegengesetzte allegorische Gestaltungsweise öffnet sich demgegenüber auf die Bewegung der Welt in der Zeit, sie läßt sich auf den Prozeß des Widerspruchs und der Vermittlung von Mensch und Natur, innerstem Innern und Außenwelt in der Geschichte ein, auf die Suche nach dem »Identitätsbezug im anderen, ausgedrückt durch anderes«.

2. Allegorien des Aufhebens von Entfremdung:
Bertolt Brecht, Stephan Hermlin, Heiner Müller,
Johannes R. Becher

Das Erzähl-Gedicht ›Die Erziehung der Hirse‹ zeigt exemplarisch Brechts Ansatz, Aufheben von Entfremdung als Norm proletarischer Öffentlichkeit mit der erfahrbaren Wirklichkeit zu vermitteln. Huchel druckte das Gedicht 1950 in dem Heft von ›Sinn und Form‹, das der Veröffentlichung seines Zyklus ›Das Gesetz‹ unmittelbar folgte. Er stellte – wohl bewußt – eine Alternative zu seinem symbolischen Gestaltungsansatz vor.

Das Gedicht wurde in der DDR gelobt[21], es gehört zur Pflichtlektüre im Deutschunterricht. Konzentrierte sich Huchel auf den einen Augenblick der Revolution, um ihn konkret-utopisch auszugestalten, so zeichnet Brecht eine Bewegung in der Zeit nach: die Entwicklung des Helden vom primitiven Nomaden zum arbeitstechnisch selbstbewußten, ethisch selbstlosen Kolchosarbeiter, der phantastische Leistungssteigerungen in der landwirtschaftlichen Produktion erzielt. Im Parallelschnitt hierzu – als Begründung – wird die revolutionäre Geschichte der Sowjetunion eingeblendet. Brecht scheint ein glänzendes Beispiel für seinen Begriff des Sozialismus als ›Entfesselung der Produktion‹[22] zu geben. Die vergesellschaftete Form der Arbeit entbindet im Helden neue, ungeheure Aktivität. Er lebt eine neue Bundesgenossenschaft des freien Arbeiters mit der Natur vor. Der Arbeiter versenkt sich in die Natur, vermag dadurch ihren Forderungen gerecht zu werden und für sich selbst die Trennung zwischen körperlicher und geistiger Arbeit aufzuheben; so wird er in jeder Hinsicht ein ›ganzer Mensch‹:

Und man hört und spricht im Aul von Hirse.
›Ich erzieh sie‹, sprach der Alte, ›wie mein Kind
Bis sie tapfer wie ein Reiter, wie ein Mullah listig
Unschlagbar durch Unkraut, Rauch und Dürrewind.‹

Die Natur dankt dem Arbeiter solche ›Zuwendung‹ mit unvorstellbarer Steigerung ihrer Produktivität. Der Refrain »Was ihr für Genossen seid/Zeigt der Ertrag!« begreift derart nicht nur die Gemeinschaft der Arbeiter, sondern auch deren Bundesgenossenschaft mit der Natur ein. Die Eingängigkeit dieses Schemas, das dem Aufbaupathos der frühen fünfziger Jahre so gut entsprach, hat alle Signale überlesen lassen, die die willkommene Lehre des Gedichts irritieren[23].

Der Nomade, seiner Herkunft nach einer ursprünglicheren, nicht technisierten Hinwendung zur Natur nahe, läßt Entfremdung von Mensch und Natur gar nicht erst aufkommen. Er bewahrt den alten Zustand, aber bereichert um alle Errungenschaften der Industrialisierung. Dieser eingängigen Geschichte steht nun aber in den Deutungen, die der Chronist gibt, eine Beziehung von arbeitendem Menschen und Natur entgegen, die über die gewohnte Subjekt-Objekt-Spaltung nicht hinaus ist. Der arbeitende Mensch tut der Natur mittels Wissenschaft und Technik Gewalt an, auch nach der gesellschaftlichen Revolution. Von ›Erzeugungsschlacht‹ ist die Rede, und der Refrain fordert dazu auf, die Erde ›anzutreiben‹. Sozialistische ›Entfesselung der Produktion‹ reduziert sich auf Ertragssteigerung, in der Natur Objekt und Arbeit ein bloßes Mittel bleibt. Der Chronist, der dieser Reduktion vorarbeitet, geht konform mit der nachrevolutionären Geschichte der Sowjetunion, die das Revolutionsversprechen in ein Programm zur schnellen Industrialisierung eines rückständigen Agrarlandes verkehrt hat. Es überrascht daher nicht, in der russischen Vorlage Brechts schon die gleiche Verengung zu finden[24].

Der Widerspruch zwischen der Geschichte des Nomaden und ihrer Aneignung durch den Chronisten ist aber auch umgekehrt lesbar und gerade in dieser Lesart ideologisch. Ein Zustand fortdauernder Entfremdung (die quantitative Produktionssteigerung durch technisch-industriellen Fortschritt, die der Chronist herausstellt) erscheint als Verwirklichung des emanzipatorischen Sinns proletarischer Revolution (Zu-sich-selbst-Kommen von Mensch und Natur in neuer Symbiose, das der Nomade zeigt). Das Gedicht wird aber von diesem Widerspruch nicht nur beherrscht, sondern stellt ihn auch aus, distanziert so von ihm. Dies unterscheidet es von den gereimten Leitartikeln der Aufbaujahre. Der Chronist ordnet die Geschichte des Helden in mehrdeutige Sinnbezüge ein, so mit dem viermal berufenen Refrain:

Träume! Goldnes Wenn!
Sieh die schöne Flut der Ähren steigen!
Säer, nenn
Was du morgen schaffst, schon heut dein Eigen!

Der Refrain spricht die Gewißheit zukünftig möglicher Produktionssteigerung aus, ebenso aber auch die Aufforderung, über den Arbeitsprozeß zu verfügen. Brecht vermittelt Aufheben von Ent-

fremdung als Norm proletarischer Öffentlichkeit so mit der erfahrbaren Wirklichkeit, daß er es – in der Geschichte des Nomaden – als Sinnperspektive des Gesellschaftsprozesses zeigt und
gleichzeitig – in der Aneignung der Geschichte durch den Chronisten – außer Kraft setzt. In diesem Widerspruch entfaltet Brecht
schon die Problematik jener Figuration des ›Helden der Arbeit‹,
die in der Aufbauphase der DDR große Bedeutung gewann und
auch später behielt[25]. Ihren gesellschaftlichen Bezug hat sie in der
Aktivistenbewegung, die in der DDR mit der phantastischen Leistungssteigerung des Arbeiters Hennecke initiiert wurde. (Sie lag
bei Veröffentlichung der ›Erziehung der Hirse‹ noch nicht ganz
zwei Jahre zurück. Ihr Vorbild war die Großtat des russischen Arbeiters Stachanow und die nach ihm benannte ›Stachanow-Bewegung‹ zur Übererfüllung der Arbeitsnormen.) Das Gedicht fügt
sich mit dem Schlußappell »Lebt ihm nach!« in die Aktivistenbewegung ein. Diese erklärt sich aus dem Produktionsbedürfnis der
Aufbaujahre, die menschliche Arbeitsleistung hochzutreiben, um
bei fehlender oder nur mangelhafter Ausrüstung eine höhere Produktivität zu erzielen. Die Literatur wurde in den Dienst der Aktivistenbewegung genommen; die Autoren wurden aufgefordert,
Helden der Arbeit zu gestalten[26], und tatsächlich war dies dann
auch bis weit in die sechziger Jahre leitendes Thema jener Literatur, die sich mit der neuen sozialistischen Wirklichkeit auseinandersetzte.

Brecht hat mit der ›Erziehung der Hirse‹ ein frühes Beispiel für
die Gestaltung des Helden der Arbeit gegeben. Er stellt dabei dessen Widersprüchlichkeit heraus, die in vielen Produktionsroma-
nen, -gedichten und -dramen mißachtet wurde. Brechts Held der
Arbeit verkörpert schon die allseitige Produktivität des Menschen,
die mit der sozialistischen Produktion wirklich werden soll. Er leistet diesen Vor-Schein aber aus einem Stadium des Gesellschaftsprozesses, der fremd hierzu steht. Gestaltet ist dies im Widerspruch zwischen der Geschichte des Nomaden und den Deutungs-
mustern, mit denen sich der Chronist diese Geschichte aneignet,
aber auch im Widerspruch innerhalb der Geschichte des Nomaden, etwa dem, daß die Motivation zur Produktionssteigerung
immer weniger aus dem Helden selbst kommt, vielmehr bloßer

Vollzug fremd gesetzter Forderungen zu sein scheint, die der Held optimal erfüllt.

Brechts Entwurf des Helden der Arbeit hat die Struktur der Allegorie, wie Bloch sie definiert. Er zeigt einen Identitätsbezug (aufgehobene Entfremdung von Mensch und Natur) im anderen (in einem Gesellschaftsprozeß, der fremd hierzu steht, da in ihm Natur Objekt, Arbeit Mittel ist), ausgedrückt durch anderes (durch die Widersprüchlichkeit, die der Held der Arbeit entfaltet). In einer rückständigen Umgebung verkörpert der Held der Arbeit das Vorausweisende und wird damit zum Motor der Veränderung: Befreiung durch Arbeit als Vorgriff auf eine neue, allseitige Produktivität des Menschen, die zusammengeht mit einer aus bloßer Objektrolle entlassenen Natur. Der Vorgriff bleibt aber ungewiß, steht jederzeit in Gefahr, sich zu bloßer Produktionssteigerung zu verengen. Dann erscheint der Held der Arbeit als heroisch Überangepaßter an höhere Leistungsforderungen. Wird er so seiner Umgebung fremd, so diese auch ihm. Er findet in ihr keine Gründung seines Handelns, wird damit wirklichkeitslos, ein Phantast oder Besessener der Idee sozialistischer Umgestaltung der Wirklichkeit.

Die Widersprüchlichkeit des Helden der Arbeit kann tragisch oder komisch ausgeführt werden. Der Held der Arbeit und die gesellschaftliche Wirklichkeit stoßen etwa in Heiner Müllers Produktionsstücken [→ 147] tragisch unversöhnlich zusammen. Müller bietet freilich dann die Theorie der nichtantagonistischen Widersprüche in der sozialistischen Gesellschaft auf, um die Tragik am Ende zu verhindern. Brechts Gedicht dagegen faßt die Widersprüchlichkeit des Helden der Arbeit – gerade hierin von der russischen Vorlage abweichend – komisch. Der große Sinnentwurf »Träume! Goldenes Wenn! . . .« erscheint lächerlich, wenn auf ihn unvermittelt der Blick aufs ganz Nahe folgt, auf den Mist, mit dem der Nomade sich die Hände nicht schmutzig machen will. Oder der Held wird plötzlich in eine Kinderwelt versetzt (von ›Gräblein‹, ›Dämmlein‹ und ›Pferdlein‹ ist die Rede), was lächerlich erscheint angesichts des aufgebotenen revolutionären oder vaterländischen Pathos. Brechts Gedicht läßt erkennen, wie der vielberedete ›positive Held‹ akzeptabel ist: als Figur, die durch Komik zurückgenommen wird. In ihrer komischen Vernichtung weist sie den vorgezeigten utopischen Gehalt des Gesellschaftsprozesses als diesem nicht selbstverständlich einwohnend aus. Peter Hacks wird sich diese Erkenntnis in seinen Stücken ›Die Sorgen und die Macht‹ (1959) und ›Moritz Tassow‹ (1961) zu eigen machen.

Brecht hat die ungebrochen positive Auffassung des Helden der Arbeit in der DDR als Problem erkannt und kritisiert. Ernüchtert durch den 17. Juni schreibt er:

> Die Arbeiter drängte man, die Produktion zu steigern, die Künstler, dies schmackhaft zu machen. Man gewährte den Künstlern einen hohen Lebensstandard und versprach ihn den Arbeitern. Die Produktion der Künstler wie die der Arbeiter hatte den Charakter eines Mittels zum Zweck und wurde nicht in sich selbst als erfreulich oder frei angesehen ⟨. . .⟩[27]

Dagegen beharrt er auf einer neuen Qualität der Arbeit:

> Wenn es uns gelingt, nicht nur einige Produktionsziffern, sondern die allseitige Produktivität des ganzen Volkes zu steigern, wird die Kunst ganz neue Impulse gewinnen und verleihen.[28]

›Die Erziehung der Hirse‹ macht zwar auch die Produktionssteigerung ›schmackhaft‹, aber in einer komischen Zubereitung, die auf das Beschränkte des Helden der Arbeit verweist, auf die beibehaltene Ausbeutung der Natur wie die fremdgesetzten Antriebe zur Produktionssteigerung.

Im Gegensatz zu Brecht zeigt die gängige Aufbauliteratur den Helden der Arbeit ungebrochen. Hier wird die Produktion durch die Künstler für die Arbeiter ›schmackhaft‹ gemacht, wobei das Schaffen für beide Mittel zum Zweck bleibt. Diesem Ansatz folgen die zahllosen Aufbaugedichte und Betriebsreportagen, die sich in der Zeitschrift ›Aufbau‹, die sogar eigene Betriebsreporter beschäftigte (Dieter Noll und Paul Wiens) und weiter in den repräsentativen Anthologien ›DDR-Reportagen‹ und ›DDR-Portraits‹[29] finden, ferner die Romane von Otto Gotsche (›Tiefe Furchen‹, 1949), Willi Bredel (›Fünfzig Tage‹, 1950), Eduard Claudius (›Menschen an unserer Seite‹, 1951, erweiterte Fassung der Erzählung ›Vom schweren Anfang‹, 1950), Maria Langner (›Stahl‹, 1951), Karl Mundstock (›Helle Nächte‹, 1952), Hans Marchwitza (›Roh-

eisen‹, 1953), Hans Lorbeer (›Die Sieben ist eine gute Zahl‹, 1953),
Jan Koplowitz (›Unser Kumpel, Max der Riese‹, 1954), Rudolf Fischer (›Martin Hoop IV‹, 1955)³⁰.

Stephan Hermlins Reportage über den Mansfelder Kupferberg-
bau geht über das bloße Verherrlichen der Produktion durch die
Künstler für die Arbeiter hinaus, weil sie das Spannungsverhältnis
zwischen beiden einbezieht und sich damit einem drängenden,
kaum je offen diskutierten Problem der Aufbauliteratur stellt.
Brecht, Huchel, Arnold Zweig, Seghers, ebenso Becher, Friedrich
Wolf, Renn oder die Theoretiker Lukács und Bloch – sie alle hatten ja eine bildungsbürgerliche intellektuelle und literarische Entwicklung schon durchlaufen, ehe sie Person und das Geschick
ihrer Kunst an die Arbeiterbewegung und – nach 1945 – an die ent-
stehende deutsche sozialistische Wirklichkeit banden. Wie aber gewinnt der sensibilisierte Künstler ein unverkrampftes Verhältnis
zur Masse der unselbständig Arbeitenden, die wegen ihrer Ausbildung und ihrer Arbeitssituation nur über beschränkte Fähigkeiten
verfügen, Kunst aufzunehmen oder gar zu schaffen? In zwei Pro-
blemfeldern ist diese Frage gestellt. In Brechts ›Tui-Problematik‹,
die um den korrumpierbaren Intellektuellen kreist, der seine eigene Klasse an die neuen Machthaber verrät, und in der breiten
›Erbe-Diskussion‹ [→ 93] in der DDR, die um das – richtige – Aneignen der kulturellen Leistungen der Vergangenheit durch die –
dem Anspruch nach – jetzt herrschende Arbeiterklasse kreist.

Hermlin schuf sich in der DDR nicht als Dichter der sozialistischen Arbeitswelt einen Namen, sondern als literarisch kenntnis-
reicher Essayist und Kritiker, als Vermittler französischer und süd-
amerikanischer Dichtung und nicht zuletzt auch als Poet, der die
er-lesene sprachliche Gebärde liebt und beherrscht, sei es als Lyriker – so in den ›Zweiundzwanzig Balladen‹ (1947) –, sei es als Erzähler – so in ›Der Leutnant York von Wartenburg‹ (1945), ›Reise
eines Malers in Paris‹ (1947), ›Die Zeit der Gemeinsamkeit‹ (1949).
Dieser Orientierung schwor Hermlin nicht ab, als er sich der ganz
anderen Welt sozialistischer Industriearbeit zuwendete.

Die Einführung der ersten Jahrespläne der Wirtschaft (Zwei-
Jahresplan 1949, Fünf-Jahresplan 1951) war stets mit Appellen an
die Schriftsteller verknüpft, zum Erfolg dieser Pläne beizutragen,

im Sinne: der Arbeiterklasse erhöhte Anstrengungen in der Produktion ›schmackhaft‹ zu machen. Hermlin schrieb 1950 eine Reportage über das Mansfelder Revier (›Es geht um Kupfer‹[31]) und ein Oratorium für die 750-Jahrfeier des Mansfelder Kupferbergbaus (›Mansfelder Oratorium‹[32]). Er folgt dem gesellschaftlichen Auftrag der Partei, hält gleichzeitig aber an der Besonderheit des Künstlers fest. Der Versuch, beide Orientierungen in Einklang zu bringen, charakterisiert seine Reportage wie sein Schaffen insgesamt, begründet dessen Leistungen wie dessen Schwächen[33].

Jede Reportage hat einen Tatbestand (den dargestellten Einzelfall) und Theorie (Wissen um den Zusammenhang, in dem der Einzelfall steht) zu vermitteln. Hermlin leistet dies in der Weise, daß er das Wahrgenommene poetisch überhöht. Von der »kathedralenhohen Halde« eines Schachtes ist die Rede, vom »Filigran des Höhenförderers«, von der Halde als »riesiger Pyramide«, vom Revier als »Fronland Ägypten«, entsprechend von der sozialistischen Revolution als »Vertreibung der Pharaonen«. Hermlin ermöglicht dieses Überhöhen dadurch, daß er die Fahrt ins Revier in die Atmosphäre eines Traumes taucht. Innerhalb des so geschaffenen Kunstraumes herrscht aber die Losung des Tages, d. i. freiwilliges Erhöhen der Arbeitsleistung. Die Reportage verherrlicht den »fürchterlichen Kampf des Menschen mit dem Gestein«, die »Arbeitsschlacht«, das »erschreckende, kriegerische, machtvoll-hinreißende Medusenantlitz der Arbeit«. Der Schriftsteller erstarrt allerdings nicht vor diesem Medusenantlitz, vermag vielmehr über all das zu schreiben. Er schildert aber nicht nur fertige Helden der Arbeit [→ 388], sondern versucht auch zu begreifen, wie man einer wird. Dies führt ihn zu allegorischer Darstellung. Der Reporter entdeckt zwei Aspekte befreiter Arbeit, die zum Helden der Arbeit führen. Er findet Arbeiter, die mit der Kraft und der Grazie des Raubtiers begabt, andere, die vom Willen zur schnellen Veränderung der Wirklichkeit gepackt sind. Beide Male erscheinen die vorbildlichen Arbeiter reduziert, entweder auf das Tier oder auf ein sprachloses Wesen, ohnmächtig, sich auszudrücken, ohne Namen. Die Defizite der Arbeiter rechtfertigen die Existenz des Schriftstellers. Er verfügt über das Fehlende und bringt es ein: die Vernunft, die dem Raubtier, die Ausdrucksfähigkeit, die dem Sprachlosen fehlt. Aufheben von

Entfremdung erfolgt hier nicht im Negieren des vorgefundenen Negativen (der Reduktionen der Arbeiter), sondern additiv. Der Künstler bringt durch Zugabe seiner Vernunft und seiner sprachlichen Fähigkeit das ›ganze Bild‹ befreiter Arbeit hervor.

Die objektiven Verhältnisse, in denen die beschriebenen vorbildlichen Arbeiter stehen – der gesellschaftliche Charakter ihrer Arbeit, das Problem des Verfügens über den Produktionsprozeß –, bleiben unbestimmt. Statt dessen bietet der Autor ›Poesie der Arbeit‹, zuletzt beschwört er die Arbeiterklasse als Macht der Vereinigung, auch jener von Künstler und Arbeiter:

> An das vor allem denkt der Schriftsteller und ist unzufrieden mit sich und sagt sich, daß man diese Menschen nicht enttäuschen darf, daß man jetzt erst eine richtige Heimat hat, die über dunkle Jahre, aus Tränen und Asche hinübergerettet wurde von der Arbeiterklasse, die so viel mehr ist als ein nüchternes und geheimnisvolles Wort.[34]

Hermlin entfaltet nicht den Widerspruch zwischen vorgefundenem Sachverhalt – den vorbildlichen Arbeitern – und Bewältigungsordnung – der Theorie sozialistisch befreiter Arbeit. Daher scheitert seine Allegorie des Aufhebens von Entfremdung, zu der er im Entwurf von Helden der Arbeit angesetzt hat. Statt den Widerspruch zu entfalten, suggeriert die aufgebotene ›Poesie der Arbeit‹ bzw. der Arbeiterklasse Übereinstimmung. Die Hinwendung des Künstlers zur Arbeitswelt trägt romantische Züge. Die Fahrt zu den Bergleuten wird ihm, wie einst Heinrich von Ofterdingen, zur Selbsterfahrung und Erfahrung der Heimat, die Arbeiterklasse dabei zur geschichtlichen Macht, die ihm diese Heimat gerettet hat. In der Identifikation mit der Arbeiterklasse, die »mehr ist als ein nüchternes und geheimnisvolles Wort«, mehr also vor allem als ein Wort, scheint die Kluft zwischen Künstler und Arbeiter überbrückt und der Widerspruch zwischen den gezeigten Reduktionen der Arbeiter und dem gesellschaftlichen Anspruch befreiter Arbeit aufhebbar. Beides aber wird nicht ausgeführt, sondern im beschwörenden Nennen der Arbeiterklasse nur behauptet. Hermlins Reportage über die Arbeitswelt mündet in eine Dichtung der Arbeiterklasse und bewahrt dabei die Spannung zwischen Künstler und Arbeiter, die sie überwinden will.

Das ›Mansfelder Oratorium‹ erinnert die Geschichte der Produktion, der Ausbeutung und der sozialen Kämpfe, die in der Mansfelder Region stattgefunden haben – stets aus der Perspektive der befreiten Arbeit, die in der DDR erreicht sei. Der Geschichtsgang scheint auf dieses Ziel hin angelegt, hat so stets einen fraglosen Sinn. Hermlin genügt damit den Forderungen der Feierdichtung. Von ihr wird nicht Infragestellen, sondern Bestätigen des Gemeinsamen verlangt.

Das ›Mansfelder Oratorium‹ bestätigt die Befreiung der Arbeit und die Arbeiterklasse als Träger und Vollender dieser Entwicklung. Die Bildung eines neuen Menschen und einer neuen Zeit verdankt sich dem ›Geist der Arbeiterklasse‹. Als Sinnträger des Geschichtsprozesses wird diese aber wieder überhöht, überladen. Die ›neue Zeit‹, die sie verkörpert, soll alles Leid, alle Entbehrung und Hoffnung jahrhundertelanger Kämpfe aufheben. Die Feier bestätigt aber nur das Mißverhältnis zwischen dem Anspruch, den der erinnerte Geschichtsgang setzt und dem Gehalt der ›neuen Zeit‹, der wieder nur in der Bereitschaft zur Mehrarbeit aus neuer Gesinnung besteht, in der Bereitschaft zu Verzicht auf Genuß in der Gegenwart zugunsten der Zukunft. Hermlin konkretisiert den Gehalt der ›neuen Zeit‹ und landet bei der Ethik kapitalistischer Produktion: ewiges Streben, dem das Erreichte nur als Mittel taugt, noch mehr zu erreichen.

Hermlins Feierdichtung aus der Perspektive sozialistisch befreiter Arbeit bestätigt unfreiwillig die deformierte sozialistische Revolution. Faktischer Geschichtsprozeß und emanzipatorisches Ziel bleiben unvermittelt. Der beschworene ›Geist der Arbeiterklasse‹ soll die Fehlleistung überdecken. Hermlin vermeidet solche Fehlleistung dort, wo er den Gehalt der ›neuen Zeit‹ nicht mehr in seiner Faktizität, sondern nur noch dem Anspruch nach bestimmt, als Anspruch, alles Leid der Vergangenheit aufzuheben, alle Kulturversprechen der Vergangenheit zu erfüllen. So wird im Gedicht ›Aurora‹, 1950 zum Jahrestag der Oktoberrevolution geschrieben, vom Akt der Revolution gesagt: »Was immer geschehen war, geschah für diese Nacht.«[35]

Gegenüber solchem Anspruch kann die faktische Entwicklung nur zurückbleiben. Dies führt Hermlin wieder zur Elegie, der er

sich schon in seinen frühen Gedichten zugewandt hatte. Parado-
xerweise ist sie nun in die Zukunft gerichtet, sie entsteht aus der
Trauer um das, was auch die zukünftige Geschichte nicht verwirklichen wird.

Das Mißverhältnis zwischen dem Anspruch, der aus den gewan-
delten Verhältnissen abgeleitet wird und der dargestellten neuen
Wirklichkeit bewältigt Hermlin weder in der Reportage noch im
Oratorium. Sein Scheitern ist allerdings dem gesellschaftlichen
Auftrag, der in den vierziger und fünfziger Jahren an die Schriftsteller ergeht, schon eingeschrieben. Hermlin hat es, als gefügiger
Autor, nur vollzogen. Der Gegensatz von materieller und geistiger
Kultur soll aufgehoben[36], so eine ›neue Kultur‹ geschaffen werden. Dieses Programm wird aber in einer Weise konkretisiert, daß
der alte Gegensatz fortbesteht. Die Arbeiter sollen – durch Produktionssteigerung – die Grundlagen des materiellen Wohlstands
schaffen, die Künstler den dazu passenden Überbau, indem sie
durch Agitation zum Gelingen des Wirtschaftsplanes beitragen[37].
Eine ›neue Kultur‹, an der die Masse der Arbeitenden teil hätte,
kann auf dem Boden solcher Arbeitsteilung nicht entstehen.

Brecht hat den Widerspruch zwischen Held der Arbeit und sozialistischer Gesellschaft episch gefaßt; die Geschichte des Helden
und deren Sinngebung durch den Erzähler reiben sich aneinander.
Hermlin hat den Widerspruch harmonisiert, die Arbeiterklasse
wird als Macht der Vereinigung beschworen. Heiner Müller gestaltet ihn dramatisch. Das Drama erwächst aus dem Konflikt verschiedener Sinngebungen, mit denen die Mitfiguren auf den im
Zentrum stehenden Helden der Arbeit reagieren.

Müllers erstes Drama ›Der Lohndrücker‹ (entstanden 1956,
veröffentlicht 1957, uraufgeführt 1958 in Leipzig[38]) greift ein
Ereignis des Jahreswechsels 1950/51 auf. Der Maurer Hans Garbe
[→ 386 f.] hatte in einem Ostberliner Werk die Kammern eines
Brennofens neu ausgebaut, ohne daß der Ofen stillgelegt werden
mußte. So verhinderte er einen großen Produktionsausfall. Die
technisch unerhörte Arbeit verrichtete er außerdem noch in der
Hälfte der veranschlagten Zeit. Die Zeitungen feierten ihn, den
Schriftstellern wurde er als literaturwürdig empfohlen, dem folgte
Eduard Claudius, ebenso Brecht, der mit Käthe Rülicke den Hel-

den mehrfach interviewte; einen Ausschnitt dieses Materials hat Rülicke in dem Bericht ›Hans Garbe erzählt‹ veröffentlicht[39].

Müller setzt die Kenntnis des Garbe-Stoffes voraus. Die Handlungen des Helden und die sozialen Verhältnisse der frühen fünfziger Jahre werden in wenigen, prägnanten Zügen vorgestellt; der Akzent liegt nicht auf dem Abbilden von Handlungen, sondern auf dem Sinn, den die Figur des Helden der Arbeit repräsentiert. Das Drama entfaltet sich nicht aus den Taten des Helden, sondern daraus, daß einige Mitfiguren diesen im Laufe des Stücks eine neue Bedeutung zumessen.

Im Selbstverständnis des Helden und in der Sicht der ökonomischen und politischen Leiter, der neuen Herrenschicht also, repräsentiert die Aktivistentat die Selbstbefreiung der Arbeiterklasse durch ihre Arbeit. Solche Sinngebung verdunkelt freilich ein Problem. Die neue Qualität der Arbeit ist weder aus der persönlichen Vergangenheit des Helden – er war unter den Nazis ein Denunziant – noch aus den erfahrbaren sozialen Verhältnissen ableitbar; denn diese sind durch materielle Not und fortwährende Ausbeutung der Arbeiterklasse bestimmt. Die subjektiven wie die objektiven Voraussetzungen widersprechen der genannten Sinngebung. Die entgegengesetzte nennt schon der Titel des Stücks. Als ›Lohndrücker‹, ›Arbeiterverräter‹[40] erscheint der Held den anderen Arbeitern, die die gegebenen Verhältnisse reklamieren. Sie deuten sein Handeln als rückhaltloses Anpassen an die Forderungen der jetzt Herrschenden. Dieser Widerspruch der Sinngebungen ist der Konflikt des Dramas.

Das ›Drama der Sinngebung‹ bezieht den Zuschauer ein; entsprechend betont Müller im Vorwort, daß er den gezeigten Konflikt nicht für sich entscheiden, sondern ins Publikum tragen wolle. Vor dem Zuschauer läuft ein widersprüchlich deutbares Geschehen ab. Er kann im Helden der Arbeit den Bürgen für die Verwirklichung des utopischen Gehalts sozialistischer Revolution erkennen, aber auch gerade die Negation dieses Gehalts. Szenenaufbau, Konfiguration und Handlung sind auf widersprüchliche Deutbarkeit ausgerichtet. So verwirklicht Müller den Handlungscharakter allegorischer Repräsentation von Sinn. Aufheben von Entfremdung als Norm proletarischer Öffentlichkeit wird in der

Offenheit sinngebenden Handelns mit der erfahrbaren Wirklichkeit der Zuschauer vermittelt. Diese haben selbst zu entscheiden, ob oder wie weit die Taten des Aktivisten Entfremdung in der Arbeit aufheben. Notwendig geht in diese Entscheidung die eigene geschichtliche Erfahrung ein. Da das Stück zurückliegende Vorfälle bearbeitet, setzt es grundsätzlich einen Abstand zwischen den gezeigten Handlungen und der Situation des Dramatikers wie des Publikums. Zwischen der vorgeführten Allegorie eines Helden der Arbeit und dem Autor wie dem Publikum steht schon 1957 zum einen die erfolgreiche ökonomische Selbstbehauptung der DDR – trotz westlicher Boykotte und sowjetischer Ausbeutung –, zum andern aber der 17. Juni und die tiefe Krise im Ostblock nach dem Eingeständnis der Stalindiktatur.

In seinem ersten Drama, das die Offenheit des Entstalinisierungsjahres 1956 ganz in sich aufgenommen hat, ist Müller dem erstrebten Theater, das sich auf dem Konflikt von Sinngebungen aufbaut – Müller nennt dies ›Theater als Prozeß‹[41] –, vielleicht am besten gerecht geworden. Später konzentriert sich sein Theater immer rücksichtsloser auf Sinnbilder. Das Spielelement, das den Zuschauer einlädt, sich in Handlungen und Figuren hineinzuversetzen, um sie zu verstehen, wird immer geringer. Zitatmontage und Pantomime von Figuren, die mit sinnbildlichen Requisiten überladen sind, kennzeichnen den Endpunkt dieser Entwicklung, etwa in ›Die Hamletmaschine‹ (1977). Gleichzeitig fordern die Dramen immer entschiedener eine bestimmte Auflösung der Allegorien. Dramatik der Sinngebung, die dem Zuschauer Spielraum läßt, wird ersetzt durch Dramatik der Repräsentation von Sinn, die vom Zuschauer Bestätigen vorgegebenen Sinnes verlangt. Die Interpretation des Helden der Arbeit verschiebt sich dabei. ›Germania Tod in Berlin‹, nach Müllers Angaben wie ›Der Lohndrücker‹ 1956 begonnen, aber in der heutigen Fassung erst 1971 vollendet und 1977 erstmals veröffentlicht, zeigt am Aktivisten nicht nur die Selbstbefreiung der Arbeiterklasse, sondern auch das Opfer, das er der Logik des geschichtlichen Fortschritts bringt. Was alles mußte der Held der Arbeit, der das Versprechen und die Forderungen sozialistischer Revolution zu seinem Über-Ich-System gebildet hat, unterdrücken und verdrängen? Müller entdeckt an ihm pathologi-

sche Züge. Er insistiert auf der Frage, wie lange Selbstverstümme-
lung – eines seiner häufigsten Motive seit den sechziger Jahren –
um des geschichtlichen Fortschritts willen möglich ist, ohne die
betroffene Gestalt und die geschichtliche Bewegung, für die jene
steht, endgültig zu deformieren. Wird die Deformation immer un-
abweisbarer, dann kann die Verwirklichung des utopischen Gehalts, der einst der sozialistischen Umwälzung zugesprochen worden war, nur mehr im Widerruf der Geschichte vorgestellt werden.
So treten Müllers Stücke in den Horizont der geschichtsphilosophischen Thesen Walter Benjamins.

Die Erwartung neu in Gang kommender gesellschaftlicher Bewegung war ein Jahr nach den Enthüllungen über Stalin schon
enttäuscht. In der DDR erfolgten nur kosmetische Korrekturen
am System. Dramatische Konflikte der Sinngebung waren nicht
erwünscht, klares Auflösen der Allegorie des Helden der Arbeit als
Verkörperung des gesellschaftlichen Ideals befreiter Arbeit wurde
erwartet. Müller schreibt in dieser Zeit erneut ein Drama über
einen vorbildlichen Arbeiter, ›Die Korrektur‹ (1957/58); die Ausführung will aber nicht gelingen. Änderungen werden verlangt;
Arbeit in einem Großbetrieb soll zu besserer ›Anschauung‹ der
Wirklichkeit verhelfen. Das Stück mißlingt jedoch gerade in seiner
korrigierten Fassung und ist in diesem Mißlingen wahr. Der Held
konnte als eindeutige Verkörperung der befreiten Arbeit nur un-
echt, d.h. im Absehen von der Wirklichkeit, gestaltet werden. Absehen von der Wirklichkeit, Abstraktion, setzt auch Johannes
R. Becher als bewußtes literarisches Verfahren ein, um die Norm
des Aufhebens von Entfremdung mit dem erfahrbaren Geschichts-
und Gesellschaftsprozeß zu vermitteln.

Becher hat sich ursprünglich als expressionistischer Lyriker
einen Namen geschaffen. Über den expressionistischen Entwurf
vom ›neuen Menschen‹ fand er zur sozialistischen Bewegung. In
den zwanziger Jahren arbeitete er, literarisch wie politisch, im
Rahmen der KPD und deren kultureller Organisationen, insbesondere des Bundes proletarisch-revolutionärer Schriftsteller. Aus
dem Exil ist er 1945 als Politiker zurückgekehrt. Im Wilhelminischen Deutschland und in der Weimarer Republik kennzeichnet
der Gestus des Aufbegehrens seine Texte; im Exil eignete er sich

die Rolle eines Vor-Mundes an, der für andere spricht und vor-
spricht, was von anderen erwartet wird. Zuerst sprach er so den
Parteigenossen und Mitstreitern vor, dann, mit Macht ausgestattet, dem ganzen Volk in der DDR: 1945 bis 1957 als Präsident des
Kulturbundes zur demokratischen Erneuerung Deutschlands,
1953 bis 1956 als Präsident der Akademie der Künste in Ost-Berlin, 1954 bis 1958 als erster Minister für Kultur in der DDR.

Bechers politische Karriere gab seinem Hang zu Pathos, Beschönigung und zum lehrhaften, besserwissenden Ton in seinem literarischen Schaffen Auftrieb. Dichtung soll für Becher jetzt Zeugnis
ablegen von der neuen Wirklichkeit, von der Größe und vom
Elend des Menschen in der Phase des Übergangs vom Kapitalismus
zum Kommunismus. Aber Becher läßt sich auf die Zustände in der
DDR gar nicht ein; ihm fehlt die unmittelbare Erfahrung davon.
Das ›Neue‹ der Wirklichkeit bleibt abstrakt, ein Begriff ohne
Anschauung. Eine Paarung von politischem Opportunismus und
literarischer Bedeutungslosigkeit zeichnet sich ab; Hermlin atte-
stierte Becher »neo-klassizistische Glätte und konventionelle Ver-
seschmiederei«, ein schonungsloses Urteil, dem sich Becher sogar
beugte[42]. Er hat dieser Entwicklung aber auch gegenzusteuern versucht – durch Abstraktion in der Darstellung und Hinwendung zu
einem neuen Publikum.

Zu den bemerkenswertesten Arbeiten Bechers nach 1945 gehört das ›Tagebuch 1950‹ (Obertitel: ›Auf andere Art so große
Hoffnung‹). In persönlichen Niederschriften will Becher den allgemeinen Neubeginn in der Mitte des Jahrhunderts, dem ersten Jahr
der ersten deutschen sozialistischen Republik, beschreiben. Das
Zufällige des Tagesgeschehens wird reflektierend ins gesellschaftlich Typische gehoben. Die erstrebte Verallgemeinerung verkehrt
sich aber nur zu oft in leere Abstraktion. So wird schon das Titel-
zitat ganz seines Kontextsinnes in Shakespeares ›Sturm‹ entklei-
det, um sich an ihm der dialektischen Struktur einer Einheit des
Widersprüchlichen zu vergewissern:»Hier ohne Hoffnung ist/ Auf
andere Art so große Hoffnung«[43] [→ 307 f.]. In der äußersten
Hoffnungslosigkeit des deutschen Lebens soll die unermeßliche
Möglichkeit des Anderswerdens erkannt werden – für die Individuen wie für das ganze Volk.

Die persönlichen Aufzeichnungen versucht Becher auch dadurch zu verallgemeinern, daß er in sie verstreut Teile eines Manuskripts einfügt, das 1947/48 entstanden war: ›Der Aufstand im Menschen‹. Die eingefügten Teile sind durch den Vermerk ›Aus dem Leben eines bürgerlichen Menschen unserer Zeit‹ gekennzeichnet und behandeln das Thema Wandlung. Aus der Erkenntnis, in einem ›falschen Leben‹, einem entfremdeten Dasein befangen zu sein, erwachse der ›Aufstand im Menschen‹, der revoltierende Wunsch, zu sich selbst zu kommen. All das bleibt aber formelhaft, abstrakt, losgelöst von tatsächlicher Erfahrung:

> Im Gefühl solch einer Bedrängnis, im Gefühl des Nichtübereinstimmens und der Unstimmigkeit erfolgt der Aufstand im Menschen. Das noch nicht restlos ausgetilgte Gefühl, ein Mensch zu sein, wehrt sich gegen die Verdinglichung und die Selbstentfremdung; das noch nicht völlig zum Verschwinden gebrachte ›Menschliche‹ im Menschen lehnt sich auf gegen das Entmenschlichende und die Unmenschlichkeit, wie sie der Mensch in seiner gesellschaftlichen Ordnung sich gegen sich selber geschaffen hat; ⟨. . .⟩ der Mensch steht auf im Menschen gegen sich selbst, gegen den Menschen in sich, der all das Verächtliche und Niederträchtige mitmacht ⟨. . .⟩.
>
> Darum kommt gerade der Kunst eine so außerordentliche Bedeutung zu, weil sie den Aufstand im Menschen am tiefsten und allumfassendsten vorbereitet und den Menschen unmerklich, auf die verschiedenartigste und auch auf die geheimnisvollste Weise, als eine Art erhöhten Lebens selbst, zu einer neuen, höheren Existenzform des Menschlichen hinführt. Diese neue höhere Existenzform des Menschen tritt ihm in der Kunst als verwirklicht, in Gestaltung entgegen.[44]

In den abstrakten Formulierungen erscheinen ›Aufstand im Menschen‹ und ›Zu-sich-selber-Kommen‹ als überzeitlich gültige, von geschichtlich-gesellschaftlichen Verhältnissen unabhängige Strukturen. Entsprechend autonom ist die Kunst gedeutet, die idealer Ort dieses Aufstandes sei. Hans Mayer, damals Professor in Leipzig, hat als einziger die Wirklichkeitsarmut des Tagebuchs zu rügen gewagt: »Die Denkbilder überwiegen gegenüber den Menschenbildern«.[45] Diese Kritik könnte über der gesamten Dichtung Bechers in der DDR stehen. Bechers ›Denkbild‹ des Aufhebens von Entfremdung erhebt sich nicht einmal zur Allegorie. Denn das Gedachte ist nicht in spannungsvollen Bezug zu Gegenständlichem gesetzt, sondern bleibt bloße Formel. Allerdings birgt solche Wirklichkeitsarmut unter den besonderen Voraussetzungen eines sozialistischen Systems, das aus einer verordneten Revolution entstand, auch noch ein produktives Moment. Sie hält, wenn auch nur in der Formel, Aufheben von Entfremdung als Norm gegenwärtig, damit produktiven Lesern zur Konkretisierung bereit. Christa Wolf zum Beispiel hat sich als solch eine produktive Leserin erwiesen. Ihrem Roman ›Nachdenken über Christa T.‹ ist ein Motto aus Bechers Tagebuch vorangestellt; der Roman konkretisiert das dort abstrakt entworfene ›Zu-sich-selber-Kommen‹.

Die literarischen Entwicklungen der fünfziger Jahre werden als Vorform und vorwegnehmender Vollzug proletarischer Öffentlichkeit betrachtet. In diesem Rahmen war bisher die darstellende Leistung der Literatur im Blick, ihre verschiedenen Ansätze, die Norm aufgehobener Entfremdung mit der erfahrbaren Wirklichkeit zu vermitteln. Literatur wird aber erst dann Vorform und Teil proletarischer Öffentlichkeit, wenn zu dieser darstellenden Leistung die kommunikative tritt, die Masse der Arbeitenden als potentielle Träger einer neuen Öffentlichkeit zu Wort kommen zu lassen.

3. Öffnungen der Literatur zur ›großen Aussprache‹: Hanns Eisler, Johannes R. Becher, Bertolt Brecht, schreibende Arbeiter

Der 17. Juni bezeugte, daß die Arbeitenden eine eigene, von der offiziellen Lesart entschieden abweichende Auffassung über die gesellschaftlichen Umwälzungen in der DDR hatten. Brecht deutete den Aufstand als ersten Kontakt der Arbeiterklasse mit der politischen Führung und den Intellektuellen, die dieser zuarbeiteten. »Der kontakt«, so Brecht, »kam nicht in der form der umarmung, sondern in der form des faustschlags, aber es war doch der kontakt.«[46] Als »große Ungelegenheit« sei die »große Gelegenheit« gekommen, die Arbeiter zu gewinnen. Nachdem die Gelegenheit versäumt war, riet Brecht im ›Neuen Deutschland‹, die vertane Chance durch eine »große Aussprache« aller Betroffenen »über allseitig gemachte Fehler« zu retten[47]. Die »Größe« dieser Aussprache hätten wir darin zu erkennen, daß die Machtverteilung in ihr austauschbar würde, die bisherigen gesellschaftlichen ›Sprecher‹ zu hören und die bisherigen gesellschaftlichen ›Hörer‹ zu sprechen lernten. Solchem Revolutionieren der gesellschaftlichen Rede kann die Literatur vorarbeiten, da sie in ihrem Raum, vermöge der Fiktionalität ihrer Gegenstände, praktiziert werden kann, noch ehe sie durch umfassende Demokratisierung des gesellschaftlichen Lebens institutionalisiert wird.

In der Literatur der fünfziger Jahre sind verschiedene Ansätze zu erkennen, die Masse der Arbeitenden als potentielle Träger einer proletarischen Öffentlichkeit zu Wort kommen zu lassen: mittelbare, als Schreiben aus der Sicht des Volkes oder als ein Zu-Wort-Kommen durch Stellvertreter, ebenso aber auch Weisen unmittelbaren, selbst vollzogenen Zu-Wort-Kommens.

Daß Autoren proletarische oder, wenn die Stoffe weiter zurückliegen, plebejische Figuren wählen und als Subjekte des Gesellschaftsprozesses zeigen, ist in der DDR häufig, da erwünscht. Auf eine neue Öffentlichkeit weist es noch nicht. Dies geschieht erst dann, wenn das Proletariat nicht nur dargestellt wird, sondern die Darstellung selbst aus einer proletarischen Perspektive erfolgt. In der Literatur der fünfziger Jahre finden wir hierfür Beispiele. Daß diese angesichts der tatsächlichen Situation der Arbeiterklasse Brisanz besaßen, zeigt ein Werk, das sehr konsequent aus einer plebejischen Position geschaffen ist, Eislers Libretto zur geplanten Oper ›Johann Faustus‹[48]. Ein anderes Beispiel geben Brechts ›Buckower Elegien‹, die aus der Erfahrung des niedergeschlagenen Aufstandes der Arbeiter des 17. Juni geschrieben sind.

Hanns Eisler schrieb seinen ›Faustus‹ 1952. Ernst Fischer hat das Stück in ›Sinn und Form‹ enthusiastisch gelobt[49], im ›Neuen Deutschland‹ und im ›Sonntag‹ wurde es heftig kritisiert[50]; Brecht, mit dem Eisler während der Arbeit am Text in Kontakt stand, griff in die Debatte mit einer nachdrücklichen Rechtfertigung des Stückes ein[51]. Eisler wurde dennoch durch die vehemente Kritik so entmutigt, daß er die Oper zum Text nicht mehr komponierte. Das Stück wurde zweiundzwanzig Jahre nach Entstehen (1974) in Tübingen als Theaterstück, nicht als Oper, uraufgeführt.

Goethe hatte seinen Faust zum Zeitgenossen gemacht, an ihm
die Dramatik der bürgerlichen Ideale von Selbstverwirklichung
und Humanität entfaltet. Eisler historisiert Faust entschieden. Er
stellt ihn in die Zeit des Bauernkrieges, damit in die so schwach
ausgebildete revolutionäre Tradition des deutschen Volkes. Faust
wird dadurch aber nicht zu einem revolutionären Helden, sondern
zu einer Figur des Klassenverrats. Der Bauernsohn Faust, der zum
Gelehrten aufgestiegen ist, hat zwar mit der Idee Müntzers sympa-
thisiert, ist dann aber doch vor der Revolution zurückgeschreckt
und hat sich aus dem Klassenkampf herausgehalten, damit objektiv in den Dienst der Herrschenden gestellt. Soweit die Vorgeschichte. Der Faust, der auftritt, sucht in Reaktion auf diese Vorgeschichte ›Wahrheit‹ jenseits der Kämpfe des Tages. Er erweist
sich als exemplarische Figur für die Prostitution des Intellektuellen, seiner Wissenschaft und seines Wissensdranges, vor der
Macht. Der deutsche Humanist als Renegat, wenn es darum geht,
die humanitas in gesellschaftliche Tat umzusetzen: So las Ernst
Fischer Eislers ›Faustus‹ und erkannte in diesem darum den
Inbegriff der deutschen Misere. Allerdings ist damit nur die Ausgangssituation des Stücks umschrieben. Brecht ging genauer auf
dessen Dramatik ein:

> Faust, eines Bauern Sohn, ist im Bauernkrieg zu den Herren übergelau-
> fen. Fausts Versuch, seine Persönlichkeit zu entfalten, scheitert dadurch.
> Es ist ihm nicht möglich, den Verrat vollständig zu vollziehen. Sein
> schlechtes Gewissen zwingt ihn, seine ehrgeizigen Pläne im letzten Augen-
> blick immer noch so rebellisch auszuführen, daß ihm der Erfolg bei den
> Herren versagt bleibt. Er hat die Wahrheit zu seinem Nachteil erkannt.
> Aus heilsamem Trunk wird sie ihm zu Gift. Als ihn die Bauernschinder
> endlich anerkennen, bricht er zusammen und kommt zur Einsicht, die er
> in seiner Confessio verkündet.[52]

Eisler widerruft nicht Goethes Faust und die bürgerlichen Ideale, die dieser verkörpert. Er betrachtet ihn aber aus der Sicht des
Späteren, der nicht nur die Geschichte des Aufstiegs, sondern auch
des Zerfalls bürgerlicher Wertvorstellungen kennt. Seine Dramatik entfaltet das Stück aus dem Bemühen Fausts, die zu vergessen,
die er in seinem Aufstieg verraten hat. Er ist nicht immer strebend

um ewige Wahrheit bemüht, sondern will seinen Verrat vergessen. Der Teufelspakt soll es ermöglichen, indem er Ruhm, Macht und Reichtum verschafft. Da diese aber nur erreicht werden, wenn sich Faust endgültig auf die Seite der Herrschenden schlägt, was er gerade vergessen will, kann das letztere nicht gelingen. Die Akte, die zum Vergessen führen sollen, halten das nicht zu Vergessende gerade fest.

Eislers ›Faustus‹ mußte in der DDR verstörend wirken. Lenins Erbetheorie schien bedroht: die Deutung der sozialistischen Kultur als Erbe aller fortschrittlichen Tendenzen früherer Kulturen. Denn Eisler insistierte auf dem, was im − seinerzeit fortschrittlichen − Aufstieg des Bürgertums verdrängt wurde und, wie alles Verdrängte, nicht ›erledigt‹ ist, sondern weiter wirkt. Das Unerledigte bewies sich darin, daß es noch in der DDR an ein Tabu rührte. Eislers Faust, der seinen Verrat nicht vergessen kann, konfrontierte die Intelligenz in der DDR mit der Frage, ob ihre privilegierte Stellung durch Prostitution gegenüber den Machthabern erkauft sei. Noch während der Faust-Debatte hat der 17. Juni, von dem die Schriftsteller ebenso wie die Politiker völlig überrascht wurden, dieses Herrschaftsbündnis bestätigt und dokumentiert, daß es auf der Grundlage fortdauernder, tendenziell verdrängter Unterdrückung des Volkes errichtet ist [→ 99].

Brecht hat Eislers Stück u. a. damit verteidigt, daß es eine plebejische Perspektive ausarbeite[53]. Diese wird sichtbar, wenn wir nicht nur nach der Hauptfigur, sondern auch nach dem Bild des Volkes fragen, das dieses Stück entwirft. Das Volk ist einmal in einem Invaliden vertreten, der die blutige Niederlage der Bauern verkörpert, dann im revolutionären Müntzer, über den aber nur geredet wird, und endlich noch im Hanswurst, der sich bauernschlau noch in den schlechtesten Verhältnissen einzurichten weiß. Es gibt kein sieghaft kämpfendes Volk. Mächtig erscheint das Volk nur im schlechten Gewissen Fausts, indem es − selbst niedergeschlagen − den Sieger der historischen Epoche, das aufsteigende Bürgertum, negiert als Gedächtnis dessen, was in diesem Sieg unterdrückt wurde. Ähnlich verstörend sind die niedergeschlagenen Arbeiter des 17. Juni im Sprechenden der ›Buckower Elegien‹ gegenwärtig. In dieser Macht des Negativen kommt das Volk bei

Eisler als geschichtliche Macht – mittelbar – zu Wort. Sie richtet sich nicht nur gegen die Sieger früherer Epochen, sondern auch gegen deren offizielle Erben in der DDR.

Die Öffnung der Literatur zur ›großen Aussprache‹ kann weiter darin erfolgen, daß die Massen durch Stellvertreter literarisch zu Wort kommen. Becher hat diese Möglichkeit durch Rückgriff auf das Volkslied, der traditionellen ›Stimme des Volkes‹, ergriffen. Seine ›Neuen deutschen Volkslieder‹ entstanden 1950 und gewannen, nicht zuletzt durch Eislers Vertonung, ein größeres Publikum[54]. Becher und Eisler hatten 1949 zusammen die Nationalhymne der DDR geschaffen. Mit ihr erreichte Becher zum ersten Male die Massen. Die ›Volkslieder‹ sollten diesen Weg fortsetzen; Becher erhoffte sich von ihnen auch, den dichterischen Niedergang überwinden zu können, den Hermlin ihm bescheinigt hatte. Becher hält aber in diesen Gedichten (zum Beispiel ›Wir, das Volk der schaffenden Hände‹ oder ›Straße frei‹) das Volk in subalterner Rolle. Der Autor, der die Stimme des Volkes sein will, gebärdet sich als Vormund Unmündiger; er spricht nicht Erfahrung und Hoffnung des Volkes aus, sondern seine eigene Weltsicht, die weiter zwischen Führungsschicht und ausführendem Volk trennt, diesem vor.

Ein anderes Zu-Wort-Kommen des Volkes mittels stellvertretender Sprecher zeigen Brechts Gedichte aus der gleichfalls 1950 entstandenen Sammlung der ›Kinderlieder‹[55]. Die ›Kinderhymne‹ setzt mit der Strophe ein:

Anmut sparet nicht noch Mühe
Leidenschaft nicht noch Verstand
Daß ein gutes Deutschland blühe
Wie ein andres gutes Land.

Die Kinder fordern zu einer neuen Haltung auf, die Spiel (Anmut) und Arbeit (Mühe), Leidenschaft und Verstand vereinigt. Sie entwerfen einen *ganzen* Menschen, der all seine Kräfte entfaltet und zeigen ihn als Grundlage eines ›guten Deutschland‹, das anstelle des bisherigen, räuberischen entstehen soll.

Wie Becher schreibt auch Brecht Rollenlyrik: Die Volksstimmen des ›guten Deutschland‹ reden über ihre Welt. Im Unterschied zu

Bechers ›Volksliedern‹ wird hier aber das stellvertretende Sprechen relativiert. Es ist im Sprachraum von Kindern angesiedelt, damit in einem vor-gesellschaftlichen Raum, was bedeutet, daß es
durch gesellschaftliche Praxis erst noch Wirklichkeit gewinnen
muß. Das gleiche Verfahren hat Brecht im Gedicht ›Neue Zeiten‹
der ›Kinderlieder‹ angewandt. Zurückgenommen wird dort die
Fatalität des Volksliedes (»Es ist ein Schnitter, heißt der Tod ⟨...⟩/
wir müssens nur leiden«), ebenso die Fatalität des Soldatenliedes
(»Es steht ein Soldat am Wolgastrand / hält Wache für das Vaterland«). Die Aufhebung erfolgt durch den Hinweis auf die gesellschaftlichen Umwälzungen, eine fraglose Fortschrittsgläubigkeit
scheint sich breitzumachen (»Das Rad der Zeit – zum Glücke /
Dreht es sich nicht zurücke«). Das tragende Geschichtsvertrauen ist
aber wieder im Sprachraum von Kindern angesiedelt; stets bleibt
das stellvertretende Sprechen als uneigentliches bewußt.

Für seinen Ansatz, das Volk durch Stellvertreter zu Wort kommen zu lassen, die ihr Sprechen selbst zurücknehmen, hat Brecht
mehrere Varianten erfunden. Zum Beispiel stellt der Sprechende
Redemuster bereit, die auf zukünftig herzustellende Redesituationen weisen. So gibt die berühmte Frage angesichts eines Funktionärs, der das Volk nach dem 17. Juni belehrt, daß es das Vertrauen
der Regierung verscherzt habe – »Wäre es da / Nicht doch einfa-
cher, die Regierung / löste das Volk auf und / Wählte ein anderes?«[56] –, dem Volk Redemuster an die Hand, zukünftig alle
gönnerhafte Belehrung durch die Herrschenden zu ersticken (Als
Modell dieser ›Umkehrung‹ können die ›Fragen eines lesenden
Arbeiters‹ aus den ›Svendborger Gedichten‹ gelten). Andere Redemuster, die auf erst herzustellende Redesituationen weisen, gibt
Brecht im Gedicht ›An einen jungen Bauarbeiter der Stalinallee‹ oder
im ›Aufbaulied‹ mit dem Refrain »Um uns selber müssen wir uns
selber kümmern«, das bezeichnenderweise von den Amtsträgern
mißtrauisch aufgenommen wurde. Brecht schreibt hierzu im
›Arbeitsjournal‹:

bei dem Aufbaulied der FDJ ⟨...⟩ bat mich der berliner gruppenleiter,
die Zeile ›und kein führer führt aus dem salat‹ zu überprüfen, denn hitler
interessiere niemanden mehr, da er olle kamellen sei ⟨...⟩ und dann gebe

es eine führung durch die partei. ich kann aber nicht entsprechen, die strophe ist auf das motiv des sich-selbst-führens aufgebaut, und das ganze lied dazu.[57]

In seiner Rede auf dem IV. Deutschen Schriftstellerkongreß 1956, die zu seinem Vermächtnis werden sollte, hat Brecht nochmals festgehalten, was von Autoren als stellvertretenden Sprechern der gesellschaftlich bisher unmündig Gehaltenen zu fordern ist:

> Wir schreiben unter neuen Bedingungen. Die sozialistische und realistische Schreibweise, die wir als Sozialisten und Realisten für unsere neuen Leser, Erbauer einer neuen Welt, entwickeln, kann ⟨...⟩ für den großen Kampf ‹um eine neue, bessere Lebensweise› in vielfacher Weise dichterisch ausgebaut werden, nach meiner Meinung besonders durch das Studium der materialistischen Dialektik und das Studium der Weisheit des Volkes.[58]

Im Bemühen, beides zu verbinden, ist die Grundorientierung von Brechts Schaffen in der DDR gegeben. Mit der ›Weisheit des Volkes‹ ist auf die Erfahrung der Betroffenen verwiesen, auf die Erfahrung derer, denen bisher nur in gebrochener, entfremdeter Weise Selbstartikulation möglich war. Die ›materialistische Dialektik‹ wiederum bewahrt revolutionären Anspruch und Hoffnungen – auch in einer Wirklichkeit, die dieser entgegensteht. Von den dichterischen Texten Brechts aus den ersten Jahren der DDR-Geschichte legt z. B. das ›Aufbaulied‹ den Akzent auf die ›Weisheit des Volkes‹, die dieses berechtigt, sich selbst zu führen, das ›Zukunftslied‹ wiederum auf die materialistische Dialektik als Grundlage der Deutung des Geschichtsprozesses und der Gewißheit des revolutionären Fortschritts. Nach dem 17. Juni fordert Brecht dringlicher, sich an beiden zu orientieren – für die Politik ebenso wie für die Literatur:

Wie soll die große Ordnung aufgebaut werden
Ohne die Weisheit der Massen? Unberatene
Können den Weg für die vielen
Nicht finden.

Ihr großen Lehrer
Wollet hören beim Reden![59]

Einem bloßen Rollentausch von Redner und Hörer, Lehrer und Schüler aber wird die Forderung entgegengestellt, sich um die nicht leicht zugängliche Wahrheit zu bemühen:

Du bist erschöpft von langer Arbeit
Der Redner wiederholt sich
Er spricht lang, er spricht mühsam
Vergiß nicht, Müder:
Er spricht die Wahrheit.[60]

In der Literatur der fünfziger Jahre gibt es aber nicht nur Ansätze, die Masse der Arbeitenden als potentielle Träger einer proletarischen Öffentlichkeit mittelbar zu Wort kommen zu lassen, sondern auch, sie aktiv am literarischen Geschehen zu beteiligen, damit im Raum der Literatur die Voraussetzung einer ›großen Aussprache‹ zu schaffen. Brechts Bemühen um ein neues Theater mit dem Ziel, die tradierte Trennung von Schaffendem und Aufnehmendem, von Spieler und Zuschauer aufzuheben, weist in diese Richtung, ist aber in seinem Erfolg schwer zu beurteilen, da das literarische Mithandeln der Zuschauer nicht fixierbar ist. Fixierte und veröffentlichte Ergebnisse liegen demgegenüber zu den verschiedenen Bewegungen vor, Arbeiter zu literarischem Schaffen zu ermuntern. Hierzu hat die politische Führung in der DDR immer wieder Impulse gegeben [→ 47 f.], allerdings stets so, daß sie förderte, um zugleich zu kontrollieren. Dem Bedürfnis, in eigener Sache das Wort selbst zu ergreifen, werden politisch sanktionierte Erfahrungs- und Interpretationsmuster sowie Organisationen angeboten, die deren Verbindlichkeit sicherstellen. Der Widerspruch zwischen Impulsen, die die weitreichende Perspektive einer neuen Öffentlichkeit schaffen und einer Lenkung, die diese Perspektive gerade negiert, bleibt ständig erhalten.

Als erste Einrichtung dieser Art sind die Volkskorrespondenten zu nennen, mit denen noch in den vierziger Jahren die Arbeiterkorrespondentenbewegung der Weimarer KPD reaktiviert wurde. Volkskorrespondenten sind freie Mitarbeiter bei Zeitungen und anderen Massenmedien, die Berichte über ihren alltäglichen Erfahrungsbereich liefern. Zwanzigtausend Volkskorrespondenten soll es geben[61]. Daß diese gewaltige Chance einer proletarischen Öffentlichkeit gebändigt ist, bestätigt die Charakteristik der Volkskorrespondenten im ›Kulturpolitischen Wörterbuch‹. Nicht kulturrevolutionäre Aktivität, sondern (selbst-)kritische Teilnahme am sozialistischen Aufbau wird von den Volkskorrespondenten gefordert. Um dies sicherzustellen, werden die Volkskorrespondenten »von den Redaktionen ideologisch und organisatorisch angeleitet«[62].

1955 nahm eine Gruppe von Arbeitern aus dem Braunkohlekraftwerk Nachterstedt in einem vieldiskutierten ›Brief‹ an den deutschen Schriftstellerverband zur Gegenwartsliteratur Stellung. Sie forderten eine Literatur, die intensiver auf die sozialistische Arbeitswelt eingehe, legten zugleich aber fest, was der Schriftsteller darzustellen habe (womit er zum Illustrator vorgegebenen Wissens erniedrigt ist):

> Wir möchten mehr Bücher über den großen Aufbau, der sich auf allen Gebieten in der Deutschen Demokratischen Republik vollzieht ⟨...⟩. Schreiben Sie mehr Werke über unsere neuen Menschen, die mit ihren Händen alle materiellen Dinge schaffen, über die Neuerer in der Produktion, die bewußt für die Werktätigen, für das Volk, für ihre Arbeiter-und-Bauern-Macht arbeiten und kämpfen. ⟨...⟩ Zeigen Sie den Enthusiasmus, die Leidenschaft und das große Verantwortungsbewußtsein, das die Arbeiter im Kampf um das Neue beseelt. ⟨...⟩ Wir sind der Meinung, in den Werken, die die Arbeit der Werktätigen für ein neues Leben schildern, sollte auch die Rolle unserer Partei und ihrer besten Kader im Betrieb künstlerisch behandelt werden ⟨...⟩[63]

Der ›Nachterstedter Brief‹ und die um ihn geführte Diskussion diente einmal dem Zweck, im Vorfeld des IV. Deutschen Schriftstellerkongresses die Forderung nach gegenwartsbezogener Betriebs- und Aufbauliteratur zu bekräftigen. Zum andern war der Brief Mittel einer in der DDR häufig ergriffenen Strategie. In Phasen, da das literarische Geschehen stagniert, weil überfällige Wandlungen abgeblockt werden, sollen organisierte Masseninitiativen Belebung schaffen. Gesellschaftlich revolutionäres Defizit soll durch Aktionen mit ›proletarischem Anstrich‹ kompensiert werden, deren kulturrevolutionäres Moment allerdings kanalisiert ist. So antwortet dem nichtverarbeiteten 17. Juni der Nachterstedter Brief, der unterdrückten Entstalinisierung die ›Bitterfelder Bewegung‹.

Diese kulturrevolutionären Masseninitiativen enthalten stets aber Chancen, die gegen die Erwartung ihrer Initiatoren genutzt werden können. So wurde in der Diskussion um den Nachterstedter Brief das Fehlen einer Literatur über die sozialistische Arbeitswelt lange nur den Schriftstellern als persönliches Versagen vorgehalten. Dann aber gab Stefan Heym der Diskussion eine unbeabsichtigte Wende. Er nannte objektive Gründe für die ungenügende Literatur der Arbeitswelt, vor allem den Widerspruch zwischen den Erfahrungen und dem Bewußtsein des einzelnen und der offiziell geforderten Interpretation dieser Erfahrungen und dieses Bewußtseins. Er rief damit zwar einen Sturm der Entrüstung hervor, aber doch auch das zweideutige Eingeständnis im ›Neuen Deutschland‹, daß eine bestimmte Darstellung der Arbeitswelt nicht abstrakt gefordert werden könne, sondern vom gegebenen Stand des Gesellschaftsprozesses abgeleitet werden müsse[64].

Eine wichtige Institution, die literarisch nicht oder nur wenig Gebildeten den Weg zum Schriftsteller eröffnet, ist das 1955 gegründete ›Institut für Literatur‹ in Leipzig (seit 1959 ›Literaturinstitut Johannes R. Becher‹ [→ 56 f.])[65]. Es fördert neue Talente durch ein mehrjähriges, mit Stipendien gesichertes Studium. Allerdings übt es auch einen starken Anpassungsdruck aus. Die literarische Ausbildung ist mit einer intensiven ideologischen verbunden, nach erfolgreichem Studienabschluß winkt die privilegierte Position eines Kulturfunktionärs. Entsprechend hat das Einüben der als richtig abgesegneten Sprache größeres Gewicht als das Fördern der Selbstartikulation. Dennoch sind aus dem Institut Autoren hervorgegangen, die inhaltlich und formal eine eigene Sprache sprechen – so etwa Kurt Bartsch, Werner Bräunig, Sarah und Rainer Kirsch, Heinz Czechowski, Adolf Endler.

Die 1959 initiierte ›Bitterfelder Bewegung‹ [→ 56] organisierte die Bewegung ›schreibender Arbeiter‹ in großem Stil, aber wieder so, daß der kulturrevolutionäre Ansatz sofort bürokratisch gebändigt wurde. Die schreibenden Arbeiter sind in Zirkeln organisiert, die jeweils einem für die Publikation von Arbeiten einflußreichen Leiter unterstehen. Im Gegenzug zu den Arbeitern, die zum Schreiben aufgefordert wurden, legte man den professionellen Schriftstellern nahe, einige Zeit in Betrieben mitzuarbeiten. Aus dieser zweiten Kampagne sind in den sechziger Jahren literarisch interessante Werke hervorgegangen, eine eigenständige Literatur der Arbeitswelt (zum Beispiel Christa Wolf ›Der geteilte Himmel‹; Erwin Strittmatter ›Ole Bienkopp‹; Heiner Müller ›Der Bau‹). Diese Entwicklung wurde, weil zu brisant, mit einem literarischen Scherbengericht auf dem 11. Plenum des ZK 1965 abgebrochen.

Wir haben in der Literatur der fünfziger Jahre Ansätze gefunden, die auf das Herstellen einer neuen, einer proletarischen Öffentlichkeit weisen. Auf der Ebene der literarischen Darstellung in den verschiedenen Weisen, Aufheben von Entfremdung als Norm proletarischer Öffentlichkeit mit der erfahrbaren Wirklichkeit zu vermitteln, auf der Ebene der literarischen Kommunikation in den verschiedenen Weisen, die Literatur zu einer ›großen Aussprache‹ hin zu öffen. Je mehr sich diese literarischen Ansätze aber den Massen (und nicht nur den traditionellen Intellektuellengruppen) öffnen, um so intensiver werden die organisatorischen Einwirkungen, die sicherstellen sollen, daß der jeweilige kulturrevolutionäre Ansatz nur deformiert ausgeführt wird. Entscheidend wirken bei dieser Pervertierung die Apparate der Massenkommunikation mit, die Zeitungs- und Zeitschriftenverlage, die staatliche Filmgesellschaft, der staatliche Rundfunk und das Fernsehen.

III Die Massenmedien vor dem Anspruch einer neuen Öffentlichkeit: das Projekt Brechts und der DEFA, die ›Mutter Courage‹ zu verfilmen

Brechts revolutionäre Forderung aus den dreißiger Jahren, die Apparate (wie das Radio), die nur zuteilten, in solche der Kommunikation umzuwandeln[66], wurde nie verwirklicht. Walter Benjamin hatte 1935 die Sowjetpresse als solchen Apparat der Kommunikation vorgestellt, da jeder ihrer Leser potentiell – als Volkskorrespondent – auch ein Schreibender sei[67]. Das blieb Fiktion. Die Presse in der DDR hat die Volkskorrespondentenbewegung von vornherein kanalisiert, gleiches geschah im Rundfunk, soweit sie dort Eingang fand. Es bleibt das bescheidenere Ziel, auf das Brecht selbst seine weitgehende Forderung zurücknahm: die Apparate mit Werken zu beliefern, die ihrer Organisation widersprechen, um sie in Bewegung zu bringen oder doch wenigstens dazu, ihre ›wahre Natur‹ zu offenbaren. Die Apparate zu entlarvenden Abwehrhandlungen zu provozieren, begriff er als ›soziologisches Experiment‹ – seinen eigenen Prozeß um die Verfilmung der ›Dreigroschenoper‹ (1932) deutete er so[68].

1949 hatte Brecht einen eigenen Theaterapparat erhalten, mit dem er konsequent auf eine andere Struktur von Öffentlichkeit hinarbeitete. Ob seine Ansätze eine Insel in einem ganz anders strukturierten System öffentlicher Kommunikation bleiben sollten oder ob sie sich in die Apparate der Massenkommunikation hineintragen ließen, war ungewiß. Erprobt konnte es werden – im Sinne eines ›soziologischen Experiments‹ –, als Brecht mit der DEFA (Deutsche Film AG, eine sowjetisch-deutsche AG, seit 1952 VEB), zu der er schon einige Zeit Kontakt hatte, im Sommer 1949 übereinkam, die ›Mutter Courage‹ zu verfilmen. Der ›bescheidenere Weg‹ einer Auseinandersetzung war vorgezeichnet. Brecht belieferte einen Apparat der Massenkommunikation, in dem die Orientierung an den Prinzipien des ›sozialistischen Realismus‹ organisatorisch abgesichert war, mit einem Werk, das quer zu diesem stand[69].

Die Arbeit am ›Courage‹-Projekt zog sich von 1949 bis in das Todesjahr Brechts hin. Es ist die Zeit stalinistischer Kulturpolitik, die den positiven Helden fordert, weiter die progressive geschichtliche Perspektive und vom Leser oder Zuschauer die Identifikation mit dem Dargestellten. Demgegenüber zeigt das ›Courage‹-Stück Skepsis gegenüber Helden (seien es ›große Männer‹ oder die kleine Geschäftemacherin Courage), keine progressive geschichtliche Perspektive (die Courage ist nicht rebellisch, geschweige denn revolutionär; sie spricht von Resignation, Anpassung, ›großer Kapitulation‹) und will Identifikation als Zuschauerverhalten gerade abwehren. Es überrascht daher nicht, daß schon das ›Courage‹-Drama in der DDR heftig kritisiert wurde. Als Brecht sich auf das Filmprojekt einließ, wußte er, daß in der DEFA bornierte, kunstfeindliche Vorstellungen herrschten. Im Juni 1949 trägt er in sein Arbeitsjournal ein:

> die DEFA ⟨...⟩ hat allerhand schwierigkeiten, stoffe zu bekommen, besonders aus der zeit. die leitung notiert themen von bedeutung, untergrundbewegung, landverteilung, zweijahresplan, der neue mensch usw. usw.: dann sollen schriftsteller dazu geschichten erfinden, die das thema mit seiner problematik auslegen. das mißglückt natürlich regelmäßig.[70]

Die Geschichte des Drehbuchs (über verschiedene Exposés, vorgelegte Fassungen, Rückweisungen durch die DEFA, Umarbeitungen) braucht nicht im Detail aufgezeichnet zu werden[71]. Brecht arbeitete vor allem mit dem Münchener Emil Burri am Text; als Regisseur war zuerst Erich Engel vorgesehen (was einen starken Einfluß Brechts bedeutet hätte), ab 1951 Wolfgang Staudte, der bedeutendste, Brecht gegenüber aber auch selbstbewußtere Regisseur der DEFA. Die schrittweise tieferreichenden Umarbeitungen weisen alle in eine Richtung: die Distanz zur Courage zu vergrößern, gleichzeitig die Kattrin-Figur aufzuwerten, da in ihr eine progressive geschichtliche Perspektive, die Perspektive eines Aufstands, enthalten ist; zuletzt wurde ihr sogar noch ein aufrührerischer Müller zur Seite gestellt, der agitatorische Texte aufsagt. Die Umarbeitung des Stücks zum Drehbuch zielt auf positive Helden, auf bewundernde Identifikation und auf eine progressive plebejische Perspektive – wie verlangt.

Die weitgehende Anpassung scheint sich für Brecht aber nicht gelohnt zu haben. Die erste Drehbuchfassung vom Sommer 1951 wurde von der DEFA nicht angenommen, weil selbst Brecht in der gleichzeitigen Kampagne gegen Formalismus angegriffen worden war [→ 89 f.]. Eine umgearbeitete Fassung wurde im Sommer 1952 zwar akzeptiert, die Filmarbeit aber dennoch nicht aufgenommen, weil die DEFA mittlerweile kritisiert worden war, sie bemühe sich zu wenig um den sozialistischen Aufbau. 1955, in einer gewandelten kulturpolitischen Situation nach dem 17. Juni und nach dem Ende der Stalin-Ära, wurden Dreharbeiten aufgenommen. Grundlage war ein Drehbuch, das gegenüber dem vom 1952 kaum verändert worden war.

In diesem Drehbuch sind Grundprinzipien der Theaterarbeit

Brechts aufgegeben. Dem Publikum ist nichts überlassen, alles Assoziierbare ist definiert, jede gewünschte Einsicht haben die Figuren des Stücks schon selbst. Verleugnet sich also Brecht, um in den Apparaten der Filmindustrie Fuß zu fassen? Gemessen am Theaterstück erscheint seine Umarbeitung opportunistisch. Das Stück zielt auf Analyse des Mißverhältnisses von Wirklichkeit und Bewußtsein bei der Courage. Das Filmdrehbuch forderte Distanz zu ihr (sie ist abgewertet zugunsten Kattrins und der neuen Figur des Müllers), lud gleichzeitig aber zur Identifikation mit ihr ein (die Courage bleibt eine witzige, die Großen entlarvende Plebejerin, die sich durchschlägt, unpathetisch im Sich-Anpassen wie in ihren humanen Handlungen). In der Nachkriegszeit, da Sich-Durchschlagen, Überleben-Können alles war, mußte die Courage, bei aller Abwertung, dem Publikum sympathisch bleiben. Sie kann geradezu als Ich-Ideal der Masse der Filmzuschauer der Nachkriegszeit angenommen werden. Der Film lädt zur nochmaligen Identifikation mit dem Ich-Ideal ein, um mit der Rücknahme der Courage als ›Gespenst des Gestrigen‹ dann die Ablösung von ihm zu verlangen. Nach dem vorliegenden Drehbuch ermöglichte der Film damit sehr genau, was Alexander und Margarete Mitscherlich im Anschluß an Freud ›Trauerarbeit‹ nennen[72]: Lösung von einem Ich-Ideal im nochmaligen Durchleben der Einheit mit ihm unter der Frage, ob diese Einheit auch noch als Einheit mit einem Gespenst Gewordenen, also Toten, aufrechterhalten werden soll. Das Zuschauerverhalten, das im Drehbuch angelegt ist, Einheit von Identifikation und Distanz, ist dem Handlungsziel ›Trauerarbeit‹ verpflichtet.

Die scheinbar opportunistischen Änderungen, die das Stück im Drehbuch erfahren hat, weisen auf ein neues Handlungsziel. In diesem Handlungsziel ›Trauerarbeit‹ deutet sich eine wichtige sozialpsychologische Konkretisierung von Brechts Konzept eines koproduzierenden Zuschauers an. Dieses Konzept setzt das Bild eines Volkes voraus, das selbst Geschichte macht, das seine Angelegenheiten selbst regeln kann. Das aber ist eine Idee von ›Volk‹, die unbeachtet läßt, wieweit das große Publikum durch Sozialisation, Tradition, Erfahrungen, Interessen usw. präformiert und seiner Selbstverfügung beraubt ist. Einen Komplex von Unverarbeitetem, der selbstverfügendes Handeln verhindert, hätte der Film dem Durcharbeiten freigeben können: die Identifikation mit dem plebejischen Künstler des Überlebens nicht als ›lebenstüchtig‹ beizubehalten, sondern als borniert und selbstzerstörerisch zu erkennen und abzulegen, um ein Selbst zu gewinnen, das nicht bloß Objekt der Handlungen anderer ist.

Die Einheit von Anerkennung und Ablehnung der Courage, die im Drehbuch noch gewahrt ist und ›Trauerarbeit‹ erst ermöglicht hätte, wäre in Staudtes Film wohl aufgehoben worden. Jedenfalls schien es Brecht nach wenigen Tagen Dreharbeit sicher, daß die Courage (gespielt von Helene Weigel) ganz zurückgenommen, das Elend aber in farbigen, auf Atmosphäre bedachten Bildern dem ästhetischen Genuß freigegeben würde. Er ließ die Dreharbeiten abbrechen. 1956, nach dem IV. Deutschen Schriftstellerkongreß mit seiner entschiedenen Absage an die bisherige Kulturpolitik, kam das Projekt neu ins Gespräch, jetzt war wieder an Erich Engel als Regisseur gedacht.

Die DEFA ließ sich auf die Verfilmung eines Werkes ein, das zu ihren kulturpolitischen Leitsätzen querstand. Weitgehende Änderungen wurden in dem Umkreis, in dem man Brechts Konzept der produktiven Rezeption vermutete, verlangt und von Brecht auch zugestanden. War im Drehbuch aber diese ›Anpassung‹ einem neuen Handlungsziel des Werkes untergeordnet, so sollten in der Filmarbeit offenbar nur die Leitsätze des Apparates durchgesetzt werden. Brecht konnte mit seiner ›unpassenden‹ Belieferung des Apparates nichts bei diesem in Bewegung setzen. Es bleibt, wie 1932, nur die Rückzugsposition. Der Apparat hat sich in der langen Auseinandersetzung um das Projekt selbst entlarvt: als Institution, die sich Versuchen entgegenstellt, die Fähigkeit zu selbstverfügendem Handeln beim Massenpublikum zu fördern.

Beim vorliegenden Versuch, die Literatur der fünfziger Jahre nicht nur formal chronologisch, sondern inhaltlich in einem Zusammenhang zu zeigen, wurden nicht zufällig am häufigsten Werke und Äußerungen Brechts herangezogen. Brechts Schaffen in der DDR versammelt die reichhaltigsten Ansätze, im Raum der Literatur einer neuen, proletarischen Öffentlichkeit vorzuarbeiten. Deren Verwirklichung bzw. Nicht-Verwirklichung bestimmt die Geschichte der DDR. Am prägnantesten aber – als konkrete Utopie – ist proletarische Öffentlichkeit in den Anfangsjahren der DDR greifbar, worin sich die Einsicht Michael Schädlichs bestätigt:

> DDR – das ist auch eine geistige Konzeption, ein Wille, eine Idee. Ideen wird man nur verstehen, wenn man ihren Ursprüngen nachgeht, ihre Anfänge betrachtet, ihren Entwurf deutlich macht, der zugleich das angestrebte Ziel am reinsten enthält.[73]

Heinz Hillmann

Subjektivität in der Prosa

> Falk:
> Ordnung muß also doch auch ohne
> Regierung bestehen können.
>
> Ernst:
> Wenn jeder einzelne sich selbst zu re-
> gieren weiß: warum nicht?
>
> Lessing

›Subjektivität‹. Da denkt man, hierzulande, gleich an ›Neue Sub-jektivität‹. Da meint man nach der Politisierung zur Zeit der Stu-dentenbewegung, nach der Ausweitung des Ichs auf das Ganze der Gesellschaft, meint also nach der mehr geforderten und bloß intel-lektuellen als praktisch gewordenen Aufhebung der Beschränkt-heit des Subjekts schon wieder dessen Rückzug auf sich selbst, sei-ne Gefühle und Geschichte, den kleinen Kreis von Leuten ringsum und etwas Kunst und Natur diesseits und jenseits der Wände. Kurz: Handke und Fromm statt Marx und Marcuse.

Als ob das einander ausschließende Gegensätze wären! In unse-ren Industriegesellschaften freilich, wo der Politiker dem Arbei-tenden, der Arbeiter dem Akademiker, diese dem Bürokraten, alle zusammen sich in den aufs lächerlichste schmal gewordenen ›Be-rufen‹ fremd gegenüberstehen, ja sich in sich selbst als Arbeits- und Privatleute teilen, da ist diese schlechte Wirklichkeit der verti-kalen und horizontalen Arbeitsteilung der Schein ihrer natürlichen Notwendigkeit. Nur sind wir, als solche verkümmerten Spezia-listen, nicht wirklich Subjekte, Herren über uns selbst und die Welt, schon gar nicht Persönlichkeiten, welche eine Vielzahl dieser auf die ganze Gattung zersplitterten Fähigkeiten erwerben, die übrigen sich müßten wenigstens vorstellen können.

Nur so universal entwickelt in Praxis und Phantasie könnten wir uns selbst und eine Welt menschlichen Maßes gestalten – ohne die Spitzenprofis aus Staat, Wirtschaft, Justiz, Militär usw., die, sich selbst nicht einmal angenehm, uns aber das Chaos ihrer Sach-zwänge aufhalsen. Gerade in dem Augenblick, wo wir zum erstenmal in der Geschichte alle Subjekt sein können. Weil wir in unseren hochentwickelten Industriegesellschaften die lebensnotwendigen Güter – durchaus arbeitsteilig – relativ leicht produzieren, in der reichlich freien Zeit aber uns selbst hervorbringen können, indem wir in die – übrigens letzte! – abenteuerliche Tiefe der vielfältig Produzierenden mittätig und vorstellend eindringen.

›Subjektivität‹. Das ist also das sich im Unglück über seine persönliche Beschränktheit, im hellsichtig werdenden Zorn über die allgemeinen Beschränkungen erfahrende Subjekt; seine eigentümlichen Wünsche und Fähigkeiten im Hinblick auf das Ganze entwerfend und gebrauchend, sich darin verallgemeinernd, höchst individuell und alles Allgemeine individualisierend.

So sind wir (noch) nicht; und, fast schlimmer noch, glauben nicht einmal, so werden zu können. Und doch ist gerade dieser Unglaube das einzige Hindernis, den Versuch anzufangen.

Sehen wir uns an, nehmen teil und merken auf, wie uns, hierzulande, geschieht, wenn ›drüben‹ die Menschen, wenn die literarischen Helden diesen Versuch unternehmen[1].

I Die Vergesellschaftung des Subjekts als Entwurf und die Verstaatlichung der Produktion

Am Anfang steht – immer – die Unzufriedenheit, nicht grämliche, die beläßt, sondern treibende, die eingreift. In der Wirklichkeit wie im Roman, für die als Beispiel Eduard Claudius' ›Menschen an unserer Seite‹ (1951)[2] stehen soll. Unzufrieden ist hier eine Frau, die bloß für Mann und Kind zu sorgen hat (was sie gut kann und gern macht). Und sie, Katrin Ähre, wird natürlich noch unzufriedener, wenn ihr Mann von Betriebsereignissen erzählt, in die sie sich verwickelt, schon, aber noch bloß in der Vorstellung mithandelnd. Unzufrieden ihr Mann, der Maurer Hans Ähre. Zunächst damit, daß die Ofenmaurer die Steine einzeln behauen wie eh und je; daß sie die bei jedem Brand zerstörten Deckel des Ringofens höchst umständlich erneuern nach alter Tradition; und schließlich damit, daß niemand den Ringofen – den letzten, der noch, aber bald auch nicht mehr, funktioniert – ›heiß‹, also Kammer für

Kammer neu ausmauern will, während und damit in allen übrigen Kammern weitergebrannt wird. – Was unabdingbar notwendig ist für andere Investitionsgüterindustrien, die sich allerdings Ähre nicht konkret vorstellen kann. (Soweit reicht seine gesellschaftliche Phantasie noch nicht; er glaubt, noch, nur dem abstrakten ›Plan‹.)

1. Aufhebung individueller Schranken (Eduard Claudius)

Hans Ähres Unzufriedenheit kommt auf im ihm leibnahen Arbeitsalltag. Ihn ärgert eine ungünstige Arbeitstechnik (1) und das regt seine handwerkliche Phantasie zu einer günstigeren an (2): Er sieht vor sich eine Schablone, in der fünf übereinander gelegte Schamottsteine auf einmal abgesägt werden können, statt einzeln behauen zu werden. Aber er kann das Phantasierte nicht zeichnen – wie er müßte, um seinen Verbesserungsvorschlag im Werk plausibel zu machen –, weil er eine solche Fähigkeit nicht hat. Dieser Mangel ärgert ihn nicht minder (3), ja er generalisiert ihn, erkennt mangelnde Qualifikation der Arbeiter als günstige Bedingung ihrer Beherrschbarkeit im Kapitalismus (4); vor allem aber behebt er ihn mit Hilfe seiner in dieser Hinsicht geschickteren Frau, durch die er zeichnen und flüssiger schreiben lernt (5). Dies, umgekehrt, qualifiziert aber auch seine Frau (6), vor allem aber interessiert er sie so, ohne zu wollen übrigens – denn er würde sie gern bloß zu Hause behalten! –, am Geschehen des Werks und produziert damit ihre Motivation für eine ausgeweitete gesellschaftliche Praxis (7), für die eine Disposition angelegt war in der Unzufriedenheit mit der Enge und Ereignislosigkeit ihres Hausfrauendaseins.

Wir sehen übrigens Katrin Ähre am Ende des Romans als schwerpunktmäßig qualifizierte Chemikerin, Motor der Chemieabteilung, welche einen strukturellen Produktionsmangel der DDR ausgleichen kann; eine etwas rasche, aber prinzipiell nicht unmögliche Entwicklung, die ohne ihre aktive Unzufriedenheit einerseits – die betriebliche Unzulänglichkeit andererseits gar nicht in Gang gekommen wäre. Denn Mängel sind Möglichkeiten, wenn man ergreift, was man braucht und was sich bietet, ebenfalls, aber anders, mangelhaft. Am kleinen Finger sitzt die ganze Hand und mehr.

2. Entwickelteres Individuum, sozialer Prozeß und die Struktur des DDR-Romans

Nicht zufällig sind wir von Hans auf Katrin gekommen und hätten von jedem aus auf weitere kommen können. So ist nämlich die Konzeption dieses Romans – und aller Romane der DDR bis in die sechziger Jahre hinein –, daß einer Bewegung macht, die Leute um ihn hineinreißt, die dann andere ergreifen in die Weite und Höhe der Gesellschaft, von wo aus der Ferne, der Nähe dann alle (zurück-)wirken auf ihn und sie, derart, daß jedes Subjekt sich zur Subjektivität ausarbeitet. Eine schöne, eine wahre Konzeption, weil sie der sozialen Organisation entspricht und ihr oft voridealisierend nachgeordnet ist. Nicht nur Hans Ähre hat es, als Hans Garbe, in Wirklichkeit gegeben.

Hans Ähre stößt mit seinen zu Hause vorwegphantasierten Neuerungen auf Widerstände im Betrieb. Bei den Ofenmaurern zunächst (und dem Meister), bei den leitenden Ingenieuren und sogar im Betriebsparteibüro. Während nun Hans Ähre gerade dadurch immer weiter und höher ausgreifen muß und sich so vergesellschaftet, d.h. sich universaler verknüpft, motiviert, befähigt und Subjekt im Reiche des Betriebs wird, bleibt dieser Prozeß bei den Ofenmaurern beschränkt auf den Bereich der Brennerei, ja der jeweiligen Bauecke.

3. Der Held als Hemmnis und das Problem des ›Vorbilds‹ [→ 360]

Das aber bedeutet, daß die ästhetische Konzeption des Romans das Problem des Subjektwerdens *aller* nur exemplarisch an einem *einzelnen,* einem Helden also (und seiner Frau) vordemonstriert und gerade nicht als einen Vergesellschaftungsprozeß aller gestalten kann – und sei's als Märchen. Denn da die Produktionskräfte, also der Grad der technischen und infrastrukturellen Möglichkeiten noch gering ist; und da auch Bewußtseinsgrad und soziale Vorstellungskraft der Menschen durch Kapitalismus und Faschismus geschrumpft sind, ist ja in der Wirklichkeit ein Hans Garbe als Arbeitsheld schon das Äußerste an Vorwärtsweisendem! Aber indem der Roman nicht weit genug ›vorgeht‹, indem der Autor gleichsam nicht genau so phantastisch in seine ästhetische Wirklichkeit vordringt wie sein Held ins damals berechtigt begrenzte Gegenwärtige seines Betriebs, verpflichtet er seine Leser auf Vorbilder statt auf sie selbst. Damit verkehrt sich die ästhetische Kommunikation Autor – Leser genau so ins Autoritäre wie der soziale Prozeß im Roman. Indem einer ›Vorbild‹ und als Vorbild Führer ist, wirkt er gerade in diesem Besten, der exemplarisch vollzogenen Befreiung seiner Möglichkeiten, zugleich als Grenze der anderen. Damit ist für den Prozeß im Betrieb, wie darüber hinaus die Frage aufgeworfen, wie die ›Offiziere der Revolution‹ zu den ›Ministern des Staates‹ werden. Der Roman ist so konstruiert, daß dieser Widerspruch kein Problem wird.

Das wird zunächst deutlich an der Lohnfrage, oder genauer an der Frage, welchen Teil an dem ja allein durch seine Arbeit gesteigerten Produktwert der Arbeiter in Form von Lohn bekommen soll, wer darüber entscheiden und wer wie über den anderen Teil verfügen soll (dessen private Aneignung durch den Unternehmer ist ja in der Verstaatlichung aufgehoben und damit ist jeder Arbeiter als Staatsbürger selbst abstrakt sein eigener Besitzer und abstraktes ›Subjekt‹ geworden). Dies für den Sozialismus zentrale Problem ist schon bei der Normerhöhung (und dem damit schwerer erreichbaren Lohnanteil) durch Ähres schnelle Deckelmauerei abgebogen worden, indem der Roman denjenigen, der hier von Lohndrückerei[3] sprach, als Saboteur entwarf und damit sein mögliches Argument desavouierte. So blieb das Problem kaum diskutiert, oder schärfer: Der Roman läßt durch einen gestalterischen Trick seine Arbeiter dieses zentrale Problem nicht diskutieren, als Subjekte Lösungen finden und tätig durchsetzen. Die Entscheidung kommt schlicht von oben!

4. Dialog und Didaktik oder Die Arbeiter und der Parteisekretär

Ähnlich verfährt der Roman, als Ähre die Arbeiter gewonnen hat, den Ofen ›heiß‹ zu reparieren. Obwohl damit zusätzlich belastet, werden den Maurern nur zehntausend Stunden gutgeschrieben, nicht fünfzigtausend, wie Reichelt von früher gehört hat; weshalb

er hinzufügt: »Verdienen nicht schlecht mit uns, die Herren.« (207)
Daß, nach der Verstaatlichung, keine Herren mehr daran verdienen, ist nun leicht nachweisbar und natürlich ist notwendig, daß
Reichelt sein objektives Subjektsein als freilich abstrakter Besitzer
auch subjektiv einholt. Aber wenn er sagt, daß ihm der Betrieb
trotzdem nicht gehört, »nicht ein Stein« (208), so hat er, was die
Verfügungsgewalt betrifft, ja freilich recht! Der Widerspruch zwischen abstraktem Besitz und sinnlicher Erfahrung, abstrakt allge-
meiner und persönlicher Verfügung wird nun nicht als Diskussion
der Maurer fortgesetzt, konkretisiert an der bestehenden und zukünftigen Norm; vielmehr schaltet sich der im Hintergrund stehende Betriebsparteisekretär Wende ein und macht in einer langen
Rede alle Leute still (208 ff.). An die Stelle der widersprüchlichen
Kommunikation aller und dieser dann, wenn sie einig werden, mit
der Betriebsleitung und so fort, tritt die einheitliche Belehrung von
oben. Produktive Subjekte werden zu bloß rezeptiven Zuhörern
gemacht, der Roman läßt seine Ofenmaurer entmündigen durch
den Parteisekretär[4].

Der, gewiß, ihr Bestes will und auch fordert. Dehalb erhält er
Vertrauen. Kontrolle scheint kaum nötig und wenn, dann weniger
durch die Basis, als vielmehr von oben, wie das Eingreifen des von
der Bezirksleitung eintreffenden Parteiinstrukteurs zeigt. Dieses
grundsätzliche Vertrauensverhältnis wird am deutlichsten in der
Konstellation von Aktivist und Werkleiter.

5. Aktivist und Betriebsleiter oder
Das Märchen der Interessenharmonie

Die Romankonstruktion zeigt also an mehreren Stellen, wie Widersprüche weggeschafft werden und wie damit die Subjektivie-
rung aller gehemmt wird. Am auffälligsten und bedeutsamsten ist
die Konstellation Ähre – Carlin. Carlin ist der Werkleiter, der für
Ähre gegen alle Widerstände der zwischen ihnen liegenden Instanzen und über sie hinweg immer Verständnis und Hilfe hat und
prinzipiell das gleiche will. Damit ist die alte Dichotomie des Ar-
beiterromans (wir hier unten – ihr da oben) ersetzt durch eine
grundsätzliche Interessenharmonie von Basis und Leiter, und dar-

über hinaus Volk und Partei bzw. Volk und Staat, Einzelbetrieb und Plan. Diese prästabilierte Harmonie bleibt übrigens als geradezu magisch funktionierende Konstellation lange Zeit typisch für Roman und Drama der DDR. Sie wird meist nur gestört durch Saboteure (wie hier den Meister). In Christa Wolfs ›Geteiltem Himmel‹ ist das der alte Herrfurth, und nachdem er entlarvt ist, heißt es:

> Rita beobachtete täglich, wie Wendlands und Meternagels Aktionen ineinandergriffen ⟨. . .⟩ *ohne daß die beiden sich doch ausdrücklich abgesprochen hatten.* Sie sei jetzt überzeugt, sagte sie zu Manfred, daß von *unten und oben zu gleicher Zeit das Richtige* getan werde. (79)

Diese, das Problem schwieriger Instanzenvermittlung umgehende Wunsch-Konstellation setzt eine weitere wichtige Dialektik still, die der Roman dann, durch eine vorübergehende Entfernung Carlins, wieder in Bewegung zu bringen versucht: Hans Ähre nämlich, unter sozialem Druck – seine Ofenmaurer müssen sich durch seine ›Erfindungen‹ und ›Neuerungen‹ arg schinden! – und zugleich unter technischem Druck, hat eine beide Mängel vermittelnde und behebende Idee. Er erfindet seinen Düsenstein, welcher die vier bisher je behauenen und im Verband vermauerten Steine ersetzen soll durch einen einzigen, sogleich fertig gebrannten Stein. Eine echte, so nur vor Ort entdeckbare Neuerung.

Poetische Phantasie eines Arbeiters (»unter seinem Blick wuchsen die Kanäle, gemauert mit seinem Düsenstein,« 257), die er inzwischen zeichnerisch verwirklichen und höheren Orts plastisch kommentieren kann (250). Sicherer geworden im Umgang, produktiv, fähiger mit Hand und Wort gewinnt er: Bewußtsein seiner selbst. Trotzdem ist die Durchsetzung des Düsensteins bei der Betriebsleitung für ihn ein Problem; noch, zum Teil, ein subjektives, da er sich in den höheren Regionen nicht genug auskennt und mit Geschick bewegen kann. Aber vor allem ist es ein objektives Problem, nämlich das der »Bürokratenmühle« (252) und der darin und weniger technisch gegründeten fachmännischen Bedenken.

6. Arbeiter und Intelligenz. Arbeitsteilung als Grenze der Selbstentwicklung

Der damit scharf aufbrechende Widerspruch zwischen produktionsnaher Phantasie und abgehobener Technikerbürokratie darf in diesem Roman seine produktive Dynamik nicht entfalten, womit auch die Befreiung aller produktiven Kräfte und die dabei mögliche universale Qualifizierung des Arbeiters ›nach oben‹, des Akademikers ›nach unten‹ stillgelegt werden[5]. An sich schafft der Roman die Bedingung für das Aufeinanderstoßen von Arbeiter und Verwaltung dadurch, daß er Carlin abwesend sein läßt und damit die quasi göttliche Hilfe von oben und die prästabilierte Harmonie Werkleiter/Neuerer vorübergehend ausschaltet. Auch der Parteisekretär Wende, an den als eine andere obere Instanz sich Ähre hält, um sein Projekt abgesegnet zu bekommen, verweist ihn auf den üblichen Instanzenweg. Aber er nimmt Ähres und übrigens aller Arbeiter Widerwillen gegen die Bürokratenmühle nicht ernst. Er tut Ähres Umwegversuch über ihn mit dem Ausdruck »Partisanenmanier« und vor allem den aufbrechenden Widerspruch zwischen unten und oben mit einem Witz ab: »Eigentlich brauchten wir gar keine Direktion.« Anstatt diesen Witz beim Wort zu nehmen.

Denn jede Leitung ist Grenze der Selbstregulierung aller und der erst darin, wo sie gewagt wird, ihnen zuwachsenden Fähigkeit, Subjekt so komplexer Vorgänge zu sein. Solche Dialektik ist, als produktive Denkfigur, auch dem Parteisekretär nicht vertraut: Er selber, so führt er den Witz fort, könne ja »die Produktion leiten und wir sparen das Geld für die Direktion. Nicht schlecht.« (253) Wieder kann Wende den Witz nicht umdenken in schöne Wirklichkeit, wie sie ja im Witz aufscheint. Für ihn ist wirtschaftliche und politische Leitung im Betrieb nur als Trennung dieser beiden Funktionen denkbar und die Ausübung der getrennten Funktionen als Trennung von Leitern und Geleiteten. Dies seine gehemmte Logik, deren tätige Befreiung gerade die Partisanenaktion wäre, gemeinsam mit Ähre.

Natürlich nicht nur von ihm gebilligt, wie Ähre, selbst leitungsfixiert, erst gewollt hat. Und nun mit Recht schweigt, »böse, verbissen, die Fäuste ineinandergekrampft« (253). Eine typische Haltung für ihn übrigens, individuelle also, wenn man das Besondere für das Subjektive nimmt: Wut, und die Wut nichts anderes als die im Ausgreifen gehemmte (auch körperliche) Energie seiner Klasse, die schwer Frustration erträgt und nicht langatmig ist, sondern rasch umschlägt in Depression, Selbstnegation und Aufgabe des Ganzen. »Er verfluchte den Augenblick, da er den Entschluß gefaßt hatte, hierherzugehen, verfluchte den Ofen, den Düsenstein, sich selbst« (255). Dies Ähre, wie er leibt und lebt, aber sich selbst negiert. Wie kommt er wieder zu sich, zu sich selbst?

7. Arbeitsteilung und Kooperation als Selbstentfaltung und Selbstbestimmung – Gruppen als Subjekte

Er sieht seinen Ofen an, wie Antäus seine Erde berührt. Die Maurer, die fragen, was vom Sekretär zu erwarten sei, sagen: »Warum bist du überhaupt zu ihm gegangen« (1), sagen weiter »Wir hätten mit der Schamott-Fabrik sprechen sollen, und die hätten uns sicher geholfen« (2); und sagen schließlich »und alles wär in Ordnung gegangen. Ohne großes Geschrei, ohne die Heinis von der Direktion« (258) (3). Dies nun ein ganz anderer Ordnungsbegriff, der die Leitung von Direktion (3) und Partei (1) ausschaltet zugunsten horizontal-selbstregulierender Kooperation einer mit der anderen Abteilung direkt (2). Wobei eine neue Stufe insofern erreicht ist, als diesmal nicht Ähre die Idee hat, sondern ein anderer, der »Wir« sagt: erster Ansatz der Emanzipation vom ›Vorbild‹ und Führer Ähre – und natürlich auch seine Entlastung als Held, der am Boden liegt (und liegen darf!).

Jetzt also begreift sich eine ganze Gruppe als Subjekt und könnte in der geplanten Zusammenarbeit auch die andere Gruppe in dieser Richtung anstoßen. Da hemmt der Roman diese höhere Dialektik kollektiver Subjekte. Statt aller Ofenmaurer geht nur ihr Brigadier Ähre in die Schamott-Abteilung und überzeugt nur den Meister Fahle. Der dann allerdings seine Arbeiter sich eine eigene Meinung bilden läßt, freilich in einem recht lehrhaften Akt der Selbstbestimmung – den Ähre übernehmen möchte.

In dieser ganzen Handlung wird der Roman lebendig wie ein

Fisch in frischem Wasser. Garbes Wut, durch Instanzen zusammengeschnürte Kraft, löst sich in umfassender Aktivität aller. Aber wie diese »Partisanenaktion« in sich selbst, so wird sie auch nach oben gebremst. Es ist ja klar, daß eine scharfe Kollision bevorstünde zwischen der technischen Leitung oben und den beiden Abteilungen unten, die die Produktion beschlossen und schon begonnen haben, statt den ›Umweg‹ über die Leitung zu gehen. Diese Kollision wird abgebogen, indem Ähre noch nachträglich die Genehmigung des technischen Leiters einholt: und diesen dabei voll für die sozialistische Sache gewinnt und von der Westflucht abhält. Eine vorschnelle Harmonisierung von Arbeit und Intelligenz, die, von den politischen Instanzen erwünscht, zur romanhaften Didaktik gerät, wo realistische Dialektik der Widersprüche und Hoffnungen sein könnte.

8. Die Arbeitsteilung von Kunst und Produktion als Grenze der literarischen Subjektivität

Mit seinen Hemmungen und Möglichkeiten – dargestellten wie darstellerischen –: ein symptomatischer Roman der Gründerjahre der DDR. Von einem Arbeiter geschrieben, ist er voller Alltagsdetails, Widerhaken, an denen sich die Widersprüche hervorziehen lassen. Was am sichersten und nützlichsten geschähe natürlich nicht durch einen Germanisten heute, sondern damals, durch die Arbeiter in ihren Betrieben, und zuerst im Berliner Siemens-Werk, wo der Roman ja ›spielt‹. Die hätten den Roman gebraucht wie er auch sie, damit gehemmte Diskussion wieder in Bewegung kommt. Zum Beispiel in der Frage der Normerhöhung, die, zunächst in der Parteischulung von Arbeiterhelden und dann zentral von Partei und Regierung dekretiert, ein Jahr nach Erscheinen des Romans den 17. Juni 1953 bringt[6].

Solche Romane gehören vor Ort und nicht bloß in eine literarische Öffentlichkeit, von wo die Rückkehr schwer ist in den Arbeitsalltag – mit den unvermeidlichen Folgen dieser Grenze nach allen Seiten. Ein Schriftsteller vergesellschaftet sich, und das heißt: wird dichterisch besser und größer am sichersten, wenn er sein Werk mit denen bespricht, mit denen auch handelt, die er darge-

stellt hat; diese wie sich selbst wechselseitig ästhetisch wie gesellschaftlich entwickelnd und nur einen Nebendialog führend mit
der Literatur der Vergangenheit und Gegenwart. Statt dessen werden auch in der DDR, ähnlich wie der Werkmaler Andritzky im
Roman, die Alltagsschreiber herausqualifiziert zu literarischen
Profis, die nun in scharfer Arbeitsteilung leben mit der ›werktätigen Bevölkerung‹[7]. Die hier aufreißende Kluft, über die dann
Bitterfeld energisch und zugleich hilflos Wege sucht, hat 1978
Christa Wolf vor Augen, wenn sie schreibt:

> Die rigorose Arbeitsteilung zeitigt ihre Ergebnisse. Die Produzenten der
> materiellen und die der geistigen Werte stehen einander fremd an ver-
> schiedenen Ufern gegenüber, daran gehindert, *gemeinsam* (Hervorhebung
> HH) lebbare Umstände hervorzubringen.[7]

Aber schon in ›Der geteilte Himmel‹ (1963) wird die Dialektik
der Arbeiterbrigade (Meternagel/Ermisch) nicht mehr aus ihrer
Mitte heraus gestaltet und handelnd erlebt, sondern mehr vom
Rande anteilnehmend gesehen durch eine Lehrerstudentin. Die Intelligenz, auch in der ästhetischen Struktur, tritt ihrer Arbeiterklasse (schon wieder) gegenüber.

II Die Vergesellschaftung der Produktionsmittel und die Selbsttätigkeit der Subjektivität. Chancen

So also ein gutes Jahrzehnt später. Inzwischen ist die große Industrie verstaatlicht– nicht vergesellschaftet; die Landwirtschaft
ebenfalls weitgehend. Die Infrastruktur ist einigermaßen ausgebaut, auch das Bildungswesen derart, daß für alle Arbeitsbereiche
einschließlich der Wissenschaften, die jetzt als direkte Produktionsmittel in den Vordergrund treten, Arbeitskräfte ausgebildet
werden können. Um deren ständige Abwanderung in den Westen
zu unterbinden, baut die SED 1961 die Mauer, womit viele vorwiegend junge Kommunisten die

> Illusion verbanden, die Partei würde in der neuen Situation einen radika-
> len Versuch unternehmen, die Mehrheit der Bevölkerung für die sozialisti-
> sche Idee zu gewinnen. Es war ⟨. . .⟩ die Hoffnung auf etwas wie einen
> Prager Frühling in Preußen.[8]

So im Jahr 1978 Rudolf Bahro, der, sicher typisch für eine Masse von Kommunisten, gerade in diesem autoritären Akt der Partei als gleichsam letzter Maßnahme des befohlenen Sozialismus höchst widersprüchlich die Bedingung der Emanzipation der Bevölkerung sieht. Denn er will ja nicht weiterhin eine ideologische Einschwörung auf den Sozialismus – die gewaltsame Nacherziehung bei von außen und oben durchgeführter ›Revolution‹ –; sondern vielmehr nun endlich die Einlösung der sozialistischen Idee als Selbsttätigkeit der sich im gesellschaftlichen Produktionsprozeß verallgemeinernden Subjekte, und damit umgekehrt die Vergesellschaftung der bloß verstaatlichten Produktionsmittel in die Verfügung möglichst aller Subjekte. Konkret war das: die Auflösung des Staates und der SED als Subjekt, der Massen als ihrem Objekt; die Verwandlung des staatlichen ›Privatbesitzes‹ an allen Produktionsmitteln in die Verfügungsmöglichkeit aller vergesellschafteten Subjekte.

1. Individualisierung und Universalität der neuen Romanstruktur oder Die Geschichte besteht aus Geschichten (Christa Wolf)

Vollziehen wir nun mit, wie in einem Roman[9], den die ZK-Kandidatin Christa Wolf 1963 in den gesellschaftlichen Prozeß einbringt, die Menschen sich um das so wichtige Jahr 1961 fühlen, verhalten, sich selbst und die Welt gestalten oder gehemmt werden. ›Der geteilte Himmel‹: eine hoch und weit gestaffelte Dimension mit einem Waggon- und einem Chemiefaserwerk; dem chemischen Institut einer Universität und einem Lehrerseminar; dem Wirtschaftsministerium sogar, wenn auch kurz (und dem Sputnik über der Erde, dem Mauerbau in Berlin). Spürbar erweiterte ästhetische Dimension, das Produktionsmittel Roman deutlich umfassender vergesellschaftet und zugleich individualisiert (mit seinem Reichtum an Individualgeschichten, welche die Geschichte bilden!). Suchen wir zu entdecken, ob darin auch die Subjekte schon umfassender vergesellschaftet sind, oder doch utopisch darauf hin entworfen werden, damit sie's wirklich werden können.

2. Der Selbstverlust in der Arbeit
und das Zu-sich-Kommen in der Liebe

Wieder beginnt die bewußte, die in die eigene Hand genommene Geschichte mit Unzufriedenheit. Rita Seidel, zwanzigjährig, eingeengt in ein Versicherungsbüro, in dem sie allein arbeitet, in eine Wohnung mit Mutter und Tante, in ein Dorf. Sie langweilt sich, wird sich selbst fremd in dieser weltlosen Welt, aber anders als Millionen empfindet sie den Selbstverlust in solch auskömmlicher Lage als Unglück. Denn sie hatte, schon als Mädchen, Wunschträume, die ihr Lehrer bestärkt hatte und die bewegte Zeit ringsum, verwandelt in gesellschaftliche Bedürfnisse. So lebt sie nicht nur, eindimensional, wo sie lebt, sondern zugleich im Widerspruch dazu in einer fiktiven Sphäre. Die sich freilich schon abzulösen beginnt: »Tagsüber arbeitete Rita, abends las sie Romane, und ein Gefühl der Verlorenheit breitete sich in ihr aus.« (15)

Da hat sie Glück, lernt ihren sehr irdischen Prinzen Manfred Herrfurth kennen, Doktor der Chemie. Und so können die beiden an Stelle und in Fortsetzung der vielen gelesenen, den einen wirklichen »Roman einfach ablaufen« (ebd.) lassen. Eine zufällige Begegnung, ein Liebesroman: d. h. die Dynamik beginnt hier nicht im Betrieb, an einem ja auch abseitig-isolierten Arbeitsplatz, sondern im sogenannten Privatleben. Aber Liebe, erfrischender Selbstgewinn – da doch Lieben nichts anderes heißt als mögen und steigern, wie gerade dieser Geliebte ist und werden kann – Liebe kann ja nicht privat bleiben! Der Erfrischte hat Lust auf die Welt, und wo er erschlafft, ist er nicht mehr liebenswürdig[10].

3. Selbstgewinn in der Liebe als Arbeitslust
und Zugriff auf die Welt

Manfred, der sich aufs Land zurückgezogen hat, ist es, der Rita Lust macht auf die Stadt, wo der Strom der Zeit reißender ist. Wirklich wird aber der Wunsch nicht durch ihn, der ihn – wie wir gleich sehen werden – einengen würde, sondern durch Schwarzenbach, den Parteifunktionär, Dozenten am Lehrerseminar. Der wirbt um sie als Studentin und zukünftige Lehrerin »wie ein Bräutigam«, Abend für Abend. Ohne Manfred wäre sie nicht offen gewesen für die Welt, die in Schwarzenbach sich anbietet, aber ohne den zweiten »Bräutigam« würde sie bloß die Hausfrau Manfreds. Denn als der von ihrem Entschluß hört, denkt er an Schulhefte, Eltern und nachts Erziehungsprobleme. »Eine eifersüchtige Regung kam auf: Sie wird nicht für mich allein leben.« (23)

Er möchte die privatisieren, die er soeben selbst noch in die Gesellschaft hatte verknüpfen helfen. Und gerade er, der in der Liebe Fühlfähigkeit zurückgewinnt und Freude des sinnlichen Zugriffs. So daß er, der bisher in der Arbeit nur seine eigene Tüchtigkeit narzistisch genossen hatte, sich nun zum ersten Mal mit Genuß in der Arbeit am Objekt selbst bewegt, in das gesellschaftliche Wesen der Arbeit hineingerissen wird und deshalb mit industriellen Plänen der Produktion und Färbung von Kunstfasern weit in die soziale Welt ausgreift, wo er sich vorher mit der Dissertation schon am Ende glaubte (22 f.).

Rita und Manfred, die sich selbst verloren hatten – jene, weil sie objektiv isoliert war vom gesellschaftlichen Prozeß, dieser, weil er sich subjektiv isolierte – bringen sich wieder zu sich selbst, indem sie einander lieben, indem sie sich in der kleinsten sozialen Einheit wiederherstellen. Und genau diese intime Wiederherstellung der Subjektivität löst zugleich deren Vermittlung mit der Welt wieder aus, ohne welche ja ein Selbst sich gerade verliert. Christa Wolf hat mit dieser, die Romanhandlung in Gang setzenden Liebe ästhetisch hervorgetrieben, was in Claudius' Roman und in der DDR-Realität verdeckt (und deshalb auch gehemmt) war: daß die intime Beziehung nicht nur als – sowieso über Gebühr restaurierte – Ehe die Reproduktion der Arbeitskraft bedeutet; daß sie vielmehr als lebendige Liebe die Schaffung und Wiederherstellung (erweiterte Reproduktion) von Subjektivität ist. Sei es, daß diese ungleichzeitig gehemmt wurde, wie bei dem mit seiner Jugend in den Faschismus reichenden Manfred; sei es, daß sie gleichzeitig gehemmt wird, wie das bei Rita der Fall ist. Ohne Liebe also – kein Sozialismus [→ 325 f.].

Das möchte ich an dem weiteren Verlauf dieses Romans (und späterer Werke) noch schärfer hervortreten lassen.

Die Verhältnisse verlangen der Liebe viel ab, zuviel, wie die spätere Trennung von Manfred und Rita sichtbar macht. Manfred arbeitet im chemischen Institut der Universität und kooperiert mit einem Kunstfaserwerk; Rita studiert und arbeitet gleichzeitig in einem Waggonwerk. So hat jeder Tätigkeit und Einblick in zwei wichtige Arbeits- bzw. Forschungs- und Bildungsbereiche, zusammen aber verfügen sie über einen ganz ungewöhnlichen, persönlich und deshalb ja in aller Konkretheit vermittelbaren Überblick. Insofern bringt die Liebe hier eine Art informeller Vergesellschaftung durch Gespräche, die weit über das übliche Maß hinausgeht. – Der Weite des Erfahrungsfeldes entspricht aber natürlich auch eine Fülle an gesellschaftlich nicht bewältigten Problemen, die als persönliche Belastung ihre Beziehung gefährden. Insofern ist auch, umgekehrt, Liebe nicht möglich ohne Sozialismus.

Manfred zum Beispiel betreut, neben seinem Forschungsprojekt, die Diplomarbeit Martin Jungs, der Ingenieur ist in einem Kunstfaserwerk. Er beschränkt diese Betreuung – und damit sich selbst – nicht auf das institutionell Nötige. Wieder fähig, die Welt als seine eigene Sache zu nehmen durch Ritas Liebe, damit in neugierig-skeptischer Teilnahme an Martins nicht leicht enttäuschbarer Aktivität, zu der er selbst gerade nicht fähig ist aufgrund seiner Vergangenheit, entwickelt er mit Martin zusammen eine Spinn-Jenny für Kunstfasern, ja, setzt sich sogar in Martins Werk für deren Förderung ein. Diese Initiative bringt eine doppelte Vergesellschaftung: zum einen die individuelle Manfreds, dessen Persönlichkeit gesundet und wächst um die Fähigkeiten freundschaftlicher Bindung, wissenschaftlich-technischer Zusammenarbeit und wirtschaftspolitischer Regsamkeit; auf der anderen Seite desselben Vorgangs die institutionell-organisatorische Verbindung von Wissenschaft und Industrie, welche wegen hoher persönlicher Motivation, Sach- und Entscheidungsnähe aller Beteiligten etc. als besonders produktiv gilt.

4. Die Hemmung der schöpferischen Subjektivität durch die Bürokratie

Solche spontane, für Persönlichkeit wie Gesellschaft gleich günstige – ja, bei Strafe ihrer beider ›Erkrankung‹ notwendige – Vergesellschaftung wird von oben gestoppt. Wie sich später herausstellt, durch Sabotage. Die sicherlich vorgekommen ist, aber nicht die für die DDR typische Hemmung von Selbsttätigkeit und Vergesellschaftung darstellt. Das ist vielmehr, und zwar spätestens seit diesem Zeitpunkt, der bürokratische Apparat. Bisher wahrscheinlich unumgänglicher Organisator einer neuen Art gesellschaftlicher Produktion, beginnt die Zentralverwaltungswirtschaft produktionshemmend zu werden, da sie horizontale Formen der Verknüpfung zwischen den verschiedenen Arbeitsbereichen kaum zuläßt, sondern alle Entscheidungen von oben diktiert, so daß alle horizontalen Interessen gleichsam einen vertikalen Umweg machen müssen[11]. Indem sich die Bürokratie als institutionelles Subjekt erhält, anstatt die so zum ausführenden Objekt ihrer Entscheidungen werdende Masse aller Subjekte, Brigaden etc. sich so vielfältig wie eben möglich vergesellschaften zu lassen, verhindert sie die reich entfaltete Persönlichkeit genau so wie damit auch die vom Sozialismus mit Recht erwartete reich entfaltete Produktivität.

Wenn Manfred im Roman kritisch anmerkt, »daß anderswo die Wissenschaft schneller in den Alltag eindringt« (102), so verallgemeinert er seine Erfahrung richtig und zeigt die Behinderung durch die gleiche Stelle, die die Wissenschaft zu direkter Produktionskraft erklärt! Das erkennt Manfred, natürlich auch aus dem Blickwinkel und begrenzten Interesse eines Spezialisten (und sein Spezialistentum wird er später einem Konzern im Westen verkaufen). Aber daß dies Spezialisteninteresse auch in der DDR eingeschnürt wird, anstatt – was freilich gar nicht so leicht ist – in umfassende gesellschaftliche Interessiertheit erweitert zu werden, ist eine historische Grenze und Dummheit des ›Apparats‹.

5. Bürokratie und subalterner Charakter
(Muttermale der Alten Welt)

Oder genauer: Der fatalen Wechselwirkung von hemmendem Apparat und gehemmter Subjektivität solcher Leute wie Manfred. Wendland, der Leiter des Waggonwerks, der ganz ähnliche Erfahrungen gemacht hat, der anders reagiert, wie wir noch sehen werden, stimmt in einem Gespräch Manfreds Kritik voll zu und fragt dann nach den Ursachen. Darauf Manfred: »Fragen Sie die

Leute, die dafür verantwortlich sind!« – »Warum fragen Sie sie nicht selbst?«, gibt Wendland zurück, sicher rhetorisch, aber doch zu Recht gegenüber Manfreds allergisch-resignativer Geste vor der Obrigkeit die befreiende Zivilcourage des Subjekts einfordernd. Genau das nun überfordert aber Manfred, der sein Heft zuschlägt, sich abgespeist fühlt und »zurückzieht«, verärgert darüber, daß er sich überhaupt hat »hervorlocken« lassen.

Eine für Manfred, und wahrscheinlich über ihn hinaus für seine Generation typische Geste. Wo auch hätte er, in dieser Art Familie und im Hitlerreich aufgewachsen, Courage, Selbstvertrauen und die Hoffnung, daß allein damit Obrigkeit geknackt und geknickt werden kann, denn lernen sollen? In seiner Jugend nicht, so daß die ständige Hemmung seiner Subjektivität zum gehemmten Charakter sich verfestigt hat. Als junger Mann in der DDR genauso selten, wie die schnöde Behandlung seiner offenen Kritik an einem politisch heuchlerischen Studienbetrieb während einer Konferenz (vgl. 132), und wie seine Bemerkungen über anmaßende und wirklichkeitszudeckende Parteibelehrungen (vgl. 102) zeigen. An dem fatalen Zusammenspiel von Apparat und Leuten wie Manfred (die ja auch im Apparat sitzen), wird der ungleichzeitig-gleichzeitige Grundwiderspruch der DDR deutlich, die in einen Obrigkeitsstaat importierte Revolution, die durch Herrschaft befohlene Freiheit.

6. Gesellschaftliche Struktur, persönliche Entscheidung und die Wirkungsmöglichkeit der Literatur

Freilich darf man einen solchen Widerspruch nicht als Naturgesetz mißverstehen, nach dem der hierarchische Doppelapparat von Partei und Staat subalterne Charaktere (bis in die Spitzen!) erzeugt, welche wieder den Apparat festigen. Da er ja nur durch Menschen bewegt wird, hängt seine Erhaltung davon ab, ob jeder einzelne in jedem Augenblick die bloß konforme oder die richtige Entscheidung fällt. Gesellschaftliche Strukturen, noch so vermittelt, sind immer subjektive Entscheidungen. Welche als ›richtige‹ die Literatur vorbereiten kann, indem sie die geleugneten Widersprüche, die sich in den inneren Gesprächen jedes Bürokraten melden, die aber nicht hervortreten dürfen, ins öffentliche Gespräch bringt – allerdings nur ins literarische Medium, gegen das sich die Bürokraten abdichten in ihren turmhohen Bauten[12] [→ 307 ff.].

7. Der ›geteilte Himmel‹ im Ministerium
oder Bürokratie und Öffentlichkeit

Verkehrt! Denn man denke sich nur einmal die folgende Episode aus dem ›Geteilten Himmel‹ vorgelesen und diskutiert nicht bei einem Autorenleseabend, auch nicht in der Akademie, sondern in einer Vollversammlung aller Beamten des DDR-Wirtschaftsministeriums: Wendland, Leiter eines Waggonbetriebs, führt einen Fall sozialistischer Planwirtschaft vor. Er erzählt (übrigens im weiteren Gespräch mit Manfred) von einer massiven Hemmung der Waggonherstellung dadurch, daß ein Berliner Betrieb die elektrischen Anlagen, die in diese Waggons gehören, vom Band genommen hat. – Auf Anweisung des Ministeriums vom Band genommen hat! Was nun macht Wendland, als er entdeckt, daß sowohl der andere Werkleiter im Urlaub, wie der zuständige Ministeriumsmann auf einer Konferenz ist? Er zitiert jenen im Namen von diesem aus dem Urlaub zurück und vereinbart mit ihm die Wiederaufnahme der Produktion von Elektroanlagen.

Der ›Fall‹ Wendland, denke ich, müßte ein befreiendes, ein homerisches Gelächter im Ministerium auslösen. Da er die typische Fehlplanung einer zentralistischen Wirtschaftsbürokratie freilegt, von der doch jeder Beamte sich sein eigenes Lied singen kann – wenn er nur dürfte. Für eine Bürokratie in relativer Häufigkeit unvermeidbar, träte sie gar nicht auf, dürften Betriebe wie das Elektro-Werk und der Waggonbetrieb horizontal zusammenarbeiten. Oder auch Wissenschaft und Industrie, wie es Manfred mit Recht gern sähe.

8. Literatur und ›Neues Ökonomisches System der Planung und Leitung‹

Wie nun das Verhältnis zwischen Plan und selbsttätiger Vergesellschaftung von Betrieben bis hinunter zu den Brigaden und einzelnen, also vom organischen Subjekt bis zu den kollektiven Subjekten, neu vermittelt werden könnte, dürften die Beamten jetzt alle miteinander diskutieren. Als weiteres Fall-Material dafür werden ihnen, wieder von Christa Wolf, die Verhaltensweisen von Manfred und Wendland zur Verfügung gestellt: Wendland korrigiert den typischen Fehler der Bürokratie, indem er – vertikal – Zivilcourage oder Amtsanmaßung übt; und indem er – horizontal – eine spontane Vergesellschaftung, eine Abmachung, also eine Art von Vertrag, eingeht. Gleich zwei Verstöße also, würden die Beamten feststellen müssen, nämlich nicht nur die Amtsanmaßung, sondern auch der ›Privat‹-Vertrag zwischen zwei Werkleitern ist ein Verstoß. Aber dennoch eine richtige Handlung! Dagegen verhält sich Manfred konform und unsträflich, weil er – horizontal – sich auf seine Forschungen, fachidiotisch und unproduktiv werdend, zurückzieht; und indem er – vertikal – die Klappe hält und sich nur seinen Teil denkt.

Dies etwa würden die Beamten herausbekommen, wenn sie, was sie sicher erst lernen müssen, konkret denken, d. h. Literatur lesen würden. Was ihnen, als Mitgliedern einer offiziell dazu erklärten Literaturgesellschaft wohl anstehen und wahrhaftig gut bekommen würde. Ihretwegen und der Gesellschaft wegen, auch der Wirtschaft wegen: Denn sie bekämen früher und vor allem selbst, also als Subjekte, heraus, was 1963 als ›Neues Ökonomisches System der Planung und Leitung‹ (NÖSPL) wesentlich gefesselter und vor allem dekretiert wird: eine relative Selbständigkeit der Teilsubjekte, sich zu vergesellschaften.

Wendland und Manfred also werden nicht lebendig vor den deshalb auch trübe bleibenden Augen der Beamten. Sie bleiben in der bloß belletristischen Öffentlichkeit und im ›geteilten Himmel‹ sitzen und unterhalten sich auf eine bestimmte Weise, die Christa Wolf als die produktivste ihrer Literaturgesellschaft empfiehlt.

9. Die Demokratie aller Geschichtenerzähler
  als Auflösung der Geschichte des Helden

Wendland erzählt nämlich Manfred sein Berliner Abenteuer nicht
als vorbildliche Handlung, sondern als eine ihn selbst, Wendland,
beschäftigende Geschichte. Er erzählt sie nicht, *damit* Manfred
wie er handelt (was er, aufgrund seiner Geschichte, gar nicht könnte; und wie überhaupt niemand wie irgend jemand anderes handeln kann!), sondern erzählt sie, weil in ihr ein für ihn selbst und
den anderen – der dann seine Geschichte erzählt – relevantes und
im Gespräch angebbares Problem steckt. Nicht Gesetz und Vorbild, sondern Erzählung und Gespräch sind die Kategorien produktiven menschlichen Verhaltens: da das Gespräch Vermittlung
und Vergesellschaftung der Geschichte ist, die immer individuell
ist. Deshalb erzählt Wendland, nach seiner Werkgeschichte, in
Stichworten sogleich noch seine Individualgeschichte. Wie überhaupt immerfort alle Leute in diesem Roman ihre Autobiogra-
phien vortragen. Sinnvoll! Denn das macht verständlich, wie sie zu
ihren gegenwärtigen Handlungen gekommen sind. Wie die Individualität deren vorläufig geronnene Geschichte ist. Vorläufig! Denn
diese Geschichten machen Handlungen verständlich – aber sie de-
terminieren sie nicht. In jedem Augenblick kann das Individuum
auch anders handeln, wenn ein anderer seine Geschichte erzählt
und beide vergleichend die beste Möglichkeit finden.

10. Die Romanstruktur als Utopie
  der Selbstverständigung aller Menschen

So setzt sich dieser Roman, dessen Gesamtstruktur ja das Selbstgespräch Ritas über ihre Geschichte ist, aus den dabei erinnerten Geschichten der Gestalten zusammen, welche wiederum sich im Gespräch untereinander vermitteln. Diese ästhetische Grundstruktur
von Gespräch und Geschichte ist ein utopisches Realitätsmodell,
das u. a. auch für die Verkehrsform zwischen kollektiven Subjekten, also z. B. Betrieben, gilt – wie Erzählung und Abmachung
Wendlands im Elektrowerk zeigt.

  Das mündige Subjekt – ob individuelles oder kollektives – wird nicht belehrt, es wird interessiert an Geschichten und Problemen anderer, mit denen sich zu vergleichen hilfreich ist für die eigene Entwicklung. So zugleich frei und verantwortlich, muß sich übrigens genau so wenig der Leser verhärten wie Manfred, wenn er Wendlands Geschichte hört. Dieses Modell einer universalen und konkreten, einer persönlichen und uneingeschränkten Öffentlichkeit, das der Roman als ästhetische Struktur vertritt, lernt auch der Parteisekretär Schwarzenbach akzeptieren – durch Rita. Denn jede Hemmung von Öffentlichkeit ist Hemmung von Realitätserkenntnis und der Vermittlung der ganzen Erkenntnis zwischen allen. – Ulbricht hat dieses, hier zur Verwirklichung nahegelegte, Modell politischer Kommunikation auf der 2. Bitterfelder Konferenz diffamiert und damit die Vergesellschaftung der Nachrichten und des Wissens gehemmt[13]. Welche Folgen das hat, läßt sich an Manfred Herrfurth sehen.

Manfred, um aus sich herauszugehen, bräuchte die Wendlands in Betrieben, Partei und Ministerien, für die er dann sehr brauchbar wäre. Statt dessen findet er das Gegenteil: Nicht nur wird die Spinn-Jenny abgelehnt, sondern Martin – der sich ähnlich wie Wendland offen und verwegen richtig eingesetzt hatte – wird auch noch vom Studium ausgeschlossen. Damit passiert ihm, vor den Augen Manfreds, was diesem selbst auf der Universitätskonferenz früher geschehen war: eine Wiederholung und Bestätigung seiner berechtigten Skepsis, die ihn in »Verzweiflung, Genugtuung und zynische Resignation treibt« (135).

Aus der ihn dann auch Liebe und Gespräch mit Rita nicht mehr herauslösen und wiederherstellen können.

Ein Gespräch zum Beispiel über die Sigrid-Episode, die für Rita – welche wir über Manfreds, durch sie wieder in Gang gebrachte Geschichte aus den Augen stellen mußten – eine ganz ähnliche Bedeutung hat wie für Manfred die Martin-Episode.

11. Der prinzipielle Widerspruch von Gesetz und Individuum und die notwendige Auflösung des Staates

Sigrids Eltern wollen, und sie weiß das, in den Westen gehen. Was sie, verordnungsgemäß, melden muß. Damit ist sie aber in einer ausweglosen Lage, einer Antigone-Situation: Folgt sie der Verordnung, verstößt sie gegen die Verbundenheit (Solidarität) mit ihren Eltern; folgt sie dieser Verbundenheit, verstößt sie gegen die Verordnung und verliert außerdem ihren Studienplatz.

Es ist klar, das Beispiel zeigt es, daß solche Situationen unmenschlich sind – also Gegenstand sofortiger öffentlicher Diskussion und Änderung sein müssen. Was geschieht statt dessen?

Sigrid fühlt sich gelähmt und isoliert. Sie kann also nicht, wie es gesund für sie und gut für das Ganze wäre, aus sich heraus gehen und sich mit ihrer Sache ins Ganze des Staates mischen und darin wachsen, sondern ist auf sich zurückgeworfen, krank (denn dies ist ja die eigentliche Krankheit des Individuums, aus der die Krankheiten erst hervorgehen!).

Rita, die empfindliche, spürt das. Sie bietet Sigrid Nähe und Vertrauen, das diese mit Öffnung erwidert (wie übrigens Manfred auch – worin ein Muster von Gesundheit durchschimmert!). Damit entsteht eine kleine Liebesgemeinschaft, Muster menschlicher-sozialistischer Gemeinschaft überhaupt: Auch Rita ist nun in der gleichen (Antigone-)Lage wie vorher Sigrid gegenüber Familie/Staat, nur daß jetzt die Blutsbande durch die allgemeineren der Freundlichkeit erweitert werden.

Diese Geschichte wird durch Offenheit der beiden Mädchen öffentlich, im Lehrerseminar. Mangold, ein messerscharfes Parteimitglied, nennt sie die »Verschwörung« eines Arbeiters, der »seinen Staat verläßt«, einer Tochter, die »diesen Staat belügt« und der Freundin als Helfershelferin (122). Mangold läßt sich nicht auf diese Menschen ein – er kann eine Geschichte nicht konkret ›lesen‹ – sondern subsumiert sie unter ein paar Begriffe des positiven Rechts und der Moral. Ein typisch richterliches Verhalten, das sich des Gesetzes als Leugnung der Wirklichkeit bedient, also Recht als Gewaltakt benutzt, vorweggenommene ›Justiz‹, die ja nichts zu tun hat mit Recht, da zu diesem gehörte die Auflösung des Gesetzes, das, Unmenschliches fordernd, nicht bestehen darf. Tatsächlich müßte so der Gerichtssaal auch immer das Parlament werden, oder müßte die Öffentlichkeit der Rechtsprechung zugleich Rechtsetzung werden da, wo der Staat und seine gesonderten Gewalten sich in den konkreten Menschen vergesellschaften. Statt dessen wird Mangolds obrigkeitlicher Akt von der Öffentlichkeit der Seminarmitglieder geduldet, die sich als devote Untertanen zeigen und Sigrid wie Rita buchstäblich im Stich lassen.

Damit erweitert sich, obwohl die Seminarmitglieder Rita und Sigrid doch alltäglich nahe sind, die kleine Gemeinschaft der Freundlichkeit nicht, sondern wird durch Machtspruch von oben und subaltern-opportunistische Haltung von unten isoliert, ja kriminalisiert.

Da stürzt Rita – tiefer noch als gleichzeitig Manfred – in eine Krise des Glaubens an Mensch und Welt. Erst jetzt, dadurch ganz einsam, sucht sie Halt, Hilfe und Wiederherstellung der idealen Gemeinschaft, erst bei Meternagel, dann bei Schwarzenbach. Aber jener steckt über beide Ohren in Betriebsproblemen, dieser in Familiensorgen. Da gerät ihr die ganze Stadt und Welt zur »Grimasse«, in der »Einsicht und Güte« zu erwarten bloß ein Kinderglaube war (vgl. 125). In sich zurückgeschreckt, abgeschnitten vom Austausch mit der Welt, ist nun Rita ›krank‹ – und flieht zurück in das Dorf, in das »kleine, unsäglich kleine Haus« (126), aus welchem sie gerade geflohen war, um nicht krank zu werden.

12. Die Fähigkeit zu trauern und zu hoffen
oder Ohne Gefühl kein Sozialismus

Was tun wir, wenn die Welt Selbstzerstörung, das Aufgeben der Welt aber, das kleine Haus, Selbstverlust bringt? Rita wählt keinen der von uns meist gewählten halben Auswege. Sie, ganz auf sich zurückgeworfen, sieht nach langem Schlaf das »Himmelsgewölbe« an, »⟨...⟩ das Wichtigste an dieser Landschaft, ⟨...⟩ unverletzt durch Häuserblocks und Schornsteine« (126) und sichtet dann ihre Kinderwelt, ihr Dorf, ihre Leute: keine »Zufluchtstätte, ewig unverändert« (127). Und, »plötzlich« ⟨...⟩ »verachtete« sie »ihre Anwandlung von Trägheit und Mutlosigkeit«.

Rita geht zu Boden, weil ihr Glaube an die Welt betrogen wurde. Sie steht auf, nicht weil ihr andere helfen oder nichtbeachtete Strömungen sichtbar würden: sondern gerade weil ihr niemand helfen kann, wenn ihr Glaube stirbt, die einzige Bedingung allein in ihrer Hand, die Welt in die richtige Richtung zu drehen. Die Erde ruht (auch) auf dem Himmelsgewölbe: Gläubigkeit ist nicht Optimismus, die objektiven Gesetze würden schon alles Geschehen in die rechte Richtung führen (objektiv)! Sondern ist das Wissen des Subjekts, daß die Welt nur vorangeht, wenn ich (subjektiv – jeder) sie ins Gleis bringe. Das hat gar nichts mit Subjektivismus, nicht einmal mit Voluntarismus zu tun; sondern ist nur die Konsequenz des im Sozialismus zu sich selbst kommenden Subjekts. Oder des in jedem Subjekt erst zu sich selbst kommenden Sozialismus.

Genau das tut Rita nun auch im ersten Teil. Und jetzt läuft das Sigrid-Drama noch einmal ab, aber verändert im Ausgang und in der Sehweise Ritas. Verlauf und Ausgang ändern sich, weil Schwarzenbach, der ›gute‹ Funktionär, eingreift. Wo Mangold den Beschluß, die Parteilinie, den Weltimperialismus herbeizitiert, da fragt Schwarzenbach nach Sigrids Lage, betont, daß die Partei für Sigrid da sei (»Für wen, wenn nicht für sie.« [130]), betont also gerade nicht die großen sogenannten objektiven Gesetze und Institutionen als Subjekte – sondern den einzelnen Menschen und die Solidarität aller, auch der Partei mit ihm.

Genau damit wird die Gemeinschaft der Freundlichkeit nicht nur um Schwarzenbach, sondern um die Partei selbst erweitert, ist damit auch das persönlich-intime Vertrauensverhältnis Maß und Muster der öffentlich-gesellschaftlichen Welt. Wie ernst es Schwarzenbach damit ist, zeigt sich darin, daß er seine Geschichte erzählt, und damit auch die Mangolds freisetzt, der plötzlich als verletzbarer Mensch und erst durch die Partei-Schulung autoritär gewordener Charakter sichtbar wird.

Nur weil ich auf Verlauf und Schluß des Romans nicht zurückkommen kann: Tiefpunkt und Selbstheilung Ritas hier im ersten Teil wiederholen sich im zweiten Teil. Die Trennung von Manfred (dank innerer Mauern und der äußeren Mauer in Berlin) macht Rita ›krank‹ und treibt sie in einen halben Selbstmord; geheilt wird sie genau in dem Augenblick und dadurch, daß sie sich im Sanatorium der Sigrid-Episode erinnert, der Wiederherstellung des Glaubens und der Ungeduld, die Welt in ihrem Sinn zu gestalten: »Dieses gleiche Gefühl hatte sie auch heute ergriffen«, kommentiert die Erzählerin, und Rita will, diesmal aus dem Sanatorium, in die Stadt zurückkehren. »Ich denke, ich komme bald zurück« (127), sagte sie dann zu Marion.

III Die Bürokratisierung als Hemmung individueller und gesellschaftlicher Produktivität. Reaktionen

Im Jahre 1963, in dem auch ›Der geteilte Himmel‹ erscheint, wird in der DDR das ›Neue Ökonomische System‹ (NÖS) eingeführt. Es soll – nachdem die zentralistisch-bürokratische Lenkung, die zur Bewältigung der erheblichen Struktur- und Infrastrukturprobleme der Anfangszeiten möglicherweise günstig war, nun aber zunehmend die Wirtschaftsentwicklung hemmte – eine erhöhte Produktivität freisetzen, und zwar durch eine gewisse Dezentralisierung von Entscheidungen unter Beibehaltung der Strukturentscheidungen im ›Plan‹. Entscheidendes ›Subjekt‹ ist damit nicht mehr allein die (ja den Plan entwerfende) Partei, sondern sind erstmals auch die Wirtschaftssubjekte selbst von den Betrieben über die Brigaden bis zu den einzelnen Arbeitern[14]. Im ›Geteilten Himmel‹ haben wir die Hemmnisse des Zentralverwaltungshaushalts auf verschiedenen Ebenen (Ministerium, Betriebe untereinander, Wissenschaften und Betriebe; Brigade und Arbeiter) plastisch vor Augen gehabt, nämlich als Handlungskrisen der Menschen, die tief in ihre intimen Beziehungen und in ihren innersten ›Haushalt‹ hineinreichen. Und der Roman hat auch vor Augen gerückt, welche Kräfte hier – gerade aus der Tiefe des Subjekts, aus dem erlebten Widerspruch von Unglück und Glücksmöglichkeit, von Scheitern und Besserkönnen – freigesetzt werden, und wie also die Eigentätigkeit der so bewegten und sich selbst motivierenden, der deshalb ausgreifenden und sich vergesellschaftenden Subjekte *die* Kategorie (›Motor‹, ›Triebkraft‹) einer neuen Entwicklungsphase der Gesellschaft ist. Deshalb ist es durchaus sinnvoll, diesen Roman, wie es öfters geschieht, inhaltlich zur ›Literatur des NÖSPL‹ zu rechnen. Er erforscht ja tatsächlich die bisherigen Hemmnisse und neuen ›Triebkräfte‹ für eine höhere Produktivität, und zwar wesentlich im Bereich von Wissenschaft und Ausbildung, während etwa Strittmatter mit ›Ole Bienkopp‹ (1963) Ähnliches für die Landwirtschaft, Volker Braun mit ›Kipper Paul Bauch‹ (1963) für die (unqualifizierte) Industriearbeit leistet.

1. Literatur im ›Neuen Ökonomischen System‹ und dessen Begrenzung

Nur gehen diese Werke in ihrer ästhetischen Struktur, also der Art oder Methode, wie sie Wirklichkeit erforschen und entwerfen, entschieden über das NÖSPL hinaus. Sie erforschen nämlich – und ich meine dies wortwörtlich – tatsächlich das Subjekt in seinen geschichtlichen Ereignissen und Dramen, suchen seine im Leiden entwerfende phantastische Kraft, erproben die so entworfene Welt – die ›Neuerungen‹ – wieder am Subjekt selbst, was eine sehr präzise Kenntnis und Gestaltung technischer, wirtschaftlicher, wissenschaftlicher etc. Apparate und Prozeduren nicht nur voraussetzt, sondern zwingend verlangt. Nur sind ihnen diese nie selbst Ziel und Zweck, wie leicht den entsprechenden Eliten einschließlich der auf die ›objektiven‹ Strukturen und Prozesse gerichteten Wissenschaften – wenn die Partei sie darin auch noch beläßt, ja fördert.[15] Denn die ›strategische Führungsgruppe‹ um Ulbricht hat das NÖSPL mechanisch als Mittel der Wirtschaftseffektivierung verstanden und auf den Wirtschaftssektor begrenzt; und selbst da, wo von der wichtigen Rolle des Subjekts die Rede ist, meint sie nur dessen auf dies Ziel hin höhere Qualifikation – versteht es also als möglichst günstig erzogenes, durch ›materielle Hebel‹ steuerbares Mittel, das gegenüber einem Schaltelement noch den Vorteil der Selbstregulierung bei Störungen hat. Es geht ihr – oder genauer den sich durchsetzenden Parteimitgliedern als der dann entscheidenden Führungsgruppe – gerade nicht, dialektisch, um die in solchem Qualifikationsprozeß zur Erweiterung fähige Subjektivität. Der diese Produktivität als solche eine Lust ist, weil sie mit ihrer ganzen Kraft die leidend und murrend erlebten Hemmnisse und

Widersprüche umgestalten will und kann, vom Arbeitsplatz hinauf und wieder zurück, sich so den Staat und die Partei einverleibend, sie in sich auflösend. Denn nach der Verstaatlichung der dabei entwickelten Produktionsmittel müssen der Staat und die Partei sozialisiert werden.

Solche Rückwirkungen des Teilsystems der Wirtschaft auf die in ihr Tätigen, ja unvermeidlich darüber hinaus auf andere Teilsysteme und das Ganze der Gesellschaft sind nun freilich im NÖSPL angelegt, und zwar trotz seiner geplanten Begrenzung, wie die sich bewegende Wirklichkeit der ästhetischen Sphäre ›entdeckt‹. Und sie liegen, wie diese forscherische Freilegung selber schon zeigt, auch nicht nur im NÖSPL verborgen als Wesen und Werden an sich. Vielmehr wird die darin ›objektiv‹ wirkende Kategorie der Subjektivität – zumal sie auch die zentrale und offiziell verkündete Kategorie der Marxschen Philosophie ist – für das Bewußtsein herausformuliert, verallgemeinert und als Ziel vorausentworfen. Und zwar zunächst von der in teilweisem Widerspruch zur ›strategischen Führungsgruppe‹ stehenden ›institutionalisierten Gegenelite‹[16]. Also hochqualifizierten Persönlichkeiten der technischen, wirtschaftlichen, wissenschaftlichen und kulturellen Intelligenz, die die praktischen Probleme ihrer differenzierten Alltagsarbeit am eigenen Leibe spüren, und zwar umso fühlbarer spüren, wie ihnen die marxistische Kategorie der Selbsttätigkeit eigenes Bedürfnis, also Gefühl und Anspruch geworden ist.

In der Psychologie zum Beispiel stellt die Forschergruppe um Rosenfeld gerade diesen, »aufgrund ständiger Wertforderung und Wertvermittlung« auftretenden »Widerspruch zwischen dem aktuellen Entwicklungsstatus und einem höheren Forderungsniveau (Ist-Soll-Differenz)« als die Konstellation heraus, in der die zugleich individuellen und gesellschaftlichen »Motive« als die das Subjekt treibenden Kräfte entstehen, womit für die Pädagogik ein Subjektivitätsbegriff entwickelt ist, der an gesellschaftlichen Widersprüchen und selbst auch an Subjekten orientiert ist[17]. Auf höchster rechts- und staatsphilosophischer Abstraktionsstufe hat Uwe Jens Heuer den vieldimensionalen Widerspruch gerade auch der sozialistischen Gesellschaft (nicht bloß als notwendiges Übel!) anerkannt und daraus die vorgebliche Einheitlichkeit eines erkennenden Subjekts (z. B. der Partei), das die Wirklichkeit verbindlich interpretiert und allen anderen ihre Entscheidungen vorgeben kann, als unwissenschaftlich, undemokratisch und wirklichkeitsfremd (subjektivistisch) abgelehnt. Der Naturwissenschaftler Robert Havemann hat für seine Disziplin, in fruchtbarer Analogie aber auch über diese hinaus die Konsequenzen des NÖSPL formuliert: »Zuerst lobte ich die neue ökonomische Politik der Partei, verlangte dann aber auch eine neue Kulturpolitik.«[18]

2. Die Beschränkung der Öffentlichkeit, der Subjektivismus der Partei und die Erkenntnisweise der Kunst

Genau diese herausformulierten wie verborgenen prozessualen Rückwirkungen und Ausweitungen versucht die strategische Führungsgruppe einzudämmen und zu hemmen. Ulbricht selbst zum Beispiel mit einer 1964 vor den Schriftstellern gehaltenen Rede, in der er die ›sozialistische Menschengemeinschaft‹[19] bereits vor sich sieht und damit statt der bewegenden Widersprüche eine »Interessenharmonie« insbesondere auch zwischen den Arbeitern und der Partei behauptet, die diese auch wieder als einheitliches Erkenntnissubjekt der scheinbar objektiv notwendigen, gesetzmäßigen Wirklichkeit legitimiert[20] – anstelle der die Widersprüche formulierenden und sich über Wirklichkeit und Entwurf in der Öffentlichkeit verständigenden Subjektivitäten. Damit ist auch der Kunst nur die Illustration der Parteierkenntnisse und -entscheidungen in Form plakativer Gestalten und Ereignisse zudiktiert[21] – allenfalls wird geduldet, nicht aber umfassend genutzt und gefördert die ihr eigentümliche plastische und phantastische Erforschung des Subjekts in seinen praktischen Alltagserlebnissen.

3. Das Reflexivwerden der Literatur

Gegenüber solcher ›Reaktion‹ der Partei genügte nun nicht mehr die einfache Wahrheit. Denn mit der objektivistischen Behauptung von ›Gesetzlichkeiten‹, von Notwendigkeiten und Sachzwängen der Wirklichkeit, die aber nur subjektivistische Setzungen der Partei sind, die sie dann bei den Menschen als ausführenden Objekten und damit schließlich tatsächlich als schlechte Realität durchsetzt, wird ja, entsetzlicherweise, die Unwahrheit zur Wirklichkeit und erscheint damit als herrschende in den Subjekten. Literatur kann deshalb nicht mehr nur dieses unwahre Sein, verdoppeltes im Bewußtsein, erforschen; sie muß jetzt die Wahrheitsfindung selbst zum Thema machen, auch die eigene. Das aber heißt, daß die Literatur jetzt reflexiv wird. Sie stellt Subjektivität nicht mehr nur dar, sie stellt sie vor – auch erzählerisch sichtbar, vor die erzählten Gestalten und Prozesse: um sich ihrer eigenen Subjektivität als der einzig möglichen Bedingung von Wahrheitsfindung kritisch zu vergewissern; um sie kritisch den herrschenden Objektivisten vorzuhalten.[22]

4. Einstimmiges (›objektivistisches‹) und vielstimmiges Erzählen als Modelle [→ 30 ff.]

›Nachdenken über Christa T.‹ (1968)[23]. Zwei gegensätzlich verbundene Frauen. Die ›Tüchtige‹ hat sich in ihrer Arbeit selbst verloren; sie sucht sich wiederzufinden im Nachdenken über die andere, Christa T., die die »Fähigkeit hatte, geschlagen zu werden« (94) und sich selbst scheiternd, schreibend und sterbend zu erschaffen versucht. Die da nachdenkt, tut das verbindlicher als nur nebenbei im Kopfe. Sie schreibt: Eine Frau des Alltags erzählt Christa T.s Leben. Sie erzählt auf eine nur im Alltag übliche, in der Literatur noch nie dagewesene Weise.

Die Erzählerin weiß viel[24] über Christa T. Denn sie hat Schriftliches von ihrer Hand (1), Skizzen über die Kindheit, Tagebücher, Gedichte und Geschichten, meist fragmentarisch; dazu Briefe und später ihre Examensarbeit über Storm. Sie hat eigene Erfahrungen (2) mit ihr, seit der Schulzeit und bis zum Tod. Sie hat Äußerungen und Geschichten (3) gehört von Christa T. über ihre Bekannten etc., sowie umgekehrt der Bekannten über Christa T. Und schließlich hat sie ihre eigene Welt von Erfahrungen (4) mit der DDR, hat ihr eigenes Wissen und Wünschen – ohne das alles andere wertlos bliebe.

Das ist genug und mehr als ein professioneller Autor meist hat, wenn er eine – hernach recht objektiv daherkommende – Geschichte erzählt. Erzählt à la Balzac oder Tolstoi – und nicht wie hier die Alltagserzählerin. Der Profi legt sich alles allein zurecht und erzählt allwissend (I) – wo viele Erzähler noch mehr und Unterschiedliches wissen und sich unterschiedlich erklären; er spricht mit einer einzigen Stimme (II) – wo viele miteinander reden und sich wahrscheinlich streiten müssen; gibt einen festen Verlauf an der inneren und äußeren Ereignisse (III) wo vieles anders gedacht, angenommen werden und man sich auch manches anders verlaufend vorstellen könnte; gibt *eine* Bewertung (IV), wo die vielen die Geltung ihrer Werte im Gespräch überprüfen müßten.

Vor dieser, hier angedeuteten anderen Erzählweise wird sichtbar, daß der ›objektiv‹ sich gebende Erzählstil à la Balzac die Bedingungen seines Erzählens, die vielfältig subjektiven Akte (I–IV) seiner Wahrheitsfindung, verbirgt, daß er genau damit den Schein *einer* objektiv möglichen – subjektlos allwissenden – Wahrheit erzeugt und er dadurch so objektivistisch wie subjektivistisch wird. Und autoritär obendrein, denn er verfügte ja als Souverän über Christa T. und machte sie zum Objekt seiner Bestimmungen, ohne daß sie selbst und die im Wechselgespräch sie erzählenden Bekannten sich wehren könnten; autoritär auch, weil die Bekannten gehindert würden an der Diskussion ihrer je etwas anders perspektivierten Version über Christa T.; an welcher dann auch manches offen bliebe, unverstellt und weiter gestaltbar.

Die Ähnlichkeit einer solchen objektiven – offiziell kanonisierten – Erzählstruktur mit der offiziellen Dekretion einheitlicher ›Wahrheit‹ ist unübersehbar. Der Erzählprozeß des ›Nachdenkens‹ dagegen läßt die Möglichkeit einer Öffentlichkeit vorscheinen, in der gemeinsames Erzählen als strittige Wahrheitsfindung geschieht. Wie aber ist denn vielstimmiges Erzählen möglich, wo doch nur – bisher noch – die eine erzählt? Gerade indem sie, vergesellschaftete Subjektivität, die Stimmen aller nicht einstimmig, nicht in ihrer eigenen zur Übereinstimmung bringt, sondern widersprüchlich unangetastet zur Geltung bringt das Schriftliche von Christas Hand (1) als deren Perspektive; eigene Erfahrungen (2) als die ihre; die gehörten Geschichten (3) als die Perspektive der Bekannten, so daß alle unzensiert zu Wort kommen, ja in ihrem je individuellen Sinne Erfundenes weiterdichten dürfen: »›Du denkst

wie sie‹, wird Gertrud Dölling sagen.«(63) Aber auch dies nicht als
ja wieder nur objektivistische Montage! Vielmehr bringt die Erzählerin die Gestalten und Vorgänge in einsehbaren Akten (I–IV)
und nach Maßgabe ihrer eigenen Welt (4) in Verbindung. Zum Beispiel so:»Ich nehme mir heraus, sie zu korrigieren, und erfinde mir
meinen General selbst.«(102) So ist sie, die Alltagserzählerin, ganz
Wissenschaftlerin; indem sie das ›Material‹ (1–4) stets als solches
benutzt, indem sie die Bedingungen seiner Deutung und Erklärung
und Bewertung freilegt (I–IV, 4); indem sie schließlich alle ihre Gefühle wirksam und sichtbar werden läßt, also eine umfassendere
Wissenschaftlichkeit entwickelt (wie sie auch später Volker Braun
der objektivistischen Wissenschaft entgegensetzt). Zum Beispiel indem sie über Christa T.s Tod schreibt:»Wenn ich sie erfinden müßte – verändern würde ich sie nicht. Ich würde sie leben lassen ⟨. . .⟩«
(122). Wirklichkeit und Wunsch kritisch geschieden; wo sonst die
Wirklichkeit leicht ins Wünschbare umgelogen wird.

5. Krankheit – Symptom der Hemmnisse

Christa T. stirbt an Leukämie. Kein symbolischer Tod, wenn wir
damit bloß eine literarische (verschlüsselte) Sprechweise meinen;
wohl aber symbolisch, wenn wir damit eine tatsächliche Wir-
kungskette meinen. Denn Krankheit und Tod sind seelischen und
davor gesellschaftlichen Ursprungs, was wir nur deshalb nicht genauer wissen, weil die Soziologen die Gesellschaft, die Psychologen
die Seele arbeitsteilig auseinandergerissen und die Mediziner die so
übriggebliebene Maschine selber wieder vielfältig arbeitsteilig in
Teilen betrachten und reparieren. Dagegen haben die Dichter den
Zusammenhang nie aus den Augen verloren, freilich ihn nur vorsichtig vermutend formulieren können – wie in unserem Fall.

Die Krankheit, hören wir von der Erzählerin, zeigt sich zunächst als Müdigkeit, die in Todesmüdigkeit übergeht,»verführerisch«. Christa T. hat den»Verdacht, das sei eine Falle, die sie sich
selber stellt«(186). Und wirklich, Müdigkeit kommt immer da auf,
wo – wie etwa im Schreiben – Christa den»Wunsch« nach »Vollkommenheit« in sich nährt, aber nur »Halbheiten« zustandebringt.
Dann aber nicht, wie wir meist tun, den richtigen Wunsch in sich

umbringt, um sich nun widerspruchslos mit den unvermeidlich scheinenden Halbheiten abzufinden. Sondern gerade weiterwünscht und nun aufs schärfste leidet an der Divergenz von Ideal und mäßiger Realität. Das ist, denke ich, *die* Krankheit in der DDR. In der ja gerade die Maxime gilt, daß jeder eine umfassende Persönlichkeit werden kann; und wo doch dies auch, ganz zu Recht, Wunsch und Gefühl im Menschen wird; wo die Partei freilich dann diese Kraft wieder hemmt und eindämmt – also ›psycho-ökonomisch‹ (!) gesprochen die selbsterzeugten Reserven im Menschen (wie die in Brigaden und Betrieben) brachliegen läßt und zurückdrängt. Und dadurch die Menschen erstickt, denn »Niemals kann man durch das, was man tut, so müde werden wie durch das, was man nicht tut oder tun kann« (176). Die bürokratische Hemmung als Ursache der seelischen, diese als Ursache der körperlichen dargestellt: so daß die nicht erreichte, aber verkündete, Bedürfnis gewordene und mögliche Vollkommenheit als Kritik der Verhältnisse lesbar wird. Das Mäßige der Gestalt – über das man sich ja auch ärgert und das man gerne der Schriftstellerin anlasten möchte – ist gerade den herrschenden Beschränkungen ihrer Kraft anzurechnen, die sonst ausreichen würde zu ganz anderem Maß.

6. *Der übliche Heroismus und die planmäßige Energievernichtung*

Denn die kleinsten Handlungen des Alltags verlangen inzwischen heroische Kräfte. Die ›großen Gelegenheiten‹ – in der Antike auf dem Forum, in den fünfziger Jahren der DDR vielleicht in der ›Schwarzen Pumpe‹ –, jetzt aber zwischen vier Wänden, in einer Schulstunde. Der Referendar (und Parteisekretär) Günter muß eine Lehrprobe machen über Schillers ›Kabale und Liebe‹. Ziel dieser Stunde, von der Direktorin Frau Mrosow vorgegeben, ist der »Vorrang der gesellschaftlichen vor den persönlichen Motiven im Verhalten Ferdinands« (85).

Dies der erste Heroismus: Da der ›Vorrang der gesellschaftlichen Motive‹ nur eine dogmatische (also eine subjektivistische) Setzung ist, kostet es natürlich herkulische Kraft, das Objekt zu vergewaltigen gegen seinen Sinn und das eigene sehende Subjekt; während dialektische Vermittlung wechselnde Hilfe und schöpferische Lust brächte, etwa so: Würde Ferdinand sich sagen, er liebe Louise, aber diese Liebe ernstzunehmen und zu verwirklichen könne nie gutgehen bei deren niederem Stande, also wolle er ›vernünftig‹ sein, sich ›zusammennehmen‹, seine Liebe ›überwinden‹ – genau dann hätten gesellschaftliche Motive den Vorrang, wie zum Beispiel: Solche Mädchen liebt, aber ›man‹ heiratet sie nicht. Da er aber (und da auch Louise) der gesellschaftlich herrschenden Konvention nicht folgen, sondern ihrer ganz einmalig-persönlichen Neigung, hat gerade das subjektivste Motiv den Vorrang. Aber freilich ist nun wieder dies, ganz persönlich zu sein und zu handeln, das geschichtlich Gesellschaftlichste! Denn gerade indem sich Ferdinand und Louise über die Stände hinweg lieben, verwirklichen sie schon in der kleinen Gemeinschaft die neue Gesellschaft menschlicher Gleichheit; und diese universalere Ethik zeigt gerade die Hinfälligkeit der alten Gesellschaft; welche aber nicht fällt, wo nicht die allerpersönlichste Entscheidung gefällt wird.

Der zweite Heroismus besteht darin, diese – der Sache und dem Subjekt – natürliche Bewegung zu hemmen im Klassengespräch. Aber siehe da: Die Schüler gehen »widerstandslos und willig auf das längst vorentschiedene Frage- und Antwortspiel ein, das unfehlbar zu dem Ziel dieser Stunde führen mußte« (85). Nur was hat es gekostet! Jahre herkulischer Arbeit von Lehrern, organisierte Energievernichtung, das natürliche dialektische Denken und dialogische Begreifen den Schülern abzugewöhnen! Was hat es die Germanistik- und Didaktikprofessoren, was die Referendarausbilder und Referendare und darunter Günter für eine unsinnige Energie gekostet, solche kräfteverschleudernden Methoden lernen zu lassen! Zum menschlich bedeutungsvollen Sprechen über Literatur bedarf es gar keiner Didaktik (und Schule!), sondern einer um sich greifenden Kultur des Lebens.

7. Die Wiederkehr des tragischen Helden
   oder ›Kabale und Liebe‹

Der dritte Heroismus – nur er verdient eigentlich diesen Namen, dessen die Kraftanstrengung als Energievernichtung und bloße Reproduktion schlechten Alltags nicht wert ist – ist nun einer, welcher nach Brecht schlecht ist für das Land, das ihn braucht: Die schlimm zugerichtete Klasse ist sich einig, daß »Luise Millerin ein wenig überspannt« sei und »unglückliche Liebe, in der neuen Gesellschaft, kein Grund mehr, sich umzubringen«. Da tritt ihr ausgerechnet ihr Lehrer entgegen, da streitet Günter »für die Tragödie in der modernen Liebe«. Er selbst nun ganz und gar persönlich, Subjekt (und nicht Charaktermaske des Lehrers). Eine gute und gesunde Situation, die ihre natürliche, d. i. dialektische Entfaltung, schon nehmen würde – an der vergangenen ›Kabale‹ oder der zukünftigen in der ›Unvollendeten Geschichte‹ Volker Brauns [→ 314 ff.] oder auch der aktuellen Kabale im Lehrerseminar, wie Günter sie erzählen könnte und aus der heraus er plötzlich Subjekt wird. Solch ein Streitgespräch über Dichtung, wie schüfe es die Kultur des Lebens!

Aber dieses Natürlichste, das engagierte Gespräch in der Klasse als Herstellung von sich am Objekt und untereinander vermittelnder Subjektivitäten, das hemmt die Direktorin und die Institution Schule.

Günter wird wegen ›Subjektivismus‹ verurteilt und seines Postens enthoben. Das sieht er auch schon während der Lehrprobe voraus, er »sah, wie er fiel, und versuchte nicht umzukehren«. Ein Held in der Schulstube; und »wir alle«, berichtet die Erzählerin mit einem an die Sigrid-Episode erinnernden Gestus, »haben ihn stürzen sehen« (86).

Was für eine Kraft kostet die einfache Wahrheit! Hätte aber Günter der herrschenden Schul-Konvention den Vorrang gegeben, wäre er so herrschend-konventioneller Lehrer geworden; dann wäre er – vorausgesetzt, er hätte seine Ansprüche immer erhalten – an unverbrauchten Gefühlen todmüde geworden. In diesen ganzen Gefühlen nämlich steckt eine höchstpersönliche Erfahrung, die ihn in der Schulstunde bewußt gesellschaftlich handeln läßt, wie Ferdinand. Ihm nämlich, dem prinzipienfesten Parteimitglied eher üblichen Zuschnitts, hat der Junglehrer (und leichtmündige Dichter) Kostja »im Vorbeigehen« die blonde Inge weggenommen, die er liebte, und darüber war er in tiefste Verzweiflung geraten. Wirklich also, daß ein Liebesunglück im ganzen Menschen einschlägt, auch wenn er ein Parteimitglied ist, welchem »alles Bestehende nützlich zu sein hat« (109). Dieser Widerspruch in der Einheit des Subjekts, das ja jetzt und damit erst reich wird, drängt hervor in der Interpretation der Schillerschen ›Kabale‹: Das Leben macht Günter literaturfähig gegen die gefühllos machende Methode der Deutschdidaktik (welche nicht zuläßt, daß eine eigene Geschichte erzählt wird; denn nur fremde Geschichten dürfen von entfremdeten Subjekten behandelt werden).

Aber an der Günter-Tragödie[25], wie an der Sigrid-Geschichte auch: Christa Wolf entdeckt die großen geschichtlichen Konflikte im Kleinsten, wo die Staatsdichter sie im großen und ganzen übersehen. An dieser Tragödie, die eine bleibt, hängt noch mehr. Eine Kette von fünf in Liebe sich verstrickenden Menschen.

Christa T. liebt Kostja (die in »dunkle Stubengrüfte« [76] herabzusteigen Bereite den Ästheten und Schönen; indem sie sich von ihm verwunden und verwickeln läßt, sich so vervollkommnend durch den Unvollkommenen). Kostja liebt ·die ›blonde Inge‹ (die, wie ihr Name aus ›Tonio Kröger‹ schon sagt, wohl zunächst sehr Alltägliche, Anspruchslose; zunächst nimmt er sie im Vorbeigehen bloß mit, wie zur Entlastung von Christa T., also doch auch: nicht ohne diese; später wird er, der Ästhetizist, gerade durch die Alltägliche verwickelt und menschlicher, vollkommener). Die ›blonde Inge‹ liebt Kostja (die Alltägliche offenbar gerade den Sommervogel). Günter, dessen Freund Kostja lange war, liebt Inge (aber erst in ihrem Verlust entdeckt der sehr ›Prinzipienfeste‹ [84] die vervollkommnende Bedeutung der persönlichen Liebe). Und schließlich: Frau Mrosow liebt Kostja (die Direktorin, alte Kämpferin, den spielenden Schönen, der über sie nur Späße macht).

Ohne das auch im Buch nur Skizzierte weiter zu entwickeln, sieht man doch bei jedem Paar, daß Mängel Möglichkeiten sind, wenn und weshalb der eine den anderen liebend ergreift, welcher ebenfalls, aber anders, unvollkommen und vervollkommbar·ist. Nur hat den Ergreifenden bereits ergriffen ein Dritter, aus einem anderen Paar, worin er schon vorbereitet, in höheren Zustand gleichsam der Reaktion gebracht ist, und so fort zu einer Paare übergreifenden Liebesvergesellschaftung: sozialistische ›Wahlverwandtschaften‹, in denen jedes ›Element‹ sein im historischen Prozeß fixiertes Muster auflösen und erweitern kann.

Zum Beispiel die Mrosow. Verfolgte und Kämpferin im Faschismus – nun ungleichzeitig erstarrt in dieser Geste, die sich ergänzen und aufheben möchte und müßte in der Neigung zu Kostja. Damit sie nicht dann, bei der Sitzung der Gruppenleitung, ganz eingesperrt in ihre Parteirolle und -rüstung, gerade den niederschlagen muß als »exemplarischen Fall von Subjektivismus«, dessen begrenzte Haltung als Parteifunktionär und Lehrer noch eben die Liebe aufgelöst hatte in menschliche Subjektivität. Exemplarisches Subjekt, das sich in der Öffentlichkeit in seiner nicht mehr zertrennten Ganzheit von Intimität und Beruf zeigt, dem verborgenen Intimen hier zur Wirksamkeit verhilft, wo dann die ›Kabale‹ zwischen der Mrosow, Kostja und den anderen Beteiligten alles wieder verdeckt und weglügt.

8. Das Zurücktreten des guten Parteisekretärs und die Vertrauenskrise der Menschen

Eine Tragödie wie die Sigrids fünf Jahre zuvor, nur daß diesmal kein guter Funktionär sie auflöst. Aus den oberen Rängen von Staat und Partei, so wird hier wie in allen folgenden Szenen deutlich, ist keine Hilfe mehr zu erwarten; in den Beteiligten selbst muß die Entscheidung fallen. Aber alle schweigen und heben die Hand bei der Verurteilung Günters. Auch Christa T., die zuvor eine Aufklärung, also eine der Sigrid-Diskussion ähnliche Konkretheit, versucht hatte.

Diese Konstellation ist exemplarisch für den Roman (und das weitere Werk Christa Wolfs). Sie ist darüber hinaus, glaube ich, bedeutsam für die Politik der SED seit etwa 1964. Diese mit der Erklärung der nichtbestehenden ›Menschengemeinschaft‹ unehrliche und schönfärberische, mit der Setzung eines einheitlichen Erkenntnissubjekts unwissenschaftliche und dem daraus hervorgehenden Entscheidungsmonopol autoritäre und schließlich auch ziellose Politik, welche ja außer dem Wirtschaftswachstum keine wünschbare und erreichbare Utopie mehr denken kann, hat offenbar eine tiefe Vertrauenskrise zur Folge: Gerade indem sich die Partei zu *dem Subjekt* erklärt, wo eine entwickeltere sozialistische Gesellschaft die ständige Erweiterung der *Subjektivität aller* er möglicht hat und braucht, zerstört sie den alten, höchst pathetischen Begriff der Partei als der organisierten Vernunft der Geschichte. Ein Begriff, der selbst, wie die Aufbaujahre zeigen, eine starke organisierende Kraft *als Glaube* in den einzelnen Individuen darstellte. Dessen Auflösung ist, ohne Frage, *auch* eine Bedingung des Selbstbewußtseins in jedem Subjekt und damit der Selbstorganisation aller; sofern nicht diese Subjekte ständig zu Objekten degradiert und damit ihrer Fähigkeitsentwicklung beraubt werden, so daß sie sich nicht selbst organisieren lernen, sondern zentralistischer Lenkung bedürfen und sich in bornierter Partikularität einrichten.

9. Das zynische Subjekt oder Die Muttermale der Neuen Welt

Solch partikuläre Subjekte können sich darin aber, zumindest in einer entscheidenden Übergangsphase und vor ihrer endgültigen Anpassung, nur zynisch verhalten. Denn da die Partei, im Widerspruch zur praktischen Degradierung der Menschen zu Objekten, dennoch nicht verzichten kann auf eine Ideologie der Selbsttätigkeit aller; da dieses Ideal also in der Erziehung tief im Ich verankert wird und ja auch später seine Plausibilität behält, stehen die sich anpassenden Individuen zu sich selbst, als ihrem besseren Ich, in einem Widerspruch. Solch eine zynische Haltung wird gerade auch bei jüngeren, in der DDR aufwachsenden Generationen auftreten.

Christa T. begegnet ihr in der Schule: in der Diskussion des Subjektbegriffs der Klassik; beim heuchlerischen Schreiben und Diskutieren des Wettbewerbsaufsatzes »Bin ich zu jung, meinen Beitrag für die sozialistische Gesellschaft zu leisten«. Das von oben vergebene Thema enthält schon das Ziel jedes Beitrags – wie Frau Mrosows Stundenthema für Günter: »Fast wortlos belehrten die Schüler sie über gewisse Spielregeln des praktischen Lebens«, daß zum Beispiel »niemand sie zwingen könne, durch Dummheit die Zensur zu versauen«. Und »schließlich läßt die Klasse keinen Zweifel – und das war schlimmer als alles –, daß sie den Zorn der Lehrerin zwar verstand, aber als Zorn eines Unerfahrenen nahm, ein Gefühl, das längst hinter ihnen lag« (129).

Junge Greise – die das Ideal in der glatten Anpassung zwar noch nicht verloren haben, aber nicht mehr zornig der Realität gegenüberstellen, sondern es wurstig verraten – weil sie sonst heroisch handeln müßten, ohne großen Erfolg, aber mit schlimmen Sanktionen (wie in einer Lehrprobe Günter, der übrigens dieser Art von Schülern gegenübersitzt). Christa T. versucht diese, auf den Zustand bloßer ›Subjekte‹ zurückgefallenen jungen Leute durch öffentliches Gespräch und mögliche Solidarität wieder zu selbstbewußt Handelnden zu machen – erfolglos, weil sie ja, durch den Rückfall des allgemeinen, des herrschenden ›Subjekts‹ heroische Persönlichkeiten werden müßten. Ein Versuch Christa T.s höher hinauf, bei dem Direktor, durch ein offenes Gespräch Hilfe zu finden – und wie anders wäre das verlaufen in Claudius' Roman! –, scheitert genauso. Denn der Direktor, als ein Teil dieses herrschenden Subjekts, Kämpfer der älteren Generation wie die Mrosow, ist zwar nicht Zyniker wie die jungen Leute. Aber er ist auf andere Weise angepaßt an die herrschenden Verhältnisse, indem er in der im Kampf gegen den Faschismus sinnvollen Geste nun ungleichzeitig erstarrt ist: »Er hat sich erzogen, nur soviel zu wollen, wie er erreichen kann, mit äußerster Kraft.« (132) Während Christa T. »auf einmal froh ist, daß sie Wünsche hat, die über sie hinausgehen« (134).

10. Die Wiederkehr des Dualismus Künstler – Gesellschaft

Damit steht Christa T. in der Schule, ihrem ersten und nicht zufällig letzten Arbeitsplatz, ganz isoliert da. Eine in der sozialistischen Literatur neue, für den Sozialismus heikle Situation. Auf der einen Seite die weit ausgreifende Subjektivität, allein – auf der anderen Seite alle: anspruchslos angepaßt die jungen Zyniker; die Eltern ohne Engagement; der Direktor integer, aber nur noch für Ruhe und Ordnung sorgend im ›sozialistischen Gang‹. Diese Konstellation verschärft sich noch. Schon im Roman und dann ein Jahrzehnt später stehen sich die Dichter und die Alltagsmenschen gegenüber: die Günderrode und Kleist (manchmal mit Clemens und Bettine) hie, die Savigny und Wedekind und Mertens da. ›Kein Ort. Nirgends‹ (1979). Ein historischer Text und Vorgang als Spiegel

vielleicht aufhaltbarer Gegenwart. Indem der Geist der Aufklärung nicht praktisch wird in der Tätigkeit aller, zieht er sich zusammen und zurück im Dichter, der ihn in der Fiktion verdichtet,
ihn deshalb leben muß, gegen den geistlos gewordenen Alltag
scheiternd.

11. Der neue Künstlerroman und die zerrissene Subjektivität

Solch fatale Arbeitsteilung zwischen Poeten und Pragmatikern,
unter absolutistischen und bürgerlichen Verhältnissen kaum ver-
mittelbar, tritt nun, wie es diese Kleist-Rezeption [→ 113] symbolisch vollzieht, auch im ›real existierenden Sozialismus‹ scharf hervor. Dichter wird einer nie aus Begabung, Natur oder Fügung,
sondern in bestimmten geschichtlichen Konstellationen[26]. Christa
T. – wie nachweisbar viele wirkliche Schriftsteller der DDR – werden aus dem Alltag vertrieben, weil sie die Ideale ernstnehmen, die
jetzt hier nur noch verkündet werden. Die moralische wird in dem
Maße ästhetische Subjektivität, als sie das geschichtlich Allgemeine – und das ist die Subjektivität als Kategorie der Vergesellschaftung – vertritt, aber als eine einzelne, vereinzelte, in die Minderheit gedrängte durch die Allgemeinheit, die, als die herrschende
›Partei‹ und die Mehrheit der herrschenden ›Subjekte‹, gerade partikular geworden sind. Dieser Widerspruch, das Allgemeine als
einzelner zu vertreten, zerreißt die Subjektivität, die sich bald negieren will im Selbstmord (wie Christa T. nach der Günter-Tragödie), bald überheben muß (wie im ›Hochmut‹ nach dem Direktor-
Gespräch). Da sich weiterhin das moralische Subjekt im Alltag
nicht angepaßt verhalten mag, als heroisches aber sogleich tragisch scheitert, muß es die auf diese Weise doppelte Zerrissenheit
ständig abarbeiten, um sich zu reinigen. Da in der neuen gesellschaftlichen Stufe offenbar auch der im ›Geteilten Himmel‹ noch
so wichtige Dialog durch die Vereinzelung schwer gestört worden
ist, ist das nur noch in der Selbstkommunikation möglich: »Daß
ich nur schreibend über die Dinge komme.« (44) Sei dies nun in
vorübergehender Suspension vom Alltag wie bei Christa T. oder
auch bei der Erzählerin, die sich ja von ihrer schlechten Praxis im
Schreiben über Christa T. wiederherzustellen versucht; sei es in der

dauerhaft werdenden Suspension als gesellschaftlicher, aber freilich nur noch arbeitsteiliger Praxis, wie bei Christa Wolf selbst.
Daß freilich, wenn Sozietät wie ästhetische Subjektivität so weit
auseinandertreten, hier eine ›Kluft‹ entsteht, ist unübersehbar. Im
Grunde ist erst damit auch die Bedingung dafür gegeben, daß nun
– wie schon in der Klassik – der Künstler selbst zum zentralen
Schreibgegenstand wird. Seitdem das ›organisatorische Subjekt‹
der DDR sich nicht vergesellschaftet hat, sondern in die Partikularität zurückgefallen ist, kann also die den Anspruch in sich erhal-
tende Subjektivität sich entweder nur heroisch verhalten und damit prinzipiell tragisch werden. Oder sie muß ästhetisch werden
und aus dem Alltag heraus und ihm gegenübertreten in einem Literaturbetrieb, dessen eine so widersprüchliche Gesellschaft in selbst
höchst widersprüchlicher Weise (als Kompensation, als partielle
Kritik, als Anpassung) bedarf.

IV Die Verbeamtung des Subjekts und das produktive
Unglück der Subjektivität

»Ich empfinde im Moment keine große literarisch-politische Strömung oder begeisternde Situation des Aufbruchs, die mich zum
Schreiben bewegt« – so 1979 ein Schriftsteller der Generation[27],
die in diesem Jahrzehnt hervortritt. Exemplarische Äußerung eines
(auch im »deutlich begrenzten Umfang« der literarischen Sphäre
sich niederschlagenden) Zeitgefühls, welches für Hans Ähre und
Rita Seidel noch die Teilnahme an dem »großen Strom« und »Sog
einer großen geschichtlichen Bewegung« gewesen war. Und tatsächlich hat ja weder die Partei in den siebziger Jahren ein – den
Verstaatlichungen der fünfziger und dem NÖSPL der sechziger
Jahre vergleichbares – Ereignis organisiert, das allein sie als Subjekt hätte reorganisieren und auflösen können. Noch auch haben
Arbeiter und Intelligenz eine den polnischen Streiks etwa vergleichbare Erhebung zum Subjekt der Entwicklung geprobt. Obwohl einzelne Persönlichkeiten sichtbar hervorgetreten sind und
aufstanden, um den aufrechten Gang aller zu beginnen: von vornherein heroisch wie Rudolf Bahro, der seine »Existenz in die Waag-

schale wirft«, indem er öffentlich spricht – wo alle politischen Leute in der DDR »etwas anderes denken«, als sie im Betrieb usw. sagen können[28] –; indem er dies sagt, was sie täglich erfahren und denken und damit sie es auch sagen:

> Die ursprüngliche Idee ist ausgehöhlt. Die Partei steht da wie die Papst-kirche vor Luthers Reformation, ungläubig bis tief in die eigenen Reihen hinein. Ratlosigkeit bis ins Politbüro. Weit und breit keine Konzeption. Alle Mittel der Massenmobilisierung, besonders in der Wirtschaft ⟨...⟩ abgenutzt und verschlissen. Sprachlosigkeit, wohin man kommt.[29]

Ergebnis und Bedingung einer der Subjektivitätsentwicklung Schranken setzenden Politik. Die gehemmte Vergesellschaftung der Subjekte hatte unvermeidlich ihre ›Verstaatlichung‹ bis tief in ihre Innerlichkeit zur Folge, da der Mangel an Selbstorganisation aller ersetzt werden mußte durch eine Steuerung, die aber – in ei-ner staatlichen Industrienation – nur durch einen bürokratischen Apparat (nebst Stasi, Polizei und Armee) bewältigt werden konnte. Der nie nur ›Werkzeug‹ bleibt in der Hand der mit ihm umgehen-den Menschen, sondern diese umformt und ihre Selbsttätigkeit zerstört, wo sie ihn bedienen, von oben über ihn bestimmen, und unter ihm bestimmt werden. Der bürokratische Apparat (von Staat und Partei), welcher in streng formalisierten, hierarchischen und arbeitsteiligen Prozeduren vorbestimmte ›Gesetze‹ schematisch auf die Wirklichkeit der Menschen anwendet, disqualifiziert eben nicht nur seine ›Beamten‹ zu subalternen Objekten ihrer eigenen formalen Organisation und inhaltlichen ›Gesetze‹. Er pervertiert auch – da der Herr sein Bewußtsein im bürokratischen Knecht hat – die herrschenden Spitzenpolitiker zu ›Beamten‹, indem er die in ihm und durch ihn objektivierten (Fehl)entscheidungen als ›objek-tive Gesetzlichkeiten‹ seiner selbst und der Wirklichkeit vorgibt, deren Notwendigkeit sie sich in neuen Fehlentscheidungen zu beu-gen haben. Genau wie die erleidenden Menschen unten, welche aufgrund der Ausgedehntheit der Bürokratie sogar oft identisch sind mit den sie bedienenden Beamten. Freiheit ist hier wieder nur noch Einsicht in die undurchschaubar gemachte Notwendigkeit, nicht Entwurf des Möglichen. Woher käme da der Glaube an des-sen Verwirklichung?

1. Die Literatur als Opposition und
   die Gefahr des Subjektivismus

In diesem und gegen diesen Verbeamtungsprozeß verwandelt sich
die Literatur. Waren Schreiben, Lesen und Gespräch in der Aufbauphase wesentlich Erweiterung und Verallgemeinerung von
Subjektivität, in Übereinstimmung mit der Verstaatlichung der
Produktionsmittel als Aufhebung ihrer privaten Grenze; waren sie
in der Phase des NÖS gerichtet auf die Eigentümlichkeit und
Selbsttätigkeit der entwickelteren Subjektivität, in übereinstim-
mender Auseinandersetzung mit dem entwickelteren sozialistischen System, so versuchen sie jetzt wesentlich die Wiederherstellung systematisch zusammengedrückter Subjektivität – in oft
scharfer Opposition zum ›realen Sozialismus‹, aber übereinstim-
mend mit den von ihm ungläubig verkündeten Idealen als der
möglichen Realität der Zukunft.

Ein Schriftsteller der neuen Generation exemplarisch:

> Es gibt eine offizielle Anschauung von Welt, die in der Schule, durch
> die Zeitung, durch das Fernsehen vertreten wird: Der Mensch kann seine
> Umstände verändern, ist Subjekt. – Und dann machen wir jeden Tag die
> Erfahrung, daß er Objekt ist. Das ist die andere Wahrheit, die immer wie-
> der in den Büchern gezeigt werden muß.[30]

Daß das Subjekt die Wirklichkeit meistere – Fiktion der herrschenden Zeitung, die sich damit idealistisch hinwegsetzt über das
Objektsein des Menschen; welches gerade die literarische Fiktion
zum Vorschein bringt als schlechte Wirklichkeit und dieser das
Ideal, genau deshalb, als mögliche Wirklichkeit gegenübersetzen
kann. »Literatur ist Stütze des Individuums, nicht der Gesellschaft«, sagt derselbe Autor, und nennt sie gerade darum »Opposition«[31].

In dieser – moralisch notwendigen – Entgegensetzung liegt
aber auch die Gefahr der Vereinzelung und damit erstmals auch
des Subjektivismus der Kunst – freilich in der eigenartigsten Ver-
kehrung hervorgerufen durch den herrschenden, den allgemeinen
Subjektivismus. Vertreten nämlich jetzt – im Zuge der Verbeamtung durch das nur noch ökonomische System der Leitung und
Planung – die Künstler weiterhin Subjektivität, als die für das

Ganze notwendige, also allgemeine Kategorie; wird diese aber im Allgemeinen, also von allen gemeinsam, nicht praktisch anerkannt und verwirklicht; dann repräsentiert sich das Allgemeine öffentlich nur noch in den einzelnen. Als einzelne aber können sie das Allgemeine ja (auf Dauer und ohne Vermittlung mit dem Ganzen und sich selbst) gerade nicht vertreten, so daß die ästhetische Subjektivität in diesen Widerspruch gerät, den, ohne zerrissen zu werden, sie kaum austragen kann (1), und in dem sie sich deshalb entweder überhebt und zerstört (2), oder, sei es sich selbst, sei es ihre höchste Wertkategorie herabsetzt (3). In solche Vereinzelung und gewaltsame Partikularisierung ist ja die alltäglich-praktische Subjektivität seit der Begrenzung des NÖS gedrängt – wie Günters Auffassung schon zutage brachte, der nämlich Christa T. als »einzelnes Wesen« (immerhin!) verehrt, »aber mit ihr als Gattung konnte er sich nicht abfinden«[32]. Schriftstellern der beiden älteren Generationen wie Franz Fühmann und Christa Wolf ist das ästhetische Aushalten des ganzen Widerspruchs (noch) möglich, weil er ihnen – im lebendigen Austausch in allen Phasen der Geschichte – selber Subjektivität geworden, buchstäblich in Fleisch und Blut übergegangen ist; weshalb er hier auch ausgetragen werden muß – in ›Marsyas‹ (1978), im ›Selbstversuch‹ (1973) und in Volker Brauns ›Unvollendeter Geschichte‹ (1975).

2. Die Tragödie des Helden im Wirtschaftsprozeß (Volker Braun)

Heroisch, ja tragisch ihre Menschen, wenn sie sich im Alltag verwirklichen, ja inzwischen nur als sie selbst (Identität) erhalten wollen, denn Erweiterung wird zunehmend negiert. Volker Brauns ›Tinka‹ zum Beispiel, 1973: Ingenieurin auf eigenen Wunsch und von ihr mitvollzogenem Beschluß aller, ihr Werk zu automatisieren, also ihre Mittel und darin sich selbst erweitert zu reproduzieren — kommt sie zurück und findet das Werk sich fremd werdend. Denn auf die bürokratische Weisung des Ministeriums hin soll der schon begonnene Entwurf zurückgenommen werden, soll das Werk nicht sein, was es werden wollte und schon wurde – wie damit auch Tinka als einzelne nicht. Kollektive, auch individuelle

Subjektivität, auf Befehl austauschbar, ist keine; nicht einmal
Identität, nur funktionales Element in einem Feld von Sachzwängen. Wie exemplarisch der Werkleiter Dunkert, der die fremde
Weisung ›ausführt‹, aber sich nicht mit ihr ›identifiziert‹ und also
nicht bei sich ist, wenn er bei der Arbeit ist. Und sich deshalb auch
satt ist, sich selbst nicht lieben kann. Wie Tinka nicht mehr Brenner lieben kann, weil er auch nicht er selbst geblieben ist im Werk
und deshalb buchstäblich ›fremdgeht‹ mit der eigenen Geliebten –
aber auch mit einer Fremden nicht wieder er selbst würde; und
deshalb Tinka erschlägt, die ihm und allen die Entfremdung vor
Augen bringt.

1974 forscht Volker Braun dann der, im Drama in ihren Wirkungen auf die Menschen eines Betriebs entdeckten, Bürokratie
noch genauer nach. Mit dem Mittel einer spröden Alltagsprosa in
der erst viel später herausgebrachten und auch dann nicht zu öffentlicher Diskussion ausufernden ›Tribüne‹ (1979)[33]. Erforscht
sie, mitten in ihrem eigenen Gehäuse, in der Gestalt des Betriebs-
parteisekretärs Kast – der seine Erlebnisse, die Erzählung so selbst
schreibend, in Erfahrungen umsetzt für alle; der exemplarisch (wie
sein Autor) Arbeiter, Wissenschaftler, Künstler gewesen ist:

> Alles ist beschränkt gewesen, festgenagelt in einem ›Bereich‹. Ich war
> in keinem Beruf zufrieden ⟨. . .⟩ Das jetzt könnte die Arbeit sein ⟨. . .⟩, weil
> ich für vieles verantwortlich war ⟨. . .⟩, für alles Leben und Planen in dem
> Betrieb. (142)

Gerade der in vielen Berufen tätige, also die horizontale Arbeitsteilung mit ihren lächerlich schmal gewordenen Tätigkeiten
nicht als selbstverständlich erlebende, der deshalb unzufriedene
Kast sucht (noch einmal) eine ihn ganz ergreifende und in die Weite
führende Arbeit. Er sucht die gewiß privilegierte Position, »um
alles zu tun«. Und entdeckt: »Es geht nichts.«

Oder vielmehr – was ich nicht mehr wie bisher praktisch mit-
vollziehen kann, gehemmt zu abstrakt-fragwürdigen Behauptungen durch die Form dieser ›Literaturgeschichte‹ – es geht nichts,
was Kast mit dem richtigen Blick auf das Ganze zur eigenen Sache
macht, wie etwa den ›Spritzgießtiefziehautomaten‹. Nichts, wenn
es nicht entweder schon in dem für Kombinat und Einzelbetrieb
ausdifferenzierten Plan steht und also planmäßig erfüllt werden

muß; oder was erst, aktenmäßig gemacht, im nächsten Plan untergebracht werden müßte. Denn Kast muß begreifen,

daß jedes Vorhaben, das kleinste wie das größte, vorschriftsmäßig von
Station zu Station geschoben wird, die alle ihre Namen und ihre Wichtig-
keit haben, und auf dieser Strecke, die ein gesunder Mensch auf sechs
Monate veranschlagt hätte, könnte er Jahre zubringen oder auf dem
Dienstweg verhungern. (145)

Der Plan, so entdeckt die forschende Praxis Kasts, fördert
längst nicht mehr, ja hemmt nicht einmal mehr nur die Selbsttätigkeit, er zerstört sie im Keime – wie Kast von den Arbeitern bis zur
Konzernspitze zu spüren bekommt. Denn Plan *ist* jetzt Bürokratie,
ist seine aktenmäßige, instanzenmäßige, parzellierte und ständig
nach oben, unten und allen Seiten abgesicherte Verwaltung durch
›Beamte‹. Diese handeln in ihren Kompetenzparzellen nicht selb-
ständig im Hinblick auf das auch von ihnen ja neu zu entwerfende
Ganze, sie vollziehen vielmehr verwaltungskonforme Akte an pa-
pieren fiktiven Realitäten. Und sichern sich so Posten und Aufstieg
(»Der ganze Bürokratismus – eine Selbstschutzorganisation«
[147]), d.h. sie verhalten sich gerade dann partikular, wenn sie das
– freilich schon schlechte – Allgemeine durchsetzen. Solche Subalternität ist das genaue Gegenteil der Subjektivität und hat dort –
wie hierzulande – deshalb keinen Anspruch auf den Begriff der
Persönlichkeit. Wohl aber hat sie die bloß formelle Gewalt, Persönlichkeit zu kränken, krankzumachen bis in den Tod. Wie Kast:
»in zwei Wesen gerissen, von denen der eine im Verlangen nach
Zärtlichkeit und Brüderlichkeit brannte und der andere sich ab-
kapselte und in sich verbohrte« (187). Wie fast unvermeidlich eine
Subjektivität, die das wahre Allgemeine (Brüderlichkeit) tut und
vertritt, aber fast alleine.

3. Das Märchen des Arbeiterhelden in der Trivialliteratur (Herbert Otto)

Die aufs Ganze gehende Subjektivität wird tragisch, es sei denn, sie
wird als romantische Fiktion restauriert. Wie mit Robert Gassen in
Herbert Ottos ›Sache mit Maria‹ (1976)[34], einem Arbeiterhelden
der Aufbauzeit, für den man ihn auch jetzt noch, in den siebziger

Jahren, halten möchte, obwohl er doch Leiter riesiger Montage-
stellen ist. Verführerisch in mancher Hinsicht die Illusion eines
Arbeiters als Leiter und umgekehrt. Robert Gassen verachtet nicht
nur Bürokraten und Spezialisten, er macht sie überflüssig – wie es
auch wirklich, nur anders, möglich wäre. Robert ist, auf der Skala
vertikaler wie horizontaler Arbeitsteilung, eigentlich überall zu
Hause: Er schweißt so gut, wie er mit dem Ministerium verhandelt
und plant; er ist findiger als Ingenieure und beschlagen in neuen
Technologien, aber kann genausogut Netzpläne entwerfen für die
komplexesten Arbeitsabläufe; vor allem aber organisiert er fehlen-
des Material und Leute – denen er sogar Wohnungen verschafft.
Dies und noch mehr bald im Werk oder in der Wirtschaft, bald bei
sich oder bei einer Geliebten. Je nach Lust oder Notwendigkeit,
weshalb er oft rund um die Uhr wirkt und wühlt, wie nie einer
nach Plan und Weisung täte. Dafür hat er auch, sozialistischer
Puntila, Auto und Chauffeur, der für ihn durchs Feuer geht und
auch mal den Leporello spielt. Denn Don Juan ist Gassen durch
und durch und greift in der Liebe so gerne zu wie in der Arbeit. So
ist er, quer durch die DDR, zu Hause bei Frauen wie bei Bürokraten, die er persönlich kennt bis hoch hinauf zum Kombinatsdirek-
tor, ja zum Wirtschaftsminister. Jugendfreunden aus demselben
Dorf, das jetzt gleichsam ausgeweitet ist zur DDR. Die sich von
allen Seiten persönlich neigt der zugreifenden, der umfassenden
Persönlichkeit.

4. Die Bürokratie und der Wirtschaftspartisan

Die Utopie für alle, nun als Illusion für die meisten, deren sie inzwischen bedürfen und die ihnen, weit verbreitet, per Zeitung als
Fortsetzungsroman geliefert wird. Und doch auch Wirklichkeit.
Denn natürlich ist in der Gestalt Gassens aufgehoben das wirkliche Bedürfnis nach dem »höchsten Glück der Erdenkinder«. Und in
der eigentümlichen Konstellation, in der er und die Bürokratie zu-
einander stehen, wird schlechte Wirklichkeit unmittelbar ansich-
tig: Gassen nämlich, so sehr er die Bürokratie mit Recht verachtet
und für unfähig hält, tastet ihre Existenz und ihre Regeln nicht
wie Kast an und will sie nicht auflösen in die Selbstverständigung

aller, er umgeht sie nur selbstherrlich und als einzelner. Und (deshalb) duldet ihn die Bürokratie nicht nur, sie braucht ihn vielmehr
und gibt ihm freie Hand zu ›organisieren‹, was sie als Organisation systematisch hemmt. Da die staatliche Hierarchie der Wirklichkeit nicht Herr wird, fördert sie augenzwinkernd den Anar-
chos; da ihre dürftige Ordnung die vieldimensionale Gesellschaft
buchstäblich nicht fassen kann, braucht sie einen, der das von ihr
erzeugte Chaos beherrscht und eigenmächtig hinausgelangt über
die mäßigen Pläne und planmäßigen Rückstände. »Die Partei ist
⟨. . .⟩ im Grunde nur dadurch gerechtfertigt, daß sie die Prontscha-
tows auf die ihnen zustehenden Posten stellt. Dann mag sie ihnen
immerhin äußerliche Verhaltensregulative diktieren«[35] – diese, die
eigentümliche Dialektik zwischen systematischer Hemmung und
absoluter Initiative freilegenden Sätze Bahros über einen russischen Trivialroman treffen wörtlich auch die ›Sache mit Maria‹.
Und schon Werkleiter Dunkert hatte plötzlich begriffen:

> Jetzt könnte ich nicht mal Meister bleiben, ohne den Minister infrage
> stellen zu müssen, jeder Lehrling soll sich anlegen mit den staatlichen Vor-
> gaben, jeder Plan ruft nach den Gegenplänen selber, die Ordnung produ-
> ziert das Chaos, das sie braucht, um sich noch durchzusetzen . . . Hilf dir
> selbst, so hilft dir der Staat.[36]

5. Die alten Helden und der neue Antiheld (Erich Loest)

Tinka und Kast sind die heroische Tragödie, Robert das romantische Märchen der Subjektivität, wo Subalternität die herrschende
Prosa des Subjekts geworden ist. Wolfgang Wülf, Wülfi in Erich
Loests Roman ›Es geht seinen Gang oder Mühen in unserer Ebene‹
(1978)[37] verweigert den tragischen Heroismus der einen genauso
wie die angepaßten Alltagsanstrengungen der anderen: Er ist ein
Antiheld, der leben will – und gerade deshalb wider Willen zu
einer Art Kleinheld wird. Subjektivität oder nicht? [→ 327 ff.]
    Wülf ist zufrieden. Genau im Gegensatz zum Aufbruchshelden,
und das weiß er auch: »Und warum beschimpfst du mich, daß ich
zufrieden bin, ist nicht Zufriedenheit das beste überhaupt?« (291),
so sagt er im innern Dialog zu seinem Freunde Huppel, den er mit
seiner Generation ›Kämpfer‹ nennt. Der ganze Roman ist seiner

ästhetischen Struktur nach ein solcher innerer Dialog, dessen geschichtliche Bedeutung die Auseinandersetzung der jungen (mit der DDR gleichaltrigen) Generation Wülfs mit der des älteren Huppel ist, als Selbstgespräch und Selbstfindung. Wülfs Zufriedenheit mit dem kleinen Kreis von Essen und Trinken, Frau und passabler Arbeit ist nicht einfach Rückfall ins Spießerdasein – obwohl es das objektiv auch ist –, sondern bewußte Abgrenzung von den ›Kämpfern heute‹: »Aber habt ihr euch vielleicht nach Fleisch und Wein *gesehnt*? Habt ihr dafür *gekämpft,* oder wofür?« (291) Wülf vergleicht die alten Ziele Huppels (Selbstverwirklichung in umfassender Arbeit) mit der neuen Realität (borniete, ständig gebremste Arbeit und als Ersatz dafür Konsum), und er sieht Huppels ständiges Unglück über diesen Widerspruch. Also will er in dieser DDR-Realität nicht wie Huppel sein, und das mit Recht. Seine Subjektivität prägt sich aus als Negation des unglücklichen Bewußtseins, das wir ja seit Christa T. zur Genüge kennen.

6. Die Tragikomödie der kleinen Persönlichkeit

Aber diese Negation ist durch und durch widersprüchlich und deshalb höchst instabil. Um den Widerspruch von Ideal und schlechter Realität loszuwerden, gibt sie nämlich das Ideal auf und setzt die schlechte Realität als ihr Ideal. Dies uralte, in der DDR jetzt neuentstehende Ideal des mäßigen Genusses in Arbeit wie Freizeit ist aber, ebenso wie die sich darin statisch setzende Klein-Persönlichkeit, gar nicht möglich. Denn Genuß, dieses positivste menschliche Bedürfnis, drängt unweigerlich auf Expansion, wird aber durch eine schlechte Wirklichkeit, die Genuß nicht zulassen darf, ständig eingegrenzt und gehemmt. So ist auch die kleine Persönlichkeit unglückliches Bewußtsein, wenn auch in kleinerem Maße. Ich kann diese Ironie leider nicht entfalten, nur hinweisen darauf, wie Wülf bei der ersten Gelegenheit einer komplexeren Arbeit mit höherer Eigeninitiative (der sog. ›Mimik‹) zugreift, wächst und sich entfaltet; wie er dann gehemmt und gebremst wird durch einen Ministeriumsbeschluß; wie er schließlich erlebt, wie dieser Beschluß seinen Werkleiter umhaut (Herzinfarkt: die Krankheit der Werkleiter auch in der DDR und DDR-Literatur) und wie er sich, an diesem messend und erkennend die möglichen Folgen seiner Expansion, wieder zurechtstutzen muß auf das Minimaß und etwas darunter: »Ich fühlte mich an die Drehbank zurück. Da konnte mir keiner, ich fiel niemals auf den Arsch wie möglicherweise als Ingenieur oder Diplomer oder gar Werkleiter«. (243) Vermeidung des Aufstiegs, weil er zur Fallhöhe des Helden führt. Denn fachliche Qualifikation, die vorher doch weitere Fähigkeiten bedeutete und damit auf die Subjektivität aller ging, ist nun nur noch der Aufstieg zu einsamen Spitzenposten (und damit stets drohendem Fall, wofern man das Umfallen nicht zum Charakter macht, wie etwa Dunkert). Ist nur noch berufliche Karriere, die – auf Kosten aller anderen und deshalb auch ohne deren ständige Mitarbeit und Hilfe – nie endende Selbstüberforderung verlangt und strenge Genußlosigkeit. Der Aufsteiger ist unweigerlich ein lebensunfähiger Asket. Qualifikation ist nicht mehr Lust und Bedürfnis aller, sondern der Ehrgeiz einzelner geworden: »Keiner drängte mehr, daß sich jemand qualifizierte, wenn ich von Jutta absah«. (42)

Jutta, das ist Wülfs Frau, die hübsch-appetitliche, die er so gerne genießt (ansieht, küßt, umarmt – sonst weiter nichts, denn mit der aufs Ganze gehenden Liebe hat die reduzierte Liebelei nichts zu tun). Jutta wünscht sich etwas höheren Konsum und Lebensstandard und ist deshalb ehrgeizig für Wülf. Der aber ihren Ehrgeiz nicht zu dem seinen macht, weil sinn- und genußlose Karriere bedeutet. Deshalb verläßt sie ihn: So verliert er, um des Genusses willen (in der Arbeit) den Genuß (in der Freizeit). Um eine andere Freundin zu finden, die viel bescheidener scheint, wenn sie nicht doch auch wie Jutta einen Trabi wünschte, welchen zu kaufen wieder . . .

Man sieht: Wülf mag sich anstellen wie er will. Die große Persönlichkeit einer älteren Generation wird tragisch gebrochen; die kleine ist – aus solchen Gründen – sogleich gebrochene Persönlichkeit, die aber trotz ihrer Reduktion noch ständig kollidiert und damit tragikomisch wird. Reduktion der Persönlichkeit, die ja unvermeidlich auf Expansion drängt, ist ein Widerspruch in sich. Und trotzdem ist, weil dieses der geschichtliche Widerspruch des Augenblicks ist, die zurückgedrängte, die sich zurückziehende und oft genug erst darin auch als sie selbst entdeckende Subjektivität *der* Typus der neuesten DDR-Literatur.

7. *Neue Schranken der ästhetischen Subjektivität*

Natürlich korrespondiert der Reduktion von Subjektivität eine Einengung der erlebten, der ergriffenen Welt ringsum. Der Handlungshorizont der Menschen und der erzählten Gestalten ist kleiner geworden. Noch nicht, jedenfalls bei den Schriftstellern der älteren Generationen, auch der Horizont der Werke selbst, denn sie haben ja noch die ganze Weite ihrer Welt als »Teilhaber und die eigentlichen Träger einer großen geschichtlichen Bewegung« in sich – wie ein jüngerer Autor[38] bemerkt. In den Werken dieser letzten Generation dagegen engt sich auch der Erzählerhorizont ein. Es ist deutlich,

daß die ⟨. . .⟩ gesellschaftliche wie geschichtliche Dimension der Wirklichkeit, in die auch diese junge Generation von Schriftstellern ⟨. . .⟩ hineingestellt ist, einen weit größeren Umfang besitzt, als sie bis zum Tage angeeignet werden könnte.[39]

Die so scharf und richtig bezeichnete Reduktion auch der ästhetischen Subjektivität aber in der Erklärung zu reduzieren darauf, daß die sozialistische Welt heute ›komplizierter‹ geworden ist, ist wissenschaftlicher Fetischismus und Objektivismus. Unsere Welt ist, so kompliziert immer sie ›objektiv‹ sein mag, durchschaubar, wenn wir die Subjekte sie ergreifen lassen: praktisch, theoretisch, ästhetisch.

Heinrich Küntzel

Der Faschismus: seine Theorie, seine Darstellung in der Literatur

I Einleitung: Faschismus und Stalinismus

Die Auseinandersetzung mit dem Faschismus [→ 192] hat, nach der Meinung der Literaturgeschichtsschreibung der DDR, die Literatur des Landes entscheidend, wenn nicht ausschließlich geprägt. Der Anspruch auf die antifaschistischen Traditionen der deutschen Literatur und auf ihre kontinuierliche Fortentwicklung begründet auch die Vorstellung, eine eigene »sozialistische Nationalliteratur« zu besitzen. Nationalsozialismus, Faschismus und antisozialistische Tendenzen der Vergangenheit und Gegenwart stellen eine ideologisch nicht weiter problematische Einheit vor.

So notwendig und fruchtbar diese Ausgangsbasis gewesen sein mag, so überanstrengt wirkt sie als Fundament einer Nationalliteratur und so wenig hält der überzogene Anspruch in Sachen Antifaschismus einer historischen Betrachtung stand. Unter seinem Kampfruf dürfte häufig eine gründlichere Diskussion nicht nur der deutschen Wirklichkeit in beiden entstehenden Staaten, sondern auch des Phänomens Faschismus selber geradezu vermieden worden sein. Wer die Entwicklung einer zweiten deutschen Literatur unter dieser Perspektive ansehen will, muß sich also ein gewisses Spektrum theoretischer und literarischer Anschauungen vor Augen halten und den Platz, den diese Literatur einnimmt, darin aufsuchen. In dieser Untersuchung wird ihr, so weit sie sich direkt mit dem Dritten Reich beschäftigt hat, die Folie der Theorien über den Faschismus, insofern sie für Literatur von Belang waren, untergelegt. So wird sich um so besser herausstellen, welchen Beitrag sie zu unserem Bewußtsein der Vergangenheit geleistet hat.

Damit ist aber eigentlich nicht genug getan. Beherzigt man Brechts Tagebuchnotiz vom 19.7.43, nachdem er »Souvarines niederdrückendes Buch über Stalin gelesen« hat: »Im Faschismus erblickt der Sozialismus sein verzerrtes Spiegelbild. Mit keiner seiner

Tugenden, aber allen seinen Lastern«, so erscheint es notwendig, auch diese stalinistische Vergangenheit eines sozialistischen Landes sich gegenwärtig zu halten. Der blinde Fleck im Auge des Betrachters findet sich sonst auch auf dem Bilde wieder. Es ist nicht weiter erstaunlich, daß sich in unserem »Jahrhundert der Wölfe« Ähnlichkeiten zwischen anscheinend entgegengesetzten Phänomenen finden. Die Verherrlichung des Despoten ist die auch literarisch auffälligste, wenn auch vordergründigste Parallele. Am sogenannten Personenkult haben sich durch Fürstenlob, der ganze Bücher füllte, viele angesehene Literaten unter den Kommunisten, mehr und angesehenere als es Lobredner Hitlers gegeben hat, beteiligt. Daß es auch Gläubige gegeben hat, die die eine Ikone gegen die andere austauschten, so wie man eine Hakenkreuzfahne in eine rote Fahne umschneiderte, ist den Schriftstellern gelegentlich aufgefallen. Der Stalinismus läßt sich aber nicht nur als »Personenkult« begreifen, so wenig man den Nationalsozialismus auf die Figur Hitlers allein zurückführen kann. Er wurde auf durchaus verschiedene, aber auch vergleichbare Weise sowohl von historischen Umständen als auch von gesellschaftlichen Strukturen begünstigt. Wer zum Beispiel Ernst Blochs Analyse der irrationalen Grundlagen des Faschismus ernst nimmt, sollte auch seine späteren Beobachtungen über die »vorrevolutionäre Reaktionsbasis zaristisch-despotischer Art« in Rußland, über die neuen »kleinen Paschas« der Bürokratie (Majakowskis ›Wanzen‹) lesen. Wer die sogenannte Dimitroff-Formel für den Faschismus für richtig hält, sollte zur Kenntnis nehmen, daß sie auch auf die ›Nomenklatura‹ der Stalinära angewendet wurde. Wer glaubt, man könne die Faschismen nicht als ›Übergangsdiktaturen‹ von überalterten ökonomischen und sozialen zu ›modernen‹ Strukturen erklären, sollte auch die quasi betriebsökonomischen Entschuldigungsformeln für die wirtschaftlichen Schwierigkeiten und den ›Entscheidungsstreß‹ der Führungskräfte im stalinistischen Rußland nicht ohne weiteres gelten lassen.

Die Theorien, die von der Verwandtschaft der Systeme ausgehen, stellen dennoch einen Sonderfall der Theoriebildung über den Faschismus dar und sollen deswegen auch gesondert, vor den Regelfällen, aufgesucht werden.

Was die sogenannte schöne Literatur im allgemeinen anbelangt, so kann sie gegenüber der sonstigen politischen, historischen, dokumentarischen Literatur nur einen beschränkten Anspruch auf selbständige Existenz machen. Angesichts der Frage »Wie beschreibt und erklärt man, was Faschismus (und Stalinismus) waren, was waren – oder sind – ihre Ursachen, sind sie einmalig, gestrig oder fortwirkend akut?« übertrifft sie die andere Literatur weder an Einsicht noch an Authentizität. Sie erscheint eher wie eine Auswahl und Anwendung von Erkenntnissen und Vorurteilen. Das soll nicht heißen, daß die literarische Kultur sekundär für die Reflexion unserer Geschichte ist. Ohne sie wären wir ohne Gedächtnis und ohne Aussicht. Ein Gedicht Ossip Mandelstams etwa wiegt alle Spruchbänder und Propagandabroschüren auf, aber eben auch das Erinnerungsbuch seiner Frau Nadjeschda, das gewiß keinen Anspruch erhebt, ›schöne‹ Literatur zu sein. Man muß also, wenn man einmal angefangen hat zu lesen, alles lesen. Dann wird man schließlich die literarische Kultur besitzen, die darin besteht zu beurteilen zu wissen, was die Wahrheit ist[1].

II Die Totalitarismusthese

Die Erforschung von Familienähnlichkeiten zwischen Faschisten und Kommunisten ist ein in der Literatur der DDR selten berührtes Tabu. Zwar steht eine handfeste Theorie des Vergleichs, die Theorie des Totalitarismus, der totalitären Herrschaft und des totalen Staates, zur Verfügung. Der Politologe Carl Jakob Friedrich hat für sie folgende Kriterien aufgestellt: eine offizielle Ideologie, die die bestehende Ordnung verwirft und einen wünschbaren Endzustand proklamiert; eine einzige hierarchisch aufgebaute Massenpartei, die auf einen Mann ›aus dem Volke‹ konzentriert und mit einer durchgreifenden Bürokratie verflochten ist; ein terroristisches Polizeisystem gegen die, wenn auch nur potentiellen und fiktiven, Feinde; Kontrollmonopole über Nachrichten, Waffen und Wirtschaft. Hannah Arendt hatte zuvor die Neuartigkeit totalitärer Herrschaftsformen aus dem Zerfall traditioneller Gewaltenteilung und Herrschaftseliten in der modernen Massengesellschaft

hergeleitet: Die Übermacht der Technik, der Imperialismus volk-
reicher Landstaaten, die Manipulierbarkeit der sich in Krisen und
Kriegen auflösenden Klassen und Schichten schafften Raum für
neue propagandagelenkte, durch flexible Einheitsphilosophien
entmündigte und durch Gewaltapparate in Schach gehaltene
Staats- und Gesellschaftsorganisationen.

Aber nicht nur daß diese in den 20er Jahren entstandene, ständig abgewandelte und den historischen Erfahrungen sich anpas-
sende Theorie in einzelnen Punkten umstritten ist, sondern vor allem daß sie ihre Herkunft aus liberaldemokratischer Kritik am
aufkommenden Faschismus, der sie selber mitausbildete, und am
sich zum Stalinismus entwickelnden Bolschewismus nicht verleugnet (während dem marxistischen Theoretiker doch Liberalismus
und Faschismus nur graduell verschiedene Arten bürgerlicher
Herrschaft sind), entwertet sie als ›falsche Ideologie‹, mag das ihren Erkenntniswert auch relativ wenig berühren. Schwerer wiegen
andere Einwände: daß eine nur ›formale‹ Theorie [→ 88] die Unterschiede der Ziele und (sozialen) Inhalte verwischt und um die
Erklärung der historischen Ursachen sich nicht bemüht; daß sie
weder der Entstehung der Bewegungen noch der Fortentwicklung
der Systeme gerecht wird, wo man doch die Epoche der Faschismen als abgeschlossen, die des Kommunismus aber als fortlebend
und gegenwärtig betrachten muß. Gerade dem italienischen Faschismus, von dem und für den der Begriff erfunden wurde, wird
der totalitäre Charakter abgesprochen, und sogar der Nationalsozialismus in seiner etablierten Phase sei nicht durchweg, wenigstens was zentrale Durchorganisation, durchgreifende Gesellschaftstheorie und die Auflösung der alten Gesellschaft anbelangt,
totalitär gewesen. Für die kommunistischen Staaten der Zeiten
nach Stalin muß man andererseits viel indirektere und verinner-
lichte Formen der Zwangsherrschaft annehmen, will man sich
nicht mit dem Fortbestehen der Zwangslager und der Macht der
Geheimpolizei als Kennzeichen begnügen. Dennoch hat die Analyse totalitärer Herrschaftselemente, einer durch Techniken der
Massenbeherrschung und Ideologien, durch pseudoreligiöse Welt-
anschauungen im Mantel der Wissenschaften spezifisch modernen
Form der Diktatur (auch wenn die alten Griechen schon den Um-

schlag demokratischer Bewegungen in Despotien kannten), dennoch hat der Begriff des Totalitarismus bis heute seine historisch-psychologische Erschließungskraft und entsprechend politische Sprengkraft bewahrt.

Hannah Arendts Beobachtungen über die Verfassung der ihrer Bindungen und ihrer Privatheit beraubten Individuen, über intellektuelle Lähmung und Selbstpreisgabe und kulturelle Verarmung haben von ihrer Richtigkeit nichts eingebüßt, auch wenn das historische Gegeneinander der totalitären Strömungen, ihre unversehenen Ähnlichkeiten und absichtlichen Kopien, ihre Annäherungen und ›Bruderkriege‹, später manchmal anders beurteilt werden. Sie finden ihre oft verblüffende Parallele und Ergänzung in der Analyse des ›verführten Denkens‹ durch Czesław Miłosz.

Das innere Chaos des nationalsozialistischen Regimes hat dem totalitären Schrecken mehr genutzt als geschadet, wie auch die Kursänderungen, ja Katastrophen der sowjetischen revolutionären Entwicklung nur Öl im Getriebe der Stalinschen Terrormaschine waren. Literarisch vertraut ist das Modell von Kafkas ›Strafkolonie‹. Es hat seine Mehrdeutigkeit bewährt, wie die Despoten in den Kostümen historischer Dramen und Romane. Die negative Utopie des totalen Staates (Huxleys oder Orwells) ist eines der großen Warnbilder des 20. Jahrhunderts und wird es bleiben[2].

III Die Faschismustheorien

So wie die Auffassung, daß kommunistische und faschistische Systeme gleichermaßen totalitär sind, die Gründungsväter der Bundesrepublik bei der Arbeit an der Verfassung und am Grundgesetz mit geleitet hat[3], so hat die zur Formel der Komintern von 1933 geronnene Faschismusdefinition die Ideologie und antifaschistische Politik der DDR von Anfang an bestimmt: »Der Faschismus ist die offene terroristische Diktatur der am meisten reaktionären, chauvinistischen und imperialistischen Elemente des Finanzkapitals.«[4] Die unter Dimitroffs Namen überlieferte Agententheorie — die faschistischen Parteien waren Agenten rivalisierender und durch die drohende Weltrevolution in die Enge getriebener Monopolkapitalisten – findet sich kaum verändert und durch die Forschung ebenso gründlich wie einseitig ausgearbeitet bis heute festgeschrieben. In ihrer orthodoxen Form bietet sie die Möglichkeit, auch die Sozialdemokraten als »Sozialfaschisten« für mitschuldig an der Machtergreifung zu erklären, die Kommunisten zu entschuldigen und als einzige Gegenkraft hinzustellen, die Rüstungspolitik nach 1933 als gradlinige Fortsetzung kapitalistischer, schließlich ›abenteuernder‹ Wirtschaftspolitik, den Mittelstand und besonders verelendete Arbeiter als nur von ihr verführt, mißbraucht und ausgebeutet darzustellen und endlich die Politik der Bundesrepublik und der ›faschistischen‹ westlichen Länder nach 1945 in Parallele und Kontinuität zu jener Vorkriegspolitik zu setzen[5]. Die Romanliteratur bringt die Agenten auf Figur und dient »als bunte Verifizierung« der Theorie[6]. So aus einem Guß wie nach der Doktrin ist diese jedoch auch für den rechtgläubigen Roman schwer verdaulich und bedarf der Differenzierung.

Die starre Konfrontation täuscht aber darüber hinweg, daß es sowohl marxistische als auch ›bürgerliche‹, konservative Interpretationen eines reichen Spektrums gab und gibt, deren Argumente einander häufig zum Verwechseln ähneln und durchaus vertauschbar erscheinen. Obwohl zum Beispiel von neomarxistischen Interpreten die Schuld des Großkapitals oft heftig gegen andere, psychologische, soziologische, geistesgeschichtliche Erklärungen ausgespielt wurde, sind diese oft so heillos ineinander verstrickt, daß der Autor selber nicht mehr zu wissen scheint, mit wem gegen wen er es eigentlich halten soll. So hat in der jüngsten Auseinandersetzung mit dem Nationalsozialismus im Anschluß an den amerikanischen Film ›Holocaust‹ Michael Schneider alles Wissen über Hitlers Rassenkomplex und Paranoia, über die Funktion von Sündenböcken und Rassenwahn gesammelt, um am Ende doch wieder in die alte Kerbe zu hauen, die Konzernherren seien schuld, als hätte er das nicht gerade widerlegt, zumindest stark relativiert. Der Aufsatz zeigt, in welches Dilemma ein linker Antifaschismus inzwischen geraten ist: Er will die Ideologie nicht aufgeben, obwohl die subjektivistischen Interessen am »Faschismus in uns« längst die objektivistischen Thesen vom Faschismus als Fortsetzung des Kapitalismus aufgelöst haben[7].

Es ist also nützlich, zum Zwecke des literaturgeschichtlichen Überblicks, die Typologie der Erklärungsarten so weit zu vervollständigen, daß neben den Handlangern aus Industrie und Großgrundbesitz, ob getrieben durch die Gesetze der Wirtschaft oder von persönlicher moralischer Korruptheit oder ob nur widerstandslos gegenüber einer ihre und ihrer Gegenspieler Ohnmacht ausnützenden bonapartistischen Clique von machthungrigen Demagogen, daß daneben andere Verantwortliche und Verantwortlichkeiten hervortreten[8]. Da sind zunächst die Junker und Militärs, generell der Borussismus, die Traditionen des Preußentums, die nicht nur von marxistischen, sondern auch von bürgerlich-liberalen Historikern schon früh benannt wurden und von literarischem Interesse sind. So deutlich wie bei Alexander Abusch oder Friedrich Meinecke[9] tritt diese historische Grundlagenforschung allerdings später nicht mehr hervor. Wo Literaten am Preußentum im Sozialismus rühren, tun sie es heute gegen die positive Kontinuitätsideologie der Partei, mit sozusagen altmodischer Skepsis und Renitenz: Sie wittern, wie Günter Kunert oder Heiner Müller, eine deutsche Tradition von Preußen über den Faschismus zum Sozialismus. Auch im Westen hat sich, wie die Preußenausstellungen zeigen, die Kritik am Preußentum verfeinert und gedämpft. Ein Ableger dieser Ursachenfindung ist ›der deutsche Drang nach Osten‹, der von deutschen Imperialisten wie von ihren Gegnern in gleicher Weise gern bis zu den Deutschordensrittern zurückgeführt und literarisch verwertet wurde.

Damit ist das weiteste Feld möglicher, auch spekulativer Erklärungen benannt, das, versteht sich, auch literarisch sehr ergiebig ist: die deutsche Geschichte. Muß man die Gründe auch nicht bis ins Mittelalter, bis in die verfehlten Bauernkriege, das absolutistische Preußen, die verspätete Nationenbildung zurückverfolgen, so bilden doch Wilhelminismus, der sogenannte deutsche Sonderweg und Bismarck Anstöße zur Untersuchung genug. Das reichste Arsenal jeder zukünftigen Reflexion lieferte hier schon der Historiker Meinecke, der als Hauptgründe die gescheiterte Integrierung des Sozialismus und die negative Entwicklung des Nationalismus im Reiche angibt. Eng benachbart diesem Gebiete, für dessen literarische Fruchtbarkeit nur Heinrich Manns ›Untertan‹ als Kronzeuge benannt sei, ist die geistesgeschichtliche Forschung. Das große und zeitlich tief zurückreichende Schuldregister wurde von marxistischen und konservativen Forschern in ähnlicher Manier aufgestellt. Es reicht von der »Zerstörung der deutschen Literatur« und der Tragödie der bürgerlichen Kultur in der Weimarer Republik zurück zur »Zerstörung der Vernunft« und der »tragischen Literaturgeschichte« des 19. Jahrhunderts, wenn man den Sündenfall der Intellektuellen nicht schon in Luther und Doktor Faustus und überhaupt in der »deutschen Misere« suchte[10]. An so gegensätzlichen Betrachtungen wie denen von Georg Lukács und Walter Muschg kann man gut Schärfe wie Problematik dieser Art Analyse studieren.

Natürlich läßt sich die kulturelle Katastrophe von 1933, die sie ja schließlich auch war, nicht ausschließlich in politischen und ökonomischen Kategorien fassen. Sie war von Anfang an auch eine Herausforderung an die Philosophen und Philologen. Zu denken ist nur an die frühen zeitgenössischen Analysen von Karl Kraus oder Ernst Bloch, die bis heute an Eindringlichkeit und literarischer Kraft nicht übertroffen wurden, so wenig wie die sprachpsychologischen Beobachtungen Victor Klemperers, des Professors aus Dresden, der das Dritte Reich überlebte und in der DDR wieder romanische Literaturen lehrte.

Die Denunziation der ›irrationalistischen‹ Strömungen des 19. Jahrhunderts, Schopenhauers und Nietzsches vorweg, der Dichtung der wilhelminischen Ära, des Expressionismus, der »macht«- oder »ohnmachtgeschützten deutschen Innerlichkeit« Rilkes, Georges, ist in der jüngeren Geschichte der Germanistik, der westlichen fast mehr als der östlichen, ziemlich ausgiebig geübt worden[11]. Lukács hat die ›Zerstörung der Vernunft‹ mit calvinistischer Strenge bis ins Zeitalter des aufsteigenden Kapitalismus zurückverfolgt. Nietzsche zeigte sich da als geistiger Agitator, der die Bürger vom aufgeklärten Liberalismus in einen militanten Imperialismus hinüberlenkte[12]. So hilfreich seine Reinigung der geistigen Überlieferung von faschistischem Mißbrauch und ihre Rechtfertigung vor dem Dogma eines ›mißverstandenen Realismus‹ gewirkt hat, so unfruchtbar war seine rigide Scheidung des Progressiven vom Reaktionären. Manches von dem, was dort in

die Vorhölle des Faschismus hineindoziert worden ist, kehrte unter
den falschen Mythen der verführten jungen Nazis wieder, deren
quälende Geschichte die sogenannte Wandlungsliteratur, die No-
vellistik zum Beispiel Franz Fühmanns und der wiederbelebte Bildungsroman zum Beispiel Dieter Nolls erzählte[13], am glaubwür-
digsten dort, wo es sich um den pädagogischen Mißbrauch, um
Jugendbücher oder das Nibelungenlied der Deutschlehrer handelt.
Das ist aber etwas anderes, als wenn alle anti- oder auch nur nicht-
demokratischen Strömungen der deutschen Geistesgeschichte, auch
zum Beispiel ein romantischer Antikapitalismus, der Mitschuld
am Aufkommen des Nationalsozialismus verdächtigt werden.

Noch von dem besonnenen J.P. Stern werden sogar Jaspers und
Freud der politischen Verständnislosigkeit bezichtigt[14], obwohl
man sich von ihnen die Methoden zur Analyse des Faschismus bis
heute holt. Auf Lukács' Exorzismus hat Adorno entgegnet, indem
er sogar an Gottfried Benns Versen: »O, daß wir unsere Urahnen
wären./Ein Klümpchen Schleim in einem warmen Moor...« zeigte,
wie wenig urig, wie unverdächtig der ersehnten Regression sie
sind[15]. Und schon 1933 hat Karl Kraus, grimmig lustvoll Benns
beschämenden feuilletonistischen Annäherungsversuch an die Nazis in der ›Deutschen Allgemeinen Zeitung‹ zerlegend, über jene
»Gesundbeter« und »Handlanger ins Transzendente« gespottet, die
sich in Fakultäten und Revuen anstellig zeigten, die deutsche Philosophie als Vorschule für den Hitler-Gedanken einzurichten[16].
Was hätte er erst über die Gründlichkeit der Gegner und Nachbe-
reiter gesagt, die ganze deutsche Geistesgeschichte in zwei Fächern
unterzubringen.

Die Sprache des Dritten Reiches hat Victor Klemperer in seinem
Tagebuch als erster aufgezeichnet. Sie wurde von einem anderen,
dem Wortschatz der Demagogen der 20er Jahre geprägt, pseudo-
religiösen und vor allem technizistischen Wendungen. »Gleichschalten« ist so eine musterhafte Vokabel. Zwar hat die linguisti-
sche Diskussion um das »Wörterbuch des Unmenschen« ergeben,
daß viele dieser Ausdrücke auch sonst gebraucht wurden und werden, und Klemperer schon bemühte sich, den »Ingenieur der Seele«,
Lenins und Stalins Ausdruck für den Schriftsteller, positiv abzuhe-
ben. Aber daß die Rhetorik des Apparates gesprochen wird von

denen, die einen Apparat und die Menschen wie Apparate beherr-
schen, hat seine eigene Logik. So »zieht man eine Veranstaltung
groß und unantastbar« auf, vor wie nach 1945 – nach Klemperers
Beobachtung[17].

Der massenpsychologische Effekt der erstmalig durch technische Mittel ins Riesenhafte vergrößerten Werbesprache, die von
überall hergeholten (vor allem von den italienischen Faschisten
ausgeborgten) Symbole, überhaupt die Quantifizierung der Mittel
sind erheblicher in ihrer Wirkung als die mehr oder weniger platte
Ausnutzung kultureller Traditionen, welche ›die Bewegung‹ beim
Bürgertum legitimieren sollten. Eher ist – mit so weit voneinander
entfernten Betrachtern wie Karl Kraus, Benn und Fühmann – die
erschreckende Unbildung, die Halbbildung und ihre systematische
Verbreitung zu bestaunen, als sei die hohe Kultur der Deutschen
nur ein Firnis gewesen, eine kleine Schicht wirklich ergreifend,
worunter archaischer Anti-Intellektualismus, ein Unbehagen in
der Kultur auf seine Stunde wartete. Halb begriffene und mißver-
standene Brocken der Geistesgeschichte, zu Slogans herabgekom-
men – wie jenes berüchtigte »Was uns nicht umbringt, macht uns
stärker« – oder zu Oberlehrermythologien verarbeitet – wie in
Alfred Rosenbergs ›Mythos des 20. Jahrhunderts‹ – sind das
Rüstzeug der neuen Zeit.

Daß der »Ästhetizismus als Wegbereiter der Barbarei« gedient
und sich prostituiert habe, dies Diktum Thomas Manns aus dem
›Doktor Faustus‹, komplettiert durchs Attribut ›bürgerlicher‹ Ästhetizismus, das ist noch immer die Schlinge, in der man ›dekaden-
te‹, elitäre oder überhaupt mißliebige avantgardistische Kunstströ-
mungen als Mitschuldige zu fangen glaubt, ohne Thomas Manns
sehr spezifische Charakteristiken weiter zu beachten[18]. Hatte die
Beschuldigung doch schon eine bemerkenswert konservative Karriere hinter sich: In den ›Betrachtungen eines Unpolitischen‹ war
Ästhetisierung der Politik der Makel des westlichen, demokratischen Zivilisationsliteraten, Heinrich Manns also.

Man kann einräumen, daß bei den italienischen Futuristen, bei
Schriftstellern wie Louis-Ferdinand Céline, Benn, Ernst Jünger
zwischen aktiver Mitschuld und symptomatischer Darstellung
zeittypischer gesellschaftlicher und kulturpathologischer Vorgän-

ge nicht immer zu unterscheiden ist. Darüber hinaus aber bleibt es eine sehr literarische Konstruktion, modernes ›romantisches‹, zerrissenes Bewußtsein in den Nazi-Führern wiederfinden zu wollen. Wo Mussolini noch etwas von d'Annunzios Künstler, der die Massen formt, haben mag; »Bruder Hitler«, Thomas Manns verhunzter Künstler, bekommt eine Aura zugeschanzt, der die trübe Gegenwart nicht gewachsen war[19].

Die Ästhetik des Häßlichen, die Ästhetik Flauberts, Nietzsches oder Rimbauds, ist ebensowenig verantwortlich zu machen wie die Poetik der Grausamkeit oder des Surrealismus. Sie haben mit Massenaufmärschen und Kriegsverherrlichung nichts zu tun. Sogar bei so problematischen Schriftstellern wie den genannten sind die analytischen Fähigkeiten größer, als ihre fatalen Annäherungen und Berührungspunkte mit dem Faschismus zunächst glauben machen. Ihre Beobachtungen haben dieselben Voraussetzungen, wie die der Gegner der Faschisten. Der Blick auf die archaischen Schichten, die durch de Nazibewegung aktualisiert wurden, auf die »Gleichzeitigkeit von allem, was es schon und nicht mehr gibt«, die historischen »Ungleichzeitigkeiten« und atavistischen Mythologien, die in der vielfältig geschichteten, modern-unmodernen Gesellschaft aufgerührt wurden, dieser Blick konnte zu zeitweiligen Mystifikationen, wie bei Benn, führen, er konnte aber auch, zu Grotesken und Satiren benutzt, aufklären, wie bei Kraus und Bloch. Bloch besonders, in den 1929–1933 datierten Teilen von ›Erbschaft dieser Zeit‹, dann Wilhelm Reich in der ›Massenpsychologie des Faschismus‹ (1933) haben die unzulängliche ›linke‹ Theorie (der kommunistischen Partei) durch ihre tiefenpsychologischen und sozialpsychologischen Einsichten bereichert. Die ›Theatralisierung‹ und ›Ästhetisierung‹ der Politik, wie sie vor allem Brecht und Benjamin am Faschismus beobachtet haben[20], gehören ebenfalls in den Begriffsschatz der Aufklärung: über die Phänomene der Massenmanipulation, der losgelassenen Ressentiments, der sadistischen und masochistischen Orgien von Aufmärschen, Straßenschlachten, Kriegsszenen, die in Wirklichkeit und Film zwar technisch aufgezogen und absichtsvoll hergestellt, sich dennoch selber fast undurchschaubar blieben. Massensuggestion zu durchschauen, haben diese Beobachtungen geholfen. Sie gehören selber zu jenen Entdeckungen moderner Ästhetik, sind durch sie ermöglicht, die Schock, Hypnose, Befremden, die Verbindung von Exaktheit und Wahnsinn und die Berechnung des Unbewußten in das künstlerische Kalkül einbeziehen. Den Mechanismus auch der Schmierenkomödianten zu durchschauen, bedurfte es offenbar der Gewiegtheit der Künstler und Kritiker – oder der Naivität des Kindes aus Andersens Märchen von des Kaisers neuen Kleidern.

Die Nachkriegskunst hat dieses faschistische Großtheater, seit Viscontis ›Die Verdammten‹ (1968), meist dem Film überlassen. In die psychoanalytischen und massenpsychologischen Dimensionen des Faschismus sind die Schriftsteller der DDR erst spät, seit Christa Wolfs ›Kindheitsmuster‹ und in einigen sketchähnlichen Szenen Heiner Müllers, vorgestoßen. Es gab keine Satiren wie die in Günter Grass' Danziger Romanen, keine Filmrevuen wie die von Alexander Kluge. Daß man in Hitlers Figur seine eigene Durchschnittlichkeit zu geschichtlicher Größe überhöht sehen konnte, daß Wünsche zu gehorchen und zu befehlen, libidinöse Ersatzbefriedigungen von dem Pseudokult und der Einordnung in eine Gruppe ausgelöst und eingelöst wurden: Dieses einzusehen und darzustellen, bedurfte es der Mithilfe Freuds und der spezifisch modernen Darstellungsmittel des Theaters und des Romans.

Die vollkommenen Schulderklärungen lassen wenig in der deutschen Geschichte ungeschoren und rücken so zusammen mit der Idee einer Kollektivschuld, die nur allzuleicht, wie man bemerkt hat, dazu diente, die wirklich Schuldigen zu entlasten. Ihre große Bußfertigkeit bringt andererseits ihre eigene Entschuldigung mit sich: Sie drängt die Frage auf – und auch Thomas Mann stellte sie sich wenigstens in seinem selbstkritischen Vortrag ›Deutschland und die Deutschen‹ – wie einem scheinbar so zur Selbsterkenntnis und Introspektion geneigten Volke gerade diese Introspektion zum Verhängnis werden konnte. Eine Unstimmigkeit bleibt haften am angeblichen Versagen der deutschen Innerlichkeit, auch wenn die Eiche Goethes auf dem Ettersberge, die mitten im Lager Buchenwald steht, seit Joseph Roth, seit Ernst Wiecherts autobiographischem Bericht ›Der Totenwald‹ (1945), ein beachtliches Symbol der Diskrepanz geworden ist, an das die Anschuldigungen gerne geheftet werden[21].

Die generelle Schuldzuweisung hat die westdeutsche Literatur in den ersten Jahren beherrscht. Die Vorstellungen von einer allgemeinen Schuld der Vätergeneration, der deutschen Mythologie, der »Krise des Abendlandes«, entweder als moderner Materialismus oder als Überhang einer veralteten Welt, bestimmten die »Trümmerlyrik«[22]. Daß die Entwicklung und Katastrophe des Nazistaates nur eine besondere Form der ›Modernisierung‹, der Anpassungsschwierigkeiten an gesellschaftliche und technische Zwänge und ein Anwendungsfall rationalistischer Massenorganisation (im Gewande des Protestes gegen sie) seien, in dieser Form des ›strukturellen‹ Zusammenhangs beschäftigt sie auch heute noch die Soziologen; in der Form einer eher pessimistisch gesinnten Rationalismuskritik (oft unter dem Einfluß der Frankfurter Schule) die Literaten.

Dachte man sich andererseits, unter dem Einfluß der kommunistischen Theorie, die Entwicklung komplottartig von einer Oligarchie der Stahltrusts oder der Hochfinanz gelenkt, so neigten auch weniger literarische Köpfe zu einer fast romanhaften personalen Schuldzurechnung, wie zum Beispiel Walter Ulbricht. Aber ebensowenig wie die mißtrauisch exorzistische Kritik der deutschen Vergangenheit ausschließlich ›bürgerlichen‹ Ursprungs war, so wenig wurde nur von kommunistischen Autoren die Schuld einzelnen Verschwörergruppen zugeschrieben. Vielmehr gehört zur allgemeinen Zerknirschung und zum Fatalismus der Nachkriegszeit ergänzend das schnell zum Klischee erstarrende Bild der Clique von Mördern und der leidenden oder widerstehenden Mehrheit der Gutgesinnten, vom Ostberliner DEFA-Film im Anschluß an die Bücher von Anna Seghers und Bruno Apitz so verbreitet, wie in den westdeutschen Filmen nach dem Muster von ›Canaris‹ und Zuckmayers Schauspiel ›Des Teufels General‹[23].

Ulbricht hatte ein besonderes Interesse an dem Nachweis, daß die Naziführer eine Clique bankrotter, moralisch korrupter Handlanger des Großkapitals waren. Er war in den Kriegsgefangenenlagern den jungen deutschen Soldaten begegnet, die zu »90 Prozent über den ›deutschen Sozialismus‹ phantasierten«. Darum wollte er das »schaffende Volk« darüber belehren, daß, wie die Industriellen die Kriegsgewinnler schon des Ersten Weltkrieges, so ihre politischen Agenten fallite Typen waren, nicht nur aus dem schaffenden Volke, sondern auch aus ihrer Klasse gefallen, nach den Maßstäben bürgerlicher Wohlanständigkeit »zu nichts zu gebrauchen, als in Deutschland noch Wert auf sachliches Können gelegt wurde« (über Goebbels), wie man ja in besseren Kreisen Hitler immer als den »Anstreicher« apostrophierte[24].

Unrecht hatte Ulbricht darin durchaus nicht, auch wenn damit das Phänomen Hitler und vor allem die große Anziehungskraft der Nazipartei am Ende der Weimarer Republik und nach 1933 nicht erklärt ist. Von seinen Gegnern oft unterschätzt, wurde Hitler nach dem Kriege hinwiederum nicht nur von konservativen Historikern, sondern in »wiederholten Wellen«, die bis heute »eine Masse von Büchern und Pamphleten, Filmen und Cartoons in aller Welt hervorgebracht« haben[25], zur Hauptfigur eines Pandämoniums gemacht, dem auch analytische und nüchterne Biographien kaum Einhalt zu gebieten vermochten. In einem Filmopus wie dem Hans Jürgen Syberbergs, ›Hitler – ein Film aus Deutschland‹ (1977), ist, bei allen grotesk kabarettistischen Zügen, die ›deutsche Mythologie‹, in der sich Wagnermusik und Hohensalzberg verschränken, megalomanisch-aberwitzig wiederbelebt worden.

Mit zunehmendem Abstand und ideologischer Ernüchterung setzte sich aber seit Beginn der 60er Jahre allmählich eine empirische Untersuchung an die Stelle metaphysischer oder parteiischer Betrachtung. Eine neue Generation von Schriftstellern wandte in dem Maße, wie sie sich für die politischen und sozialen Probleme der Gegenwart interessierte, auch dem kleinen Manne, dem kleinen PG und Mitläufer, dem ›gewöhnlichen‹ und als gewöhnlichen überlebenden Faschismus ihre Aufmerksamkeit zu. Was man nach dem bedeutenden russischen Dokumentarfilm von Michail Romm (1965) so genannt hat: den Nationalsozialismus als Massenerscheinung, als antidemokratische Volkspartei, hatte man allzugern aus dem Bewußtsein verdrängt. Eine Vielzahl von Romanen, oft autobiographischer Herkunft, schloß diese ›Lücke‹, die Lücke in der Vergegenwärtigung, die Kritiker und Schriftsteller deutlich empfunden hatten. Der ostdeutsche Literaturkritiker und Lektor Kurt Batt übernahm das Bild aus einem Roman: die Lücke im Festzug, in dem eine Stadt ihre Geschichte feiert. Unter diesem Titel kritisierte er die westdeutschen Romane. Ihr Gedächtnis sei oft zu harmlos, weil durch kleinbürgerliche Optik beschränkt[26].

Das ›Gefühl einer Lücke‹ holte mit Verspätung auch die Schriftsteller der DDR ein. Christa Wolf drückte es stellvertretend aus. Batts Beobachtung traf also auf die ostdeutsche Literatur mindestens so sehr zu wie auf die westdeutsche. Auch der Durchschnittsbürger der DDR hatte seine Nazivergangenheit; und gerade das mit dem Begriff des ›Kleinbürgerlichen‹ so unmißverständlich wie vage und pejorativ umschriebene soziale Bewußtsein war keineswegs so abgestorben, wie es dem marxistischen Kritiker und nach der offiziellen Lehre schien. Ob nun die dreißigjährige sozialistische Erziehung die kritische Einsicht erst ermöglicht hat, wie mancher die Verspätung entschuldigend erklärt, oder ob sie diese eher verhindert hat, weil die Doktrin kein ›autonomes‹ Schicksal der Kleinbürgerklasse zuließ, die ›unerledigte Vergangenheit‹ und ihr wie auch immer widersprüchlicher Zusammenhang mit der Gegenwart, sei es in der vergrabenen Erinnerung des einzelnen, sei es im Zustand der ganzen Gesellschaft, ist ›fühlbar‹ geworden, als hätte man eine Auseinandersetzung versäumt und, nach dem von Christa Wolf zitierten Brechtwort schon aus dem Jahr 1953, »allzufrüh der unmittelbaren Vergangenheit den Rücken zugekehrt, begierig, sich der Zukunft zuzuwenden«[28].

Was seit der ›Blechtrommel‹ (1959) von Grass in ständig wachsender Flut über die Welt vor und hinter den Tribünen, die bürgerliche, vorzugsweise kleinbürgerliche Familie, das Verhältnis von Vätern und Söhnen, Kriegs- und Nachkriegsgeneration erzählt worden ist, wurde dann auch von den Historikern in gründlicher Statistik über die ›Mittelschichten‹ als Träger und Wähler der Partei ausgemacht. Sie kommen noch immer zu genaueren und differenzierteren Kenntnissen über diese sogenannte Massenbasis: die Anteile alter, verarmter und neuer, aufsteigender Beamten und Angestellten, von Kaufleuten und Gewerbetreibenden, die Anteile der Bauern und Landarbeiter, proletarisierter Handwerker, der Arbeitslosen und Jungen unter den Arbeitern, und deren Verschiebung von der Zeit der Wirtschaftskrise bis zur Zeit nach der Machtübernahme. Derartige Untersuchungen waren schon früh auch von marxistischen Beobachtern wie Clara Zetkin und Karl

Radek angeregt und durch die Dimitroff-Doktrin abgewürgt worden[27]. Die Dissertationen und persönlichen Erinnerungen, autobiographischen Romane und dokumentarischen Sammlungen sind selber eine Massenerscheinung geworden.

Der Faschismus ist erzählbar geworden wie es einstmals Angelo Tasca, der italienische Historiker und Mitbegründer der KPI, forderte[29]. Der Ablauf der Geschichte ist in seinen Zufällen und Zwangsläufigkeiten den Geschichten zugänglich und in der Erzählung analysierbar geworden. Vielleicht wird auch die Geschichtsschreibung in der DDR allmählich ihre dogmatische Starre verlieren[30]. Vielleicht wird die Parteilichkeit, mit der man die Vergangenheit den anderen zuschiebt, ihre Rolle, die sie als Motiv der Erforschung unübersehbar spielte, eines Tages ausgespielt haben. Im Aktualitätswert des ›Faschismus‹, im Modewort der Verdächtigung löst sich die historische Erscheinung zunehmend auf, bis daß sie nur noch eine Allegorie, Verhüllung oder Entlarvung zeitgenössischer Zustände ist. Andrerseits droht aber auch die Gefahr der Verharmlosung im Zeitalter des Fernsehrealismus. Das Verlangen, es möglichst plastisch und wirklichkeitsgetreu zu haben, wird befriedigt mit einem Gefühl, musterhaft erledigt zu haben, was auf diese Weise dargestellt ist. Die Idylle, das Bildchen, setzt sich unversehens an die Stelle der Katastrophe. So kann man im Laufe einer neuen Restauration, die Worte wie ›nationale Identität‹ wieder im Munde führt, sich mit gemütlicher Blindheit in gefährlicher Nachbarschaft einrichten. Nach wie vor gilt, was Ernst Nolte schrieb:»Die Frage nach dem Faschismus muß eine schmerzhafte Frage sein, und allein unter dieser Voraussetzung kann sie heute eine wesentliche Frage sein.«[31]

IV Faschismusdarstellungen in der DDR-Literatur

Ein Gegensatz wurde von der Emigration in die Nachkriegszeit hineingetragen, dessen Protagonisten Thomas Mann und Bertolt Brecht waren: Hatte der Nationalsozialismus seine Gründe in der deutschen Nationalgeschichte, im deutschen Charakter, war er typisch deutsch und legte so auch eine Kollektivschuld an seinen

Verbrechen nahe – oder war er ein Komplott gewisser bürgerlich-kapitalistischer und militärisch-abenteuernder Kräfte, dem höchstens eine unpolitisch-kleinbürgerliche Masse zeitweise hinterherlief, zur Unterjochung und Terrorisierung einer unschuldigen, gutartigen Mehrheit? Thomas Mann sprach von der »Legende vom ›guten‹ und ›bösen‹ Deutschland«, Brecht von Manns Unglauben an die demokratischen Kräfte in Deutschland[32]. Aber so wohlwollend dessen ›Doktor Faustus‹ (1947), das bedeutsamste und zugleich vieldeutig schillernde, am meisten gedeutete literarische Dokument der ersten Anschauung, im kommunistischen ›Lager‹ aufgenommen, so angegriffen es besonders von daheimgebliebenen Schriftstellern wurde, Wirkung und Nachfolger hat es in der neuen antifaschistischen Literatur nicht gehabt. Das dürfte mit seiner komplizierten Struktur, der Geschichte eines deutschen Tonsetzers, einer sehr synthetischen Figur, und ihrer vertrackten theologischen Symbolik oder Allegorik deutscher Kulturkrise, mit der maliziös zwischen säkularer Distanz und unmittelbarer Verknüpfung mit der Zeitgeschichte balancierenden Erzählhaltung zusammenhängen.

Das Feld der Faschismus-Auseinandersetzung beherrschten die Widerstandsberichte und -romane der Emigranten und die Kriegsberichte und -romane der Heimkehrer. Und so wenig man die Romane über die Schicksale auch des einsamen Jedermann, wie Hans Falladas ›Jeder stirbt für sich allein‹ (1947), Arnold Zweigs ›Das Beil von Wandsbek‹ (deutsche Ausgabe 1947) oder Bernhard Kellermanns ›Totentanz‹ (1948), vergessen sollte, so schwer es auch den Schriftstellern der ›Volksfront‹ gemacht wurde, die These von den zwei Deutschland in die Nachkriegszeit hinüberzuretten, wie die um 1943 veränderte Haltung Georg Lukács' zum Schuldproblem bezeugt[33], so offen die Ansichten über Literatur in den ersten Jahren waren[34]: Die These vom Widerstand des Volkes, der Mythos von dem durchgehaltenen Kampf der mehr oder weniger organisierten Arbeiterklasse setzte sich durch. So waren es vor allem die Romane der Anna Seghers (›Die Toten bleiben jung‹, 1949), Willi Bredel (›Verwandte und Bekannte‹, 1943–1953), Hans Marchwitza (›Die Heimkehr der Kumiaks‹, 1952), Bodo Uhse (›Die Patrioten‹, 1954), die den Ton angaben. In der Regel wird

hier der Kampf über Generationen hinweg und bis in die Gegenwart des neuen Komplotts der Westmächte mit den alten deutschen Imperialisten fortgeführt.

Sie stoßen inzwischen bei den Literaturhistorikern, bei aller Anerkennung ihrer Bedachtheit auf Kontinuität mit der Exilliteratur
und den »progressiv-humanistischen Strömungen deutscher Literaturgeschichte«, auf Reserve. Allzu einlinig, Konflikte harmoni-
sierend, pädagogisch-optimistisch und sozialdeterministisch haben
sie Probleme mehr verdrängt als bewältigt[35]. Das waren natürlich
nicht die Punkte, die man damals, zu Beginn des ›Kalten Krieges‹
und auf der Höhe der Doktrin vom ›sozialistischen Realismus‹,
kritisierte, wo man sie manchmal sogar noch zu ›individuali-
stisch‹, die Kriegsromane zu ›abstrakt-humanitär‹ und ›pazifi-
stisch‹ fand.

Anna Seghers' Roman ist das Musterbeispiel einer Darstellung
nach der orthodoxen Doktrin, der ausfabulierten Geschichte des
Faschismus [→192] als des verschärften Klassenkampfes. Die Nazibewegung wird gelenkt von der herrschenden Klasse. Diese setzt
sich zusammen aus Bourgeoisie (dem rheinischen Industriellen
Klemm), Junkertum (dem aus Lettland exilierten Junker Ernst
Lieven) und preußischer Militärkaste (dem Potsdamer Berufsoffi-
zier Wenzlow), alle von altem oder neuem Adel. Die ›Massenbasis‹
wird von einer märkischen Kleinbauernfamilie dargestellt, der Widerstand ist einer proletarischen Generationsreihe vorbehalten. In
den mittleren und unteren Schichten wird, um die ›Bündnisfähigkeit‹ zu illustrieren, differenziert zwischen einerseits den Handlangern der Nazis (Chauffeur und Kleinbauer), andererseits den bäu-
rischen ›Sonderlingsfiguren‹ und den Frauen der preußischen Of-
fiziersfamilie. Kühl wird die faschistische Mentalität analysiert:
der Landsknechte und Abenteurer, Strandgut des Weltkrieges, ihr
Nihilismus, ihre häusliche Misere, ihre herrische und ihre Unterta-
nengesinnung. Auch die Gegner werden nicht durchweg heroisiert,
obwohl sie, die Proletarier, an der Last der Symbolik, der Stafette
des Martyriums und der Überwindung besonders zu tragen haben.
Die folgenden Romane (›Die Entscheidung‹, 1959, ›Das Vertrauen‹, 1968) schreiben diese Tradition, die Konfrontation und
das Vertrauen auf die bessere Sache, über das Jahr 1945 in den

Ost-West-Konflikt hinein fort: Die Schwerindustriellen in Westdeutschland rüsten wieder auf und versuchen, durch Agenten
die befreite sozialistische Wirtschaft wieder in ihren Besitz zu
bringen [→349 f.]. Hatte sich schon der erste Epochenroman
nicht mehr die atmosphärische Dichte und Unmittelbarkeit der
früheren Bücher, von ›Das siebte Kreuz‹ vor allem, erhalten[36],
so gefriert das illustrative Figurenensemble und die schematische
Handlungsführung in den beiden anderen vollends zur Leblosig-
keit.

Die Kriegsbücher beurteilt man heute milder als damals. Sie
sollten parteilich und doch authentisch, realistisch, aber nicht na-
turalistisch (nach amerikanischem Vorbild) sein, den Krieg nicht
nur als faschistischen Raubkrieg, sondern auch als anti-imperiali-
stischen Befreiungskrieg zeigen, den Vorsprung der westdeutschen
Kriegsbücher aufholen, aber ihnen nicht ähneln, der Held sollte
Partisan oder wenigstens ein durch Erfahrungen und Nachhilfe
aufrechter Antifaschisten Gewandelter und Geläuterter sein – und
ihre Autoren waren dadurch überfordert. Denn sie hatten den
Krieg als Katastrophe, als Hölle und nicht als Fegefeuer erlebt. All-
zubald benötigte man auch wieder die Unterscheidung von gutem
und schlechtem Krieg, die Propaganda für eine nationale Volksarmee und gegen die Wiederaufrüstung im Westen, welche wand-
lungsfähige Offiziere in ihren Memoiren seitdem leisteten und leisten. Um die Quadratur des Kreises bemühten sich die Diskussionen der Schriftstellerkongresse. Nachdem auf dem vierten Kongreß 1956 die Schleusen für die Generation der Frontkämpfer und
ihre Erlebnisberichte geöffnet worden waren, sahen sie sich schon
1957 wieder der Forderung nach sozialistischer Perspektive und
nach dem optimistischen Blick auf Gegenwart und Zukunft konfrontiert und beklagten die Schablone, in die sie ihre Erfahrungen
pressen sollten. Da Theodor Plievier seinem ›Stalingrad‹ (1945) die
Reportageromane ›Moskau‹ (1952) und ›Berlin‹ (1954) folgen
ließ, in denen er auch die Schwächen der Sowjetarmee beim Über-
fall auf Rußland und die Grausamkeit des Endes darstellte, bezichtigte man ihn des schändlichen Verrates. Mit Therese Hörnigk
darf man resümieren, daß die ideologischen Kämpfe der Zeit, der
Aufbau ›sozialistischen Bewußtseins‹ und einer nationalen Volks-

armee, damals wenig Raum ließen, über historische Reportage und aktuelle Agitation hinaus »die Vergangenheit als Problem der Gegenwart zu begreifen«[37].

Die ›Lücke‹ in der Bearbeitung der Vergangenheit, die Verdrängung, die der westdeutschen Literatur nachgesagt wurde, die zuvor schon Brecht und später wieder, seit 1973, Christa Wolf, Stephan Hermlin, Günter Kunert, Erich Loest und andere in der ostdeutschen feststellten[38], sie wurde auch schon auf diesen Konferenzen erörtert: ein Topos der Literaturgeschichte also. Zu viel ›Vorgabe‹ an richtiger Einsicht, zu viel Voraussicht, zu leichtfertige Bekehrung am Gängelbande geschichtsbewußter Genossen, das muß man auch an den ›Wandlungs‹-Epen, den um 1960 üblich werdenden Entwicklungsromanen, kritisieren. Auch hier wieder fand die ›Wandlung‹ als Gerede statt, auch wenn die Erinnerungserzählung einen gewissen Schutz vor den planen tagespolitischen Forderungen der Zensoren bot.

Als einer der ersten hat Franz Fühmann die Wandlung zu seinem Thema gemacht, und es hat ihn bis heute nicht losgelassen. Das Poem ›Die Fahrt nach Stalingrad‹ (1953) beschreibt den Umwandlungsprozeß der Kriegsgefangenen in der Sowjetunion, der für ihn damals »eines der größten Wunder der Weltgeschichte« war. Die nachfolgenden Novellen – ›Kameraden‹, ›Die Schöpfung‹, ›Das Gottesgericht‹, ›Kapitulation‹, ›Das Erinnern‹, ›König Ödipus‹[39] – erzählen die Wandlung als Katastrophe, als jähe und zu späte Einsicht der eigenen Schuld. Sie verwenden oft den griechischen Mythos, um die humanistisch gebildeten Soldaten sich an ihm bewähren zu lassen. So dient der Ödipus-Mythos den Universitätsübungen im Felde, naiv gläubig oder wider besseres Wissen der ideologischen Verbrämung des Rassenwahns, des Eroberungskrieges, des preußischen Durchhaltepathos, um dann unversehens, wie aus dem Hinterhalt, seine moralische Gewalt auf die Bildungsbürgersoldaten zurückzuwerfen und ihnen die Augen über ihre Verblendung zu öffnen. Die Einheimischen, Unterworfenen, Armen werden zu archaischen Figuren, Sachwaltern der Wahrheit des Mythos, dieser zum Zeichen der Zeitenwende. Das Zeichen erkennend bleibt dem jungen Helden nur, sich wie sein mythisches Vorbild selber zu richten und zwischen die Augen zu schießen.

Während Fühmann in diesen Kriegsnovellen das Verhalten herausgehobener einzelner prüfte, so daß man sie auch unter dem Titel ›Die Elite‹ zusammenfassen konnte (eine ›Elite‹, gegen deren Entlastungsanstrengungen er das Pamphlet ›Die Literatur der Kesselrings‹ richtete), bemühte er sich im stärker autobiographischen Novellenzyklus ›Das Judenauto‹ (1962) um das Normalverhalten, das kaum anders war⁴⁰. Er hat es selber gut zusammengefaßt:

Die Schilderungen dieser Abschnitte im ›Judenauto‹ können Sie als ziemlich autobiographisch nehmen und, bis zur Mitte der Kriegsgefangenschaft, auch als ziemlich repräsentativ für die kleinbürgerlich-intellektuelle (soweit man im Faschismus von ›intellektuell‹ reden kann; es war unglaublich dürftig) Schicht meiner Generation ansehen. Bei den Arbeitern, auch bei den nicht klassenbewußten, im Großbürgertum, im Adel usw. war es modifiziert. Hier war es rundweg heillos. Unbedingte, kritiklose Gläubigkeit; Umspielen aufkommender Zweifel in noch fanatisertere (fanatisch war damals ein durch und durch positives Wort!) Hingabe als moralisches Selbstexerzitium; kritikloses, dümmliches Hoch- und Herrengefühl; Berauschung an ›Mission‹, ›Sendung‹, ›Schutzwall Europas‹; zum Kriegsende absurde, aus wahnsinniger Angst, verdrängtem Schuldgefühl, völliger Perspektivlosigkeit und beinah perfekter Denkentwöhnung aufgeschossene Wundergläubigkeit im wörtlichen Sinn.⁴¹

Hier sind die Merkmale späterer Alltagsschilderungen schon sorgsam versammelt im Versuch, zu den Ursachen vorzustoßen: die Elemente der sich selbst erfüllenden germanischen Herrenmenschen- und Untergangsmythologie, der Jugendpsychologie und der Pathologie des Verbrechens, das »Läppische und Mörderische« der Kriegsspiele, die versagende alte Internatserziehung, die unterdrückten Augenblicke des Zweifels, des Schreckens, die Unwissenheit und die auch systemimmanente Angst.

Fühmann hat, wie Loest, Christa Wolf und mancher andere, die Momente seiner Erinnerung auch später wieder aufgenommen und die (oft oktroyierten) pathetischen und doktrinären Akzente wieder getilgt. Die Umerziehung im Gefangenenlager, auch in den Novellen schon zurückhaltender dokumentiert, wurde ihm nun zum Problem. »Ich habe das Vorher geschildert, ein wenig das Nachher, aber der entscheidende Prozeß, eben der der Wandlung, ist literarisch nicht bewältigt. Ich komme aus diesem Gestrüpp nicht heraus«, so grübelte er in seinem Budapester Tagebuch. Gab es außerhalb der Bekehrung von einem ›dualen Weltbild‹ zum anderen nichts Drittes, ist der Mensch sich nicht doch gerade als Bekehrter oder, im Gegenteil, trotz und jenseits aller Wandlung gleich geblieben?[42] Nicht nur seine Erzählkunst, sondern auch seine Skrupel machen diesen nachdenklichen Dichter lesenswert.

Häufig wurde die Wandlung in der Form der Desertion dargestellt (z.B. von Egon Günther, Max Walter Schulz, Günter de Bruyn, Jürgen Brinkmann, auch Brechts Polyneikes in seiner ›Antigone‹-Bearbeitung ist ein Deserteur), und wo der unwillkürlichen und verzweifelten Handlung die Überlegung abging, wurde sie durch nachträgliche Diskussionen hinzugesetzt. Fühmann und seine Figuren desertierten nicht, sondern kapitulierten. Eine Variante ist, wenn sich die Überläufer gewissermaßen verpuppen, unter der politischen und moralischen Oberfläche wegtauchen, weil sie Moral sich nicht leisten können oder weil ihre Natur vom Wechsel nicht betroffen wird. So machen es die Helden der Schelmenromane: Strittmatters ›Wundertäter‹ (1957) und Kunerts Jungen aus ›Im Namen der Hüte‹ (1967). Der lautlose und widerspenstige Wechsel, Christa Wolfs ›Blickwechsel‹ (1970), war vermutlich der Wahrheit der meisten am nächsten.

Was in dieser Erzählung, die dem großen Roman ›Kindheitsmuster‹ präludierte, in den Blick des Kindes auf dem Flüchtlingstreck gerät, sind die KZ-Häftlinge aus Oranienburg und ihre Frage: »Wo habt ihr bloß all die Jahre gelebt?«[43] Die Aufklärung über die Verfolgungen, die Aufzeichnungen der Verfolgten und Widerstandleistenden werden immer den Vorrang vor der Belletristik dieser Jahre beanspruchen. Günther Weisenborns ›Memorial‹ (1947) und der, aus Material der Ricarda Huch erwachsene, erste umfassende Bericht über die Widerstandsbewegungen, ›Der lautlose Aufstand‹ (1953), gehören dazu und die erste Analyse der Erfahrungen in Eugen Kogons ›Der SS-Staat. Das System der deutschen Konzentrationslager‹ (1946). Demgegenüber haben offenbar die Widerstands-Dramen, Weisenborns ›Die Illegalen‹ (1946) oder Brechts Stücke aus der Emigration über Drittes Reich, Aufstieg Hitlers und Widerstand, nur geringe Wirkung entfaltet. Johannes R. Bechers ›Winterschlacht‹ wurde von Brecht am Theater

am Schiffbauer Damm aufgeführt, viel gespielt Friedrich Wolfs
›Professor Mamlock‹, beides früher entstandene Wandlungsdra-
men, die heute verblaßt sind[44].

Für die Dramatik gilt insbesondere, was eigentlich für alle literarischen Auseinandersetzungen mit dem Nationalsozialismus gilt:
Die wichtigsten Stücke sind, vielleicht mit Ausnahme von Wolfgang Borcherts ›Draußen vor der Tür‹ (das auch nur eine indirekte
ist), vor 1945 entstanden. Und erfolgreicher beim befreiten Publikum, das sich in seiner Mehrzahl zunächst nur besiegt vorkam,
waren natürlich schwer ringende Helden wie Zuckmayers General
Harras oder der Professor Mamlock, mit denen man sich leichter
identifizieren konnte, weil sie der eigenen Vorgeschichte einen
Schein von moralischer Rechtfertigung ließen und sie mit ihrem
Selbstmord stellvertretend sühnten. Aufklärung war im Theater
nicht sehr gefragt, von den bald auch äußeren Hindernissen, die
sich einer zeitigen Wirkung Brechts entgegenstellten, nicht zu
reden.

Mit einer Romanverarbeitung der Konzentrationslagerwirk-
lichkeit, sollte sie überhaupt möglich sein, war zum Zweck der
Aufklärung eigentlich überhaupt nicht und zu anderen Zwecken
auch erst aus großer Entfernung zu rechnen. So sind die wichtigsten und wirksamsten auch erst 1958, ›Nackt unter Wölfen‹ von
Bruno Apitz [→201], und 1969, ›Jakob der Lügner‹ von Jurek
Becker, erschienen. Der Wirklichkeit der Lager und Ghettos gegenüber sind beide, vergleicht man sie mit Berichten und Analysen,
fast harmlos zurückgeblieben, gerade weil sie einen Rest an
menschlicher Würde und Widerstandskraft und gutem, wenigstens sinnvollem Ende zu wahren suchen.

Vor dem Welterfolg des Romans von Apitz verstummt die literarische Kritik. Er verdankt ihn ähnlichen Mitteln wie die Fernseh-
serie ›Holocaust‹: der klaren Schwarz-Weiß-Zeichnung, der Holz-
schnittpsychologie markanter Dialogszenen unter den Opfern wie
unter den Wächtern, einem spannenden und sentimentalen Plot
(die Rettung eines eingeschmuggelten Judenkindes), der Hervor-
hebung der Heldenhaftigkeit des trotz allem möglichen Widerstandes (der kommunistischen Häftlingsorganisation) und der
schließlichen Rettung, wodurch die Opfer nicht sinnlos waren und

auf die Toten Verklärung fällt. Besonders zum Erfolg hat, wie man immer wieder hervorgehoben hat, der menschlich gelöste Konflikt zwischen Parteidisziplin und gefahrbringender Rettung eines Menschenlebens beigetragen. Marcel Reich-Ranicki bezeichnete diese Konstruktion, die Umkehrung von Brechts ›Maßnahme‹, schlicht als lebensfremd[45]. Wie auch immer, Apitz hat durch die Handlung ein unerträgliches Thema einem großen Publikum annehmbar gemacht. Das Lager Buchenwald ist kein weißer Fleck auf der Landkarte. Kunerts Beschreibung derselben ›Ortschaft‹ bezieht sich allerdings auf den Bericht eines anderen Insassen, auf Jorge Semprun[46].

Jurek Becker, einer jüngeren Generation zugehörig, behandelte das Thema von Jakob dem Lügner, der den im Ghetto mitgefangenen und nach und nach zur Vernichtung abtransportierten Juden Trost aus einem erfundenen Radio spendet, schon mit der Distanz eines traditionsbewußten Erzählers. Mit dem beredten, leisen und launigen Tonfall, der an jiddischen Erzählungen und Johannes Bobrowski geschult ist, werden die kleinen Leute aus dem ›Schtetl‹ vor dem dunklen Hintergrund vorgeführt, als solle dem Leser über den alltäglichen Seltsamkeiten und charakteristischen Gewohnheiten die Hoffnungslosigkeit ihres Schicksals entgehen. Das Schreckliche bleibt in einem eigentümlich gewöhnlichen Zustand, das Gespenstische solcher Erfahrung ist auf diese Weise wohl ›realistisch‹ erzählt. Das sich entziehende, schmiegsame und listige Verhalten der Figuren steht im Gegensatz zur ›germanischen‹ Herrscherpose der Deutschen so, wie die Erzählhaltung sich ungebrochener Perspektive und politisch vordergründiger Tendenz verweigert. Das Experiment mit der Hoffnung und der Lüge hat Bekker im Roman ›Der Boxer‹ (1976) mit einem Juden, der überlebt hat, wiederholt: Vergeblich, wie sich zeigt, auch der Überlebende entkommt nicht.

Die fiktionale Darstellung des Widerstandes hatte, wie seine Geschichtsschreibung, von Anfang an pädagogische und politische Funktionen zu erfüllen. Wie der Spanische Bürgerkrieg auf der einen Seite nur ›gereinigt‹ präsentiert werden durfte, auf der anderen, der westdeutschen, »allzulange ein weißer Fleck auf der geistigen Landkarte«[47] blieb, so setzte man dort den antifaschistischen mit dem kommunistischen Widerstand, hier mit dem Attentat vom 20. Juli 1944 gleich. Der antifaschistische Alleinvertretungsanspruch, das Monopol auf den richtigen Widerstand, auf die (angeblich) demokratischen Ziele der Widerstandsgruppen, die Definition des Widerstandsrechts und die Ablehnung anderer Formen des Widerstands, die Gründerheroen: Das alles wurde stark zur Legitimierung der beiden Nachfolgestaaten benutzt[48]. Das ging oft auf Kosten der Genauigkeit und der tieferen moralischen Auseinandersetzung: Wer war überhaupt ›Antifaschist‹? Konnte der Widerstand zum Volksaufstand führen? Welche moralischen Probleme im Kriege, im Kampfe gegen die Mehrheit ergaben sich? Von den Kritikern der DDR wurden auch die nicht klassenbewußten Einzelkämpfer, die Momente der Schwäche, die Lähmung durch den Hitler-Stalin-Pakt nicht gern erwähnt gesehen. Für die Adligen und Generäle des 20. Juli haben die meisten Erzähler, aus der Perspektive von unten, nur Hohn und Spott übrig[49].

Einzig Stephan Hermlin versuchte sich ganz früh, in einer unmittelbar danach entstandenen Novelle, ›Der Leutnant Yorck von Wartenburg‹ (1945), an einer visionären Vereinigung der aristokratischen Attentäter mit dem »Nationalkomitee Freies Deutschland« in Rußland. Im Augenblick der Hinrichtung durch den Strang erträumt sich Wartenburg (gemeint ist Schenk von Stauffenberg; aus guten Gründen wurde der Name vertauscht) seine Befreiung, die in der großen politischen und sozialen Befreiung eines allgemeinen Volksaufstandes gipfelt. Hier lebte ein Stück sozialistischer Preußenlegende fort, illusionär sicherlich, bald auch wenig opportun, obwohl Offiziersmemoiren und wachsender Ausgleich mit den preußischen Widerständlern ihr inzwischen den Stachel genommen haben dürften. Hermlin hat sie zudem mit historischen und poetischen Anspielungen reich versehen. Auch andere Erzählungen von ihm haben großen Atem, in dem sich neuklassische und neuromantische Novellentraditionen und die Phantastik des Wunsch- oder Alptraums eindringlich zusammenschließen. So in seiner Erinnerungsbeschwörung des Aufstandes im Warschauer Ghetto, ›Die Zeit der Gemeinsamkeit‹ (1949), und in seiner vielen anstößigen Darstellung des 17. Juni aus dem Blickwinkel einer Nazi-›Kommandeuse‹ (1954). Unschuldige und

Schuldige, die Handlanger des Verbrechens und die Tapferen, die sich widersetzen, tauchen in eine ihnen eigentümlich gemeinsame Luft, in der Hölle und Arkadien dicht beieinander wohnen. Unter die Lebensbilder von Antifaschisten, welche er als ›Die erste Reihe‹ 1951 zusammenstellte, hat er freilich fast nur noch junge Kommunisten aufgenommen.

Die Beteuerungen der Kontinuität der antifaschistischen Literaturtradition und ihrer Entwicklung zu einer ›sozialistischen Nationalliteratur‹, wie sie Germanisten der DDR wiederholen, machen mißtrauisch, wie fest dieses Band wirklich geknüpft ist. ›Antifaschistisch‹ ist die westdeutsche Literatur auch. Und warum nicht die deutsche Teilung, die auf irgendeine Weise in beinahe jedes Werk hineinspielt, oder die Forderungen der Partei, die irgendwie in jedem besseren Buche nicht erfüllt werden, zum Band erklären? Die Schriftsteller jedenfalls suchten meist sich von den Erstarrungen, die hinter solchen Formeln stecken, abzusetzen, und arbeiteten sich an den Brüchen und leeren Flecken ab, welche die Vergangenheit hinterlassen hat. Allgemein kommt man deswegen auch zu dem Schluß, daß die mittleren und jüngeren Generationen historisch-kritischer seit den sechziger und noch stärker in den siebziger Jahren ihre Umwelt als Produkt dieser Vergangenheit betrachten und für ihre Literatur »ein vertieftes und in widerspruchsvollen Prozessen im Wachsen begriffenes Geschichtsbewußtsein charakteristisch ist«[50].

Eine so herausragende und herausfallende Erscheinung wie Johannes Bobrowski [→24] hat viel zu einem freieren Umgang mit der Geschichte und zu ihrer gelösteren und poetischeren Darstellung beigetragen. Nicht nur als lyrischer Beschwörer einer mythischen östlichen Landschaft, des Landes Sarmatien, sondern auch als unauffällig beobachtender Erzähler, der die Bewohner seines alten Landes – Ostpreußen, Litauen, Estland, Polen, Westpreußen, Rußland – auf historischen und Erinnerungsspuren aufsuchte. Sein Hausrecht gebrauchend, wie er es nannte, verstand er es, in einer versuchsweisen, stockenden und fließenden, durch Lieder motivisch geleiteten, die Zeiten ineinander überspielenden Erzählweise, die auch Familienchronik, wie im Roman ›Levins Mühle‹ (1964) zu ihren Zwecken korrigierte, »das unglückliche und schuldhafte Verhältnis des deutschen Volkes zu seinen östlichen Nachbarvölkern bis in die jüngste Vergangenheit zum Ausdruck zu bringen und damit zur Überwindung revanchistischer Tendenzen beizutragen«[51]. Dies sein erklärtes Hauptthema variierte er in scharf gestochenen Miniaturen – wie ›Mäusefest‹ (1962), ›Lipmanns Leib‹ (1962), ›Rainfarn‹ (1964) oder ›Der Mahner‹ (aus dem Nachlaß) –, in denen sich wie in den Romanen die Sympathie der Aufklärung für das ›einfache Volk‹ mit der Liebe der Romantik für die Außenseiter, landfahrendes Volk, die Juden, die ›Armen im Geiste‹, die den Schergen das »Haltet Gottes Gebote!« entgegenhalten, verbindet. Das Zentrum dieser geistigen Landkarte ist das Königsberg Kants, Herders und Hamanns. Im anderen Roman aus dem Nachlaß, ›Litauische Claviere‹ (1966), treten die litauischen Lieder des Christian Donelaitis hinzu. Hier wird, in einer Skala skizzenhafter sozialer und nationaler Porträts, das Verhältnis der Deutschen und Litauer im Jahre 1936 gezeigt. Wie Grass' Danzig liegt Bobrowskis Tilsit an einer Nahtstelle: Es ist die Grenzstadt zum durch den Versailler Vertrag abgetrennten, als autonomes Gouvernement zu Litauen geschlagenen Memelland. Der Roman handelt von einem Ausflug von Tilsit aus in dieses Hinterland jenseits der Memel. Dunkelheit und figurierendes Sprechen bedeuten dem Leser: Die richtige Haltung und Möglichkeit, Geschichte und Gegenwart fruchtbarer aufeinander zu beziehen, ist in der Trance der Poesie, im geistigen Raume christlich-aufgeklärter Humanität eher zu suchen als zu finden. Die Vergeblichkeit des Versuchs, in einer Oper auf Texte des Donelaitis die Völker zu versöhnen, und die Gebrechlichkeit einer doch notwendigen rückwärtsgewandten Utopie ist dem Roman eingeschrieben.

Auch Günter Kunert folgte der Katastrophe zurück zu ihren Gründen in alten ›Herrschaftsverhältnissen‹, nicht gerade bis zu den Ordensrittern, aber doch ins friderizianische Preußen. Er neigt dazu, im System, das in Buchenwald kulminierte, »nicht die Entartung Preußens, sondern die Konsequenz seines Wesens« zu sehen, die Geschichte eines immer wieder aufgeweckten märkischen Eisenhans, und den Antisemitismus als Ergebnis gescheiterter Revolutionen und aufgestauter sozialer Aggressionen[52]. Ihm kommt aus der Geschichte kein Hoffnungsschimmer. »Manchmal weht/

aus den Deckeln der Kanalisation / Rauch ⟨...⟩.« Die Asche der Verbrannten lastet auf der Erde unaufhebbar[53]. Ausgangspunkt seines Schaffens war das Überleben einer Katastrophe, die man eigentlich nicht hätte überleben sollen.

Seine Gedichte und Prosastücke sind voll von Schiffbrüchen und ihnen schuldig-unschuldig Entkommenen, von Runen und Mementos, grotesken Hinrichtungen und zerfallenen Städten. Die Unentrinnbarkeit eines der einsickernden Sintflut zueilenden Weltlaufs spricht dennoch den einzelnen von Schuld nicht frei. Die Vergeblichkeit, mit der er sich ihm entgegenstemmt, hat ihre Geschichtsmetapher in Sisyphus gefunden, einem Mythos, der viele Maler und Dichter der DDR beschäftigt[54].

Nicht nur bei Kunert erscheint der Geschichtspessimismus [→344], entgegen dem öffentlich verordneten Optimismus, als Konsequenz gerade auch einer materialistischen Geschichtsbetrachtung: »Was uns der dialektische Materialismus darstellt, ist die prinzipielle Misere: der andauernde Zerfall mühselig konstituierter Menschengemeinschaften; der alles unter großen Schwierigkeiten Entstandene vernichtende Widerspruch.«[55] Die Propheten wurden nie gehört; Babylon, Ninive, Berlin sind untergegangen. Die Überlebenden richten sich in den Trümmern ein, gemütlich, blind und übermütig der nächsten Katastrophe entgegenlebend[56]. Ein Marxismus ohne Marx, der nur »die feierliche Verkündigung des Wetters« ist – also als sei aufgrund von Vorhersage und Vorsorge eingetroffen, was ohnedies geschieht –, kommt an seinem Ziele immer nur an »wie die Toten am Grab«[57]. Aber gerade dieses Gedicht aus der ersten Hälfte der sechziger Jahre war noch nicht ohne Hoffnung.

Die geschichtsphilosophische Skepsis, nicht durchweg so verdüstert wie bei Kunert, aber doch unüberhörbar desillusionierten Tones, nahm auch sonst in der bedeutenden Lyrik aus der DDR seit den sechziger Jahren merklich zu. Nach den abgebrochenen Aufklärungen über die Verbrechen der Stalinzeit, nach den unterdrückten Prager Reformen 1968, nach der Ausbürgerung Wolf Biermanns 1976, die die Hoffnungen auf größere Freiheit zerstörte, welche Anfang des Jahrzehnts geweckt worden waren, meldeten sich auch bei den überzeugten Marxisten der alten und der

neuen Generation, vielleicht den gläubigsten des ganzen Ostblocks, Zweifel, ob da wirklich eine Wende in der Geschichte der
Menschheit stattgefunden hatte. Schon in den fünfziger Jahren
waren die hymnischen Stimmen verstummt: Louis Fürnberg war
erschreckt über die Prager Prozesse. Stephan Hermlin und Franz
Fühmann hörten auf, Verse zu machen; dieser nicht ohne peinlich
berührt auf die Ähnlichkeit seiner Lieder mit den Bardengesängen
der Nazi-Zeit aufmerksam geworden zu sein[58]. Erich Arendt verschlüsselte seine schmerzliche Erkenntnis in Gedichten von der
Ägäis, in deren einem (›Nach dem Prozeß Sokrates‹; 1961) die Gefängnisse der Faschisten und der Stalinisten in Parallele gesetzt
werden[59]. Das Gedächtnis der großen russischen Dichter, die in
der Stalinzeit getötet oder totgeschwiegen, auch später kaum gehört worden sind, weil sie das Leiden ihres Volkes aussprachen –
Ossip Mandelstams, der Anna Achmatowa und der Marina Zwetajewa –, wird aufgerufen, wenn man der eigenen Verstörung
Herr werden will[60]. Das historische Subjekt, als welches der
Mensch das Rad der Geschichte in die Hand zu bekommen schien,
droht abhanden zu kommen, und hinter den wechselnden Masken
blickt das immer gleiche herrschsüchtige und geschundene Gesicht
der Menschheit hervor. So stellt sich die Geschichte in Gedichten
auf die Ruinenstätten untergegangener Gesellschaften von Karl
Mickel oder Volker Braun dar[61].

Vor diesem Hintergrund ist auch die neue Phase poetischer,
meist autobiographischer Erforschung der Nazi-Zeit zu sehen: Die
Antworten und vorbildlichen Bewältigungen der Vätergeneration
befriedigten nicht mehr. Ihr historisches Raster versagte allzu offensichtlich. Am Faschismus quälte das, was von ihm übriggeblie-
ben war und sich auch im Bewußtsein des ›neuen Menschen‹ nicht
aufgelöst hatte. Der sehr pädagogisch-moralisierende Ton Christa
Wolfs oder Hermann Kants erklärt sich aus diesem Bewußtsein
unaufgelösten eigenen Bodensatzes, das ihrer inzwischen selbst
längst zur Vater- und Mutterschaft herangereiften Generation zu
schaffen macht. Die Diskussionen auf dem VII. Schriftstellerkongreß 1973 kreisen um die Verbindlichkeit der Erfahrung der Älteren[62]. Die (ein wenig) Jüngeren, zum Beispiel Klaus Schlesinger
oder Helga Schütz, haben sich inzwischen selber aufgemacht, wie

ihre Vettern in Westdeutschland – von Walter Kempowski bis zu Bernward Vesper oder Christoph Meckel – die Schuld der Väter an Erinnerungen und Dokumenten zu überprüfen[63].

Am konsequentesten tat das Christa Wolf in ›Kindheitsmuster‹ (1976). Nicht nur schilderte auch sie die Zeit aus der Sicht jener Menschen, die über die politischen Vorgänge kaum nachgedacht, die den Faschismus mitgemacht hatten, ohne ihn zu wollen[64]. Sie führte auch die Erzählung in die Gegenwart hinein fort, indem sie die verschiedenen Zeitebenen der Kindheitserinnerungen, der Reise ins heute polnische Landsberg an der Warthe im Juli 1971 und der Niederschrift des Buches seit November 1972 bis 1975, übereinanderlegte. Durch die Mehrdimensionalität erreichte sie jene dichte und vielfältig gebrochene Reflexion, die die Nachdenklichkeit des Lesers in Bewegung setzt – so wie sie Uwe Johnson in »Jahrestage« (1970 ff.), Heinrich Böll im ›Gruppenbild mit Dame‹ (1971), wie sie schon Grass in der ›Blechtrommel‹ und Thomas Mann im ›Doktor Faustus‹ mobilisiert hatten. In jähen Schnitten tritt aus der Erzählerin das fremde und unheimlich verwandte Kind hervor, das sie einmal war. Und es zeigen sich in der Persönlichkeitsspaltung die vergessenen und verdrängten Regungen, im Kontrast auch zur Tochter Lenka, die zwar ebenfalls Kind, doch einer anderen Zeit angehört. Es sind die gleichen Tabus, wie sie Alexander Mitscherlich in seinem Buche ›Die Unfähigkeit zu trauern‹ in der bundesrepublikanischen Gesellschaft untersucht hatte: die zaghafte Entdeckung der Autoritäten vor allem, mit denen man sich identifiziert hat, der Ersatzidole verdrängter Hitlerliebe etwa, und die Erklärung eines »psycho-sozialen Immobilismus«[65] aus der Tabuisierung alter Verhaltensweisen und der fortbestehenden Angst vor Autoritäten. Ein Traum vom zweimal beerdigten Stalin ist eingebettet in die Lektüre von Manns Novelle ›Mario und der Zauberer‹: »Wann … werden wir auch darüber zu reden beginnen? Das Gefühl loswerden, bis dahin sei alles, was wir sagen, vorläufig und dann erst werde wirklich gesprochen werden?«[66] Die Erforschung des persönlichen als sozialen Gewissens wurde mit den Traditionen des modernen Romans zugleich mit der Psychoanalyse einer Kollektivschuld verknüpft. Das hat die Kritik bislang nur ungenügend gewürdigt.

Im Vergleich dazu ist Hermann Kants Roman ›Der Aufenthalt‹ (1977) konventionell gerade darin, daß er seinen Helden, einen Knaben, der unschuldig in die Erwachsenenwelt der Kriegsgefangenen- und Kriegsverbrecherlager gerät, in dem embryonalen, über seinen Schuldanteil zwar mählich aufgeklärten, aber zum Nichtälterwerden verurteilten Zustand beläßt. Über die seitdem vergangenen dreißig Jahre schweigt der Autor sich aus, und so wirken die Monstren von damals, aber auch die Polen und Russen der ersten Begegnungen wie eingefroren. Der Roman bleibt im Genre der Bildungsromane der sechziger Jahre, auch wenn das Wandlungsthema nicht mehr so penetrant hervortritt und die Schatten gleichmäßiger verteilt worden sind.

Vielen Lesern ging Christa Wolf – die nicht mehr als eine Schriftstellerin nur der DDR empfunden wird, ebensowenig wie etwa Bobrowski oder Kunert so gelesen werden oder sich auch selbst je so fühlten – in ihrer Aufrichtigkeit nicht weit genug. Der erste Satz ihres Romans: »Das Vergangene ist nicht tot; es ist nicht einmal vergangen« verspricht in der Tat mehr, als eingehalten wird. Er stammt von Faulkner und wurde zuvor von Alfred Andersch als Motto seines Romans ›Winterspelt‹ (1974) verwendet. Als ihn Erich Loest in seiner Erzählung ›Pistole mit sechzehn‹ (1979) zitierte, dachte er an den als Genossen der SED und Redakteur einer Parteizeitung wiedergeborenen Hitlerjungen[67]. Mit den Erzählungen aus seiner ›Jungvolk‹- und Soldatenzeit, eingearbeitet auch in seine 1981 erschienene Autobiographie, holte er Versäumnisse nach. Obwohl er schon 1950 einen Roman über dieselbe Materie verfaßt hatte, ist seiner Ansicht nach der Roman der Jugend unter dem Überdruck des offiziellen Antifaschismus und seines Schreis nach dem positiven Helden ungeschrieben geblieben. In Mittweida gab es keine nennenswerte Widerstandsgeschichte zu holen[68].

Loest hat ein Auge für die unheimliche Normalität des angepaßten Verhaltens. Es ist der Blick des gebrannten Kindes, der in seiner bislang besten Erzählung ›Zwei Briefe von Rohdewald‹ (1975), ähnlich wie in Fühmanns ›Spiegelgeschichte‹ (1978), auf die gegenwärtige Gesellschaft der DDR und ihren latenten Stalinismus, ihre stalinistische Vorgeschichte fällt. Die robusten Tugenden des Funktionärs und Aufsteigers, seine Selbstgerechtigkeit, die Feigheit und Opportunismus, sein Sportsgeist, der Brutalität versteckt: Das waren und sind staatstragende Tugenden, wie es Trägheit des Denkens und das sogenannte gesunde Volksempfinden sind. »Sie verdammter Faschist!«, so beschimpft der aufgebrachte Erzähler einen Vater, der seinen Sohn auf die altbewährte Weise ertüchtigt, indem er ihn ins Wasser stößt. Die Schlüsselszene in Loests letztem Roman hat einen Nerv getroffen, wo sich altes und neues System berühren[69].

Daß der neue Aktivist eine Vergangenheit hatte, ist keine neue Erkenntnis. Die zweischneidige Frage »Waren seine Eigenschaften vorher nur mißbraucht, oder war es die Verwandtschaft der Systeme, die sie heranzog?« hatte schon die Verfasser der Produktionsstücke seit Brechts ›Büsching‹-Fragment beschäftigt[70]. Der Aktivist Garbe, der Büsching Brechts und der Balke in Heiner Müllers ›Lohndrücker‹ (1956), hatte zuvor einen kommunistischen Kumpel angezeigt. Die feindlichen Brüder, der Rote und der Braune, kehrten in Heiner Müllers Stücken seitdem öfters wieder[71]. Der Mensch als Marionette oder als Maschine, das ist die häufig gebrauchte Metapher, und natürlich führt die Spur wieder zum preußischen Untertanengeist zurück. Die Enttäuschung der Ideologie wird in den Dramen Müllers und seiner Schüler Stefan Schütz und Thomas Brasch mit totalem Sinnverlust der Geschichte bezahlt. Dennoch hängt über ihnen noch immer das sterile Fähnchen der Hoffnung auf Revolution.

›Rotter‹ (1977) von Thomas Brasch war eines der letzten Stükke, die in der Gattung des Produktionsdramas die Diskussion um den Typus des ›neuen Menschen‹ und ›neuen Helden‹, der schon einmal Held war, fortsetzten. Rotter, Proletarier, gescheiterter Metzgersgehilfe, ist überall zur rechten Stelle: als SA-Mann beim Plündern jüdischer Geschäfte, als Gruppenführer beim Militär im Kriege, als Einsatzleiter der Aufbaubrigade, als Bauleiter und Ordensträger, den auch der 17. Juni nicht bange gemacht hat, jederzeit pflichtbewußter Denunziant der unsicheren Elemente. Trotzdem wandert er auf den Schrotthaufen der Geschichte. »Ein Held, wenn er gebraucht wird. Der Neue Mensch. Ständig einsatzbereit, ohne hemmende Individualität im bürgerlichen Sinn.« Die um- und demontierte Puppe, die aus Brechts Lehrstück ›Mann ist Mann‹ auch Müller zur Parodie des total zum Instrument verwandelten und verstümmelten Menschen fortentwickelt hat, beschließt diesen Bilderbogen mit absurder Konsequenz.

Aber auch die literarische Analyse dieses Typus, so darf man zum Schluß bemerken, ist nicht neu. Blickt man auf die gesellschaftskritische Literatur der Zwischenkriegszeit zurück, so fällt auf, wie wenig den frühen Beobachtern entgangen ist. Im Vergleich zu den Büchern der Lion Feuchtwanger, Ödön Horváth, Joseph Roth, Heinrich und Thomas Mann, Karl Kraus, Siegfried Kracauer, Oskar Maria Graf oder Alfred Döblin drängt sich im Gegenteil das Schrumpfen gesellschaftlicher Anschauung und die Verengung des Blickwinkels auf. Das gilt nicht unbedingt nur für die DDR. Aber solange man dort zu einem kritischen Systemvergleich nicht fähig und nicht frei ist, wird die gründliche Auseinandersetzung weiterhin eher im Westen stattfinden. Immerhin: Auch die anderen Literaturen des Ostblocks, auch die russische, könnten junge Schriftsteller der DDR ermuntern, etwas zu riskieren. Und manchmal kann man ein Tabu auch schon ein Tabu nennen.

Anhang

Anmerkungen

Sekundärliteratur erscheint in den Anmerkungen in Kurzform und kursiv (Autor, Titelstichwort, gegebenenfalls Band- und Seitenzahl – z. B. *Hermsdorf, Kafka, 203*). – Sekundärliteratur mit Quellencharakter, vorwiegend Zeitungsbeiträge, werden vollständig nur in den Anmerkungen bibliographiert. Benutzte Quellenliteratur wird in der jeweils ersten Anmerkung eines Aufsatzes vollständig aufgeführt, in den folgenden Anmerkungen ebenfalls kurz zitiert, jedoch gerade gesetzt, wenn nötig, wird auf die erste vollständige Nennung verwiesen (z. B. Brasch, Neuankömmling, s. Anm. 2). Anthologien sind in der Regel unter dem Herausgebernamen aufgeführt (z. B. Schmitt, 19 Erzähler der DDR). Abkürzungen für Lexika u. ä. sowie für Quellensammlungen (z. B. Dokumente) werden in der Bibliographie (II und IV), Kürzel für Zeitschriften, Zeitungen u. ä. (z. B. S. u. F., WB, NDL, ND) werden im Verzeichnis der Abkürzungen aufgelöst.

Hans-Jürgen Schmitt: Von den ›Mutmaßungen‹ zu den ›Neuen Leiden‹

1 Günther, M./L. Klawohn/F. Meyer: [Vorbemerkung]. In: alternative 113, 1977, 62.

2 Kunert, Günter: Offener Brief aus Ost-Berlin: Ein Schriftsteller ohne Inspiration erzeugt Flugsand. In: Die Zeit, Nr. 33 vom 5. 8. 1977, 37.

3 Günther u. a.: Vorbemerkung (s. Anm. 1), 63.

4 Schmitt, Hans-Jürgen (Hrsg.): 19 Erzähler der DDR. Frankfurt 1971.

5 Brasch, Thomas; Neuankömmling. In: alternative 20, 1977, 113, 95.

6 Kunert, Günter: Ich konnte schreien, aber nicht mehr schreiben. In: FAZ, Nr. 274 vom 24. 11. 1979, 25.

7 Vgl. *Mayer, Stationen.*

8 Lange, Hartmut: Vorschein von Freiheit. In: alternative 20, 1977, 113, 64.

9 Zwerenz, Gerhard: Vorformulierer. In: alternative 20, 1977, 113, 83.

10 Nicht aufgeführt sind Verlage, die zufällig einen oder zwei DDR-Autoren vor Jahren publizierten, u. a. Piper, Nymphenburger, Ullstein.

11 Johnson, Uwe: Begleitumstände. Frankfurter Vorlesungen. Frankfurt 1980, 219.

12 Brasch, Neuankömmling (s. Anm. 5), 99.

13 *Mohr, Produktive Sehnsucht,* 191 f. sowie *Behn, Wirkungsgeschichte*
    mit z. T. falschen Auflagenzahlen.
14 *Meyer, Christa Wolf,* 26.
15 Die folgenden Zitate bei *Behn, Wirkungsgeschichte.*
16 *Reich-Ranicki, Der Fänger im DDR-Roggen.*
17 Ebd.
18 Schütte: Zu spät. In: FR Nr. 110 vom 12. 5. 1973
19 *Diskussion um Plenzdorf,* 241.
20 *Diskussion um Plenzdorf,* 247.
21 Ebd.
22 *Cases, Plenzdorf,* 14.
23 *Cases, Plenzdorf,* 15.
24 *Schneider, Kunze.*
25 *Wallmann, Kunze,* 77 und 89.
26 *Wallmann, Kunze,* 33.
27 *Wallmann, Kunze,* 189.
28 *Wallmann, Kunze,* 184.
29 Dokumente zu Rolf Schneiders Roman ›November‹. Beilage zu:
    Schneider, Rolf: November. Hamburg 1979, 18. Zuerst in: FR,
    Nr. 37 vom 15. 2. 1978.

Hans-Jürgen Schmitt: Literaturbetrieb als Staatsmonopol

 1 Staeck schrieb fälschlich Kultusministerium statt richtig: Kulturmini-
    sterium.
 2 Vgl. z. B.: Brasch, Thomas: Ich stehe für niemand anders als für mich.
    In: Der Spiegel Nr. 1/2 vom 3. 1. 1977, 79–81; *Altweg, Jentzsch;*
    Pragal, Krug; Wirsing, Kirsch; Rothschild, Vier Formen.
 3 Vgl. Das 11. Plenum und die Literatur. In: NDL 14, 1966, 2 und
    11. Plenum und sozialistischer Realismus. In: NDL 14, 1966, 5. Siehe
    auch Anm. 8.
 4 Gesetzblatt der Deutschen Demokratischen Republik Teil I, Nr. 17
    vom 2. Juli 1979, 144: § 219 (Ungesetzliche Verbindungsaufnahme).
 5 *Höpcke, Literatur nach 30 Jahren.*
 6 Konrad Naumann. Zit. nach: dpa: SED-Naumann preist die realisier-
    baren Ideale. In: FR Nr. 103 vom 4. 5. 1979.
 7 O'Flaherty, Liam: Ich ging nach Rußland. Zürich 1971, 125.
 8 Wolf, Christa: Diskussionsbeitrag auf dem 11. Plenum des ZK 1965.
    Zit. nach *Schubbe, Dokumente,* 1099.
 9 *Geschichte der DDR-Literatur,* 26.

10 Vgl. *Schmitt/Schramm, Sozialistische Realismuskonzeptionen* und *Schmitt, Expressionismusdebatte.*

11 *Lexikon deutschsprachiger Schriftsteller.*

12 Der Brief war von E. Loest an den Verfasser dieses Beitrages gerichtet und stammt aus dem Jahre 1979.

13 Schulz, Max Walter: Der Schriftsteller braucht ein Amt – wenigstens zeitweise. In: ders.: Stegreif und Sattel. Anmerkungen zur Literatur und zum Tage. Halle 1968, 113. Vgl. auch Erich Loests Anspielung darauf in seinem Roman ›Es geht seinen Gang‹. Stuttgart 1978, 175.

14 Sakowski, Helmut: Nach dem 11. Plenum. In: NDL 14, 1966, 2, 16 f.

15 Braun, Volker: Es genügt nicht die einfache Wahrheit. Notate. Leipzig 1975, 117.

16 Neutsch, Erik: Diskussionsbeitrag auf dem VIII. Schriftstellerkongreß 1978. In: NDL 26, 1978, 8, 125.

17 Görlich, Günter: Diskussionsbeitrag. NDL 26, 1978, 8, 44.

18 *Kähler, Aula,* 267–273.

19 Braun, Volker: Eine große Zeit für die Kunst? In: ders.: Es genügt nicht . . . (s. Anm. 15), 26.

20 Begriff aus der *Geschichte der DDR-Literatur,* 27.

21 Mündliche Mitteilung H. Kants auf einer Diskussion in West-Berlin 1976, nach einer Tonbandaufzeichnung des NDR (Typoskript beim Verfasser dieses Beitrags). Vgl. auch: »Wissen wo man steht in den politischen Kämpfen unserer Zeit«. Aus dem Referat von H. Kant. In: ND vom 31. 5. 1979.

22 Seyppel, Joachim: Ist Literatur Hochverrat. Eine Abrechnung mit dem (Nicht-)Schriftstellerverband der DDR. In: Die Zeit, Nr. 23 v. 1. 7. 1979.

23 Vgl. Neun Schriftsteller in der DDR gemaßregelt. In: FR, Nr. 132 vom 9. 6. 1979 und Baum, Karl-Heinz: Mal eine Tragödie und mal eine Farce. Ebd.

24 Braun, Volker: Provinzialismus und Masseninitiative. In: ders.: Es genügt nicht . . . (s. Anm. 15), Anm. 7

25 Corino, Karl: Es geht seinen Gang oder Mühen in unserer Ebene. Ein Gespräch mit dem DDR-Schriftsteller Erich Loest. In: FR, Nr. 80 vom 3. 4. 1976.

26 Sarah Kirsch/Bernd Kolf: Ein Gespräch. In: Neue Literatur. Zeitschrift des Schriftstellerverbandes der SRR, 1975, 9, 67–70.

27 Faust, Siegmar: Hilf mir und sieh, wie meine zornige Zunge blutet. Über Wolfgang Hilbig. In: L'76, 1978, 10, 86 ff.

28 Laabs, Jochen: Die Entscheidung, Schriftsteller zu werden. In: NDL 27, 1979, 4, 112.

29 Loest, Erich: s. Anm. 25.

30 Braun, Volker: Umfrage der Zeitschrift ›Woprossy Literatury‹. In: ders.: Es genügt nicht . . . (s. Anm. 15), 74.

31 Plenzdorf, Ulrich: Die neuen Leiden des jungen W. In: trajekt 7, 1973, 63.

32 Vgl. auch Krüger, Michael (Hrsg.): Kunert lesen. München 1979, 186.

33 Naumann, Konrad: ⟨o. T.⟩. Zit. nach FAZ, Nr. 149 vom 2.7. 1979.

34 Danziger, Carl-Jakob: Die Partei hat immer recht. Stuttgart 1976, 111.

35 Corino, Karl: Wörter wirken wie Dynamit. DZ-Interview mit dem DDR-Schriftsteller Kurt Bartsch. In: Deutsche Zeitung, Nr. 27 vom 29. 6. 1979.

36 Gespräch mit Klaus Schuhmann. In: WB 23, 1977, 8, 65.

37 *Geschichte der DDR-Literatur,* 548.

38 Neubert, Werner: Es geht seinen Gang. In: Sonntag, Nr. 31 vom 30.7. 1978.

39 Mitteilung des Büros für Urheberrechte an den Autor.

40 Neubert, Werner: Die Wirklichkeit steht dagegen. In: BZ, 8.9. 1978.

41 Höpcke, Klaus: Was Autoren in der DDR und ihrem Talent gut tut. In: FR, Nr. 69 vom 5. 4. 1978.

42 Batt, Kurt: Kurt Batt oder Porträt einer mir bekannten Person. In: trajekt 10, 1976, 7 f.

43 Alle Details und wörtliche Rede von Huchel mündlich im Jahre 1970 mitgeteilt.

44 Becher, Johannes R.: Von der Größe unserer Literatur. Ansprache und Schlußwort zum IV. Deutschen Schriftstellerkongreß Januar 1956. In: ders.: Von der Größe unserer Literatur. Leipzig 1971, 253–293. Vgl. insbesondere 276.

Karl Robert Mandelkow: Die Bedeutung des Erbes

1 Marx, Karl und Friedrich Engels: Werke (MEW), Bd. 8. Berlin (DDR) 1973, 115 und 117.

2 Vgl. vor allem Lenins Aufsatz ›Über proletarische Kultur‹ (Werke, Bd. 31, 307 f.) und seine Rede ›Die Aufgaben der Jugendverbände‹ (Werke, Bd. 31, 272–290), beides 1920. Zur Interpretation der Leninschen Erbetheorie in der DDR vgl. *M. Naumann, Erbe.*

3 Vgl. *Mandelkow, Klassikbild,* 423–439.

4 *Trommler, Kulturpolitik,* 13–72; *Hermand, Modernismusdebatte,* 73–99; *Schlenker, Erbe.*

5 *Zur Tradition der deutschen sozialistischen Literatur*, 2, 672.

6 *Kolbe, Neue Ansichten*, 83.

7 *Kolbe, Neue Ansichten*, 101.

8 Mehring, Franz: Aufsätze zur deutschen Literatur von Hebbel bis Schweichel. Berlin (DDR) 1961, 204.

9 Holz, Arno: Die neue Wortkunst. Eine Zusammenfassung ihrer ersten grundlegenden Dokumente. Berlin 1925, 490.

10 *Fähnders/Rector, Literatur im Klassenkampf; Fähnders/Rector, Linksradikalismus und Literatur.*

11 Zit. nach: *Dokumente zur sowjetischen Literaturpolitik 1917–1932*, 161.

12 Benjamin, Walter: Moskauer Tagebuch. Aus der Handschrift herausgegeben und mit Anmerkungen von Gary Smith. Mit einem Vorwort von Gershom Scholem. Frankfurt 1980.

13 Benjamin, Moskauer Tagebuch, 80.

14 *Zur Tradition der deutschen sozialistischen Literatur*, 1, 147.

15 Vgl. *Schmitt/Schramm, Sozialistische Realismuskonzeptionen.*

16 *Zur Tradition der deutschen sozialistischen Literatur*, 3, 176.

17 Zit. nach *Literatur der Arbeiterklasse*, 659.

18 *Zur Tradition der deutschen sozialistischen Literatur*, 3, 176.

19 Vgl. *Schmitt, Expressionismusdebatte.*

20 *Zur Tradition der deutschen sozialistischen Literatur*, 2, 488.

21 Ebd. 493.

22 Ebd. 494.

23 Ebd. 495.

24 Ebd. 399.

25 Ebd. 409.

26 Ebd. 412.

27 *Mittenzwei, Brecht-Lukács; Mittenzwei, Brecht und Klassik; Mittenzwei, Realismusstreit.*

28 Vgl. dazu auch: *Rilla, Goethe.*

29 *Zur Tradition der deutschen sozialistischen Literatur*, 1, 433.

30 Ebd.

31 Vgl. Bechers ›Philosophie des Sonetts oder kleine Sonettlehre‹. In: S. u. F. 8, 1956, 329–351.

32 Zit. nach *Schubbe, Dokumente*, 408.

33 Becher, Johannes R.: Bemühungen II. Macht der Poesie. Das Poetische Prinzip. Berlin (DDR) und Weimar 1971, 113.

34 Zit. nach *Schlenker, Erbe.*

35 *Zur Tradition der deutschen sozialistischen Literatur*, 2, 480.

36 Lukács, Georg: Goethe und seine Zeit. Bern 1947, 98.

37 *Schubbe, Dokumente,* Dok. 46.

38 Lukács, Goethe (s. Anm. 36), 47.

39 Vgl. *Trommler, Von Stalin zu Hölderlin,* 141–190.

40 Kurella, Alfred: Zwischendurch. Verstreute Essays 1934–1940. Berlin
    (DDR) 1961, 174–202.

41 Lukács, Georg: Fortschritt und Reaktion in der deutschen Literatur.
    Berlin (DDR) 1945, 69.

42 *Schubbe, Dokumente,* 536.

43 Abusch, Alexander: Kulturelle Probleme des sozialistischen Humanis-
    mus. Beiträge zur deutschen Kulturpolitik 1946–1967. Berlin (DDR),
    Weimar 1967, 195.

44 Einheit 1961, 4, 630.

45 Brecht, Bertolt: Schriften zum Theater. Über eine nichtaristotelische
    Dramatik. Frankfurt 1957, 125.

46 *Zur Tradition der deutschen sozialistischen Literatur,* 2, 226.

47 Vgl. *Lützeler, Faust.*

48 Vgl. *Schwerte, Faust; Mandelkow, Goethe* Bd. I, 240–261 (›Der My-
    thos Faust‹).

49 Zitiert nach: Wekwerth, Manfred: Schriften. Arbeit mit Brecht. Berlin
    (DDR) 1973, 105.

50 *Fischer, Doktor Faustus.*

51 Abusch, Kulturelle Probleme (s. Anm. 43), 160; vgl. *Knopf, Erblasser.*

52 *Mayer, Literatur der Zeit,* 371.

53 Vgl. *Abusch, Geschichte; Thalheim, Lukács und Mayer.*

54 Vgl. *Schmitt/Schramm, Sozialistische Realismuskonzeptionen,* 203–
    213.

55 *Hermsdorf, Kafka; Richter, Kafka.*

56 *Hermsdorf, Kafka,* 203.

57 Die Beiträge der Konferenzteilnehmer sind dokumentiert in dem
    Band: Franz Kafka aus Prager Sicht. Prag 1965/Berlin 1966.

58 Kurella, Alfred: Der Frühling, die Schwalben und Franz Kafka.
    Bemerkungen zu einem literaturwissenschaftlichen Kolloquium.
    Wiederabgedruckt in: *Jarmatz, Kritik in der Zeit,* 532–544.

59 Zitiert nach *Jarmatz, Kritik in der Zeit,* 1. Aufl., 540.

60 *Schubbe, Dokumente,* 1400.

61 Gysi, Klaus: Die alte, neue Frage: Wie soll man leben? In: ND, Nr. 240
    vom 30. 8. 1968, 5. Hier zitiert nach: Goldstücker, Eduard: Kampf um
    Kafka. Aus der Vorgeschichte des sowjetischen Einfalls in die ČSSR.
    In: Die Zeit, Nr. 35 vom 24. 8. 1973, 40.

62 *Schubbe, Dokumente,* 1455.

63 Die Klassik-Debatte des Jahrgangs 1973 der Zeitschrift ›Sinn und Form‹ ist im Zusammenhang dokumentiert in: *Mittenzwei, Wer war Brecht,* 483–586; *Schiller/Bock, Tradition und Erbe.*

64 WB 1970, 2, 10–51.

65 WB 1970, 2, 30.

66 *Rüß, Dokumente,* 519.

67 Ebd.

68 Moskau 1969. Vgl. dazu die ausführliche Rezension von Klaus Schnakenburg in: WB 1975, 2, 173–181.

69 *Schiller/Bock, Tradition und Erbe,* 45.

70 *Schiller/Bock, Tradition und Erbe,* 154.

71 WB 1973, 10, 33–53.

72 WB 1973, 10, 39.

73 Braun, Volker: Es genügt nicht die einfache Wahrheit. Notate. Frankfurt 1976, 109.

74 WB 1972, 10, 47.

75 Vgl. dazu programmatisch Brechts ›Über Goethes Gedicht *Der Gott und die Bajadere*‹. In: Brecht, Bertolt: Gesammelte Werke 9. Frankfurt 1967, 611 f.

76 WB 1972, 10, 48.

77 Vgl. Anm. 27.

78 WB 1970, 5, 31–75. Leicht erweiterter Wiederabdruck in: *Weimann, Literaturgeschichte,* 11–46. Vgl. auch *Weimann, Tradition.* Der Band enthält eine wichtige Einleitung von Weimann ›Das Traditionsproblem und die Krise der Literaturgeschichte‹. Vgl. auch Weimann: Tradition als literargeschichtliche Kategorie. In: *Weimann, Literaturgeschichte,* 47–128.

79 Bruyn, Günter de: Das Leben des Jean Paul Friedrich Richter. Halle 1975, 253.

80 S. u. F. 28, 1976, 3, 480–498. Wiederabdruck in: Fühmann, Franz: Fräulein Veronika Paulmann aus der Pirnaer Vorstadt oder Etwas über das Schauerliche bei E. T. A. Hoffmann. Hamburg 1980, 7–33.

81 Goethe 32, 1970, 123.

82 *H. Mayer, Romantikforschung; Krauss, Aufklärung.*

83 *Zur Tradition der deutschen sozialistischen Literatur,* 2, 610–649. Vgl. dazu *Batt, Seghers und Lukács,* 214–223.

84 S. u. F. 30, 1978, 5, 1091–1097.

85 S. u. F. 30, 1978, 5, 1093.

86 *Goldammer, Schriftsteller über Kleist.*

87 Dokumentiert in: WB 1978, 4.

88 WB 1978, 4, 15.

89 *Träger, Novalis,* 651.

90 Vgl. dazu: Künstlerisches Erbe und sozialistische Gegenwartskunst. Berlin (DDR) 1977, 95–110

91 Vgl. auch: Karoline von Günderode: Der Schatten eines Traumes. Gedichte, Prosa, Briefe, Zeugnisse von Zeitgenossen, Hg. und mit einem Essay von Christa Wolf. Berlin (DDR) 1975/Darmstadt und Neuwied 1979.

92 *Leistner, Unruhe,* 72.

93 Vgl. Hacks, Peter: Über das Revidieren von Klassikern. In: ders.: Die Maßgaben der Kunst. Gesammelte Aufsätze. Düsseldorf 1977, 197–213.

94 Hacks, Maßgaben, 287.

95 Hacks, Peter: Saure Feste. In: NDL 28, 1980, 9, 83.

96 *Barck, Avantgarde,* 17.

97 Ebd.

98 Sieburg, Friedrich: Nur für Leser. Jahre und Bücher. München 1961, 95.

99 Adorno, Theodor W.: Ohne Leitbild. Parva Aesthetica. Frankfurt 1970, 31.

Peter Lübbe: ›Real existierender Sozialismus‹ in der DDR

1 Vgl. Kuczynski, Jürgen: Das Land der frohen Zuversicht. Berlin (DDR) 1949.

2 Leonhard, Wolfgang: August Bebel über die sozialistische Gesellschaftsordnung. In: Einheit 1, 1946, 5, 288.

3 Leonhard, Bebel, 290.

4 Leonhard Bebel, 292.

5 Marx/Engels: Werke. Berlin (DDR) 1956 ff. (MEW), 4, 482.

6 Vgl. Hermlin, Stephan: Abendlicht. Berlin 1979, 20–22.

7 Leonhard, Bebel (s. Anm. 2), 293 f.

8 MEW, 20, 618.

9 MEW, 17, 339.

10 MEW, 17, 340.

11 MEW, 36, 434.

12 Leonhard, Wolfgang: Die Revolution entläßt ihre Kinder. Köln 1961, 365.

13 Revolutionäre deutsche Parteiprogramme. Berlin (DDR) 1967, S. 196.

14 Ebd.

15 Vgl. Tulpanow, Sergej: Mit den Augen des Freundes. Sonntag, Nr. 36 vom 9.9. 1979.

16 Vgl. Ackermann, Anton: Gibt es einen besonderen deutschen Weg zum Sozialismus? Einheit 1, 1946, 22–32.

17 Vgl. Fricke, Karl Wilhelm: Politik und Justiz in der DDR. Köln 1979, 120.

18 Vgl. Protokoll des Vereinigungsparteitages. Berlin 1946, 152; vgl. auch *Staritz, Sozialismus,* 60–83; *Lübbe, Kommunismus,* 151–154.

19 Vgl. *Weber, SED,* 1971, 13–18; *Lübbe, Kommunismus,* 155 ff.

20 Vgl. *Dokumente der SED,* II, 81 f.

21 Protokoll der Verhandlungen des III. Parteitages der SED. Berlin (DDR) 1951, 1, 57.

22 Protokoll der Verhandlungen der II. Parteikonferenz der SED. Berlin (DDR) 1952, S. 31.

23 Vgl. II. Parteikonferenz, 58 ff.

24 II. Parteikonferenz, 56.

25 Protokoll der Verhandlungen des V. Parteitages der SED. Berlin (DDR) 1959, 1, 68.

26 Vgl. Protokoll der Verhandlungen des VI. Parteitages der SED. Berlin (DDR) 1963, 1, 98–118; *Behrens, Ursachen.*

27 Lenin: Werke. (LW) Berlin (DDR) 1961 ff., 29, 416.

28 Vgl. Handbuch DDR-Wirtschaft. Reinbek 1977, 122.

29 LW, 19, 3.

30 Der Spiegel, Nr. 20 vom 15. Mai 1978, 223.

31 Der Spiegel, Nr. 21 vom 22. Mai 1978, 186.

32 Vgl. *Bahro, Alternative,* bes. 141 ff.

33 Vgl. *Bahro, Alternative,* 22, 120, 136.

34 Vgl. *Bahro, Alternative,* 415 ff.

35 Vgl. ND, Nr. 281 vom 25. August 1977; Nr. 153 vom 1./2. Juli 1978.

36 Vgl. Der Spiegel, Nr. 43 vom 22. Oktober 1979, 20–33.

37 ND, Nr. 345 vom 14. Dezember 1973.

38 Vgl. *Dokumente der SED,* II, 128–130.

39 *Dokumente der SED,* II, 247.

40 Vgl. Protokoll der Verhandlungen des III. Parteitages der SED, 2, 307 ff.

41 Heinz, Helmut: Das Lehrbuch der Politischen Grundschulen der SED von 1951. In: ZfG 1976, 12, 1370

42 ND, Nr. 31 vom 31. Januar 1964.

43 MEW, 1, 344.

44 ND, Nr. 146 vom 25. Juni 1953.
45 Vgl. Der neue Kurs und die Aufgaben der Partei. Berlin (DDR) 1953, 74.
46 ND, Nr. 40 vom 16. Februar 1976.
47 Ebd.
48 Die Zeit, Nr. 20 vom 12. 5. 1978.

Otto F. Riewoldt: Theaterarbeit

1 Müller, Heiner: Theater als Prozeß. In: Theater der Zeit 27, 1972, 10, 9.
2 Hacks, Peter: Über Langes ›Marski‹. In: ders.: Die Maßgaben der Kunst. Düsseldorf 1977. 120.
3 Zit. nach *Pollatschek, Wolf,* 308 f.
4 Vgl. Erpenbeck, Fritz: Lebendiges Theater. Berlin 1949, 10. Ihering, Herbert: Theater der produktiven Widersprüche 1945–1949. Berlin (DDR), Weimar 1967, 162. Rilla, Paul: Theaterkritiken. Berlin (DDR) 1978, 20.
5 Zit. nach *Pollatschek, Bühnenwerk,* 267.
6 Brecht, Bertolt: Arbeitsjournal 1942–1955. Frankfurt 1974, 526.
7 Langhoff, Wolfgang: Interview. In: Programmheft ›Egmont‹ des Deutschen Theaters Berlin. Spielzeit 1951/52. Heft 3. S. 4.
8 Theaterarbeit. Sechs Aufführungen des Berliner Ensembles. Dresden 1952, 281.
9 Vgl. Erpenbeck, Lebendiges Theater, (s. Anm. 4), 281. Brecht, Bertolt/ Friedrich Wolf: Formprobleme des Theaters aus neuem Inhalt. In: Hecht, Werner (Hrsg.): Brecht im Gespräch. Diskussionen, Dialoge, Interviews. Frankfurt 1975, 80. *Schubbe, Dokumente,* 80.
10 Brecht, Bertolt: Katzgraben-Notate. In: ders.: Gesammelte Werke 16, Frankfurt 1967, 780.
11 Zit. nach *Kersten, Theaterpolitik,* 21. (Hier finden sich auch Statistiken zur Spielplanentwicklung der fünfziger Jahre.)
12 Hecht, Brecht im Gespräch (s. Anm. 9), 169, 172 f.
13 Müller, Heiner: Geschichten aus der Produktion 1. Berlin 1974, 61.
14 Erpenbeck, Lebendiges Theater (s. Anm. 4), 315 bzw. ders., Blutarmes Theater. In: ND, Nr. 128 vom 1. 6. 1957.
15 Langhoff, Wolfgang: Rundfunkgespräch 26. 1. 1958. In: Funke, Christoph/Dieter Kranz: Wolfang Langhoff – Schauspieler, Regisseur, Intendant. Berlin (DDR) 1969.
16 Hacks, Peter: Eine Neufassung, warum? In: Hacks, Maßgaben, (s. Anm. 2), 329.

17 Schröder, Max: Dramatik und Bühne heute. In: Der Sonntag, Nr. 11 vom 29. 1. 1956, 5.

18 Hacks, Peter: Interview. In: Hacks, Maßgaben (s. Anm. 2), 111 f.

19 Besson, Benno: Möglichkeiten eines neuen Theaters. In: Theater der Zeit 20, 1965, 24, 9.

20 Baierl, Helmut: Über die Gestaltung des Details in der darstellenden Kunst. In: Theater der Zeit 13, 1958, 11, Beilage S. 6.

21 Hacks, Peter: Versuch über das Theaterstück von morgen. In: Hacks Maßgaben (s. Anm. 2), 62, 66, 71 f.

22 Hacks, Marski (s. Anm. 2), 131.

23 Wekwerth, Manfred: Notate. Zur Arbeit des Berliner Ensembles 1956–1966. Berlin (DDR), Weimar 1967, 126, 149.

24 Dresen, Adolf/Wolfgang Heinz/Alexander Weigel/Klaus Wischnewski: Probleme unserer ›Faust‹-Inszenierung. In: *Schubbe, Dokumente,* 1438.

25 Müller, Heiner: Diskussionsbeitrag. In: Hecht, Werner (Hrsg.): Brecht '73. Dokumentation. Berlin (DDR) 1973, 204, 221.

26 Langhoff, Matthias. Aus: Zur Rezeption des klassisch-bürgerlichen Erbes auf dem Theater. Gespräche mit Regisseuren. In: WB 20, 1974, 1, 130.

27 Harich, Wolfgang: Der entlaufene Dingo, das vergessene Floß. Aus Anlaß der Macbeth-Bearbeitung von Heiner Müller. In: Sinn und Form 25, 1973, 1, 189–218.

28 Dresen, Adolf: Einleitendes Referat der Arbeitsgruppe ›Unser Geschichtsbild und die Aneignung des Erbes‹. In: Theater der Zeit 31, 1976, 7, 15 f.

29 Müller, Heiner: Germania Tod in Berlin. Berlin 1977, 8.

30 Hacks, Peter: Das Arboretum. In: Hacks, Maßgaben (s. Anm. 2), 234 f.

31 Müller, Heiner: Produktiver Umgang mit Brecht. Ein Gespräch. In: Das Schauspielhaus. (Hamburg) April/Mai 1978, 3.

32 Müller, Heiner: Mauser. Berlin 1978, 68, 85.

33 Braun, Volker: Es genügt nicht die einfache Wahrheit. Notate. Frankfurt 1976, 46.
   Braun, Volker: Literatur und Geschichtsbewußtsein. In: ders.: Im Querschnitt. Gedichte. Prosa. Stücke. Aufsätze. Halle-Leipzig 1978, 336.

34 Müller, Heiner: Wie es bleibt, ist es nicht. Über Thomas Braschs »Kargo«. In: Der Spiegel Nr. 38 vom 12. 9. 1977, 38.

35 Groß, Jürgen: Interview. In: Programmheft ›Match‹. Maxim-Gorki-Theater Berlin, Spielzeit 1978/79.

36 Müller, Heiner: Theater-Arbeit. Berlin 1975, 124.
37 Solter, Friedo: Aus dem Diskussionsbeitrag auf dem III. Kongreß des Verbandes der Theaterschaffenden 1975. In: Christoph Funke: Tasso '75. Berlin (DDR) 1978, 5.
38 Hacks, Maßgaben (s. Anm. 2), 309.

Hans Drawe: Literatur im Film

1 Zitiert nach *Kersten, Filmwesen,* 78.
2 *Schubbe, Dokumente,* 246.
3 Ebd.
4 Eylau, Ulrich: Dich selber geht es an. Zur Uraufführung des DEFA-Films ›Die Sonnenbrucks‹ im Babylon. In: BZ, Nr. 52 vom 3. 3. 1951.
5 *Kersten, Filmwesen,* 86.
7 *Schubbe, Dokumente,* 391.
8 *Geerdts, Literatur der DDR,* 374.
9 Knietzsch, Horst. In: ND vom 2. 6. 1957.
10 *Schubbe, Dokumente,* 531 f.
11 Jelinski, Manfred. In: Deutsche Filmkunst, Januar 1960.
12 *Schubbe, Dokumente,* 536.
13 *Schubbe, Dokumente,* 639.
14 *Albrecht, Revolutionär,* 45 f.
15 *Schubbe, Dokumente,* 1002.
16 *Schubbe, Dokumente,* 1003.
17 Netzeband, Günter: Großer Gegenstand – große Wirkung. In: Filmspiegel, September 1963.
18 Neuer Film in Frankfurt. FR, Nr. 269 vom 18. 11. 1967.
19 Brandt, Sabine: Laßt Steine sprechen. In: FAZ, Nr. 271 v. 21. 11. 1964.
20 *Schubbe, Dokumente,* 1076 ff.
21 *Schubbe, Dokumente,* 1122 ff.
22 Kochenrath, Hans Peter: Rigorose Parteilichkeit. In: Christ und Welt vom 23. 11. 1973.
23 Momos: Eine Szene macht noch keinen Film. In: Die Zeit, Nr. 48 vom 23. 11. 1973.
24 *Schubbe, Dokumente,* 1347.
25 *Klunker, Expedition,* 141.
26 *Weber, DDR-Geschichte,* 118.
27 Der Autor kann aus politischen Gründen nicht genannt werden.
28 Batt, Kurt: Schriftsteller, Poetisches und wirkliches Blau. Hamburg 1980, 300.

29 Heym, Stefan: Mit den Schwachen solidarisch. In: Der Spiegel, Nr. 14 vom 2. 3. 1979.

30 Beyer, Frank: Traum vom besseren Leben. In: ND vom 17. 12. 1974.

31 Beyer, Traum.

32 Schauer, Hermann Ernst: Adaptionsprobleme des literarischen Erbes. In: Sozialistisches Menschenbild und Filmkunst. Berlin 1970, 298 ff.

33 Frankfurter Neue Presse vom 28. 7. 1977.

34 Kersten, Heinz: Goethe als Scheidungsanwalt. In: FR, Nr. 233 vom 8. 10. 1974.

35 Knietzsch, Horst: Deftiges Sittenbild im Mittelalter. In: ND v. 4. 6. 1975.

36 Buck, Elmar: Film/Kino und Proletariat? In: Die schöne Leiche in der Rue Bellechasse. Reinbek 1977, 107.

37 *Schubbe, Dokumente* 313.

Manfred Jäger: Die Legitimierung der Unterhaltungsliteratur

1 Giese, Gerhard und Dietrich Mühlberg: Kleine Umfrage über Romane. In: NDL 2, 1954, 7, 152–157.

2 Wolf, Christa: Achtung, Rauschgifthandel! In: NDL 3, 1955, 136–140.

3 Becher, Johannes R.: Gesammelte Werke Bd. 13. Berlin (DDR), Weimar 1972, 175.

4 Diskussionsbeiträge zu Christa Wolfs Aufsatz. In: NDL 3, 1955, 4, 125. In der Bundesrepublik beschäftigte sich mit dieser Thematik eine lesenswerte Studie von Hans Friedrich Foltin: Die Unterhaltungsliteratur der DDR, Troisdorf 1970. Der Text geht zurück auf einen Vortrag von 1967. Der knappe Umfang von 32 Seiten ermöglichte nur exemplarische Einblicke in das umfangreiche Gebiet. Stephan Bock ist in seinem Buch ›Literatur Gesellschaft Nation‹ (*Bock, Literatur*) ebenfalls auf Probleme der neuen Unterhaltungsliteratur eingegangen, insbesondere auf den Seiten 71–80 und 148–165. Dem trivialliterarischen Erbe sucht er am Beispiel der Romane Elfriede Brünings auf die Spur zu kommen, einer Autorin, die nach 1933 schon mit unpolitischen Unterhaltungsbüchern Erfolg hatte.

5 Cwojdrak, Günther (Hrsg.): Die Kitschpostille. Berlin 1966², 211 (Nachwort des Herausgebers).

6 *Geschichte der DDR-Literatur,* 244.

7 Ebd.

8 Ebd.

9 *Slomma, Sinn und Kunst,* 145.

10 *Slomma, Sinn und Kunst,* 143.

11 *Probleme des Realismus*, 125.

12 Brecht, Bertolt: Schriften zur Literatur und Kunst. Bd. 2. Berlin (DDR), Weimar 1966, 68.

13 Wangenheim, Inge von: Ein Kampf im Fliegengewicht. Noch einmal zur Unterhaltungsliteratur. In: Sonntag, Nr. 22 vom 28. 5. 1972, 6.

14 Zschocke, Gerda: Unter Ausschluß der Kritik. Ist Unterhaltungsliteratur fragwürdige Literatur? In: Sonntag, Nr. 12 vom 19. 3. 1972, 6.

15 Wenig, Ernst Karl: Passé, aus, Geschichte. In: Sonntag, Nr. 26 vom 25. 6. 1972, 6.

16 *Naumann, Lesen*, 279.

17 *Slomma, Sinn und Kunst*, 40.

18 *Hanke/Rossow, Kulturrevolution*, 259.

19 *Kliche/Lenzer, Funktion*, 968.

20 *Romanführer A–Z, II*, 164 ff.

21 Flegel, Walter: Vor Übungsbeginn. In: NDL 28, 1980, 4, 112. Vorabdruck aus dem Roman ›Es gibt kein Niemandsland‹, den der Militärverlag u. a. so ankündigt: »Vor dem Hintergrund einer mehrtägigen militärischen Übung blättert er eine Reihe von Einzelschicksalen auf, die ebenso unverwechselbar wie einmalig sind. Friederike, die Tochter eines hohen Offiziers, steht in dem Ruf, ihre Männerbekanntschaften häufig zu wechseln. Der an ein ungebundenes Leben gewöhnte Schäfer Ulrich Fichtner empfindet die militärische Disziplin als zwanghafte Enge und entfernt sich unerlaubt von der Truppe. Oberst Bredow versagt vor der Front eines Bataillons, während sich der stets zurückhaltende Leutnant Ahnert in einer kritischen Situation unerwartet bewährt. Doch so mannigfaltig und lebenswahr die individuellen Widersprüche auch sind, sie spiegeln insgesamt das große Gemeinsame wider: eine Armee des Volkes, die starke Charaktere nicht abschleift, sondern fördert, und eben auch deswegen den zuverlässigen Schutz des Sozialismus garantiert!« (Börsenblatt für den Deutschen Buchhandel, Leipziger Buchmesse 1980, 374.)

22 *Schriftsteller der DDR*, 143.

23 *Brettschneider, Autonomie*, 139.

24 VII. Schriftstellerkongreß der DDR. Protokoll. Berlin (DDR), Weimar 1974, 78 f.

25 *Pracht, Sozialistischer Realismus*, 249.

26 Der IX. Parteitag und die Gesellschaftswissenschaften. Materialien der Konferenz der Gesellschaftswissenschaftler der DDR am 25. und 26. November 1976. Berlin (DDR) 1977, 100.

27 Köhler, Erich: Paralipomena. In: S. u. F. 32, 1980, 1096.

28 Köhler, Paralipomena, 1097 f.
29 *Pfeiffer, Mumie*, 178.
30 *Pfeiffer, Mumie*, 230.
31 Kaemmel, Ernst: Ein Held der westlichen Welt. In: NDL 10, 1962, 9, 149.
32 Vgl. vor allem das Nachwort zu: Der Mord in der Via Belpoggio. Berlin (DDR) 1965.
33 *Pfeiffer, Mumie*, 5.
34 Schreyer, Wolfgang: Plädoyer für den Spannungsroman. In: NDL 14, 1966, 8, 82
35 *Slomma, Sinn und Kunst*, 234.
36 *Slomma, Sinn und Kunst*, 213.
37 Kaul, Friedrich Karl: Der Kriminalroman gestern und heute. In: NDL 3, 1955, 11, 127.
38 *Pfeiffer, Mumie*, 292. Über Kauls ›Mord im Grunewald‹ urteilt Alfred Könner:»Der Kriminalroman von Friedrich Karl Kaul hinterläßt leider nicht immer den Eindruck verantwortungsvoller Arbeit an der deutschen Sprache. Ganze Partien sind derart schludrig geschrieben, daß man an eine überhastete Terminarbeit denken muß.« (NDL 2, 1954, 10, 146.)
39 Playboy 1981, 4, 81.
40 Kusche, Lothar: Käse und Löcher. Berlin (DDR) 1963, 92.
41 Walther, Klaus: Die Erben von Sherlock Holmes. In: humanitas vom 25. 12. 1963.
42 Könner, Alfred, Kriminalromane und Wirklichkeit, In: NDL 2, 1954, 145 f. Vgl. die Dissertation *Dworak, Kriminalroman*.
43 Corino, Karl: Es geht seinen Gang . . . Ein Gespräch mit dem DDR-Schriftsteller Erich Loest. In: FR, Nr. 80 vom 3. 4. 1976.
44 Zitiert nach *Pfeiffer, Mumie*, 283.
45 Zitiert nach *Mager, Krimi*, 128.
46 Kusche, Lothar: Beim Wiederlesen eines Chandler-Romans. In: Die Weltbühne, Nr. 35 vom 31. 8. 1976, 1097.
47 *Mager, Krimi*, 20.
48 *Mager, Krimi*, 2. überarb. Aufl. 1979, 8.
49 Jakobs, Karl-Heinz: Die Interviewer. Frankfurt 1974, 270.
50 Hilft uns ein Sherlock Holmes mit sozialistischem Vorzeichen? Rundtischgespräch. In: Börsenblatt für den Deutschen Buchhandel. Leipziger Ausgabe 1976, 51/52, 963.
51 Kusche, Lothar: Lehrbrief für Kriminaldramatiker. In: ders.: Eine Nacht mit sieben Frauen. Berlin (DDR), Weimar 1965, 121.

52 Walther, Klaus: Nachruf auf ein Dutzend Kriminalromane. In: NDL 13, 1965, 1, 142.

53 Hilft uns ein Sherlock Holmes . . .? (s. Anm. 50), 963.

54 Streit, Josef: Nur ums Strafen geht es nicht. Berlin (DDR) 1976, 18 f. Als Kontrast zu dem Geborgenheitsidyll sei aus C. U. Wiesners Krimi ›Das Möwennest‹ (Berlin [DDR] 1979) zitiert: »Die Frauen aus diesem Wohngebiet können morgens wieder ohne Angst die Abkürzung durch den kleinen Park nehmen, wenn sie zur Frühschicht gehen. Als Täter konnte der zweiundzwanzigjährige Hartmut E. ermittelt werden. Ein sauberes Geständnis! Vier Fälle von versuchter und leider einer von vollendeter Notzucht.« (S. 17.)

55 Prokop, Gert: Einer muß die Leiche sein. Berlin (DDR) 1976, 95.

56 Prokop, Leiche, 86.

57 Wiesner, Möwennest (s. Anm. 54), 125.

58 Wendland, Martin: Mit falscher Münze. Berlin (DDR) 1978, 1.

59 Streit, Strafen (s. Anm. 54), 30.

60 Helmut John von der PH ›Karl Liebknecht‹ im Rundtischgespräch ›Hilft uns ein Sherlock Holmes . . .?‹ (s. Anm. 53), 961.

61 *Pfeiffer, Mumie,* 311. Beinahe zwei Jahrzehnte nach Pfeiffers Urteil sieht die Bilanz nicht anders aus. Hartmut Mechtel hat in der Zeitschrift ›Temperamente‹ angemerkt, daß »gerade durch den Versuch, ein Bombenkollektiv von Kriminalisten bei ernsthafter Arbeit zu präsentieren, die Ausrottung des Genres durch Langeweile eingeleitet wird« (Temperamente 1980, 2, 139).

62 Neuhaus, Barbara: 26 Bahnsteige. Berlin (DDR) 1972, 198.

63 Wiesner, Möwennest (s. Anm. 54), 55 f.

64 Pfeiffer, Hans: Tote Strombahnen. Berlin (DDR) 1974, 192. Der Roman ist 1980 auch in der Reihe der rororo thriller erschienen (Nr. 2529).

65 Eine Analyse der DIE-Reihe gab Hartmut Mechtel (›Die Märchenwelt der Moralisten‹) in Temperamente 1979, 2, 106–124. Zwischen 1976 und 1978 erschienen 26 Titel, »selbst die langweiligen Titel liegen keine drei Tage im Laden, und in Büchereien sind sie ständig ausgeliehen. Pro Titel kann man mit 600 000 Lesern (Schätzung) rechnen.«

66 Ausnahmen sind die Besprechungen der ›Erzählerreihe‹ des früheren Verlages des Ministeriums für Nationale Verteidigung, der heute kurz als Militärverlag der DDR firmiert, durch Adolf Endler (Dreißig bunte Hefte. In: NDL 8, 1960, 6, 146–152) und der gelben Hefte ›Das neue Abenteuer‹ des Verlages Neues Leben durch Klaus Walther (NDL 9, 1961, 11, 128–134).

67 Schneider, Rolf: Groschenhefte für die ›andern Deutschen‹ – Trotz Ansprüchen Wegwerfliteratur. In: Die Presse (Wien), Nr. 9271 vom 17./18. 2. 1979.

68 ND, Nr. 298 vom 29. 10. 1966.

69 Schneider, Groschenhefte (s. Anm. 67).

70 Wolf, Christa: Lesen und Schreiben. Darmstadt und Neuwied 1972, 199.

71 Hilft uns ein Sherlock Holmes . . .? (s. Anm. 50), 966.

72 Von Wolfgang Rinecker erschien 1976 im Greifenverlag Rudolfstadt schon in dritter Auflage ›Mord an einem Mädchen. Roman um einen Kriminalfall‹.

73 Schütt, Hans-Dieter: Lediglich ein ›Krimi‹? In: Film und Fernsehen 7, 1979, 5, 21.

74 Zitiert nach Spahn, Unterhaltung, 124.

Harald Hartung: Die ästhetische und soziale Kritik der Lyrik

1 Pfeffer, Ernst (Hrsg.): Deutsche Lyrik unter dem Sowjetstern. Frankfurt o. J., 15.

2 Deicke, Günther: Auftritt einer neuen Generation. In: Voigtländer, Annie (Hrsg): Liebes- und andere Erklärungen. Berlin (DDR), Weimar 1972, 37.

3 Kügelgen, Bernt v.: Nach einem Abend. In: Sonntag, Nr. 1 vom 6. 1. 1963.

4 NDL 11, 1963, 1, 99.

5 Lange, Marianne: Die große Verpflichtung aller Künste. In: ND, Nr. 120 vom 2. 5. 69, 5.

6 *Kluge, Rehabilitierung.*

7 *Raddatz, Traditionen,* 167–211.

8 *Adorno, Lyrik und Gesellschaft,* 75.

9 *Adorno, Lyrik und Gesellschaft,* 80.

10 *Kluge, Rehabilitierung,* 214.

11 Zit. nach *Kluge, Rehabilitierung,* 233 f.

12 Braun, Volker: Provokation für A. P. In: ders.: Provokation für mich. Halle 1965, 41.

13 Vgl. *Schlenstedt, Braun,* 172.

14 Braun, Volker: Wir und nicht sie. Frankfurt 1970, 78.

15 Braun, Wir, 21.

16 Braun, Wir, 56.

17 Braun, Volker: Gedichte. Leipzig 1972, 94.

18 *Schlenstedt, Braun,* 177.

19 *Schlenstedt, Braun,* 161.

20 Braun, Volker: Vorläufiges. Frankfurt 1966, 12.

21 Braun, Volker: Training des aufrechten Gangs. Halle 1979, 18.

22 Braun, Volker, Wir (s. Anm. 14), 59.

23 Kahlau, Heinz: Alle Sätze. In: Saison für Lyrik. Berlin (DDR), Weimar 1968, 105.

24 Kahlau, Sätze, 106.

25 VI. Deutscher Schriftstellerkongreß. Protokoll. Berlin (DDR), Weimar o. J. (1969), 232.

26 *Weisbach, Menschenbild,* 212.

27 Saison für Lyrik. Berlin (DDR), Weimar 1968, 127. Das Gedicht fehlt in den Gedichtbänden S. Kirschs.

28 Kirsch, Sarah: Landaufenthalt. Berlin (DDR), Weimar 1967, 25.

29 Lyrik in dieser Zeit. Zu einigen Ergebnissen der jüngsten Entwicklung unserer Lyrik. NDL 1968, 11, 148.

30 Wangenheim, Inge v.: Die Verschwörung der Musen. NDL 1969, 5, 17.

31 Lukács, Georg: Deutsche Realisten des 19. Jahrhunderts. Berlin (DDR) 1956, 15 f.

32 Mickel, Karl: Demselben. In: ders.: Vita nova mea – Mein neues Leben. Berlin (DDR), Weimar 1966, 60.

33 Deicke, Günther: Die Wolken. Berlin (DDR) 1965, 43.

34 NDL 1970, 1, 14.

35 Reimann, Andreas: Die neuen Leiden der jungen Lyrik. S. u. F. 1974, 2, 439.

36 Franz, Michael: Zur Geschichte der DDR-Lyrik. 3. Teil: Wege zur poetischen Konkretheit. WB 1969, 6, 1222.

37 Ebd.

38 Preißler, Helmut: Briefe an junge Lyriker. In: NDL 1968, 3, 76.

39 Vgl. Schmidt, Marianne: Prognostische Überlegungen und literarischer Nachwuchs. NDL 1968, 3, 11.

40 Lieder machen – Lieder singen. NDL-Gespräch mit Reinhold Andert. In: NDL 1973, 6, 78.

41 Reimann, Neue Leiden (s. Anm. 35), 447.

42 Endler, Adolf und Karl Mickel (Hrsg.): In diesem besseren Land. Halle 1966, 7.

43 Czechowski, Heinz: Es geht um die Realität des Gedichts. S. u. F. 24, 1972, 898.

44 Koch, Hans: Haltungen, Richtungen, Formen. In: Forum 1966, 15/16.

45 Mickel, Karl: Vita nova mea (s. Anm. 32), 14 f.
46 Koch, Haltungen (s. Anm. 44).
47 Koch, Haltungen.
48 Marx, Karl / Friedrich Engels / Wladimir Iljitsch Lenin: Über Kultur, Ästhetik, Literatur. Leipzig 1969, 52.
49 Schlenstedt, Dieter: Analyse. In: Forum 1966, 12.
50 Koch, Haltungen (s. Anm. 44).
51 VI. Deutscher Schriftstellerkongreß (s. Anm. 25), 52 und 232.
52 Endler, Adolf: Sarah Kirsch und ihre Kritiker. S. u. F. 27, 1975, 170.
53 Endler, Adolf: Im Zeichen der Inkonsequenz. Über Hans Richters Aufsatzsammlung ›Verse Dichter Wirklichkeiten‹. S. u. F. 23, 1971, 1358–1366.
54 Endler, Adolf: Weitere Aufklärungen. S. u. F. 24, 1972, 885.
55 Girnus, Wilhelm: Nachbemerkung der Redaktion. S. u. F. 24, 1972, 440.
56 Auer, Marianne: Einige weitere Konsequenzen. S. u. F. 24, 1972, 456.
57 Vgl. Auer, Konsequenzen, 459 und 901.
58 Franz, Michael: Diskussion um welchen Preis? S. u. F. 24, 1972, 888.
59 Czechowski, Realität (s. Anm. 43), 899.
60 Endler, Adolf (s. Anm. 54), 886.
61 Becher, Johannes R.: Gesammelte Werke Bd. 13. Berlin (DDR), Weimar 1972, 65 f.
62 Kunze, Reiner: Über die Lyrik als dichterisches Heldendasein des Lyrikers und des Volkes. In: Fragen des lyrischen Schaffens. Halle 1960.
63 Kunze, Reiner: Zimmerlautstärke. Frankfurt 1972, 65.
64 Kunze, Reiner: Sensible Wege. Reinbek 1969, 35.
65 NR 1969, 2, 240.
66 Braun, Provokation für mich (s. Anm. 12), 50.
67 Kunze, Sensible Wege (s. Anm. 64), 19.
68 Franz, DDR-Lyrik (s. Anm. 36), 1202.
69 Franz, DDR-Lyrik, 1203.
70 Kirsch, Landaufenthalt (s. Anm. 28), 79 f.
71 Wangenheim, Verschwörung (s. Anm. 30), 22.
72 NDL 1967, 2, 23.
73 NDL 1970, 1, 27.
74 Putzger, Reiner: Ich habe ein kleines Boot. NDL 1973, 6, 67.
75 Bartsch, Kurt: die kleinen dinge. In: Saison für Lyrik (s. Anm. 23), 13.
76 Bartsch, Kurt: Sozialistischer Biedermeier. In: ders.: Die Lachmaschine. Berlin 1971, 18.
77 Berger, Uwe / Günther Deicke (Hrsg.): Lyrik der DDR. 5. veränderte

Aufl. Berlin (DDR), Weimar 1979, 347. Eine ältere Fassung des Gedichts in: Braun, Volker: Wir und nicht sie (s. Anm. 14), 11.

78 Kirsch, Rainer: Auszog das Fürchten zu lernen. Prosa, Gedichte, Komödie. Reinbek 1978, 219. Vgl. auch 220 und 229.

79 NDL 1973, 6, 145 f.

80 Schulze, Axel: Nachrichten von einem Sommer. Halle 1967, 37.

81 Czechowski, Heinz: Wasserfahrt. Halle 1967, 108. Vgl. zum Komplex Naturlyrik *Hartung, Neuere Naturlyrik,* 179–197.

82 Kirsch, Sarah: Landaufenthalt (s. Anm. 28), 73.

83 Reimann, Andreas: Die Weisheit des Fleisches. Halle 1975, 9.

84 Jendryschik, Manfred: Die Ebene. Frankfurt 1980, 18.

85 VI. Deutscher Schriftstellerkongreß (s. Anm. 25), 230 ff.

86 Czechowski, Heinz: Schafe und Sterne. Halle 1974, 9.

87 Czechowski, Schafe, 10.

88 Vgl. Kunert, Günter: Mangelhafter Trost. In: ders.: Im weiteren Fortgang. München 1974, 11.

89 Wangenheim, Verschwörung (s. Anm. 30), 16 f.

90 Gosse, Peter: Inventur Silvester 64. In: ders.: Antiherbstzeitloses. Halle 1968, 34.

91 Kunert, Günter: An meine Leser; So soll es sein. In: Kunert, Fortgang (s. Anm. 88), 97 und 30.

92 Kunert, Günter: Das Bewußtsein des Gedichts. In: Akzente 17, 1970, 2, 98.

93 Kunert, Bewußtsein, 101 f.

94 Kunert, Günter: Unterwegs nach Utopia. München 1977, 88.

95 Jentzsch, Bernd: Quartiermachen. München 1978, 65.

96 Bartsch, Kurt: Kaderakte. Reinbek 1979, 72. Das Gedicht mit dem Titel ›Frage Antwort Frage‹ ist »für Volker Braun«.

97 Jendryschik, Manfred: Die Ebene. Frankfurt 1980, 11.

98 Braun, Training (s. Anm. 21), 7.

Hans-Jürgen Schmitt: Die Bedeutung neuerer Erzählformen

1 Becker, Jurek: Ich glaube ich war ein guter Genosse. In: Der Spiegel, Nr. 30 vom 18. 7. 1977, 131.

2 Brasch, Thomas: Neuankömmling. In: alternative 113, 1977, 96.

3 Fühmann, Franz: Verstörung bis zur Resignation. Der DDR-Schriftsteller Fühmann skizziert Hintergründe der restriktiven Kulturpolitik seines Landes. In: Die Zeit, Nr. 20 vom 12. 5. 1978, 47.

4 Brasch, Neuankömmling (s. Anm. 2), 97.

5 Bahro, Rudolf: Die Alternative. Köln und Frankfurt 1977, 289 f.

6 Weimann, Robert: Kunst und Öffentlichkeit. In: S. u. F. 1979, H. 2, 232.

7 Weimann, Kunst, 221.

8 Ebd.

9 Vgl. Klump, Brigitte: Das rote Kloster. Hamburg 1978. In Leipzig, an der Fakultät für Journalismus, wurden die »führenden Kader der Nation« ausgebildet, die selbst erst einmal kontrolliert werden mußten, um dann künftig selber zu kontrollieren (vgl. dazu Klaus Höpcke, zit. bei Klump 131 f.).

10 Kleine, Dorothea: eintreffe heute. Rostock 1978, 39. Hier wird die herrschende Auffassung von Journalismus unbefragt übernommen.

11 Christa Wolf. In: *Zweite Bitterfelder Konferenz*, 231.

12 Honecker, Erich: 4. Tagung des ZK der SED, Dezember 1971. In: ND vom 18. 12. 1971, zitiert nach *Schubbe, Dokumente*.

13 Brasch, Thomas: Und über uns schließt sich ein Himmel aus Stahl. In: ders.: Vor den Vätern sterben die Söhne. Berlin 1977, 36.

14 Schädlich, Hans Joachim: Kleine Schule der Poesie. In: ders.: Versuchte Nähe. Reinbek 1977, 31.

15 Braun, Volker: Es genügt nicht die einfache Wahrheit. Notate. Frankfurt 1976, 32.

16 Vgl. Becher, Johannes: Auf andere Art so große Hoffnung. Tagebuch 1950. Berlin (DDR), Weimar 1969.

17 Vgl. Zschorsch, Gerald K.: Glaub bloß nicht, daß ich traurig bin. Berlin 1977, 92 und ders.: Schattenstadt. Berlin 1978.

18 Erstdruck in: Fink, H./M. Reich-Ranicki / E. Willner (Hrsg): Klagenfurter Texte. München 1978. Wiederabgedruckt in: Hans-Jürgen Schmitt (Hrsg.): Geschichten aus der DDR. Hamburg 1979, 70–86.

19 Brasch, Thomas: Fliegen im Gesicht. In: Brasch, Väter (s. Anm. 13), 16.

20 Brasch, Fliegen, 17.

21 Brasch, Väter (s. Anm. 13), 18.

22 Ebd.

23 Ebd.

24 Brasch, Väter, 20.

25 Brasch, Väter. Diese Angaben sind dem Klappentext entnommen.

26 Brasch, Väter, 29.

27 Brasch, Väter, 36.

28 Ebd.

29 Brasch, Väter, 48.

30 Brasch, Neuankömmling (s. Anm. 2), 93.

31 Braun, Volker: Unvollendete Geschichte. Frankfurt 1977, 21.
32 Braun, Unvollendete Geschichte, 58.
33 Braun, Unvollendete Geschichte, 69.
34 Braun, Unvollendete Geschichte, 42 f.
35 Braun, Unvollendete Geschichte, 45.
36 Braun, Unvollendete Geschichte, 46.
37 Braun, Unvollendete Geschichte, 75.
38 Braun, Unvollendete Geschichte, 78.
39 Braun, Unvollendete Geschichte, 93.
40 Ebd.
41 Plenzdorf, kein runter (s. Anm. 18).
42 Plenzdorf, kein runter, 72 f.
43 Plenzdorf, kein runter, 82 f.
44 Plenzdorf, kein runter, 82 f.
45 Plenzdorf, kein runter, 73 f.
46 Plenzdorf, kein runter, 74.
47 Plenzdorf, kein runter, 75.
48 Fuchs, Jürgen: Der Brief. In: ders.: Gedächtnisprotokolle. Mit Liedern von Gerulf Pannach und einem Vorwort von Wolf Biermann. Reinbek 1977, 38.
49 Fuchs, Gedächtnisprotokolle, 37.
50 Fuchs, Jürgen: Das Erwachen. In: Fuchs, Gedächtnisprotokolle, 39.
51 Fuchs, Gedächtnisprotokolle, 40.
52 Vgl. auch den Hinweis auf Fuchs bei: Kunze, Reiner: Die wunderbaren Jahre. Frankfurt 1976, 70.
53 *Batt, DDR-Literatur heute,* 291.
54 Fühmann, Verstörung (s. Anm. 3).
55 Vgl. Honecker, Erich: Bericht des Zentralkomitees an den VIII. Parteitag der SED, Berlin (DDR) 1971, 73: »Zusammen mit den Eltern, mit der sozialistischen Kinder- und Jugendorganisation, gestützt auf alle gesellschaftlichen Kräfte, erzieht die Oberschule die jungen Menschen zu bewußten sozialistischen Staatsbürgern mit hohen Kenntnissen, die den Ideen des Sozialismus treu ergeben sind . . .«
56 Becker, Jurek: Schlaflose Tage. Frankfurt 1978, 66.
57 Vgl. Becker, Ich glaube . . . (s. Anm. 1).
58 Görlich, Günter: Eine Anzeige in der Zeitung. Berlin (DDR) 1978, 12.
59 Becker, Schlaflose Tage (s. Anm. 56), 55.
60 Ebd.
61 Becker, Schlaflose Tage, 78.
62 Becker, Schlaflose Tage, 74.

63 Görlich, Anzeige (s. Anm. 58), 137.

64 Loest, Erich: Es geht seinen Gang oder Mühen in unserer Ebene. Stuttgart 1978, 176.

65 Loest, Gang, 17.

66 Vgl. Neubert, Werner: Es geht seinen Gang. In: Sonntag, Nr. 31 vom 30. 7. 1978, 4 f.

67 Loest, Gang (s. Anm. 64), 253.

68 Ebd.

69 Loest, Gang, 25.

70 Loest, Gang, 191.

71 Loest, Gang, 8.

72 Loest, Gang, 46.

73 Plenzdorf, Ulrich: Die Legende von Paul und Paula. Frankfurt 1974, 90.

74 Vgl. die aufschlußreiche Rezension von Horst Haase über Plenzdorfs ›Legende vom Glück ohne Ende‹ in: NDL 1980, 8, 144–150, wo es u. a. heißt: »Er macht Vorschläge für ein alternatives Leben« (146) und an späterer Stelle: »Die Vorschläge, die der Autor für eine bessere Art und Weise zu leben anbietet, kommen einem manchmal vor wie die Argumente jener ›Grünen‹, die ja auch den Begriff des ›alternativen Lebens‹ besetzt halten und sich als eine Spielart von Opposition gegen die autoritäre Staatspolitik in den vom Monopolkapital beherrschten Ländern verstehen. Solcherart Haltung in unseren Verhältnissen einzunehmen, mag zwar im Detail komische Effekte herbeiführen, kann aber eine realistische Geschichte – auch in satirischer Form – nicht tragen.« (148 f.)

75 Plenzdorf, Ulrich: Legende vom Glück ohne Ende. Frankfurt 1979, S. 135.

76 Plenzdorf, Legende vom Glück, 179.

77 Plenzdorf, Legende vom Glück, 301.

78 Plenzdorf, Legende vom Glück, 281.

Bernhard Greiner: Im Zeichen des Aufbruchs

Die hier ausgearbeiteten Thesen wurden erstmals auf der Tagung des Arbeitskreises für Literatur und Literaturwissenschaft in der DDR 1979 in Bad Godesberg zur Diskussion gestellt.

1 Darstellungen der Literatur dieser Phase: *Winckler, Humanismus; Hannemann/Zschuckelt, Schriftsteller; Bock, Literatur; Münz-Koe-*

nen, Leben, ferner die entsprechenden Kapitel in den Geschichten der DDR-Literatur von *Franke, Brettschneider, Raddatz, Geschichte der DDR-Literatur* und *Emmerich.*

2 *Bahro, Alternative,* 36.

3 *Habermas, Strukturwandel.*

4 *Bahro, Alternative,* 299 ff.

5 Zur Diskussion des Öffentlichkeitsbegriffs im Westen: Oskar Negt, Alexander Kluge: Öffentlichkeit und Erfahrung, Frankfurt, 1972.

6 Ausführlichere Begründung des Begriffs ›proletarische Öffentlichkeit‹: *Greiner, Öffentlichkeit.*

7 Programmatisch z. B. bei *Gorki, Rede,* 335 ff., Ackermann, Anton: Marxistische Kulturpolitik. In: *Schubbe, Dokumente,* 84 ff. und 91 ff., Becher, Johannes R.: Diskussionsbeitrag auf dem III. Parteitag der SED 1950. In: *Schubbe, Dokumente,* 151 ff., Entschließung der 5. Tagung des ZK der SED, März 1951. In: *Schubbe, Dokumente,* 178 ff., Darstellungen dieser literarischen Entwicklung: *Röhner, Arbeiter; Greiner, Allegorie.*

8 Z. B. *Weimann, Kunst.*

9 *Brecht, Radiotheorie.*

10 *Bloch, Prinzip Hoffnung,* 948.

11 Der Zeichenbildung ist bisher am ausführlichsten nachgegangen: *Vieregg, Lyrik.*

12 Das Gesetz, in: S. u. F., 1950, 4, 132.

13 *Bloch, Prinzip Hoffnung,* 165.

14 *Bloch, Prinzip Hoffnung,* 951. Zum Symbol- und Allegoriebegriff Blochs: *Jameson, Ontologie.*

15 *Bloch, Prinzip Hoffnung,* 277 f.

16 Anna Seghers: Das Siebte Kreuz. Darmstadt 1973, 288.

17 Anna Seghers: Über die Entstehung des neuen Menschen. In: dies.: Über Kunstwerk und Wirklichkeit, Bd. 3, Berlin (DDR) 1971, 243.

18 Anna Seghers: Friedensgeschichten. In: dies.: Der Bienenstock. Gesammelte Erzählungen in drei Bänden, Berlin (DDR) 1963, Bd. 3, 25 f.

19 Seghers, Die große Veränderung . . . In: *Schubbe, Dokumente,* 414.

20 Brecht, Bertolt: Arbeitsjournal. Frankfurt 1973, 578.

21 Haase, Horst: Bertolt Brechts ›Erziehung der Hirse‹ und Fragen der Perspektive. In: WB Sonderheft 1958 (›Zu Problemen des Sozialistischen Realismus in Deutschland‹); Böttger, F.: Tschaganak Bersijew oder die Erziehung der Hirse. In: Der Deutschunterricht, Berlin (DDR) 1951; Pischel, Joseph: Das Verhältnis Mensch-Natur in der Selbstverständigung von Schriftstellern der DDR. In: WB 22, 1976, 1,

74–99. – Im ›Palast der Republik‹ in Ost-Berlin hängt ein Bild von Arno Mohr (entstanden 1975), das die Bersijew-Gestalt darstellt, die überwölbt wird von dem zur Losung erhobenen Brecht-Vers »Forscht, bis ihr wißt«. Brechts Bersijew ist so zur nationalen Leitfigur erhoben.

22 Brecht, Bertolt: Gesammelte Werke. Frankfurt 1967, Bd. 20, 260 f. und 327 f.

23 ›Gegen den Strich‹ hat Reinhard Baumgart das Gedicht interpretiert. In: R. B.: Literatur für Zeitgenossen. Essays. Frankfurt 1966.

24 Gennadi Fisch: Der Mann, der das Unmögliche wahr gemacht hat. In: ders.: Die Volksakademie. Moskau 1949.

25 Ausführlicher hierzu: *Greiner, Allegorie.*

26 Z. B. *Abusch, Schriftsteller,* Walter Ulbricht: Aufgaben der Kunst. In: *Schubbe, Dokumente,* 213, Entschließung der 5. Tagung des ZK der SED, März 1951. In: *Schubbe, Dokumente,* Abusch: Aktuelle Fragen unserer Literatur. In: *Schubbe, Dokumente,* 276 ff., Rede Ulbrichts und Beitrag Bechers auf der II. Parteikonferenz der SED, Juli 1952. In: *Schubbe, Dokumente,* 239 und 240.

27 Brecht, Gesammelte Werke (s. Anm. 22). Bd. 20, 327 f.

28 Brecht, Gesammelte Werke. Bd. 19, 543.

29 Helmut Hauptmann (Hrsg.): DDR-Reportagen. Leipzig 1969; Fritz Selbmann (Hrsg.): DDR-Porträts. Leipzig 1974.

30 Eine Darstellung dieses Genres gibt: *Wolff, Betriebsromane.*

31 Aufbau 6, 1950.

32 Ebd.

33 Ausführlicher hierzu: *Greiner, Autobiographie.*

34 Aufbau 6, 1950, 442.

35 Stephan Hermlin: Gesammelte Gedichte. München, o. J. ⟨1979⟩, 99.

36 Z. B. Rede Anton Ackermanns, Mai 1948. In: *Schubbe, Dokumente,* 84 ff.

37 Z. B. Rede Ackermanns, Sept. 1948. In: *Schubbe, Dokumente,* 91 ff.

38 Text in: Müller, Heiner: Geschichten aus der Produktion 1. Berlin 1974. Zu Entwicklung und Wandel von Müllers Schaffen: *Schulz, Müller.*

39 Material: *Greiner, Allegorie* und *Bock, Chronik.*

40 *Müller, Geschichten* 1, 26.

41 *Müller, Theaterarbeit,* 121.

42 Becher, Johannes R.: Auf andere Art so große Hoffnung. Tagebuch 1950. Eintragungen 1951. Berlin (DDR), Weimar 1969, 86.

43 Becher, Hoffnung, 7

44 Becher, Hoffnung, 224 f.

45 Mayer, Hans: Johannes R. Bechers ›Tagebuch 1950‹. In: Aufbau 1951, 7, 833.

46 Brecht, Arbeitsjournal (s. Anm. 20), 597.

47 Brecht, Gesammelte Werke (s. Anm. 22). Bd. 20, 327.

48 Textausgabe in: Theater heute, 1974, 5. Darstellungen der Faust-Diskussion und Materialien: *Winckler, Humanismus* und *Knopf, Erblasser.*

49 Doktor Faustus und der deutsche Bauernkrieg. In: S. u. F. 4, 1952, 6.

50 Girnus, Wilhelm: Das Faust-Problem und die deutsche Geschichte. Bemerkungen aus Anlaß des Erscheinens des Operntextes Johann Faustus von Hanns Eisler. In: ND vom 14. 5. 1953; Abusch, Alexander: Faust – Held oder Renegat in der deutschen Nationalliteratur. In: Sonntag vom 17. 5. 1953. Auch in: S. u. F. 1953, 3/4.

51 *Brecht, Thesen.*

52 *Brecht, Thesen,* 534.

53 *Brecht, Thesen,* These 8.

54 Textausgabe: Johannes R. Becher: Gesammelte Werke. Berlin (DDR), Weimar 1973, Bd. 6, 63 ff.

55 Textausgabe: Brecht, Gesammelte Werke (s. Anm. 22). Bd. 10, 970 ff.

56 Brecht, Gesammelte Werke. Bd. 10, 1010. Zu den ›Buckower Elegien‹: Jürgen Link: Die Struktur des literarischen Symbols. Theoretische Beiträge am Beispiel der späten Lyrik Brechts. München 1975.

57 Brecht, Arbeitsjournal (s. Anm. 20), 544, vgl. 542.

58 Brecht, Gesammelte Werke (s. Anm. 22). Bd. 19, 555.

59 Brecht, Gesammelte Werke. Bd. 10, 1018.

60 Brecht, Gesammelte Werke. Bd. 10, 1005.

61 *Ludz, DDR-Handbuch,* 473.

62 *Berger, Kulturpolitisches Wörterbuch,* 738.

63 *Schubbe, Dokumente,* 351; Sekundärliteratur: *Hannemann/Zschukkelt, Schriftsteller* und *Wolff, Betriebsromane.*

64 Artikel von Heinz H. Schmidt. In: ND vom 27. 8. 1955. Die Diskussion um den Nachterstedter Brief ist zusammengestellt in: Der Nachterstedter Brief. Diskussionsbeiträge von Arbeitern und Schriftstellern zur Vorbereitung des IV. Deutschen Schriftstellerkongresses. Hrsg. vom Deutschen Schriftstellerverband und vom Bundesvorstand des Freien Deutschen Gewerkschaftsbundes. o. O., o. J. ⟨Berlin [DDR] 1955⟩.

65 Ausführlicher hierzu: Strutz, Jürgen: Auf dem Weg nach Bitterfeld. Schriftsteller ›aus den eigenen Reihen‹. In: alternative 7, 1964.

66 Der Rundfunk als Kommunikationsapparat. In: Brecht, Gesammelte Werke (s. Anm. 22). Bd. 18, 129.

67 Walter Benjamin: Der Autor als Produzent. In: Raddatz, F. J. (Hrsg.):
    Marxismus und Literatur. Reinbek 1969, Bd. 2.
68 Brecht, Gesammelte Werke (s. Anm. 22). Bd. 18, 139 ff.
69 Materialien zum Filmdrehbuch: Brecht, Bertolt, Texte für Filme I.
    Frankfurt 1969, 183 ff. Zur Geschichte des Filmprojekts: *Gersch,*
    Film bei Brecht. Rülicke-Weiler, Film- und Fernsehkunst.
70 Brecht, Arbeitsjournal (s. Anm. 20), 554.
71 S. *Gersch, Film bei Brecht.*
72 *Mitscherlich, Die Unfähigkeit zu trauern.*
73 Schädlich, Michael: Titelaufnahmen. Berlin (DDR) 1978, 123.

Heinz Hillmann: Subjektivität in der Prosa

1 Dies zunächst am Beispiel eines Romans, über den als einzelnen sich
   sogleich zu dessen Genre hinweghebend H.-D. Sander urteilt: »Die In-
   dustrie-Romane waren im Detail nuancierter ⟨als die Agrar-Romane
   der Aufbau-Zeit. H. H.⟩, blieben im Ganzen jedoch nicht weniger pauschal in der Konzeption und schematisch in der Ausführung.« (*San-*
   der, Geschichte, 119.) Die Schelte ist so pauschal und schematisch wie
   das Gescholtene; und wenn das Genre Literaturgeschichte dies wegen
   des Überblicks scheinbar erzwingt, muß es eben selbst umgeschaffen
   werden. Literatur ist konkret in handelnden Gestalten; Literaturgeschichte kann sich konkret kritisch nur in diesen Handlungen bewegen. Gibt sie dann nur einen Roman als typisch an für das Genre und
   eine ganze Phase, ist das die Typik der Literatur: das ›Besondere‹, er-
   gänzbar, kritisierbar in Lektüre und Gesprächen.
2 Claudius, Eduard: Menschen an unserer Seite. Berlin (DDR) 1951.
   Seitenzahlen im Text beziehen sich auf diese Ausgabe.
3 Heiner Müller hat 1958 in seinem Stück ›Der Lohndrücker‹ den Widerspruch wieder freigelegt und diskutierbar gemacht als spezifisches
   Problem der DDR, nach dem 17. Juni.
4 In der ›Literatur der Deutschen Demokratischen Republik‹, hrsg. von
   H. Haase, lesen wir: »Durch die hohen Anforderungen, die Ähre an
   sich selbst und an seine Kollegen stellt, wachsen – klug unterstützt
   durch den Parteisekretär – alle Beteiligten.« (*Geschichte der DDR-*
   Literatur 252) *Wolff, Betriebsromane,* hat gezeigt, wie und mit welchen Folgen die sehr parteikritische und basisnahe erste Fassung des
   Romans mit dem Titel ›Vom schweren Anfang‹ (1950) kritisiert wurde: »In der Bemühung, die führende Rolle der SED herauszustellen,
   kehrt Claudius die Tendenz der Handlung um: Nicht mehr die Arbei-

ter räumen in der Partei auf, sondern die Partei bei den Arbeitern.«
(261) Die Kritik an der ersten Fassung und Claudius' Anpassung an
sie in der zweiten Fassung bringen so in der ästhetischen Dimension
zum Verschwinden, was auch in der Realität verschwinden sollte:
»Ebenso gab es eine beträchtliche Anzahl ›von unten‹ gebildeter
›Volkskomitees‹ oder ›Antifa-Ausschüsse‹, die an vielen Orten die
Wiederaufnahme der Produktion ohne die alten Unternehmensleitun-
gen in die Hand nahmen und eine Kleinform von Räten, also eine
Form unmittelbarer Basisdemokratie, darstellten. Jedoch die KPD
und später die SED-Führung ... lösten sie bald auf und griffen auf die
traditionellen, hierarchisch geordneten Selbstverwaltungsorgane auf
Stadt- und Kreisebene zurück.« (*Emmerich, DDR-Literatur,* 343).

5 Der im Roman noch sichtbare, wenngleich harmonisierte Widerspruch verschwindet in der ›Literatur der Deutschen Demokratischen
Republik‹ gänzlich:»Indem der Autor aktives Handeln als auslösende
Tat gestaltet, die bis in die Leitung des Betriebes hineinreicht (sie bestimmt z.B. Dr. von Wassermann, auf seinem Posten zu bleiben), gelang ihm, was andere nach ihm erst wieder Ende der fünfziger und
Anfang der sechziger Jahre erreichten: Die Ebene der Leitung und
Entscheidung erscheint nicht als ein vom Arbeiter losgelöster, ›fremder‹ Bereich im Betrieb, sondern sie umfaßt auch den Arbeitsplatz des
Einzelnen und ist seinem Eingriff zugänglich.« (*Haase, DDR-Literatur,* 252.)

6 Diesen Zusammenhang, in dem der wirkliche Aktivist Garbe stand,
wollte Brecht mit seinem ›Büsching‹-Projekt mit zur Diskussion stellen, wobei sein Held »zwar Normerhöhungen in den Jahren des ersten
wirtschaftlichen Aufbaus für notwendig und erfüllbar hielt, nicht
aber die administrativ verfügten Normen, die dann der Anlaß zu den
Ereignissen des 17. Juni 1953 wurden ...« Vgl. dies ›Spiegel‹-Zitat in
der Argumentation von *Bock, Literatur,* 231.

7 »Daß es (das Programm der SED-›Kulturrevolution‹) keine Aufhebung des Gegensatzes von geistiger und materieller Kultur, von
Hand- und Kopfarbeit im Klassenkampf, sondern Integration unter
Beibehaltung der Arbeitsteilung vorsah, sollte sich bald genug erweisen«, schreibt *Wolff, Betriebsromane* und zitiert Ackermann:»Möge
der Gelehrte und Künstler zu den Arbeitern in die Fabriken und Werke gehen.« (251) – Brecht schickt K.Rülicke allerdings tatsächlich
»noch am 17. Juni zu Hans Garbe«, wie *Bock, Literatur,* berichtet
(236). Er nahm diese Möglichkeit, die Arbeitsteilung in der Kooperation fruchtbar zu machen, sehr ernst. Er versuchte offenbar (vgl.

Bock, Literatur, 234 f.), wie ein Soziologe realitätsnah empirisch zu
arbeiten, freilich am konkreten Einzelfall als ›Fallstudie‹; zugleich
sollte in der ästhetischen Dimension die Möglichkeit der Veränderung durchexperimentiert werden: also ein präzises Doppelspiel von
Realitätsanalyse und Utopieschöpfung, das Ästhetik als Illusion ver-
meidbar machen würde. Das war jetzt und später nicht erwünscht.
Vgl. über das Verhältnis von Recherche und Reportage z. B. Christa
Wolfs Beitrag in: *Zweite Bitterfelder Konferenz 1964,* 229–231. Diese kurze Geschichte bringt mehr Wahrheit über einen Brigadier, seine
Welt und die Welt, die diese doppelte Wahrheit verhindert, als das
ganze 80seitige, auf der gleichen Konferenz gehaltene Hauptreferat
Ulbrichts mit seiner vermeintlichen Wissenschaftlichkeit und Partei-
erkenntnis.

7a Christa Wolf: Der Schatten eines Traumes. Karoline von Günderode
   – Ein Entwurf. In: dies.: Lesen und Schreiben. Neue Sammlung.
   Essays, Aufsätze, Reden. Darmstadt und Neuwied 1980, 283.

8 Bahro, Rudolf: Eine Dokumentation. Köln, Frankfurt 1977, 67.

9 Christa Wolf: Der geteilte Himmel. München 1973.

10 Daß die Einbeziehung der Liebe nicht Reprivatisierung des Romans
   bedeutet, wie sie *Sander, Geschichte* als »die Strömung ins Individuell-
   Private« später »über die Ufer treten« sieht (237), daß sie vielmehr den
   Gewinn der ganzen Persönlichkeit mit allen ihren Lebensbereichen,
   also auch dem Intimen, bedeutet, liegt auf der Hand.

11 Der Jubiläumsband zum 25. Jahrestag –›DDR. Werden und Wachsen.
   Zur Geschichte der Deutschen Demokratischen Republik‹ (Berlin
   [DDR] 1974) – vermerkt zwar: »Die Verflechtung zwischen den
   Betrieben und Industriezweigen nahm zu ... Die Wissenschaft ver-
   wandelte sich mehr und mehr in eine unmittelbare Produktivkraft«
   (418), kann aber die Folgen für Organisation und Subjektivität
   nicht denken, ja damals schon im NÖSPL Gedachtes nicht nachdenken.

12 Bahro reflektiert in seinem Selbstinterview, wie man sein Buch ›Die
   Alternative‹ »auch amtlich sozusagen« als zu verdammendes lesen
   wird: »Fast alle ... werden dabei etwas anderes denken als sie nachher
   öffentlich vertreten können oder müssen ... Ich baue direkt auf den
   Unterschied ... Wenn ich von Apparat rede, dann meine ich stets eine
   reaktionäre Machtstruktur, nicht ohne weiteres die Individuen, die an
   den verschiedenen Knotenpunkten an sie gebunden sind. Sie können
   ja morgen aus dickem Dschungel heraustreten.« (Bahro, Dokumentation [s. Anm. 8] 59). Bahros Gefährlichkeit bestand gerade darin, daß

er nicht literarisch, sondern begrifflich und damit mitten in der polit-ökonomischen Öffentlichkeit operierte.

13 Vgl. *Zweite Bitterfelder Konferenz,* 117 f. Ulbricht spricht vom »An-sinnen nach absoluter Informationsfreiheit« und meint: »Würde aber jeder mit der Ganzheit der Entwicklung von Natur und Gesellschaft beginnen, um sich zu informieren, hätte er keine Zeit zu leben und zu arbeiten.« Eine so dumme wie böswillige Verdrehung des Problems ei-ner umfassenden Diskussion der gerade in der Arbeit gemachten Er-fahrungen der Menschen; qualitative Auseinandersetzung reduziert er auf Nachrichtennutzung: »Natürlich brauchen wir in Industrie und Landwirtschaft technische Informationen aus allen Ländern für die Erreichung des Weltniveaus.«

14 Welche erheblichen Konsequenzen das hat für ein neues Vertragsrecht zwischen den Betrieben usw., aber auch weit darüber hinaus für den (rechts)philosophischen Begriff selbständiger Subjekte und ihrer ge-sellschaftlich-politischen Vermittlung, hat *Heuer, Demokratie und Recht* herausgearbeitet. Vgl. *Jonsson, Widersprüche,* 142–147, der hier eine kurze Beschreibung dieser wichtigen, aber in der DDR-Öffentlichkeit nicht genutzten Arbeit gibt. Stattdessen liest man in ›DDR. Werden und Wachsen‹ (s. Anm. 11), daß die Betriebe durch das NÖSPL zwar »größere Eigenverantwortlichkeit« bekämen, aber die sich daraus ergebende Dialektik findet offenbar nicht statt: »Im Ge-gensatz zu den Behauptungen der modernen Revisionisten ging es nicht um weniger Zentralismus und mehr Demokratie, sondern um die allseitige Weiterentwicklung des demokratischen Zentralismus« (428).

15 Vgl. dagegen die Charakteristik dieser Literatur als parteikonformer bei *Sander, Geschichte,* 211; selbst da, wo sich die Schriftsteller sub-jektiv in Übereinstimmung sahen, waren sie dies doch mit der vermu-teten und entworfenen Entwickelbarkeit der Partei, die sie mit ihrer Literatur also aktiv bearbeiteten!

16 Die Unterscheidung der beiden Gruppen stammt von *Ludz, Partei-elite.* – *Jonsson, Widersprüche,* hat deren Denkmuster als zwei ganz unterschiedliche Welthaltungen beschrieben, eine staatlich-autoritäre, bürokratische, moralistische usw. im Gegensatz zu einer subjektivi-tätsorientierten, die Jonsson dann bei Kunert nachweist und die für weitere Dichter gültig ist, wie, in äußerster politischer Zuspitzung, auch für Bahro.

17 Ich folge hier der Beschreibung von *Lemke, Persönlichkeit und Gesell-schaft,* 45 f., die übrigens auch den diametral entgegengesetzten Sub-

jektbegriff Rosenfelds als einen der ›strategischen Führungsgruppe‹ charakterisiert (43 f.). Lemke macht sehr deutlich, wie sich die Theorie der Persönlichkeit im ökonomischen Prozeß wandelt, ihn spiegelnd und befördernd/hemmend. Die Arbeit ist ein Pendant zu meinem Aufsatz.

18 Havemann, Robert: Fragen – Antworten – Fragen. Aus der Biographie eines deutschen Marxisten. Hamburg 1972, 83.

19 *Zweite Bitterfelder Konferenz,* 128.

20 *Zweite Bitterfelder Konferenz,* 114 f.

21 Vgl. *Zweite Bitterfelder Konferenz,* 110, 116.

22 *Mohr, Produktive Sehnsucht* schreibt: »Ihre ›öffentlich‹, vor den Augen des Lesers arbeitende Kunstfertigkeit demonstriert modernes Erzählen für ein Publikum, das hier Nachholbedarf hat« (108). Was hier bloß als poetische Transparenz richtig herausgestellt wird, ist aber in der DDR ein Politikum und als solches auch vom Schriftsteller modellhaft gemeint. Gesellschaftliche und ästhetische Strukturen sind dort viel reicher und bewußter vermittelt, erscheinen für die Subjekte und nicht nur an ihnen. Gerade solche Dinge zeigen die Existenz von zwei Ästhetiken – »zwei Staaten, zwei Literaturen«, wie *Emmerich, DDR-Literatur* (S. 342) schreibt.

23 Christa Wolf: Nachdenken über Christa T. Neuwied und Berlin 1969.

24 Vgl. *Mohr, Produktive Sehnsucht,* 104.

25 Nur hat Tragödie nichts zu tun mit Resignation: ist jene doch das leidende Aufreißen des Widerspruchs von richtig Gewolltem und unrichtig Seiendem, um dieses zu überwinden; wo Resignation die trübselige Einebnung und miese Untätigkeit darstellt. Genau so wenig wie die anspruchsvolle und zugleich alltägliche Subjektivität Christa T.s etwas mit Individualismus und Subjektivismus oder gar dem Rückfall in diese zu tun hat: sie ist die fortgeschrittenste Gestalt und Einlösung des menschlichen Entwurfs. Dies gegen die rechten Angriffe in der DDR und gegen die rechten Eingemeindungen des Romans hier.

26 Vgl. *Hillmann, Alltagsphantasie.* Hier auch mein Versuch, die der Kunst eigentümliche Weise der Erkenntnis zu klären (im Unterschied zur wissenschaftlichen), der auch diesem Aufsatz als heuristische Annahme zugrundeliegt.

27 Frieder Venus (25) in einem der Gespräche mit jungen Künstlern, die in den Weimarer Beiträgen 15, 1979, 7 abgedruckt sind und die ich als exemplarisch empfunden und deshalb analysiert habe. Ursprünglich wollte ich die Methode der teilnehmenden Interpretation auch in diesem Kapitel fortsetzen an Brasch, Thomas: Vor den Vätern sterben

die Söhne. Berlin 1977; das war aus Raummangel unmöglich, obwohl der Rückwärtsgang dieses in Geschichten zerschlagenen Romans noch ›exemplarischer‹ gewesen wäre.

28 Bahro, Dokumentation (s. Anm. 8), 60.

29 Bahro, Dokumentation, 58.

30 Stephan Ernst. In: WB 15, 1979, 7, 18 (vgl. Anm. 27).

31 Ebd., 17.

32 Wolf, Nachdenken (s. Anm. 23), 109.

33 Braun, Volker: Das ungezwungne Leben Kasts. Frankfurt 1979. Darin: IV. Teil (Die Tribüne).

34 Otto, Herbert: Die Sache mit Maria. Berlin (DDR), Weimar 1976.

35 Bahro, Rudolf: Die Alternative. Köln, Frankfurt 1977, 276.

36 Braun, Volker: Tinka. In: ders.: Stücke I. Frankfurt 1975, 174.

37 Loest, Erich: Es geht seinen Gang oder Mühen in unserer Ebene. Stuttgart 1978.

38 Bernd Wagner. In: WB 15, 1979, 7, 46 (vgl. Anm. 27).

39 Römisch, Siegfried: Notizen über eine neue Autorengeneration. In: WB 15, 1979, 7, 9.

Heinrich Küntzel: Der Faschismus: seine Theorie, seine Darstellung in der Literatur

1 Brecht, Bertolt: Arbeitsjournal. Frankfurt 1973, 589; vgl. 801, 820; Bloch, Ernst: Über die Bedeutung des XX. Parteitags. In: *Crusius/ Wilke, Entstalinisierung,* 426; Brandt, Heinz: Die soziale Revolution des Nikita Sergejewitsch Chruschtschow. ebd. 292. Über Stalins »Entscheidungsstreß« Masuch, Michael: Das Problem der Erklärung des »Stalinismus«. In: Das Argument 106, 1977, 836. Zum Stalinlob vgl. die Anthologien ›Mutter von Gori wie groß ist dein Sohn. Deutsche Dichter singen von Stalin‹ (Berlin [DDR] 1952) und ›Du Welt im Licht. Deutsche Schriftsteller über Stalin‹ (Berlin [DDR] 1954). Nadjeschda Mandelstam: Das Jahrhundert der Wölfe. Eine Autobiographie (1970). Dt. Frankfurt 1971. Der Titel entstammt einem Gedicht Ossip Mandelstams von 1931.

2 *Friedrich, Totalitäre Gesellschaft.* Die weitere Entwicklung von Friedrichs Theorie kann hier nicht verfolgt werden. *Arendt, Totale Herrschaft; Milosz, Verführtes Denken.* Literatur zur Totalitarismusforschung und ihrer Kritik bei: *Schlangen, Totalitarismus, Schapiro, Totalitarismus,* Sp. 465; *Kühnl, Faschismustheorien,* Bd. 2, 307; *Totalitarismus und Faschismus; Aron, Hitler,* 42.

3 So zuletzt *Wippermann, Katastrophe?*

4 XIII. Plenum des Exekutivkomitees der Komintern von Dezember 1933. Zit. nach: Pieck, Dimitroff und Togliatti: Die Offensive des Faschismus und die Aufgabe der Kommunisten im Kampf für die Volksfront gegen Krieg und Faschismus. Referate auf dem VII. Weltkongreß der Komintern (1935). Berlin 1957, 87. Zu finden bei *Pirker, Komintern und Faschismus* und *Kühnl, Faschismustheorien*, Bd. 2.

5 Z. B. im Artikel »Faschismus« aus dem Sachwörterbuch der Geschichte. Berlin 1969. Bd. 1, 571. Die These von den »Sozialfaschisten« wurde schon nach 1933 der Volksfrontstrategie wegen von Dimitroff eingeschränkt, lebte aber dessenungeachtet in Abwandlungen fort.

6 *Blanke/Reiche/Werth, Faschismus-Theorie der DDR*, 36.

7 *Schneider, Holocaust und Hitler.*

8 Heranzuziehen sind außer der anderwärts genannten Literatur vor allem: *Nolte, Theorien über den Faschismus* (und seine anderen Bücher); *Schieder, Faschismus*, Spalte 438; *Wippermann, Faschismustheorie. Saage, Faschismustheorien.*

9 *Abusch, Irrweg; Meinecke, Die deutsche Katastrophe*, 321.

10 *Muschg, Tragische Literaturgeschichte; Muschg, Zerstörung.* Über Georg Lukács s. Anm. 12; Abusch s. Anm. 9. Die Diskussionen um Brechts Berliner Theatertätigkeit und Hanns Eislers › Johann Faustus‹ (1952/53) zeigen, daß die Prüfung der Vergangenheit schon in der Frühzeit der DDR nicht zur Darstellung der deutschen Geschichte »als Negativum« führen durfte. Vgl. *Brecht, Thesen*, 537.

11 Prototypisch in dem fünfbändigen Werke von Richard Hamann und Jost Hermand: Deutsche Kunst und Kultur von der Gründerzeit bis zum Expressionismus (Berlin 1956 ff.), das in Ost und West erschienen ist.

12 *Lukács, Die Zerstörung der Vernunft.* Ebenso einflußreich waren vor allem seine Studien: Deutsche Literatur während des Imperialismus. Und: Fortschritt und Reaktion in der deutschen Literatur (1945), zusammengefaßt als: Skizze einer Geschichte der neueren deutschen Literatur *(Lukács, Skizze).* Außerdem: *Lukács, Schicksalswende.*

13 Noll, Dieter: Die Abenteuer des Werner Holt, Bd. 1 1960. Bd. 2 1963. – Zur Tradition des Bildungsromans in der DDR s. *Küntzel, Abschied bis Atemnot,* und die dort angegebene Literatur. Über Fühmann s. u.

14 *Stern, Hitler,* 100.

15 *Adorno, Erpreßte Versöhnung,* 176.

16 Kraus, Karl: Die dritte Walpurgisnacht (geschrieben 1933, E. 1952). München 1967, 58.

17 Klemperer, Victor: LTI. Notizbuch eines Philologen (1946). 2. Aufl. Leipzig 1968, 63.

18 Mann, Thomas: Doktor Faustus. GW Bd. 6. Berlin 1956, 506.

19 *Stern, Hitler*, 43. *Grimm/Hermand, Faschismus und Avantgarde.*

20 *Benjamin, Kunstwerk,* 508; Brecht, Über die Theatralik des Faschismus. In: Brecht, Gesammelte Werke 16, 558.

21 Roth, Joseph: Die Eiche Goethes in Buchenwald (1939). W. Bd. 4. Köln 1975, 704; vgl. *Kreuzer, Mein Gott Goethe.* Semprun, Jorge: Was für ein schöner Sonntag. Frankfurt 1981.

22 *Zürcher, Trümmerlyrik.*

23 *Mayer, Mußmaßungen und Lebensläufe,* 98.

24 Ulbricht, Walter: Zur Geschichte der deutschen Arbeiterbewegung Bd. 2. Berlin 1953, 258; ders.: Die Legende vom »deutschen Sozialismus«. Ein Lehrbuch für das schaffende Volk über das Wesen des deutschen Faschismus. Berlin 1946.

25 *Bracher, Hitler-Interpretation,* 79.

26 *Batt, Die Lücke und der Rahmen,* 103. Die Lücke im Festzug stammt aus dem Roman ›Tausendjahrfeier‹ von Gerhard Ludwig.

27 Zum »Faschismus als sozialer Bewegung« s. den Sammelband unter diesem Titel, hrsg. von *Schieder; Mommsen, Weimarer Republik;* und die in *Wippermann, Faschismustheorie* und *Saage, Faschismustheorien* angegebene Literatur. Über »Faschismus und Alltag«, »Faschismus als Kleinbürgertum« in der Literatur vgl. die Aufsätze von Norbert Mecklenburg und Helmut Koopmann in: *Wagener, Gegenwartsliteratur.*

28 Kaufmann, Hans: Gespräch mit Christa Wolf. WB 1974, 6. Zit. nach *Löffler, Auskünfte,* 503 ff. Vgl. zum »gewöhnlichen Faschismus« die Bemerkung Werner Neuberts, daß seine Beschreibung »ideologisch und künstlerisch-gestalterisch erst möglich wurde, nachdem das Wesen der Erscheinung festgestellt war«. Zit. von Hartmann: Das Dritte Reich in der DDR-Literatur. In: *Wagener, Gegenwartsliteratur,* 325 Anm. 46. Ferner: *Emmerich, Faschismus,* 361; *Scherpe, »Dieses Gefühl einer Lücke«,* 227.

29 *Tasca, Glauben, Gehorchen, Kämpfen,* 379: »Den Faschismus definieren, heißt zuallererst die Geschichte des Faschismus schreiben«.

30 Nach wie vor repräsentativ: Geschichte der deutschen Arbeiterbewegung Bd. 4, Berlin (DDR) 1966. Vgl. die in Anm. 4–6 genannte Literatur. Über die neuere Entwicklung der Faschismusdiskussion in der DDR unterrichten: *Eichholz/Gossweiler, Faschismusforschung;* die Sonderbände der ZfG: Historische Forschung 1960–1970 (1970)

und 1970–1980 (1980); die Berichte über Historiker-Konferenzen zum Thema Faschismus, ZfG 1980, 4, 373 und ZfG 1980, 7, 662; die Erörterungen von Faschismustheorien in den sieben Bänden: Kunst und Literatur im Antifaschistischen Exil 1933–45. Leipzig 1978 ff. Insb. *Mittenzwei, Exil in der Schweiz,* im Kapitel über den Verleger Emil Oprecht, der u. a. Ernst Blochs ›Erbschaft dieser Zeit‹ verlegte; und andere von den Verlagen Pahl-Rugenstein (Köln) und Röderberg (Frankfurt) übernommene Veröffentlichungen.

31 Einleitung zu: *Nolte, Theorien über den Faschismus,* 71.

32 Vgl. Thomas Mann; Doktor Faustus. Gesammelte Werke. Bd. 6, 652; die Rede ›Deutschland und die Deutschen‹ 1945 und ›Die Entstehung des Doktor Faustus‹, Gesammelte Werke. Bd. 12, 221, 252, 258 u. ö.; Bertolt Brecht, Gesammelte Werke. Bd. 19, 478 (der vorwurfsvolle Brief an Mann), Bd. 10, 871 (das Gedicht gegen ihn) und die Ausfälle im ›Arbeitsjournal‹ (Frankfurt 1973, 597 f., 621); aber auch gegen Bechers Artikel ›Deutsche Lehre‹, »der stinkt von Nationalismus« ebd., 641 und die Briefe an Berthold Viertel: Briefe. Frankfurt 1981, Nr. 495 f.

33 Über Lukács' Übergang zur Kollektivschuldthese vgl. *Pike, Exil,* 538.

34 Vgl. *Hermlin/Mayer, Ansichten.* Die hier versammelten Rundfunkvorträge geben einen Eindruck von ideologischer Vorurteilslosigkeit, mit der Amerikaner neben Russen, Emigranten neben Gebliebenen, Linke neben Konservativen vorgestellt werden.

35 *Geerdts, Antifaschismus,* 71. Überblicke zum Thema Faschismus und Zweiter Weltkrieg in der Literatur und die Literaturperioden geben: *Geschichte der DDR-Literatur,* 167–173, 265–272, 328–344; *Hörnigk, Krieg und Faschismus;* Hartmann, Das Dritte Reich (s. Anm. 28); *Emmerich, Literaturgeschichte,* 49, 93, 208.

36 So urteilt auch *Batt, Seghers,* 210. *Rilla, Seghers,* hatte in seiner rühmenden Rezension schon die mit der positiven Klassensituierung abnehmende »Interessantheit« der Personen bemerkt.

37 *Hörnigk, Krieg und Faschismus,* 97. Zur Konferenz des Schriftstellerverbandes über Kriegsliteratur 1957 vgl. den Bericht von Christa Wolf: Vom Standpunkt des Schriftstellers und von der Form der Kunst. In: NDL 1957, 12, 119, und den Vortrag von Hermann Kant und Frank Wagner: Die große Abrechnung. Probleme der Darstellung des Krieges in der deutschen Gegenwartsliteratur. Ebd. 124. Über den offiziellen Standpunkt unterrichten knapp die Artikel: Weltkrieg, Zweiter. und: Großer Vaterländischer Krieg. Im Sachwörterbuch der Geschichte (s. Anm. 5). Über die Kriegsbücher von Ludwig Renn,

Theodor Plievier u.a. vgl. außer der Anm. 35 angegebenen Literatur auch die Beiträge von Jürgen Rühle und Sabine Brandt in: *Rühle, Schriftsteller.*

38 s.o. Anm. 26, 28. Stephan Hermlin in: Freibeuter 1, 1979, 49 f.: »...
Ich glaube, daß dieser Fehler, die Vergangenheit für überwunden zu erklären, bei uns sehr deutlich begangen wird. Leider auch von vielen Genossen, die mit einer gewissen Selbstzufriedenheit sagen, *wir* haben die Vergangenheit bewältigt, *die da drüben* nicht, die sind sozusagen noch mittendrin. Dazu hat niemand das Recht.« Loest, Erich: Pistole mit sechzehn. Hamburg 1979, 52. Günter Kunert spricht vom »sich rächenden Versäumnis, der Auseinandersetzung mit dem faschistischen Überbau stets ausgewichen zu sein«. In: Die Zeit, Nr. 47 vom 17. 11. 1978.

39 ›Die Kameraden‹ erschienen 1955, die anderen Erzählungen in den Sammlungen: Stürzende Schatten. 1959. und: König Ödipus. 1966. Alle gesammelt u. d. T.: Die Elite. 1970. im Aufbau- und Diogenes-Verlag. Die zitierte Äußerung über die Kriegsgefangenschaft in: Fronten. Drei Erzählungen und eine Dichtung. Berlin (DDR) 1960, 161.

40 Fühmann, Franz: Die Literatur der Kesselrings. NDL 1954, 6; Das Judenauto. Berlin 1962.

41 Fühmann, Franz: Antwort auf eine Umfrage. In: Erfahrungen und Widersprüche. Versuche über Literatur (1975). Frankfurt 1976, 18.

42 Fühmann, Franz: 22 Tage oder Die Hälfte des Lebens (1973). Frankfurt 1978, 100. Vgl. 129, 191 ff.; Der Sturz des Engels. Erfahrungen mit Dichtung. Hamburg 1982, 58.

43 Wolf, Christa: Blickwechsel. In: Lesen und Schreiben. Aufsätze und Betrachtungen. Berlin 1963, 48.

44 Zur Rezeption von Widerstandsliteratur s. einen ersten Versuch in: *Hay, Situation,* 36.

45 *Reich-Ranicki, Literatur,* 294.

46 Kunert, Günter: Betonformen. In: Kramen in Fächern. Berlin 1968, 157, auf den Spuren von Jorge Semprun, der in seinem Roman ›Die große Reise‹ seine Erinnerungen an Buchenwald aufschrieb.

47 Kantorowicz, Alfred: Spanisches Kriegstagebuch (1948). Frankfurt 1982, 19.

48 Vgl. den Artikel: Widerstandsbewegung. In: *Sowjetsystem und Demokratische Gesellschaft VI,* Sp. 961; *Mann, Widerstand,* 433.

49 Siehe Fühmanns Darstellung im ›Judenauto‹ aus der Perspektive des einfachen Soldaten, Anna Seghers in ›Die Toten bleiben jung‹ aus der der Arbeiter, Fritz Selbmanns Verachtung in ›Alternative Bilanz

Credo. Versuch einer Selbstdarstellung‹ (1969). München 1975, 375. Zum Thema sind heranzuziehen: *Prümm*, *»Die Zukunft ist vergeßlich«*, 33; *Hartmann*, *Antifaschistische Opposition*. Zur Desavouierung des 20. Juli ebd., 36.

50 *Hartinger*, *Die Fragen und die Antworten unserer Literatur*. 18. Vgl. die Anm. 35 genannte Literatur und *Schiller*, *Kühnheit und Verantwortung* und *Schiller*, *Sozialistische Nationalliteratur*.

51 Bobrowski, Johannes: Selbstzeugnisse und neue Beiträge über sein Werk (1967). Berlin 1975², 11.

52 Kunert, Günter: Warum schreiben? Notizen zur Literatur. München 1976, 168, 172. Die Geschichte vom Eisenhans: Märchenhafter Monolog. In: Die Schreie der Fledermäuse. Geschichten, Gedichte, Aufsätze. München 1979, 39.

53 Ebd. 271, 204.

54 »Traum des Sisyphus« in: Kramen in Fächern. Berlin 1968, 105.

55 Kunert, Warum schreiben? (s. Anm. 52), 225.

56 »Ninive« in: Kramen in Fächern (s. Anm. 54), 109.

57 »Verkündigung des Wetters« in: Unruhiger Schlaf. Gedichte. München 1979, 70.

58 Fühmann, 22 Tage (s. Anm. 42), 200.

59 Aus fünf Jahrzehnten. Gedichte von Erich Arendt. Hrsg. von Heinz Czechowski. Rostock 1968, 382.

60 Cibulka, Hanns: Zwischenzeit. In memoriam Ossip Mandelstam. In: Gedichte von drüben II. Bad Godesberg 1968, 46; Arendt, Erich: Marina Zwetajewa. In: Memento und Bild. Leipzig 1975; Endler, Adolf: Nach der Achmatowa fragen oder Besuch aus Moskau 1954. In: Goethe eines Nachmittags. Porträtgedichte. Eine Anthologie. Berlin 1979, 87; Kirsch, Rainer: Gedächtnis Mandelstams. In: Ausflug machen. Gedichte. Rostock 1980, 62.

61 Mickel, Karl: Die Arena (1973). In: Odysseus in Ithaka. Gedichte 1957–1974. Leipzig 1976, 146; Braun, Volker: Das Forum (ca. 1976). In: Gedichte. Leipzig 1979, 130.

62 Der VII. Schriftstellerkongreß. Protokoll. Berlin (DDR) und Weimar 1974.

63 Schlesinger, Klaus: Michael. Rostock 1971; Schütz, Helga: Vorgeschichte oder schöne Gegend Probstein. Berlin (DDR), Weimar 1970 u. a.; Kempowski, Walter: Tadellöser und Wolff (1971) u. a.; Vesper, Bernward: Die Reise (1977); Meckel, Christoph: Suchbild (1980).

64 *Krenzlin*, *Schütz;* 92.

65 *Mitscherlich*, *Die Unfähigkeit zu trauern*, 133.

66 Wolf, Christa: Kindheitsmuster. Neuwied. 1978⁴, 287.

67 Loest, Pistole mit sechzehn (s. Anm. 38), 76. Zuerst veröffentlicht 1977 in: S. u. F, entstanden 1972. Der Satz wird hier richtig zitiert: »Das Vergangene ist *nie* tot . . .«. Zur Herkunft vgl. Andersch, Alfred: Böse Träume. In: Tintenfisch. Zürich 1981, 49.

68 Ebd. S. 52. s. auch Loest, Erich: Durch die Erde ein Riß. Ein Lebenslauf. Hamburg 1981, 56.

69 Loest, Erich: Es geht seinen Gang oder Mühen in unserer Ebene (1978). München 1980, 119.

70 Vgl. die Einleitung von Bock, Stephan: Literatur Gesellschaft Nation. Materielle und ideelle Rahmenbedingungen der frühen DDR-Literatur (1949–1956). Stuttgart 1980, 11.

71 Die Szenen »Die Nacht der langen Messer« in: Die Schlacht (1974) und »Die Brüder« in: Germania Tod in Berlin (1976).

Bibliographie

Die Bibliographie dient vor allem dem Nachweis der in den Anmerkungen kurzzitierten Sekundärliteratur. Die Kurzform erscheint *kursiv* vor der vollständigen Titelangabe. Zusätzlich wurden wichtige Titel älterer und neuerer Sekundärliteratur sowie bibliographischer Hilfsmittel, Forschungsberichte, literaturgeschichtliche Darstellungen und Quellensammlungen aufgenommen. Die Mehrzahl der Quellen- und Dokumentesammlungen erscheint jedoch nur in den Anmerkungen der Einzelbeiträge.

Alle aufgeführten Titel sind der Übersichtlichkeit halber folgenden Abschnitten zugeordnet:

I Bibliographien, Nachschlagewerke, Handbücher, Lexika
II Gesamtdarstellungen
III Quellensammlungen
IV Untersuchungen

Abkürzungen

AUMLA	Journal of the Australasian Universities Modern Language and Literature Association
BZ	Berliner Zeitung
FAZ	Frankfurter Allgemeine Zeitung
FR	Frankfurter Rundschau
ND	Neues Deutschland
NDL	Neue Deutsche Literatur
NPL	Neue Politische Literatur
NR	Neue Rundschau
S. u. F.	Sinn und Form
SZ	Süddeutsche Zeitung
WB	Weimarer Beiträge
ZfG	Zeitschrift für Geschichtswissenschaft

I Bibliographien, Nachschlagewerke, Handbücher, Lexika

Albrecht, Günter: Schriftsteller der DDR. Leipzig 1975

Albrecht, Günter u.a.: Lexikon deutschsprachiger Schriftsteller. 2 Bde. Leipzig 1972. Nachdruck in 4 Bänden: Kronberg 1974

Berger, Kulturpolitisches Wörterbuch   Berger, Manfred u.a.: Kulturpolitisches Wörterbuch. 2., erweiterte Auflage Berlin (DDR) 1978

Bock, Stephan: Bibliographie zur DDR-Literatur (1945–1978) unter besonderer Berücksichtigung der frühen DDR-Prosa (1949–1956) sowie der Traditionslinien, der Produktions- und Rezeptionsbedingungen. München 1980

Böttcher, Kurt u.a.: Schriftsteller der DDR. Leipzig 1974 (= Meyers Taschenlexikon)

Diersen, Inge u.a.: Lexikon sozialistischer deutscher Literatur. Von den Anfängen bis 1945. s'Gravenhage 1973

Klaus, Georg und Manfred Buhr: Marxistisch-leninistisches Wörterbuch der Philosophie. 3 Bände. Reinbek 1972

Langenbucher, Wolfgang R., Ralf Rytlewski und Bernd Weyergraf: Kulturpolitisches Wörterbuch. Bundesrepublik Deutschland – DDR im Systemvergleich. Stuttgart 1982

Lexikon deutschsprachiger Schriftsteller · s. Albrecht

Ludz, DDR-Handbuch   Ludz, Peter Christian: DDR-Handbuch. Hrsg. vom Bundesministerium für innerdeutsche Beziehungen. Köln 1972²

Schriftsteller der DDR   s. Böttcher

Trilse, Christoph, Klaus Hammer und Rolf Kabel: Lexikon Theater. Berlin (DDR) 1977

Weber, DDR-Geschichte   Weber, Hermann: DDR – Grundriß der Geschichte 1945–1976. Hannover 1976

II Gesamtdarstellungen

Berg, Jan, Hartmut Böhem u.a.: Sozialgeschichte der deutschen Literatur von den Anfängen bis zur Gegenwart. Frankfurt 1981 (= Fischer Tb 6475)

Bock, Literatur   Bock, Stephan: Literatur Gesellschaft Nation. Materielle und ideelle Rahmenbedingungen der frühen DDR-Literatur (1945–1956). Stuttgart 1980

Brettschneider, Autonomie   Brettschneider, Werner: Zwischen literarischer Autonomie und Staatsdienst. Die Literatur in der DDR. Berlin 1972

Daiber, Hans: Deutsches Theater seit 1945. Stuttgart 1976

Durzak, Manfred: Der deutsche Roman der Gegenwart. Entwicklungs-voraussetzungen und Tendenzen. 3., erweiterte und veränderte Auflage Stuttgart 1979

Emmerich, Literaturgeschichte Emmerich, Wolfgang: Kleine Literatur-geschichte der DDR. Darmstadt 1981

Franke, Konrad: Die Literatur der Deutschen Demokratischen Republik. München, Zürich 1971 (=Kindlers Literaturgeschichte der Gegen-wart in Einzelbänden)

Geerdts, Literatur der DDR Geerdts, Hans Jürgen: Literatur der Deut-schen Demokratischen Republik. Band 2: Einzeldarstellungen. Berlin (DDR) 1979

Geschichte der DDR-Literatur Geschichte der Literatur der Deutschen Demokratischen Republik. Berlin (DDR) 1977 (=Geschichte der deut-schen Literatur von den Anfängen bis zur Gegenwart Bd. 11)

Hinck, Walter: Das moderne Drama in Deutschland. Göttingen 1973 (=Sammlung Vandenhoeck)

Klunker, Heinz: Zeitstücke und Zeitgenossen. Gegenwartstheater in der DDR. München 1975 (=dtv 1070)

Mennemaier, Franz Norbert: Modernes Deutsches Drama. Kritiken und Charakteristiken. Bd. 2: 1933 bis zur Gegenwart. München 1975 (=UTB 425)

Raddatz, Traditionen Raddatz, Fritz J.: Traditionen und Tendenzen. Materialien zur Literatur der DDR. Frankfurt 1972

Rühle, Jürgen: Das gefesselte Theater. Vom Revolutionstheater zum Sozialistischen Realismus. Köln, Berlin 1957

Sander, Geschichte Sander, Hans-Dietrich: Geschichte der Schönen Lite-ratur in der DDR. Ein Grundriß. Freiburg 1972

Schmitt, Hans-Jürgen: Einführung in Theorie, Geschichte und Funktion der DDR-Literatur. Stuttgart 1975

Theater in der Zeitenwende. Zur Geschichte des Dramas und des Schau-spieltheaters in der Deutschen Demokratischen Republik 1945–1968. 2 Bände. Berlin (DDR) 1972

Trommler, Frank: Sozialistische Literatur in Deutschland. Ein historischer Überblick. Stuttgart 1976

III Quellensammlungen

Buch, Hans Christoph (Hrsg.): Parteilichkeit der Literatur oder Parteiliteratur. Materialien zu einer undogmatischen Ästhetik. Reinbek 1972 (= das neue buch 15)

Die Verantwortung des Schriftstellers in den Kämpfen unserer Zeit. Materialien zum VIII. Schriftstellerkongreß der DDR (Berlin 29.–31. Mai 1978). München 1978

Dokumente der SED II Dokumente der Sozialistischen Einheitspartei Deutschlands. Beschlüsse und Erklärungen des Parteivorstandes des Zentralkomitees und des Politischen Büros. Band II. Berlin (DDR) ²1951

Dokumente zur sowjetischen Literaturpolitik 1917–1932 Eimermacher, Karl und Renate (Hrsg.): Dokumente zur sowjetischen Literaturpolitik 1917–1932. Mit einer Analyse von Karl Eimermacher. Stuttgart 1972

Fähnders/Rector, Literatur im Klassenkampf Literatur im Klassenkampf. Zur proletarisch-revolutionären Literaturtheorie 1919–1923. Eine Dokumentation von Walter Fähnders und Martin Rector. München 1971

Fahndungen. 22 Autoren über sich selbst. Berlin (DDR) 1975

Fischbeck, Helmut (Hrsg.): Literaturpolitik und Literaturkritik in der DDR. Eine Dokumentation. Frankfurt, Berlin, München 1976 (= Texte und Materialien zum Literaturunterricht 18)

Günther, E., W. Liersch und K. Walther (Hrsg.): Kritik. Rezensionen zur DDR-Literatur. Halle 1976 ff. (bisher 4 Bände)

Jarmatz, Kritik in der Zeit Jarmatz, Klaus, Christel Berger und Renate Drenkow: Kritik in der Zeit. Der Sozialismus – seine Literatur – ihre Entwicklung. Halle 1970. 2. Aufl.: 2 Bände Halle und Leipzig 1978

Löffler, Anneliese (Hrsg.): Auskünfte. Werkstattgespräche mit DDR-Autoren. Berlin (DDR) und Weimar 1974

Raddatz, Fritz J. (Hrsg.): Marxismus und Literatur. Eine Dokumentation. 3 Bände. Reinbek 1969

Rüß, Dokumente Rüß, Gisela (Hrsg.): Dokumente zur Kunst-, Literatur- und Kulturpolitik der SED. Bd. 2: 1971–1974. Stuttgart 1976

Schmitt, Expressionismusdebatte Schmitt, Hans-Jürgen (Hrsg.): Die Expressionismusdebatte. Materialien zu einer marxistischen Realismuskonzeption. Frankfurt 1973 (= edition suhrkamp 646)

Schmitt/Schramm, Sozialistische Realismuskonzeptionen Schmitt, Hans-Jürgen und Godehard Schramm: Sozialistische Realismuskonzeptionen. Dokumente zum 1. Allunionskongreß der Sowjetschriftsteller. Frankfurt 1974 (= edition suhrkamp 701)

Schneider, G. (Hrsg.): Eröffnungen. Schriftsteller über ihr Erstlingswerk. Berlin (DDR) und Weimar 1974

Schriftsteller DDR/BRD geben zu Protokoll. In: Alternative 20, 1977, 113.

Schubbe, Dokumente   Schubbe, Elimar (Hrsg.): Dokumente zur Kunst-, Literatur- und Kulturpolitik der SED. Bd. 1: 1949–1970. Stuttgart 1972

Wagenbach, Klaus, Winfried Stephan und Michael Krüger (Hrsg.): Vaterland Muttersprache. Deutsche Schriftsteller und ihr Staat von 1945 bis heute. Ein Nachlesebuch für die Oberstufe. Berlin 1979 (= Wagenbachs Quartheft 100)

Walther, Joachim (Hrsg.): Meinetwegen Schmetterlinge. Gespräche mit Schriftstellern. Berlin (DDR) 1973

Zur Tradition der deutschen sozialistischen Literatur   Akademie der Künste der DDR, Sektion Literatur und Sprachpflege, Abteilung Geschichte der sozialistischen Literatur (Hrsg.): Zur Tradition der deutschen sozialistischen Literatur. 4 Bände. Berlin (DDR) und Weimar 1979

Zweite Bitterfelder Konferenz   Protokoll der (…) am 24. und 25. April in Bitterfeld abgehaltenen Konferenz. Berlin (DDR) 1964

IV Untersuchungen

Abusch, Geschichte   Abusch, Alexander: Zur Geschichte und Gegenwart unserer sozialistischen Literatur. In: Abusch, Alexander: Humanismus und Realismus in der Literatur. Berlin (DDR) 1957, 141–150

Abusch, Irrweg   Abusch, Alexander: Der Irrweg einer Nation. Ein Beitrag zum Verständnis deutscher Geschichte. Berlin 1946

Abusch, Schriftsteller   Abusch, Alexander: Die Schriftsteller und der Plan. In: Ders.: Literatur im Zeitalter des Sozialismus. Berlin (DDR), Weimar 1967

Adorno, Lyrik und Gesellschaft   Adorno, Theodor W.: Rede über Lyrik und Gesellschaft. In: Adorno, Noten zur Literatur I. Frankfurt 1958

Adorno, Erpreßte Versöhnung   Adorno, Theodor W.: Erpreßte Versöhnung. In: Ders.: Noten zur Literatur II. Frankfurt 1961

Albrecht, Revolutionär   Albrecht, Hartmut: Der Revolutionär im Prognosezeitraum und seine filmkünstlerische Aneignung. In: Sozialistisches Menschenbild und Filmkunst. Berlin 1970

Altweg, Jentzsch Altweg, Jürg: Der Poet, der Parteiparolen glaubte. Der DDR-Schriftsteller Bernd Jentzsch. Seine Umsiedlung in die Schweiz. In: FAZ vom 27. 2. 1977

Arendt, Totale Herrschaft Arendt, Hannah: Elemente und Ursprünge totaler Herrschaft (1951). Dt. Frankfurt 1955

Aron, Hitler Aron, Raymond: Noch einmal Hitler. Wie haltbar ist die Totalitarismus-Theorie? In: Der Monat 1980, 1

Bahro, Alternative Bahro, Rudolf: Die Alternative. Köln, Frankfurt 1977

Barck, Avantgarde Künstlerische Avantgarde. Annäherungen an ein unabgeschlossenes Kapitel. Herausgegeben und mit einer Einleitung versehen von Karlheinz Barck, Dieter Schlenstedt und Wolfgang Thierse. Berlin (DDR) 1979

Bathrik, David: Agroprop. Kollektivismus und Drama in der DDR. In: Grimm, Reinhold und Jost Hermand (Hrsg.): Geschichte im Gegenwartsdrama. Stuttgart 1976 (= Sprache und Literatur 99), 96–110

Bathrik, David: The Dialectics of Legitimation: Brecht in the DDR. In: new german critique 1, 1974, 2, 90–103

Batt, DDR-Literatur heute Batt, Kurt: DDR-Literatur heute. In: Batt, Kurt: Schriftsteller, Poetisches und wirkliches Blau. Hamburg 1980

Batt, Die Lücke und der Rahmen Batt, Kurt: Die Lücke und der Rahmen. Vergangenheitsbewältigung in westdeutscher Prosa (1966). In: Ders.: Revolte intern. Betrachtungen zur Literatur in der BRD. Leipzig 1974

Batt, Seghers Batt, Kurt: Anna Seghers. Versuch über Entwicklung und Werk. Leipzig 1973

Batt, Seghers und Lukács Batt, Kurt: Erlebnis des Umbruchs und harmonische Gestalt. Der Dialog zwischen Anna Seghers und Georg Lukács. In: Mittenzwei, Werner (Hrsg.): Dialog und Kontroverse mit Georg Lukács. Der Methodenstreit deutscher sozialistischer Schriftsteller. Leipzig 1975, 204–248

Baumgarten, Jürgen: Volksfrontpolitik auf dem Theater. Zur kulturpolitischen Strategie der »antifaschistisch-demokratischen Ordnung« in Berlin 1945–1949. Gaiganz 1975

Behn, Wirkungsgeschichte Behn, Manfred: Wirkungsgeschichte von Christa Wolfs ›Nachdenken über Christa T.‹. Königstein 1978

Behrens, Ursachen Behrens, Fritz: Ursachen, Merkmale und Perspektiven des neuen Modells der Leitung der sozialistischen Wirtschaft. Berlin (DDR) 1966

Benjamin, Kunstwerk Benjamin, Walter: Das Kunstwerk im Zeitalter seiner technischen Reproduzierbarkeit. In: Ders.: Gesammelte Schriften Bd. 1, 2. Frankfurt 1974

Berghahn, Klaus L.: Die Geschichte des Deutschen Bauernkriegs – dramatisiert. In: Grimm, Reinhold und Jost Hermand (Hrsg.): Geschichte im Gegenwartsdrama. Stuttgart 1976 (= Sprache und Literatur 99), 81–95

Bernhardt, Rüdiger: Antikerezeption im Werk Heiner Müllers. In: WB 22, 1976, 3, 83–122

Blanke/Reiche/Werth, Faschismus-Theorie der DDR   Blanke, Bernhard, Reimut Reiche und Jürgen Werth: Die Faschismus-Theorie der DDR. In: Das Argument 1965, 2, 36

Bloch, Prinzip Hoffnung   Bloch, Ernst: Das Prinzip Hoffnung. 3 Bde. Frankfurt 1976 (= suhrkamp taschenbuch wissenschaft 3)

Bock, Chronik   Bock, Stephan: Chronik zu Brechts Garbe/Büsching-Projekt und Käthe Rülickes Bio-Interview Hans Garbe erzählt sowie zu anderen Bearbeitungen des Garbe-Stoffes von 1949 bis 1954. In: Brecht-Jahrbuch 1977

Bock, Literatur   Bock, Stephan: Literatur Gesellschaft Nation. Materielle und ideelle Rahmenbedingungen der frühen DDR-Literatur (1949–1956). Stuttgart 1980

Bracher, Hitler-Interpretation   Bracher, Karl Dietrich: Probleme und Perspektiven der Hitler-Interpretation. In: Ders.: Zeitgeschichtliche Kontroversen. Um Faschismus, Totalitarismus, Demokratie. München 1976

Brecht, Radiotheorie   Brecht, Bertolt: Radiotheorie. In: Ders.: Gesammelte Werke. Frankfurt 1967, 119–134

Brecht, Thesen   Brecht, Bertolt: Thesen zur Faust-Diskussion. In: S. u. F. 1953, 3/4. Wiederabgedruckt in: Brecht, Gesammelte Werke. Werkausgabe Bd. 19. Frankfurt 1967, 533 ff.

Brettschneider, Autonomie   Brettschneider, Werner: Zwischen literarischer Autonomie und Staatsdienst. Berlin 1972

Brettschneider, Werner: Zorn und Trauer. Aspekte deutscher Gegenwartsliteratur. Berlin 1979

Cases, Plenzdorf   Cases, Cesare: Plenzdorfs entsublimierter Werther. Estratto da annalia 1975, 3, 14

Crusius/Wilke, Entstalinisierung   Crusius, Reinhard und Manfred Wilke (Hrsg.): Entstalinisierung. Der XX. Parteitag der KPdSU und seine Folgen. Frankfurt 1977

Diskussion um Plenzdorf   Diskussion um Plenzdorf. In: S. u. F. 25, 1973, 1, 241

Dworak, Kriminalroman Dworak, Anselm: Der Kriminalroman der DDR. Phil. Diss. Marburg 1974

Eichholtz/Gossweiler, Faschismusforschung Eichholtz, Dietrich und Kurt Gossweiler (Hrsg.): Faschismusforschung. Positionen, Probleme, Polemik. Berlin (DDR) 1980, Köln 1980

Emmerich, Faschismus Emmerich, Wolfgang: Der ganz gewöhnliche Faschismus. Die Auseinandersetzung mit der nationalsozialistischen Vergangenheit in der neueren DDR-Literatur. In: DDR-Report 13, 1980, 6, 361

Fähnders/Rector, Linksradikalismus und Literatur Fähnders, Walter und Martin Rector: Linksradikalismus und Literatur. Untersuchungen zur Geschichte der sozialistischen Literatur in der Weimarer Republik. 2 Bde. Reinbek 1974 (= das neue buch 52/58)

Fiebach, Joachim: Dramatik auf dem Wege. In: NDL 10, 1962, 9, 67–83

Fischborn, Gottfried: Gegenwartsstoff, Geschichtlichkeit und dramatische Struktur. Einige Aspekte ihres Zusammenhangs, dargestellt an Bühnenwerken Friedrich Wolfs. Ein Beitrag zur Beschreibung der sozialistisch-realistischen Methode im Dramenschaffen. In: Dramaturgie und Geschichtlichkeit. Berlin (DDR) 1973 (= Schriften zur Theaterwissenschaft 5)

Fischborn, Gottfried: Intention und Material. Einige Aspekte zu Heiner Müllers ›Schlacht‹ und ›Traktor‹. In: WB 24, 1978, 3, 58–92

Fischer, Doktor Faustus Fischer, Ernst: Doktor Faustus und der deutsche Bauernkrieg. In: S. u. F. 4, 1952, 6, 59–63

Fischer, Gerhard: Frau, Ehe und Familie in der sozialistischen Gesellschaft: Anmerkungen zu Heiner Müllers ›Zement‹. In: AUMLA 48, 1977, 248–267

Friedrich, Totalitäre Gesellschaft Friedrich, Carl J.: Der einzigartige Charakter der totalitären Gesellschaft (1954). Dt. in: Seidel, Bruno und Siegfried Jenker (Hrsg.): Wege der Totalitarismusforschung. Darmstadt 1974

Geerdts, Antifaschismus Geerdts, Hans Jürgen: Zur Thematik des Antifaschismus in der Geschichte der DDR-Prosa. In: Zeitschrift für Germanistik 1980, 1, 71

Gerlach, Ingeborg: Bitterfeld. Arbeiterliteratur und Literatur der Arbeitswelt in der DDR. Kronberg 1976 (= Skripten Literatur + Sprache + Didaktik 2)

Gersch, Film bei Brecht Gersch, Wolfgang: Film bei Brecht. München 1975

Gleber, Klaus: Theater und Öffentlichkeit. Produktions- und Rezeptions-
bedingungen politischen Theaters am Beispiel Piscator 1920–1966.
Frankfurt, Bern, Las Vegas 1979 (= Tübinger Studien zur deutschen
Literatur 3)

Goldammer, Schriftsteller über Kleist Schriftsteller über Kleist. Eine
Dokumentation herausgegeben von Peter Goldammer. Berlin (DDR)
und Weimar 1976

Gorki, Rede Gorki, Maxim: Rede auf dem 1. Unionskongreß der Sowjetschriftsteller (1934). In: Raddatz, Fritz J. (Hrsg.): Marxismus und
Literatur. Bd. 1. Reinbek 1969

Greiner, Allegorie Greiner, Bernhard: Von der Allegorie zur Idylle: Die
Literatur der Arbeitswelt in der DDR. Heidelberg 1974 (= UTB 327)

Greiner, Autobiographie Greiner, Bernhard: Autobiographie im Horizont der Psychoanalyse: Stefan Hermlin ›Abendlicht‹. In: Poetica 1983
[im Druck]

Greiner, Bernhard: ›Sentimentaler Stoff und fantastische Form‹: Zur
Erneuerung frühromantischer Tradition im Roman der DDR (Christa
Wolf, Fritz Rudolf Fries, Johannes Bobrowski). In: Hoogeveen, Jos
und Gerd Labroisse (Hrsg.): DDR-Roman und Literaturgesellschaft.
Amsterdam 1981 (= Amsterdamer Beiträge zur Neueren Germanistik
Bd. 11/12)

Greiner, Öffentlichkeit Greiner, Bernhard: Arbeitswelt als Perspektive
literarischer Öffentlichkeit in der DDR. In: H. L. Arnold (Hrsg.): Handbuch zur deutschen Arbeiterliteratur. München 1977

Grimm/Hermand, Faschismus und Avantgarde Grimm, Reinhold und
Jost Hermand (Hrsg.): Faschismus und Avantgarde. Königstein 1980

Grimm, Reinhold und Jost Hermann (Hrsg.): Geschichte im Gegenwartsdrama. Stuttgart 1976 (= Sprache und Literatur 99)

Habermas, Strukturwandel Habermas, Jürgen: Strukturwandel der
Öffentlichkeit. Frankfurt 1962

Hanke/Rossow, Kulturrevolution Hanke, Helmut und Gerd Rossow:
Sozialistische Kulturrevolution. Berlin (DDR) 1977

Hannemann/Zschuckelt, Schriftsteller Hannemann, Joachim und Lothar Zschuckelt: Schriftsteller in der Diskussion. Zur Literaturentwicklung der fünfziger Jahre. Berlin (DDR) 1979

Hartinger, Fragen Hartinger, Walfried: Die Fragen und die Antworten
unserer Literatur. In: Diersch, Manfred und Walfried Hartinger
(Hrsg.): Literatur und Geschichtsbewußtsein. Entwicklungstendenzen
der DDR-Literatur in den sechziger und siebziger Jahren. Berlin (DDR)
und Weimar 1976, 18

Hartmann, Antifaschistische Opposition Hartmann, Karl-Heinz: Die Darstellung der antifaschistischen Opposition in der frühen DDR-Prosa. In: Hoogeveen, Jos und Gerd Labroisse (Hrsg.): DDR-Roman und Literaturgesellschaft. Amsterdam 1981 (= Amsterdamer Beiträge zur Neueren Germanistik 11/12)

Hartung, Neuere Naturlyrik Hartung, Harald: Neure Naturlyrik in der DDR. In: Mecklenburg, Norbert (Hrsg.): Naturlyrik und Gesellschaft. Stuttgart 1977

Hay, Situation Hay, Gerhard (Hrsg.): Zur literarischen Situation 1945–1949. Kronberg 1977

Hecht, Werner: Brecht. Vielseitige Betrachtungen. Berlin (DDR) 1978

Hermand, Jost: Deutsche fressen Deutsche. Heiner Müllers ›Die Schlacht‹ an der Ostberliner Volksbühne. In: Brecht-Jahrbuch 1978

Hermand, Modernismusdebatte Hermand, Jost: Das Gute-Neue und das Schlechte-Neue. Wandlungen der Modernismus-Debatte in der DDR seit 1956. In: Hohendahl, Peter Uwe und Patricia Herminghouse (Hrsg.): Literatur und Literaturtheorie in der DDR. Frankfurt 1976, 73–99

Hermlin/Mayer, Ansichten Hermlin, Stephan und Hans Mayer: Ansichten über einige neue Schriftsteller und Bücher. Wiesbaden 1947

Hermsdorf, Kafka Hermsdorf, Klaus: Kafka. Weltbild und Roman. Berlin (DDR) 1961

Heuer, Demokratie und Recht Heuer, Uwe-Jens: Demokratie und Recht im Neuen ökonomischen System der Planung und Leitung der Volkswirtschaft. Berlin (DDR) 1965

Hillmann, Alltagsphantasie Hillmann, Heinz: Alltagsphantasie und dichterische Phantasie. Versuch einer Produktionsästhetik. Kronstein 1977

Höpcke, Literatur nach 30 Jahren Höpcke, Klaus: Im Wirkungsgeflecht unserer Literatur nach 30 Jahren. In: Leizpiger Volkszeitung vom 10./11. 3. 1979

Hörnigk, Krieg und Faschismus Hörnigk, Therese: Das Thema Krieg und Faschismus in der Geschichte der DDR-Literatur. WB 24, 1978, 5, 83

Hüttich, Gunner: Theater in the planned society. Cultural Politics and Contemporary Drama in the German Democratic Republic in its Historical, Political an Cultural Context. Chapel Hill 1978

Hüttich, Gunner: Zur Entwicklung des Dramas in der DDR. In: Durzak, Manfred (Hrsg.): Deutsche Gegenwartsliteratur. Ausgangspositionen und aktuelle Entwicklungen. Stuttgart 1981, 552–578

Jäger, Manfred: Sozialliteraten. Funktion und Selbstverständnis der Schriftsteller in der DDR. Düsseldorf 1973 (= Literatur in der Gesellschaft 14)

Jameson, Ontologie   Jameson, Frederic: Die Ontologie des Noch-Nicht-Seins im Übergang zum allegorisch-symbolischen Antizipieren. Kunst als Organon kritisch-utopischer Philosophie. In: Schmidt, Burghart (Hrsg.): Materialien zu Ernst Blochs ›Prinzip Hoffnung‹. Frankfurt 1978

Jonsson, Widersprüche   Jonsson, Dieter: Widersprüche − Hoffnungen. Literatur und Kulturpolitik der DDR − Die Prosa Günter Kunerts. Stuttgart 1978

Kähler, Aula   Kähler, Hermann: Die Aula − eine Laudatio auf die DDR. In: S. u. F. 18, 1966, 1, 267−273

Kähler, Hermann: Die Gegenwart auf der Bühne. Die sozialistische Wirklichkeit in den Bühnenstücken der DDR von 1956−1963/4. Berlin (DDR) 1966

Karl, Günther P.: Sozialistische Dramatik in Nationaler Bewährung. Versuch über einige historisch-ästhetische Fragen unserer Dramatik. In: Theater der Zeit, 1962, 4, 61−74

Kaufmann, Hans: Zur DDR-Literatur der siebziger Jahre. In: S. u. F. 30, 1978, 1, 171−176

Kersten, Filmwesen   Kersten, Heinz: Das Filmwesen in der sowjetischen Besatzungszone I. Bonn, Berlin 1963

Kersten, Theaterpolitik   Kersten, Heinz: Theater und Theaterpolitik in der DDR. In: Theater hinter dem »Eisernen Vorhang«. Basel, Hamburg, Wien 1964

Kesting, Marianne: Das deutsche Drama seit dem Zweiten Weltkrieg. In: Durzak, Manfred (Hrsg.): Die deutsche Literatur der Gegenwart. Aspekte und Tendenzen. 3. erweiterte Auflage Stuttgart 1976, 76−101

Ketelsen, Uwe-K.: Das ›sozialistische Menschenbild‹ als dramentheoretisches Problem in der DDR-Literatur. In: Basis 5, 1975, 65−79

Klatt, Gudrun: Arbeiterklasse und Theater. Agitprop-Tradition − Theater im Exil − Sozialistisches Theater. Berlin (DDR) 1975 (= Literatur und Gesellschaft)

Klatt, Gudrun: DDR-Dramatik am Beginn der 70er Jahre. Tendenzen und Schreibweisen. In: WB 19, 1973, 10, 117−130

Kliche/Lenzer, Funktion   Kliche, Dieter und Rosemarie Lenzer: Die Funktion der Literatur in der sozialistischen Gesellschaft. In: Einheit 1974, 8, 968

Kluge, Rehabilitierung   Kluge, Gerhard: Die Rehabilitierung des Ich. In: Kuttenkeuler, W. (Hrsg.): Poesie und Politik. Bonn 1973

Klunker, Expedition Klunker, Heinz: Expedition in den Alltag. In: Film in der DDR. München 1977 (= Reihe Hanser 238. Reihe Film 13)

Knopf, Erblasser Knopf, Jan: Erblasser Dr. Johann Faust. Hanns Eislers Faustoper und die deutschen Traditionen. In: Dyck, Joachim u.a. (Hrsg.): Brechtdiskussion. Kronberg/Taunus 1974 (= Scriptor Tb S 37 Literaturwissenschaft), 261–283

Kolbe, Neue Ansichten Kolbe, Jürgen (Hrsg.): Neue Ansichten einer künftigen Germanistik. München 1973 (= Reihe Hanser 122)

Kranz, Dieter: Erziehung zum neuen Menschen. Unsere Republik im Spiegel des Zeitstücks. In: Theater der Zeit 14, 1959, 10, 6–17

Krauss, Aufklärung Krauss, Werner: Französische Aufklärung und deutsche Romantik. In: Wissenschaftliche Zeitschrift der Karl-Marx-Universität Leipzig 12, 1963, 496–501

Krenzlin, Schütz Krenzlin, Leonore: Helga Schütz' Erzählweise. In: WB 22, 1976, 2, 92

Kreuzer, Mein Gott Goethe Kreuzer, Leo: Mein Gott Goethe. Frankfurt 1980

Kühnl, Faschismustheorien Kühnl, Reinhard: Faschismustheorien. Texte zur Faschismusdiskussion. 2 Bde. Reinbek 1973, 1979

Küntzel, Abschied bis Atemnot Küntzel, Heinrich: Von Abschied bis Atemnot. Über die Poetik des Romans, insbesondere des Bildungs- und Entwicklungsromans, in der DDR. In: Hoogeveen, Jos und Gerd Labroisse (Hrsg.): DDR-Roman und Literaturgesellschaft. Amsterdam 1981 (= Amsterdamer Beiträge zur Neueren Germanistik 11/12)

Labroisse, Gerd: Überlegungen zur Interpretationsproblematik von DDR-Literatur an Hand von Plenzdorfs ›Die neuen Leiden des jungen W.‹ In: Ders. (Hrsg.): Amsterdamer Beiträge zur Neueren Germanistik 4 Amsterdam 1975, 157–181

Laube, Horst: Peter Hacks. Velber 1972

Leistner, Unruhe Leistner, Bernd: Unruhe um einen Klassiker. Zum Goethe–Bezug in der neueren DDR-Literatur. Halle/Leipzig 1978

Lemke, Persönlichkeit und Gesellschaft Lemke, Christiane: Persönlichkeit und Gesellschaft. Zur Theorie der Persönlichkeit in der DDR. Opladen 1980

Lennartz, Knut: Der Charakter der Beziehungen zwischen Dramatikern und gesellschaftlicher Praxis in der entwickelten sozialistischen Gesellschaft – dargestellt unter Berücksichtigung der Arbeitsmethoden der Dramatiker Armin Stolper, Helmut Baierl und Benito Wogatzki. In: Studien zur Theorie und Praxis des sozialistischen Theaters 1971, 1 (= Beilage zu Theater der Zeit 26, 1971, 6)

Literatur der Arbeiterklasse Literatur der Arbeiterklasse. Aufsätze über die Herausbildung der deutschen sozialistischen Literatur 1918–1933. Berlin (DDR), Weimar 1971

Ludwig, Karl-Heinz: Bertolt Brecht: Tätigkeit und Rezeption von der Rückkehr aus dem Exil bis zur Gründung der DDR. Kronberg 1976 (= Monographien Literaturwissenschaft 31)

Ludz, Parteielite Ludz, Peter Chr.: Parteielite im Wandel. Funktionsaufbau, Sozialstruktur und Ideologie der SED-Parteiführung. Köln, Opladen 1970

Lübbe, Kommunismus Lübbe, Peter: Kommunismus und Sozialdemokratie. Berlin, Bonn 1978

Lützeler, Faust Lützeler, Paul Michael: Goethes ›Faust‹ und der Sozialismus. Zur Rezeption des klassischen Erbes in der DDR. In: Basis 5, 1975, 31–54

Lukács, Schicksalswende Lukács, Georg: Schicksalswende. Beiträge zu einer neuen deutschen Ideologie. Berlin 1948

Lukács, Skizze Lukács, Georg: Skizze einer Geschichte der neueren deutschen Literatur. Berlin 1953

Lukács, Zerstörung der Vernunft Lukács, Georg: Die Zerstörung der Vernunft (1954). In: Ders.: Werke Bd. 9. Neuwied 1962

Maczewski, Johannes: Der adaptierte Held. Untersuchungen zur Dramatik in der DDR. Bern, Frankfurt, Las Vegas 1978 (= Europäische Hochschulschriften. Reihe I: Deutsche Literatur und Germanistik 243)

Mager, Krimi Mager, Hasso: Krimi und crimen. Halle 1969. 2. überarbeitete Auflage Halle 1979

Mandelkow, Goethe Mandelkow, Karl Robert: Goethe in Deutschland. Rezeptionsgeschichte eines Klassikers. Band I: 1773–1918. München 1980

Mandelkow, Klassikbild Mandelkow, Karl Robert: Wandlungen des Klassikbildes in Deutschland im Lichte gegenwärtiger Klassikkritik. In: Conrady, Otto (Hrsg.): Deutsche Literatur zur Zeit der Klassik. Stuttgart 1977, 423–439

Mann, Widerstand Mann, R.: Widerstand gegen den Nationalsozialismus. NPL 1977, 433

Mayer, Literatur der Zeit Mayer, Hans: Zur deutschen Literatur der Zeit. Zusammenhänge, Schriftsteller, Bücher. Reinbek 1967

Mannack, Eberhard: Zwei deutsche Literaturen? Zu G. Grass, U. Johnson, H. Kant, U. Plenzdorf und C. Wolf. Kronberg 1977 (AT 2123)

Matzner, Jutta (Hrsg.): Lehrstück Lukács. Frankfurt 1974 (= edition suhrkamp 554)

Mayer, Mutmaßungen und Lebensläufe   Mayer, Hans: Mutmaßungen und Lebensläufe. In: Deutsche Literatur seit Thomas Mann. Reinbek 1967

Mayer, Romantikforschung   Mayer, Hans: Fragen der Romantikforschung. In: Wissenschaftliche Zeitschrift der Karl-Marx-Universität Leipzig 12, 1963, 493–496. Erweiterter Wiederabdruck in: Mayer, Hans: Zur deutschen Klassik und Romantik. Pfullingen 1963, 263–305

Mayer, Stationen   Mayer, Hans: Stationen der deutschen Literatur. Die Schriftsteller und die Restauration, die zwei Deutschlands und die Konvergenz. In: FAZ Nr. 137 vom 16. 6. 1979

Meinecke, Die deutsche Katastrophe   Meinecke, Friedrich: Die deutsche Katastrophe. Wiesbaden 1946. Wiederabgedruckt in: Meinecke, Werke Bd. 8. Stuttgart 1969

Meyer, Christa Wolf   Meyer, Franke: Zur Rezeption von Christa Wolfs ›Nachdenken über Christa T.‹. In: alternative 100, 1975, 26

Milfull, John   ›Gegenwart und Geschichte‹: Heiner Müllers Weg von ›Der Bau‹ zu ›Zement‹. In: AUMLA 48, 1977, 234–247

Milosz, Verführtes Denken   Milosz, Czeslaw: Verführtes Denken (1953). Köln 1974

Mitscherlich, Die Unfähigkeit zu trauern   Mitscherlich, Alexander und Margarete: Die Unfähigkeit zu trauern. München 1977

Mittenzwei, Brecht-Lukács   Mittenzwei, Werner: Die Brecht-Lukács-Debatte. In: S. u. F. 19, 1967, 1, 235–269 (Neufassung: 1975)

Mittenzwei, Brecht und Klassik   Mittenzwei, Werner: Brecht und die Probleme der deutschen Klassik. In: S. u. F. 25, 1973, 1, 135–168

Mittenzwei, Werner (Hrsg.): Dialog und Kontroverse mit Georg Lukács. Der Methodenstreit sozialistischer deutscher Schriftsteller. Leipzig 1975

Mittenzwei, Werner (Hrsg.): Positionen. Beiträge zur marxistischen Literaturtheorie in der DDR. Leipzig 1969

Mittenzwei, Wer war Brecht   Mittenzwei, Werner (Hrsg.): Wer war Brecht. Wandlung und Entwicklung der Ansichten über Brecht. In: S. u. F. 29, 1977, 483–586

Mittenzwei, Werner: Brechts Verhältnis zur Tradition. Berlin (DDR) 1973 (= Literatur und Gesellschaft)

Mittenzwei, Werner, Das Zürcher Schauspielhaus 1933–1945 oder Die letzte Chance. Berlin (DDR) 1979

Mittenzwei, Werner: Eine alte Fabel, neu erzählt. Zu H. Müller: Philoktet. In: S. u. F. 17, 1965, 6, 948–956

Mittenzwei, Exil in der Schweiz Mittenzwei, Werner: Exil in der Schweiz. Leipzig 1978 (= Kunst und Literatur im antifaschistischen Exil 1933–1945, 2)

Mittenzwei, Werner: Gestaltung und Gestalten im modernen Drama. Zur Technik des Figurenaufbaus in der sozialistischen und spätbürgerlichen Dramatik. Berlin (DDR), Weimar 1965

Mittenzwei, Werner: Kampf der Richtungen. Strömungen und Tendenzen der internationalen Dramatik. Leipzig 1978

Mittenzwei, Werner (Hrsg.): Wer war Brecht. Wandlung und Entwicklung der Ansichten über Brecht im Spiegel von ›Sinn und Form‹. Berlin 1977

Mittenzwei, Realismusstreit Mittenzwei, Werner: Der Realismus-Streit um Brecht. Grundriß zu einer Brecht-Rezeption der DDR. In: S. u. F. 28, 1976, 6, 1273–1313; 29, 1977, 1, 160–190; 29, 1977, 2, 343–376. Buchausgabe: Berlin (DDR) und Weimar 1978

Mohr, Produktive Sehnsucht Mohr, Heinrich: Produktive Sehnsucht. In: Bohn, Manfred (Hrsg.): Wirkungsgeschichte von Christa Wolfs ›Nachdenken über Christa T.‹. Königstein 1978

Mommsen, Weimarer Republik Mommsen, Hans u. a. (Hrsg.): Industrielles System und politische Entwicklung in der Weimarer Republik. Düsseldorf 1974

Müller, André: Der Regisseur Benno Besson. Berlin (DDR) 1967

Müller, Geschichten Müller, Heiner: Geschichten aus der Produktion. 2 Bde. Berlin 1974

Müller, Theaterarbeit Müller, Heiner: Theaterarbeit. Berlin 1975

Münz, Rudolf: Vom Wesen des Dramas. Halle 1963

Münz-Koenen, Leben Münz-Koenen, Ingeborg: Literarisches Leben in der DDR 1945–1960. Berlin (DDR) 1980

Muschg, Tragische Literaturgeschichte Muschg, Walter: Tragische Literaturgeschichte. Bern 1948

Musch, Zerstörung Muschg, Walter: Die Zerstörung der deutschen Literatur. Bern 1956

Naumann, Erbe Naumann, Manfred: Zum Begriff des Erbes in der Kulturtheorie Lenins. In: Mittenzwei, Werner und R. Weisbach (Hrsg.), Zum Verhältnis von Erbe, Revolution und Literatur. Leipzig 1971 (= Reclams Universal-Bibliothek 62), 377–409

Naumann, Lesen Naumann, Manfred u. a.: Gesellschaft – Literatur – Lesen. Literaturrezeption in theoretischer Sicht. Berlin (DDR), Weimar 1973

Nemitz, Rolf: Die Widerspruchskunst des Volker Braun. In: Haug, Wolfgang Fritz, Klaus Pierwoß und Karen Ruoff (Hrsg.): Aktualisierung Brechts, Berlin 1980, 43–56 (= Argument Sonderband 50)

Neubert-Herwig, Christa: Das Theater als Modell gesellschaftlicher Aktivitäten untersucht an Inszenierungen Benno Bessons. Diss. Humboldt-Universität. Berlin (DDR) 1973.

Nössig, Manfred (Hrsg.): Die Schauspieltheater der DDR und das Erbe (1970–1974). Positionen – Debatten – Kritiken. Berlin (DDR) 1976

Nolte, Theorien über den Faschismus Nolte, Ernst (Hrsg.): Theorien über den Faschismus. Köln 1967

Pfeiffer, Mumie Pfeiffer, Hans: Die Mumie im Glassarg. Bemerkungen zur Kriminalliteratur. Rudolstadt 1960

Pike, Exil Pike, David: Deutsche Schriftsteller im sowjetischen Exil 1933–1945. Frankfurt 1981

Pirker, Komintern Pirker, Theo: Komintern und Faschismus 1920–1940. Dokumente zur Geschichte und Theorie des Faschismus. Stuttgart 1965

Pollatschek, Bühnenwerk Pollatschek, Walther: Das Bühnenwerk Friedrich Wolfs. Ein Spiegel der Geschichte des Volkes. Berlin (DDR) 1958

Pollatschek, Wolf Pollatschek, Walther: Friedrich Wolf. Eine Biographie. Berlin (DDR) 1963

Pollow, Helmut: Zum gegenwärtigen Stand der Erbe-Rezeption im Schauspieltheater der DDR (1971–1975). Berlin (DDR) 1975 (= Material zum Theater 66)

Pracht, Sozialistischer Realismus Pracht, Erwin u. a.: Einführung in den sozialistischen Realismus. Berlin (DDR) 1975

Pragal, Krug Pragal, Peter: Als sich keine Hand mehr zum Beifall rührte ... – Warum der Ostberliner Star Manfred Krug aus Trotz und Wut die Ausreise beantragte und rasch genehmigt bekam. In: SZ Nr. 142 vom 24. 6. 1977

Probleme des Realismus Probleme des Realismus in der Weltliteratur. Berlin (DDR) 1962

Profitlich, Ulrich: Über den Umgang mit Heiner Müllers ›Philoktet‹. In: Basis 10, 1980, 142–157

Prümm, »Die Zukunft ist vergeßlich« Prümm, Karl: »Die Zukunft ist vergeßlich«. Der antifaschistische Widerstand in der deutschen Literatur nach 1945. In: Wagener, Hans (Hrsg.): Gegenwartsliteratur und Drittes Reich. Deutsche Autoren in der Auseinandersetzung mit der Vergangenheit. Stuttgart 1977, 33

Reich-Ranicki, Der Fänger im DDR-Roggen Reich-Ranicki: Der Fänger im DDR-Roggen. In: Die Zeit Nr. 19 vom 4. 5. 1973

Reich-Ranicki, Literatur   Reich-Ranicki, Marcel: Deutsche Literatur in West und Ost (1963). Reinbek 1970

Richter, Kafka   Richter, Hans: Franz Kafka. Werk und Entwurf. Berlin (DDR) 1962

Riewoldt, Otto F.: Nicht unbeschadet, aber unbedroht. Zur Situation des Theaters in der DDR. In: L'76, 6, 1977, 163–177

Riewoldt, Otto F.: Von Zuckmayer bis Kroetz. Die Rezeption westlicher Theaterstücke durch Kritik und Wissenschaft in der DDR. Berlin 1978

Rilla, Goethe   Rilla, Paul: Goethe in der Literaturgeschichte. Zur Problematik der bürgerlichen Bildung. Berlin (DDR) 1950

Rilla, Seghers   Rilla, Paul: Der neue Roman von Anna Seghers (1950). Wiederabgedruckt in: Jarmatz, Klaus, Christel Berger u. Renate Drenkow (Hrsg.): Kritik in der Zeit Bd. 1. Halle, Leipzig 1978², 130

Rischbieter, Henning: Bertolt Brecht. Bd. 2. München 1974⁴

Rödel, Fritz: Bewährung des Individuums in der Gesellschaft. In: NDL 17, 1969, 10, 140–148

Röhner, Arbeiter   Röhner, Eberhard: Arbeiter in der Gegenwartsliteratur. Berlin (DDR) 1967

Rohmer, Rolf: Das sozialistische Menschenbild in der Gegenwartsdramatik und auf dem Theater der DDR. In: Schriften des Verbandes der Theaterschaffenden der DDR. 1970, 1. (= Beilage zu Theater der Zeit 25, 1970, 5)

Romanführer A–Z   Kollektiv für Literaturgeschichte: Romanführer A–Z. 20. Jahrhundert. Band II, 2. Berlin (DDR) 1977

Rothschild, Vier Formen   Rothschild, Thomas: Vier Formen der oppositionellen Literatur in der DDR: Biermann, Kunze, Brasch, Fuchs. In: Frankfurter Hefte 1978, 1, 55–62

Rühle, Schriftsteller   Rühle, Jürgen: Die Schriftsteller und der Kommunismus in Deutschland. Köln, Berlin 1965

Rülicke-Weiler, Film- und Fernsehkunst   Rülicke-Weiler, Käthe: Film- und Fernsehkunst in der DDR. Traditionen, Beispiele, Tendenzen. Berlin (DDR) 1979

Saage, Faschismustheorien   Saage, Richard: Faschismustheorien. Eine Einführung. München 1976

Schapiro, Totalitarismus   Schapiro, Leonard B.: Totalitarismus. In: Sowjetsystem und Demokratische Gesellschaft. Bd. IV. Freiburg 1972

Scheidt, Judith R.: ›Enfant terrible‹ of Contemporary East German Drama. Peter Hacks in his Role as Adaptor and Innovator. Bonn 1977 (= Studien zur Germanistik, Anglistik und Komparatistik 65)

Scherpe, »Dieses Gefühl einer Lücke«   Scherpe, Klaus: »Dieses Gefühl einer Lücke«. Neue Romane von Christa Wolf, Alfred Andersch und Peter Weiss als Muster antifaschistischer Literatur für die Gegenwart. In: Winkler, Lutz (Hrsg.): Antifaschistische Literatur Bd. 3. Königstein 1979

Schieder, Faschismus   Schieder, Wolfgang: Faschismus. In: Sowjetsystem und Demokratische Gesellschaft. Bd. I. Freiburg 1968

Schieder, Faschismus als soziale Bewegung   Schieder, Wolfgang: Faschismus als soziale Bewegung. Hamburg 1976

Schiller/Bock, Tradition und Erbe   Schiller, Dietrich und Helmut Bock (Hrsg.): Dialog über Tradition und Erbe. Ein interdisziplinäres Kolloquium des Forschungsbereiches Gesellschaftswissenschaften der Akademie der Wissenschaften der DDR im März 1973. Gesamtredaktion von Gerda Heinrich und Joachim-Jürgen Slomka. Berlin (DDR) 1976

Schiller, Kühnheit und Verantwortung   Schiller, Dieter: Kühnheit und Verantwortung. Überlegungen zur antifaschistischen deutschen Literatur. In: WB 22, 1976, 2, 24

Schiller, Sozialistische Nationalliteratur   Schiller, Dieter: Zur Herausbildung der sozialistischen Nationalliteratur der DDR. In: WB 24, 1978, 5, 152

Schivelbusch, Wolfgang: Sozialistisches Drama nach Brecht. Drei Modelle: Peter Hacks – Heiner Müller – Hartmut Lange. Darmstadt, Neuwied 1974 (= Sammlung Luchterhand 139)

Schlangen, Totalitarismus   Schlangen, Walter: Theorie und Ideologie des Totalitarismus. Bonn 1972

Schlenker, Erbe   Schlenker, Wolfram: Das »Kulturelle Erbe« in der DDR. Gesellschaftliche Entwicklung und Kulturpolitik 1945–1964. Stuttgart 1977

Schlenstedt, Braun   Schlenstedt, Silvia: Das WIR und ICH des Volker Braun. In: Kaufmann, Hans (Hrsg.): Positionen der DDR-Literaturwissenschaft. Bd. 2. Kronberg 1974

Schleyer, Winfried: Die Stücke von Peter Hacks. Tendenzen – Themen – Theorien. Stuttgart 1976 (= Literaturwissenschaft – Gesellschaftswissenschaft 20)

Schmidt, Gerhard: Peter Hacks in BRD und DDR. Ein Rezeptionsvergleich. Köln 1980

Schmidt, Karl Heinz: Zur Dramaturgie des Volker Braun. In: S. u. F. 30, 1978, 2, 433–450

Schmitt, Hans-Jürgen: Der Streit mit Georg Lukács. Frankfurt 1978 (= edition suhrkamp 579)

Schneider, Holocaust und Hitler   Schneider, Michael: Holocaust und Hitler. Versuch über den noch immer unbegriffenen Alptraum der Nation. In: Ders.: Den Kopf verkehrt aufgesetzt. Über die melancholische Linke. Aspekte des Kulturzerfalls in den Siebziger Jahren. Neuwied 1981

Schneider, Kunze   Schneider, Rolf: Kunzes wunderbare Jahre. [Rundfunkmskr. mit zahlreichen aufschlußreichen handschriftlichen Verbesserungen. Ungedruckt.] Ursendung: Studiowelle Saar 29.11.1976

Schrader, Bärbel: Entwicklungsprobleme des Arbeitertheaters in der DDR. Diss. Humboldt-Universität. Berlin (DDR) 1977

Schütze, Peter: Peter Hacks. Antike und Mythenaneignung. Ein Beitrag zur Ästhetik des Dramas. Kronberg 1976 (= Scriptor Taschenbücher Literatur im historischen Prozeß 6)

Schulz, Müller   Schulz, Genia: Heiner Müller. Stuttgart 1980 (= Sammlung Metzler 197)

Schumacher, Ernst: Brecht. Theater und Gesellschaft im 20. Jahrhundert. Berlin (DDR) 1975

Schwerte, Faust   Schwerte, Hans: Faust und das Faustische. Ein Kapitel deutscher Ideologie. Stuttgart 1962

Slomma, Sinn und Kunst   Slomma, Horst: Sinn und Kunst der Unterhaltung. Berlin (DDR) 1971

Sowjetsystem und Demokratische Gesellschaft   Sowjetsystem und Demokratische Gesellschaft. Eine vergleichende Enzyklopädie. Hrsg. von Claus Dieter Kernig in Zusammenarbeit mit Z.K. Brzezinski u.a. Bd. 1–6a. Freiburg 1966–1972

Spahn, Unterhaltung   Spahn, Peter: Unterhaltung. Versuch einer kulturtheoretischen Bestimmung. In: WB 26, 1980, 3, 121–134

Staritz, Sozialismus   Staritz, Dietrich: Sozialismus in einem halben Lande. Zur Programmatik und Politik der KPD/SED in der Phase der antifaschistisch-demokratischen Umwälzung in der DDR. Berlin 1976 (= Wagenbach Politik 69)

Steinweg, Reiner (Hrsg.): Auf Anregung Bertolt Brechts. Lehrstücke mit Schülern, Arbeitern, Theaterleuten. Frankfurt 1978 (= edition suhrkamp 929)

Stern, Hitler   Stern, J.P.: Hitler. Der Führer und das Volk (1975). München 1978

Subbiotto, Arrigo: Bertolt Brecht's Adaptations for the Berliner Ensemble. London 1975

Tasca, Glauben, Gehorchen, Kämpfen   Tasca, Angelo (Pseudonym: André Rossi): Glauben, Gehorchen, Kämpfen. Aufstieg des Faschismus. Wien/Frankfurt 1969

Thalheim, Lukács und Mayer Thalheim, Hans-Günter: Kritische Bemerkungen zu G. Lukács und Hans Mayer. In: WB 4, 1958, 2, 169–171

Theater hinter dem ›Eisernen Vorhang‹. Basel, Hamburg, Wien 1964 (= Theater unserer Zeit 6)

Totalitarismus und Faschismus Institut für Zeitgeschichte, München: Totalitarismus und Faschismus. München 1980

Träger, Novalis Träger, Claus: Novalis und die ideologische Restauration. Über den romantischen Ursprung einer methodischen Apologetik. In: S. u. F. 13, 1961, 618–660

Trommler, Kulturpolitik Trommler, Frank: Die Kulturpolitik der DDR und die kulturelle Tradition des deutschen Sozialismus. In: Hohendahl, Peter Uwe und Patricia Heminghouse (Hrsg.): Literatur und Literaturtheorie in der DDR. Frankfurt 1976, 13–72

Trommler, Von Stalin zu Hölderlin Trommler, Frank: Von Stalin zu Hölderlin. Über den Entwicklungsroman in der DDR. In: Basis 2, 1971, 141–190

Vieregg, Axel: Die Lyrik Peter Huchels. Zeichensprache und Privatmythologie. Berlin 1976

Völker, Klaus: Bertolt Brecht. Eine Biographie. München 1976

Völker, Klaus: Brecht-Chronik. Daten zu Leben und Werk. München 1971

Wagener, Gegenwartsliteratur Wagener, Hans (Hrsg.): Gegenwartsliteratur und Drittes Reich. Deutsche Autoren in der Auseinandersetzung mit der Vergangenheit. Stuttgart 1977

Wallmann, Kunze Wallmann, Jürgen P. (Hrsg.): Rainer Kunze, Materialien und Dokumente. Frankfurt 1977

Weimann, Kunst Weimann, Robert: Kunst und Öffentlichkeit in der sozialistischen Gesellschaft. In: S. u. F. 29, 1977, 2

Weimann, Literaturgeschichte Weimann, Robert: Literaturgeschichte und Mythologie. Methodologische und historische Studien. Berlin (DDR) und Weimar 1971

Weimann, Tradition Weimann, Robert (Hrsg.): Tradition in der Literaturgeschichte. Beiträge zur Kritik des bürgerlichen Traditionsbegriffs bei Croce, Ortega, Eliot, Leavis, Barthes u. a. Berlin (DDR) 1972

Weisbach, Menschenbild Weisbach, Reinhard: Menschenbild, Dichter und Gedicht. Berlin (DDR), Weimar 1972

Weisbrod, Peter: Literarischer Wandel in der DDR. Untersuchungen zur Entwicklung der Erzählliteratur in den siebziger Jahren. Heidelberg 1980 (= Sammlung Groos 6)

Wendt, Ernst: Das letzte Band und das Brot der Revolution. Über die Dramatiker Samuel Beckett und Heiner Müller. In: Ders.: Moderne Dramaturgie. Frankfurt 1974, 39–64 (= suhrkamp taschenbuch 149)

Wendt, Ernst: Dramatik im Osten. In: Rischbieter, Henning und Ernst Wendt: Deutsche Dramatik in West und Ost. Velber 1965 (= Reihe Theater heute 16)

Werner, Hans-Georg: Überlegungen zum Verhältnis von Individuum und Gesellschaft in den Stücken von Peter Hacks. In: WB 20, 1974, 4, 31–67

Winckler, Humanismus   Winckler, Lutz: Humanismus und literarisches Erbe: Die ›Faustus‹-Debatte. Zur Entwicklungsgeschichte antifaschistischer Literaturprogrammatik nach 1945. In: ders. (Hrsg.): Antifaschistische Literatur. Bd. 2. Kronberg 1977 (= Literatur im historischen Prozeß 11)

Wippermann, Faschismustheorie   Wippermann, Wolfgang: Faschismustheorie. Zum Stand der gegenwärtigen Diskussion. Darmstadt 1972

Wippermann, Katastrophe   Wippermann, Wolfgang: Deutsche Katastrophe oder Diktatur des Finanzkapitals? Zur Interpretationsgeschichte des Dritten Reiches im Nachkriegsdeutschland. In: Denkler, Horst und Karl Prümm (Hrsg.): Die deutsche Literatur im Dritten Reich. Stuttgart 1976

Wirsing, Kirsch   Wirsing, Sybille: Keine Hoffnung ohne Zukunft. Sarah Kirsch verließ ihre Heimat. In: FAZ vom 30. 8. 1977

Wolff, Betriebsromane   Wolff, Lutz-W.: ›Auftraggeber Arbeiterklasse‹. Proletarische Betriebsromane 1948–1956. In: Schmitt, Hans-Jürgen: Einführung in Theorie, Geschichte und Funktion der DDR-Literatur. Stuttgart 1975

Zeitgenössische sozialistische Dramatik auf dem Theater der DDR – Positionen und Entwicklungen. Versuch einer Bestandsaufnahme. Berlin (DDR) 1975 (= Materialien zum Theater 68)

Zipes, Jack D.: Die Funktion der Frau in den Komödien der DDR. Noch einmal: Brecht und die Folgen. In: Paulsen, Wolfgang (Hrsg.): Die deutsche Komödie im zwanzigsten Jahrhundert. Heidelberg 1976, 187–206 (= Poesie und Wissenschaft 37)

Zürcher, Trümmerlyrik   Zürcher, Gustav: Trümmerlyrik. Politische Lyrik 1945–1950. Königstein 1977

Register

Die zwei Register erfassen den Textteil des Bandes, nicht Anmerkungen und Bibliographie.

Das Personen- und Werkregister enthält neben Personennamen und autorisierten Werktiteln auch anonyme Sachtitel und Zeitschriftentitel.

Das Sachregister versteht sich als Stichwortregister; es bietet lediglich eine Auswahl an Begriffen und in der Zahl der Belegstellen. Adjektiv- und Substantivformen sowie sich überschneidende Abstrakta eines Stichworts sind in der Regel zusammengefaßt.

I Personen-, Werk- und Periodikaregister

Es werden nur die Lebensdaten der näher behandelten Schriftsteller aufgeführt.

Abrassimow, Pjotr 70

Abusch, Alexander (1902) 15, 22, 75, 88, 89, 90, 91, 92, 97, 98, 100, 101, 104, 441 – Goethes Erbe in unserer Zeit 90 – Weimar und Bitterfeld 98

Achmatowa, Anna 63, 463

Ackermann, Anton 123, 192

Adenauer, Konrad 80, 105, 207

Adorno, Theodor W. 264, 443 – Über Tradition 117

Ahlsen, Kurt-Jung – Betrogen bis zum jüngsten Tag 193

Aichinger, Ilse 76

Albrecht, Hartmut – Der Revolutionär im Prognosezeitraum und seine filmkünstlerische Aneignung 199

›Alternative‹ 15

American Folk Blues 313

Andersch, Alfred – Winterspelt 465

Andersen, Hans Christian – Des Kaisers neue Kleider 446

Andersen-Nexö, Martin 230

Andert, Reinhold 279

d'Annunzio, Gabriele 445

Antkowiak, Alfred 246

Apitz, Bruno (1900) 447 – Nackt unter Wölfen 201 f., 457 f.

Aragon, Louis 116

Arendt, Erich (1903) 26, 72, 261, 275 – Nach dem Prozeß Sokrates 463

Arendt, Hannah 437, 439

Aristophanes 154, 157

›Auch dort erzählt Deutschland‹ 21

Auer, Annemarie 284

›Aufbau‹ 358

Aufbau-Verlag 20, 24, 67, 73, 244

Autorenedition 26

Bahro, Rudolf (1935) 127, 304, 338 f., 396, 424 f., 431

Baierl, Helmut (1926) 146, 159, 183 – Die Feststellung 146 – Frau Flinz 146, 153, 154, 175 – Johanna von Döbeln 146, 167, 175

Balázs, Béla (1884-1949) 87

Ballard, Jean 96

Baller, Eleasar – Die Kontinuität der Kulturentwicklung 106

Balzac, Honoré 95, 259, 414

Barck, Karlheinz 115

Bartsch, Kurt (1937) 26, 40, 54, 69, 263, 293, 303, 321, 378 – Der Bauch 184 – Kalte Küche 69

Batt, Kurt (1931-1975) 33, 71, 72, 73, 74, 216, 323, 448 f.

Bayerischer Rundfunk 27

Beatles 328

Bebel, August – Die Frau und der Sozialismus 120

Becher, Johannes R. (1891-1958) 22, 41, 52, 56, 75, 76, 85, 86, 88, 89, 90, 92, 96, 97, 114, 197, 230, 261, 272, 275, 278, 286, 309, 316, 344, 353, 359, 366 f., 369 – Abschied 208 f., 210 – Der Befreier 90 – Von den großen Prinzipien unserer Literatur 86 – Von der Größe unserer Literatur 92 – Verteidigung der Poesie 285 – Auf andere Art so große Hoffnung. Tagebuch 1950 367 f. – Der Aufstand im Menschen 368 – Neue deutsche Volkslieder 373 f. – Nationalhymne der DDR 373 – Wir, das Volk der schaffenden Hände 373 – Straße frei 373 – Winterschlacht 456 – Entlastung 315

Becker, Jurek (1937) 18, 19, 26, 27, 28, 40, 54, 65, 71, 304 – Der Boxer 458 – Jakob der Lügner 28, 220,

457 f. – Schlaflose Tage 72, 203, 324 f.

Beckett, Samuel – Warten auf Godot 178

›Bekanntschaft mit uns selbst‹ 263

Benjamin, Walter 83, 84, 259, 366, 379, 445

Benn, Gottfried 24, 302, 443 f.

Benzinger Verlag 26

Berg, Barbara 154, 174

Berg, Jochen – Dave 183

Berger, Friedemann (1940) 262

Berger, Uwe (1928) 274

Berghaus, Ruth 154, 172, 173, 181

›Berliner Zeitung‹ 70, 188

den Besten, Ad 261

Besson, Benno 133, 134, 135, 142, 154, 157 f., 167, 171 f., 174, 181, 182, 185

Beyer, Frank 205, 208 – Jakob der Lügner 220 f. – Nackt unter Wölfen 201 – Spur der Steine 203, 209

Bibliographisches Institut, Leipzig 49

Bieler, Manfred (1934) – Maria Morzeck oder das Kaninchen bin ich 206 f., 208 – Zaza 207

Bienek, Horst (1930) 22

Biermann, Wolf (1936) (auch B.-Affaire, B.-Resolution etc.) 16, 17, 19, 23, 27, 29, 32, 35, 36, 39, 45, 46, 53, 57, 65, 76, 103, 135, 163, 178, 181, 187, 219, 225, 226, 262, 263, 278, 302, 303, 306, 320, 462 – Drahtharfe 25, 32, 39 – Mit Marx- und Engelszungen 25

Bill-Bjelozerkowski, Wladimir – Sturm 149

Birnbaum, Uta 167, 184

Bismarck, Otto von 441

Bloch, Ernst 72, 89, 93, 97, 259, 344 f., 357, 359, 436, 442, 445 – Erbschaft dieser Zeit 445 – Die Kunst zu erben 88 – Prinzip Hoffnung 343

Block, Alexander 63

Bobrowski, Johannes (1917-1965) 17, 26, 27, 67, 114, 275, 458, 461, 465 – Levins Mühle 25, 460 – Lippmanns Leib 461 – Litauische Klaviere 461 – Der Mahner 461 – Mäusefest und andere Erzählungen 25, 461 – Rainfarn 461 – Sarmatische Zeit 24 – Schattenland Ströme 24 – Wetterzeichen 25

Bock, Helmut – Historische Tradition und Erberezeption bei Marx und Engels 106

Böll, Heinrich 37, 38 – Gruppenbild mit Dame 464

Borchers, Christa 72

Borchers, Elisabeth 27

Borchert, Wolfgang – Draußen vor der Tür 457

Brandt, Willy 20

Brasch, Thomas (1945) 21, 27, 28, 29, 39, 40, 45, 181, 304, 306, 310, 314 – Fliegen im Gesicht 311 f. – Rotter 178, 466 – Und über uns wölbt sich ein Himmel aus Stahl 311 f. – Vor den Vätern sterben die Söhne 28, 29

Braun, G. u. H. (1928/1929) 26

Braun, Volker (1939) 16, 27, 40, 49, 51, 54, 56, 67, 107, 133, 135, 169, 181 f., 262, 263, 269, 273, 290 f., 294, 295, 302, 309, 310, 317, 415, 463 – Arbeiter, Bauern 267 – Auf andre Art Hoffnung 307 ff., 325 – Bleibendes 266 – Che Guevara oder der Sonnenstaat 184 – Es genügt nicht die einfache Wahrheit 307 – Hans Faust / Hinze und Kunze 108, 176 – Großer Frieden 179 f. – Im Ilmtal 108 – Jazz 266 – Kipper Paul Bauch 162 f., 172, 410 – Lenins Tod 166 – Prometheus 108 – Provokation für mich 266, 287 – R (später: Einer) 287 – Schmitten 176 – Simplex Deutsch 178 – Tin-

ka 176, 184, 427 f. – Training des
aufrechten Gangs 268, 303 – Unvollendete Geschichte 74, 308,
314 f., 418, 427 – Wir und nicht sie
266, 267
Bräunig, Werner (1934-1975) 48, 56,
263, 378
Brecht, Bertolt (1898-1956) 15, 22,
41, 53, 75, 80, 85, 88, 89, 93, 97,
99, 100, 101, 104, 105, 106, 109,
110, 116, 133, 134, 135, 138, 139,
140, 141, 142, 143, 144, 145, 146,
147, 148, 149, 153, 154, 158, 159,
167, 170 f., 174, 178, 179, 182, 185,
233, 259, 261, 277, 284, 290, 294,
295, 296, 327, 342, 353, 357, 359,
363, 369, 371 f., 418, 435, 445,
449, 450 f., 454, 456 f., 466 – An einen jungen Bauarbeiter der Stalinallee 374 – Antigone 138 f., 456 –
Arbeitsjournal 374, 381 – Aufbaulied 374 f. – Der aufhaltsame Aufstieg des Arturo Ui 153 – Brotladen
167 – Buckower Elegien 370, 372
– Coriolan 154, 166 – Im Dickicht
der Städte 173 – Die Dreigroschenoper 38 – Erziehung der Hirse
353 f. – Fatzer 182 – Fragen eines
lesenden Arbeiters 374 – Furcht
und Elend des Dritten Reiches 177
– Der gute Mensch von Sezuan 154
– Die Heilige Johanna der Schlachthöfe 167 – Katzgraben 143 – Der
kaukasische Kreidekreis 143 –
Kinderhymne 373 – Kinderlieder
373 f. – Kleines Organon für das
Theater 141 – Kuhle Wampe 191 –
Das Leben des Galilei 153, 167 –
Lob der Partei 265 – Mann ist
Mann 167, 467 – Die Mühen der
Ebenen 186 – Mutter Courage 139,
141, 144, 146, 149, 173, 379 f. –
Neue Zeiten 374 – Herr Puntila
und sein Knecht Matti 139 – So-
phokles 138 – Svendborger Gedich-

te 374 – Tage der Commune 141 –
Theaterarbeit 141 – Das Verhör des
Lukullus 141 – Zukunftslied 375
Brecht-Lukács-Debatte 109
Bredel, Willi (1901-1964) 22, 41, 76,
191 – Ernst Thälmann – Sohn sei-
ner Klasse 191, 207 – Fünfzig Tage
358 – Verwandte und Bekannte 451
Brenner, Hildegard 68
Brinkmann, Jürgen 456
de Bruyn, Günter (1926) 16, 26, 40,
56, 456 – Buridans Esel 25 – Leben
des Jean Paul Friedrich Richter 111
Büchner, Georg 316 – Leonce und
Lena 181 – Dantons Tod 185 –
Wozzeck 190
Buchverlag Der Morgen 67
Burghardt, Max 211
Burri, Emil 381
Busch, Ernst (1900-1980) 137, 142,
149, 153

›Cahiers du Sud‹ 96
Camus, Albert 24, 36
Carow, Heiner – Legende von Paul und
Paula 215, 218 – Ikarus 218
Cases, Cesare 34, 35
Catull (85–54 v.Chr.) 294
Céline, Louis-Ferdinand 444
Chandler, Raymond 246, 253, 260
›Christ und Welt‹ 211
Chruschtschow, Nikita 22, 128
Cibulka, Hanns (1920) 56
Claassen Verlag 26, 27
Claudius, Eduard (1911-1981) 363 –
Vom schweren Anfang 143, 358 –
Menschen an unserer Seite 143,
358, 386 f., 398, 422
Claus, Jürgen 225
›Corinna Schmidt‹ 189
Corino, Karl 17, 27, 219
Cremer, Fritz 160
Czechowski, Heinz (1935) 263, 280,
285, 296, 298 f., 378 – Stadtgang
299

Dahnke, Hans-Dietrich 113
Damnitz Verlag 23
›DDR-Portraits‹ 358
›DDR-Reportagen‹ 358
Deicke, Günther (1922) 270, 271, 274,
    276, 283, 297 – Auftritt einer
    neuen Generation 262
Deinert, Wolf 40
Dessau, Paul (1894-1949) 75, 142,
    173 – Coriolan 154 – Das Verhör
    des Lukullus 141
›Deutsche Allgemeine Zeitung‹ 443
›Deutsche Lyrik auf der anderen Seite‹
    21, 261
Deutsche Verlagsanstalt 24, 26
Deutscher Taschenbuch Verlag 24
Deutschlandfunk 27
Diderot, Denis 445
Dimitroff, Georgi (1882-1949) 439,
    445
Diogenes Verlag, Zürich 25
Djacenko, Boris (alias Peter Addams)
    251
Döblin, Alfred 24, 467
Donelaitis, Christian 461
Donner, Wolf 38
Dostojewski, Feodor – Die Brüder Ka-
    ramasoff 48 – Schuld und Sühne
    247
Doyle, Conan 246, 247
Dresen, Adolf 135, 168, 177, 181, 185
Dodow, Slatan 191
Düren, Fred 158 f., 168, 172, 179
Dylan, Bob 313
Dymschitz, Alexander 213

Eich, Günter 76
Eichendorff, Joseph 99
›Einheit‹ 98
Eisler, Hanns (1898-1962) 89, 93, 97,
    101, 116, 142, 149, 153, 369 – Jo-
    hann Faustus 89, 99, 100, 141,
    370 f. – Die Kunst zu erben 88 –
    Nationalhymne der DDR 373
Endler, Adolf (1930) 27, 54, 56, 262,

    284, 285, 378 – In diesem besseren
    Land 280
Engel, Erich 139, 142, 153, 169, 381,
    383
Engels, Friedrich 95, 106, 120, 121 –
    Anti-Dühring 121
Enzensberger, Hans Magnus – Mu-
    seum der modernen Poesie 273
Erb, Elke (1938) 27, 262
Erforth, Klaus 127
›Erlebtes Hier‹ 263
Erpenbeck, Fritz (1897-1975) 137,
    141, 149, 252, 256
Eue, Dieter (1947) 26, 39, 40
Eulenspiegel Verlag 25, 246
›Exil‹ 35

Faber, Richard – Novalis: Die Phanta-
    sie an der Macht 114
›Die Fahne der Kriwoj Rog‹ 210
Fallada, Hans (1893-1947) – Kleiner
    Mann – was nun? 194 – Jeder
    stirbt für sich allein 451
Faulkner, William (1897-1962) 24,
    259, 465
Faust, Siegmar 58
Felsenstein, Walter (1901-1975) 75
Feuchtwanger, Lion (1884-1958) 467
    – Goya 187, 213, 226 – Exil 226 –
    Wartesaal-Trilogie 226
›Filmspiegel‹ 201
Fischer, Ernst 76, 100, 102, 370 f.
Fischer, Rudolf (1901-1957) – Martin
    Hoop IV 359
S. Fischer Verlag / Fischer Taschenbuch
    Verlag 24, 25, 26, 28, 37, 38, 70
Flaubert, Gustave 94, 445
Flegel, Walter – Es gibt kein Nie-
    mandsland 240 – In Bergheide und
    anderswo 241 – Wenn die Haubit-
    zen schießen 240
Fontane, Theodor – Frau Jenny Trei-
    bel 189 – Unterm Birnbaum 247
Forster, Georg 99
›Forum‹ 74, 263, 279 f.

Franke, Konrad 27
Frankfurter Allgemeine Zeitung 17,
31, 32, 38, 60
Frankfurter Rundschau 17, 18, 19
Franz, Michael 56, 285, 288, 290
– Zur Geschichte der DDR-Lyrik 277
›Freiheit‹ 204
Fret, Rosemarie 72
Freud, Sigmund 382, 443, 446
Friedrich, Carl Jakob 437
Friedrich, Hugo – Die Struktur der
modernen Lyrik 96
Fries, Fritz Rudolf (1935) 17, 27, 56,
72 – Der Weg nach Oobliadooh 25
Fromm, Erich 385
Fuchs, Jürgen (1950) 26, 40, 320 –
Das Erwachen 321 f.
Fühmann, Franz (1922) 17, 26, 27, 40,
49, 59, 63, 72, 111, 129, 304, 323,
427, 443 f., 463 – Barlach-Film 49
– Bagatelle, rundum positiv 321 –
Das Erinnern 454 – Die Fahrt nach
Stalingrad 454 – Das Gottesgericht
454 – Das hölzerne Pferd 63 – Ho-
merische Epen 63 – Das Judenauto
25, 455 – Kameraden 192, 454
(Film: Betrogen bis zum jüngsten
Tag 192) – Kapitulation 454 – Kö-
nig Ödipus 454 – Marsyas 427 –
Meine Schulzeit im Dritten Reich
17 – Das Nibelungenlied 63 – Rei-
neke Fuchs 63 – Die Schöpfung
454 – Spiegelgeschichte 465 – 22
Tage oder die Hälfte des Lebens
238, 456
Fürnberg, Louis (1909-1957) 463 –
Die Partei 265

Gaillard, Ottofritz 140
Garaudy, Roger 102
Garbe, Hans 363, 388
›Gedichte der Nachgeborenen‹ 277
Geerdts, Hans-Jürgen 235
George, Stefan (1868-1933) 442
›Geschichte der Literatur der DDR‹ 48

Giehse, Therese 142
Girnus, Wilhelm (1906) 74, 75, 284 –
Johann Wolfgang Goethe: Über
Kunst und Literatur 91
Gladkow, Fjodor (1883-1958) – Zement 173
Goebbels, Joseph P. 448
Goethe, Johann Wolfgang
(auch: G.-Kult, G.-Mythos etc.) 80,
82, 87, 88, 90, 91, 92, 93, 95, 99,
100, 110, 112, 113, 114, 115, 179,
211, 222, 446 – Clavigo 177 – Eg-
mont 140 – Faust 99, 100, 101,
103, 105, 108, 112, 141, 168, 176,
371 – Torquato Tasso 179 – Ur-
faust 99, 141 – Die Wahlverwandt-
schaften 223 – Wanderjahre 105 –
Werther 223, 316, 318 – Der west-
östliche Divan 282
Gogol, Nikolai W. 111
Goldstücker, Eduard 102
›Göring-Theater‹ 137
Gorki, Maxim (1868-1936) 95 – Die
Kleinbürger 151 – Die Mutter 230
Görlich, Günter (1928) 51, 62, 243 –
Eine Anzeige in der Zeitung 324 f.
Gosch, Jürgen 181
Gosse, Peter (1938) 262, 263, 300
Gotsche, Otto (1904) 22, 23, 62, 65,
212 – Tiefe Furchen 358
Gozzi, Carlo (1720-1806) 172
Graf, Oskar Maria (1894-1967) 467
Grashof, Christian 179, 185
Grass, Günter 28, 446, 461 – Die
Blechtrommel 449, 464
Gratzik, Paul (1935) 27
Gregor-Dellin, Martin 22
Greifenverlag, Rudolstadt 69, 235
Greßmann, Uwe (1933) 262, 263
Groß, Jürgen 184 – Match 183 f.
Grotewohl, Otto 227
Grube-Deister, Elsa 158, 168
Grünberg, Karl (1891-1972) – Golden
fließt der Stahl 142
Grüning, Uwe 72, 263

›Grundlagen des historischen Materialismus‹ 126

›Grundlagen des Marxismus-Leninismus‹ 126

Gruppe 47 24

Gruppe Oktjabr 83

Günderode, Karoline von 114, 422

Gundolf, Friedrich 88

Günther, Egon (1927) 211, 216, 224, 456 – Abschied 208 f. – Die Erziehung vor Verdun 220 – Exil 226 – Der Dritte 215 f. – Die Leiden des jungen Werthers 223 – Lotte in Weimar 223 – Wenn du groß bist, lieber Adam 208

Gusner, Iris – Einer muß die Leiche sein 260

Gysi, Klaus 103

Haase, Horst 31

Habermas, Jürgen 338

Hacks, Peter (1928) 17, 26, 27, 40, 59, 114, 133, 134, 148 f., 152, 155, 156, 158 f., 166 f., 169, 183, 186 – Adam und Eva 165 – Amphitryon 164, 172 – Cosima von Bülow. Ein Auftritt 17 – Eröffnung des indischen Zeitalters 148 – Der Frieden 154, 157 f., 164 – Ein Gespräch im Hause Stein über den abwesenden Herrn von Goethe 179 – Heinrich IV. 167 – Das Jahrmarktsfest zu Plundersweilern 179, 183 – Margarethe von Aix 172 – Der Meineiddichter 115 – Moritz Tassow 156, 159 f., 164, 358 – Der Müller von Sanssouci 149 – Omphale 164 f., 172 – Prexaspes 165 – Die Schlacht bei Lobositz 148, 151, 156 – Die schöne Helena 158 f. – Die Sorgen und die Macht 150, 151, 157, 358 (im Exposé: Briketts) – Das Volksbuch von Herzog Ernst oder Der Held und sein Gefolge 148

Hage, Volker 38

Hager, Kurt 104, 106

Hahn, Karl-Heinz – Faust und Helena oder die Aufhebung des Zwiespaltes zwischen Klassikern und Romantikern 112

Hammel, Claus (1932) 183 – Um neun Uhr an der Achterbahn 153

Hammett, Dashiell 246

Handke, Peter 385

Carl Hanser Verlag 25, 26

Hardel, Gerhard (1912) – Das Geheimnis des langen Lebens 250

Harich, Wolfgang (1921) 22, 173

Harkenthal, Gerhard (1914) 250 f.

Harnack, Falk – Das Beil von Wandsbek 188

Havemann, Robert 46, 103, 320, 412

Heartfield, John (1891-1968) 116

Hecht, Werner 88

Hegel, Georg Wilhelm Friedrich 92, 93, 94, 95, 96, 160

Heiduczek, Werner (1926) 26, 62, 68, 70 – Abschied von den Engeln 62 – Tod am Meer 68, 70, 323

Hein, Christoph (1944) 26 – Cromwell 184 – Lassalle fragt Herrn Herbert nach Sonja 184

Hein, Peter 172

Heine, Heinrich 99, 117, 285

Heinrich-Heine-Preis 60

Heinz, Gabriele 179

Heinz, Wolfgang 144, 151, 168, 177

Hellberg, Martin 196

Heller, Joseph 24

Hemingway, Ernest 24

Hennecke, Adolf (1905) 356

Henschel Verlag 150

Herder, Johann Gottfried 461

Hermand, Jost 80

Hermlin, Stephan (1915) 22, 26, 27, 35, 53, 54, 120 f., 262, 353, 359 f., 367, 373, 454, 463 – Aurora 362 – Die erste Reihe 460 – Es geht um Kupfer 360 – Mansfelder Oratorium 360, 362 – Der Leutnant York

von Wartenburg 359, 459 – Reise
eines Malers in Paris 359 – Die Zeit
der Gemeinsamkeit 359, 459 –
Zweiundzwanzig Balladen 359
Hermsdorf, Klaus 102
Herrnstadt, Rudolf (1903-1966) 129
Herwegh, Georg (1817-1875) 99, 285
Hessischer Rundfunk 17, 27, 219
Heuer, Uwe Jens 411
Heym, Stefan (1913) 26, 29, 40, 46,
    52, 53, 54, 57, 163, 321, 378 –
    Mein Richard 322 – 5 Tage im Juni
    57 – Die richtige Einstellung 322
Hilbig, Wolfgang 26, 40, 58, 59, 70,
    278
Hinstorff-Verlag, Rostock 20, 33, 54,
    67, 71, 72, 73
Hiob, Hanne 167
Hirsch, Rudolf 252
Hitler, Adolf 153, 350, 374, 436, 443,
    445 f., 458, 464
Hofé, Günther (1914) 243 – Merci
    Kamerad 241
Hoffmann, E. T. A. 111, 113
Hoffmann und Campe Verlag 26, 27
Hölderlin, Friedrich 99, 114, 158, 165,
    275
Holmes, Sherlock 246, 256
›Holocaust‹ 440, 457
Holtz, Jürgen 160, 168
Holz, Arno 82
Homer 211 – Ilias 48
Honecker, Erich (1912) 35, 37, 45, 46,
    52, 72, 104, 125, 128, 129, 171,
    212, 237, 257, 284, 306, 316, 320
Höpcke, Klaus 40, 47, 70
Hörnigk, Therese 453
Horváth, Ödön 467
Huber Verlag 70
Huch, Ricarda (1864-1947) 456
Huchel, Peter (1903-1981) 15, 26, 27,
    35, 46, 74, 75, 76, 261, 343, 352,
    353, 354, 359 – Das Gesetz 344 f.,
    354 – Kindheit in Alt-Langerwisch
    343 – Der Knabenteich 343 – Die

Magd 343 – Das Zeichen 346 –
    Zwölf Nächte 344
Hugo, Victor – Die Elenden 196 –
    Huxley, Aldous 439

Ibsen, Henrik – Die Wildente 172
Ihering, Herbert 137, 188
›Internationale Literatur‹ 96, 99

Jagger, Mick 318
Jakobs, Karl-Heinz (1929) 26, 35, 40,
    49, 54, 61 – Beschreibung eines
    Sommers 23, 61, 198, 200, 214,
    219 – Die Interviewer 253, 310,
    323 – Eine Pyramide für mich 219
Jaspers, Karl 443
Jean, Paul 111 – Flegeljahre 111
Jendryschik, Manfred (1943) 27, 262
    – Die Ebene 303 – Das Mahl. Für
    A. R. 297
Jentzsch, Bernd (1940) 26, 40, 55, 56,
    72, 262, 263, 303
Jessenin, Sergej 63
Jewtuschenko, Jewgenij A. 76
Johnson, Uwe (1934) 16, 22, 23, 29,
    46 – Das dritte Buch über Achim
    23 – Jahrestage 464 – Mutmaßun-
    gen über Jakob 22
Jokostra, Peter 22
Jószef, Attila 63
Joyce, James 95, 318 – Ulysses 101
Jünger, Ernst 444

Kafka, Franz 24, 95, 101 f., 111 – In
    der Strafkolonie 439
Kafka-Konferenz 102, 103
Kahlau, Heinz (1931) 262, 269 – All-
    tägliche Lieder von der Liebe 276
Kahler, Ernst 148
Kähler, H. 31, 74
Kaltofen, Günter 212
Kamnitzer, Heinz 209, 220
Kant, Hermann (1926) 26, 27, 28, 40,
    46, 51, 53, 54, 62, 63, 69, 235, 463
    – Der Aufenthalt 465 – Die Aula

25, 28, 39, 51, 169, 203 – Das Impressum 27

Kant, Immanuel 461

Karge, Manfred 135, 167, 171, 172, 177, 181 f., 185

Karl, Günter 199

Kaufmann, Hans – Zehn Anmerkungen über das Erbe, die Kunst und die Kunst des Erbens 107

Kaul, Friedrich Karl (1906-1981) – Mord im Grunewald 248 – Das Pitaval der Weimarer Republik 248

Keisch, Henryk (1913) – Krimis 258

Kellermann, Bernhard (1879-1951) – Totentanz 451

Kempowski, Walter 464

Kerndl, Rainer (1928) 183 – Schatten eines Mädchens 153

Kerr, Alfred 137

Kilger, Heinrich 150, 159, 168

Kindler Verlag 26

Kipphardt, Heinar (1922-1982) 22, 46, 151, 152 – In der Sache J. Robert Oppenheimer 167 – Shakespeare dringend gesucht 144

Kirsch, Rainer (1934) 26, 63, 262, 294, 378 – Meinen Freunden, den alten Genossen 263

Kirsch, Sarah (1935) 18, 26, 29, 40, 45, 50, 54, 57, 60, 63, 262, 263, 271, 273, 285, 288 f., 378 – Landaufenthalt 25, 271, 296 – Rückkunft 296 – Schwarze Bohnen 283, 297 – Winter 288 – Zaubersprüche 298

Kirsten, Ralf 49, 219 – Beschreibung eines Sommers 200 – Eine Pyramide für mich 219

Kirsten, Wulf (1934) 262, 263

Kirsch, Egon Erwin (1885-1948) – Prager Pitaval 248

Klaren, Georg C. – Die Sonnenbrucks 190

Kleineidam, Horst (1932) – Der Millionenschmidt 153

Kleist, Heinrich von 112, 113, 114, 422 f. – Michael Kohlhaas 177 – Prinz Friedrich von Homburg 177 – Der zerbrochene Krug 177, 212

Klemperer, Victor 442 f.

Kluge, Alexander 446

Knauth, Joachim – Die Weibervollversammlung 164

Knaus Verlag 26

Knietzsch, Horst 225

Koch, Hans (1927) 243, 280 f., 284

Koeppel, Joachim – Heiße Eisen 155

Kogon, Eugen – Der SS-Staat 456

Köhler, Erich (1928) 27, 68, 72, 244 f. – Der Krott 243 – Paralipomena 243 – Reise um die Erde in acht Tagen 68

Kohlhaase, Wolfgang (1931) 34

Könner, Alfred – Kriminalromane und Wirklichkeit 250

Koplowitz, Jan (1909) – Unser Kumpel, Max der Riese 359

Korff, Hermann August 71 Theodor-Körner-Preis 240

Kracauer, Siegfried 467

›Krasnaja Nov‹ (Rotes Neuland) 83

Kraus, Karl 112, 442, 443 f., 467

Kruczkowski, Leon – Die Sonnenbrucks 190

Krug, Manfred 45

Kuba (Kurt Barthel) (1914-1967) 15, 169 – terra incognita 169

Kubsch, Hermann Werner – Die ersten Schritte 142

Kühn, Regine 214, 223

Kühn, Siegfried 213 f. – Zeit der Störche 214 – Wahlverwandtschaften 223 f.

›Kulturpolitisches Wörterbuch‹ 377

Kunert, Günter (1929) 15, 16, 17, 18, 21, 26, 29, 40, 54, 60, 65, 208, 291, 294, 299, 302, 441, 454, 458, 461 f., 465 – Die Beerdigung findet in aller Stille statt 25 – Erinnerungen an einen Planeten 25 – Im Na-

men der Hüte 25, 456 – Im weiteren Fortgang 301 – Pamphlet für
K. 113 – Tagträume 25 – Verkündigungen des Wetters 25 – Wegschilder und Mauerinschriften 262
Kunert, Joachim – Die Abenteuer des
Werner Holt 203
Kunze, Reiner (1933) 16, 20, 26, 35,
36, 37, 38, 39, 40, 56, 65, 72, 262,
283, 286 f., 298, 321 – Brief mit
blauem Siegel 37, 285 – Entschuldigung 286 – Der Löwe Leopold 37
– Sensible Wege 25, 36, 39 – Die
wunderbaren Jahre 36, 37, 38, 39,
65 – Zimmerlautstärke 37
Kurella, Alfred (1895-1975) 56, 57,
86, 88, 96, 97, 104, 212 – Der Frühling, die Schwalben und Franz Kafka 102 – Nun ist dies Erbe zuende
88 – Der Sozialismus und die bürgerliche Kultur 98
Kusche, Lothar (1929) 249, 252, 254

Laabs, Jochen (1937) 66, 262
Lang, Alexander 172, 185
Lang, Otto 140
Lange, Hartmut (1937) 22, 46, 134,
159 – Die Ermordung des Aias oder
Ein Diskurs über das Holzhacken
166 – Herakles 166 – Der Hundsprozeß 166 – Marski 156, 160 f.,
164 – Senftenberger Erzählungen
oder die Enteignung 161 – Der Tartüff 158 f. – Trotzki in Coyoacan
166
Langewiesche-Brandt-Verlag 26
Langhoff, Matthias 167, 171, 177,
181
Langhoff, Wolfgang (1901-1966) 133,
134, 135, 137, 139, 140, 144, 148,
149 f., 152, 167, 172, 181 f., 185
Langner, Maria (1901-1967) – Stahl
358
Lassalle, Ferdinand 82
Leistner, Bernd 114

Lem, Stanislaw – Der Planet des Todes
198
Lenau, Nikolaus 99
›Lenfilm‹ 213
Lenin, Wladimir I. 49, 79, 81, 85, 92,
98, 106, 107, 110, 126, 127, 166,
227, 228, 372, 443
Lenz, Jakob Michael Reinhold 114,
155 – Der Hofmeister 140, 141
Leonhard, Wolfgang (1921) 120, 121
Lessing, Gotthold Ephraim (1729-
1781) 136, 385 – Minna von Barn-
helm 149 – Nathan der Weise 136,
167, 168
Lessing-Preis 60
Letsche, Curt (1912) – Das geheime
Verhör 250 – Schwarze Spitzen
250
›Lexikon deutschsprachiger Schriftstel-
ler‹ 49
Loest, Erich (1926) 17, 22, 26, 40, 54,
57, 63, 66, 68, 69, 74, 251, 252,
310, 330, 454, 455 – Es geht seinen
Gang oder Mühen in unserer Ebene
17, 68, 69, 327 f., 431 f. – Leder-
strumpf 63 – Der Mörder saß im
Wembley-Stadion 251 – Pistole mit
sechzehn 74, 465 – Zwei Briefe von
Rohdewald 465
Lorbeer, Hans (1901-1973) – Die Sieben ist eine gute Zahl 359
Lorenc, Kito (1938) 262
Luchterhand Verlag 25, 26, 27, 28, 30
Lukács, Georg (1885-1971) 72, 85, 86,
88, 89, 92, 94, 95, 96, 109, 112,
113, 116, 146, 274, 359, 442 f., 451
– Aus der Not eine Tugend 85 – Erzählen oder Beschreiben 95, 242 –
Fortschritt und Reaktion in der
Deutschen Literatur 96 – Goethe
und seine Zeit 86 – Das Ideal des
harmonischen Menschen in der bürgerlichen Ästhetik 93 – Die intellektuelle Physiognomie der künstlerischen Gestalten 95 – Schillers Theo-

rie der modernen Literatur 94 –
Theorie des Romans 95 – Tolstoi
und die Probleme des Realismus 95
– Wilhelm Meister 96
Luther, Martin 425, 442
›Lyrik dieser Zeit‹ 271

Mäde, Hans Dieter 147, 214
Maetzig, Kurt 203, 207, 208 – Ernst
Thälmann 191 – Junge Frau von
1914 210 – Maria Morzeck oder
das Kaninchen bin ich 206 f. – Der
schweigende Stern 198 – Die Son-
nenbrucks 190 – Die Toten bleiben
jung 210 f.
Mager, Hasso (1920) – Krimi und
Erimen 253
Majakowski, Wladimir W. (1893-
1930) 116 – Das Schwitzbad 185 –
Wanzen 436
Mandelstam, Ossip 63, 437, 463
Mandelstam, Nadjeschda 437
Mann, Dieter 168, 175, 179
Mann, Heinrich – Der Untertan 188,
196, 441, 444, 467
Heinrich-Mann-Preis 60, 73
Mann, Thomas 86, 95, 235, 445,
450 f., 467 – Betrachtungen eines
Unpolitischen 444 – Deutschland
und die Deutschen 446 – Doktor
Faustus 442, 444, 451, 464 – Lotte
in Weimar 86, 222 – Mario und der
Zauberer 464
Mao Tse-tung 126
Marchwitza, Hans (1890-1965) 22 –
Die Heimkehr des Kumiaks 451 –
Roheisen 358 f.
Marcuse, Herbert 105, 385
Maron, Monika 26, 40
Marquardt, Fritz 171, 172, 181
Marx, Karl
(auch: Marxist, Marxismus) 79, 81,
95, 103, 106, 107, 113, 120 f., 126,
127, 128, 281 f., 300, 337, 385, 411,
462 – Der achtzehnte Brumaire des

Louis Bonaparte 79 – Bürgerkrieg
in Frankreich 121
Matern, Hermann 124
Mattenklott, Gert 81
Matthäus-Evangelium 316
Matthies, Frank-Wolf (1951) 26, 40,
278, 321
Matthus, Siegfried 168
Matusche, Alfred (1909) 155 – An
beiden Ufern 184 – Die Dorfstraße
155, 156 – Kap der Unruhe 155 –
Matusche, Alfred – Das Lied meines
Weges 155 – Nacktes Gras 155 –
Der Regenwettermann 155 – Van
Gogh 155 – Welche von den
Frauen 155
Maurer, Georg (1907-1971) 57, 275
Mayer, Hans (1907) 71 f., 76, 101,
112, 152, 368 – Zur Gegenwarts-
lage unserer Literatur 101
Meckel, Christoph 464
Mehring, Franz 81 – Ästhetische Feld-
züge 82
Meinicke, Friedrich 441
Meves, Hans-Dieter 167
Meyerhold, Wsewolod E. 87, 144
Michaelis, R. 31, 32
Mickel, Karl (1935) 27, 40, 181, 262,
263, 273, 275, 279 f., 287, 291,
296, 463 – In diesem besseren Land
280 – Nausikaa 164 – Der See
279 f., 297
Miehe, Ulf 22
Militärverlag der DDR 240
Miller, Arthur (1915) 24, 196 – Die
Hexen von Salem 196
Milosz, Czeslaw 439
Minetti, Hans-Peter 150
Mitscherlich, Alexander u. Margarete
382, 464
Mitteldeutscher Verlag, Halle 20, 56,
62, 68, 69, 253
Mittenzwei, Werner 109 – Brecht und
die Probleme der deutschen Klassik
110

Molière, Jean Baptiste 158, 172
Monk, Egon 141
Morgner, Irmtraud (1933) 26, 29, 63
– Leben und Abenteuer der Trobadora Beatriz nach Zeugnissen ihrer
Spielfrau Laura 29, 323
Muller, Robert 226
Müller, Heiner (1929) 16, 40, 133,
134, 135, 146 f., 152, 159, 166 f.,
169, 170, 172, 176 f., 183, 184, 316,
353, 357, 363 f., 441, 446, 467 –
Der Auftrag 181, 185 – Der Bau
162 f., 175, 181, 379 – Die Bauern
162, 181 – Befreiung des Prome-
theus 164, 173 – Germania Tod in
Berlin 177 f., 184, 365 – Hamlet-
maschine 180, 365 – Herakles 2
oder die Hydra 173 – Herakles 5
164 – Die Korrektur 147, 366 –
Der Horatier 166 – Leben Gund-
lings Friedrich von Preussen Lessings
Schlaf Traum Schrei 180 – Der
Lohndrücker 146 f., 156, 363 f.,
466 – Macbeth 181 – Mauser 182
– Ödipus Tyrann 158 f., 164 f. –
Philoktet 164 f., 166, 316 – Die
Schlacht 177, 181 – Traktor 177 –
Die Umsiedlerin oder das Leben auf
dem Lande 156, 160 f., 163 – Wei-
berkomödie 172 – Zement 173,
175, 184
Müller, Inge 147, 158, 172
Müller, Wolfgang 72
Müller-Stahl, Hagen 148
Mundstock, Karl – Helle Nächte 358
Müntzer, Thomas 225, 371 f.
Muschg, Walter 442
Mussolini, Benito 445

Nachbar, Herbert 62, 72
›Nachrichten aus Deutschland‹ 21, 68
›Na postu‹ (Auf Vorposten) 83
Naumann, Konrad 47, 68
Neher, Caspar 142, 153
Neruda, Pablo 116

›Neue Ansichten einer künftigen Germanistik‹ 81
›Neue Deutsche Literatur‹ (NDL) 31,
32, 48, 54, 55, 59, 74, 263, 277,
279, 292
›Neue Literatur‹ 60
Verlag Neues Berlin 54, 258
›Neues Deutschland‹ (ND) 31, 52, 61,
123, 129, 188, 195, 199, 205, 209,
221, 225, 258, 318, 369, 370, 378
Verlag Neues Leben 20, 36, 54, 55, 67,
73
Neuhaus, Barbara (1924) – 26 Bahn-
steige 257
Neumann, Gert 26, 40
Neutsch, Erik (1931) 51, 56, 61, 67,
68, 243 – Auf der Suche nach Gatt
62, 67, 68, 203, 238 – Der Friede
im Osten 62, 242 – Spur der Steine
23, 61, 62, 162, 203 f., 209, 312 –
Warten an der Sperre 203
Nibelungenlied 443
Nietzsche, Friedrich 442, 445
Nieuwenhuis, Ferdinand 121
Noll, Dieter (1927) 52, 62, 358, 443 –
Die Abenteuer des Werner Holt
202 f.
Nolte, Ernst 450
Nowack, Helga M. 22
Nowotny, Joachim (1933) 55, 56, 59

O'Casey, Sean 167
Offenbach, Jacques 134, 158
O'Flaherty, Liam 48
Heinrich von Ofterdingen 361
Orwell, George (1903-1950) 439
Otto, Herbert (1925) 214 – Die Sache
mit Maria 429 f.
Otto, Theo 142
Ottwalt, Ernst 85, 94

Palitzsch, Peter 142, 153, 154
Palmer, Lilli 222
Panitz, Eberhard (1932) 62 – Die sie-
ben Affären der Doña Juanita 62,

220 – Unter den Bäumen regnet es zweimal 215

›Parteiorganisation und Parteiliteratur‹ 49

Paryla, Karl 144, 151

Perten, Hanns Anselm 168, 169, 170

Petzold, Konrad – Für Mord kein Beweis 260

Pfeiffer, Hans (1925) 247 – Die dritte Schicht 155 – Die Mumie im Glassarg 246

Pintzka, Wolfgang 169

R. Piper Verlag 26

Piscator, Erwin 144

Plavius, Heinz (1929) 241 f., 243

›Playboy‹ 249

Plenzdorf, Ulrich (1934) 16, 27, 33, 34, 40, 59, 63, 65, 67, 68, ·72, 73, 74, 316 f. – Legende vom Glück ohne Ende 59, 330 – Die Legende von Paul und Paula 215, 217, 330 f. – kein runter kein fern 310, 317, 320 – Die neuen Leiden des jungen W. 17, 33, 34, 39, 67, 68, 73, 74, 105, 170, 174 f., 203, 215, 223, 310, 316

Plivier, Theodor (1892-1955) – Berlin 453 – Moskau 453 – Stalingrad 453

Poche, Klaus (1927) 40, 54

Poe, Edgar Allan (1809-1849) 246, 257

›Poesiealbum‹ 36, 54 f.

›Pravda‹ 87, 95

Preißler, Helmut (1925) 62

›Prisma‹ 129

Prokop, Gert (1932) 254, 257 – Einer muß die Leiche sein 255, 260

Puschkin, Alexander 87

Raddatz, Fritz J. 32

Radek, Karl (1885-1939) 101, 449 f.

Rathenau, Walter (1867-1922) 248

Rathenow, Lutz 40

Reclam Verlag, Leipzig 37, 285, 287, 307

Reed, John – Zehn Tage, die die Welt erschütterten 148

Reich, Konrad 33, 71, 72

Reich, Wilhelm – Massenpsychologie des Faschismus 445

Reich-Ranicki, Marcel 31, 458

Reichel, Käthe 150

Reichwald, Fred 157 – Das Wagnis der Maria Diehl 155, 175

Reimann, Andreas 262, 263, 279 – Das ganze halbe Leben 275 – Der lange Weg 294 – Die neuen Leiden der jungen Lyrik 277 – Rede an eine reichliche Mahlzeit 297 – Die Weisheit des Fleisches 275

Reimann, Brigitte 26, 67 – Franziska Linkerhand 67

Reinhard, Andreas 168, 173

Reinhardt-Bühne 136

Reinig, Christa (1926) 22, 46

Renn, Ludwig (1889-1979) 359

Reso, Martin 284

Reuter, Fritz 72

Richter, Egon (1932) – Abflug der Prinzessin 422

Richter, Hanns 102 – Verse Dichter Wirklichkeiten 284

Rilke, Rainer Maria 277, 442

Rilla, Paul 82, 137 – Lessing-Legende 82

Rimbaud, Jean-Arthur 445

Ritsos, Yannis 76

Ritter, Gudrun 179

Röderberg Verlag, Frankfurt/Main 23

Rolling Stones 313, 318, 328

›Romanführer‹ 239

Romm, Michail 448

Roos, P. 35

Rosenberg, Alfred – Mythos des 20. Jahrhunderts 444

Rosenfeld 411

Rosow, Viktor S. – Unterwegs 167, 168

Ross, Werner – Lyrische Stile 1968
275
Rotbuch-Verlag 19, 26, 27, 28
›Rote Fahne‹ 85
Roth, Joseph 446, 467
Rowohlt Verlag 24, 25, 26, 36
Ruge, Arnold 128
Rühle, G. 17
Rülicke, Käthe 363 f. – Hans Garbe erzählt 364
Rütten & Loening Verlag, München
28

Sagert, Horst 159
Saeger, Uwe – Das Vorkommnis 184
›Saison für Lyrik‹ 263
Sakowski, Helmut (1924) 32, 51, 157,
241 – Die Entscheidung der Lena
Mattke 152, 175 – Weiberzwist
und Liebeslist 155
Salomon, Horst 157 – Katzengold
153, 169
Sartre, Jean-Paul 24, 76, 196
Satter, Kurt – Herr Kontax rechnet
falsch 250
Sauer, Klaus 27

Schacht, Ulrich 40
Schädlich, Hans Joachim (1935) 26,
28, 39, 40 – Kleine Schule der Poesie 306 – Versuchte Nähe 28
Schädlich, Michael 384
Schall, Ekkehard 153, 154, 173, 174
Schauer, Hermann Ernst 222
Schiller, Friedrich 80, 82, 93, 211, 247
– Kabale und Liebe 196, 416 f. –
Die Räuber 172
Schleef, Einar 40, 174
Schlegel, Friedrich 115
Schlenker, Wolfram 80
Schlenstedt, Dieter 115, 281, 283
Schlenstedt, Silvia 107, 108, 267
Schlesinger, Klaus (1937) 26, 40, 50,
54, 57, 72, 463 – Alte Filme 203 –
Berliner Traum 58, 322 – Ikarus

218 – Michael (Capellos Trommel)
310 – Neun 322 – Die Spaltung des
Erwin Racholl 57, 58
Schneider, Michael 440
Schneider, Rolf (1932) 17, 19, 26, 36,
40, 52, 54, 65, 72, 73, 258 f. – Brücken und Gitter 25 – November 19
Scholochow, Michail (1905) 230
Schönemann, Horst 150, 169, 170,
175
Schopenhauer, Arthur (1788-1860)
442
Schorn, Christine 168
Schreyer, Wolfgang (1927) – Plädoyer
für den Spannungsroman 247
›Schriftstellerlexikon der DDR‹ 240
Schröder, Winfried 106
Schroth, Christoph 182
Schubert, Dieter 54
Schulte, Klaus 81
Schulz, Max Walter (1921) 22, 23, 32,
37, 50, 57, 62, 65, 69, 283, 456 –
Triptychon mit sieben Brücken 62,
69 – Wir sind nicht Staub im Wind
62
Schulze, Axel (1943) 262 – Mittag
292
Schumacher, Ernst 34
Schumacher, Kurt 123
Schütz, Helga (1937) 26, 40, 50, 463
Schütz, Stefan (1944) 17, 27, 40, 135,
466 – Heloise und Abaelard 184
Schwab, Sepp 189
Schwarz, Jewgeni (1896-1958) – Der
Drache 158 f.

Seeger, Bernhard (1927) 243 –
Herbstrausch 62 – Vater Batti singt
wieder 242
Seghers, Anna (1900) 22, 26, 27, 40,
41, 53, 62, 63, 73, 112, 113, 203,
235, 346 f., 359, 447 – Das Argonautenschiff 352 – Auf dem Weg
zur amerikanischen Botschaft 347
– Crisanta 353 – Die Entscheidung

351, 452 – Friedensgeschichten 349
– Geschichten aus Mexiko 533 –
Grubetsch 347 – Karibische Ge-
schichten 352 – Der Landvermesser
350 – Der letzte Weg des Koloman
Wallisch 347 – Die Linie 352 – Die
Reisebegegnung 111 – Das siebte
Kreuz 347 f., 453 – Die Toten blei-
ben jung 210 f., 351, 451 f. – Über
die Entstehung des neuen Menschen
349 – Das Vertrauen 352, 452 –
Das wirkliche Blau 114
Seiffert, Wolfgang (1926) 127
Selbmann, Fritz (1899) – Die Heim-
kehr des Joachim Ott 62
Selby, Hubert 24
Selinski, Annemarie 233
Semprun, Jorge 458
Seyppel, Joachim 18, 40, 53, 54, 62
Shakespeare, William 48, 87, 211 –
Coriolan 154 – Heinrich IV. 167 –
König Lear 149 – Macbeth 48,
173, 181 – Othello 172 – Sturm
309, 367
Shelley, Percy Bysshe 63
de Sica, Vittorio – Gestern, heute, mor-
gen 205
Sieburg, Friedrich 117
Simenon, Georges – Mein Freund Mai-
gret 244
Simon, Rainer 213 – Till Eulenspiegel
224 – Wie heiratet man einen König
212
›Sinn und Form‹ 31, 33, 34, 67, 68,
74, 75, 76, 89, 110, 170, 263, 277,
283 f., 314, 344, 352, 354, 370
Sinn u. Form-Debatte 105
Slomma, Horst 247 – Sinn und Kunst
der Unterhaltung 236
Solschenizyn, Alexander 38
Solter, Friedo 135, 167, 168, 172, 174,
176, 179, 185, 186
›Sonnenpferde und Astronauten‹ 263
›Sonntag‹ 31, 101, 102, 262, 279, 328,
370

Sophokles (496–406 v. Chr.) – Antigo-
ne 138 f. – Ödipus 158, 165 – Phi-
loktet 165
Souvarine, Boris 435
›Der Spiegel‹ 16, 19, 35, 73, 304, 324
Springer Verlag 318 f.
Stachanow, A. G. 356
Stade, Martin (1931) 18, 50, 57 – Ex-
matrikulation 57, 68 – Der König
und sein Narr 18
›Städte und Stationen‹ 26
Staeck, Klaus 45
Stalin, Josef W. 19, 36, 74, 90, 101,
124, 126, 127, 128, 145, 166, 233,
265, 282, 365, 366, 380, 381, 435,
436 f., 443, 458, 462 f., 464 f.
Stanislawski, Konstantin S. 87, 139,
140
Staudte, Wolfgang 381, 383 – Der
Untertan 188, 196
Steinberg, Werner (1913) – Der Pfer-
dewechsel 242
Stendhal (1783-1842) 95
›Stern‹ 16, 38, 73
Stern, J. P. 443
Stevenson, Robert Louis 212
Stillmark, Alexander 172
Stolper, Armin – Amphitryon 164,
169 f.
Strahl, Rudi – Adam und Eva 183 –
Ein irrer Duft von frischem Heu
183 – Prinz Arno von Wolkenstein
183
Streit, Josef (1911) 256
Streubel, Manfred (1932) 262, 274
Strindberg, August – Fräulein Julie
174
Strittmatter, Erwin (1912) 24, 59, 62,
69, 142, 192, 195 – Die Holländer-
braut 154, 175 – Katzgraben 143,
153 – Ole Bienkopp 62, 379, 410 –
Tinko 192, 195 – Wundertäter 24,
62, 456
Strittmatter, Eva – Ich mach ein Lied
aus Stille 274 – Ich schwing mich

auf die Schaukel 274 – Die eine
Rose überwältigt alles 274 –
Mondschnee liegt auf den Wiesen
274 – Zwiegespräch 274
›Stuttgarter Zeitung‹ 38
›Süddeutsche Zeitung‹ 17
Suhrkamp Verlag 19, 25, 26, 27, 33,
71, 307, 314
Svoboda, Joseph 168
Syberberg, Hans Jürgen – Hitler – ein
Film aus Deutschland 448
Synge, John M. – Der Held der westli-
chen Welt 148, 153

›Tagesspiegel‹ 18
Tamerlan-Timur 282
Tasca, Angelo 450
›Temperamente. Blätter für Junge Lite-
ratur‹ 54, 55
Tenschert, Joachim 154, 167
Tetzner, Gerti 26, 56
›Theater der Zeit‹ 137
Thierse, Wolfgang 115
Thürk, Harry 61 – Der Gaukler 61
Tisch, Harry 33, 73
Tito, Josip 123
Tolstoi, Leo N. (1828-1910) 87, 95,
230, 414 – Krieg und Frieden 96
Tragelehn, B.K. 174, 181, 185
Träger, Claus 99, 114
›Transatlantik‹ 59
›Transit‹ 17
Tretjakow, Sergej 85
›Tribüne‹ 428
Trockij, Lev 83
Trommler, Frank 80
Tschechow, Anton – Der Kirschgarten
151
Tschesno-Hell – Ernst Thälmann –
Sohn seiner Klasse 191, 207
Tschörtner, H.D. – Romanzeitung 259
Turek, Ludwig 22

Uhse, Bodo 76 – Die Patrioten 451
Ulbricht, Walter (1893-1973)

(auch U.-Ära etc.) 45, 56, 65, 98, 104,
111, 122, 124, 125, 128, 129, 137,
152, 168, 171, 205, 207, 212, 228,
236, 279, 284, 292, 405, 410, 412,
447 f.
Union Verlag 67

Vallentin, Martin 140, 148
Vesper, Bernhard 464
Visconti, Luchino – Die Verdammten
446
Verlag Volk und Welt 259
Voronskij, Aleksandr 83

Wagenbach Verlag 25, 26, 27
Wangenstein, Angel 187
Wagner, Richard 448
Wagner-Régeny, Rudolf (1903)
160
Walldorf, Hans (s. Loest, Erich)
Walther, Joachim 26
Walter, Klaus 250
Wangenheim, Gustav von 136, 140
– Du bist der Richtige 142 – Stu-
dentenkomödie 151
Wangenheim, Inge von (1912) 234,
274, 292, 300
Wedekind, Frank – Frühlings Erwa-
chen 174
Weerth, Georg 99, 285
Wegner, Bettina 26, 40
Weigel, Helene (1900–1971) 139,
153, 154, 167, 173, 383
Weimann, Robert 109, 110, 305 – Ge-
genwart und Vergangenheit in der
Literaturgeschichte 110
›Weimarer Beiträge‹ 105
Weisbach, Reinhard 271
Weisenborn, Günter (1902-1969) 139
– Die Illegalen 139, 456 – Der laut-
lose Aufstand 456 – Memorial
465
Weiskopf, Franz Carl (1900-1955) 75,
194 – Abschied vom Frieden 193 –
Lissy 188, 192 f., 196

Weiss, Peter (1916-1982) – Marat/
    Sade 169 – Viet Nam Diskurs 167
Gebr. Weiss Verlag, Berlin 24
Wekwerth, Manfred 142, 153, 154,
    166, 167, 174, 181
Wellm, Alfred (1927) – Pause für
    Wanzka 203
›Die Welt‹ 32
Wendland, Martin – Mit falscher
    Münze 255
Wenig, Ernst Karl 235
Wiechert, Ernst – Der Totenwald
    446
Wiede, Anna Elisabeth 148
Wiens, Paul (1922-1982) 74, 358 –
    Dienstgeheimnis 75 – Linien aus
    meiner Hand. Gedichte 1943-1971
    75
Wiesner, C. U. (1933) – Das Möwen-
    nest 255, 257
Winckelmann, Johann Joachim 88
Winterlich, Gerhard – Horizonte 172
Wischnewski, Wsewolod – Optimisti-
    sche Tragödie 153, 175
Wisten, Fritz 137, 151
›Wochenpost‹ 279
Wolf, Christa (1929) 16, 26, 27, 28,
    30, 31, 32, 37, 40, 48, 54, 56, 57,
    59, 62, 63, 65, 68, 69, 259, 305,
    449, 454, 455, 463, 465 – Blick-
    wechsel 456 – Achtung, Rausch-
    gifthandel 230 – Der geteilte Him-
    mel 24, 25, 31, 57, 62, 198 f., 379,
    391, 395, 396 f., 423 – Kein Ort.
    Nirgends 114, 422 – Kindheitsmu-
    ster 62, 446, 456, 464 – Nachden-
    ken über Christa T. 25, 27, 28, 30,
    32, 33, 38, 68, 69, 74, 350, 369,
    413 f., 432 – Selbstversuch 427 –
    Till Eulenspiegel 225 – Unter den
    Linden 57

Wolf, Friedrich (1888-1953) 22, 41,
    75, 133, 136, 137, 138, 139, 142,
    144, 187, 359 – Bürgermeister
    Anna 142 f., 175 – Matrosen von
    Cattara 137 – Professor Mamlock
    457 – Thomas Münzer 141 – Was
    der Mensch säet 138
Wolf, Gerhard 54, 65, 73 – Till Eulen-
    spiegel 225
Wolf, Konrad 187, 208, 211 – Gene-
    sung 193 – Der geteilte Himmel
    199 – Goya 187, 213, 226 – Lissy
    188, 194, 196
Wolfram, Gerhard 169, 170
Wolter, Christine (1939) 26
›Das Wort‹ 87
Wünsche, Günter – Rehabilitierung des
    Ich 265 f.

Zappa, Frank 313
Ždanov, Andrej (1896-1948) 97
Zehm, G. 32
›Die Zeit‹ 17, 18, 19, 31, 38, 211
›Zeitschrift für Philosophie‹ 173
Zetkin, Clara 449
Ziegler, Bernhard (s. Kurella, Alfred)
Ziem, Jochen (1932) 22
Ziermann, Klaus – Romane vom Fließ-
    band 231
Zinner, Hedda – Die Lützower 141
Zola, Emile (1840-1902) 95
Zschorsch, Gerald K. (1951) 40
Zuckmayer, Carl (1896-1977) – Des
    Teufels General 447, 457
Zweig, Arnold (1887-1968) 22, 75,
    210, 359 – Das Beil von Wandsbek
    188, 189, 451 – Junge Frau von
    1914 209 f.
Zwerenz, Gerhard (1925) 22, 23, 46 –
    Aufs Rad geflochten 23
Zwetajewa, Marina 463

II Sachregister

Abbild 182
Abenteuerliteratur 258
Abenteuerroman 212
Aberglaube 79
Aberkennung 20
Abgrenzung 18, 86, 104, 197, 212,
    231
Abgrenzungspolitik 108, 125
Abweichung 127, 206, 269, 306, 313
    – linke 144
Adaptation 222
Affirmation 300 f., 303, 364
Agent 249, 439, 448, 453
Agententheorie 439
Agitation 197, 363
Agitationsvers 91
Agitprop 349
Agitpropbewegung 145
Agitpropszene 91
Agitproptruppen 136
Akademie der Künste 73, 75, 76, 111,
    262, 367
Akademie der Wissenschaften 105,
    235
Aktivs 54
Aktivisten 143, 365, 390
Aktivistenbewegung 356
Aktivistentat 364
Aktivitäten, konterrevolutionäre 173
Alexandriner 275
Allegorie 345, 353, 357, 365 ff., 368
Allegorik 451
Alleinvertretungsanspruch 90
Alltag 164, 229, 291, 295, 297 f., 318,
    327, 329, 332, 413, 423 f.
Alltagsarbeit 411
Alltagserfahrung 328
Alltagsgeschichten 152
Alltagskritik 304
Alltagsmenschen 422
Alltagsproblematik 330
Alltagsprobleme 323

Alltagsschilderung 455
Alltagssprache 323
Alltagsstoffe 159
Alltagsthematik 292
Alltagsverhalten 329, 331
Alltagswirklichkeit 184, 330
1. Allunionskongreß (1934) 48, 101
Altersversorgung 53
Altes 142 – rückständig 191
Anerkennung der DDR 20, 170
Anerkennung, literarische 20
Anpassung 273, 285, 383
Anpassungsmechanismen 330
Ankunftsthematik 291
Anschauungen, ästhetische 159
Anspruch 212 – künstlerischer 229 –
    revolutionärer 337 f. – sozialisti-
    scher 66
Antagonismus 265
Anthologie 15, 17, 20, 27, 72, 246,
    261, 263, 273, 277, 278, 292, 296,
    358
Antifaschismus 201, 305, 313, 435,
    440, 465
Antifaschisten 210, 348, 459, 460
Antigestaltungstheorie 85
Antiheld 431
Antike 275
Antike-Rezeption 164 ff.
Antimodernismus 80
Antisemitismus 461
Apparat, bürokratischer 425
Arbeit 294, 295, 313, 340, 354, 361 f.,
    373, 428, 432, 433
Arbeiter 56, 197, 229, 249, 339, 354,
    359, 369, 389, 392, 428, 430, 440
Arbeiteraufstand 143
Arbeiterbewegung 93, 128, 177, 311,
    337, 348, 352, 359
Arbeiterbildungsverein 82
Arbeiterehre 312
Arbeiterfestspiele 152

Arbeiterheld 429

Arbeiterklasse 78, 91, 93, 103, 106, 126, 149, 188, 189, 191, 194, 196, 205, 244, 246, 318, 359, 360 f., 369 f., 395, 451

Arbeiterkorrespondenten 376

Arbeiterpartei 123, 160

Arbeiterrevolten 35

Arbeiterroman 390

Arbeiterschriftsteller 56, 191

Arbeiterunruhen 144

Arbeiterwelt 194

Arbeiter- und Bauernmacht 92, 377

Arbeiter- und Bauernstaat 120, 195, 211

Arbeitsalltag 387, 394

Arbeitsgemeinschaft Junger Autoren 54 f.

Arbeitsleistung 356, 360

Arbeitslohn 204

Arbeitsproduktivität 126, 251

Arbeitssituation 359

Arbeitssolidarität 147

Arbeitsteilung 385, 392, 393 ff., 428, 430

Arbeitswelt 142 f., 163, 339 ff., 343, 361

Arbeitszusammenhang 133

Argumentationsmuster 311, 319 f., 323

Assoziationstechnik 290

Ästhetik 56, 80, 94, 105, 183, 281, 305, 343, 446 – klassische 82, 91, 93 f., 96, 102, 116 – marxistische 82 – naturalistische 82

Ästhetik des Häßlichen 445

Ästhetik der Politik 445

Ästhetiker 299

Ästhetizismus 444

Atomaufrüstung 198

Aufbau, revolutionärer 173

Aufbau, sozialistischer 47, 146, 159, 381

Aufbauarbeit 48

Aufbaubrigade 466

Aufbaugedichte 292

Aufbaujahre 355 f., 421

Aufbauleistung 70

Aufbauliteratur 358, 377

Aufbaulyrik 261

Aufbaupathos 354

Aufbauphase 86, 89 f., 97, 99, 219

Aufbauromane 23

Aufbauzeit 429

Aufbau des Sozialismus 142, 206, 348

Aufbruch 337, 343, 424

Aufbruchsliteratur 345

Aufbruchsphase 73

Aufbruchssituation 174

Auffassungen, revisionistische 152

Aufführungen, westdeutsche 34

Aufführungsrechte 174

Aufheben der Entfremdung 366

Aufklärung 97

Aufklärungsbücher 250

Aufklärungskomödie 149

Auflagenhöhen 60 ff., 234 f.

Auflagenmillionäre 62

Aufrüstung 201

Aufstand in Ungarn 146, 152

Auftrag, gesellschaftlicher 363 – kulturpolitischer 50, 67, 243 – politischer 192

Auftragsarbeiten 72, 173

Auftragsfilm 191, 208

Auftrittsverbot 163, 181, 213

Ausbeutergesellschaft 165

Ausbildung 338, 410

Ausbürgerung 15, 17, 20, 35, 36, 45, 65, 73, 76, 135, 178, 181, 187, 302, 462

Auseinandersetzung 213, 283, 318, 325, 346 – gesellschaftliche 161 – gesellschaftspolitische 280 – ideologische 29 – innere 244 – kollektive 172 – kulturpolitische 136 – literarische 285 – öffentliche 170 ff. – produktive 101, 118 – theoretische 78

Ausland, sozialistisches 168

Auslandsaufenthalte 65 f., 154
Auslandsvisa 224
Ausreise mit Visum 20
Ausreisegenehmigung 186
Ausschluß a. d. Verband 53
Ausschuß gegen unamerikanische Um-
   triebe 138
Aussprache, große 373, 376
Außenseiter(tum) 16, 29, 32, 332
Außenwelt 200, 349, 353
Auswanderung 45
Auswanderungswelle 46
Ausweisung 226
Autobiographie 465
Automatisierung 176
Autonomie, ästhetisch-moralische 45
Autor(en) 19, 25, 28, 47, 64, 70, 72,
   133, 136, 162, 169, 171, 249, 256,
   257, 261, 270, 290, 341
Autor, junger 152, 183 – klassischer
   99 – liberaler 52 – sozialistischer
   180, 244
Autorenkollektiv 232
Autorität 310, 314, 325
Avantgarde 101, 115 f., 119 – nach-
   klassische 94 – postrevolutionäre
   182
Avantgardismus 80

Basis 231, 308, 390
Bauer 449
Bauernkrieg 371, 441
Baustellen des Sozialismus 197, 200
Bearbeitung 63, 114, 140, 142 f., 154,
   159, 160, 172, 179, 182, 189
Bedürfnisse 47, 238 – gesellschaft-
   liche 397 – individuelle 165
Befreier, sowjetische 70
Befreiung 137, 149, 177
Befreiungskrieg 453
Begriffssystem, ideologisches 322
Behauptung des Ich 285 ff., 298
Behörde 35, 37
Belletristik 244, 248 – sozialistische
   245 f.

Berlin 57 ff., 136, 319
Berliner Ensemble 134, 139, 140, 142,
   146, 150, 153 f., 159, 163, 166 f.,
   169, 171, 172, 173 f., 178, 179, 181
Berufsausbildung 49, 50
Berufsliteraten 56, 249
Berufsverbot 54
Berufung 50
Besatzungsbehörden 123
Bestseller 32, 202
Besucherräte 157
Besucherzahlen 145, 217
Betriebsanrechtssystem 145
Betriebsfunk 207
Betriebsliteratur 377
Betriebsöffentlichkeit 342
Betriebsreportagen 358
Betriebsversammlung 342
Betriebszeitung 342
Bevölkerung 197, 234, 237, 238
Bewährungsprobe 201
Bewältigung 463
Bewegung, revolutionäre 79
Bewegung ›schreibender Arbeiter‹ 378
Bewußtsein 16, 238, 247, 274, 291,
   298 ff., 301, 391, 435, 463 – allge-
   meines 15 – dichterisches 332 –
   doppeltes 57 – gesellschaftliches
   244 – künstlerisches 299 – literari-
   sches 15 – marxistisches 109 –
   neues 261 – pervertiertes 90 – so-
   ziales 449
sozialistisches 126, 453 – überholtes
   296
Beziehung, kollektive 71
Bildung, ästhetische 234
Bildungsgut, sozialistisches 208
Bildungsniveau 236
Bildungsprivileg 237
Bildungsprogramm 152
Bildungsroman 96, 443, 465
Bildungswerte 247
Bildungswesen 395
Bindungen, familiäre und gesellschaft-
   liche 326

Bitterfeld 97
Bitterfelder Bewegung 377 f.
1. Bitterfelder Konferenz (1959) 98,
152, 197, 200
2. Bitterfelder Konferenz (1964) 169,
305, 405
Bitterfelder Weg 21, 56, 96, 98, 152,
342
Blankvers 275
Block der antifaschistisch-demokrati-
schen Parteien 122
Bodenreform 124, 143, 160, 161,
345
Bolschewismus 438
Boulevardautor, sozialistischer 183
Bourgeoisie 84 f., 452
Breitenwirkung 153, 242
Brigaden 47, 59, 147, 163 f., 204, 400,
409
Brigadestücke 155, 163
Brüderlichkeit 429
Bruderstaaten 310
Bruderkrieg 439
Buchhandlung 259
Buchkäufer 30
Buchmessen 65
Buchprämie 230
Buchpreis 230
Buchenwald 201, 446, 458, 461
Bühne 34, 133, 157, 171
Bühnen der DDR-Provinz 142, 150,
169, 182
Bund proletarisch-revolutionärer
Schriftsteller/BPRS 84 f., 91, 366
Bündnisfähigkeit 452
Bündnispolitik, antifaschistische 85 –
kulturpolitische 139
Bürger 217, 219, 308, 442
Bürgerlichkeit 80, 100, 209
Bürgertum 92, 97, 100, 139, 141, 372,
444
Bürgerwelt 174
Büro für Urheberrechte 20, 36, 37, 46,
63, 70
Bürokraten 401 f., 430

Bürokratie 45, 121, 399 ff., 425, 428,
429, 430, 436, 437
Bürokratisierung 409 ff.

Citoyen-Ideal 35
commedia dell'arte 172
Co-Produktion 196, 198

Darlehen 53, 60, 62
Debatten 82, 370
Debütanten 278
DDR-Alltag 217, 218 – Autor 76 –
Bürger 35, 47, 70, 204, 210, 218,
221, 222, 224, 225 – Dramatik 183
– Führung 130, 207, 212 – Gegen-
wartskrimi 254 – Generation 209
– Kommunist 204 – Kritiker 231 –
Kulturpolitik 57, 214 – Literatur
27, 215, 278 – Lyrik 261 ff., 277 –
Politik 20 – Realität 252 – Regie-
rung 203 – Regisseur 226 – Sozia-
lismus 213, 217 – Verhältnisse 224
DEFA 63, 67, 73, 138, 163, 188, 189,
194, 195 f., 199, 202, 203, 206,
208, 211, 213, 214, 215, 217, 218,
220, 222, 225, 227, 237, 260, 330,
376, 379 ff., 383, 447
Defätismus 252
Dekadenz 48, 98, 101 ff., 115
Demokratie 404 – sozialistische 266, 308
Demokratieverständnis 18
Demokratisierung 339
Denken, dialektisches 417 – kollekti-
ves 32 – sozialistisches 232
Denkweisen 141
Denk- und Verhaltensweisen, bürger-
liche 244
detective story 246
Detektivgeschichte 248
Detektivhelden 248
Detektivroman 248
Deutsche Hochschule für Filmkunst 214
Deutsche Wirtschaftskommission 124
Deutsches Theater 134, 136 ff., 144,
148 ff., 153, 154 f., 157, 159, 161,

166 ff., 170, 172, 175, 176, 179, 181, 185
Deutsches Theaterinstitut 140
Devisenvergehen 46, 70
Dialektik 103, 108, 110, 178, 266, 275, 281, 300, 375, 431 – gestörte 209
Dialektik der Widersprüche 394
Dialektik von Ich und Wir 264, 291
Dimitroff-Formel 436
Direktiven, kulturpolitische 133
Diskontinuität 79, 85, 106, 108 ff.
Diskurs 317, 320, 322, 325, 332
Diskurskritik 317
Diskussion 234, 271, 274, 324 – kritische 71 – öffentliche 243, 284
Diskussionsroman 333
Dogmatismus 144, 199, 204, 284
Dokumentarfilm 448
Dokumentarstück 167
Doppelgängermotiv 331
Dramatik 54, 133, 134, 135, 457 – bürgerliche 156 – neue 148 – sozialistische 175
Dramatiker 138, 146 – sozialistischer 144 f., 164
Dramaturg 151
Dramaturgie, neue 182 – postrevolutionäre 162
Dramenproduktion 135
Drehbuch 381 ff.
Drehbuchauftrag 63
Dreigroschenroman 230
Drittes Reich 226, 435, 442, 443, 456
Druckgenehmigung 45, 67, 77
Durchschnittsbürger 449
Durchschnittstalente 241

Ehealltag, sozialistischer 216
Eigengesetzlichkeit 265
Eigeninitiative 432
Eigentum, gesellschaftliches 120, 121 – kapitalistisches 120
Eigenverantwortlichkeit 265
Einflüsse, modernistische, westliche 152

Einheitspartei 123
Einmarsch in die ČSSR 103
Einzelgänger 225
Einzelkämpfer 225
Elite 455
Emanzipation 108, 142, 165, 175, 176, 294, 301, 338 f., 393, 396
Emanzipationserwartungen 338
Emanzipationsprobleme 216
Emanzipationsprozeß 253
Emigranten 90, 451
Emigration 450, 456
Emigrationsdramatik 139
Enteignung 337
Entfremdung 22, 31, 32, 102, 276, 323, 339 f., 343, 345 f., 353, 355 f., 361, 369
Enthüllungen 366
Entlarvung 251
Entmythologisierung 100
Entspannung 229, 245, 292
Entspannungspolitik 118
Entstalinisierung 152, 365, 377
Entwicklung 354 – ländliche 161 – kulturelle, historische 79 – kulturpolitische 46, 96 – psychologische 332
Entwicklungsfragen 196
Entwicklungsmerkmale 187
Entwicklungsphase, neue 409
Entwicklungsprozeß 351
Entwicklungsroman 96, 454
Epigonalität 272
Epigonen 115
Epigonentum 277
Epik 53
Epos, antikes 95
Epostheorie 96
Erbe 78 ff., 174, 177, 188 – bürgerliches 82 f., 104, 106, 108, 117, 172, 174 – dramatisches 135, 172 – humanistisches 93 – klassisches 85, 89 ff., 97 f., 101, 108 ff., 222 – kulturelles 189, 275, 276 – kulturpolitisches 78 – literarisches 78, 80, 83, 89, 222

Erbe der Revolution 48
Erbeaneignung 86, 89, 101, 110, 118
Erbeauffassung 104 f.
Erbebewußtsein 107
Erbedebatte 93, 97, 107
Erbediskussion 83 ff., 88 ff., 104,
  109 ff., 359
Erbekonzept(ion) 95, 108 f., 115 ff.
Erbepflege 99, 109
Erberezeption 89 f., 96, 106
Erbetheorie 78, 79, 81, 82, 84 f., 89 f.,
  92, 107, 109, 118, 372
Erbeverständnis 80, 81, 84, 88 f., 96,
  104 ff., 110
Ereignisse in der ČSSR 125
Erfahrung 200, 290, 301, 306, 311,
  313, 327, 365
Erfahrungsprozeß 316
Erfahrungsschatz 57
Erfahrungswelt 39
Erfolg 28, 29, 39, 144, 204
Erinnerungsbeschwörung 459
Erkenntnis 226, 300 f.
Erlebnis, gestaltetes 290 – reales 290
Erlebnisinhalt 232
Erneuerung 337 – gesellschaftliche 90
  – kulturelle 90 – nationale 135
Eros 294
Erotik 294
Errungenschaften 276, 311 – soziale
  256
Erstaufführungskino 205
Erstauflagen 61
Erstfassung 68
Erstpublikation 277
Erstveröffentlichung 16, 40
Erwartungen 206
Erwartungshaltung 37
Erzählen 51, 350, 413 f.
Erzähler 63, 221, 413 f. – realistischer
  93, 111
Erzähldramaturgie 317 ff.
Erzählformen, neue 304 ff.
Erzählgedicht 353
Erzählgegenstand 111

Erzählerhorizont 434
Erzählhaltung 451, 458
Erzählmittel 243
Erzählstil 327
Erzählstruktur 69, 313, 414
Erzähltechnik 202
Erzählung, jiddische 458 – phantasti-
  sche 68
Erzählweise 111
Erziehung 47, 421 – ideologische 234
  – sozialistische 240 f., 449
Erziehungsprozeß 21
Erziehungsziel, moralisch-politisches
  242
Ethik 205, 281, 286, 417
Exil 52 f., 90, 97, 118 f., 136, 138, 140,
  144, 153, 210, 213, 226, 347, 366
Exilliteratur 452
Exilschriftsteller 22, 52
Exiltheater 137
Existentialismus 24, 36, 90
Existenzform 368
Experimente 153, 174 – gesellschaft-
  liche 183 – proletarisch-revolutio-
  näre 140 – soziologische 380
Expressionismus 24, 88, 277, 442
Expressionismusdebatte 48, 80, 87 f.,
  93
Expressionisten 86

Fabel 102, 149, 168, 201, 232, 249,
  287, 323
Fabelführung 143
Fabellesart 158
Fachstudium 49
Fähigkeitsentwicklung 421
Fantasie s. Phantasie
Faschismus 52, 90, 143, 153, 177,
  202, 319, 320, 343, 388, 422,
  435 ff., 448, 452
Faust-Debatte 372
Faustus-Debatte 99 ff.
FDJ 201, 215, 278, 279
Fehler, ideologischer 75
Fehlverhaltensweise 245

Feind 314, 315, 318, 328
Feindbilder 20, 39, 37, 212, 315
Fernsehen 17, 29, 35, 157, 187, 192,
    197, 207, 217, 220, 237, 342, 379,
    457
Fernsehanstalt, westliche 226
Fernsehfilme 61
Fernsehproduktion 61
Fernsehschaffen 212
Fernsehverfilmung 330
Fiktion, literarische 426
Film 18, 49, 143, 187 ff., 342 – bür-
    gerlich 227 – sozialistisch 207
Filmerzählung 167
Filmexperiment 199
Filmgesellschaft s. Defa
Filmhochschule 213, 214
Filminhalt 218
Filmkritiker 225
Filmkunst, sozialistische 196, 199
Filmnovelle 170
Filmpolitik 214, 228
Filmproduktion 61
Filmschaffen, sozialistisches 195
Filmtheoretiker 88
Flugblattaktion 36
Flugblätter 310, 333
Forderungen, gesellschaftliche 196
    – kulturpolitische 23, 46, 144
Förderung 60, 152, 278
Foren sozialistischer Dramatik 152
Form 273, 276, 282
Formalismus 48, 88, 94, 101 f., 115,
    141, 144, 273, 381
Formalismus-Naturalismus-Debatte
    87, 95
Formbewußtsein 277
Formelemente, innovative 95
Formenrepertoire 272
Formentradition 275 f.
Formexperiment 272
Formgebung 275
Form-Inhalt-Debatte 278
Form-Inhalt-Relation 278
Formprobleme 274, 276, 279

Formverfall 277
Formverständnis 264
Forschung, geistesgeschichtliche 442
Fortentwicklung 275
Fortschritt 112, 161, 224, 282 f., 296,
    365, 375
Fragen, gesellschaftliche 135, 171
    – historische 135
Fragestellung, künstlerische 275
Frankfurter Schule 80, 447
Frauen der DDR 216
Frauenbild 175
Frauenliteratur 29
Freiheit 18, 65, 122, 187, 272, 285,
    303, 311, 425 – existentielle 16 –
    individuelle 18 – künstlerische 16,
    18 – persönliche 18 – soziale 353
Freiheitsstrafe 46
Freizeit 61, 236, 238, 295, 432, 433
Freizeitbeschäftigung 237
Freizeitgestaltung 237
Freundesgesellschaften 157
Frieden 305
Führung, politische 376
Führungsanspruch 109
Führungsgruppe 410, 412
Führungsqualität 244
Führungsschicht 373
Fünfjahrplan 124, 359
Funk s. Rundfunk
Funktion, gesellschaftliche 244 – kul-
    turpolitische 66
Funktionär 209, 466 – neuen Typs
    160
Funktionärsbelletristen 75
Futuristen 444

Gastinszenierungen 150, 154
Gastregisseur 182
Gastspiele 150
Gattung 259
Gattungsverständnis 264
Gedankenwelt des Künstlers 48
Gedicht 261 ff., 285, 293, 298, 301 ff.,
    343 ff., 463

Gefühl 293
Gegenspieler 204
Gegentext 309 f.
Gegenwart 190, 220, 222, 223, 275,
    282, 310, 346, 461 – postrevolutio-
    näre 185 – sozialistische 107
Gegenwartsdramatik 170, 183
Gegenwartsfilme 217, 260
Gegenwartsliteratur 74, 94, 203, 212,
    245, 259, 377
Gegenwartsromane 203, 218
Gegenwartsstoffe 226
Gegenwartsstück 151, 153, 157, 169
Gegenwartstheater, sozialistisches 136
Gegenwartsthema 142, 150, 159 f.,
    164
Gehalt, ideologischer 55
Geheimpolizei 438
Geist 178 ff.
Geltung, internationale 206
Gemeinschaft 204, 205, 320 – sozia-
    listische 406
Gemeinschaftsarbeit, sozialistische 169
Gemeinschaftsdichtung 271
Gemeinschaftsgefühl 269
Gemeinsinn, sozialistischer 47
Genehmigungspraxis 69
Genehmigungsprozedur 68
Generation(en) 15, 312 – ältere 305,
    433, 434 – junge 41, 65, 262, 269,
    295, 421, 432, 460 – neue 261 f.,
    302, 314, 426, 463
Generationsgegensatz 262
Generationskonflikt 209, 309
Generationswechsel 323
Genossenschaft 162
Genossenschaftsgründung 143
Germanisten 105, 272
Germanistik 283 f.
Geschichte 177, 180, 181, 185, 282,
    289, 343, 345, 356, 421, 437, 450,
    461
Geschichte der DDR-Literatur 89
Geschichte der Sowjetunion 354 f.
Geschichtenerzähler 404

Geschichtsbetrachtung 462
Geschichtsbewußtsein 210, 460
Geschichtspessimismus 462
Geschichtsprozeß 346 f., 351 f., 366
Geschichtsschreibung 324, 450
Geschichtsvertrauen 374
Geschlechterkampf 176
Geschmäcklerei 280
Geschmacksbildung, literarische 24
Geschmacksverbildung 237
Gesellschaft 30 f., 121, 166, 170, 175,
    177, 178, 181, 186, 195, 201, 214,
    223, 224, 239, 254, 256, 258, 265,
    267, 268, 270, 281, 283, 293, 294,
    295, 298, 301, 304, 311, 316, 332,
    333, 338 f., 422, 426, 438 – alte
    417 – autoritäre 150 – bürgerliche
    84, 209, 216, 240, 244, 245, 253 –
    freie 267 – klassenlose 120
Gesellschaft, neue 136, 145, 152, 163,
    253, 417 – postrevolutionäre 136 –
    sozialistische 21, 84, 94, 160, 162,
    183, 200, 238, 239, 363 – im So-
    zialismus 69
Gesellschaftsbild 281
Gesellschaftsformation, neue 340 –
    sozialistisch definierte 78
Gesellschaftskritik 31, 317
Gesellschaftsordnung, bürgerliche 235
    – sozialistische 125, 229, 256, 348
Gesellschaftsprozeß 337, 341, 346 f.,
    349, 351 f., 356 ff., 366
Gesellschaftssystem 31
Gesellschaftstheorie 438
Gesetz 406
Gestaltungsformen 85
Gestaltungsprinzip 199 f.
Gestapo 221
Gewalt 429
Gewaltenteilung 437
Gewerkschaft 215
Gewissen, soziales 464
Gewissen der Regierung 331
Ghetto 221
Gleichberechtigung 176

Gleichschalten 443
Gleichnis 165
Grenze 135, 156
Großkapital 440
Gründung der DDR 52, 90
Gründung der KPD 211
Gründung zweier Separatstaaten 139
Grundlagen des Sozialismus 124
Grundlagenforschung 441
Grundhaltung, demokratische und
    sozialistische 232
Grundposition, sozialistische 35
Grundprinzipien der Theaterarbeit
    381
Gruppe Ulbricht 137
Gruppenbildung 331
Gruppenleitung 420

Halböffentlichkeit 31
Haltung, liberale 228 – subjektive 147
Handlung 232
Handschrift 48
Handwerker, proletarisierter 449
Harmonie 93
Harmonisierung 281
Hauptverwaltung Film 192
Hauptverwaltung Verlage und Buch-
    handel beim Ministerium für Kultur
    67
Heimat 203
Heimatbuch 235
Heftchenliteratur 230, 258
Heftreihe 232
Held 68, 159, 167, 174, 188, 214, 241,
    311, 324, 327, 354, 388, 404, 427,
    453, 456, 465, 431 – anarchischer
    164 – jugendlicher 33 – literari-
    scher 386 – neuer 466 – niederer
    158 – plebejischer 151, 166 – posi-
    tiver 33, 189, 233, 256, 357, 380 f.,
    465 – revolutionärer 371 – sozia-
    listischer 197 – tragischer 417
Held der Arbeit 143, 178, 356 ff.,
    360 f., 363 ff.
Heldenverehrung 167

Hermeneutik 346
Heroismus 416, 417
Herrschaft, sozialistische 195
Herrschaftsdiskurs 329
Herrschaftssicherung 127
Herrschaftssprache 330
Herrschaftsverhältnisse 211, 350, 461
Herrschende 79
Hilfestellung, sozialistische 31
Historie 148, 209, 231, 282, 289, 300
    – antike 166
HO-Laden 58
Hoffnung 160, 269, 302, 303, 309,
    333, 337, 367
Hohensalzberg 448
Honorare 61
Horizonterweiterung 296
Hörspiele 61
Humanismus 168, 305, 319 – bürger-
    licher 98, 111, 176, 183 – sozialisti-
    scher 98
Humanität 348, 371, 461
Humor 251

Ich-Ideal 382
Ich-Erzähler 68
Ich und Wir 286 ff., 291, 311
Ideale 268, 416, 432 – humanistisch-
    bürgerliche 94 – humanitäre 106 –
    kommunistische 151 – sozialisti-
    sche 208 ff.
Idee, sozialistische 395 f.
Ideengehalt 235 – sozialistischer 243
Ideengut, sozialistisches 211
Identifikation 141, 267, 270, 349, 361
Identifikationsfigur 174
Identifikationsmuster 38
Identifizierung 238
Identität 427 – nationale 450
Identitätsbezug 353, 357
Ideologen 31, 237
Ideologie 20, 30, 36, 104, 126, 306,
    313, 317, 331, 437 – bürgerliche
    107 – faschistische 193 – kapita-
    listische 247 – rigide 313

Idyllik, sozialistische 293
Imperialismus 203, 206, 442
Individualismus 32, 37, 271, 287 f.
Individualität 166, 220, 325
Individualitätsliteratur 314
Individuum 18, 22, 32, 34, 35, 69,
   166, 179, 182, 201, 223, 265, 266,
   267, 270, 271, 293, 367, 388, 406,
   426
Industrialisierung 355
Industriearbeit, sozialistische 359
Information 304 f.
Informationsethik 305, 332
Informationsvakuum 34
Infrastruktur 395, 409
Ingenieur der Seele 443
Inhalt, neuer 277
Inneres, innerstes 353 – unzerstörba-
   res 347 – wahres 349
Innerlichkeitsproblem 32
Initiative 399
Innerlichkeit, deutsche 442, 446
Instanz, politische 31
Institut für Literaturgeschichte, Leip-
   zig 112
Institut für marxistisch-leninistische
   Kulturwissenschaften 243
Institutionen, kulturelle 62
Intellektuelle 84, 369
Intelligenz 372, 392, 395
Interessen, kollektive 309, 314 f.,
   332 f. – subjektive 313 f.
Internationalismus, proletarischer 70,
   126
Interpretation 18, 149, 225, 280, 365,
   419, 440
Interpreten 282
Intershops 57
Interview 16, 19, 219, 268

Jahrmarktsfarcen 172
Jahrespläne 359
Jakobiner 109
Jargon, ideologischer 317
Journalismus 304

Journalist 248
Jugend/Jugendliche 34, 37, 202, 203,
   209, 313, 317, 322 f.
Jugendbaustelle 200
Jugendbücher 443
Jugendstrafe 310
Jugendweihe 328
Junges Ensemble 140
Junglyriker 277
17. Juni 129, 145, 178, 358, 365,
   369 f., 372, 374, 375, 377, 381,
   394, 466
Justizreform 337

Kaderakte 315
Kaderleiter 315
Kafka-Konferenz 102
Kameradenbegriff 192 f.
Kameradschaft 202
Kampagne 32
Kampf, antifaschistischer 347 – ideo-
   logischer 318 – revolutionärer 173
Kämpfer 313
Kampfgedichte 292
Kampflyrik 265
Kapital 16
Kapitalismus 85, 108, 117, 315, 318,
   319, 320, 367, 388 – bürgerlicher
   100
Kategorien, ideologische 332
Kinderbücher 61, 63, 218
Kinderliteratur 60
Kindheitserinnerung 464
Kirche, evangelische 64
Kitsch 231
Klasse 188, 438 – herrschende 48 –
   neue 156
Klassenauseinandersetzung 104, 118, 193
Klassenfeind 315
Klassenfrage 247
Klassengegner 32, 142, 169
Klassengesellschaft, kapitalistische 102
Klassenjustiz 248
Klassenkampf 100, 142, 206, 222,
   294, 347, 371, 452

Klassenposition 103
Klassenvorurteile 208
Klassik(er) 80, 82, 84, 90 ff., 97,
    103, 108, 111 f., 115, 139, 149,
    156, 159, 168, 172, 211, 259, 421,
    424 – bürgerliche 104 – marxi-
    stisch-leninistische 126 f. – neue
    162
Klassikdebatte 110
Klassikinszenierung 140
Klassikkonzept 159
Klassikkult 80
Klassikpflege 140, 144
Klassikrezeption 105
Klassikverständnis 93
Klassikzentrismus 99
Klassizismus 88
Klassizität 114
Kleinbürgerklasse 449
Kleinbürgerwelt 194
Kleist-Rezeption 113, 423
Klima, kulturpolitisches 187
Klischee 242
Kolchosarbeiter 354
Kollektiv 59, 164, 182, 265, 266, 267,
    270, 271, 287
Kollektiverfahrung 267
Kollektivierung 124, 157, 160, 161
Kollektivierungsprozeß 265
Kollektivismus 16
Kollektivität 269, 325
Kollektivschuld 446, 450, 464
Kollektivwirtschaft 217
Kombinat Schwarze Pumpe 49, 147,
    416
Komik 357
Komintern 439
Kommission für Fragen der Kultur
    195
Kommunikation 171, 238, 276, 311,
    321 – ästhetische 389 – literarische
    342
Kommunisten 36, 309, 311, 436 –
    junge 395
Kommunistische Partei 85

Kommunismus 211, 245, 324, 326,
    331, 367 – wissenschaftlicher 126
Komödie 160, 164, 172, 182 – histori-
    sche 143 – klassische 165
Kompetenzparzellen 429
Kompromisse 287
Konflikt 197, 213, 274 – gesellschaft-
    licher 323 – sozialer 322
Konfliktgestaltung 214, 227
Konfliktstoffe 213
Konfrontation 187
Kongreßbeschluß 51
Konkurrenzdruck 18
Konsequenzen, kulturpolitische 212
Konsolidierung 170
Konstruktivität 147
Konsum 433
Konsumgüterproduktion 292
Konsumniveau 171
Kontinuität 79, 85, 104, 106, 108 ff., 128
Kontinuitätsbewußtsein 90
Kontinuitätsideologie 441
Kontroversen 284
Konzept, sozialistisches 49
Konzeption, ästhetische 50 – ideologi-
    sche 198
Korrektur 268 – politische 228
Kooperation 169, 393
KPD 122
Krankheit 415
Krieg 86, 153, 202, 343, 453 – faschi-
    stischer 202 – Kalter 24, 38, 261,
    452
Kriegsbücher 453
Kriegsgewinnler 447
Kriegsnovelle 455
Kriegsromane 452
Krimi 235, 245, 246, 248, 250, 253,
    260
Kriminalroman 61, 63, 247, 250, 251,
    254, 257
Kriminalliteratur 246, 252, 254, 257,
    258, 259 – belletristische 253 –
    bürgerliche 245 – sozialistische 252
Krimi-Autor 254, 256

Kriminalfall 253
Kriminalschriftsteller 252 f.
Kriminalität 252, 254, 256
Kritik 38, 70, 80, 128, 144, 190, 196, 198, 199, 210, 242, 263, 271, 272, 283 f., 286, 290, 307, 308, 313, 325, 338, 368, 370, 464 – ästhetische 261, 281 – kollektive 244 – öffentliche 33 – parteiliche 263 – soziale 261
Kritiker 117, 136, 195, 299 – marxistischer 449 – westlicher 222
Kultur 16, 237, 363 – bürgerliche 87, 107 – proletarische 109 – sozialistische 87, 104, 107, 227, 372
Kulturanspruch 236
Kulturattaché 33
Kulturbehörde 21, 31, 41, 71
Kulturbund zur demokratischen Erneuerung Deutschlands 52, 64, 67, 90, 197, 211
Kulturbürokratie 19, 45, 49, 72, 226, 291
Kulturentwicklung 89
Kulturerbe, klassisch-bürgerlich 88, 98 – revolutionäres 104 – sozialistisches 98
Kulturfonds 60, 63
Kulturfunktionär 27, 30, 63, 65, 75, 104, 190, 250, 378
Kulturhaus 64
Kulturkonferenz 152
Kulturminister s. Minister für Kultur
Kulturniveau 236
Kulturpolitik 37, 40, 45, 49, 75, 76, 78, 83, 89 f., 97, 101, 104 f., 109, 117 f., 133, 152, 156, 171, 215, 227, 412
Kulturpolitiker 33, 47, 81, 141, 230
Kulturrevolution 230, 236, 237
Kulturtheorie, leninistische 98 – marxistische 78
Kulturtheoretiker 243, 260
Kulturwerte 84, 197, 258
Kunst 48, 88, 135, 168, 181, 185, 186, 197, 211 f., 221, 225, 232, 234, 236, 243, 259, 274, 298, 300, 342 f., 359, 385, 412 – antike 211 – bürgerliche 83
Kunst, demokratisch und sozialistisch 115, 138, 171 – klassische 176, 211 – proletarische 83
Kunstanspruch 245
Kunsterlebnis 233
Kunstfragen 168
Kunstgattung 259
Kunstproduktion 111
Kunsttheorie, klassische 94, 149
Kunstverständnis 236
Kunstwerk 91, 197
Kunst- und Kulturschaffende 227
Künstler 49, 51, 56, 178, 187, 196, 206, 300, 306, 318, 358 f., 360, 361, 422, 424, 428, 444 – fortschrittlicher 52 – sozialistischer 145, 187
Künstler des Überlebens 383
Künstlerdrama 155
Künstlerroman 423
Künstlerverbände 213
Kurs, kulturpolitischer 33, 226 – politisch-ideologischer 196
Kursänderung 292
Kurskorrektur 105, 113
Kurswechsel 22, 125, 140

Laie 56
Laienschaffen 152
Laientheater 172
Länder, sozialistische 256
Landestheater Halle 34, 150, 169
Landkommune 160
Landreform 344, 345
Landschaftsgedicht 295
Landwirtschaftliche Produktionsgenossenschaft (LPG) 59, 124, 146, 195
Latenz, Latenzgehalt 345
Leben 314, 315, 317 – kulturelles 75, 192 – neues 195 – öffentliches 330 – privates 330

Lebensbedingungen 236
Lebenshaltung 124
Lebensgefühl 47, 198, 232, 292
Lebensinhalt 316
Lebensprobleme 39
Lebenssituation 330
Lebensstandard 258, 433
Legitimationsproblematik 78
Lehrbeispiel 38
Lehre, marxistisch-leninistische 252
Lehrplan 324
Lehrstück 146 f., 150, 182, 342, 467
Lehrwert 247
Leidenschaft 373
Leihbücherei 230
Leipziger Messe 71
Leistung, kulturelle 359
Leistungsgesellschaft 219
Leistungssteigerung 354
Leiter 364, 390, 430
Leitartikel 355
Leitbilder 213, 337
Leitsätze 282
Leitung und Planung 125
Leitungsfunktionäre 51
Leitungswissenschaft 55, 284
Lektoren 21, 22, 27, 53, 61, 67, 68,
    70, 72, 219, 249
Lektoratsprozedur 68
Lenkung 376, 421
Lesebedürfnis 236
Leseeindruck 244
Lesegewohnheit 229, 235
Lesepublikum 242, 312
Leser 21, 30, 33, 34, 37, 39, 66, 221,
    236, 238, 247, 251, 256, 258, 259,
    269, 286, 287, 301, 323, 327, 341,
    369, 379, 380, 389, 464, 465 – ju-
    gendliche 38, 39
Leserbriefe 209
Leserpublikum 61
Leserschicht 28
Leseunterhaltung 259
Lesungen 39, 60, 64, 65
Liberalisierung 101, 144, 206, 283 ff.,
    292

Liberalismus 438, 442
Liberalität 318
Liebe 293 ff., 397 ff.
Liebesgedicht 294
Liebesgeschichte 329, 330
Liebesroman 229, 233, 240, 397
Lieddichtung 284
Linguistik 300
Literatur 22, 23, 254, 274, 300, 332 –
    antifaschistische 220, 451 – bürger-
    liche 83 f., 188, 340 – dokumentari-
    sche 437 – eigentliche 258 – feuil-
    letonistische 246 – institutionali-
    sierte 76 – neue 147, 232 – prole-
    tarische 83, 97 – realistische 24, 48
    – russische 48 – schöne 437 – so-
    zialistische 22, 92, 422 – sozia-
    listisch-realistische 229 – triviale
    231 – utopische 250 – utopisch-
    phantastische 246 – volkswirksame
    235
Literatur der Arbeitswelt 378 f.
Literaturadministration 283
Literaturanalysanten 67
Literaturbetrieb 17, 23, 45 ff., 71 –
    bürgerlicher 16 – staatlich organi-
    sierter 46 – staatsmonopolistischer
    76 – zentralistischer 76
Literaturbewegung, sozialistische 78
Literaturbürokratie 47
Literaturdebatten 82, 85
Literaturdiskussion 71
Literaturentwicklung 17
Literaturfunktionäre 323
Literaturgeschichte 32 f., 56, 96, 232,
    284, 435
Literaturgeschichtsschreibung 69
Literaturgesellschaft 71, 76, 260, 403
Literaturinstitute 59
Literaturinstitut Johannes R. Becher,
    Leipzig 56 f., 169, 278, 378
Literaturkritik(er) 21, 27, 54, 204,
    258, 448
Literaturlenkung 152
Literaturmarkt 241

Literaturpreise 60
Literaturproduktion 15, 16, 91, 96,
    110 f.
Literaturpyramide 241
Literaturredakteur 27
Literaturrezeption 16, 235
Literaturtheorie 78, 82, 93, 97, 104 f.,
    117
Literaturtradition 98, 109, 114, 460
Literaturumsetzung 222
Literaturverfilmung 188, 196, 208,
    211, 223
Literaturverständnis 27, 80, 88, 115
Literaturvorlage 189
Literaturwissenschaft 284
Literaturzirkel der NVA 240
Lizenz 30
Lizenzausgaben 20, 63
Lizenz der DDR, 26
Lizenzverkehr 46
Lizenzveröffentlichung 61
Lösungen, kollektive 21
Lustspiel 143
Lyrik 17, 54, 70, 82, 261 ff., 343, 462
    – junge in der DDR 264, 283
    – westliche 273, 277
Lyrikabende 262
Lyrikdebatte 263 f., 279
Lyrikdiskussion 272, 276, 279 ff.
Lyriker 36, 55, 60, 63, 74, 264, 265,
    278, 298
Lyrikpublikation 272
Lyriksprache, bürgerliche 274
Lyrikwelle 261 f., 302

Macht 178 ff., 187, 204, 213, 225,
    226, 228, 328, 331
Machtergreifung 440
Machtkämpfe, kulturpolitische 97
Machtübernahme 449
Machtverteilung 370
Magazin 17, 29
Magazinberichte 16
Maler 197, 462
Mängel, ideologische 75

Manifest der SED 93
Manuskript 20, 32, 38, 67, 72, 203
Märchen 212, 251, 429
Märchenbücher 61, 63
Märchenfilm 212
Markt 76, 272 – freier 18 – gesteuer-
    ter 60 – literarischer 272
Marktgesetze 339
Marktinteressen 19
Marktrücksichten 273
Marktwirtschaft 337
Marshallisierung 90
Marxismus 80, 210, 462
Marxismusverständnis 102
Marxismus-Leninismus 126, 127, 196,
    318, 332
Marxisten-Leninisten 128
Masse(n) 227, 268, 339
Masse der Arbeitenden 376
Masse, kleinbürgerliche 451
Massenaufklärung 227
Massenbasis 449, 452
Massenbedürfnis 238
Massengeschmack 232
Massengesellschaft 437
Masseninitiative 377
Massenkommunikation 341, 380
Massenliteratur 231, 241
Massenmanipulation 445
Massenmedien 16, 187, 237, 238, 330,
    339, 342, 379 ff.
Massenorganisationen 201, 447
Massenpartei 437
Massenproduktion 18
Massenpublikum 383
Massenresonanz 235
Massenschauspiel 152
Massensuggestion 445
Massenwirksamkeit 227, 233
Maßnahmen, kulturpolitische 18, 35,
    134
Maßstab, ästhetischer 243
Materialästhetik 85, 106
Materialismus 300, 462
Materialverbrauch 204

Mauer 57, 312, 318, 395, 408
Mauerbau 135, 154, 156, 163, 197, 230, 396
Mauerbeschriftung 36
Maxim-Gorki-Theater 140, 148, 150, 155, 169, 183
Medien/Medium 18, 39, 76, 171, 220, 254, 301, 341 f.
Mehrheit, repräsentative 52
Mehrleistung 147
Meinungsäußerung 226
Meinungsbildung 305
Meinungsstreit 171, 306
Mensch 233, 282, 286, 292, 337, 338, 343, 345, 353, 354, 355, 357, 368 – arbeitender 344 – bürgerlicher 368 – ganzer 373 – junger 36, 37 – kommunistischer 266 – neuer 15, 35, 103, 145, 195, 197, 350, 362, 366, 463, 466 – schaffender 197
Menschenbild, sozialistisches 47, 211, 222
Menschenbildung, sozialistische 234
Menschengemeinschaft 305, 420
Menschengemeinschaft, harmonische 31 – sozialistische 222, 412
Menschenrechte 35
Menschenwürde 37
Metapher 158, 163, 165, 174, 242, 466
Metropolentheater 133
Milieuschilderung 255
Militärstärke, preußische 452
Minister für Kultur 70, 72, 103, 195, 197, 367
Ministerium für Kultur 45, 69, 73, 74, 402
Ministerium für Staatssicherheit 65, 124
Ministerratsbeschluß 75 f.
Misere, deutsche 141, 442
Mißstand, bürokratischer 35
Mitdruck 30
Mittelpunktfigur 162
Mittelschicht 449

Mittelstand 440
Mode 276
Modellinszenierung 167
Moderne, avantgardistische 89
Monolog 267 – innerer 95, 257, 320 – optischer 200
Monpolbürokratie 121
Monopolwirtschaft, staatliche 125
Montage, ironische 317
Montagetechnik 96
Moral 201, 205, 247, 253, 306, 456
Morallehre 252
Moskauer Filmhochschule 214
Mühen der Ebenen 297, 327
Mundpropaganda 64
Mündigkeit, literaturpolitische 76
Muster 273
Muttermale der alten Ordnung 216
Mystifikation 445
Mythologie 173, 447
Mythos 15, 164, 165, 166, 283, 343, 352, 454, 462

Nachauflage 61, 69, 73
Nachdichtung 60, 63
Nachkriegsjahre 136, 337
Nachkriegskunst 446
Nachkriegszeit 382, 450
Nachterstedter Brief 377 f.
Nachwuchs, literarischer 20, 55, 183
Nachwuchsautoren 55
Nachwuchsregisseure 194, 213
Nation 101 – gebildete 197, 237
Nationaldichtung 168
Nationale Frage 177
Nationale Volksarmee (NVA) 203, 240, 249, 453, 454
Nationalgeschichte 450
Nationalheros 100
Nationalismus 177, 441
Nationalkomitee Freies Deutschland 459
Nationalkultur 90
Nationalliteratur 101, 196, 435 – sozialistische 435, 460

Nationalpreis 60, 62, 205
Nationalsozialismus 24, 337, 438, 440
Nationalsozialisten 189, 194
Nationenbildung 441
Natur 281 f., 343, 345, 353, 354, 355, 357, 385
Naturalismus 243
Naturgedicht 295
Nazi 210, 364, 443, 452
Nazi-Kunst 88
Nazipartei 448
Nazivergangenheit 220, 449
Nazizeit 22, 190
Nebentätigkeiten 61, 63
Netzpläne 430
Neuanfang 173 – literarischer 89
Neuaufbau 201 – kultureller 138
Neubeginn 337, 367 – gesellschaftlicher 344
Neuerer 377
Neuer Kurs 144, 191
Neues, gesellschaftlich 191
Neuerungen 164, 388, 391, 410
Neues Ökonomisches System der Planung und Leitung 125, 163, 198, 205, 403, 409, 410 ff., 424, 426, 427
Neuinterpretation 173
Neuorientierung der Literatur 105
Nichtkündbarkeit 185
Nihilismus 227
Niveau 243 – kulturelles 256 – künstlerisches 196, 211 – ökonomisches 256 – qualitatives 153, 252
Novellentradition 459
Nonkonformismus 205
Norm 331 – bürgerliche 80 – gesellschaftlich-moralische 201 – moralisch und politische 223
Normerhöhung 389, 394
Normprinzip 147
Notwendigkeit, existentielle 50 – gesellschaftliche 229
Novemberrevolution 178, 210
NS-Vergangenheit 153

Oberstes Gericht 254
Objekt 343, 355, 400
Objektivismus 188, 434
Objektivist 413
Objektivität 265, 299
Obrigkeit 225
Obrigkeitsstaat 325
Ode 275
Offenbarung, revolutionäre 281
Offensive, ideologische 32
Öffentliches 293
Öffentlichkeit 15, 17, 39, 67, 128, 129, 135, 159, 207, 216, 234, 304, 305, 332, 339, 346, 352, 353, 356, 402, 405, 407, 412, 420 – bürgerliche 338, 340 – liberale 272 – neue 379 – proletarische 337 f., 340 ff., 345, 364, 369 f., 376, 379, 383 f.
Öffentlichkeitsarbeit 157
Öffentlichkeitsstrategie 19
Öffnung, kulturpolitische 318
Okkupation der ČSSR 103, 309
Oktoberrevolution 83, 128, 148, 208, 362
Ökonomisch-kultureller Leistungsvergleich/Ökulei 64
Oper 141, 370 ff.
Opernlibretto 89, 99
Opponent 36
Opportunismus 144 f., 342, 466
Opposition 426
Optik, kleinbürgerliche 449
Optimismus 272 – historisch begründeter 47
Oranienburg 456
Ordnung 256 – neue 146 – sozialistische 196
Ordnung und Sauberkeit 325
Organisationen 59 – politische 76
Organisationsformen 15
Organisiertheit 52
Orientierungsbedürfnis 138
Originalausgaben 20
Originalität 220
Ostberliner Festtage 168

Papierknappheit 68
Parabel 102, 143, 166, 180, 287
Parodie 178, 467
Partei 15, 19, 21, 22, 30, 35, 47, 48,
  50, 51, 53, 67, 68, 71, 72, 84, 102,
  143, 190, 191, 195, 196, 197, 200,
  204, 205, 206, 217, 219, 224, 227,
  228, 243, 255, 265, 287, 298,
  304, 305, 306, 307, 309, 315, 317,
  321, 332, 338, 341, 352, 391,
  395 f., 401, 409 ff., 420 f., 431,
  441
Partei neuen Typus 123
Partei- und Staatsbürokratie 46, 121
Partei- und Staatsführung 214
Parteiaktivist 242
Parteiaktivtagungen 196
Parteianweisungen 142
Parteiapparat 73, 291
Parteiarbeit 197
Parteiausschluß 54
Parteibeschluß 51, 71
Parteibewußtsein 15
Parteibürokratie 126, 213, 227
Parteidisziplin 16, 126, 163
Parteiethik 314, 317, 325
Parteifunktionär 199, 208, 397
Parteiführung 45, 47, 48, 66, 126,
  191, 208, 211
Parteigenosse 225
Parteigeschichte 127
Parteigruppe 201
Parteihierarchie 308
Parteihochschule 239
Parteiideologie 51, 307
Parteiinstrukteur 390
2. Parteikonferenz 1952 124
Parteilehrjahr 127
Parteilichkeit 206, 211, 231, 243, 340,
  450
Parteilich-Repräsentatives 34
Parteilinie 408
Parteiliteratur 23, 211
Parteilyriker 62
Parteimitglied 406, 410, 418

Parteimoral 51, 198
Parteiorganisation 22, 54
Parteipolitik 169
Parteiräson 175
Parteischriftsteller 22
Parteischrifttum 68
Parteischule 394
Parteisekretär 204, 315
Parteispitze 151
Parteistatut 123
Parteitag der KPdSU: XX., 22, 101,
  126, 128 – XXII., 128
Parteitag der SED: III., 127 – V., 98,
  125 – VI., 263 – VII., 292 – VIII.,
  45, 72, 104, 106, 108, 110, 171,
  212, 214, 217, 236, 237, 279, 284,
  292, 306 – IX., 129, 243
Parteiverfahren 45
Parteiverlag 54
Parteiverständnis 123
Parteizeitung 465
Partisan 453
Paßgesetz 322
Passivität 271
Pathos 149
Pathos des Einzelnen 34
Periodika 74
Personenkult 22, 222, 436
Persönlichkeit 32, 214, 223, 224, 245,
  321, 429, 432, 433 – entfaltete 400
  – hochqualifizierte 411
Persönlichkeitsentwicklung 234
Persönlichkeitsideal 47
Persönlichkeitsspaltung 464
Perspektive 197, 331, 339 – gesell-
  schaftliche 206 – historische 78 –
  utopische 160
Perspektivenwechsel 312
Pflichtlektüre 354
Phantasie 112, 159, 220, 221, 224,
  225, 243, 385 – gesellschaftliche
  387 – handwerkliche 387 – poeti-
  sche 391 – produktive 392 – szeni-
  sche 158
Phantasieren 28

Phantastisches 112, 251
Philosophie, bürgerliche 206 – marxistische 56, 206 – marxistisch-leninistische 126
Plagiat 255
Plan 409, 428 ff.
Planer und Leiter 208
Planerfüllung 147
Plansoll 150
Planung und Leitung 111, 125, 169
Planungsgremium 170
Planwirtschaft 204, 213, 337 – sozialistische 121, 402
Planziffern 147
Plattform 331
Plenum des Zentralkomitees der SED
5. von 1951: 90, 94
11. von 1965: 32, 45, 48, 63, 163, 179, 203 ff., 210, 379
10. von 1969: 104
6. von 1972: 106
Poesie 268, 272, 283, 302
Poesie der Arbeit 361
Poeten 272, 284, 423 – sozialistische 270, 271
Poetenseminare 278
Poetik der Grausamkeit 445
Pointillismus 95
Politbüro 68, 127, 169, 188, 190, 195
Polit-Parabel 222
Polit-Sprache 315
Politik 49, 51, 104, 185, 209, 375
Politik des dritten Weges 103
Politiker 372 – antifaschistische 439
Politikum 19, 73, 273
Polizei 425
Popularität 234, 273
Popularisierung 84
Position, sozialistische 212, 225
Positivität 271
Postulate, kulturpolitische 46, 47
Prager Frühling 208, 395
Prager Prozesse 463
Prager Reformen 462
Pragmatiker 423

Pragmatismus 81, 256
Praxis 385 – neue gesellschaftliche 147 – literarische 233
Presse 194, 254
Preußen 178, 461
Preußenausstellung 441
Preußenlegende 459
Preußentum 441
Preußischer Durchhaltepathos 454
Privateigentum 339
Privates 290, 293
Privatheit 176, 216, 217, 285, 290
Privatinitiative 76
Privatisierung 216
Privatsphäre 215
Privatsprache 321, 322
Privilegien 141
Probleme, existentielle 216 – gesellschaftliche 216 – gestalterische 332 – realpolitische 198 – soziale 448
Produktion 121, 182, 268, 274, 323, 338, 355 f., 386 – geistige 237, 359 – künstlerische 74 – literarische 46, 279
Produktionsalltag 151
Produktionsbedingungen 47, 195, 323
Produktionsbudget 191
Produktionsdramen 356, 466
Produktionsgedichte 356
Produktionskollektiv 194
Produktionskräfte 388
Produktionsmittel 121, 339, 395 f., 426
Produktionsprozeß 338, 339, 361
Produktionsromane 356
Produktionssphäre 142
Produktionssteigerung 355, 357, 358, 363
Produktionsstücke 163, 357, 466
Produktionsverhältnis 216, 217, 338, 339 – sozialistisches 135, 162
Produktionsziffern 358
Produktivität 166, 354, 356, 400, 409 f.
Produktivkräfte 16, 85, 294, 318

Profil-Neurose 273
Prognostik 15
Programm, ideologisches 324 ff.
Projektionsfigur 33
Pro-Kopf-Verbrauch 125, 198
Proletariat 84, 208, 370
Proletarier 452, 466
Proletkult 83, 85, 87, 144
Propaganda 170, 191, 197, 311
Propagandabroschüren 437
Propagandainstrument 74
Propagandalyrik 265
Propagandasprache 323
Prosa 385 ff. – realistische 48
Protest 264, 310
Provinz 134, 168, 169, 183
Provokateure 312
Prozeß, dialektischer 20 – künstlerischer 237 – historischer 177 – revolutionärer 180
Publikationsmöglichkeiten 278
Publikationsverbot 70
Publikationswelle 25
Publikum 38, 64, 70, 118, 133, 135, 140 f., 157, 158, 170, 171, 183, 184, 200, 215, 233, 273, 323, 364 f., 367, 382, 457, 458 – bürgerliches 145 – jugendliches 142 – neues 147 – proletarisches 143
Publikumserfolg 167

Qualifikation 176, 387, 410, 433
Qualifizierung 392
Qualität der Arbeit 358
Qualität von Lyrik 277, 278
Qualitätssteigerung 151

Radio 207, 229, 342
Rahmen, ideologischer 31
Randprobleme 215
Rassenwahn 440
Rationalisierung 199
Rationalismuskritik 447
Rat für gegenseitige Wirtschaftshilfe 126

Reaktion 112 – öffentliche 33
Realchiffern 345
Realisierbarkeit 343
Realismus 86, 116, 177, 188, 225, 233, 248, 251, 272, 298, 442 – dokumentarischer 248 – klassischer 95 – sozialistischer 34, 53, 85, 87, 91 f., 95 f., 104, 116, 206, 233, 243 244, 298, 304, 305, 328, 329, 340, 341, 380, 452
Realismusauffassung 112
Realismusbegriff 109, 112 f.
Realismusdebatten 48
Realismuskonferenz 233
Realismuskonzept 146
Realismusproblem 191
Realist 375
Realität 15, 128, 144, 203, 212, 264, 268, 272, 287 f., 291, 297, 299, 416, 422 – deformierte 183 – gesellschaftliche 166, 195, 283, 320, 321 – neue 432 – ökonomische 206 – parteiliche 328 – phantastische 221 – soziale 257, 327
Realitätserkenntnis 405
Realitätsmodell 404
Realitätssinn 242
Rechtsbewußtsein 247
Rechtsvorschriften 46
Redakteure 21, 53
Redaktionskollegium 75
Redeweise, ideologische 317
Reform 174
Reform der Salzburger Festspiele 139
Reflexion 84, 264, 293, 298 ff.
Regieerfolg 166
Regiehandschrift 167
Regietheater 135
Regierung 331, 338
Regisseure 133, 134, 136, 149
Rehabilitierung 112, 246 – des Ich 264
Reife, politische 244
Reifeprozeß 278
Reim 82, 275 f.

Reinigung 245
Reinigungsliteratur 243
Reinigungsmythos 244
Reise ins Ausland 53
Reisegedicht 296
Reisegenehmigung 65
Rekonstruktion, sozialistische 239
Relevanz 32 – gesellschaftliche 66 –
    sozial-ästhetische 51
Renegaten 100, 371
Repertoire, klassisches 135
Reportage 91, 359 f.
Reportageroman 85, 453
Repräsentanz 21, 290, 323
Repression, kulturpolitische 181
Reproduktion der Arbeitskraft 238
Reproduktion 297
Republik 319, 367 – parlamentarisch-
    demokratische 122
Republikflucht 315, 322
Resignation 181, 269, 270
Restauration 83
Restaurationsperiode 105, 112
Restaurationsphase 181
Restaurationsversuche 338
Retuschen 68
Revision 104 f., 115, 173
Revisionismus 103, 127
Revolution 156, 166, 185, 310, 337,
    354 – bürgerlich-demokratische 90
    – gesellschaftliche 355 – Französi-
    sche 90 – russische 173 – soziale
    79 – sozialistische 337, 362, 365
Revolutionär 51 – neuer 198 f.
Revolutionsstück 149
Revolutionspathos 173
Revolutionsversprechen 355
Revue, dokumentarische 148
Rezeption 20 f., 24 f., 28, 30, 33, 37,
    71, 105, 110, 140, 234, 237, 272,
    279, 290, 383 – bürgerliche 118 –
    kritische 288
Rezeptionsbedingungen 323
Rezeptionserwartungen 31, 39, 70
Rezeptionsgeschichte 91 f.

Rezeptionstheorie 110 – marxistische
    82
Rezeptionsweise 273
Rezipierbarkeit 274
Rhetorik 51, 269
Rohmaterial 106
Rollenlyrik 373
Rollentausch 376
Rollenverhalten 216
Roman 19, 23, 95, 229, 230, 233, 254,
    323, 386, 446, 448 – autobiogra-
    phischer 208, 450 – klassisch-reali-
    stischer 96 – moderner 464 – psy-
    chologischer 210 – spannender
    229
Romankunst 93
Romanstruktur 404
Romansujet 28
Romanverarbeitung 457
Romanvorlage 187, 189, 192
Romanwerk, sozialistisches 253
Roman-Zeitung 259
Romantik 96 f., 112 ff., 119 – neue
    162
Romantikkritik 96
Rote Armee 221
Rückkoppelungseffekt 113 f.
Rundfunk/Funk 17, 18, 29, 138, 219,
    342, 379
Rußland 453, 459 – stalinistisches
    436

Sabogent 249
Sabotage 400
Saboteur 249, 389, 391
Sachlichkeit 237 – neue 215
Sachwalter des Menschlichen 15
Sanktionen 422
Saubere Leinwand 205

Schelmenroman 456
Schichtarbeiter 236
Schlager 276, 293
Schlußakte von Helsinki 35
Schmierentheater 153

Schmöker 230
Schreiben 50, 290, 305, 352
Schreibprobleme 30
Schreibprozesse 47
Schreibweise 305
Schreibweise, moderne 320
Schreibweise, realistische 233, 375
Schriftsteller 45, 46, 47, 48, 49 f., 52, 59, 60, 66, 71, 72, 76, 77, 196, 197, 219, 249, 253, 257, 318, 340, 360, 372, 394, 436 – emigrierter 46 – proletarisch-revolutionärer 83, 183 – sozialistischer 41 – verfemter 18
Schriftsteller der DDR 446
Schriftstellerbewußtsein 16, 51
Schriftstellergeneration 22
Schriftstellergeneration, junge 23, 41, 57, 59
Schriftstellergeneration, neue 448
Schriftstellerprobleme 30
Schriftstellertätigkeit 50
Schriftstellerverband 15, 18, 46, 51, 52 ff., 60, 62, 64, 181, 377
Schriftstellerviten 15
Schriftstellerei 48
Schriftstellerkongreß – IV. 1956: 92, 145, 155, 351, 375, 377, 383, 453 – VI. 1969: 32, 37, 68, 69, 270, 283, 297 – VII. 1973: 241, 463
Schubladendramatik 135
Schuld der Väter 464
Schuldproblem 451
Schulreform 337
Schmutz-und-Schund-Literatur 230, 231
Schund 247, 248
Schundroman 247
Schwarz-Weiß-Denken 311, 315
SED 49, 54, 98, 109, 123, 126, 152, 171, 199, 395 f., 420, 465 – Ausschluß 129 – Bezirksleitung 73 – Führung 45, 47, 66, 69, 103, 125, 127, 187, 189, 190, 192, 195 – Funktionäre 70, 188, 196 – Ideologien 51 – Kulturpolitik 71 – Mit-

glied 320 – Parolen 318 – Parteihochschule 120 – Parteiorganisation d. Schriftstellerverbandes 53 – Zeitung 204 – Abteilung Kultur des ZK der SED 196
Sein, gesellschaftliches 247
Sektion Dichtung und Sprachpflege 262
Selbstartikulation 378
Selbstbefreiung, künstlerische 45
Selbstbehauptung 181, 365
Selbstbestimmung 331, 393
Selbstbewußtsein 19, 76, 80, 156, 261, 421
Selbstdarstellung 49
Selbstentfaltung 393
Selbstentfremdung 368
Selbstentwicklung 392
Selbsterfahrung 361
Selbsterkenntnis 446
Selbstfindung 21, 304, 346, 432
Selbstfindungsprozeß 214
Selbstgewinn 397
Selbstgewißheit 300
Selbsthilfe 285
Selbstinszenierung 19
Selbstkritik 31, 75, 144, 151, 206, 207, 278
Selbstorganisation 421
Selbstreflexion 300
Selbsttätigkeit 429
Selbstverlust 397
Selbstverständnis 65, 291, 304, 305 – marxistisches 79 – sozialistisches 51, 385 ff.
Selbstverwaltungsorgane 120
Selbstverwirklichung 174, 184, 217, 266, 371, 432
Selbstzensur 184
Selbstzweifel 300
Sendungsbewußtsein 286
Sender, westliche 57
Sensibilität, neue 291, 295
Serienheld 250
Sicherheit, soziale 76

Siebenjahrplan 124
Siegerstaaten, westliche 137
Singebewegung 279, 318
Sittlichkeit 244
Situation, gesellschaftliche 46, 332 –
sprachliche 332
Soldatenlied 374
Solidarisierung 35, 367, 272
Solidarität 287, 306, 406, 408, 422 –
gesellschaftliche 295 – internatio-
nale 191 – künstlerische 71
Sonett 92, 275, 294
Souveränität 290
Sowjetbotschafter 70
Sowjetunion 83, 90, 139, 256, 337
Sowjetische Militärverwaltung 123,
136
Sowjetische Streitkräfte 122
Sowjetisch Besetzte Zone 337, 347
Sozialisation 382
Sozialdemokratismus 123, 129
Sozialisierung 121
Sozialismus 15, 16, 19, 23, 74, 85, 101,
108, 118, 160, 165, 166, 171, 183,
187, 194, 197, 205, 206, 209, 216,
217, 222, 227, 228, 231, 233, 236,
237, 238 f., 245, 252, 262, 274,
291, 303, 309, 311, 315, 316,
318 ff., 325 f., 389, 396, 398 ff.,
407 f. – entwickelter 292 – radikal-
demokratischer 81 – realer 313,
323, 327, 328, 332, 426 – real exi-
stierender 120 ff., 166, 176, 216,
338, 339, 423 – wissenschaftl. 120
Sozialist 76, 262, 286, 311, 375
Sozialistengesetz 189
Sozialistische Deutsche Nationaltheater 156
Sozialistischer Biedermeier 293
Spanischer Bürgerkrieg 311, 458
Spannung 245, 247
Spannungsliteratur 247
Spannungsroman 247
Spezialisten 430
Spezialistentum 400

Spiel 373
Spieler 376
Spielplan 134, 150, 151, 184
Spielplandisposition 144
Sprache 48, 272, 273, 274, 287, 326,
328
Sprachexperiment 272
Sprachgefühl 277
Sprachkritik 309
Sprachkultur 238
Sprachreflexion 300
Sprachregelung 304, 306
Sprachverfahren 28
Spruchband 437
Staat 19, 36, 41, 46, 49, 66, 181, 204,
227, 268, 287, 308, 310, 312, 313,
314, 315, 316, 318, 320, 338, 339,
385, 391, 401, 406 f., 411, 420
Staatsautor 51
Staatsautorität 310, 317
Staatsbürgerschaft 20
Staatsbürokratie 125, 213
Staatseigentum 121
Staatsethik 326
Staatsfunktionär 50
Staatsgrenze 312
Staatsgründung 178
Staatsmacht 22, 37, 256, 312
Staatsmonopol 45
Staatssicherheit 331, 425
Stachanow-Bewegung 356
Städtische Bühnen Düsseldorf 137
Stärkung des Ichs 326
Stalinismus 436, 437, 438
Standort, gesellschaftlicher 21
Standpunkt 280
Standpunkt, sozialistischer 219
Starautor 61
Stereotypen, ideologische 329
Stimme des Volkes 373
Stipendium 53, 278, 378
Stoff 215, 240
Stoff, historischer 141
Stoff, klassischer 189
Stoff, mythischer 63

Stoffbearbeitung 60, 63
Strafrechtsänderungsgesetz 46
Strategie des Überlebens 28
Strategie, kulturpolitische 52
Streitgespräch 280
Struktur, ästhetische 405
Stückeabsetzung 134
Stücke, bürgerliche 144
Stückwettbewerb 150
Studentenbewegung 385
Sturm und Drang 92, 156, 174
Subjekt 266, 267, 269, 281, 286 f.,
    324, 325, 343, 355, 386, 400, 409
    – befreites 266
Subjekt, künstlerisches 21, 52, 175
Subjekt der Geschichte 51
Subjektivität 113, 264, 265, 266, 273,
    285, 288, 291, 385 ff., 395 ff.,
    410 f., 413, 420, 423 f., 431 f.
Subjektivität, ästhetische 434
Subjektivität, literarische 394
Subjektivität, neue 264
Subventionen 145
Surrealismus 445
Symbol 102, 103, 242, 345, 346, 347,
    351, 352, 353, 446
Symbolik 451
Symbolik, mystische 210
Systeme, politische 15
Szenarien – DEFA-Szenarien 61 –
    Film-Szenarien 63, 67

Tabu 135, 171, 204, 306, 372, 437,
    467
Täterpersönlichkeit 255
Tag des freien Buches 64
V. Tagung des ZK der SED 141
Talent(e) 242, 261, 279
Taschenbuch 33, 244
Taschenbuchausgabe 28, 38
Taschenbuchreihe/serie 23, 40
Tatsachenroman 247
Tauwetter 195
Tauwetterperioden 227
Teilung, deutsche 47

Tendenzen 345 – sektiererische 152
Tendenzstück 143
Terminologie, ideologische 313
Terror, faschistischer 194
Text 309
Theater 60, 62, 134, 237, 342, 446,
    457 – agitatorisches 140 – dialekti-
    sches 150 – didaktisches 146, 150,
    152 – episches 143, 146, 149, 156
    – sozialistisches 133, 140, 144
Theaterarbeit 133 ff.
Theaterästhetik 139
Theateraufführungen 215
Theaterentwicklung 148
Theaterereignis 158
Theaterkritik(er) 34, 173
Theaterkunst 133 f.
Theaterleute 136 f., 139
Theaterpolitik 144
Theaterpraxis 87
Theaterverständnis 140
Theater am Schiffbauerdamm 137,
    139, 153 f., 456 f.
Theater der Bergarbeiter 150
Theater des jüdischen Kulturbundes
    137
Theater in der Scala 144
Thematik 291 – erotische 295
Themen 51, 240, 291 ff.
Theorie 436 – ästhetische 80 – forma-
    le 438
Theoriebildung 436
Theorieentwürfe 78
Theoretiker 80, 118, 279, 285
These 253
Toleranz 168, 228
Totalitarismus 437, 439
Tradition 17, 78 ff., 86, 96, 105 f., 107,
    108, 115 ff., 133, 222, 246, 248,
    285, 353, 382, 444 – antifaschisti-
    sche 435 – bürgerlich-humanisti-
    sche 138 – bürgerlich-realistische
    140 – klassische 138 – kulturrevo-
    lutionäre 80 – proletarisch-revolu-
    tionäre 91, 108, 146

Traditionalismus 80, 86 ff., 107, 274
Traditionalisten 93
Traditionsbewußtsein 81
Traditionsbezug 114
Traditionslinie 98, 285
Traditionspflege 109
Traditionsschwund 263
Traditionsverhältnis 81
Traditionsverständnis 79, 105
Tragödie 164, 182
Tragödie der bürgerlichen Kultur 442
Traktorenlyrik 261
Trauerarbeit 382 f.
Träume 230
Treue 202
Triebkräfte 409 – neue 410
Trivialerbe 229, 231
Trivialkitsch 240
Trivialliteratur 231, 429
Trivialmuster 239, 243
Trivialroman 330, 431
Trümmerlyrik 447

Überaufgabe 140
Überbau, ideologischer 126
Übereinstimmung 350
Übergangsdiktatur 436
Übergangserscheinung 236
Übergangsphase 331, 421
Übergangsproblem 274
Überholen ohne einzuholen 171
Überlegenheit 278
Übersetzungen 60, 63, 259
Übersiedlung des Autors 20
Überzeugung 207
UdSSR 85, 97, 115, 120 f.
Umarbeitung 381 f.
Umbruch 161, 345
Umbruchsituation 174
Umerziehung 455
Umgestaltung, sozialistische 135, 143
Umorientierung 140, 149
Umwälzung 160, 337 – gesellschaftliche 156, 369, 374 – soziale 179 f., 185 – sozialistische 366

Unionskongreß der Schriftsteller 85
Unmittelbarkeit 94
Unruhen in Polen 152
Unterdrückung 372
Unterhaltung, sozialistische 236
Unterhaltungsautor 29
Unterhaltungsbedürfnis 138
Unterhaltungsfaktoren 236
Unterhaltungsfilm 218
Unterhaltungskomödie 183
Unterhaltungskunst 236
Unterhaltungslektüre, sozialistische 231
Unterhaltungsliteratur 229 ff. – bürgerliche 235
Unterhaltungsschriftsteller 234, 247
Unterhaltungswert 224, 247
Unterlegenheit 277
Unterrichtssystem 141
Untertanengeist, preußischer 466
Utopien 106, 259, 264, 266, 302 – negative 439

Vätergeneration 447
Vaterland 140, 202 f. – sozialistisches 136
Vater-Sohn-Konflikt 310
Veränderung 274 – der Menschen 267 – gesellschaftliche 274 – qualitative 292 – revolutionäre 217
Verantwortung, gesellschaftliche 166 – geschichtliche 311 – künstlerische 48 – moralische 48 – persönliche 47 – volkswirtschaftliche 151
Verband/Verbände 59, 63, 69
Verbandsausschluß 54
Verbandsfunktionär 55
Verband der Film- und Fernsehschaffenden 226
Verband der Theaterschaffenden 177
Verbindlichkeit 278, 290
Verbrechenslehre 252
Verbreitung 30, 54
Verbreitungssystem 273
Verbrüderung 271

Verbürgerlichungstendenz 255
Verdikt 37
Verdinglichung 22
Verdrängung 270
Vereinnahmung 19
Vereinigungsparteitag 123
Vereinzelung 269
Verfahrensweisen, literarische 102
Verfallszeit, imperialistische 246
Verfassung der DDR 122, 125
Verfilmung 17, 38, 203
Verfremdung, futuristische 198
Verfügungen, kulturpolitische 139
Verfügungsgewalt 331
Vergangenheit 177, 310, 359, 435 –
   antifaschistische 213 – faschisti-
   sche 192, 350 – jüngste 224 – kul-
   turelle 78 – nationale 177 – unerle-
   digte 449
Vergesellschaftung 337, 386, 395 ff.,
   399 f., 403, 423, 425
Vergnügungsindustrie, kapitalistische
   233
Verhaltensmuster 320
Verhaltensregulative 431
Verhältnisse 350 – gesellschaftliche
   217 – soziale 147
Verkaufserfolg 39
Verkaufszahlen 234
Verlage 25 f., 52, 54, 58, 60, 67, 72,
   219, 237, 250, 342
Verlagsapparat 66
Verlagsfunktionäre 53
Verlagsgutachten 61
Verlagsleiter 62, 67, 69
Verlagszensur 45
Verlags- und Druckprozedur 67
Vermittlung 178, 269, 346, 351
   – ästhetische 268, 300
Vermittlungsleistung 343
Vermittlungsversuche 268
Versagen und Bewährung 239
Verschwörung 406
Verstaatlichung 121, 161, 339, 386,
   389 f., 411, 424, 425, 426

Verstand 373
Verständlichkeit 273
Verstehbarkeit 273 f.
Vertrauenskrise 420
Vertriebssystem 273
Verweigerung 19, 174, 270, 322
Verweisung, utopische 344
Verwertbarkeit, ideologische 75
Verwirklichung, kulturpolitische 88
Visum/Visa 54, 65 f., 263, 302
Volk 195 f., 228, 307 ff., 331, 337,
   350, 353, 367, 372, 382, 391, 437,
   361
Volksaussprache 129
Volksbühne 137 f., 145, 148, 151, 160,
   171 ff., 175, 177, 181 f.
Volkseigener Betrieb (VEB) 143, 146,
   182, 249
Volkseigene Güter (VEG) 124
Volkseigentum 124
Volksempfinden, gesundes 466
Volkserzieher 257
Volksfront 86, 451
Volksfrontliteratur 52
Volkskammer 203
Volkskorrespondenten 376 f., 379
Volkskunst, sozialistische 152
Volkslied 276, 373 f.
Volksmassen 234
Volkspolizei 249, 250, 257
Volkstheater 171 – romanisches 158
Volkston 277
Volkstümlichkeit 87, 140, 233, 234,
   273
Volksverbundenheit 234, 243, 341
Volksweisheiten 318
Vollstrecker 176
Vollstreckertheorie 93, 106, 111
Vorabdrucke 16, 74
Voraussetzung, geschichtliche 49 – ge-
   sellschaftliche 21
Vorbild 33, 92 f., 198, 310, 388 f., 393,
   404 – sozialistisches 69
Vorbildcharakter 153
Vorbildfigur 33

Vorbildhaftigkeit 239
Vorbildliteratur 61
Vorgaben, gesellschaftliche 133 – kulturpolitische 133
Vorgeschichte 108, 166
Vorlage 165, 203 – literarische 188, 192, 208, 211, 218, 223, 224
Vormärz 109, 174
Vor-Schein 342 ff., 353, 356
Vorurteile 259
Vorwärtsentwicklung 317

Wachsamkeit, ideologische 127
Wahlverwandtschaften, sozialistische 419
Wahrheit 15, 19, 20, 165, 191, 221, 277, 284, 288, 290, 293, 303, 307, 349, 371, 376, 456 – gesellschaftliche 137
Wahrheitsanspruch 330, 331, 332
Wahrheitsfindung 413
Wahrheitsfrage 31
Wahrheitsgehalt 102
Wahrheitssuche 270, 299, 303
Wahrnehmungen 290
Währungsreform 139
Wandel 344
Wandlung 36, 349, 350, 368, 454 ff.
Wandlungsliteratur 443
Wandlungsthema 465
Warenzirkulation 16
Warschauer Ghetto 459
Warschauer Pakt 122, 208, 209
Wechselwirkung 135
Weg, sozialistischer 106
Weg zum Sozialismus 123
Wegwerfkunst 279
Wegwerfliteratur 258, 259
Weimar 97
Weimarer Klassik 80
Weimarer Republik 52, 83, 144, 248, 366, 448
Weisheit des Volkes 375
Weiterbildung 176
Welt, neue 145 – kapitalistische 237

Weltanschauung 281, 313 – sozialistische 208
Weltkongreß der revolutionären Literatur 85
Weltliteratur 55, 243
Weltniveau 72
Weltrevolution 440
Weltveränderung 294
Wende, ökonomische 212 – wirkliche 213, 214, 217
Werktätige 47, 196, 227, 233, 235, 237, 250, 279, 338
Werte, emotionelle 292 – humane 333 – kulturelle 79
Wertsphäre 18
Wertsystem 16, 29, 318, 319, 332 – politisches 314 – sozialistisches 305
Wertvorstellungen 311
Westmedien 46
Widersprüche 175, 179, 308, 356, 411, 427, 433 – der Gesellschaft 47
Widersprüchlichkeit 106, 288 – dialektische 200
Widerspiegelung 248
Widerstand 452, 458, 459
Widerstandsbericht 451
Widerstandsbewegung 456
Widerstandsdramen 456
Widerstandskämpfer 190
Widerstandleistende 456
Widerstandsroman 451
Wiederanfang d. Theaters 137
Wiederaufrüstung 148
Wilhelminisches Deutschland 366
Wilhelminisches Reich 86
Wirkliches 343
Wirklichkeit 15, 21, 31 f., 38, 51, 60, 66, 86 f., 94 f., 102, 160, 170, 171, 197, 205, 213, 220, 221, 227, 245, 250, 271, 274, 288, 304, 332, 337, 338, 340, 343, 345, 346, 348, 349, 351, 353, 359, 360, 379, 386, 412, 415, 425, 426, 432, 434, 435 – industrielle 150 – kapitalistische 347

– neue 142 f., 367 – soziale 243 –
sozialistische 348 ff., 356 – verän-
derte 195
Wirklichkeitsaneignung 69
Wirklichkeitsbeziehung 103
Wirklichkeitserfahrung 261
Wirklichkeitserkundung 261
Wirklichkeitsspektrum 328
Wirkung 18, 36, 37, 38, 206, 347
Wirkungsbegriff 179
Wirkungsgeschichte 15
Wirtschaft, sozialistische 453
Wirtschaftseffektivierung 410
Wirtschaftsentwicklung 409
Wirtschaftsmaßnahmen 124
Wirtschaftspartisan 430
Wirtschaftsplan 363
Wirtschaftspolitik 212
Wirtschaftsprozeß 427
Wirtschaftswachstum 420
Wirtschaftswunder, westdeutsches
194 f.
Wissenschaft, bürgerliche 231
Wissenschaftler 428 – bürgerliche 78
Wunschbild 321

Zeit, neue 350, 362
Zeitdramatik 134, 153, 169
Zeitgeschichte 451
Zeitschrift 52, 58, 74, 263, 379
Zeitstück 139, 142, 149, 169 – sozia-
listisches 143, 152
Zeittheater 134
Zeitwende 454
Zeitung 229, 254, 379
Zensor 67, 219, 454 – innerer 66
Zensur 77, 185, 227, 327
Zensurbehörde 70
Zensureingriffe 171
Zensurpraxis 66, 68

Zentrale Parteikontrollkommission
124
Zentralinstitut für Literaturgeschichte
235
Zentralismus, demokratischer 308
Zentralkomitee 70
Zentralkomiteemitglied 51
Zentralverwaltung 409
Zentralverwaltungswirtschaft 400
Zerstörung der deutschen Literatur
442
Zerstörung der Vernunft 442
Ziel 269 – kulturpolitisches 203
Zielsetzung, politisch-ideologische 187
Zirkel 54, 56, 59, 378
Zirkelleiter 63 – literarischer 55
Zivilisationsliteraten 444
Zonendeutschland 139
Zugang 196
Zugeständnisse 287
Zukunft 47, 266 – bessere 81, 142,
208 – friedliche 190
Zukunftsbild 344
Zürcher Schauspielensemble 138
Zürcher Schauspielhaus 137, 144
Zusammenarbeit, internationale 198 –
kollektive 256
Zusammenbruch 337
Zusammenhang, politischer 39
Zuschauer 33, 140, 143, 158, 174,
191, 200, 206, 207, 214, 225, 364,
365, 376, 380
Zuschauerzahlen 157
Zuschauerverhalten 382
Zu-sich-selber-Kommen 368 f., 397
Zu-Wort-Kommen 341, 370, 373
Zwangsherrschaft 438
Zwangslager 438
Zweckoptimismus 145
Zweijahresplan 124, 359

Die Autoren

Hans Drawe: geb. 1942, Hörspielregisseur beim Hessischen Rundfunk. 1970 Flucht in die Bundesrepublik. Davor Studium am Literaturinstitut ›Johannes R. Becher‹; Dramaturg, Szenarist und Regisseur im Studio für Kurzfilme bei der DEFA, Babelsberg. Mitarbeiter an der Deutschen Hochschule für Film-Kunst, Babelsberg. In der Bundesrepublik Drehbücher: ›Gelegenheitsarbeit einer Sklavin‹ (Drehbuchmitarbeit bei Alexander Kluge); ›Car-napping‹ (Drehbuchmitarbeit); ›Ein Mädchen aus zweiter Hand‹ (Bundesförderungsprämie), ›Fluchtgedanken‹ (Fernsehspiel), ›Kopfstand. Eine Geschichte‹ (Prosa).

Bernhard Greiner: geb. 1943, Dr. phil., Prof. für Neuere deutsche Literaturgeschichte an der Universität Freiburg. Veröffentlichungen: ›Friedrich Nietzsche: Versuch und Versuchung in seinen Aphorismen‹ (1972), ›Von der Allegorie zur Idylle: Die Literatur der Arbeitswelt in der DDR‹ (1974), ›Welttheater als Montage. Wirklichkeitsdarstellung und Leserbezug in romantischer und moderner Literatur‹ (1977); Aufsätze in Zeitschriften und Sammelbänden zur Literatur des 20. Jahrhunderts, insbesondere zur DDR-Literatur.

Harald Hartung: geb. 1932, Prof. für Deutsche Sprache und Literatur an der TU Berlin. Veröffentlichungen: ›Experimentelle Literatur und Konkrete Poesie‹ (1975), ›Literatur Realität Erfahrung.‹ Literarisches Arbeitsbuch (1977); Herausgeber von ›Jahrbuch der Lyrik I‹ (1979), ›M. Hamburger: Literarische Erfahrungen‹ (1981), ›Vom Naturalismus bis zur Jahrhundertmitte. Gedichte und Interpretationen‹ (1983); literarische Arbeiten (vier Gedichtbände), Essays und Literaturkritiken.

Heinz Hillmann: geb. 1934, Dr. phil., Prof. für Neuere deutsche Literatur an der Universität Hamburg. Veröffentlichungen über Kafka (1964), Bildlichkeit der Romantik (1971), Alltagsphantasie und dichterische Phantasie (1977); Aufsätze über Aufklärung, Romantik, Realismus, Kafka, Rezeptionsverhalten.

Manfred Jäger: geb. 1934, freier Publizist und Lehrbeauftragter für DDR-Literatur an der Universität Essen. Veröffentlichungen: ›Kann Literatur die Gesellschaft verändern?‹ (1970), ›Sozialliteraten. Funktion und Selbstverständnis der Schriftsteller in der DDR‹ (1973), ›Kultur und Politik in der DDR. Ein historischer Abriß‹ (1982). Zahlreiche Aufsätze in literaturwissenschaftlichen und kulturpolitischen Sammelwerken, Fachzeitschriften und Lexika, Rundfunkessays und Literaturkritiken.

Heinrich Küntzel: geb. 1933, Dr. phil. Veröffentlichungen: ›Essay und Aufklärung. Zum Ursprung einer originellen deutschen Prosa im 18. Jahrhundert‹ (1969); zahlreiche literaturwissenschaftliche Aufsätze, vor allem zur DDR-Literatur.

Karl Robert Mandelkow: geb. 1926, Dr. phil., Prof. für Literaturwissenschaft an der Universität Hamburg. Veröffentlichungen: ›Hermann Brochs Romantrilogie *Die Schlafwandler.* Gestaltung und Reflexion im modernen deutschen Roman‹ (1962; [2]1975), ›Briefe von und an Goethe. Hamburger Ausgabe‹ (6 Bde., 1962–1969), ›Goethe im Urteil seiner Kritiker. Dokumente zur Wirkungsgeschichte Goethes in Deutschland‹ (bisher 3 Bde., 1975–1979), ›Orpheus und Maschine. Acht literaturwissenschaftliche Arbeiten‹ (1976), ›Goethe in Deutschland. Rezeptionsgeschichte eines Klassikers. Band I 1773–1918‹ (1980), ›Neues Handbuch der Literaturwissenschaft. Band 14. Europäische Romantik I‹ (1982). Herausgeber der Reihe ›Wirkung der Literatur‹; Vorsitzender der Göttinger Akademiekommission für das ›Goethe-Wörterbuch‹.

Peter Lübbe: geb. 1930, Dr. phil., Publizist. Veröffentlichungen: ›Das Revolutionserlebnis im Werk von B. Traven‹ (1965); ›Der staatlich etablierte Sozialismus. Zur Kritik des staatsmonopolistischen Sozialismus‹ (1975), ›Kommunismus und Sozialdemokratie. Eine Streitschrift‹ (1978); ›Kulturelle Auslandsbeziehungen der DDR. Das Beispiel Finnland‹ (1981); Herausgeber von ›Kautsky gegen Lenin‹ (1981).

Otto Riewoldt: geb. 1950, Dr. phil., freier Journalist in Bonn. Veröffentlichungen: ›Von Zuckmayer bis Kroetz. Die Rezeption westdeutscher Theaterstücke durch Kritik und Wissenschaft in der DDR‹ (1978), ›Franz Xaver Kroetz. Materialien‹ (1983), Herausgeber von ›Deutsche Literaturgeschichte. Zwanzigstes Jahrhundert‹ (1981); Aufsätze u. a. zu Rolf Hochhuth, Wolfgang Bauer (1978), Georg Hermann, Wolf Biermann (1980), Georg Büchner (1981), Theater und Kino in der DDR (1977 bzw. 1978), Nachkriegsliteratur bzw. Theater und Dramatik der siebziger Jahre in der Bundesrepublik (1981); Rezensionen, Featurebeiträge für Presse, Funk, Fernsehen.

Hans-Jürgen Schmitt: geb. 1938, Dr. phil., Verlagslektor in Hamburg. Veröffentlichungen: Herausgeber und Beiträger ›Die Expressionismusdebatte. Materialien zu einer marxistischen Realismuskonzeption‹ (1973, 1976), ›Romantik I u. II. Die deutsche Literatur‹ (1974), ›Sozialistische Realismuskonzeptionen. Dokumente zum I. Allunionskongreß der Sowjetschriftsteller‹ (1974), ›Einführung in Theorie, Geschichte und Funktion der DDR-Literatur‹ (1975), ›Der Streit mit Georg Lukács. Kontroverse. Dialog und Wirkung heute‹ (1978); vier Anthologien von DDR-Autoren, Aufsätze u.a. über literarische Produktionsbedingungen und DDR-Literatur sowie Mitherausgeber der Reihe ›Die deutsche Literatur. Ein Abriß in Text und Darstellung‹. 16 Bände (1974 ff.).

Inhaltsverzeichnis

Vorbemerkung 7

Einleitung 13

Hans-Jürgen Schmitt

Von den ›Mutmaßungen‹ zu den ›Neuen Leiden‹. Zur Wirkungsgeschichte der DDR-Literatur 15

I   Die Öffentlichkeit der DDR-Literatur in der Bundesrepublik 15
1. Die Vereinnahmung 15
2. Die neue Präsenz 17
3. Der Autor ist die Botschaft 19
II Zögernder Nachwuchs – zaghafte Rezeption 20
1. Literarische Anerkennung durch engagiertes Schreiben 20
2. ›Vom schweren Anfang‹ der fünfziger Jahre 22
3. Die zaghafte Rezeption der sechziger Jahre 24
III Wer verlegt welche Autoren? 25
1. Die deutschsprachigen Verlage und ihre Autoren 25
2. Die ›erfolgreichen‹ Autoren 28
IV Verzögerte und spontane Aufnahme der Literatur: Vergleich
zwischen DDR und Bundesrepublik 29
1. Die Rezeption von ›Nachdenken über Christa T.‹ 30
2. Die Rezeption von ›Die neuen Leiden des jungen W.‹ 33
3. Ausgelagerte Literatur: Biermann und Kunze 35
4. Phasen und Faktoren der Erfolge. Ein Resümee 39
V   Ausblick 40

Erster Teil
Literatur und Politik im Sozialismus 43

Hans-Jürgen Schmitt

Literaturbetrieb als Staatsmonopol 45

Wie die Literaturbürokratie agiert   45

I   Die neue Rolle des Autors   47
     1. Erziehung durch Literatur   47
     2. Wer ist ein Schriftsteller und was macht den Schriftsteller aus?   49
     3. Die ›Organisiertheit‹ der Schriftsteller, ihre Institutionen, ihre Zeitschriften und Verlage   52 – Der Schriftstellerverband   52 – Der Bitterfelder Weg   56 – Literaturinstitut Johannes R. Becher   56

II   Lebens- und Schaffensbedingungen   57
     1. Wohnort: Berlin   57
     2. Wovon sie leben; der gesteuerte Markt   60
     3. Lesungen   64
     4. Reisen   65

III   Die Verlags- und Zensurpraxis   66
     1. Die gebremste Operativität der Literatur   66
     2. Die Bedeutung des VEB Hinstorff Verlags unter Konrad Reich und Kurt Batt   71
     3. Die Zeitschrift ›Sinn und Form‹ unter Peter Huchel und unter Wilhelm Girnus   74
     Die Chance des DDR-Autors   76

Karl Robert Mandelkow

Die literarische und kulturpolitische Bedeutung des Erbes   78

I   Zur Vorgeschichte des Erbeverständnisses in der DDR   81
     1. Franz Mehring   81
     2. Anfänge der Erbediskussion in der Sowjetunion   83
     3. Erbekonzeption im ›Bund proletarisch-revolutionärer Schriftsteller‹ und Erbedebatten im Exil   84

II   Die Erbetheorie in der Aufbauphase der DDR. Becher, Abusch und das klassische Erbe   89

III   Georg Lukács   92

IV   Weimar und Bitterfeld   97

V   Die ›Faustus‹-Debatte   99

VI   Das verweigerte Erbe: Franz Kafka   101

VII   Revisionen der Erbeauffassung nach 1970   104

1. Die Kurskorrektur des VIII. Parteitages der SED 1971   104
2. Die Dialektik von Kontinuität und Diskontinuität   108
3. Das neue Erbe: Die deutsche Romantik   112
4. Die Entdeckung der Avantgarde   115
VIII   Ausblick   116

Peter Lübbe

›Real existierender Sozialismus‹ in der DDR   120

I   Marx und die Struktur des ›real existierenden Sozialismus‹   120
II   Grundbestimmungen des ›real existierenden Sozialismus‹   122
     1. Ausgangslage   122
     2. Wirtschaftsmaßnahmen – Wirtschaftsleistungen   124
III Ideologie im ›real existierenden Sozialismus‹   126
     Kritik und Öffentlichkeit in der DDR   128

Zweiter Teil
Gattungen, Publikum und Institutionen   131

Otto F. Riewoldt

Theaterarbeit. Über den Wirkungszusammenhang von Bühne, Dramatik, Kulturpolitik und Publikum   133

I   Theater für ein neues Deutschland   136
     1. Wiederanfang in Trümmern   137
     2. Rückkehr Bertolt Brechts   138
     3. Stanislawski-Rezeption   139
     4. Streitpunkt Geschichte   140
     5. Neue Wirklichkeit als Bühnenstoff: Friedrich Wolf, Erwin Strittmatter   142
     6. Theaterpolitik zwischen Dogmatismus und Opportunismus   144
II   Theater für eine neue Gesellschaft   145
     1. Didaktische Versuche: Helmut Baierl, Heiner Müller   146
     2. Peter Hacks   148
     3. Arbeit mit Klassikern: Wolfgang Langhoff   149

4. Auseinandersetzungen: ›Die Sorgen und die Macht‹ von Peter Hacks 150

5. ›Bitterfelder Weg‹ und sozialistisches Zeitstück 152

6. ›Berliner Ensemble‹ nach Brecht: Peter Palitzsch, Manfred Wekwerth 153

7. Autor ohne Bühne: Alfred Matusche 155

III Theater nach der Revolution 156

1. Antizipatorisches Theater: Die Erfolgsinszenierungen Benno Bessons 157

2. Klassik-Konzept und Gegenwartsthema 159

3. Peter Hacks ›Moritz Tassow‹; Hartmut Lange ›Marski‹; Heiner Müller ›Die Umsiedlerin‹ 160

4. Heiner Müller ›Der Bau‹, Volker Braun ›Kipper Paul Bauch‹: Dramatik des Nichtgenügens 162

5. Antike-Rezeption 164

6. Krise am ›Berliner Ensemble‹, Regieerfolge am ›Deutschen Theater‹ 166

7. ›Sozialistische Gemeinschaftsarbeit‹ in der Provinz: Kooperation zwischen Autoren und Bühnen 169

IV Theater als Medium öffentlicher Auseinandersetzung 170

1. Die ›Volksbühne‹ unter Benno Besson 171

2. Neuanfang am ›Berliner Ensemble‹. Heiner Müller ›Zement‹ 173

3. Ulrich Plenzdorf ›Die neuen Leiden des jungen W.‹ 174

4. Paradigma gesellschaftlicher Widersprüche: die Rolle der Frau 175

5. Geschichte und nationale Traumata: Heiner Müller 176

6. Versöhnung, Vermittlung und Gegensätze im Verhältnis zwischen Geist und Macht 178

7. Resignation und Selbstbehauptung 181

8. Vorschläge ohne Folgen 182

9. Chancen der Gegenwartsdramatik 183

Hans Drawe

Literatur im Film 187

Vorbemerkung 187

I   Aufarbeitung des Erbes 188

  1. Bürgerlich-realistische Literatur und die führende Rolle der Arbeiterklasse 188

  2. Der ›neue Kurs‹ nach dem 17. Juni und das Realismusproblem 191

  3. »Wer mit dem Volk sein will, der wird stets mit der Partei sein …« 195

II   Die Bestimmung des Standorts 197

  1. Abgrenzung und Perspektive 197

  2. Der Typ des neuen Revolutionärs und die Moral der Partei 198

  3. Zwischen Antifaschismus und Aufrüstung 201

  4. Das 11. Plenum und die Folgen 203

  5. Besinnung auf die sozialistischen Ideale 208

III   Die verhinderte Wende 212

  1. Zwischen Anspruch und Realität 212

  2. ›Goya‹, der Konflikt zwischen Kunst und Macht 213

  3. Die Anpassung des Nachwuchses und die Probleme mit der ›wirklichen Wende‹ 213

  4. Neue Sachlichkeit: Der ungeschminkte Alltag 215

  5. ›Jakob der Lügner‹ oder wie man eine triste Wirklichkeit mit Fantasie überwindet 220

  6. Die filmische Adaption des klassischen Erbes zur Bewältigung der Gegenwart 222

  7. ›Exil‹ oder der arge Weg der Erkenntnis 226

IV   Ausblick 227

Manfred Jäger

Die Legitimierung der Unterhaltungsliteratur 229

I   Unterhaltungsliteratur – eine gesellschaftliche Notwendigkeit 229

  1. Lesegewohnheiten und spätbürgerliches Trivialerbe 229

  2. Erziehungsfunktion und Massenwirksamkeit der ›neuen Literatur vorwiegend unterhaltenden Charakters‹ 232

  3. Freizeitwünsche und Entspannungsbedürfnisse im Sozialis-

mus – Unterhaltungskunst als legitimer Bestandteil der Lebensweise 236
4. Spaltungen innerhalb der DDR-Literatur: Mittelfeld gegen Spitzenreiter 238
5. Systemstabilisierung durch Reinigungsliteratur 243

II Das Beispiel Kriminalliteratur 246
1. Die Rehabilitierung der Spannung 246
2. Dokumentarischer Realismus gegen spätbürgerliche Verrätselungen und Märchenhaftigkeiten 248
3. ›Westmenschen‹ als Verbrecher, Gangster, Agenten 249
4. Die Diskussion um eine in der DDR-Realität angesiedelte sozialistische Kriminalliteratur 252
5. Noch immer Streit um Kulturwerte: ›Wegwerfliteratur‹ und ›eigentliche‹ Literatur 258

Harald Hartung

Die ästhetische und soziale Kritik der Lyrik 261

I   Eine neue Generation 261
II Die Dialektik von Ich und Wir 264
III Formenrepertoire und Lyrik-Diskussion 272
IV Die Lyrik-Diskussion im ›Forum‹ und Mickels Gedicht ›Der See‹ 279
V   Die Lyrik-Diskussion in ›Sinn und Form‹ 283
VI Die Behauptung des Ich 285
VII Der Alltag und seine alt-neuen Themen 291
VIII Das Bewußtsein des Gedichts 298
IX Am Ausgang einer Epoche 302

Hans-Jürgen Schmitt

Die journalistische Bedeutung neuerer Erzählformen 304

I   Die Situation in den siebziger Jahren 304
1. Öffentlichkeit und Information 304
2. Individuelle Erfahrungskonzepte 305
3. Volker Brauns Dialektik: ›Auf andre Art Hoffnung‹ 307

7. Der ›geteilte Himmel‹ im Ministerium oder Bürokratie und Öffentlichkeit 402

8. Literatur und ›Neues Ökonomisches System der Planung und Leitung‹ 403

9. Die Demokratie aller Geschichtenerzähler als Auflösung der Geschichte des Helden 404

10. Die Romanstruktur als Utopie der Selbstverständigung aller Menschen 404

11. Der prinzipielle Widerspruch von Gesetz und Individuum und die notwendige Auflösung des Staates 406

12. Die Fähigkeit zu trauern und zu hoffen oder Ohne Gefühl kein Sozialismus 407

III Die Bürokratisierung als Hemmung individueller und gesellschaftlicher Produktivität. Reaktionen 409

1. Literatur im ›Neuen Ökonomischen System‹ 410

2. Die Beschränkung der Öffentlichkeit, der Subjektivismus der Partei und die Erkenntnisweise der Kunst 412

3. Das Reflexivwerden der Literatur 412

4. Einstimmiges (›objektivistisches‹) und vielstimmiges Erzählen als Modelle 413

5. Krankheit – Symptom der Hemmnisse 415

6. Der übliche Heroismus und die planmäßige Energievernichtung 416

7. Die Wiederkehr des tragischen Helden oder ›Kabale und Liebe‹ 417

8. Das Zurücktreten des guten Parteisekretärs und die Vertrauenskrise der Menschen 420

9. Das zynische Subjekt oder Die Muttermale der Neuen Welt 421

10. Die Wiederkehr des Dualismus Künstler – Gesellschaft 422

11. Der neue Künstlerroman und die zerrissene Subjektivität 423

IV Die Verbeamtung des Subjekts und das produktive Unglück der Subjektivität 424

1. Die Literatur als Opposition und die Gefahr des Subjektivismus 426

2. Die Tragödie des Helden im Wirtschaftsprozeß (Volker Braun) 427

3. Das Märchen des Arbeiterhelden in der Trivialliteratur (Herbert Otto) 429

4. Die Bürokratie und der Wirtschaftspartisan 430

5. Die alten Helden und der neue Antiheld (Erich Loest) 431

6. Die Tragikomödie der kleinen Persönlichkeit 432

7. Neue Schranken der ästhetischen Subjektivität 434

Heinrich Küntzel

Der Faschismus: seine Theorie, seine Darstellung in der Literatur 435

I   Einleitung: Faschismus und Stalinismus 435
II Die Totalitarismusthese 437
III Die Faschismustheorien 439
IV Faschismusdarstellungen in der DDR-Literatur 450

Anhang 469

Anmerkungen 471

Bibliographie 509

I   Bibliographien, Nachschlagewerke, Handbücher, Lexika 510
II Gesamtdarstellungen 510
III Quellensammlungen 512
IV Untersuchungen 513

Register 531

I   Personen-, Werk- und Periodikaregister 532
II Sachregister 548

Die Autoren des Bandes 575